项目管理核心资源库

PROJECT MANAGEMENT
BEST PRACTICES
Achieving Global Excellence

[美] 哈罗德（Harold Kerzner） 著

栾梦恺 皇普玉斌 于潇祎 译
栾大龙 审

项目管理
最佳实践方法

（第5版）

达成全球卓越表现

電子工業出版社
Publishing House of Electronics Industry
北京·BEIJING

Project Management Best Practices: Achieving Global Excellence, 5th Edition by Harold Kerzner
ISBN: 9781394179206
Copyright © 2024 by John Wiley & Sons, Inc.
All Rights Reserved. This translation published under license with the original publisher John Wiley & Sons, Inc. Copies of this book sold without a Wiley sticker on the cover are unauthorized and illegal.
Simplified Chinese translation edition copyrights © 2025 by Publishing House of Electronics Industry Co., Ltd.

本书中文简体字版经由 John Wiley & Sons, Inc. 授权电子工业出版社独家出版发行。未经书面许可，不得以任何方式抄袭、复制或节录本书中的任何内容。若此书出售时封面没有 Wiley 的标签，则此书是未经授权且非法的。

版权贸易合同登记号　图字：01-2024-3458

图书在版编目（CIP）数据

项目管理最佳实践方法 : 达成全球卓越表现 : 第5版 / (美) 哈罗德·科兹纳 (Harold Kerzner) 著 ; 栾梦恺, 皇普玉斌, 于潇祎译. -- 北京 : 电子工业出版社, 2025. 4. -- (项目管理核心资源库). -- ISBN 978-7-121-50005-3

Ⅰ. F224.5

中国国家版本馆 CIP 数据核字第 20253WW052 号

责任编辑：袁桂春
印　　刷：三河市鑫金马印装有限公司
装　　订：三河市鑫金马印装有限公司
出版发行：电子工业出版社
　　　　　北京市海淀区万寿路173信箱　邮编100036
开　　本：787×1092　1/16　印张：34.5　字数：883千字
版　　次：2007年8月第1版
　　　　　2025年4月第5版
印　　次：2025年4月第1次印刷
定　　价：149.00元

凡所购买电子工业出版社图书有缺损问题，请向购买书店调换。若书店售缺，请与本社发行部联系，联系及邮购电话：(010) 88254888, 88258888。
质量投诉请发邮件至 zlts@phei.com.cn，盗版侵权举报请发邮件至 dbqq@phei.com.cn。
本书咨询联系方式：(010) 88254199, sjb@phei.com.cn。

译 者 序

2024年年初，科兹纳博士的《项目管理最佳实践方法：达成全球卓越表现》(第5版)英文版正式出版，电子工业出版社再次引进了这一优秀的项目管理著作，并邀请我将其再次译成中文，供国内项目管理的领导者和实践者学习与应用。对照第4版，作者对第5版进行了较多的更新，特别是加入了一些最新的实践案例。第5版内容的增删体现了业务场景变化和管理创新，每家公司今天的成功不代表未来的成功，项目管理的实践应用将不断推动从业者在理论层面实现深化与提升。

科技创新项目具有变革性强、风险性高和共识性低的特征，它不仅需要具备前瞻性、开放性的创新思维和技术手段，还需要与之相适应的项目管理方法论。在主持和参与国家自然科学基金项目、国家重点研发计划重点专项及国家社科基金重点项目中，我深深地体会到项目管理方法论提供了一套完整的框架和流程，贯穿于项目的培育、申报、立项、执行、结题后评估等阶段，形成了基于科学目标实现的完整、全面的全过程管理。项目管理有利于提升科研管理水平，帮动科技创新项目实现从概念到成果的转变，增强组织的科技创新能力。

随着科技进步对生产关系的重塑，在新质生产力发展中，项目管理同样不可或缺。新质生产力凸显了科技创新的核心主导作用，科技创新能够催生新产业、新模式、新动能，这意味着项目管理需要紧跟科技创新的步伐，利用新技术、新方法来提升项目管理的效率和质量，实现项目管理的创新驱动发展。在中国经济的转型升级中，新质生产力的发展需要依托于高效的项目管理实践。项目管理能够帮助企业实现创新、提高服务质量、优化运营流程，从而在激烈的市场竞争中保持领先地位。项目管理在此过程中需要关注如何将科技创新成果转化为实际的新质生产力，推动科技创新与产业升级的深度融合。项目管理的科学化、规范化和国际化，对于提升中国企业的管理水平和国际竞争力具有重要意义。

值得关注的是，项目管理与人工智能（Artificial Intelligence，AI）结合正在重塑项目管理知识结构，随着AI技术的不断发展，未来的项目管理将更加智能、敏捷和高效。AI在项目管理中的应用正变得越来越广泛，在基于AI的项目管理工具中应用机器学习、自然语言处理、预测分析等先进技术，可以帮助项目经理预测项目风险、优化资源分配、控制项目成本和进度，提高决策质量。AI的集成使数据分析提供了前所未有的预见性，实现了项目从规划到执行的全方位优化，创造出更多的业务价值和创新可能。将 AI 集成到项目管理策略中正在变得更加重要，Gartner 预测，到 2030 年，高达 80%的项目管理任务将实现自动化。

首先感谢为本书以往中文版本翻译做出贡献的所有人员，中文版的第 5 版正是在他们辛勤劳动的基础上进行的。本书各章名称与第 4 版基本保持一致，但具体内容上有较大的删减、修订。我们运用项目管理知识和方法组织了翻译工作，团队各位成员精诚合作，最终得以成稿。其中，栾梦恺负责全书的统稿、补译、修正工作；各章新增内容的翻译分工如下：皇普玉斌翻译前言和第 1、3、14 章，陈思颖翻译第 4、7、9 章，王雪翻译第 10、11、12 章，李婉翻译第 15、16、18 章；其他章节由栾梦恺、于潇祎翻译。栾大龙负责全书的最终审校工作，部分译者参与了互校。

在本书中，科兹纳博士指出：发现和实施最佳实践是值得赞赏的，因为它们是从创新和优化的项目管理解决方案中发展出来的。但是，这些实践案例也面临着一些挑战，包括对变化的恐惧、使用受限、草率接受、政治和权威、分享最佳实践、培训和资金需求等。他同时强调，由于非传统和战略项目的重要性日益增加，应该使用多种方法或框架，如敏捷或 Scrum 方法，以适应每个项目的需求，而不是强迫项目使用可能不合适的"一刀切"方法。同时，读者应该注意到本书引用的案例大多来自国外公司的实践，在应用本书来指导项目管理工作时，特别是一些"走出去"的项目，还应结合我国和项目所在国的独特国情和文化背景，以及本公司的战略目标和项目团队自身的特点进行有效的调整，以实现项目管理理论、方法和技术在具体实践中的统一。

在本书翻译过程中，我重点对照了《项目管理知识体系指南（PMBOK®指南）》（第 7 版）的中英文术语，力求专业术语的统一。我还参考学习了杨爱华老师主持翻译的《项目管理：计划、进度和控制的系统方法》（第 13 版），该书也是科兹纳博士的著作（以上两本书已由电子工业出版社出版）。

在翻译、统稿和审校过程中，译者、审校者就有关内容先后请教了胡晶晶、吴江、傅永康老师，参阅了书中涉及企业的相关项目管理案例的背景资料，在仔细斟酌的基础上，经过多轮互校统审，力求译文准确、达意、通顺。但是译者平有限，难免存在一些不足之处，敬请各位专家、读者不吝指正为盼！

栾梦恺

luanmengkai@sus.edu.cn

2024 年 12 月，于上海

前　　言

在过去的 50 年间，人们认为项目管理的存在仅仅是锦上添花的流程，而不是对公司生死攸关的事情。许多公司将项目管理实践限制在传统的运营项目上，这些项目有着明确定义的范围，项目经理不会根据想法或战略业务目标进行创新。公司不愿意为员工提供规划和进度安排这类基本知识的培训。人们把项目管理看作对现有权力体系的威胁。在很多公司中，只使用了部分项目管理。这种缺乏热情的项目管理应用，只不过是为了安抚底层或中层的人员及特定的客户。

在这 50 年中，许多公司竭尽全力地阻止项目管理走向卓越；公司在授权、协同工作和信任方面只是动动嘴皮子；公司高管囤积信息，因为他们认为对信息的控制是一种权力；在考虑优先级时，他们把个人利益、职能部门的利益放在公司的最高利益之前，包括创新和其他战略需要，死守"时间是奢侈品而不是约束条件"这一错误观念。

到了 20 世纪 90 年代中期，由于两次经济危机，上述观念在很大程度上发生了改变。在激烈的竞争压力下，公司需要在更短的时间内创造高质量的产品，与客户发展长期信任关系的重要性也凸显出来。在干系人的压力下，业务需要得到持续改进和创新。这些都关乎公司的存亡。

今天，整体的业务水平有了很大提高，项目管理占据了很大一部分。客户和承包商之间的信任水平达到了有史以来的最高点，管理团队和项目团队之间的信任也是一样的。由于采用了更好的项目管理实践，新产品的开发速度比以往任何时候都快。在竞争性投标中，创新项目管理实践已成为一种竞争"武器"。有些公司之所以能赢得单一供货商合同，是因为客户对这些公司的能力有信心，相信这些公司能使用项目管理方法论，持续地成功交付项目。今天，这些方法论更像框架或灵活的方法，而不是死板的方法。所有这些因素使得众多公司的项目管理在某些方面取得了一定的成功。现在的决策也更强调公司的整体利益，而非个人利益。

20 年前的一些普通词语，现在都有了新的含义。由于项目执行变得更好，变化不再完全被视为坏事。今天，变化意味着持续改进；冲突不再被看作有害的事，管理得当的冲突是有益的；项目管理不再被看作组织内部的系统，战略伙伴关系开始被重视。现在，项目管理是竞争的武器，能给客户提供更高质量的服务，并增加带给客户附加价值的机会。在很多公司中，项目管理被视为一种战略能力，是对公司未来至关重要的四条或五条职业道路之一。

过去被认为在管理上成功的公司，今天可能不再是成功的公司，尤其在项目管理方面。想想1982年汤姆·彼得斯（Tom Peters）和罗伯特·沃特曼（Robert Waterman）合著《追求卓越》（In Search of Excellence）一书中的成功公司，今天有多少仍然可以被称为是成功的？又有多少赢得过闻名于世的 Malcolm Baldrige 奖？在赢得过这个奖项的公司中，在现在看来又有多少是精于项目管理的呢？追求卓越项目管理的路途是永无止境的。那些不愿在项目管理持续改进方面投资的公司将很快面临客户满意度降低的窘境。

本书覆盖了对项目管理实施与成功来说必要的热门话题。书中引用了众多从业人员的评述，这些人创建了项目管理最佳实践的标杆，而且目前仍在其所在公司中实施这些流程。本书中的案例由数位高级公司职员及其他相关人士提供。这些案例的宝贵之处在于它们展现了这些领导者思考的过程及其所在公司的前进方向。这些公司已经在项目管理的某些方面取得了成功，而且真正值得注意的是，这些成功都是在近五六年中发生的。在21世纪，项目管理的未来将是项目管理的实施。众多公司已经建立了项目管理的最佳实践库。这些最佳实践库在竞标中常常成为差异化因素。同时，项目管理的最佳实践现在也被视为知识产权。

项目管理走向卓越不是通过简单的开发项目管理方法能够达到的。相反，它是通过反复应用这些方法创造卓越和成功管理一系列项目来实现的。我们现在信任采用灵活方法的项目经理，他们只是使用标准方法中那些特定项目所需的部分。

项目管理实践和方法是围绕着公司文化，通过决定怎样让人们一起工作、解决问题及做决策来展开的。每家公司都可能有自己独特的文化，也可以说，每家公司都有不同的生命周期、不同的决策点和不同的成功前提，没有一种方法适合所有公司，这就是本书要讨论不同行业、不同规模和不同地区的各种各样公司的原因。在阅读本书之后，希望你能够获得如何改进项目管理活动的启发。

关于项目管理原则和最佳实践的研讨会与网络课程可使用本书以及我的《项目管理：计划、进度和控制的系统方法（第 13 版）》（该书已由电子工业出版社引进、出版）。在 Wiley 的官网上，提供了本书的配套资源，教师可以获取讲座幻灯片和教师手册（访问 Wiley 官网，搜索本书英文书名）。另外，你还可以参与与本书相关的前沿项目管理研讨会。

哈罗德·科兹纳
国际学习集团

目　　录

第 1 章　理解最佳实践 1
- 1.0　简介 1
- 1.1　瓦锡兰集团在业务发展项目上的收益管理 1
- 1.2　项目管理最佳实践：1945—1960 年 3
- 1.3　项目管理最佳实践：1960—1985 年 4
- 1.4　项目管理最佳实践：1985—2016 年 7
- 1.5　项目管理最佳实践：2016 年至今 11
- 1.6　迪拜海关的收益管理实践 11
- 1.7　高级管理人员对项目管理的看法 15
- 1.8　非传统项目数量增加 18
- 1.9　环境的变化 20
- 1.10　新冠疫情对项目管理的影响 22
- 1.11　通用汽车和呼吸机 25
- 1.12　最佳实践步骤 27
- 1.13　第一步：定义最佳实践 28
- 1.14　第二步：寻找最佳实践 31
- 1.15　仪表板与计分卡 38
- 1.16　关键绩效指标 40
- 1.17　制造业最佳实践 44
- 1.18　第三步：确认最佳实践 46
- 1.19　第四步：最佳实践的分级 48
- 1.20　第五步：最佳实践的管理 50
- 1.21　第六步：最佳实践的重新确认 50
- 1.22　第七步：最佳实践的利用 51
- 1.23　第八步：最佳实践的发布 51
- 1.24　第九步：最佳实践的应用 53

1.25	常见的理念	53
1.26	项目管理最佳实践的挑战	55
1.27	最佳实践库	55
1.28	确定最佳实践的价值	57
1.29	沙特阿美通过前沿理念推动创新	58

第2章　从最佳实践到伤脑筋ㅤ60

2.0	简介	60
2.1	伤脑筋之一：好心办坏事	60
2.2	伤脑筋之二：企业项目管理方法论	61
2.3	伤脑筋之三：权衡	62
2.4	伤脑筋之四：客户满意度	62
2.5	伤脑筋之五：响应客户不断变化的需求	63
2.6	伤脑筋之六：PMO的汇报层级	64
2.7	伤脑筋之七：现金流的两难抉择	64
2.8	伤脑筋之八：项目范围变更的两难抉择	65
2.9	伤脑筋之九：是否外包	66
2.10	伤脑筋之十：决定何时取消项目	66
2.11	伤脑筋之十一：如何发放项目奖励	66
2.12	伤脑筋之十二：不健康的企业文化	67
2.13	伤脑筋之十三：政治影响	68
2.14	七宗罪引发的伤脑筋	74
2.15	一些不那么伤脑筋的问题及来源	85
2.16	项目管理的十大创伤	87

第3章　追求卓越之旅ㅤ96

3.0	简介	96
3.1	项目管理的战略规划	98
3.2	通往卓越的阻碍	106
3.3	痛点	106
3.4	日立公司	112
3.5	中美洲农业信贷最佳实践	116
3.6	NCS集成交付方法和项目管理方法	120
3.7	爱立信在业务领域的研发中管理变革	126
3.8	英特尔公司和"地图日"	132
3.9	苹果电脑和手机	133
3.10	"隧道"尽头的希望之光	133

3.11	管理假设	135
3.12	项目治理	135
3.13	阻碍项目管理走向成熟的七大误区	137
3.14	摩托罗拉公司	139
3.15	德州仪器公司	140
3.16	航空服务局	141
3.17	阿瓦隆电力及照明公司	148
3.18	Roadway 快递公司	149
3.19	Kombs 工程公司	150
3.20	威廉斯机床公司	151

第4章 项目管理方法论 ... 153

4.0	简介	153
4.1	卓越项目管理的定义	153
4.2	认识开发方法论的必要性	154
4.3	企业项目管理方法论	157
4.4	标准方法论的好处	162
4.5	关键组件	163
4.6	Valmet 客户项目管理	165
4.7	项目质量关卡——确保项目成功的结构性方法	168
4.8	Técnicas Reunidas 公司	171
4.9	索尼公司及挣值管理	177
4.10	项目管理工具及社会化项目管理	179
4.11	人工智能和项目管理	180
4.12	生命周期阶段	182
4.13	扩展生命周期阶段	182
4.14	丘吉尔唐斯公司	183
4.15	英德拉公司：方法论的需求	183
4.16	方法论的实施	185
4.17	实施中的重大失误	186
4.18	克服开发和实施障碍	187
4.19	瓦锡兰：认识支持工具的需求	187
4.20	通用汽车动力系统集团	188
4.21	英德拉公司：项目收尾	189
4.22	当传统方法论可能失效时	191

第5章 整合的流程 ... 195

- 5.0 简介 ... 195
- 5.1 理解整合的管理流程 ... 195
- 5.2 辅助项目管理流程的演进 ... 197
- 5.3 全面质量管理 ... 200
- 5.4 并行工程 ... 204
- 5.5 风险管理 ... 205
- 5.6 瓦锡兰：对积极风险管理的需求 ... 207
- 5.7 英德拉公司：当风险变成现实（问题管理） ... 209
- 5.8 风险管理的失败 ... 210
- 5.9 用风险管理定义成熟度 ... 211
- 5.10 波音公司 ... 212
- 5.11 变更管理 ... 213
- 5.12 其他管理流程 ... 214

第6章 文化 ... 215

- 6.0 简介 ... 215
- 6.1 公司文化的创建 ... 215
- 6.2 公司的价值观 ... 217
- 6.3 文化的类型 ... 218
- 6.4 将公司文化应用于工作中 ... 220
- 6.5 基伊埃公司与喜力公司合作：学习体验 ... 223
- 6.6 英德拉公司：构建有凝聚力的文化 ... 231
- 6.7 在新兴市场中进行项目管理的障碍 ... 234

第7章 管理层的支持 ... 241

- 7.0 简介 ... 241
- 7.1 高级管理人员明确的支持 ... 241
- 7.2 项目发起机制 ... 242
- 7.3 卓越的项目发起机制 ... 246
- 7.4 当项目发起失败时 ... 246
- 7.5 项目取消标准的需要 ... 251
- 7.6 项目治理 ... 252
- 7.7 东京海上控股集团：卓越的项目治理 ... 254
- 7.8 对项目经理的授权 ... 259
- 7.9 工作中的管理层支持 ... 260
- 7.10 获得一线经理的支持 ... 262

7.11	启动倡导者和退出倡导者	263

第8章 培训和教育 ... 267

8.0	简介	267
8.1	现代项目管理培训	267
8.2	对教育的需求	268
8.3	SAP：项目管理职业道路的重要性	270
8.4	国际学习集团	270
8.5	确定培训需求	274
8.6	选择学员	275
8.7	项目管理培训的基本原理	275
8.8	项目管理教育的一些变化	276
8.9	课程设计和进行培训	277
8.10	衡量培训的投资回报率	279
8.11	项目管理是一种专职工作	280
8.12	竞争力模型	281

第9章 非正式的项目管理 ... 283

9.0	简介	283
9.1	正式的项目管理与非正式的项目管理	283
9.2	信任	285
9.3	沟通	286
9.4	合作	288
9.5	团队工作	288
9.6	用颜色标示的状态报告	289
9.7	危机仪表板	290
9.8	非正式项目管理的风险	292

第10章 卓越的行为 ... 294

10.0	简介	294
10.1	情境领导	294
10.2	文化商	296
10.3	情商	297
10.4	冲突解决	298
10.5	实现卓越所需的人员配备	300
10.6	虚拟项目团队	301
10.7	奖励项目团队	303

10.8	带来卓越行为的关键	305
10.9	主动与被动的项目管理	309

第 11 章 衡量项目管理培训的投资回报率 ... 313

11.0	简介	313
11.1	项目管理的收益	314
11.2	ROI 模型的发展	315
11.3	ROI 模型	315
11.4	生命周期的制订计划阶段	316
11.5	生命周期的收集数据阶段	317
11.6	生命周期的分析数据阶段	320
11.7	生命周期的生成报告阶段	323
11.8	教育和 ROI 的挑战	323
11.9	结论	324

第 12 章 项目管理办公室 ... 325

12.0	简介	325
12.1	波音公司	327
12.2	阿卜杜拉国王科技大学信息技术部门 PMO：能力建设	329
12.3	皇家飞利浦医院患者监测服务与解决方案交付	331
12.4	丘吉尔唐斯公司：成立 PMO	340
12.5	丘吉尔唐斯公司：范围变更管理	341
12.6	Nanoform 项目管理办公室的闪电式扩张	345
12.7	项目办公室的类型	354
12.8	项目审计和 PMO	355
12.9	年度 PMO 大奖	355

第 13 章 六西格玛和项目管理办公室 ... 358

13.0	简介	358
13.1	项目管理和六西格玛的关系	358
13.2	让 PMO 参与	359
13.3	传统的和非传统的六西格玛	360
13.4	理解六西格玛	361
13.5	破解六西格玛迷思	363
13.6	评估的使用	365
13.7	项目选择	368
13.8	典型的 PMO 六西格玛项目	369

第 14 章　项目组合管理 371
- 14.0　简介 371
- 14.1　高级管理层、干系人及 PMO 的参与 372
- 14.2　项目选择中的障碍 376
- 14.3　在选择项目时项目经理的角色 376
- 14.4　识别项目 381
- 14.5　初步评估 384
- 14.6　对项目进行战略性选择 385
- 14.7　战略时机选择 387
- 14.8　分析项目组合 388
- 14.9　达到期望的问题 390
- 14.10　错位的问题 391
- 14.11　失败后的成功分析 395
- 14.12　结论 399

第 15 章　全球卓越项目管理 400
- 15.0　简介 400
- 15.1　IBM 公司 401
- 15.2　德勤公司：企业项目管理 416
- 15.3　柯马公司 432
- 15.4　IP&LM：在数字化转型的工作中实现卓越 439

第 16 章　价值驱动的项目管理 445
- 16.0　理解价值 445
- 16.1　近年来对价值的研究 446
- 16.2　价值与领导 448

第 17 章　兼并与收购对项目管理的影响 459
- 17.0　简介 459
- 17.1　为成长进行规划 459
- 17.2　项目管理增值链 460
- 17.3　并购前期的决策制定 462
- 17.4　收购与被收购 467
- 17.5　公司合作时的一些最佳实践 468
- 17.6　整合成果 469
- 17.7　价值链战略 470
- 17.8　失败与重新构建 472

第 18 章　敏捷和 Scrum 474
- 18.0　简介 474
- 18.1　敏捷交付 476
- 18.2　Scrum 介绍 488
- 18.3　德勤公司和企业价值实现的敏捷方法 501
- 18.4　德勤案例，基于敏捷运营模型的项目管理最佳实践 507
- 18.5　指标狂热的风险 514
- 18.6　总结与建议 517

第 19 章　收益实现和价值管理 518
- 19.0　简介 518
- 19.1　理解术语 518
- 19.2　重新定义项目成功 520
- 19.3　价值驱动项目管理 521
- 19.4　获得收益 523
- 19.5　商业论证 523
- 19.6　衡量收益和价值的时间 524
- 19.7　投资生命周期阶段 525
- 19.8　收益和价值的类别 529
- 19.9　将收益转化为价值 532
- 19.10　"上线"项目管理 532
- 19.11　项目组合收益和价值 533
- 19.12　与战略目标的一致性 534
- 19.13　BRM 完全失败或部分失败的原因 536
- 19.14　结论 537

第 1 章
理解最佳实践

1.0 简介

项目管理曾被看作公司锦上添花的一套流程,如今已经发展成公司存亡所系的结构化工作方法。很多公司渐渐意识到,它们的整个业务,包括大部分的日常工作,都可以看作一系列项目。简单地说,我们通过一个个项目来管理我们的业务。

现在,项目管理已不仅仅是项目管理流程,同时被看作业务流程。实际上,项目经理既需要进行项目决策,也需要进行业务决策。实现优质项目管理的必要性几乎对所有行业都已经显而易见。

随着项目管理的重要性渗透到业务的各个层面,相关的知识成果也通过项目管理的最佳实践积累下来。一些公司将这些知识视为公司资产,并把它们牢牢地控制在公司内部。另一些公司则分享这些知识,希望借此发现其他最佳实践。由于其带来的收益和对持续商业价值的贡献,各个公司如今都在对项目管理进行战略规划。

对项目管理进行战略规划的好处之一是它通常可以帮助认清获取和保留最佳实践的必要性。可是说起来容易做起来难。在后面我们将会提到,造成这种困难的原因之一是,很多公司既无法对最佳实践的定义达成共识,也没有认识到最佳实践会带来持续改进。反过来,这些持续改进将使我们获得更多最佳实践。许多公司也不能认识到最佳实践带来的价值和收益。

今天,项目经理通过项目管理活动和业务活动来积累最佳实践。原因很简单:最佳实践是激励公司业务更上一层楼的知识成果。最佳实践可以带来商业价值增值,实现更多收益并优化收益管理活动。项目管理和业务思维将不再是可以分离的活动。

1.1 瓦锡兰集团在业务发展项目上的收益管理

基于项目的业务和项目管理实践,在瓦锡兰集团(以下简称瓦锡兰)已有牢固的传统。

正因为如此，一个覆盖全公司业务的项目管理办公室（Project Management Office，PMO）于2007年建立，目的是进一步加强企业内部的项目管理能力，并开发项目管理的文化、流程、能力和工具。

今天，项目管理架构和工作方法已经成为瓦锡兰业务思维的基础。其业务流程模型逐渐从相对无序的一些流程转变成能够协调实施统一方针、达成同一目标和使用共同术语的一整套模型。该公司从同等重要的两个不同角度实施了项目管理。首先，提供了项目管理工具，尤其是引进并执行更高效的资源和进度计划。其次，鼓励组织成员积极参加项目管理专业培训和专业认证。

随着流程变得清晰明确和成熟，项目管理重点逐步转向业务开发项目的收益管理。改进收益管理流程的倡议源于瓦锡兰项目管理办公室交给业务开发部门的一项使命，那就是确保该公司各业务单元之间的协作，从而实现战略目标。这些可通过在变更管理、业务流程和应用开发方面提供支持和专业技术来实现。

在传统的项目管理中，人们通常用预算、计划、范围或质量等因素来衡量一个项目。作为一种概念，相对来讲，收益管理更加注重该项目给最终客户带来的实际价值。换句话说，项目的成功不能单纯地用时间或金钱来衡量。相反，最终客户才能决定项目成功与否：这些结果满足了客户需求吗？由于价值的定义相当模糊，所以衡量收益的具体指标和方法就显得至关重要。这也被称为软性、无形的收益。尽管它们无法在财务上量化，但它们必须可以被衡量。在收益规划中，另一个重要方面是建立一个有效的基准与结果相比较，即实现的收益不仅要与"正常营业"情况进行比较，衡量结果还应与其他可选方案进行比较。（"通过其他方式，这些结果能够达成吗？"）

在业务开发项目中，举例来说，项目输出可以是一个用于改进资源规划的IT工具。但是，在一个项目中最重要的部分是把输出变为成果。也就是说，项目输出（如上述IT工具）应该成为最终客户工作方式的一部分。为了实现这一目标，收益规划必须考虑以下两个重要的方面。

（1）最终客户想要和需要什么？
（2）实现这些要改变什么？

有了合适的最终客户预期管理和变更管理，可避免和项目输出变为"工具箱里的另一个工具"类似的风险。

概括地说，收益管理系统应该由以下要素组成。

- 确定项目的驱动因素。我们真的需要这项投资吗？还有谁将会从中受益？
- 确定关键收益。收益是什么？何时产生？差距还有多大？（实现该收益有多大的可能性？）
- 估算收益。定义一个清晰的衡量基准，能够让我们清楚地界定适用于整个项目组合的指标，并确保指标从项目开始到收益实现的整个项目周期中保持一致。有个关键问题我们必须提出：这些指标是否适用于不断变化的商业环境？
- 关注收益变化。为实现收益，组织应该如何变化？我们如何推进这种变化？按计划部署并根据（业务）环境改变（组织机构调整、市场形势改变等）而调整。

- 谁为收益负责？指定专人或机构负责收益实现。
- 收益监控。用已建立的指标来监控绩效，必要时，在实现既定目标的过程中和应对风险时，主动寻求改进指标的途径。
- 进行项目后评估。通过沟通项目成果并真诚推广，确保项目成功部署。与最终客户换位思考：如果我是客户，我是否喜欢用这个工具？
- 从错误中学习。对项目成功和失败经历要同等对待。力主诚恳沟通和学习，而不是责备。在执行层面上可以找到很多这样的例子。

1.2 项目管理最佳实践：1945—1960 年

在 20 世纪 40 年代，一线经理起着项目经理的作用，并采用"围栏"的指导思想来管理项目。每位一线经理，同时作为项目经理，都会完成其职能部门的必要工作。一旦工作完成，就将"球"扔出围栏，希望有人能接到。一旦把"球"扔出去，一线经理就"金盆洗手"，认为他们的项目职责完成了，因为"球"已经不在他们的围栏内了。如果项目失败了，承担责任的是正拿着"球"的那位一线经理。

"围栏"管理的问题在于，客户找不到一个统一的联系人来处理问题。信息的层层过滤浪费了客户和承包商的宝贵时间。想知道项目最新进展的客户得去找那位正拿着"球"的经理。对小型项目来说，找到持"球"经理并不难。然而当项目更大、更复杂时，这就越来越难了。

在这段时期内，几乎没发掘出什么最佳实践。即使有最佳实践，也只能应用于某个职能部门内部，公司的其他部门无从应用。大部分的项目管理决策都不是最优的解决方案。

第二次世界大战后，美国进入了冷战时期。只有加入军备竞赛并快速生产大规模杀伤性武器，才能赢得冷战的胜利。谁能够以湮没敌人的武力对敌人进行打击，谁就是冷战的胜利者。大规模杀伤性武器的研发由多个超大型项目组成，这些项目可能涉及几千个承包商。

军备竞赛让大家清醒地意识到，对于像 B-52 轰炸机、民兵洲际弹道导弹和北极星潜水艇这样的项目，美国国防部是无法接受传统的"围栏"管理方式的。美国政府需要统一的联系人，即对项目所有阶段负责的项目经理。此外，美国政府还需要项目经理掌握而不仅仅了解相关技术。这就要求项目经理必须是工程师，最好拥有某些技术领域的高学历。后来，在诸如喷气式飞机和坦克的小型武器系统的开发中，也要求使用项目管理。美国国家航空航天局也要求在所有与太空工程相关的活动中应用项目管理。

美国航空航天和国防工业项目的成本通常会超支 2~3 倍，这常常被错误地归咎于项目管理实施不当，然而实际上真正的问题是无法正确地预测技术发展，导致了数不胜数的项目范围变更。对于持续 10~20 年的项目，预测技术发展实在太困难了。

到 20 世纪 50 年代末及 60 年代初，美国航空航天和国防工业实际上将项目管理应用于所有项目中，同时要求供应商也采用项目管理。虽然项目管理在不断成长，但是除航空航天和国防工业外，其成长速度是相当慢的。

由于承包商和分包商数量众多，美国政府部门需要制定相应标准，尤其是在项目计划和信息汇报方面。为此，美国政府部门制定了生命周期的计划控制模型和成本监测系统，还成立了项目管理审核组，来确保政府的钱是按计划使用的。这些方法用于超过一定规模的所有政府项目。私营企业把这些实践视为过度管理的额外成本，而没有看到项目管理的实际价值。

在项目管理早期，因为很多企业看不到项目管理的实际价值，所以对项目管理产生了一些误解，包括以下几个方面：

- 项目管理是一种进度工具，如计划评审技术或关键路径法。
- 项目管理只适用于大型项目。
- 项目管理是为政府项目量身定做的。
- 项目经理必须是工程师，而且最好有高学历。
- 项目经理必须熟练掌握技术才能成功。
- 项目的成功与否是由且仅由技术指标来衡量的。

1.3 项目管理最佳实践：1960—1985年

在这段时期，随着对项目管理的了解加深，项目管理的发展更多地出自必需而不是期望，但是发展速度依然缓慢，原因主要是缺乏对新兴管理方法的认可，而这些新方法是成功项目管理所必需的。与生俱来的对未知事物的恐惧，吓倒了经理和高级管理人员。

除航空航天、国防科技和建筑业外，大多数20世纪60年代的公司都继续采用非正式的方法管理项目。正如字面的意思一样，在非正式项目管理中，项目的处理方式并不专业，而项目经理的权力受到限制。那时，大多数项目由职能经理负责，并且涉及1~2条职能链。这样的项目或者不需要正式的沟通，或者由于职能经理间良好的工作关系而采用非正式的沟通。很多被任命为项目经理的人很快发现，他们的职能更像项目组长或项目监管员，而不是真正的项目经理。在今天的许多企业，如低技术含量的制造企业中，一些一线经理已经肩并肩地工作了10年以上。在这种情况下，非正式的项目管理可能更有效，人们也不把项目管理当作职业。

在20世纪70年代和80年代初期，许多公司放弃了非正式项目管理，进行重组以采用正式的项目管理流程。这主要是因为项目活动的规模不断扩大、复杂度不断增加，在现有的结构下已无法管理这些活动。

并不是所有的行业都需要项目管理。高级管理人员在做出决定之前，必须先确定是否有实际的需求。有些行业只有简单的任务，无论环境动荡与否，都不需要项目管理。技术变化比较慢的制造业也不需要项目管理；除非它们有特别项目的需要，如中断日常制造流程的某些项目。项目管理的低速增长和认可度低是由于其局限性非常明显，而其优势没得到完全认识。项目管理需要组织结构的重组。当然，问题是"多大程度上的重组"。高级管理人员回避项目管理这个话题，是因为担心组织必须进行"革命性"的变化。

项目管理重组组织结构，会使公司获得如下好处：
- 完成在传统组织结构下不能有效处理的任务。
- 完成一次性活动，同时尽可能地减少对日常业务的影响。

上述第二点暗示项目管理是"暂时性"的管理结构，因此，只有最低程度的组织结构破坏。那些竭尽全力适应新体系的管理层找出的最主要的问题都聚焦在权力冲突和资源冲突上。

另一个主要担心在于，项目管理需要高级管理人员放弃他们的一部分权力，授权给中级管理人员。在某些情况下，中级管理人员很快占据了有权力的职位，比高级管理人员更有权力。

对扩张后拥有多条产品线的很多公司来说，项目管理是必不可少的，因为这些产品线完全不同，组织结构的复杂性也急剧增加。这种复杂性的增加可归因于：
- 技术以惊人的速度发展。
- 研发投资增加。
- 可获得信息增加。
- 产品生命周期缩短。

为满足这4个方面的需求，管理层"被迫"进行组织结构重组；存在了数十年的传统组织形式无力整合职能"帝国"之间的工作。

直到20世纪70年代，大环境开始发生较大变化。航空航天、国防工业及建筑行业的公司开始率先实行项目管理，接着其他一些行业的公司很快跟随，虽然有些公司显得很不情愿。美国航空航天局和国防部"迫使"其分包商接受项目管理。

因为现有的组织结构不能适应成功完成项目所必需的各种错综复杂的任务，所以对项目管理的需求变得显而易见。一般总是中、低级管理人员首先意识到这一点，因为他们发现在各自的组织结构中不可能有效地控制资源来完成各种不同的任务。通常，中级管理人员比高级管理人员更容易感受到环境改变带来的冲击。

一旦确认了变革的需要，中级管理人员就必须说服高级管理人员，这种变化是正常的。如果高级管理人员无法认识到资源控制的问题，就不会采用项目管理，至少不会正式采用项目管理。至于所谓非正式地采用项目管理，那就是另一回事了。

随着项目管理的发展，人们认识到其成功实施需要数个关键因素。最主要的因素就是项目经理的职责，这是整合职责的焦点。人们最先在复杂的研发项目中明确了对整合职责的需求。

现在的研发技术已经打破了过去各个行业间的壁垒。过去稳定的市场和分销渠道现在都处在变化之中。行业环境极为动荡，而且越来越难以预测。许多复杂的因素，如市场、生产方式、成本、科技发展潜力等，都在左右研发投资的决定。

所有这些因素结合在一起，给我们带来了巨大的管理难题。如果所有的重要决策经过正常的职能层级处理、解决后，只能在组织的高层汇总，那么高层需要做的决策就太多了，必须有另外的整合方式。

赋予项目经理整合的职责会带来如下好处：
- 有唯一的项目负责人，能对项目整体负责。
- 更专注于项目而不是职能模块。
- 满足了各职能组织协调工作的需要。
- 能适当地使用整合的计划和控制。

如果没有项目管理，上述4个方面都只能由高级管理人员来完成。至于这些活动到底是不是高级管理人员工作职责中的一部分，人们有不同的看法。一位《财富》500强公司的高级管理人员说，他每周要花70小时同时扮演高级管理人员和项目经理的角色，而他认为自己无法同时在两项职责中表现出自己的最高水准。在一次员工大会上，这位高级管理人员提到他对实施项目管理后的组织的期望：
- 推动决策权下放。
- 不再需要开会讨论解决方案。
- 相信同事的决定。

接受项目管理的高级管理人员很快就发现了项目管理这项新技术带来的好处：
- 容易适应不断变化的环境。
- 能在特定时期内处理涉及多个相关方面的活动。
- 既有纵向工作流，也有横向工作流。
- 更以客户问题为导向。
- 更容易明确活动的责任分配。
- 基于多方讨论的决策流程。
- 促进组织架构设计的革新。

随着项目管理的发展，最佳实践变得重要起来。最佳实践可能由成功中产生，也可能从失败中获得。在项目管理的早期，私营企业注重从成功中获得最佳实践，而政府机构注重从失败中吸取教训。政府机构后来也开始注意从成功中学习，而这些最佳实践的积累来自与其主要承包商和分包商的工作关系。政府机构总结的最佳实践包括：
- 使用生命周期概念。
- 标准化和统一化。
- 使用模板［如工作说明书（Statement of Work，SOW）、工作分解结构（Work Breakdown Structure，WBS）、风险管理等］。
- 赋予在同一地点的军方项目管理人员更多的巡查职责。
- 成立整合项目团队（Integrated Project Team，IPT）。
- 控制由承包商导致的项目范围变化。
- 运用挣值管理。

1.4 项目管理最佳实践：1985—2016 年

到了 20 世纪 90 年代，公司开始认识到必须实施项目管理，没有其他选择。到 2016 年，项目管理实质上已经进入各个行业，最佳实践也在各个行业中不断积累。作者认为，不同行业的最佳实践的产生时间如下所示。

- 1960—1985 年：航空航天、国防和建筑行业。
- 1986—1993 年：汽车行业。
- 1994—1999 年：电信行业。
- 2000—2003 年：信息技术行业。
- 2004—2006 年：医疗保健行业。
- 2007—2008 年：市场营销和销售行业。
- 2009 年至今：政府部门、小企业、全球范围接受的项目管理。

当前的问题不是如何实施项目管理，而是如何尽快实施；我们如何在项目管理上迅速成熟起来；我们能否利用最佳实践，加速项目管理的实施。

表 1-1 给出了组织实施项目管理所经历的典型生命周期阶段。在第一个阶段，即萌芽期，组织明确地意识到对项目管理的需要。这种认识往往发生在中、低管理层中，那里是项目活动实际执行的地方。进而，高级管理人员被告知这种需求，开始进行情况评估。

表 1-1 项目管理生命周期的 5 个阶段

萌 芽 期	高级管理人员的认可	一线经理的认可	成 长 期	成 熟 期
认识到需求	得到高级管理人员的明确支持	得到一线经理的支持	认识到生命周期各阶段的用处	建立管理层的成本进度控制系统
认识到收益	高级管理人员理解了项目管理	得到一线经理的承诺	开发项目管理方法论	整合成本和进度控制
认识到应用	建立高级管理人员一级的项目委托制	提供一线经理培训	承诺按计划进行	制订培训计划，以提高项目管理技巧
认识到需要行动	变得愿意改变开展业务的方式	变得愿意让员工接受项目管理培训	尽量减少范围蔓延，选择项目跟踪系统	

引导高级管理人员意识到对项目管理需要的是以下 6 种驱动力：

- 资本项目（Capital Project，那些涉及投资较多，与厂房、大型设备的购置、安装有关的项目。——译者注）。
- 客户期望。
- 竞争。
- 高级管理人员的支持。
- 新产品开发。
- 效率和效能。

大型资本项目及众多同时进行的项目推动制造业公司采用项目管理。高级管理人员很快意识到这些对现金流的影响,也意识到进度拖延可能导致工人没事做。

向客户销售产品或服务(包括安装)的公司必须具备良好的项目管理实践。这类公司虽然通常都是非项目驱动型公司,但是其职能的行使就像项目驱动型公司一样。这类公司现在向顾客出售解决方案,而不是出售产品。如果没有成熟的项目管理实践,几乎不可能向顾客出售完整的解决方案,因为实际上公司出售的东西就是项目管理专业知识(如项目管理过程)。

竞争在两种情况下可以变为驱动力:内部项目和外部(外部客户)项目。在内部,当公司发现很多工作可以外包,而且成本比自己做还低时,公司就陷入了困境;在外部,当公司在价格、质量上不具备竞争优势,或者无法扩大市场份额时,公司也会陷入困境。

对那些体制僵化、传统、从事例行的重复活动的组织来说,高级管理人员的支持是实行项目管理的驱动力。除非由高级管理人员推动,否则这类机构十分不愿意改变现状。这种驱动力可以和另 5 种驱动力任意组合,同时存在。

在大规模投资研发的机构中,新产品开发成为实行项目管理的驱动力。如果只有少部分研发项目能商业化并收回成本,那么项目管理就是必不可少的。项目管理也可以作为早期预警系统,提醒我们应该取消哪些项目。

效率和效能作为驱动力,可与其他任何驱动力并存。对正在艰难成长的小公司来说,效率和效能起到极为重要的作用。项目管理可以帮助这些公司在成长过程中保持竞争力,并帮助探明其能力上的限制。

因为这些驱动力相互关联,所以有些人主张,唯一的、真正的驱动力是生存问题,如图 1-1 所示。当公司意识到这事关公司的生存时,项目管理的执行也就变得更容易了。

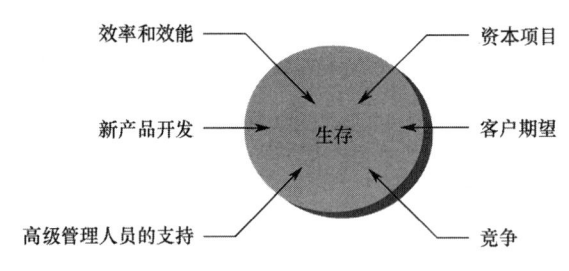

图 1-1 公司生存的要素

英德拉公司 PMO 前主任、PMP 专家恩里克·塞维利亚·莫利纳(Enrique Sevilla Molina)在讨论英德拉公司推动优质项目管理的驱动力时说:

> 内在动力出自我们自身的历史和从业经验。我们很快发现,更好的项目经理可以带来更好的项目成效。这一认识契合了我们对展示公司处理大型项目能力的需求。我们需要在国内与国际市场,在美国与欧洲的客户面前进行这样的展示来赢得合同。这些大型项目需要世界一流的项目管理,对我们来说,比起在技术层面上执行项目,管理项目是个更大的挑战。总体来说,这些大型项目在按部就班地处理与干系人和分包商的关系方面,以及在准确可靠地定义项目相关事项的合

同要点方面，都是基准标杆。

公司在项目管理中达到一定的成熟度的快慢，通常取决于它们所认知的驱动力有多重要。图1-2对此进行了概要的解释。如果需要提高内部效率和效能，那么非项目驱动型组织和混合型组织会很快成熟起来。竞争是最慢的途径，这是因为这类组织意识不到项目管理对它们的竞争力有直接影响。项目驱动型组织则正相反，比赛的名字就叫竞争，比赛的装备就是项目管理。

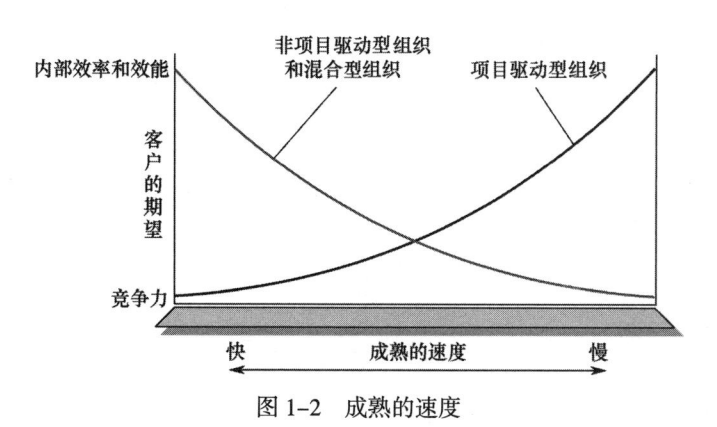

图1-2 成熟的速度

一旦组织意识到对项目管理的需要，就进入了如表1-1所示的生命周期的第二个阶段：高级管理人员的认可。没有高级管理人员的支持，项目管理不可能在短期内迅速实施。而且，必须让所有人明确地看到这种支持。

生命周期的第三个阶段是一线经理的认可。如果一线经理没有看到来自高层的支持，他们也不太可能积极支持项目管理的实施。哪怕一线经理支持得不够，都会使项目管理举步维艰。

生命周期的第四个阶段是成长期，在这个阶段，组织做出决定，开发整个公司的项目管理工具，包括计划、进度、控制的流程和项目管理方法论，并选择合适的支持软件。这个阶段的一些活动也可能早在前期阶段就开始了。

生命周期的第五个阶段是成熟期。在这个阶段，组织开始运用前期开发的工具。这时，组织必须全力以赴地致力于项目管理。组织还须开发合理的项目管理课程，提供适当的教育培训来支持前述的工具与必要的组织行为。

进入20世纪90年代，公司终于开始意识到项目管理的收益。表1-2给出了项目管理生命周期中的关键成功因素和关键失败因素，它们导致了我们对项目管理看法的改变。这些因素大多是通过发现和实施最佳实践而被识别出来的。

表1-2 项目管理生命周期中的关键因素

关键成功因素	关键失败因素
高级管理人员的认可阶段	
考虑下属的建议	拒绝考虑下属的想法

关键成功因素	关键失败因素
认识到改变的必要性	不愿意承认改变的必要性
理解高级管理人员在项目管理中的作用	认为高级管理人员应该控制项目管理
一线经理的认可阶段	
愿意把公司利益放在个人利益之前	不愿分享信息
愿意承担责任	拒绝承担责任
愿意看到同事的进步	不愿看到同事的进步
成长期阶段	
认识到需要整个公司统一的方法论	把标准的方法论看作威胁，看不到其带来的收益
支持统一的状态监控和报告	不能理解项目管理带来的收益
认识到有效计划的重要性	计划仅停留在口头上
成熟期阶段	
认识到成本和进度不可分割	认为单凭进度就可以确定项目的状况
追踪实际发生的成本	认为没必要追踪实际发生的成本
开展项目管理培训	认为企业成长和项目管理成功是一回事

认识到组织可以受益于项目管理的实施仅仅是第一步，接下来的问题是："我们要花多长时间才能获得这些收益？"部分答案如图1-3所示。在实施过程的初期，因为要开发项目管理方法论，建立计划、进度、控制等支持系统，所以需要额外的成本。最终，成本会逐渐下降并稳定下来。图中标"？"的点就是实施成本与收益相抵的时间点。通过培训和教育，这个平衡点可以左移。

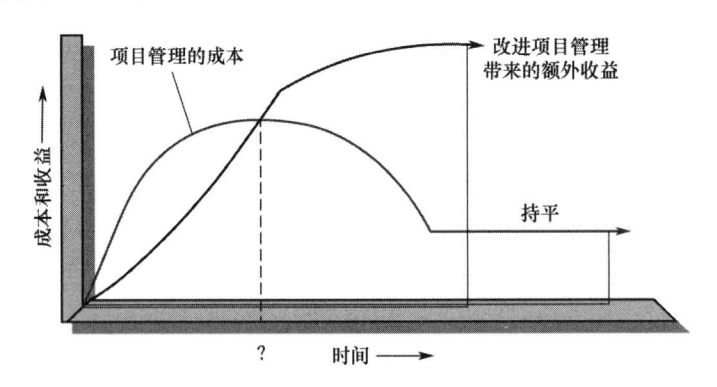

图1-3 项目管理的成本收益关系

在21世纪的最初10年里，对收益的理解和认可渗透到了高级管理层，而不仅仅流行于项目日常执行层。来自美国贺卡公司（American Greetings Corporation）高级管理层的评论佐证了这一观点：

通过项目管理，我们学会了基于事实做出决策。在过去，我们大多根据我们对未来的推测和期望来做出决策。现在我们可以审视现状，对其进行实事求是的分析和解读，从而做出合理的决策，并利用这些信息设定合理的目标。

——泽威·维斯（Zev Weiss）
美国贺卡公司首席执行官

项目集管理办公室提供了完成所需工作的架构和规则。从开始到完成，每个项目都有一张通往设定目标的路线图。

——杰夫·维斯（Jeff Weiss）
美国贺卡公司总裁、首席运营官

通过项目管理，我们了解到确定具体项目并授权团队执行的价值。我们利用了项目管理原则，从而可以一次又一次地依靠它达到我们的目标。

——吉姆·斯皮拉（Jim Spira）
美国贺卡公司前总裁、首席运营官

当所有高级管理人员在项目管理的价值和收益上达成一致时，项目管理的持续改进就迎来了快速发展。

1.5 项目管理最佳实践：2016年至今

随着越来越多的公司认识到使用项目管理的好处，最佳实践的积累变得司空见惯。也许，人们对于项目管理观点的最大改变是认识到完成项目可以提供商业价值，而不仅仅是提供可交付物。如果可交付物不能给公司带来商业价值，在时间、成本和范围的传统三重约束下完成项目不一定是成功的。

商业改变了对项目管理的传统看法。现在对于项目的商业论证包括收益实现计划，常常还伴随着一个对项目结束时商业价值的预期详细描述。

项目选择实践和项目组合建立在最大化收益和商业价值的期望上。那些曾被认为为个人带来收益的小项目已经被为整个组织带来收益的项目所取代。收益实现计划、收益管理和商业价值管理现在成为高级管理人员的主要关注点。

1.6 迪拜海关的收益管理实践[①]

在迪拜海关（Dubai Customs），项目涵盖核心和非核心领域，有效的收益实现对于实现投资所期望的商业成果是至关重要的。

穆罕默德·拉希德·宾·哈希姆（Mohammad Rashed Bin Hashim）与阿吉特·库玛尔·奈尔（Ajith Kumar Nair）是迪拜海关项目交付部门负责信息化需求和收益管理的专家，他们

[①] © 2018 迪拜海关。

领导着为海关发展部门建立收益管理框架的工作。通过对全球收益实现最佳实践的广泛研究，他们建立了一个工作管理流程，采用已建立的方法来获取和测量所有包含整体结果的金融和非金融收益。此流程适用于商业论证的开发、收益实现计划和投资组合级别的收益管理。它还为迪拜海关的执行发展委员会提供决策支持，以监控所有与项目相关的投资。

迪拜海关的收益实现管理的目标是：

- 确保在一开始就明确地确定和定义收益，并与战略成果相关联（商业需求文档——需求大纲和商业论证）。
- 通过在实现过程中分配对于增加价值的所有权和责任，来确保业务领域实现其固有收益（收益实现计划与用于监控和测量的活动跟踪器）。
- 推动实现收益的过程，包括收益测量，跟踪和记录实现的收益，并在投资组合层面管理收益，以更好地为未来的安排给出预算并排出优先级（收益实现计划和收益象限）。
- 使用定义的、预期的收益作为项目/计划的路线图，提供交付变化的重点（收益象限反馈到项目组合管理）。
- 进行调整，明确项目/计划（目标和预期收益）之间的联系，如图 1-4 中的战略目标（迪拜海关收益的战略调整——收益调整图）。

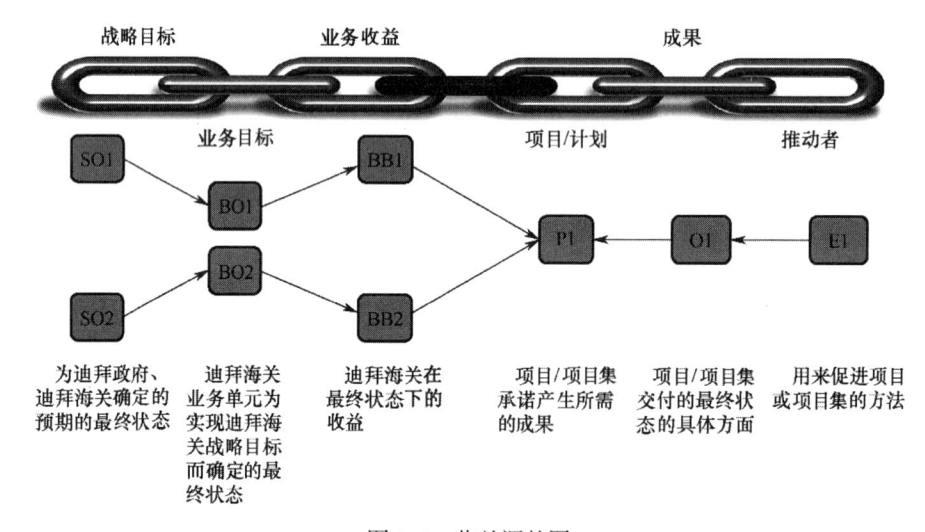

图 1-4 收益调整图

◆ 收益实现管理框架

迪拜海关收益实现管理框架发展的目标是：

- 提供从最新经验和经过验证的最佳实践（克兰菲尔德收益管理流程模型和 APMG 国际管理收益：优化投资回报）中提取出来的最佳实践原则和概念框架，为项目交付部门的项目和项目集设置和管理收益。
- 为迪拜海关的业务主题专家、董事、业务负责人、领域管理者、变更经理、项目/

项目集经理、业务分析师和 PMO 员工提供标准的收益实现管理方法。
- 提供一致的术语和收益分类（收入增加、成本节省、效率提高、收入保障和客户满意度）。
- 为业务发起人和业务收益负责人提供介绍和指导。
- 针对参与收益实现的人员，使他们能够根据图 1-5 中所标出的特定的需求进行调整和改变。

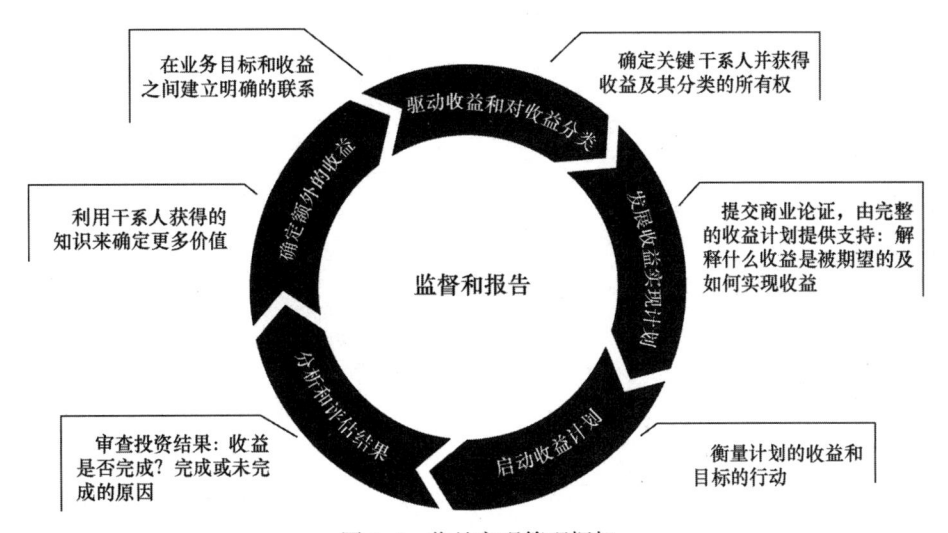

图 1-5　收益实现管理框架

- 可供战略、业务运营领域、项目集/项目团队及个体从业者和业务收益负责人使用。
- 旨在帮助从业者改进决策，并帮助他们更好地实施收益变革。

收益管理流程着眼于建立一个总体管理流程，来计划、衡量、审查和评估可量化收益的结果，从而确定一项举措是否取得成功并实现其目标。该过程还在内部测量定性收益，并测量外部合作伙伴对迪拜海关收益的影响。

框架应用的关键是要理解起点。
- 是否已获得批准的商业论证，或者是否仍在为项目或项目集制定商业论证？
- 与项目集或项目相关的所有任务和可交付物都使用此标准方法来专注于实现收益，如图 1-5 所示。

◆ 收益管理成熟度等级

确定组织的成熟度等级将有助于定制框架，以帮助确保采用及收益流程和模板的继续使用。低管理成熟度将限制复杂而全面的收益框架的引入。迪拜海关意识到需要提炼框架、流程和模板，以获得改善整体组织的收益管理所需的基本机制，并执行所需的管理报告，以对持续改进收益管理进行计划。

世界著名的收益管理咨询专家斯蒂芬·詹纳（Stephen Jenner）与国际学习集团合作，对迪拜海关的收益管理实践的充分性和有效性进行了评估，以衡量成熟度等级。根据迪拜海关举办的研讨会，我们为收益管理制定了一个内部成熟度模型，如图1-6所示，以判定到达的成熟度等级，此模型有待改进，并将进一步完善。

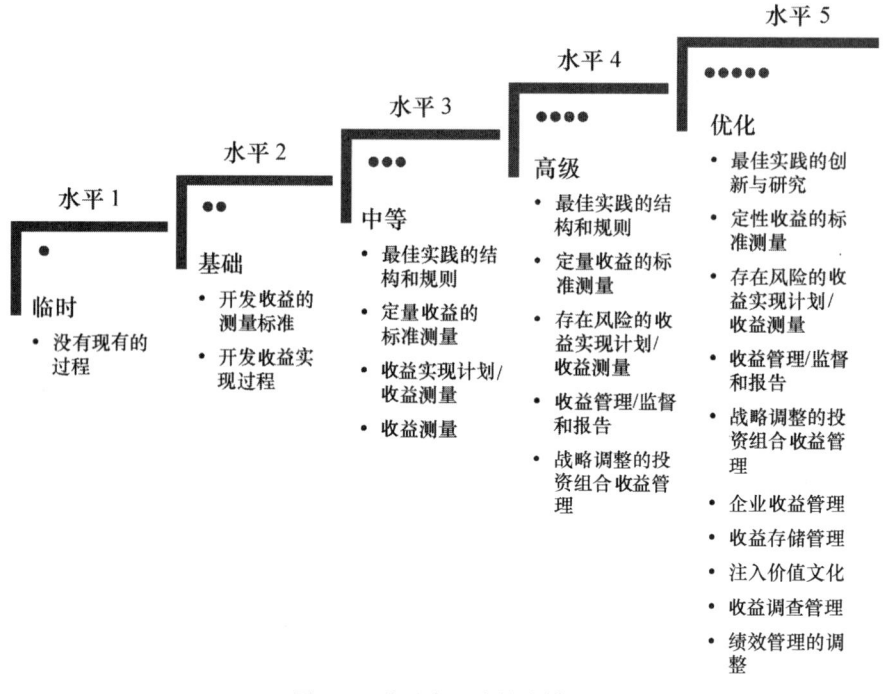

```
水平 1        水平 2         水平 3          水平 4             水平 5
 •             ••            •••            ••••              •••••
临时          基础           中等            高级              优化
• 没有现有的   • 开发收益的    • 最佳实践的    • 最佳实践的       • 最佳实践的创
  过程          测量标准        结构和规则      结构和规则         新与研究
              • 开发收益实    • 定量收益的    • 定量收益的标     • 定性收益的标
                现过程          标准测量        准测量             准测量
                              • 收益实现计划/  • 存在风险的收    • 存在风险的收
                                收益测量        益实现计划/       益实现计划/
                              • 收益测量        收益测量           收益测量
                                              • 收益管理/监督   • 收益管理/监督
                                                和报告             和报告
                                              • 战略调整的投    • 战略调整的投
                                                资组合收益管       资组合收益管
                                                理                理
                                                                • 企业收益管理
                                                                • 收益存储管理
                                                                • 注入价值文化
                                                                • 收益调查管理
                                                                • 绩效管理的调
                                                                  整
```

图1-6　收益实现成熟度模型

◆ 投资组合收益管理（效益象限）

对于许多项目，只有在实施完成后才能实现收益。在迪拜海关，通过在项目完成后将收益实现的责任分配给需求管理部门来监督收益实现。需求管理部门分析收益实现的情况，以便进行优化和对高级管理委员会（海关发展委员会）进行连续报告。图1-7中突出显示了迪拜海关内部构建的象限，用于管理整个投资组合的收益。基于从APMG国际管理收益最佳实践中获得的想法，管理整个投资组合的收益，并用配点法进行绘制，气泡大小代表围绕收益的吸引力和可实现性的双重维度的投资成本，它可以作为管理报告和规划未来投资的工具。

◆ 关键经验总结

- 想想你想要实现的收益是什么，然后提出一个让你能够实现这些收益的项目计划。首先考虑项目，然后尝试将这些项目与公司战略相结合是错误的。
- 谨防本质上不具有战略性的"恶劣"项目，它们消耗宝贵的资源，分散注意力，使我们无法执行组织的战略。
- 通过持续参与式干系人管理来关注收益。

- 收益预测及证据驱动实践。
- 收益必须是透明的，基于公开诚实的预测和报告，以及从战略目标到业务收益的清晰视野。

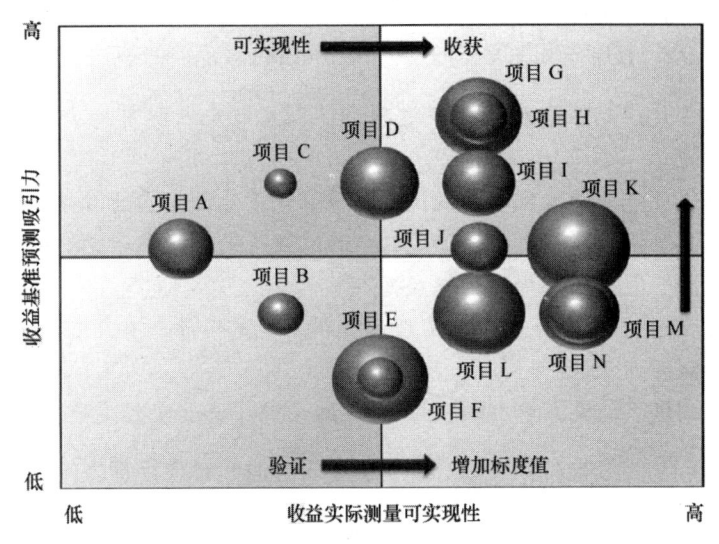

图 1-7 投资组合收益象限

- 收益必须具有前瞻性，必须通过学习和持续改进来发展。
- 收益必须更多地关注实际的收益实现。
- 积极的赞助对于成功交付项目/项目集预期的收益至关重要。业务负责人需要确保项目/项目集提供预期的收益。
- 组织必须注入价值文化，才能在收益实现的领域中有效地成熟。
- 收益通常会在项目完成后的某个时刻实现。即使收益从开始就立刻产生，业务负责人也必须监督收益的长期有效性。
- 必须根据从识别到实现的整个商业生命周期中吸取的经验教训来管理收益。

1.7 高级管理人员对项目管理的看法

如今的高级管理人员对项目管理的理解和重视已经大大超出了他们的前辈。早先，项目管理被认为是简单地为项目设定时间表，然后通过联网软件进行管理。今天，这一狭隘的认识已经获得了显著改变。项目管理已经成为企业生存所不可或缺的因素。

虽然形成这一变化的驱动因素有很多，但最突出的有 3 个。首先，当糟糕的经济状况和严苛的竞争迫使企业裁员时，想要保住饭碗的员工需要利用更少的资源完成更多的工作。管理层希望员工更有能力且更有效率地履行他们的职责。其次，当今企业的成长往往需要承担重大风险，特别是在新产品与新服务的开发方面，很可能无法正确预测新的技术与标准。简单来说，我们正在从事更多既不常规也无法预料的工作。最后，也可能是最重要的一点，就是我们相信管理业务的方法就是将其看作一系列项目。项目构成了日常工作的很大部分，因此，在某种程度上，所有员工实际上都是项目经理，需要做出有关业务与项目的决策。

新一代高级管理人员显然对项目管理的价值有着更全面的认识，从项目管理的收益到挑选项目经理的标准，再到提升公司效能的组织结构，他们都有自己的看法。我们来看看Sherwin-Williams公司首席资讯官汤姆·卢卡斯（Tom Lucas）的说法：

- 我们都曾经或多或少地管理过项目，但没几个人能算得上称职的项目经理。
- 管理项目与专业项目管理的区别就像在湖面上划船与坐赛艇的区别。两种船都能把你载到湖对岸，但是划船的过程是漫长而艰辛的。如果没坐过赛艇，人们怎么可能知道这一点呢？
- 不要把过程看作专业项目管理的关键，这是误导。项目管理的关键在于得到经营成果。
- 如果认识不到设立PMO是在改变企业文化，那么你注定要失败。

以下来自其他高级管理人员的评论清楚地展现了他们对项目管理的理解与重视。

在过去的15年中，持续的改革已经成为IBM公司的显著特色，也是我们成功的关键因素。有效的流程改进与IT变革不是自动发生的，只有专家级的项目经理才能使之成为可能。我们的项目经理应用信息技术对流程进行分析，令我们得以创新并去除多余步骤，使工作简单化和自动化。他们正确地调配时间和预算资源来完成具体工作，帮助我们提升效率和效能。当我们继续在转型之路上取得成果时，项目经理的价值无法估量。

——琳达·S.桑福德（Linda S. Sanford）
IBM集团信息技术与需求变革分部高级副总裁

项目经理是我们公司"端到端"开发与业务执行模式的重要组成部分。我们的目标是拥有值得信赖的项目管理实践来为我们的产品和服务提供更可靠的支持。作为一个团队，项目经理帮助我们在问题出现之前发现根源，并确保我们履行对集团和客户的承诺……我们会继续专注于项目管理，培养我们的优秀员工成为项目经理，并大力鼓励我们的项目经理取得资格认证：不仅包括PMI的认证，还包括IBM内部的认证……"端到端"的项目管理必须成为我们业务中根深蒂固的一部分。

——罗德·阿德金（Rod Adkins）
IBM系统与技术部开发和制造高级副总裁

成功的项目管理从以下两个方面看是极其重要的任务：

首先，当我们定义并实现产品生命周期管理（Product Lifecycle Management，PLM）解决方案时，我们需要帮助客户贯通所有功能单元，理顺整个产品生命周期。这会使所有大型PLM项目变得相当复杂。为了遵循公司"永远不让客户失望"的宗旨，健全而可靠的项目管理常常是我们除 PLM 平台本身以外所能提供的最重要的补充。这两者的结合让我们的客户能够获得他们投资 PLM 时所期待的收益。

其次，西门子自身就是我们的最大客户之一。这是一个巨大的机遇，也是一个巨大的挑战。让一个"内部"客户项目的目标和范围保持在受控状态，和应对外部客户的情况一样富有挑战性。为了使我们的开发规划和部署计划保持正常运作，这又是必需的。我们的使命是继续成功地开发和部署第一个也是唯一合适的"端到端"工业软件平台。这一全面的平台包含整个产品生命周期，从产品开发、生产计划、销售平台控制，到维护管理、维修，甚至改造有问题的产品。作为结果，有效的项目管理对于我们的成功至关重要。

——赫尔穆特·路德维希（Helmuth Ludwig）博士
西门子 PLM 软件主管

在这个属于即时通信与快速发展的网络年代，北电网络公司继续最大限度地使用它的项目管理规则，来确保一系列复杂的项目能够成功实施。我们创造一种能够在组织内部分享最佳实践并总结经验教训的环境，这很大程度上是由我们的项目经理推动的。我们也在努力通过引入 SAP 业务管理软件来更深入地整合项目管理资源及供应链管理。随着项目管理在一个更加以服务和解决方案为导向的环境中不断前进，它将会一直是北电网络公司业务与战略不可或缺的组成部分。

——苏·斯普拉德利（Sue Spradley）
北电网络公司全球运营部前总裁

在服务行业中，我们提供服务的方式（也就是项目管理方法）和我们提供的服务本身同样重要。当我们提供同行业最好的服务时，客户希望借由我们的集体智慧和经验，从他们的 IT 投资中获得最大化的收益。惠普服务部门的集体智慧与经验可以很轻松地从惠普全球管理方法中获得。这一套整体的指导思想是惠普服务部门得以让我们的效率最大化并为客户创造价值的第一步。下一步是了解现实可用的资源，并学习在服务客户的时候怎样加以运用。惠普全球管理方法只是一系列业内最佳的管理方法中的一部分，这些方法反映了惠普服务部门的集体智慧与专业水准，并不断提升我们作为可靠业务伙伴的信誉。通过定制预订的可靠方法，使用已有的项目清单来确定没有遗漏，以及共享经验和学习改进惠普全球方法，这也同时改善了我们的成本结构。

——迈克·里戈丹佐（Mike Rigodanzo）
惠普服务运营与信息技术部前高级副总裁

在 1996 年，我们开始从核心流程的角度审视我们的业务……不出意料，项目管理脱颖而出。作为其中一个不可或缺的核心流程，项目管理的质量至关重要。

——马丁·奥苏利文（Martin O'Sullivan）
摩托罗拉前副总裁

从这些评论中我们可以清楚地看到，当今的高级管理人员已经认识到项目管理是企业生存所必需的一项战略核心竞争力，因为项目管理几乎连接所有其他业务流程，包括对质量的努力改进。

在过去十年中，有三个商业因素得到了高级管理层的赞赏和支持。第一，维持业务增长所需的非传统项目数量显著增加。一切照旧的做法会招致失败。非传统项目主要围绕战略业务目标和必要的创新，以保持公司的未来发展。由于资金有限，高管们无法完成他们想要的所有项目。对于被优先考虑和实施的项目，高管们比过去需要更多的信息来评估项目绩效，并在必要时对方向做出战略性改变。有效地运用项目管理实践，同时不断地进行改进，会增加成功的机会。

第二，今天的商业环境在很大程度上基于不确定性和复杂性。决策往往基于不完善的信息和高于正常水平的风险，但必须迅速做出和执行。有效的项目管理实践会再一次增加成功的机会。

第三，像新冠疫情这样的危机表明，许多公司不能指望以一切照旧的心态生存下去。从高层进行分级指挥和控制并不一定能解决危机。危机发生时，通常会以策略上的变化来适应。策略需要依托项目来实施，因此，有效项目管理实践的重要性和必要性再次显现出来。

这三个主题将在 1.8—1.10 节中详细讨论。

1.8 非传统项目数量增加

几十年来，大多数项目经理负责的是具有明确商业认证和工作说明书的传统项目。在课堂上，项目经理被教导在所有各方（包括干系人）理解并同意项目需求之前，不要开始项目的规划和执行。大家普遍认为，明确的需求可以降低详细风险管理的必要性，并降低项目的复杂性。公司创建了一种"一刀切"的项目管理方法论，包含用于风险管理活动的表格、指南、模板和检查清单，但这些都基于需求明确的传统项目。

即使项目只是部分成功或不完全成功，项目管理的绩效也是通过遵从同一方法论来衡量的。卓越的项目管理绩效是通过持续使用四个部分来定义的，即：
- "一刀切"的方法论。
- 支持该方法论的组织内运营资产。
- 使用明确的工作说明书进行项目启动。
- 现实的假设、约束和期望。

有效管理风险、不确定性和复杂性通常不是关键特征之一，因为评价卓越仅基于项目绩效来衡量。

大多数高管不愿信任项目经理，担心其会做出本应由高级管理层做出的决策。因此，对于所有传统项目使用单一的方法论在某种程度上降低了风险，并让高级管理层实现有效的指挥和控制。项目经理可以做出与技术风险复杂性相关的一些决策，但大多数影响业务风险复杂性的决策由项目发起人做出。

到 21 世纪初，高风险且复杂的战略项目对高管变得越来越重要。特别是那些涉及创新的战略项目对于维持业务至关重要。遗憾的是，这些项目通常被分配给职能经理，因为高级管理层更信任职能经理而不是项目经理。职能经理可以自由使用任何工具和技术来管理复杂的项目。他们没有任何限制，也通常没有管理非传统项目（如战略项目或创新项目）复杂性的指南或标准。

随着项目管理的发展，出现了讨论最佳实践和经验总结的文献，这些都归因于项目管理的有效使用。高管开始质疑项目经理是否比职能经理更适合管理非传统项目。

使用项目经理而不是职能经理有几个原因。首先，职能经理的年终奖金基于其职能团队的表现。因此，他们会将最合格的员工分配到影响其奖金的短期项目上，从而可能对战略项目不利，导致这些项目无法获得所需技能的资源。其次，职能经理会隐藏他们项目中的一些复杂性，担心这会影响他们的奖金，或者更糟的是，邀请高管对他们的项目进行具体管理。

到 21 世纪初，由于非传统项目和战略项目的重要性日益增加，这些项目的责任逐渐转移给项目经理。几乎立刻显现出来的是，"一刀切"的方法论无法应用于许多非传统项目。表 1-3 展示了传统项目与非传统项目之间的一些区别。

表 1-3　传统项目与非传统项目的区别

因　素	传统项目	非传统或战略项目
商业认证	通常定义明确	在项目的早期阶段可能不存在，在整个项目过程中可能会发生变化
工作说明书	通常定义明确	可能不存在；可能只能和战略目标一起使用；工作说明书可以在整个项目中更改
工作分解结构	可以为整个项目开发	可能只知道未来几周所需的工作，并可能会发生变化
挣值管理系统	有些帮助	基于未知数和竞争约束引入，可能使用有限
规范	通常已知	可能不存在
进度	已知	未知且可能会持续变化
成本	已知	开始时未知，可能会持续变化
风险	通常已知，可以量化	可能是未知的，可能会在没有警告的情况下出现新的风险
复杂性	有一定的信心可以知道	可能不为人所知，可能会有所变动

开始有文章指出，应该使用多种方法论或框架，如敏捷或 Scrum 方法，以适应每个项目的需求，而不是强迫项目使用可能不合适的"一刀切"方法论。公司发现了正在发生的变化，并很快意识到所有项目可能具有不同的复杂性等级，有效的风险管理实践可能成为未来项目经理最重要的知识领域。

项目经理现在对手头的情况有了更深入和清晰的理解，能够做出更有效的决策。项目经理得到了更多的信任，他们不能仅仅依靠项目发起人或项目管理委员会来分析每种情况的复杂性并做出适当决策。了解风险、不确定性和复杂性，以及灵活方法论的使用，已经成为项目经理的重要知识资产。

1.9 环境的变化

到 21 世纪初，公司逐渐意识到其许多项目的复杂性在增加，并需要一种更好的方法论来理解、定义和管理复杂性。VUCA 这个缩写词首次出现在 1987 年，由沃伦·本尼斯（Warren Bennis）和伯特·纳努斯（Burt Nanus）在领导理论的著作中提出，用来描述领导者必须做出决策的环境。VUCA 代表易变性（Volatility）、不确定性（Uncertainty）、复杂性（Complexity）和模糊性（Ambiguity）。2002 年，这个缩写词被军事教育项目所接受，并开始作为政府和军事项目风险管理实践的一部分进行讨论。

在项目开始时，项目经理通常会接受培训，了解可能影响项目决策的事业环境因素（Enterprise Environmental Factor，EEF）。大多数项目经理假设这些因素一旦被识别出来，在项目期间可能会保持不变。

然而，VUCA 环境作为 EEF 的一部分，会不断变化，其四个组成部分相互影响且无法分割。因此，项目经理必须持续观察 VUCA 环境，并确定其对项目决策的影响。

VUCA 及其组成部分有多种解释和应用。可以从全球角度来观察 VUCA 环境，也可以仅从一家公司的竞争和决策环境来观察。普遍共识认为，未来所有公司，无论其所属行业如何，都必须规划如何在 VUCA 环境中竞争和生存。

尽管我们似乎都同意我们生活的世界受 VUCA 的影响，但对其组成部分的意义仍存在困惑。一些公司更倾向于关注易变性和复杂性，而淡化或避免考虑不确定性和模糊性。因此，VUCA 组成部分的应用和定义可能因行业或公司而异。

PMI 在 2014 年发布了一份题为《驾驭复杂性——实践指南》的研究报告。在该报告中，PMI 提出了 48 个问题，这些问题使项目管理实践社区意识到未来项目的环境可能由 VUCA 决定。典型问题包括：

- 在这个阶段，项目需求是否可以清晰地定义？
- 项目的范围和目标是否可以明确地描述？
- 项目的约束条件和假设是否可能保持稳定？
- 干系人的需求是否可能保持不变？

VUCA 的各个组成部分的含义可能因行业、公司甚至项目而异。在项目管理环境中，VUCA 可描述为：

- 易变性。了解可能发生的变化，通常是不利的变化，以及可能引发这些变化的力量或事件。这些变化可能包括需要更多时间和资金，可能产生质量问题，以及无法满足规范要求。
- 不确定性。了解可能发生的问题和事件，但无法准确预测其发生的时间和概率。不确定性可能表现为明确需要更多资源但无法确定所需数量。
- 复杂性。需要理解与易变性和不确定性所涉事件之间的相互关系，以及它们之间的任何关联。可能发生的事件数量越多，复杂性就越高。团队可能因信息过载而无法决定所要采取的行动。复杂性可能表现为知悉"时间就是金钱"，但不知道二者之间的确切关系。
- 模糊性。无法完全描述事件或错误解读可能影响项目结果的风险事件。这可能是由于缺乏先例、事件模糊不清或含义混乱。这种情况通常发生在处理"未知的未知事件"时。例如，当我们不完全理解可能导致预算或进度变化的具体事件时，就会产生模糊性。

VUCA 分析中术语的定义可能会因项目而异，同时也会受项目所处环境的影响。项目中的 EEF 可能严重影响 VUCA 分析。此外，在上述示例中，只考虑了时间和成本。可能会有 15~20 个或更多不同的事件会产生复杂性，并影响项目领导和决策。

应加入第五个因素，即危机。在项目环境中，易变性、不确定性和模糊性会根据事件分类。项目经理研究这些事件，以确定它们的相互关系或复杂性及对项目的潜在影响。这些事件可能是在风险登记册中定义的活动。但是，如果发生危机，如产品质量问题，可能导致严重的健康问题甚至死亡，该怎么办？现在，导致危机发生的事件也必须作为复杂性的一部分来考虑，项目经理可能只有比预想中更少的时间来进行分析和决策。

VUCA 迫使领导者和决策者成为变革的管理者。如今，在一个充满复杂性并且不断变化的环境中做出长远决策是困难的。这需要各级管理者，包括项目经理，在 VUCA 环境中发展新的技能，并学会如何通过非线性思考来管理复杂性。管理者和业务领导者必须学会的新技能包括：
- 头脑风暴。
- 设计思维。
- 创造性的问题解决方式。
- 战略/创新领导力。
- 多元化管理。
- 冲突解决。
- 理解并重视情商。
- 供应链管理。

减少复杂性和不确定性

要减少复杂性和不确定性，需要考虑最小化 VUCA 所有组成部分的不利影响，因为它们之间存在相互关联。项目经理可能会执行的一些行动包括：
- 易变性。使用最坏情况下的方法密切监控 EEF，并尽可能增加弹性。
- 不确定性。不断寻求能够支持或否定可能改变项目方向的假设和限制的信息。
- 复杂性。理解工作构成和人员之间的相互联系，并为项目配备能在复杂环境中执行的高素质资源。
- 模糊性。愿意进行有意义的实验，并理解因果关系。

项目经理可以执行的另一项活动是对假设进行验证。几十年来，我们理所当然地认为在商业认证或工作说明书中确定的假设是正确的,并且在项目的整个过程中不需要进行验证或跟踪。在 VUCA 环境中,特别是如果没有商业认证或工作说明书,拥有的未经证实的假设越多,复杂性就越高。此外,这些假设在项目的整个过程中很可能会发生变化。

1.10 新冠疫情对项目管理的影响

2020 年,新冠疫情影响了全球。公共部门、私营部门和政府不得不迅速应对危机,但通常准备时间有限。这发生在一个快速变化的 VUCA 环境中,其特点是巨大的风险和不确定性,以及决策所需信息的匮乏。

处理这一危机要求许多项目要在没有足够时间使用许多传统项目管理工具、技术和流程的情况下迅速实施。危机的来临也影响了项目管理领导力实践,特别是领导者应该如何应用项目管理以及如何做出决策。大多数项目团队以前从未接受过如何处理类似情况的培训,无论是在执行传统项目还是非传统项目时。在疫情期间,从管理项目中获得了诸多信息,由此总结了许多优秀实践,现在这些实践正被应用于各种类型的项目中。

◆ 领导力

在项目管理的早期,公司认为"业务照常"意味着采用一种一成不变的方法论,并伴随着官僚式的领导方式。项目管理受到严格的政策和程序驱动,以便高级管理层能够对所有项目保持命令和控制。领导的目标是使项目盈利,往往对员工关心甚少。员工被视为项目的一项开支,项目经理的目标是尽量减少人员支出。这有时限制了项目经理激励员工,并由此抑制了创造力。员工通常会尽可能少地参与项目工作而领取同样的工资。这种领导方式通常是由高级管理层或项目发起人规定的。

项目管理实践社区希望有一个项目领导力模板,列出项目环境中有效领导力所需的所有特征。相反,文献中充斥着各种领导风格,如威权型、参与型、放任型和情景型。每种领导风格都有其优缺点,项目经理基本上是根据哪种类型项目对自己最有利来决定使用哪种领导风格的,很少考虑项目团队的需求或想法。

到了世纪之交,开始出现了一些变化,这些变化将改变对于有效项目领导力特征的看法。第一,越来越多的项目经理被要求管理非传统项目,以满足战略和创新需求的增长。第二,灵活方法论的引入,如敏捷和 Scrum,清楚地表明"业务照常"的领导方式在许多类型的非传统项目上可能效果不佳。新方法论需要对项目领导力有不同的认识。第三,项目的持续时间变得更长,这意味着项目经理需要花更多的时间与员工和干系人合作。第四,大多数非传统项目的重要性要求许多员工全职从事这些活动,并与项目经理进行比以往更频繁的接触。第五,项目团队成员被允许在项目结束时评估项目经理和项目管理人员的工作。

上述五个变化的共同点是"协作"一词。项目管理委员会和学术界开始研究未来有效项目管理领导力的特征,这些特征可以描述为支持所有参与者更好协作所需的特征。结果是"社会项目管理领导力"概念的传播，其包含以下特征：
- 以对社会负责的方式行动并与团队互动。
- 激发团队精神并保持团队活力。
- 在 VUCA 环境中管理复杂性。
- 管理文化转型。
- 参与管理变革工作。
- 鼓励设计思维的实践。
- 理解非语言信息和重视情商。
- 积极倾听。
- 尊重每个人。
- 保障团队成员的生活质量。

这次新冠疫情加速了人们对项目领导力中人类行为重大变化的认识。这些特征现在被视为最佳实践，并正在成为项目管理教育计划的一部分。

◆ 信任

在项目管理领导力中最大的挑战之一是让团队相信项目经理的决策是基于诚实、公平和道德做出的，是考虑到项目和员工的最大利益的。信任会鼓励员工更多地参与项目，并使项目经理更容易获得他们的承诺。如果项目经理以不道德的方式行事、滥用职权或向团队展示负面情绪，信任就可能被破坏。

新冠疫情使员工承受着更大的压力。许多员工迅速意识到他们不得不在家工作，并由此增加了复杂性。对于许多员工来说，在虚拟团队中工作是一种新的体验。现在，项目经理更需要为团队成员提供日常活动的指导，并让他们了解公司在危机期间如何正常恢复业务，尤其是在封锁情况下。现在构建以信任为前提的有效协作被视为最佳实践。

为了建立和保持信任，项目管理领导者必须持续为团队提供情感和人际支持。对许多项目经理来说，这是一种新的体验，他们刚开始意识到获得员工信任的重要性及信任在危机期间的影响。

◆ 沟通

在危机期间，领导者必须注重说服，而不是依靠权威强制执行。这最好通过有效的沟通来实现，应该积极倾听并理解员工的关注点。

当团队成员长时间在家工作时，他们依赖媒体信息来了解危机期间发生的事情。媒体交互时的不确定性越大，听众就越焦虑。

项目经理必须抛弃"信息就是权力"的观念，支持信息透明，保证信息可以获取。信息应清楚地说明目前正在发生的情况，包括对未来预期的乐观看法。这现在正成为所有项目的最佳实践。

◆ 做出决策

在传统项目管理框架下，项目经理往往秉持审慎的态度，倾向于全面审视所有可能的情况，包括最不利的情况。这一做法诚然周全，却也不可避免地消耗了宝贵的时间。特别是在危机时期，犹豫不决或迟缓应对无异于自陷困境，其后果往往比错失机遇更为严峻，甚至可能引发连锁反应，加剧局势恶化。此外，决策的拖延还可能侵蚀团队对项目经理的信任。

新冠疫情的肆虐给我们带来深刻启示：面对不确定性，项目经理必须勇于依据手头信息迅速做出判断，即便这些信息并不完美或全面。项目经理需全力以赴，运用现有资源预见潜在挑战，进行灵活应变。

在危机时期，战略决策需兼顾长期利益与短期利益，而项目决策则需调整发力，聚焦于特定关注点。某些决策可能是围绕组织核心价值观展开的，这可能与项目的目标相矛盾。另一些决策则需深入体察受影响群体的信仰与价值观，确保决策的人文关怀。无论何种决策，项目经理均应投入充足时间，通过包括但不限于一对一线上沟通的方式，与所有干系人深入交流，阐明决策意图与行动指南。

◆ 项目控制中心

传统项目管理讲究范围明确、预期清晰，关键决策多在公开会议中由团队协作完成，并适时提交给项目经理、发起人或治理委员会审议。然而，在危机时期，高层倾向于集权决策，这可能无意中削弱了项目经理乃至项目发起人的领导职能，导致决策过程封闭化，仅少数人参与。尽管这些决策对项目走向影响深远，但仍常将项目核心团队排除在外。

采用层级化的危机决策模式，存在忽视关键信息、决策制定欠佳的风险，进而引发关键参与者的不信任与承诺缺失。

为提升危机期间的决策效能，应鼓励采用头脑风暴会议形式，精心挑选参与者，以确保信息全面覆盖，观点上多元碰撞。若危机局限于特定项目，则会议参与者不应局限于原始团队，而应广泛吸纳供应商、分销商及战略伙伴等干系人。他们同样面临相似的风险与挑战，其理解与支持对于决策成功至关重要。

鉴于危机决策的动态性，定期召开头脑风暴会议成为必要，从而保持信息透明，满足团队成员对决策进程的知情权与参与感。建立项目控制中心或"神经中枢"，统一协调信息流通，亦不失为有效举措。

◆ 管理变革

危机决策往往触发变革管理，新战略或基于前沿理念应运而生，再付诸实践。在此过程中，企业为控制成本，可能倾向于削减教育与培训开支，但若此类活动对战略实施与变革成功至关重要，则此举无异于自断臂膀，迫使员工脱离舒适区，可能导致不良后果。

◆ 小结

危机的规模与速度通常是不可预测的，如新冠疫情所展现的这般。许多企业在危机中的应对策略逐渐演变为管理各类项目的标准流程，并被视为行业最佳实践。

1.11 通用汽车和呼吸机

当考虑项目风险管理时，人们通常不会将大流行病列为首要风险。然而，在 2020 年，情况发生了翻天覆地的变化，新冠疫情肆虐全球。2020 年 3 月，通用汽车暂停了其全球大部分员工的工作，以减缓病毒传播并保护其员工。作为全球最大的公司之一，通用汽车虽然拥有最多样化且优质的员工，但此时全部停工待产，等待着新的消息。

随后，一场非凡的转型应运而生，它要求卓越的项目管理技能与制造资源的精准调度，以应对疫情导致的广泛停工挑战。通用汽车巧妙地将原本用于汽车制造的项目管理资源转投至企业社会责任的宏伟蓝图之中，迅速收获了惊人的成效。

当今，像通用汽车这样的公司，贯彻着一种自我驱动且融入企业社会责任的战略。该战略已无缝融入其商业运作的每个环节，明确指引着公司向消费者福祉、社会和谐、生态保护及政府法规遵从等方向迈进，践行着道德驱动的行动方针。尽管许多企业的传统企业社会责任路径聚焦于自然与可再生资源的合理利用，如水资源、能源及材料的节约，但通用汽车以其实际行动证明，企业社会责任的展现方式远不止于此。

谈及企业社会责任，其核心"社会"二字往往蕴含着在不损害生态系统支撑力的前提下，致力于人类生活质量的改善与提升。这一理念自然引出了"社会创新"的概念，它指代那些为强化企业社会责任而诞生的新型产品与服务，其成果往往超越了对经济利益的追求，更聚焦于社会问题的解决与改善。

通用汽车呼吸机的企业社会责任征程始于 3 月 17 日。当时，stopthespread.org 联盟——一个汇聚各行业 CEO，旨在联合企业界力量遏制病毒蔓延的先锋组织与通用汽车取得联系。该联盟直接向通用汽车 CEO 玛丽·巴拉（Mary Barra）提出建议，促成其与 Ventec Life Systems 的携手合作，后者是华盛顿 Bothell 地区一家专注于小型便携式呼吸机制造的先锋企业。从首次高管电话会议到飞往西雅图与 Ventec Life Systems 高管面对面会谈，仅隔一日，双方即携手踏上了合作的征途，共同开启了这场意义深远的转型新篇章。

高级干系人对于总体目标的接纳堪称迅速且全面，他们不仅内心认同，还通过每日与项目工作流程的紧密互动，展现了高度的参与感和责任感。被充分授权的团队成员以松散耦合却高效协同的方式每日交流，灵活调整策略以协调内部依赖关系，精准把握项目进度，并迅速解决突发问题。这些宝贵的问题记录被妥善存放在共享文件夹中，得以高效分类处理，确保每个障碍都能被迅速清除。

在这样的高效运作模式下，项目进程中的任何障碍都难以长久滞留。决策过程迅速而果断，团队无缝衔接地推进工作。得益于清晰无阻的沟通渠道、团队的高度专注以及高层领导的明确优先级设定，原本可能耗时数周的可交付物与审批流程在这里仅需几分钟便能完成。资金的迅速审批与合同的顺利签订，几乎无需过多的高层干预，进一步加速了项目的整体进度。

这一切的顺利推进源于通用汽车前期所确立的清晰愿景，以及公司内部从上至下对于呼吸机交付任务的坚定承诺。这份承诺不仅仅是职业上的责任，更如同家人间的深情厚谊，让每个参与者都怀揣着"家中有人急需此物"的紧迫感与使命感。因此，人们不仅乐意投身于这项事业，更在每一次成功发货时共享喜悦，将其视为值得庆祝的里程碑。最终，在全体成员的共同努力下，最后一批呼吸机在合同期限的最后一刻于午夜钟声敲响之前顺利发出，完美诠释了团队协作的力量与效率。

到 3 月 20 日，通用汽车已经启动了其全球供应链，并在 72 小时内，供应商制订了获得所有必需零部件的计划。美国汽车工人联合会的国家和地方的领导人批准了该项目，到 3 月 25 日，工作人员已开始准备使用通用汽车在印第安纳州科莫的综合设施进行生产。大约有 800 名全职和兼职通用汽车员工被分配到这个项目中，参与生产 30 000 台呼吸机。通用汽车一位发言人表示：

> 底特律汽车制造商将在 8 月底之前生产和交付 30 000 台呼吸机给政府，其中，首批 6 132 台呼吸机将在 2020 年 6 月 1 日之前交付。

通用汽车的高级管理层高度关注呼吸机项目。"我们制造 Ventec 的高质量重症监护呼吸机 VOCSN 的承诺从未动摇。""Ventec Life Systems 和通用汽车之间的合作结合了制造行业的全球专业知识和对安全的共同承诺，使医务人员和患者能尽快获得这一拯救生命的仪器。整个通用汽车团队为支持这一倡议感到骄傲。"

通用汽车的信息技术团队是呼吸机生产中的关键部分。为了满足通用汽车的产量预期，他们在显著扩大 Ventec 的生产规模的同时，必须跟踪每个呼吸机零件的制造步骤。通用汽车立即与 Ventec Life Systems 的 IT 合作伙伴联系，并迅速解决了满足质量、跟踪和吞吐量业务需求所需的合同和架构问题。与此同时，通用汽车还建立了初始制造基地，以便在首次访问 Ventec Life Systems 的 3 周内开始制造"非可销售"单位。

通用汽车和其合作伙伴 Ventec Life Systems 按计划交付了 30 000 台呼吸机给美国政府。通用汽车表示，联邦政府订单在 154 天内完成，平均每 7 分钟生产一台呼吸机。根据通用汽车首席执行官玛丽·巴拉的说法：

> "……汽车制造商生产重症监护呼吸机的动力来自通用汽车、Ventec Life Systems 和我们供应商中的成千上万人，他们都希望尽自己的一份力在新冠疫情期间挽救生命。看到这么多人如此迅速地取得如此大的成就真是令人鼓舞。"

通用汽车在 5 个月后退出了呼吸机业务，并在完成政府合同后立即让 Ventec

Life Systems 接管生产线。由于精心规划，过渡期间的停工时间很短。Ventec Life Systems 继续在同一生产线上生产呼吸机，直到 2020 年晚些时候呼吸机需求减少。

通用汽车对企业社会责任的承诺并没有随着最后一台呼吸机的交付而结束，后续其仍在生产口罩。该公司表示将向密歇根州公立学校捐赠 200 万只口罩，作为密歇根州"MI Mask Aid"合作伙伴关系的一部分。通用汽车的捐赠包括 75 万只儿童口罩，适用于小学生。据通用汽车表示，"这些口罩将于 9 月 14 日前交付。此外，为高中生、教职员工准备的 125 万只成人口罩将于 9 月 28 日前交付"。

未来的走向无人能知。可能会出现另一场大流行病、天灾或战争，这要求公司能够转变方向，将资源从其主要目标重新调整到以造福人类为重点，就像通用汽车生产呼吸机和口罩那样。这种能力给公司带来的不仅仅是财务上的好处。当需要创新和创造性来解决与企业社会责任相关的挑战，甚至全球范围的挑战时，人们将求助于通用汽车。

1.12 最佳实践步骤

为什么要获取最佳实践？获取最佳实践的原因或目标可能包括：
- 持续改进（提高效率、提高估计的精确度、减少浪费等）。
- 提高信誉。
- 赢得新业务。
- 保证公司的生存。

保证公司的生存如今已经成为获取最佳实践的最主要原因。在过去的几年，客户通过招标书对承包商施加压力，要求承包商提供以下信息：
- 公司中 PMP 证书持有者的名单及其中有多少会被分配到该项目。
- 证明承包商采用客户接受的企业项目管理方法论，无论是死板的还是灵活的，否则必须采用客户认可的其他方法论。
- 显示承包商项目管理水平成熟度的证明文件，可以使用项目管理成熟度模型来进行衡量。
- 共享在该项目及之前其他客户的项目中所发现的最佳实践或经验教训的意愿。

认识到获取最佳实践的需要比实际获取容易得多。公司正在开发用于鉴别、评估、存储和传播关于最佳实践的信息的机制。图 1–8 简单地展示了与最佳实践相关的 9 个步骤，大多数认可获取最佳实践价值的公司会完成所有这些步骤。详细的步骤将在接下来的章节讨论。

这些步骤为下列 9 个问题提供答案。
（1）最佳实践的定义是什么？
（2）谁应该负责鉴别最佳实践？我们应该从哪里入手寻找？
（3）我们如何确认某件事是最佳实践？
（4）最佳实践是否分为不同层次或者组别？

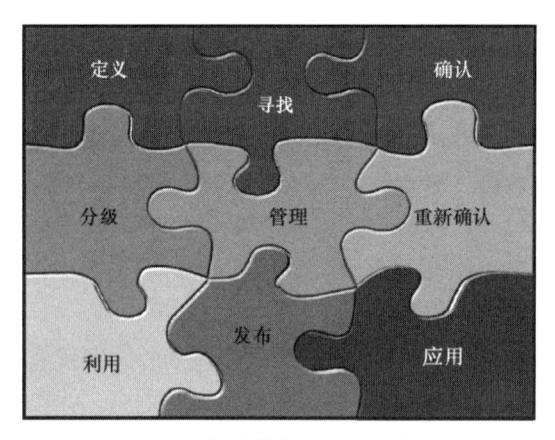

图 1-8　与最佳实践相关的步骤

（5）当最佳实践获得批准之后，谁应该负责监管它的实施？
（6）我们应当隔多久重新确认某件事仍然是最佳实践？
（7）当最佳实践得到确认之后，公司应该如何利用？
（8）大型公司如何确保每名员工都知晓最佳实践的存在？
（9）我们怎样才能确定员工都在运用最佳实践，并且运用恰当？
接下来的章节会对这些问题进行讨论。

1.13　第一步：定义最佳实践

　　10 多年来，公司一直对"最佳实践"这个名词相当着迷。不过现在，经过了 20 多年的应用，我们开始更加挑剔地看待这个名词——也许存在一些更好的表达方式。
　　一项最佳实践通常起源于一个想法，认为存在一种技术、流程、方法或活动，能够比其他途径更有效地产生成果，或者减少产生成果过程中的各种问题和麻烦。这样一来，理论上我们应该可以通过最有效的方法来完成任务，这一方法来自一套可重复的流程，它经得起大量人员的推敲及项目长时间的考验。
　　一旦这个想法被证明是有效的，我们通常将这一最佳实践整合到我们的流程中去，使它成为经营中的标准做法。因此，在接受了这个想法并证实了它的实用性之后，一个更好的表述方式可能应该是"公认实践"而不是最佳实践，即认为最佳实践可能只是一句口号，主张将之替换为公认实践。
　　还有一种观点是，最佳实践的认定会让一些人认为过去的很多做事方式是错的，而实际上未必这样。最佳实践仅仅是达成目标的一种更有效的手段。还有一个问题是，有一些人认为最佳实践的出现意味着完成任务只有唯一正确的方式。这可能也是一种误解。
　　也许在未来，最佳实践这一名词会被公认实践所替代。然而，本书会继续采用最佳实践来表达相同的意思，只是读者需要明白可能有更合适的词汇来表达。这里的解释是必要的，因为大部分参与本书写作的公司仍然在用"最佳实践"这个词。

随着项目管理的不断演进，最佳实践的定义也在不断演进。有些最佳实践的定义非常复杂，也有一些定义相对简单。但是这些定义都促进了整个公司的项目管理走向卓越。每家公司必须自行决定要将最佳实践应用到什么程度。它应该粗略地停留在高层，还是详细地执行到基层？没有下到基层的最佳实践可能达不到预期的效果，然而高度细化的最佳实践适用范围有限。

每家公司都可以有自己的最佳实践定义，甚至可能有行业的最佳实践定义标准。最佳实践的典型定义可能是：

- 起作用的实践。
- 效果好的实践。
- 经反复实践证明起作用的实践。
- 带来竞争优势的实践。
- 能带来更多业务的实践。
- 可以区别于竞争对手的实践。
- 使公司避免麻烦的实践，或者有麻烦时可以帮助公司摆脱麻烦的实践。

每家公司对最佳实践都有自己的定义。大体来说，收集最佳实践有如下四大目标：

- 提高效率。
- 进行标准化。
- 提升有效性。
- 保持一致性。

在下列这些定义中，你应该可以发现各公司的这四大目标。

在瑞士 Orange 公司，最佳实践被定义为基于经验的、已被证实的、公布的实现目标的方法。

——瑞士 Orange 公司发言人

在我们的方针、过程及工作流程中，确实有一些具体的最佳实践。这些最佳实践是一些指南、模板、流程等，不仅所有企业项目管理办公室（Enterprise Project Management Office，EPMO）的成员一致同意遵循，而且对所有参与方来说也是最有效果、最高效的方法。此外，我们在项目收尾的时候有一个正式的经验总结会。项目经理、发起人、核心团队和其他一些受到项目影响的组织会参加这个总结会。总结会的结果放在集中的数据库中，和所有团队成员一起评审。这些经验也就变成了我们的最佳实践。我们也把这些最佳实践分享给其他医疗保健组织的供应商，这些供应商也有可能为我们服务。我们所有的模板、方针、过程、工作流程等都可以应要求提供；如果必要，我们也会开会评审这些最佳实践，并进行详细解释。

——纳尼·萨多夫斯基（Nani Sadowski）
哈利法克斯社区卫生系统企业项目管理办公室前主任

最佳实践的定义是，一个项目经理所运用的工具、模板或活动，它们对《PMBOK®指南》中的知识、过程和三重约束（时间/成本/绩效）能产生积极影响。以下是最佳实践的一个范例：在项目的每个阶段进行客户满意度评估，使得项目周期内的调整成为可能。这让我们得以为客户提供更好的服务，也提升整体的项目管理水平。这一范例需要一个客户满意度调查的模板才能实行。

——美国电话电报公司（AT&T）发言人

我们大体上认为最佳实践是具有如下特征的活动或流程：它们能让特定的状况得到改善，免去采用其他方法的麻烦，或者大幅改进已有的流程。每项最佳实践都是有生命的，需要不断被审视、改进或在必要的时候终止。

对丘吉尔唐斯公司来说，最佳实践指的是所有在应用中得到确认，能够产出需要的成果的方法或流程。在确认所谓的"行业标准"或"专业标准"能在我们的公司环境中正常使用之前，我们不会把它们认定为最佳实践。

我们的一些最佳实践范例包括以下几类：

- 正式签署章程。我们的最佳实践之一是要求干系人都在项目章程上签字。这看起来无足轻重，但我的经验是，对项目目标的正式审议和批准很少以文件形式保存下来。通过将业务目标和相关指标以白纸黑字的文件记录下来，我们得以积极主动地管理各个干系人对进度的期望，确保让各方都满意。
- 具体定义流程。除了对公司的项目本身和投资管理流程进行明确定义，丘吉尔唐斯公司的 PMO 也在财政流程规划方面扮演积极角色。这些流程涵盖了从付款请款单到员工报销请款单，再到要求资本支出与采购订单的各步骤等诸多事项。这一实践在全公司范围内增强了"标准化进程可以提高效率"的意识。
- 公开相关资讯。PMO 为"端到端"的预算过程开发了流程图，设计了步骤并制定了政策，并与工作流程和模板相联系。这些资讯通过公司的局域网，让全体员工都可以看到。

——丘克·米尔霍兰（Chuck Millhollan）
丘吉尔唐斯公司前项目管理总监

在英德拉公司，我们认为项目管理中的"最佳实践"就是一项产生正面效应的管理活动或行为。因为它有这样的积极作用，所以会被管理层采纳，从而最终成为完成任务的推荐方案或标准方案。我们也把在项目流程中运用事先定义的指标、界限或度量指标来进行或促进决策的方法看成一项"最佳实践"。

——恩里克·塞维利亚·莫利纳
英德拉公司 PMO 前主任

1.14 第二步：寻找最佳实践

最佳实践可以在组织内部收集，也可以在组织外部收集。向标杆企业看齐是获得最佳实践的一种方法，可以让 PMO 引导向外部优秀企业看齐的活动。不过，除标杆外，还有其他外部资源可以帮助企业获得最佳实践：

- 项目管理协会（PMI）的出版物。
- 影响项目执行的表格、指南、模板、检查清单等。
- 影响项目成功定义的表格、指南、模板、检查清单等。
- 《PMBOK®指南》的各个知识领域。
- 全公司范围内或各个业务部门内部。
- 关于项目管理一般概念的座谈会或研讨会。
- 关于项目管理最佳实践的专门的座谈会或研讨会。
- 硕士及博士论文。

随着越来越多的大学开设项目管理的硕士及博士课程，这些论文可以提供有关最佳实践的最新研究成果。

采用外部标杆的问题在于，在一家公司中发现的最佳实践可能无法移植到另一家公司。作者认为，大多数在公司内部发现的最佳实践都是与这家公司对项目管理方法和流程的应用紧密相关的。良好的项目管理方法能够帮助认定和提炼最佳实践。然后，以标杆为参考，还是可以得到一些启发的。

有些时候，影响最佳实践的驱动因素或度量指标比最佳实践本身更容易认定。度量指标与驱动因素可以被认定为发现了最佳实践的早期指标。一个最佳实践可能有几个驱动因素，甚至可能为每个最佳实践都构建一套通用的驱动因素，例如：

- 风险、成本降低一定比例。
- 估计的准确度提高一定比例。
- 成本节约一定比例或者一定金额。
- 效率提高一定比例。
- 成本、文书工作、时间耗费等降低一定比例。

用这种方法寻找驱动因素有几大优点。第一，驱动因素可能随着时间的推移发生变化，新的驱动因素会快速涌现。第二，最佳实践的流程是一门科学，而不是艺术。第三，我们可以建立如图 1-9 所示的最佳实践的等级。图中最好的是 4 级最佳实践，可以满足 60%以上的驱动因素，或者达到理想的最佳实践的特点的 60%。

最佳实践可能无法在公司间转移，也无法在同一公司的部门间转移。例如，参考下面这家电信公司发现的最佳实践。

公司建立了一套价值观，声称"质量就是一切"。结果员工过于注重质量，导致客户满意度下降。随后，公司调整其价值观，将客户满意度排在首位，实际上质量也提高了。

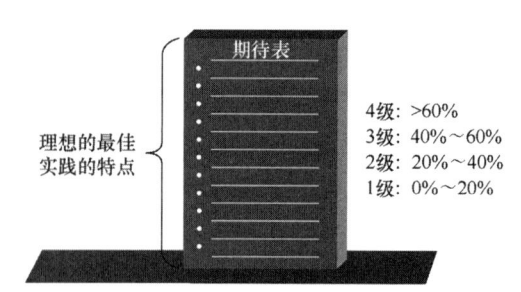

图 1-9 最佳实践的等级（每个等级包括理想特点的百分比）

在这家公司中，对客户满意度的强调使得质量也提高了。在另一家公司，强调质量也可能导致客户满意度的提高。在制定标杆时，必须小心谨慎，确保发现的最佳实践适用于你的公司。

最佳实践不必过于复杂。例如，以下列出了本书所讨论的公司中的最佳实践，正如你所看到的，有些最佳实践不是成功的经验，而是失败的教训：

- 即使项目陷入困境，中途更换项目经理也不是好办法。更换项目经理会不可避免地延长项目时间，并使项目情况变得更糟糕。
- 标准化能产生优异的结果。项目管理方法论的标准化程度越高，通常结果也就越好。
- 基于模板、表格、指南、检查清单的方法论，而非基于方针或过程的方法论，能带来最大的收益。
- 方法论必须随时更新，以包括新发现的最佳实践。方法论更新得越频繁，好处也就体现得越快。

就像前文所说的，最佳实践无须很复杂。即使某些最佳实践看起来很简单平常，反复不断地提醒和使用最佳实践还是能取得优异成绩并使客户满意的。

确定最佳实践的另一个来源是项目成功的定义，即关键成功因素和关键绩效指标。从项目的成功定义中提取最佳实践可能有困难，还可能产生误导，尤其当我们对"成功"并没有明确的定义时。

这些年来，项目管理所经历的很多改变来自我们对项目成功定义的改变。举例来说，以下是在几十年中一步步发生的改变：

- 通过三重约束来衡量成功。三重约束是时间、成本及绩效（包括质量、范围和技术性能）。这是在项目管理诞生初期定义成功的基本条件。对应的约束包括安全、审美、收益、可接受风险水平等。
- 客户满意度不可忽视。根据三重约束来管理项目总是没错的，不过最终可交付物还是要让客户满意。一个承包商可能在三重约束之内完成了项目，却发现客户还是对最终可交付物不够满意。
- 其他（或者次要）因素同样不可忽视，包括获得客户的推荐、企业声誉与形象、遵守政府的法规、战略整合、技术优势、道德准则及其他相关因素。这些所谓的次要因素可能最终比三重约束的主要因素还重要。

- 成功必须包含业务成分。项目经理不仅是在管理一个项目，更是在管理公司的一部分业务。所以，他们除了需要做出正确的项目决策，还要做出正确的业务决策。每个项目必须包含业务目标。当项目完成时，都应该为公司的业务增值做出贡献。
- 约束条件要进行优先级排序。并不是项目中所有的约束因素都同等重要，将它们按优先级进行排序，对每个项目来说都是不同的。在这一优先级排序的决策中，项目发起人的参与是必需的。
- 客户和承包商必须就项目成功的定义达成共识。每个项目都有一套不同的成功定义。在项目开始的时候，甚至在第一次碰头会上，项目客户和承包商必须就项目成功的要素达成共识。
- 项目成功的定义必须包含"价值"要素。何必在一个不创造价值的项目上浪费时间？

将成功定义为及时、不超支且保证质量地完成项目的问题在于，这只是一个对公司本身有效的成功定义。当承包商、客户和各干系人都对项目成功有着不同定义时，情况会变得很糟糕。各方必须从一开始就针对项目成功的定义达成共识。最终的客户或干系人应该对这个定义有发言权，而在客户/干系人参与决策的过程中，你会发现很多相关的最佳实践。

今天，我们认识到，质量是由客户定义的，而不是由承包商定义的。这个道理同样适用于项目成功。项目成功的定义中必须包括客户的认可。你可以在公司内部，按时、保质、在成本内完成某个项目，但是客户可能不完全接受这个项目。

在丘吉尔唐斯公司，项目的成功有不同的定义。前项目管理总监丘克·米尔霍兰表示：

> 在我们的PMO章程中，项目的成功是这样定义的。
>
> 根据丘吉尔唐斯公司高层的指示，PMO将具备下列特征的项目视为成功的项目：
> - 完成或超额完成预定的业务目标和项目任务。
> - 全面和充分地提供高质量的产品。
> - 在时间和资金限定内完成项目执行。
> - 实现多赢的局面。
>   - ——项目参与者对项目感到自豪，对自己的工作满意。
>   - ——达到客户（内部和外部）的期望。
>   - ——管理团队达成目标。
> - 项目成果有助于提升公司声望。
> - 持续监管与评估的措施到位（实现获益）。
>
> 我们不采用项目管理"流程"指标来判断项目是否成功。尽管时间规划与预算目标是衡量标准的一部分，但项目发起人的认同、项目的完成及最终项目的成功，都是根据已制定的业务目标来判定的。

英德拉公司PMO前主任恩里克·塞维利亚·莫利纳向我们介绍了他的公司对项目与项目集的成功定义：

- 项目成功的基础是达到预期的项目目标，包括项目预算、项目范围、项目绩效与项目进度。很多时候，赚了多少钱是衡量项目成功与否的主要驱动因素，但一些其他因素也同样重要，如与客户建立持久的良好关系，以及和特定的业务伙伴建立牢固的同盟。另一个衡量项目成功的重要因素是项目数据预测的可靠程度。一种可能的情况是，即使项目不如想象中赚钱，但是如果能及早发现并指出这一点，那么项目还是可以取得一样的成功的。
- 项目集成功的基础是达到项目集所定义的总体战略目标，而在这个层面上，成功不仅仅是通过实现所期望的盈利来衡量的，更重要的是让产品或一系列产品达到在市场上的应有定位，并在与对手的竞争中建立优势。在产品线上的领先地位是衡量项目集成功的最终标准。同时也必须说明，项目集的成功往往离不开在项目层面上与我们的主要供应商所形成的合作伙伴关系。
- 项目成功是在业务部门层面上，由负责的主管根据项目的战略目标来定义的。
- 项目集的成功是在全公司层面上，由最高运营主管根据项目集的战略目标来定义的。

AT&T 对于项目和项目集的成功也有着类似的定义。他们的一位发言人说：

> 项目成功的定义是，客户在满意度调查中认为"非常满意"的比例和项目按时交付的比例达到98%或更高。项目管理组织领导团队会设定目标，并通过追踪这些目标来确定项目成功与否。项目集的成功也是通过与项目成功类似的过程定义和追踪的。
>
> 卓越的项目管理的定义是，拥有一套应用到全公司所有项目的、持之以恒的项目管理方法论，持续的客户认可和更高的客户满意度。另外，优秀的项目管理能力也为我们的销售团队在推销时增加了一个卖点。这样一来，客户会为我们带来源源不断的业务。除此以外，公司内部要达成共识，即项目管理是一项必须拥有的增值业务。

项目是否成功，可以在整个阶段中不定期衡量，或者在关口评审会议上衡量。这类会议是项目管理方法论的一部分。这样，公司能够设立度量成功的临时指标。在后续的项目管理方法论的章节中有一个这样的例子。

在成功的定义中，还有一个要素变得更加重要了，那就是价值。

成功的最终定义可能是客户对项目非常满意，以至于客户允许你对外提到其名字，作为你们公司的推荐人。某家公司就有这样的经历，该公司以低于成本40%的价格竞标一个项目。当客户询问他们的竞标价格何以如此之低时，公司代表回答，他们也知道这样会赔钱，但他们真正看重的是能在公司的客户列表中列出该客户的名称。因此，次要因素也可能比主要因素重要得多。

成功的定义也可能取决于公司是由项目驱动的，还是由非项目驱动的。在由项目驱动的公司中，公司整个业务就是各个项目。但是，在非项目驱动的公司中，项目的存在是为了辅助日常的生产和服务。在这些公司里，项目成功的定义也要包括在完成项目的同时不影响公司的日常业务。有可能一个项目按时、保质、不超支地完成，但对组织造成了不可挽回的损失。如果项目经理认识不到日常的业务比项目更重要，就会有这种问题。

有些公司用关键成功因素（Critical Success Factor，CSF）和关键绩效指标（Key Performance Indicator，KPI）来定义成功。CSF是指那些满足客户要求的可交付物所必不可少的因素。CSF和KPI并不需要过于详细或复杂的标准，简单的标准可能只基于三重约束。AT&T的一位发言人说：

> CSF包括时间、范围、预算和客户满意度。KPI包括关键项目可交付物的按时交付情况，如客户安装、客户满意度及常见里程碑的周期时间。

对大多数公司来说，典型的CSF包括：
- 保证进度。
- 不超出资金预算。
- 确保质量。
- 适当、及时地签字批准。
- 遵守变更控制过程。
- 合同的附加条款。

CSF通常是通过客户的眼睛来度量最终结果的，KPI则度量实现最终结果的过程的质量。KPI是公司内部的度量指标，可以在项目的整个生命周期过程中定期评审。典型的KPI包括：
- 使用项目管理方法论。
- 建立控制流程。
- 使用临时指标。
- 分配的资源的实际质量与计划的对比。
- 客户参与度。

KPI要回答这些问题：我们是否正确地使用了方法论？我们是否保证管理层了解目前的状态？状态多长时间更新一次？资源安排是否合理？使用是否有效？是否吸取了经验教训，更新了方法论，或者用于后续项目？精于项目管理的公司同时利用KPI和CSF来度量内部成功和外部成功。正像北电网络公司（以下简称北电）的一名发言人所说：

> 北电基于进度、成本、质量等来定义项目成功，这些都是经客户、项目团队、关键干系人共同认可的。KPI可能包括关键项目里程碑的完成、产品安装和集成的成果、变更管理结果、在预算内完成任务等。在整个项目期间，为确保双方有一致的期望和整体的成功，我们会严密监控项目的状态和结果，并定期由客户和项目团队联合评审。项目的成功最终是由客户满意度来衡量的。

业界对 CSF 和 KPI 的定义还有以下一些描述。

CSF 的定义

成功因素在项目或项目集的初始阶段就定义好了，甚至早于正式合同之前。这些成功因素直接来源于项目或项目集所拥有的战略目标。很多时候，这些因素是与在已有产品线中扩大市场占有率，或者开拓新兴市场紧密相关的。（由英德拉公司 PMO 前主任恩里克·塞维利亚·莫利纳提供。）

显然，CSF 随项目的不同而不同，也随目标的不同而不同。以下是适用于多种不同项目的 CSF：

- 尽早让客户参与。
- 高质量的标准。
- 定义好的流程和正式的关口评审。
- 跨职能的组织结构。
- 控制需求，防止范围蔓延。
- 保证按进度完成——有专业水准的计划，详细程度适中，并经常追踪进度。
- 保证人手——在需要时就位，技术水平适当。
- 内部团队之间的沟通和与客户的沟通。
- 尽早确定风险、管理风险、减轻风险——没有意外。
- 在严格的工程基础上，拥有傲视同侪的技术执行。

（由摩托罗拉公司的一位发言人提供）

KPI 的定义

我们最普遍使用的 KPI 都是与财务项目的成果相关的。例如，项目收益与战略目标相符的程度，完成业务发展目标的新合同的数目，等等。成功因素被转化为绩效指标，从而可以进行定期检查。

一般的默认情况是，项目健康度最初的指标由进度绩效指数（Schedule Performance Indices，SPI）和成本绩效指数（Cost Performance Indices，CPI）提供。这两项指标被整合在项目管理工具当中。每个月项目管理信息系统都会提供这两项指标的数据，并且我们可以获取历史数据用于分析与回顾。这些指标也按每个部门分开计算，所以它们组成的是一个部门总体的成本与进度绩效指标。

（由英德拉公司 PMO 前主任恩里克·塞维利亚·莫利纳提供）

交付后的认可指标：

- 盈利和亏损。
- 保修期内的返修。
- 客户报告的不重复的缺陷。
- 满意度指标。

流程中的指标：

- 实际趋势与计划的比较。
- 每个版本的稳定性（部件数有变化）与计划的比较。

完成的功能与计划的比较：

- 实际进度与计划进度的比较。
- 实际工作量与计划工作量的比较。
- 制造成本和质量指标。
- 对质量流程的遵从度和质量审查的结果。
- 系统测试完成率、通过率/失败率与计划的比较。
- 缺陷或问题的解决率。
- 寿命测试失败率与计划的比较。
- 开发过程中每100件样机的缺陷率（Defects Per Hundred Units，DPHU）与计划的比较。

（由摩托罗拉的一位发言人提供）

工作说明书中包括项目成功的基本指标检查清单。但是，客户满意度也很重要。工作说明书会指出可交付物的内容，并提供易于跟踪的成本、时间等信息。

大多数人似乎都理解不同的项目可能有不同的 CSF 和 KPI。然而，一个普遍的误解是 CSF 和 KPI 一旦确立，就会一成不变地贯穿整个项目。当项目经过不同的生命周期阶段时，这些指标其实是可以改变的。

根据作者的经验，在公司确认的最佳实践中，超过 90% 来自项目关键回顾会议或项目结束报告中的 KPI 分析。考虑到提取最佳实践的重要性，一些公司现在正在培训专业的协导员，他们听取项目团队的报告，以提取最佳实践。

在这一小节结束之前，我们需要了解到底是谁发现了最佳实践。最佳实践是由实际进行操作的人员发现的，也就是项目经理、项目团队，也有可能是一线经理。摩托罗拉公司的发言人表示：

> 到底什么才是最佳实践，要由真正进行实践的团队来决定。过程能力基本上是已知的，并且经过了基准化。如果要认定一项最佳实践，这项实践或许是流程必须在质量、效率、成本和/或周期时间等方面展现量化的显著改进。在新的实践成为制度之前，必须得到相关组织的经理及流程经理的批准。

基本上，认定最佳实践的过程从特定的团队成员开始。如果这名员工相信自己发现了一项最佳实践，他们可以联系相应的一线经理或项目经理来进行确认。一旦就这一确认达成共识，相应的材料会被发往 PMO 来批准。在批准之后，最初认定最佳实践的员工会获得"最佳实践拥有者"的头衔，并有责任完善和推广这项最佳实践。

一些公司让专业的协导员来听取项目团队的报告，以便提取最佳实践。这些协导员可能被分配到 PMO，并接受专业训练，能从成功与失败中吸取经验教训和最佳实践，在这一协导过程中也会用到检查清单和模板。

1.15 仪表板与计分卡

在我们努力实现无纸化项目管理的过程中，直观显示成为突出的重点，如利用显示 CSF 和 KPI 的仪表板与计分卡。高层主管和客户都希望用最少的空间直观地显示最关键的项目绩效信息。简单的仪表板，如交通灯仪表板，可以传达关键的绩效信息。现举例如下：

- 红灯。有问题存在，可能影响时间、成本、范围或质量；需要发起人的参与。
- 黄灯。警示可能有潜在的问题；会告知发起人，但不需要发起人立即采取行动。
- 绿灯。工作按计划进行，不需要发起人参与。

虽然只有 3 种颜色的交通灯仪表板是最常见的，但有些公司也会使用更多的颜色。一家零售企业的信息系统部门在一个 IT 项目中使用了一套 8 种颜色的仪表板。黄色代表截止日期已过但项目尚未完工。紫色代表工作包正在经历一次范围变化，可能影响项目的三重约束。

有些人分不清仪表板与计分卡，其实它们是有区别的。埃克尔森（Eckerson）是这么说的：

- 仪表板是在以运营为导向的绩效衡量系统中使用的直观显示机制。它使用即时数据根据目标和限制来衡量绩效。
- 计分卡是在以战略为导向的绩效衡量系统中使用的直观显示机制。它通过将目标和限制与实际表现加以比较，来记录完成战略目标的进度。

仪表板和计分卡都是在绩效衡量系统中用来传达关键信息的直观显示机制。二者的主要区别是，仪表板负责监控运营流程，如项目管理中的运管流程，而计分卡记录的是完成战略目标的进度。表 1-4 及以下的描述展示了埃克尔森是如何比较仪表板和计分卡的特点的。

表 1-4 仪表板和计分卡的比较

比 较 项	仪 表 板	计 分 卡
目的	衡量绩效	记录进程
用户	主管、专家	高级主管、经理和员工
更新	实时反馈	定期反馈
数据	事件	概括总结
显示	直观图表、原始数据	直观图表、结论

仪表板就像汽车上的仪表盘，负责运营的专家和主管能够监控关键业务流程中发生的事件。不过与汽车不同的是，大部分业务仪表板并非"实时地"显示事件。实际上，它们在用户需要时"适时地"显示事件。这取决于业务流程、波动性及重要性，可能是每秒、每分钟、每小时、每天、每周或每月显示一次更新。然而，大部分仪表板上的元素都是当天更新的，与实际情况之间的延迟都是以分钟或小时来计算的。

仪表板大多使用类似仪表的表格和图形直观地显示绩效。不过仪表板上的图表时常更新，使得这些图表不停"闪烁"或产生动态变化。具有讽刺意味的是，真正监控运营流程的人觉得这种视觉冲击过于分神，从而更偏爱查看数字或文字，可能还有一些辅助图表。

另外，计分卡看起来更像发动机性能曲线图，不过它们是用来跟踪达成目标的进度的。对于需要跟踪长期战略目标的高层主管来说，计分卡一般显示每月的关键数据指标总结，对于需要跟踪一系列项目达成目标的进度的经理来说，则显示每天或每周的数据。在这两种情况下，数据都是经过精简概括的，为的是让使用者看一眼就知道大致的绩效状况。

像仪表板一样，计分卡也利用表格和图形来表示绩效状况、发展趋势和与目标的差异。越是中高级管理人员，越喜欢看更加直观的绩效展示。然而，大部分的计分卡也包括（或应该包括）大量的文字信息，用来解释绩效成果，描述所采取的行动及预测未来的成果。

归根结底，只要这一工具可以帮助使用者专注于真正重要的事情，它是叫仪表板还是计分卡并不重要。仪表板和计分卡都需要把关键的绩效信息显示到单一屏幕上，以便使用者可以掌控全局。

尽管名称基本上可以互换使用，但大部分项目经理还是偏爱仪表板和/或仪表板式汇报。埃克尔森在表 1-5 中定义了 3 种不同的仪表板。

表 1-5　3 种不同的仪表板

比 较 项	运 营 型	战 术 型	战 略 型
目的	监控运营状况	衡量进度	执行战略
用户	主管、专家	经理、业务分析师	高层主管、经理、员工
范围	运营层面	整个部门	整个公司
信息	详细	详细或概括	详细或概括
更新	一天之内	每天/每周	每月/每季度
重点	监控	分析	管理

- 运营型仪表板监控运营状况，主要由直接接触客户或负责制造或交付公司产品及服务的一线员工及他们的主管使用。运营型仪表板主要提供几乎未经概括的详细信息。例如，一家网上购物公司可能在产品层面而不是客户层面追踪每笔交易。除此以外，大部分运营型仪表板上的指标是在一天之内更新多次的，根据应用的不同，从按分钟到按小时更新。因此，运营型仪表板更加注重监控，而不是分析或管理。
- 战术型仪表板对某个部门的进度，或者关系到公司中一部分人的项目进行追踪。经理和业务分析师使用战术型仪表板来将他们的部门或项目的绩效与预算计划、预期和上个周期的成果进行比较。例如，一个试图减少客户数据库中错误数据的项目，可以使用战术型仪表板来显示、监控和分析之前 12 个月之内在实现 99.9%无差错客户数据库的目标上所取得的进展。
- 战略型仪表板监控的是战略的执行，并且常常与相应的计分卡同时运作，全面质量管理、六西格玛和其他方法也会一并使用。战略型仪表板的核心作用在于围绕战略目标整合公司资源，让所有团队成员心往一处想、劲往一处使。为了实现这一点，公司需要给每个小团队甚至每个员工发放定制的计分卡。这些一般每周或每月更新的计分卡"瀑布"让高层主管拥有了一种强大的工具来传达战略、更好地观察业务并识别 KPI 和商业价值。战略型仪表板更加注重管理，而不是监控或分析。

在使用仪表板时必须注意 3 个关键因素：①注意仪表板的目标受众；②注意使用的仪表板类型；③注意更新数据的频率。有些项目仪表板注重作为盈余衡量因素的 KPI，那么这些仪表板需要每天或每周更新。与公司财务健康度相关的仪表板可能需要每周或每季度更新。图 1-10 和图 1-11 展示了需要每周或每季度追踪信息以检视公司财务健康状况的仪表板。

1.16　关键绩效指标

通常来讲，在仪表板上出现的指标是客户和项目经理都希望跟踪的。这些指标被称为关键绩效指标（KPI），已经在之前讨论过。埃克尔森对此的定义是：KPI 是用于衡量组织或个人完成一项活动的好坏程度的指标，这项活动可能涉及运营、战术或战略层面，它对组织当下和未来的成功至关重要。

一些人混淆了 KPI 与先行指标。先行指标实际上是衡量当前的工作对未来影响的 KPI。

KPI 是所有价值实现衡量系统的必需组成部分。像成本偏差、进度偏差、进度绩效指数、成本绩效指数和完工时间/成本等概念，其实都可以算作 KPI 的一种，但一般并不被归到这一类。这些 KPI 的需求很简单：衡量过的一切都必须完成！如果一套绩效衡量系统的目标是增加效能和提高效率，那么 KPI 必须反映可控因素。如果使用者无法改变一件事情的结果，那么对它进行衡量就没有意义。

埃克尔森指出了有效 KPI 的 12 个特点：

- 相符性。KPI 应该与公司（或项目）的战略和目标相符合。
- 负责人。每个 KPI 都应该在业务部门或项目团队内有一个"负责人"（或组织）来对它的成果负责。
- 前瞻性。KPI 衡量业务或项目价值的驱动因素。因此，它们是组织期望绩效的"先导性"指标。
- 可操作性。KPI 需要丰富的即时、可操作的数据，以便让用户能够及时地介入来改进绩效。
- 控制数量。KPI 应该让用户专注于很少的几件重要事情，而不是在太多的事情上分散他们的注意力和精力。
- 简明易懂。KPI 应该是直截了当并容易理解的，而不是提供很多用户无法理解的复杂指标。
- 平衡与相互联系。KPI 需要相互平衡与相互促进，而不是相互削弱并对流程产生消极影响。

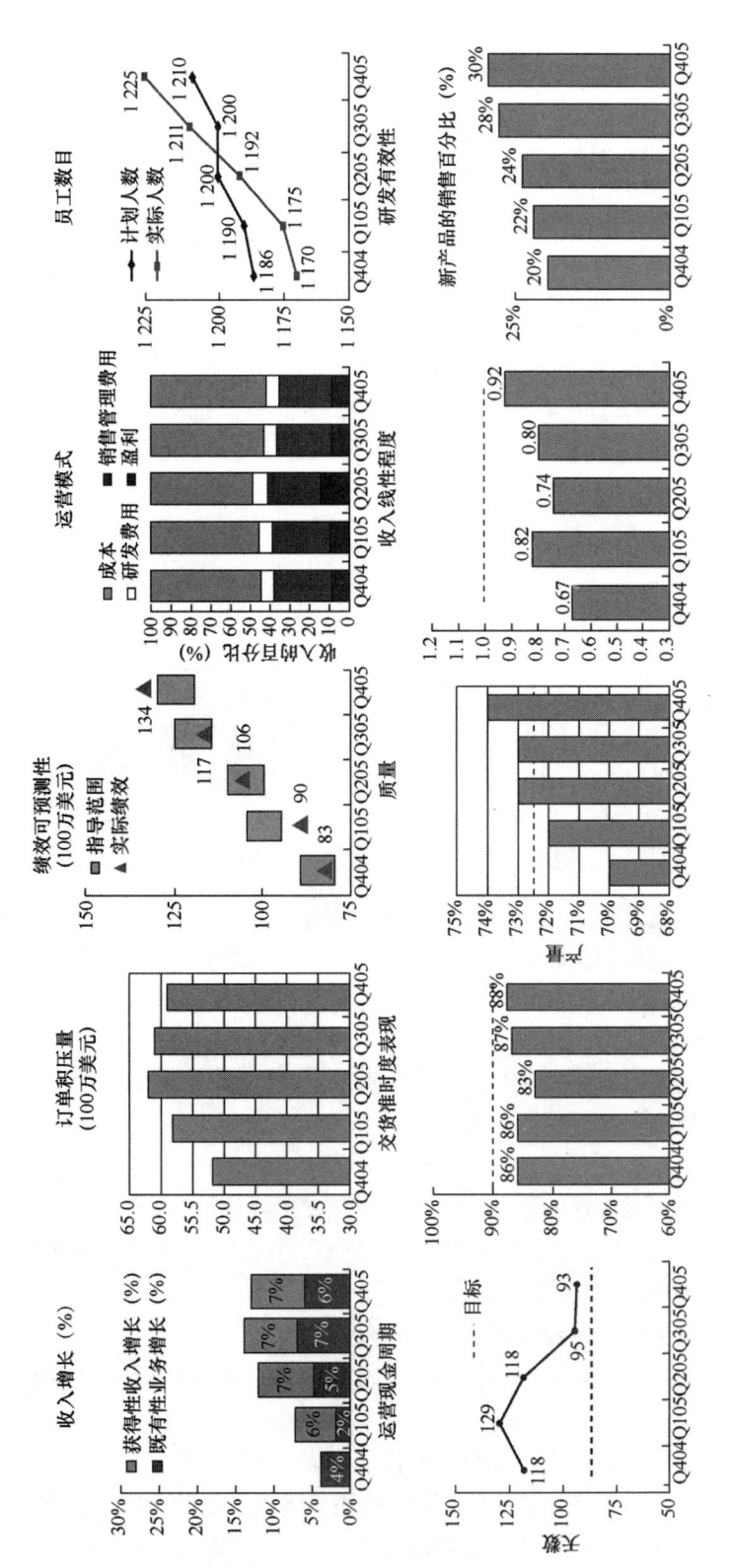

图 1-10 典型财务健康状况仪表板（1）

XYZ 公司
2005年第4季度13周当中的第7周/四季度过去了54%
（单位：100万美元）QTD = 从季初到现在

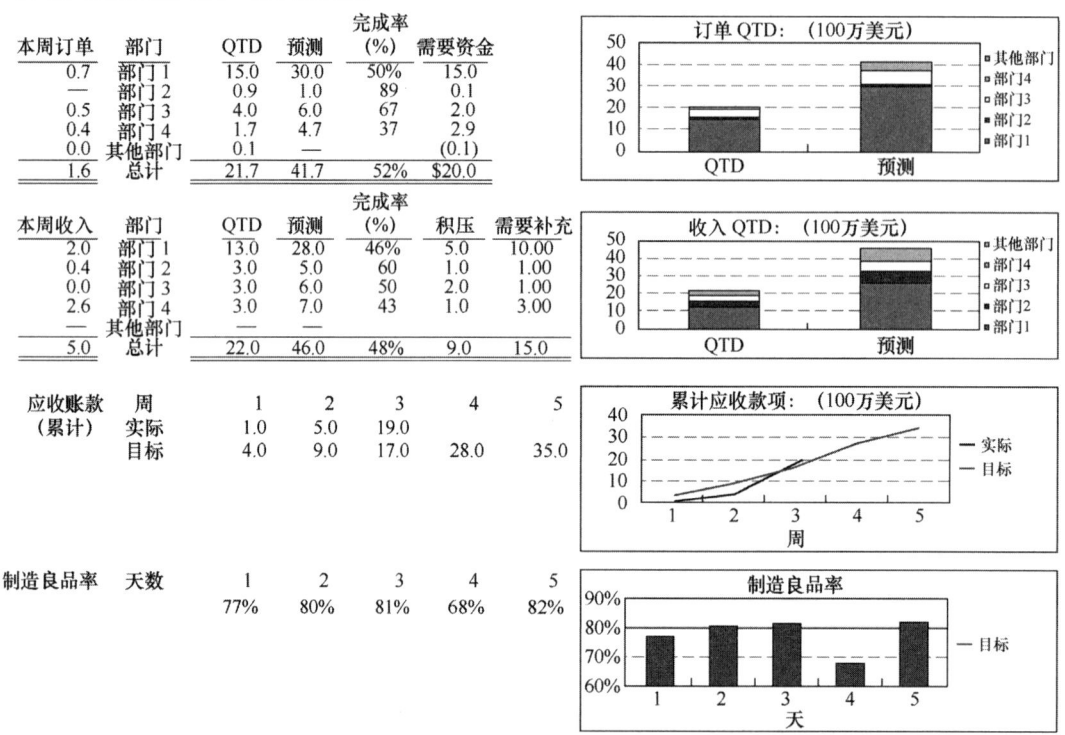

本周订单	部门	QTD	预测	完成率(%)	需要资金
0.7	部门1	15.0	30.0	50%	15.0
—	部门2	0.9	1.0	89	0.1
0.5	部门3	4.0	6.0	67	2.0
0.4	部门4	1.7	4.7	37	2.9
0.0	其他部门	0.1	—		(0.1)
1.6	总计	21.7	41.7	52%	$20.0

本周收入	部门	QTD	预测	完成率(%)	积压	需要补充
2.0	部门1	13.0	28.0	46%	5.0	10.00
0.4	部门2	3.0	5.0	60	1.0	1.00
0.0	部门3	3.0	6.0	50	2.0	1.00
2.6	部门4	3.0	7.0	43	1.0	3.00
—	其他部门					
5.0	总计	22.0	46.0	48%	9.0	15.0

应收账款(累计)	周	1	2	3	4	5
	实际	1.0	5.0	19.0		
	目标	4.0	9.0	17.0	28.0	35.0

制造良品率	天数	1	2	3	4	5
		77%	80%	81%	68%	82%

图 1-11 典型财务健康状况仪表板（2）

- 引起变革。采用 KPI 进行衡量的行为应该触发组织（或项目）内部一系列的积极变化，尤其当它处于首席执行官（或客户及项目发起人）监督之下的时候。
- 标准化。KPI 以标准的定义、规则和估测为基础，这保证了它们可以整合到整个组织的各种仪表板中。
- 由环境驱动。KPI 通过应用目标和限制，将绩效置于特定环境下，使得用户可以随时间推移精确度量他们的进度。
- 用奖励促进。组织可以通过附加报酬或奖励来放大 KPI 的作用。然而，在实际操作中应当小心，只在众所周知的 KPI 上应用奖励措施。
- 相关性。KPI 会随着时间推移渐渐失去影响，所以它们必须得到定期的检查与更新。

KPI 在项目中应用失败有如下几大原因：

- 人们认为对 KPI 的追踪最远只到一线经理这一层。
- 扭转指标中反映的不良趋势所需要的行动不在进行监控或追踪的员工的职权范围内。
- 进行监控的员工的本职工作与 KPI 没有关联。
- KPI 的更新速度太慢，使得它们不适合用来管理员工的日常工作。
- 纠正不适宜的 KPI 所需的行动耗时太长。

- KPI 的量度没有提供能使它们起作用的足够意义或数据。
- 公司确定了过多的 KPI，以至于进行衡量的员工完全分不清哪个是哪个。

很多年以前，一些公司只使用由价值实现衡量系统所认定的几个指标。这些指标大多只注重时间和成本，而忽略了与项目成功相对应的业务成功指标。这样一来，每个项目和项目的每个生命周期阶段的衡量指标都是一样的。今天，这些指标会随着项目的不同和项目生命周期中阶段的不同而变化。很明显，最困难的事情莫过于挑选到底要用哪些指标。必须注意的是，无论怎样选择指标，一定要避免将苹果与橙子进行比较这样的错误。

选择合适的 KPI 是至关重要的。由于 KPI 是一种衡量尺度，有些人认为 KPI 只能衡量实体的有形元素。因此，很多本应使用 KPI 追踪的无形元素被忽视了，因为有些人认为它们无法衡量。不管人们怎么想，任何东西都是可以衡量的。哈伯德（Hubbard）对此有以下定义：

- 衡量指的是一套减少不确定性的观察方法，它得出的结果通过数值表示。
- 减少不确定性就可以使衡量成为可能，不一定需要消灭不确定性。

因此，即使无形元素也可以用 KPI 加以衡量，在本书的价值驱动的项目管理章节（第16章）中会谈到这些无形元素。

哈伯德认为，在我们建立用于衡量的 KPI 之前，应该先问 5 个问题：

- 这个 KPI 用来帮助进行什么项目决策？
- 这个 KPI 到底衡量的是什么？
- 为什么这件事情（还有这个 KPI）与我们要做的决策有关系？
- 现在关于它我们知道多少？
- 进一步进行衡量的价值是什么？

哈伯德同时确认了选择 KPI 时应该考虑的 4 个有用的衡量假设：

- 你（在选择 KPI 时）遇到的问题并不像你以为的那么少。
- 你拥有的数据并不像你以为的那么少。
- 你所需要的数据并不像你以为的那么多。
- 存在一个很有用的量度，它比你想的简单得多。

选择正确的 KPI 是不可或缺的。对大多数项目来说，需要的 KPI 是很少的。有些时候，我们选择了太多的 KPI，导致很多 KPI 提供的信息价值很小或几乎没有价值。这些 KPI 最终没有起到帮助我们进行项目决策的作用。

有时候，公司认为它们选择的量度是 KPI，实际上它们只是绩效量度的一些形式，而不一定是 KPI。大卫·帕门特尔（David Parmenter）谈到 4 种绩效量度，这 4 种绩效量度分为两类：结果指标和绩效指标。

结果指标可以反映许多量度是多个团队输入的总和这一事实。这种衡量对于促进合作是有用的，但对于管理层来说，很难确定哪些团队应对绩效的好坏负责。

绩效指标可以是对一个团队或一组团队为了共同的目标紧密合作在一起的量度。无论表现好与坏，都有一个责任团队。因此，这一量度可以呈现绩效的清晰度和所属权。两种绩效量度类型都有两类关键指标：

- 关键结果指标（Key Results Indicator，KRI）在某种程度上告诉你做了什么。
- 结果指标（Results Indicator，RI）告诉管理层团队如何产生结果。
- KPI 告诉你该做些什么来大幅提升绩效。
- 绩效指标（Performance Indicator，PI）告诉你该做些什么。

帕门特尔认为：

> 一项变革战略的最终成功很大程度上取决于变革是如何引导和实施的，而不取决于战略本身的价值。KRI 在工作中的成功发展和利用，则取决于以下 7 个基础因素存在与否。
> - 与员工、工会、关键供应商和关键客户的伙伴关系。
> - 将权力下放到一线。
> - 整合绩效的衡量、汇报和改进。
> - 将绩效量度和战略加以联系。
> - 删除与交付无关的流程。
> - 任命一位现场量度主要责任人。
> - 在组织内统一对 KPI 的认知。

在项目环境中，绩效量度会随着项目的不同和项目所处的周期阶段不同而变化。项目团队，包括项目发起人，负责这些量度的确认。项目干系人也可能参与其中。企业绩效量度非常注重财务表现，不会随时间推移产生大的变化。这些量度会显示企业的财务健康状况。

建立与战略举措或其他类似活动相关的企业绩效量度本身就应被视作一个项目，并且需要高级管理团队（Senior Management Team，SMT）的支持。

> SMT 的态度至关重要——为了实现这一重要进程的成功，理解、竭尽全力和优先考虑缺一不可。项目团队和 SMT 通常会把 KPI 安排在其他不那么重要的竞争活动当中。
>
> SMT 必须对 KPI 项目竭尽全力，才能让它渗透到整个组织。如果实施得当，那么 KPI 项目可以营造富有活力的公司氛围。在此之前，SMT 必须推销相应的概念。这会使 KPI 项目获得最优先的处理，也可能意味着 SMT 放任一些小规模活动"自生自灭"。

1.17 制造业最佳实践

并非所有最佳实践都必然伴随着高昂的成本或复杂的挑战才能被发掘并付诸实施。实际上，众多简单而有效的措施即可被采纳，它们能够显著提升效率、生产力和产品质量。以设备设置时间的缩减为例，在制造业的广阔领域中，频繁地对机器或工艺进行设置调整是一项常规需求。在这一过程中，往往需要暂停机器、工具、模具、工艺流程或当前使用的材料，以便完成必要的更改。然而，在机器或生产线暂停运作的时间里，没有任何生产活动进行，自然也就没有产品被制造出来。因此，这段时间无疑被视为一种浪费。通过努力减少这种非生产性的停机时间，我们可以显著提升生产效率和产量。当然，要实现这一目标，就需要对现有的设备配置、操作流程或使用方法进行相应的调整与优化。

在实施变革的过程中，我们常常会遭遇来自多个层面的阻力，包括机器与工艺操作员、产品工程师以及财务人员等。他们可能会以"我们一直这样做"为理由，对变革持怀疑态度。诚然，过去的做法或许曾令人满意，但面对未来，我们必须拥抱更好的方法。因此，关键在于找到创新的策略来克服这些阻力，推动变革的顺利进行。

人们天生对变革抱有抵触情绪，因为它会打破常规，扰乱既定的生活或工作流程。然而，有几种经过验证的方法可以有效缓解甚至消除这种抵触情绪。首先，当变革是员工自己提出或参与决策的结果时，他们往往会更容易接受。因此，在推动变革之前，与相关人员充分沟通，解释变革的原因及其必要性，并尽可能获得他们的理解和支持，是至关重要的。

其次，如果变革能够为员工带来实质性的好处，如财务上的改善或职位的升迁，那么他们也会更加乐意接受。在解释变革时，明确指出这些好处，有助于员工接受度的提升。

再次，如果变革能够优化员工的工作环境，使工作变得更加轻松、高效或安全，那么他们同样会持欢迎态度。在阐述变革时，强调这些积极的变化，可以进一步减少员工的抵触情绪。

最后，在某些情况下，如果变革是由高层权威机构（如公司管理层或政府机构）强制推行的，那么即使员工内心有所抵触，也不得不执行。但值得注意的是，这种强制推行的方式可能会引发员工的消极应对，如故意破坏变革的实施效果。

现在，让我们聚焦于设备设置时间的缩短。从最后一个合格零件生产完毕到下一轮生产开始之间的时间即设置时间，是纯粹的停机时间，也是非生产性的时间浪费。因此，我们必须尽一切努力缩短这一时间，以提高生产效率。

早在 1988 年，丰田的志贺岳史博士就提出了"单分钟换模"这一革命性的理念，并因此赢得了业界的广泛赞誉。他主张在制造过程中，所有机器工具或模具的更换都应在不到一分钟的时间内完成，从而实现从一种零件的生产迅速转换到另一种零件的生产。这听起来或许令人难以置信，但当我们仔细观察时间的流逝时，会发现一分钟其实并不短。

志贺岳史不仅提出了这一宏伟目标，还详细阐述了实现这一目标的具体方法。他建议将工具或模具从远离机器的存放处移至机器旁边，以缩短取用时间；通过改进工具或模具的设计，使其更容易拆卸和安装；使用易折断的螺栓等快速紧固件；提供备用工具或模具进行预设等。这些简单而创新的措施大多不需要大量资金投入，而且通常可以在企业内部自行完成。

如今，志贺岳史的书籍和方法仍在全球制造业中发挥着重要作用，并与丰田的即时制造理念相结合，共同推动着制造业的持续进步。

◆ **案例学习**

在新加坡的一家精密电子设备制造工厂内，20 台绕制机整齐地排成一排正高效运转，它们在微小的陶瓷芯上精心绕制着细如发丝的金丝。这些金丝依据不同的生产代码，以特定的绕线数和层数排列，赋予设备独特的身份编码，决定其在最终产品中的功能。然而，每当一种代码的生产周期圆满结束时，一个关键的转换步骤便随之而来：设备设置操作员需迅速介入，小心翼翼地将绕制机的中间组件拆卸下来，带至工作台进行细致的调整，以适应即将开始的下一个生产代码的绕线需求。这一烦琐的过程往往需要耗时 12~15 分钟，其间绕制机不得不暂停工作，而设备设置操作员也只能在一旁静候，等待中间组件的重新归位。

面对这一效率瓶颈，管理层深入剖析并决定探寻解决之道。在仔细审查了当前操作流程后，一个关键问题被提上了议程："更换一台绕制机的中间组件究竟需要多少成本？"起初，基于传统观念，人们普遍认为这将是一笔不菲的开销，但进一步的调研带来了意外的惊喜——从美国引进的全新中间组件，单价仅为约 1 000 美元。于是，一项旨在提升生产效率的投资计划应运而生，该厂决定采购五套新组件，总成本控制在 6 000 美元之内。

新组件的到来，配合精心设计的生产计划系统，实现了生产流程的革新。现在，设备设置操作员能够提前预知每台绕制机的生产安排，并在当前生产周期结束前就预先为其设置好下一轮生产所需的备用中间组件。这样一来，当旧组件被迅速卸下后，新组件便能无缝衔接，整个更换过程缩短至惊人的不到一分钟，极大地减少了停机时间。

更值得一提的是，为了进一步优化安装流程，新组件的背面特别增设了定位销。这一创新设计确保了组件在重新安装时能够自动精准锁定，彻底消除了传统安装方式下烦琐的手动调整步骤，不仅提高了安装效率，更保证了安装的准确性和稳定性。通过这一系列精心策划与实施的改进措施，该厂仅以微小的投资成本便成功实现了设置时间的显著缩短和生产效率的大幅提升，为企业带来了更加可观的经济效益和竞争力。

1.18　第三步：确认最佳实践

之前我们已经讲过，负责寻找最佳实践的人包括项目经理、项目团队、职能经理，以及可能受过专业训练来听取项目团队报告并提取最佳实践的协导员。所有这些人都必须相信他们所发现的就是最佳实践。当项目经理积极投身项目当中时，关于最佳实践构成因素的最终决定在很大程度上是由项目经理做出的。AT&T 公司的一位发言人表示，确定什么才是最佳实践的责任属于"能够证明该项实践对于其项目有正面作用的那位项目经理"。

虽然这是很常见的确认方式，但其他涉及更多决策者的确认方式也是存在的。有时候，项目经理可能不在一线岗位，从而对可能引发最佳实践的业务活动并不熟悉。拥有 PMO 的公司一般会依赖 PMO 的支持，因为通过认可的最佳实践会被添加到方法论当中，而 PMO 往往是方法论的管理者。

一旦最佳实践所直接涉及的部门管理层将其批准，最佳实践就会被上报到 PMO 或流程管理组，来进行最终确认并写入公司制度。PMO 可能在确认候选最佳实践的过程中使用一套单独的检查清单。PMO 还必须决定要不要把这项最佳实践列为公司知识产权，因为这将决定最佳实践的用途，是存放在公司之内还是与客户共享。

最佳实践可以放在公司的最佳实践库中，或者在合适的情形下直接整合到公司的阶段关口检查清单中。根据公司的重要阶段检查流程的复杂程度，以及企业项目管理方法的不同，这一整合过程可以是即时的，也可以是按季度的。

根据丘吉尔唐斯公司前项目管理总监丘克·米尔霍兰所说：我们并不把我们的方法和流程标记为最佳实践。我们只是从经验中获得教训，并确认我们获得的教训被整合到我们的方法、流程、模板中。

有些组织设立了独立于 PMO 的委员会，其主要职能是评估潜在的最佳实践。公司任何员工都可以向委员会提供潜在的最佳实践信息，委员会进行分析。项目经理可以是委员会的成员，其他组织则利用 PMO 来完成这项工作。这类委员会和 PMO 大部分时候直接向高级管理层汇报。

《PMBOK®指南》的第 4、第 5 和第 6 版强调了干系人参与项目的重要性，这种参与可能也包括对是否认定为最佳实践的最终决定。丘吉尔唐斯公司前项目管理总监丘克·米尔霍兰说：

> 最终，决策要由我们的干系人做出，包括内部的和外部的。换句话说，PMO 并不能决定一个方法或流程到底有没有起作用。我们积极寻求来自项目干系人的反馈，并按他们的意见来认定我们的一些流程算不算最佳实践。之前认定的特定最佳实践和其他实践一起，已经在 PMO 以外被认可为通用的"公认实践"。

另一个干系人参与的例子来自英德拉公司 PMO 前主任恩里克·塞维利亚·莫利纳：

> 决策应该由集团 PMO 负责做出，在一些情况下，也可能由业务部门经理、下层 PMO 甚至主管机构做出，这取决于任务的主题和范围。有些项目管理最佳实践是在公司层面上建立起来的，而它们已经被整合到项目管理方法论中。它们中的很多也被添加到了项目管理信息系统及企业项目管理工具库中。

评估某项实践是不是最佳实践并不需要耗费太多时间，但是非常复杂。不能单单因为某些人认为其做法是最佳实践，就认定这是一个最佳实践。有些 PMO 目前正在开发模板和标准，以确定哪些活动是合格的最佳实践。模板里可能包括的条目如下：

- 能够移植到众多项目上。
- 能实现可度量的、富有成效的绩效（如可以作为指标）。
- 利用最佳实践能度量可能的盈利能力。
- 可缩短完成活动的时间，降低完成活动的成本。
- 既为公司也为客户提供附加价值。
- 可以为我们提供竞争差异化因素，使我们与众不同。

一家公司的最佳实践模板有两点独特之处：

- 有助于避免失败。
- 如果危机发生，可以帮助我们走出危机。

管理层必须认识到，这些最佳实践其实是对整个组织都有好处的知识产权。如果能将最佳实践进行量化，高级管理人员往往更容易相信它的价值。

1.19 第四步：最佳实践的分级

如同前文所述，最佳实践来自知识的转移，可以在组织内部或外部的任何地方发现最佳实践，如图 1–12 所示。

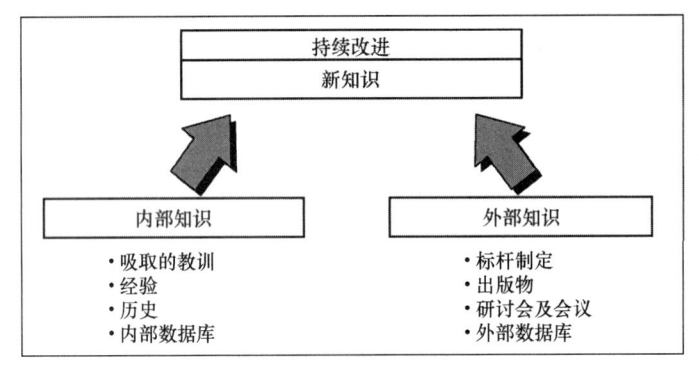

图 1–12　知识的转移

保有大容量最佳实践库的公司可以将众多最佳实践进行分级。图 1–13 给出了最佳实践的不同等级。每个等级又可进行分类。底部的等级是专业标准等级，包括项目管理协会定义的专业标准。专业标准等级的最佳实践最多，但它们较为通用，不太有针对性，复杂度低。

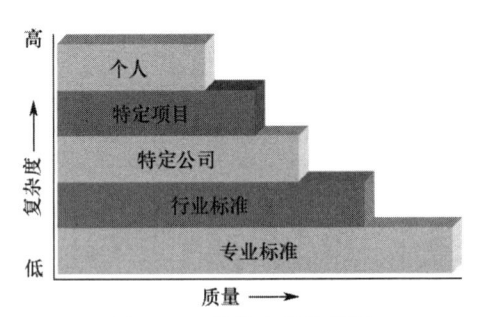

图 1–13　最佳实践的等级

行业标准等级包括与本行业的绩效相关的最佳实践。汽车行业就构建了本行业特有的标准和最佳实践。

当我们到达图 1–13 中的个人等级时，最佳实践的复杂度就从通用演变为特定的应用。正如预期的那样，最佳实践的数量变少了。各个等级的最佳实践示例可能包括（从通用到特定）：

- 专业标准。制订与采用风险管理计划，包括风险管理模板、指南、表格和检查清单等。
- 行业标准。风险管理计划包括业界的最佳实践，如从工程研发转换到制造的最佳方式。
- 特定公司。风险管理计划明确了交接过程中工程组、制造组、质量保证组等的角色和相互作用。
- 特定项目。风险管理计划明确了为客户提供特定产品或服务的各个小组的角色和相互作用。
- 个人。风险管理计划可能采用项目经理提供的责任分配矩阵，基于相关的小组中个人所能承受的风险来明确他们的角色和相互作用。

最佳实践在制订战略计划的过程中非常有帮助，如图 1-14 所示。下面两级可能更有助于阐明项目管理的战略，而上面三级更适用于战略的执行。

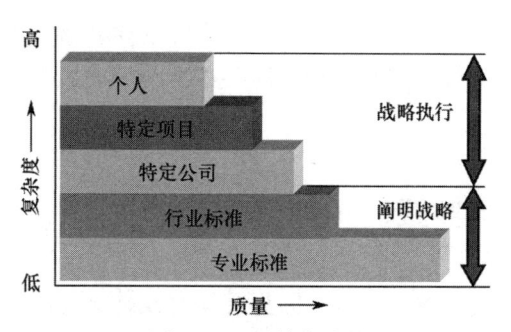

图 1-14 最佳实践的用途

并非所有公司都有一个正式的最佳实践库。在一些公司里，如果一项最佳实践经过了识别和确认，它就会迅速进入阶段关口流程或项目管理方法论。在这种情形下，方法论本身就是最佳实践。英德拉公司 PMO 前主任恩里克·塞维利亚·莫利纳说：

> 实际上，我们的项目管理方法论就包含了我们所建立的对于公司所有项目都适用的最佳实践库。在不同的业务部门还有更多的最佳实践库。例如，我们对建议书的准备或进度与成本估算都有详细的指南，它们适用于特定的业务范围。

当被问到英德拉公司拥有多少最佳实践时，恩里克说：

> 这很难讲，因为这个话题本身不好限定，公司的业务也十分复杂。如果我们把项目管理方法论看成一套最佳实践，那么就很难把其中包含的最佳实践一项一项地数出来。
>
> 除了我们内部发行的英德拉项目管理方法论手册，我们还有一些公司层面的详细指导手册。它们涉及工作分解结构的细化、项目风险管理、基于挣值的项目绩效衡量方法等。我们也有针对不同业务部门层级的特定指南手册，内容涉及建议书的准备、成本估算，甚至详细的工作分解结构编制规则和格式。

1.20　第五步：最佳实践的管理

在管理最佳实践的过程中，主要有三方参与：
- 最佳实践负责人。
- PMO。
- 最佳实践库主管（可能也在 PMO 供职）。

最佳实践负责人通常任职于一线部门，他有责任保持最佳实践的有效性。最佳实践负责人并不是一个官方的、有报酬的头衔，更多的是一种荣誉。因此，最佳实践负责人会尽力改进最佳实践，并尽可能地延长它起作用的时间。

PMO 通常拥有对最佳实践的最终支配权，同时会做出一系列最终决策。这些决策包括在哪里应用最佳实践，允许哪些人了解最佳实践，每隔多长时间检查和重新确认最佳实践，以及什么时候停止应用某项最佳实践。

最佳实践库主管仅仅是最佳实践的保管人，他可以在最佳实践库开放的情况下追踪员工查阅最佳实践的频率。最佳实践库主管可能并不了解每项最佳实践，也未必在结束最佳实践的时机方面具有发言权。

1.21　第六步：最佳实践的重新确认

最佳实践不可能永远是"最佳"的，因为最佳实践是与公司对项目成功的定义直接相关联的，最佳实践的定义会随着项目成功的定义的变化而变化。因此，必须对最佳实践进行周期性的检查，关键问题在于"多久进行一次检查"。这个问题的答案取决于最佳实践库的容量大小。有些公司只保留很少几项最佳实践，而大型跨国公司可能有成千上万名客户，并在其最佳实践库中保有几百项最佳实践。如果公司在提供产品的同时也提供服务，那么最佳实践库中还要分为产品相关最佳实践和服务相关最佳实践。

下面两个例子说明了检查最佳实践的必要性。

一旦某项实践被推荐并批准成为最佳实践，它要到下一年的评审周期才会正式获得通过。随着时间的推移，如果放任最佳实践老化，它们会渐渐失去价值，并且变得没有效果。（本例来自 EDS 公司）

最佳实践每隔 4 个月需要检查一次。检查过程中需要考虑：
- 从之前 4 个月里完成的项目中获得的经验教训。
- 来自项目经理、架构师和咨询师的反馈。
- 由精通特定主题的员工（如最佳实践负责人）带来的信息，包括从内部和外部收集的信息。
- 最佳实践库的汇报和活动数据。（本例来自 CA 公司）

通常在检查过程中可以做三种决策：
- 在下次检查之前保持最佳实践不变。

- 更新最佳实践并继续使用，直到下次检查。
- 停止使用最佳实践。

1.22 第七步：最佳实践的利用

最佳实践是指能带来持续竞争优势的活动，难怪一些公司不太愿意公开它们的最佳实践。如果公司不公开最佳实践，该如何利用它们呢？最常见的选择包括：

- 仅在内部分享。可以使用公司的内部网与员工分享信息，可以在公司内设立单独的小组负责控制信息，甚至可能用 PMO 来控制信息。不是所有的最佳实践都向所有员工公开。一些最佳实践可能有密码保护，下面会谈到。
- 有选择地向一小部分人公开，其他人则无从得知。有些公司花费大量金钱准备项目管理的表格、指南、模板、检查清单等。这些文档被看作公司的专有信息和最佳实践，只提供给少数确实需要知道的人。"保密"最佳实践的例子可能是项目批准专用的表格及模板，其中可能包含公司敏感的财务数据，或者公司的盈利水平、市场份额等。
- 向你的客户做广告。使用这种方法时，公司可能制作最佳实践手册，宣传其成就；也可能保有广泛的最佳实践库，在签订合同后与客户共享。在这种情况下，最佳实践被当成竞争武器。

今天的大部分公司会利用某种最佳实践库。一位 AT&T 公司的发言人说：

> 最佳实践库是用微软 Sharepoint 软件制作的，它使用起来很方便，提交和查阅都很容易。所有项目经理都可以随时提交最佳实践，或者查阅其他人提交的最佳实践。

尽管公司会收集最佳实践，但并非所有最佳实践都会在公司外部分享。即使在标杆研究期间，希望各方都能共享信息时，有些公司也不这样做。学生们经常问起，为什么教材中不包括最佳实践更多、更详细的信息，如表格和模板。一位公司发言人对作者这样说：

> 在过去几年，我们至少投入了 100 万美元开发各种模板，以评估项目从工程研发转换到制造的风险。我们公司可不愿意把这些模板送给每个花 85 美元买一本书的人。有些最佳实践模板是常识，我们当然乐意分享这类信息。但我们认为，转换风险的模板属于公司知识产权，不能与外界共享。

1.23 第八步：最佳实践的发布

公司面临的最大挑战之一就是知识在组织内部的迁移。公司越大，知识迁移所带来的挑战就越大。当公司的机构遍布几大洲时，情况会变得更加复杂。如果没有一套系统化的知识迁移方法，公司可能重复犯过的错误而失去宝贵的机会。公司必须发展内部合作机制。

如果员工毫不知情，那么收集最佳实践就没有意义。就像上文所说的，问题在于如何将信息传达给员工，特别是在大型跨国公司当中。以下介绍了一些方法：

- 网站。
- 最佳实践库。
- 实践社群。
- 时事通讯。
- 电子邮件。
- 内部研讨会。
- 人员调动。
- 案例研究。
- 其他方法。

北电致力于确保所有项目经理及时且一致地传达信息，以驱动全球项目管理流程的持续成功。北电使用的各种沟通方法包括：

- 通过每月发行的项目管理新闻快报来促进项目管理组织和相关职能部门之间的沟通。
- 定期举行项目管理沟通会，着重强调提供培训、指标评估、流程与模板的更新等。
- 利用广播公告栏来发布即时信息。
- 建立了一个中央数据存储库，使得项目经理能够轻松地获取或共享项目管理相关信息。

北电的例子清楚地说明了项目管理的最佳实践如今可以渗透到公司的所有业务部门，尤其是那些跨国公司。

其中的原因之一是如今公司所有业务活动都被看成一系列的项目。我们通过项目来管理业务。在这种情况下，项目管理的最佳实践已经遍布公司的各个角落。

用特定形式发布最佳实践是一种备受推崇的沟通方式。英德拉公司 PMO 前主任恩里克·塞维利亚·莫利纳说：

> 它们先在公司层面发布，之后在相应的业务部门内部发布。新任命的项目经理也会接受常规的课程和培训，它们的作用会由内部审计团队进行周期性的评估和确认。另外，随着项目管理最佳实践成为项目管理信息系统的必然组成部分，集团项目管理工具将最佳实践在项目中的应用自动化。

一位 AT&T 公司发言人说：

> 最佳实践的定义是一个项目经理所运用的任何对《PMBOK®指南》中的知识、流程领域和三重约束产生积极影响的工具、模板或活动。我们允许项目经理根据这些条件自行认定最佳实践。我们通过每月发布的项目管理新闻来交流这些信息，并为我们的项目经理推荐每月最佳实践。

项目管理最佳实践的另一个战略重要性也体现在 EDS 前全球项目集经理苏珊娜·扎尔（Suzanne Zale）的评论中：

> 在全球经济驱动下，大规模的全球项目及国际项目不断增加。没有国际项目经验的项目经理会用处理大规模的国内项目的方法来处理这些项目。然而，国内项目和国际项目完全不同。对国际项目来说，更稳健的项目管理框架变得更加重要。以全球视角预先计划变得尤为重要。例如，组建一支具备项目相关的地理区域知识的团队对项目的成功非常关键。项目经理也必须知道在这些地理区域内如何运营。所有项目团队成员都应接受培训，并对整体的项目管理方法论有一致的理解，这些也是项目成功必不可少的。
>
> 全球化和技术的发展将使良好的项目管理实践变得更加重要。

苏珊娜的评论揭示了从全球项目中获取最佳实践的重要性。这很有可能就是未来最佳实践的发展方向。

1.24 第九步：最佳实践的应用

如果人们不使用最佳实践，那么经历复杂的收集流程还有什么意义呢？当公司将最佳实践作为卖点向客户推销时，这就意味着必须追踪最佳实践并了解它们到底是如何应用的。这通常属于 PMO 的职责范围。PMO 可能有权力来定期检查项目中最佳实践的应用情况，但可能无权强制推行最佳实践的应用。PMO 可能需要从 PMO 主管、项目发起人及各干系人那里寻求帮助，来推行最佳实践在项目中的应用。

维护最佳实践库是确定员工对最佳实践的兴趣程度的一个好方法。一家公司在最佳实践库中插入计数器，以记录员工查看每项最佳实践的频率。对于那些被频繁查看的最佳实践，PMO 与最佳实践负责人合作，鼓励他们尽可能经常地更新最佳实践，或者帮助确定同一类别的其他最佳实践。

当最佳实践被用作竞争武器，并作为竞争性投标中的一部分向潜在客户宣传时，市场营销团队必须理解这些最佳实践，并向客户解释它们的作用。与 10～15 年前的情况不同，今天的市场营销团队对项目管理及其相关的最佳实践有很好的理解。

1.25 常见的理念

有一些关于最佳实践的常见理念，众多公司都认为它们是正确的。这里我们列举其中的一部分。

- 因为最佳实践可能互相关联，所以确认某项最佳实践后，可以进而发现另一项最佳实践，特别是同类或同级的最佳实践。最佳实践是可以自我延续的。

- 因为最佳实践之间可能有依赖性,通常更容易找到一类最佳实践,而不是单项最佳实践。
- 最佳实践可能无法移植,在一家公司发挥重大作用的最佳实践可能在另一家公司根本不起作用。
- 即使某些最佳实践对众多公司而言都像常识一样简单,但是反复不断地提醒和使用这些最佳实践,还是能取得优异的成绩,使客户满意的。
- 最佳实践的运用不仅限于财务状况良好的公司。现金流充足的公司可以错误地花掉1 000 万美元,然后一笔勾销;但是现金流不足的公司在批准项目、监控绩效、评估项目取消上会非常慎重。

必须在最佳实践的实施上处处小心,确保它不会使情况变得比以前更糟。一家公司认为,组织必须将项目管理视为专门职能,才能提高绩效,留住优秀员工,因此设立了与项目管理相关的职业发展路径,并与公司薪酬体系相结合。

然而公司犯了一个致命的错误。项目经理的工资涨幅远远高于一线经理和工人。其他人开始妒忌项目经理,这山望着那山高,于是纷纷申请参与项目管理。公司的技术力量减弱,有些人因为得不到成为项目经理的机会而离职。

有时,实施最佳实践的动机是好的,但最终结果没达到管理层的预期,甚至产生了副作用。这些副作用可能在一段时间内还不太明显,以表1-6 中的第一个最佳实践为例。很多公司现在都使用交通灯项目报告。有家公司简化了其基于内部网的项目管理方法论,包含交通灯项目报告。WBS 的每个工作细目旁边都有一个能变红、变黄或变绿的交通灯。状态报告简洁,管理层易于理解。高级管理人员花在状态评审会议上的时间显著减少,极大地节约了成本。

表 1-6　最佳实践的不当应用

最佳实践的种类	期望的收益	潜在的影响
使用交通灯项目报告	快捷、简单	信息不确切
使用风险管理模板或表格	有前瞻性、准确	无法看到所有可能的风险
极其详细的工作分解结构	便于控制、准确、完整	控制过多,汇报的成本较高
对所有项目使用企业项目管理方法	标准化、一致性好	对某些特定项目来说过于昂贵
使用专门的软件	决策质量提高	过多地依赖工具

最开始,这项最佳实践显得对公司有利。然而过了几个月,问题就显现出来了,工作细目的交通灯状态不如高成本的书面报告那么准确。人们也在关注到底由谁来决定交通灯的颜色。最后,交通灯系统扩充为8 种颜色,并且建立了确定颜色的指导方针。在这个案例中,公司的运气不错,找出了最佳实践的问题并予以纠正。但是,不是所有的问题都很容易找到;即使容易找到问题,也不一定总能被纠正。

另外,还有其他一些原因导致最佳实践失败,或者结果不能让人满意。这些原因有:
- 最佳实践缺乏稳定性、清晰度,或者难以理解。

- 不能正确使用最佳实践。
- 找出的最佳实践不够精确。
- 基于错误的判断找出最佳实践。
- 最佳实践不能提供价值。

1.26 项目管理最佳实践的挑战

全球项目管理实践社区对发现和实施最佳实践表示赞赏，因为它们是从项目管理实践中创新和优化的解决方案中发展而来的。但通常没有详细讨论在成功发现和实施之前必须克服的挑战。一些挑战包括：

- 对变化的恐惧。有些人习惯于旧习惯，害怕被迫离开自己的舒适区，因此拒绝接受最佳实践。他们还可能担心实施最佳实践可能对他们的绩效评估或晋升机会产生影响，特别是当新的最佳实践动摇了他们的权力基础时。
- 使用受限。有些最佳实践可能看似适合使用，但在某些情况下必须使用行业最佳实践。
- 草率接受。有时人们会匆忙接受一种最佳实践，但如果多花一点时间去研究它，可能会发现一种更好的方法。
- 政治和权威。一些最佳实践改变了公司的政治格局，可能会改变谁有权做出某些决策。虽然最佳实践的目的是改进决策流程，但有些最佳实践需要从上级获得授权才能做出某些决策，而以前可能允许较低级别的员工做出决策。
- 分享最佳实践。并非所有的最佳实践都适合或适用于多个项目。有些咨询公司在实践中提倡使用它们现成的技术方案，但这些方案可能并不合适。
- 培训需求。一些组织实施最佳实践太快，没有考虑过渡时间就提高了标准。事实上，最佳实践的实施需要对实践者进行培训，急于使用最佳实践可能导致意想不到的结果，并使实践者士气低落。
- 资金需求。一些最佳实践可能需要资金用于购买设备或软件才能有效实施。

1.27 最佳实践库

在将项目管理知识和最佳实践都视为知识产权的前提下，公司要如何保有这些信息呢？答案通常是建立最佳实践库。图 1-15 显示了最佳实践中最适合储存在最佳实践库里的 3 个等级。

图 1-16 表明了建立最佳实践库的流程。最下面一级是发现和理解什么有可能成为最佳实践，什么不是最佳实践。最佳实践可能来源于组织中的任何地方。

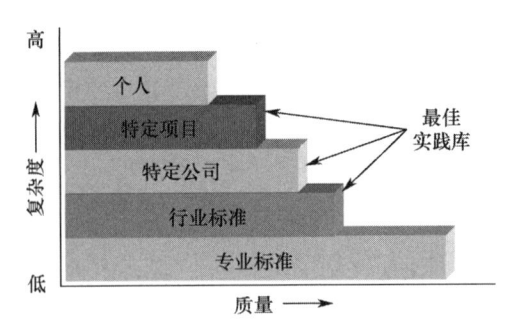

图 1-15　最佳实践等级

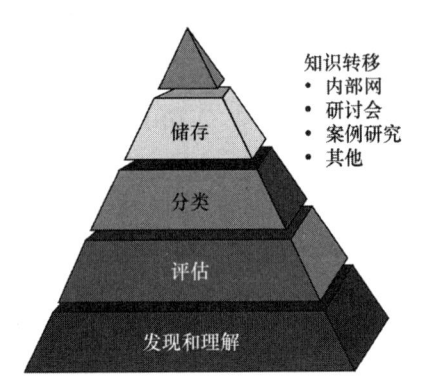

图 1-16　建立最佳实践库的流程

向上一级是评估，以确认这是一项最佳实践。评估由 PMO 或委员会进行，但是应该让上级管理者参与进来。评估过程是非常困难的，因为单凭一次积极的结果，不足以说明这是可重复的最佳实践，必须用已有的标准来评估最佳实践。

一旦大家都同意这是一项最佳实践，大部分公司会为最佳实践做更详细的解释，同时回答有关其用途的问题。不过，每家公司可能都有不同的方法来发布这样重要的专有知识。很多公司都最大限度地利用公司的内部网。然而，有些公司就把它们目前的表格、模板作为不断发展的最佳实践库。

图 1-15 给出了最佳实践的等级，但以存储为目的的分类系统可以与分级显著不同。图 1-17 给出了一个典型的最佳实践库分类系统。

创建最佳实践库的目的是将知识转移给员工。知识转移可以通过公司的内部网、研讨会、案例研究等实现。一些公司要求项目团队解散之前要准备关于项目中的经验教训和最佳实践的案例研究，然后公司就在内部的研讨会上使用这些案例进行研究和讨论。最佳实践和经验教训必须传达到整个组织，问题是如何有效地沟通这些信息。

另一个重要的问题是最佳实践过多。一家公司启动了最佳实践库，几年后就收集了数百个最佳实践。没人自找麻烦去重新评估这些是否还是最佳实践。经过重新评估后，只有不到 1/3 还是最佳实践。另一些不再是最佳实践，或者需要更新，或者由新近的最佳实践所取代。

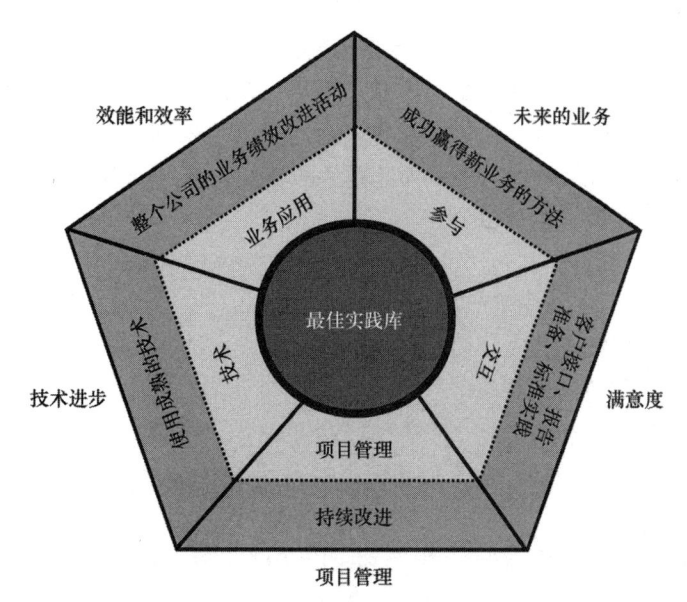

图 1-17 典型的最佳实践库分类系统

1.28 确定最佳实践的价值

确定使用最佳实践的财务收益可能是困难的。每个行业、每家公司，甚至公司内部的职能部门都可能有各种各样的最佳实践。因此，最佳实践的价值通常是以定性而非定量的方式表达的。

最佳实践的传统定义是，一种比其他方式更优越地完成工作的方法或技术，因此成为标准操作方式。在项目管理中，几乎所有的最佳实践都侧重于对"一刀切"方法论中所使用的流程、表格、指南、模板和检查清单进行持续改进。该方法论通常被视为项目管理中最重要的，甚至是唯一的最佳实践。

在项目管理早期，最佳实践侧重于创建方法论的组成部分，以下被确定为最佳实践：
- 撰写工作说明书。
- 进行工作分解。
- 制订项目计划。
- 确定会议类型和频率。
- 同干系人进行沟通。
- 设计标准化报告形式。

对方法论中包含的流程进行持续改进所获得的价值通常以定性方式表达，包括：
- 更高效、更有效。
- 完成工作所需的时间和成本更少。
- 减少浪费，优化流程。
- 质量改进。

项目管理最佳实践及其伴随的价值最初围绕着一个僵化的框架展开，人们相信流程改进会促进成功，减少失败。遗憾的是，这基于项目启动阶段具有明确需求的传统项目。

正如前面讨论的那样，今天我们在非传统活动的项目管理应用方面取得了显著成长，包括战略和创新项目。结果是确立了一种侧重于战略交付和结果并非流程设定的新型最佳实践。新型最佳实践的例子包括：

- 市场份额增长。
- 进入新市场。
- 更快地响应创新机会。
- 产生更多具有创新性的想法。
- 基于创新提升组织声誉。
- 创造能清晰标识组织社会企业责任努力的产品和服务。

今天的公司采用一种自我调节的战略，称为企业社会责任，它被纳入公司的商业模式中，并确定公司将为了消费者、社会、生态和政府法规的利益而进行以道德为导向的活动。环保的结果涉及对某些自然和可再生资源（如水、能源和其他材料）的消耗。

当公司能够有效地将战略规划、创新和项目管理实践整合在一起时，产生和实施的想法会创造出杰出的产品、服务，并更有可能支持企业社会责任，为每个人造福。如第1.29节所述，沙特阿美石油公司的业绩非常出色。

1.29 沙特阿美通过前沿理念推动创新

沙特阿美石油公司以其"能源就是机遇"的口号，展现了其在能源领域不断探索与创新的决心和远见。这家公司不仅颠覆了人们对能源公司创新乏力的传统认知，还以实际行动证明了在能源行业中，创新同样可以引领未来，创造无限可能。

作为全球能源领域的领军者，沙特阿美石油公司深知自己肩负着推动行业进步、引领技术革新的重任。为了实现2050年碳中和的宏伟目标，公司不仅在石油和天然气生产上追求卓越，更将大量资源投入清洁能源技术的研发与创新中。这种前瞻性的战略布局不仅展现了公司对环境保护和社会责任的担当，也为其在全球能源市场的竞争中赢得了先机。

沙特阿美石油公司对创新的重视不仅体现在技术研发上，更贯穿于公司的每个层面。从全球范围内的研究中心布局到企业内部创新门户网站的建立，再到对中小企业和初创企业的支持，公司构建了一个全方位、多层次的创新生态系统。这个系统不仅激发了员工的创造力和创新精神，也促进了不同领域之间的知识交流和合作，为公司的可持续发展注入了源源不断的动力。

在社会责任方面，沙特阿美石油公司同样不遗余力。通过推出"Wa'ed Entrepreneurship Center"等创新项目，公司积极支持年轻创新者和社会福利事业，为沙特阿拉伯王国的数字化、可持续性和社会进步贡献了自己的力量。这种以社会责任为导向的创新实践，不仅提升了公司的社会形象和品牌价值，也为其在全球范围内赢得了广泛的赞誉和尊重。

LAB7 的创建更是沙特阿美石油公司在创新领域迈出的重要一步。这个现代化的研究中心将成为年轻、充满激情的创新者的聚集地，他们将在这里得到中小企业的支持和追随，共同探索人工智能、机器学习等前沿技术在能源领域的应用。而旁边的绿色创新园区则致力于利用这些技术减少碳排放、生产可再生能源，为实现碳中和目标贡献力量。

总之，沙特阿美石油公司以其卓越的创新能力、前瞻性的战略布局和强烈的社会责任感，在全球能源领域树立了新的标杆。这家公司不仅致力于从石油和天然气中生产能源，更在探索清洁、可持续的能源解决方案上不断前行。未来，随着更多创新成果的涌现和应用，沙特阿美石油公司必将在全球能源舞台上扮演更加重要的角色，为实现更加美好的生活贡献自己的力量。

沙特阿美石油公司深谙项目在实施创新想法中的关键作用，并将其视为推动内部和外部创新文化发展的重要里程碑。通过与国际合作伙伴携手执行大规模项目，公司不断挑战传统，积极探索和采用前沿的理念、工具设备和项目管理方法。这种勇于尝试和持续探索的精神，正是沙特阿美石油公司在全球能源领域保持领先地位的关键所在。

正如"Marjan and Zuluf"增量项目的项目经理巴德·M. 布尔沙德（Badr M. Burshaid）所言，项目管理领域正经历着深刻的变革。传统的项目管理方法已难以满足现代能源项目的复杂性和高效性要求，而数字化解决方案、机器人技术、虚拟工厂等创新方法的引入，则为项目管理带来了新的机遇和挑战。这些创新方法不仅有助于保护环境、增加人员和设施的安全性，还能显著提高项目的执行效率和生产力。沙特阿美石油公司正是通过积极拥抱这些创新方法，实现了项目执行得更快、更便宜、更环保，同时确保了工人的生命安全。

当然，创新之路并非一帆风顺。在探索和实践的过程中，难免会遇到失败和挫折。但沙特阿美石油公司深知，失败也是创新不可或缺的一部分。每一次的失败都是一次宝贵的学习机会，它能为公司积累经验、提供教训，并为未来的创新提供新的思路和方向。因此，公司不仅鼓励员工大胆尝试、勇于创新，还为他们创造了一个包容失败、鼓励探索的创新环境。

为了进一步激发员工的创新潜能和促进创新文化的形成，沙特阿美石油公司还设立了针对创新领域高绩效者的激励计划。这一计划不仅体现了公司对卓越和诚信等核心企业价值观的坚守，更为员工提供了一个展示自我、实现价值的舞台。通过为员工创造有吸引力的成长环境，公司鼓励他们在各自的领域内不断追求卓越、勇于创新，共同推动沙特阿美石油公司在全球能源领域的持续发展和繁荣。

第 2 章
从最佳实践到伤脑筋

2.0 简介

在将近 40 年的时间里，项目管理只应用于相对较少的几个行业中，如航空航天、国防、建筑等。这些行业都是以项目为驱动的行业，而实行项目管理主要是应客户的要求。人们认为项目管理只是锦上添花，而不是不可或缺的。因此，项目管理中的最佳实践也从来没有被真正认定为重要事宜。

在过去的 20 年中，项目管理已经演进为企业长期生存所必需的管理流程。现在，项目管理是必需的，而不是可有可无的奢侈品。项目管理渗透到了业务的每个方面。公司现在通过管理项目来管理业务；项目管理成为竞争武器；从项目管理中获得的知识被认为是公司的知识产权；各公司还纷纷建立了 PMO，来保护项目管理的知识产权。PMO 直接向高级管理层汇报，其任务是从项目管理中获取最佳实践。

就像任何新事物一样，项目管理有好处，也有坏处，还可能遇到问题。有些是小问题，容易解决；有些问题则让高级管理人员大伤脑筋，甚至头痛欲裂，无法安眠。大多数伤脑筋的问题来自对项目管理好处的错误理解，或者期望太高、胃口太大。另外，如果某项活动确实不是最佳实践，就会带来害处，引发潜在的问题。

2.1 伤脑筋之一：好心办坏事

有时候，明明出发点是好的，却会带来伤脑筋的问题。例如，一家公司迅速意识到项目管理的重要性，并为项目管理开辟了一条职业发展路径。这样做当然是对的。对内来讲，员工相信公司认为项目管理是一项战略竞争力，而且项目管理的专业化水平会有所提高。对外来讲，客户会非常高兴地看到，项目管理成为专门的职业方向，而且业务水平也有所改善。

这些好的愿望很快就变成了问题。为了体现对项目管理优异表现的支持，项目经理的工资涨了14%，而项目团队成员和一线经理只获得了3%~4%的涨幅。开辟项目管理职业发展路径之后的两年内，所有人都开始想成为项目经理并通过项目管理的职业阶梯取得成功，甚至包括具有专业技术的重要一线经理。每个人都认为项目经理这口饭更好吃。具有关键技能的一线经理甚至威胁说，如果不给他们成为项目经理的机会，他们就辞职。公司最后纠正了这一问题，告诉所有员工，公司内的各个职业发展路径都有同等的提升机会。工资涨幅的巨大差别消失了，代之以更均衡的计划。然而，伤害已经造成了。项目团队成员和一线经理认为项目经理占了他们的便宜，因此工作关系出现了问题。高级管理人员现在头疼的是如何弥补造成的伤害。

图2-1解释了为什么除此以外，还有很多令人头疼的问题。项目管理逐步发展，演进为竞争的武器，这时组织面临着实施最佳实践的压力。实施这些最佳实践往往需要部署昂贵的内部控制系统，来管理资源、成本、进度、质量等。项目管理系统必须能处理同时运行的多个项目。同样，人们认为提高客户满意度也是一个最佳实践，为了获得更高的客户满意度，要付出的代价也很高。当这两方面的重要性都增加时，风险也就跟着增加了。维持客户满意度和内部控制的平衡很不容易。对于特定的项目而言，花太多的时间和金钱提高客户满意度可能导致财务上的灾难；花太多的时间进行内部控制，又可能丧失竞争力。

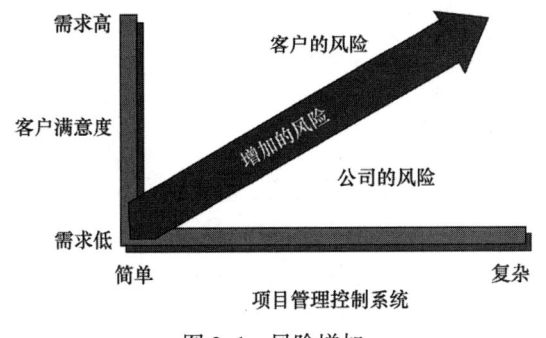

图 2-1 风险增加

2.2 伤脑筋之二：企业项目管理方法论

随着项目管理的重要性越来越明显，公司认识到需要发展项目管理方法论。良好的项目管理方法论是一种最佳实践，它能够通过持续产出高质量的成果来赢得客户对方法论的信任，让公司成为合同竞标中唯一合格的供应商。遗憾的是，市场、制造、信息系统、研发、工程等各部门各有其相应的项目管理方法论。在公司内部，只要不是各个职能部门总在一起合作，管理层是可以接受这种不够高效的方式的。每种方法论都有自己的术语、生命周期阶段和关口评审流程。

当客户的业务需求不再是各个职能部门的产品，而是整体解决方案时，显然就需要尽量减少不同的方法论。整体解决方案要求各职能部门一起合作。高级管理人员认为这是必要的，同时高级管理人员也相信，这最终会变成一项最佳实践，而且会引出更多的最佳实践。

一家公司有 3 个战略业务部门（Strategic Business Units，SBU）。由于客户需求的变化，这 3 个部门现在需要共同工作，以满足客户的特别需求。高级管理人员任命其中一个业务部门带头，精简各部门的职能流程，来形成统一的企业项目管理（Enterprise Project Management，EPM）方法论。看到一定程度的成功后，高级管理人员认为这是最佳实践，就试图让其他两个部门也实施这套企业项目管理方法论，但另两个部门拒绝接受。反对意见是"我们不需要这套方法论""这套方法论对我们不适用""这套方法论不是我们发明的"。这家公司的总裁虽然不太愿意，但还是明确地告诉员工，别无选择，大家必须使用同一套方法论。总裁面对的挑战是让公司整体接受这一方法论。在这件事上，文化问题显得尤为重要。

2.3 伤脑筋之三：权衡

随着项目管理的发展，关注点已经转变为竞争的制约因素，而不仅仅是时间、成本和范围。随着项目出现更多的制约因素，新的挑战和问题会出现并需要权衡。只有三个制约因素时，确定顺序可能并不困难。但是当项目中出现多达 8 个、10 个或 12 个制约因素时，确定顺序可能具有挑战性，尤其是当制约因素之间存在依赖关系时。

在项目开始时，项目经理必须与客户和干系人紧密合作，以达成对项目成功的可接受定义。每个项目都有其独特的成功定义，下一步是确定用来衡量实现成功定义的约束条件和相关指标。

这些约束条件和相关指标需要被优先处理。基于成功定义，有些约束条件是不可变的，而其他的则是可变的。那些不可变的约束条件将最有可能被视为参数，如果可能的话，不应进行权衡。可变的约束条件则可能会在项目生命周期中发生变化，并进行权衡。

如果项目是在 VUCA 环境中执行的，所有的约束条件和相关指标可能会在项目生命周期中发生变化。这可能会成为组织为了保持竞争力必须面对的一个棘手问题。

2.4 伤脑筋之四：客户满意度

传统上，公司认为与每个客户的交易都是一锤子买卖，满足了这个客户的需求后，工作重心就转移到下一个客户身上。如果潜在的客户群很大，这种做法是可以接受的。今天，项目驱动的组织，即那些依靠持续的、客户资助的项目流来盈利的组织，正在实行"合约项目管理"。在"合约项目管理"中，对于每个潜在的新客户，承包商都用类似婚约的方式来洽谈，希望和客户建立长期关系，而不仅仅是一次合作机会。在这种洽谈中，承包商不仅推销自己的产品和解决方案，也表达了愿意调整企业项目管理方法论的意愿，以便与客户的管理方法论保持一致。为了提高客户满意度，并建立长期的关系，承包商期望客户提供建议，以便让自己的企业项目管理方法论延伸到客户的组织中。在 ABB 集团的企业项目管理方法论中，生命周期的最后一个阶段就是"客户满意度管理"。这个阶段是专门设计的，以获得客户反馈，来保证长期的客户满意度。

采用"合约项目管理"是一项强有力的最佳实践。有了它，公司就能将其对项目管理的认知转化为现实，也就是让项目管理演化为公司的战略竞争力，保证公司持续的竞争优势。这种方法有它的好处，但也打开了"潘多拉魔盒"。客户期望对承包商的项目管理方法论设计具有发言权。一家汽车配件商决定在制定企业项目管理方法论的时候听取三大客户（通用、福特、克莱斯勒）之一的意见。虽然这表现了对某个客户的善意，提高了这个客户的满意度，但是，对其他对项目管理有不同需求和不同看法的客户来说，就产生了严重的问题。究竟需要给客户多大的权限来为承包商的企业项目管理系统提供建议呢？为了提高客户满意度，冒险打开"潘多拉魔盒"是个好主意吗？客户对承包商如何管理项目应该有多大发言权呢？如果这使得客户开始对承包商的工作指手画脚，又会怎样呢？

2.5 伤脑筋之五：响应客户不断变化的需求

当项目管理成为竞争武器，并最终带来战略竞争优势时，客户需求导致的变更必须得到及时处理。企业项目管理系统必须配置管理流程来控制项目中的各类变更。企业项目管理系统中的变更控制流程必须保持灵活性。但是，如果客户需求的变化巨大，以至于不得不对企业项目管理系统做出相应的改变，而且这些改变不是最佳实践，可能带来坏的影响，这时又会发生什么呢？

一家一级汽车部件供应商花了数年时间开发了一套研发新产品、新部件的企业项目管理系统，得到客户的高度认可。客户和公司都认为这套企业项目管理系统是一个最佳实践。但是现在情况发生了变化，客户为了省钱，准备只与很少的供应商进行合作。他们挑选特定的供应商成为"解决方案提供者"，负责主要部件或汽车主体，而不是个别零部件。该汽车部件供应商并购了其他公司，以便成为主要部件供应商或汽车主体制造商。整个企业项目管理系统都不得不做出改变，很多时候还出现了文化冲击。一些被并购的公司有很强大的项目管理文化和最佳实践，甚至压倒了并购方的项目管理文化；另一些被并购的公司在项目管理方面则是一片空白。更糟糕的是，所有这些公司都是国际公司，全球化的问题成为中心问题。现在，最佳实践都是相互竞争的。

经过几年的动荡发展，现在许多部件供应商都即将取得成功——并购都成功，并开始实施新的、统一的一套最佳实践。但是，客户的需求又要变了。客户现在打算重新回到零部件采购方式，而不是"解决方案采购"，因为觉得零部件采购能降低成本。如果在整个行业内发生这种变化，就又会有新一轮的问题令人大伤脑筋，伴随大规模重组、撤资、文化的变化和企业项目管理系统的巨大改变等。承包商如何让客户相信这种行动是对整个行业不利的呢？那些以前财政状况很好的主要部件或汽车主体制造商如果转为零部件制造商，可能再也无法取得这样的成功了。

2.6 伤脑筋之六：PMO 的汇报层级

公司成立了 PMO 来保护项目管理的知识产权。PMO 的职责包括制订项目管理的战略计划，开发并改进企业项目管理方法论，维护项目管理模板、表格和指南，管理项目组合，指导缺乏经验的项目经理，提供解决项目问题的热线支持和维护项目管理最佳实践库等。PMO 成为所有项目管理最佳实践的守护者。

虽然许多公司都认为成立 PMO 是一项最佳实践，但是，这种做法也将大量知识产权交由少数几个人掌管，而"信息就是权力"。当所有这些知识产权都由 PMO 的三四个人掌管时，PMO 的直接领导就有可能比他的同事更有权力。遗憾的是，PMO 必须向高级管理人员这一管理层汇报，这就使得高级管理人员之间可能出现争夺 PMO 控制权的暗战。

为了缓解对个别高级管理人员权力高于其同事的担心，公司通常成立多个 PMO。这些 PMO 应该相互联系并自由地交换信息。惠普就有多个相互联系的 PMO。柯马公司在北美洲、南美洲、欧洲、亚洲都有相互联系的 PMO。星空联盟（Star Alliance）有 27 家加盟航空公司，每家航空公司都有一个 PMO，由位于德国的一个 PMO 领导。这些 PMO 是成功的，因为它们自由地共享信息及项目管理知识产权。

为了安抚每个高级管理人员，可能应该设立多个 PMO，但是，有时候这也会带来伤脑筋的问题，因为项目管理知识产权不集中。更糟糕的是，如果每个高级管理人员，包括跨国高级管理人员，都要求有自己的 PMO，会变成什么样子呢？人们可能最终认为投资 PMO 属于过度管理的费用。除非公司能看到每笔 PMO 的投资所获得的回报，否则 PMO 的概念可能会消失。一项重要的最佳实践可能就此毁于公司内部的政治斗争中。

2.7 伤脑筋之七：现金流的两难抉择

对于许多通过激烈的投标竞争求得生存的公司来说，准备一次投标的成本从几千美元到几十万美元。在大多数情况下，项目管理直到签署合同后才会出现。如果项目结束时的获利没有达到投标准备期间或项目启动时的预期的话，结果将是灾难性的。当公司开发了一个企业项目管理系统，并且系统运转良好时，大多数公司都认为它们现在可以承接更多的工作。公司开始竞标每个有希望的合同，因为它们相信企业项目管理系统会在不牺牲质量的前提下，帮助它们在更短的时间内使用更少的资源，完成更多的工作。

2002 年夏天，一家大型跨国公司在欧洲设立了一个项目管理培训项目，培训 50 个来自不同国家的项目经理。公司副总裁在课程开始之前的 10 分钟致辞中表示："公司现在要开始推掉一些工作了。"项目经理不解其意，希望副总裁给予解释。这位副总裁就在白板上画下了图 2-2 中的开销曲线，并明确指出公司将不再接受最终利润率小于 4%～6%的项目，因为这种项目就等于公司在为客户融资。公司就像客户的银行，根本没有获利空间。为了降低投标的成本，公司将采用估算数据库而不是分时间阶段的工时来准备标书。现金流问题直到项目启动后才被识别出来。

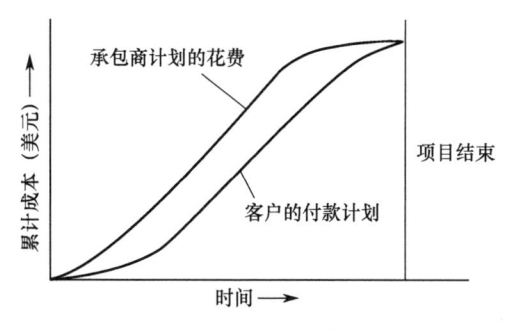

图 2-2 开销曲线

虽然项目融资已经成为一种可接受的做法，但它确实会在业已严酷的市场竞争中进一步挤压公司的利润。为了保持盈利，公司常常不得不把项目建议书放到一边，不按最初告诉客户的日程来安排资源，而是根据客户的付款计划来安排资源。这虽然会带来短期的盈利，但通常会导致进程延误、法律诉讼和让客户感到不满。在客户满意度、长期客户关系和盈利之间取得平衡是件令人非常头疼的事。如果无法维持盈利，哪怕是像建立世界级企业项目管理系统这样的最佳实践，最终也会导致有害的结果。

2.8 伤脑筋之八：项目范围变更的两难抉择

对于那些成功获得竞标才能生存下来的公司，获得的利润多少通常取决于项目开始后项目范围变更的大小。原始合同标价可能过低，因为承包商寄希望于客户引发的项目范围变更能带来更多利润。为了利润最大化，企业项目管理系统中必须包含范围变更控制流程的最佳实践。

多年来，项目经理的主管一直鼓励项目经理去发掘所有客户付费的增值项目范围变更。但是，这些范围变更带来了与其他项目的重大冲突，涉及能力规划和关键资源的安排。随着公司在项目管理上的成熟，企业项目管理系统逐步演进为基于网络运行。每个单独项目的进度被汇总到总体进度中，以便高级管理层能看到未来 90～180 天的可行的资源配置情况。这样，公司可以在不使现有员工负担过重的情况下决定还可以承接多少新的工作。一旦发现资源瓶颈，公司也可以比较清楚地知道在哪个职能组再雇用多少员工。

随着能力规划从艺术变为科学，如何为意外的范围变更找到合格的资源来完成额外工作的问题也与日俱增。一个项目的利润最大化或许不符合公司的最佳利益，尤其是当这些资源可以在组织其他地方更有效地使用时。今天的组织常常人手不够，因为大家相信工作比人头多要胜于人头比工作多。高级管理人员必须找到方法来平衡项目所需资源的增加、范围变更、项目组合的选择，以及一线经理和项目经理之间紧张的工作关系。高级管理人员怎样才能说服项目经理范围变更是不必要的并忘记利润最大化？

2.9 伤脑筋之九：是否外包

PMO 的一项职责就是在项目结束的时候听取项目团队的汇报。这包括捕捉经验教训、发现改进企业项目管理系统的机会和更新项目估算数据库等。随着项目估算数据库的改进，公司意识到，外包一些项目工作，比起公司自己完成这些工作，成本可以大大降低。

尽管这是一项重要的最佳实践，可以帮公司省些钱，但外包也可能带来害处。当一家银行准备对其信息系统部门进行裁员，并将被裁员工的岗位工作进行更经济的外包时，被当地报纸发现了，并对这家银行做了非常负面的报道。另一家机构把自己的信息系统工作外包了，但是它不得不向供应商和承包商提供公司的私有数据。当高级管理人员不得不平衡短期获利和公司长期健康运营，以及干系人的需求和期望时，问题就出现了。

最佳实践应该对公司和员工都有利。如果最佳实践的实施会导致有人丢掉工作，这项最佳实践在员工的眼里就一文不值了。

2.10 伤脑筋之十：决定何时取消项目

每个企业项目管理系统几乎都是基于项目生命周期的。项目生命周期每个阶段结束时都会召开阶段结束的关口评审会。这个会议要确定项目是否继续进入下一阶段。几乎没什么项目会在项目初期阶段的关口评审会上被取消。其中一个原因是，项目经理不一定在此时提供做出可行的决策所必需的全部重要信息。项目经理在预测报告中会提供项目结束的预期时间和预期成本。报告中缺少的是比成本和时间更重要的预期收益。尽管大家都理解，在项目生命周期的初期可能很难获得这个数据；但还是应该尽最大努力，提供对项目结束时收益的合理预测。

即使项目推迟了或超支了，还是有可能达到预期收益的。同样，即使项目有所节余或进度提前了，也不一定能保证项目结束时会实现立项时的愿景。一家公司提出了"映像日期"的概念，团队会定期标出获得绩效的日期，高级管理人员评审映像日期，以确认项目继续。这一概念能被扩展以包括项目结束时的预期收益。

好的项目管理方法论会成为最佳实践，并为管理项目提供有价值的信息。但是，系统还必须能提供高级管理层进行重要决策时所需的信息。在很多情况下，企业项目管理系统的发展只考虑了项目经理的利益，却没有考虑整个公司的最佳利益。

2.11 伤脑筋之十一：如何发放项目奖励

也许令高级管理层最伤脑筋的事就是在公司的薪酬管理系统内建立一套公平的项目奖励/成绩认可系统。公司已经认识到项目管理是一项团队工作，奖励团队可能比奖励个人对公司更有利。伤脑筋的部分在于如何有效地进行奖励。

有下面一些问题需要解决：

- 谁来评定每个人对项目成功的贡献大小？
- 在项目上所花费的时间是否会影响奖励的多少？
- 谁来决定奖励多少？
- 奖励系统会不会影响将来的项目估算，尤其是针对预算节余的奖励？
- 奖励的多少会不会影响将来项目人员的选择？
- 员工会不会倾向于跟随成功完成过很多项目的项目经理工作，因为在那些项目中发放了大量的奖励？
- 员工会不会避开高风险项目，因为可能得不到奖励？
- 员工会不会尽量避免参与长期项目？
- 工会员工是否也能参与项目奖励计划？

提供金钱奖励或非金钱奖励，只要是建立在公平的基础上，就都是最佳实践。不能公平地发放奖励，会毁掉哪怕是最好的企业项目管理系统，也会破坏多年形成的企业文化。

2.12 伤脑筋之十二：不健康的企业文化

创建正确的企业文化并不容易。然而，如果已有很强的企业文化并且其积极支持项目管理，促进其他最佳实践的发展，那么这种企业文化是很难被其他公司复制的。有些企业文化支持设立坚固的壁垒，缺乏成员间的合作；另一些企业文化建立在互不信任的基础上；还有一些企业文化助长了这样的风气，即对管理层隐瞒信息是可以接受的。

一家电信公司拨款进行了 20 多个新产品的研发项目，这些项目都需要在某个季度完成，以取悦华尔街，并为分红提供现金支持。管理层对坏消息总是反应过度，并对提供给高级管理层的信息进行过滤。项目管理方法论的使用被谨慎对待，因为害怕高级管理层会早早意识到一些项目的严重问题。

由于没有听到任何坏消息，高级管理层相信所有的项目都在按计划进行。后来高级管理层发现不止一个项目出现严重问题，才开始仔细审核所有的项目。一天当中，8 个项目经理要么被撤换了，要么被解雇了。但是损害已经造成，问题的症结是以前创建的那些企业文化。惩罚传递坏消息的人会破坏一个可能原本不错的项目管理系统，并打击士气。

在另一家电信公司，高级管理层鼓励创新，给其员工创新的自由度。员工主要是拥有高等学历的技术人员。公司期望这些员工可以用多达 20%的工作时间来提出关于新产品的好创意。遗憾的是，这些时间都要被计入员工当时正在做的项目中，这就使得企业项目管理系统在成本和进度方面不是那么有效。

虽然管理层的用意是好的，结果却不像他们期待的那样。新产品的确在进行研发，但是投资回收周期越来越长，运营成本也在不断增加。挑选项目组合时确定的预算毫无意义。更糟糕的是，技术部门定义的项目成功标准不只是达到规范要求，而是要超过规范要求。管理层的成功定义则是产品的商业化。事实上，每出现一个在商业上基本成功的项目，必须有 50~60 个新想法及新项目做支撑。新产品研发大量吞噬了公司的现金，而一开始，人们就将其归咎于项目管理。即使最好的企业项目管理系统，如果不知道花费的金钱和时间的情况，也无法察觉项目何时已经结束了。

创建好的企业文化可能要花费数年，但仅仅由于管理层的突发奇想，就有可能迅速毁掉这样的文化。一家公司同时进行了两个高风险的研发项目，期望每个项目都能在 12 个月内获得技术上的突破。即使真的能有技术突破，产品的寿命也仅为 1 年，之后就会落伍。

每个项目都有一位高级管理人员作为项目发起人。在第一次关口评审会上，两个项目经理都建议中止项目。作为项目发起人的高级管理人员碍于面子，没有在损失不大的情况下及时中止项目，而是命令项目继续进行，直到下一次关口评审。之后，高级管理人员强迫项目继续进行，直到结束。技术上的突破比原计划晚了 6 个月，而且两种产品一点也没卖出去。只有一种方法可以让这两位高级管理人员保存颜面，就是以成功完成了两种新产品的开发的名义将两位项目经理晋升到更高的职位，然后指责市场和销售团队在寻找客户方面的无能。

中止项目从来就不是件容易的事。人们常常把坏消息看成个人的失败、无能的表现，以及职业生涯的污点。我们必须理解，披露失败不是无能的表现。这个教训很清楚：总是做出正确决策的高级管理人员所做的决策一定不多；所有项目都成功完成的公司所做的项目一定不多，也一定没有承担合理的风险。

2.13 伤脑筋之十三：政治影响

完成项目需要人员，可这并不意味着分配到项目中的人员都能够做出有利于项目的正确决策。当参与一个新项目时，人们往往会有这样的想法："我能从中得到什么？这个任务能给我的职业生涯带来什么好处？"

这种思维能渗透到项目管理的所有层级，甚至包括项目治理的负责人，让人大伤脑筋。人们在想要得到利益的时候趋向于玩政治游戏，项目经理必须克服这种伎俩带来的障碍。公司层面的正式嘉奖可以激励员工，非正式的内部政治团体一样能给相关人员带来利益。当来自任何一方可能的利益受到威胁时，就会产生障碍，这种障碍会导致一些冲突。例如，项目如何计划？易受高层关注的行动分配给哪些人？采用什么方法来解决某一问题，以及其他隐藏在日常工作中的此类问题？有人甚至希望项目失败以牟取私利。

政治敏锐性是今天的项目经理的一项基本技能。当进行项目管理时，不能够单凭技术或管理能力，你必须理解所面对的人员和组织的政治属性，必须明白项目管理中难免存在政治和冲突。未来的项目经理需要有政治敏锐性。遗憾的是，关于项目管理中的政治，虽已有几本书出版，但在项目管理知识体系（PMBOK®）中，其相关介绍依然很有限。

◆ 政治风险

在复杂的大型项目中，政治常被视为风险，尤其是当有些项目实施地点的所在国存在政府干涉时。被视为政治风险的一些因素包括：

- 政治环境变化，如新政党当权。
- 所在国的财政政策、采购政策和劳务政策的变化。
- 项目资产和/或知识产权被国有化或非法夺取。
- 由政变、恐怖袭击、绑架、勒索、暗杀、内战和暴动导致的社会动荡。
- 通货膨胀率的显著变化导致的不利货币兑换政策。
- 合同失效，如吊销执照或付款失败。

我们倾向于将大部分这类风险纳入事业环境因素范围，由项目发起人或治理委员会负责。实际上，当项目在所在国实施时，通常是由项目经理来处理这些政治风险的。

随着项目规模和复杂程度的增加，项目超支会增多，政治干预的可能性就增大。在有的国家，如美国，向上升级的问题通常可以在项目发起人手中得到解决。在另一些国家，特别是一些新兴市场国家，问题可能会超出治理委员会的范围，上升到更高一级的政府部门。在极易面临巨大超支的特大型项目上，这一点体现得尤为明显。

◆ 玩政治游戏的原因

人们玩政治游戏的原因有很多，一些常见的原因如下：
- 希望控制稀缺资源。
- 追逐荣誉、权力和地位。
- 维持个人形象和自我价值。
- 另有企图。
- 对未知的恐惧。
- 控制海外出差人员。
- 控制可带来权力的重要信息。
- 试图利用别人来完成工作。
- 只看到自己想看到的东西。
- 不肯接受或承认失败。
- 把坏消息视为个人失败。
- 害怕错误曝光。
- 把失败当作弱点。
- 认为失败会损害个人名誉。
- 认为失败会损害职业生涯。

以上这些原因均为"利己"，但有些政治游戏玩起来是为了"损人"。一旦"损人"，往往还会"利己"。举例如下：
- 希望项目失败。
- 害怕项目成功后发生改变。
- 意图损坏他人，尤其是自己职场晋升路上的"挡路人"的形象和名誉。
- 为稳固自己的地位贬低他人的想法。

◆ 政治游戏发生的场景

虽然政治可以存在于项目整个生命周期阶段的任何一个阶段，但历史经验告诉我们，政治有可能发生在以下一些典型场景中：

- 试图在保守的文化中实现项目管理成熟度。
- 在企业并购过程中，"兼并者"和"被兼并者"的项目管理成熟度处于不同水平。
- 试图让整个组织接受一种项目管理方法论，该方法论仅由一个职能部门而不是由所有职能部门组成的联合理事会提出。
- 不相信项目能成功完成且有自我保护倾向。
- 如果项目成功，工作习惯和做事方式会发生改变。
- 当发生问题时，不知道它会在哪里得到解决。
- 相信虚拟团体会被隔离在项目政治之外。
- 未能理解干系人有效关系管理实践。
- 项目的规模越大、越复杂，政治干涉的可能性越大。
- 治理委员会的规模越大，出现分歧和政治问题的可能性就越大。
- 在项目中，越有权力的人越有可能被卷入项目政治中。
- 被认为自命不凡的员工比普通员工更倾向于玩政治游戏。

◆ 治理委员会

项目政治常常会将项目推向跟最初的工作说明书不同的方向。这种推动力可能来自高级管理层、项目团队成员、客户，甚至一些干系人。每个人都希望将结果小幅调整，而你的工作就是找到安抚每个人的方法。

从表面上来看，最简单的解决方案是成立一个由公司高级管理人员、客户代表和不同干系人方代表组成的治理委员会，然后让治理委员会去解决所有的内部冲突，并为项目提供一个统一的方向。从更高权力组织获得支持看起来没什么错，但治理委员会仍存在不能达成内部统一意见的可能。甚至存在这样的情况：他们想达成意见统一，但有人试图在幕后玩政治游戏。治理委员会的存在不能根除项目政治的存在。为了巩固权力，治理委员会内部成员也会玩政治游戏。

大多数公司提供给项目的资金是有限的。高级管理层争夺资金的结果可能仅会让某一职能部门受益，而不是让公司整体的利益最大化。高级管理人员通过玩政治游戏，使他们的项目比其他人的项目先期获批，并把这种领先视为他们权力的提升。治理委员会中可能包括在项目资金争夺中失利的职能部门的高级管理人员，他们可能对项目施加负面的政治影响，甚至希望项目失败。结果，被任命的项目经理在项目获批后加入，但直到进入项目后，才完全理解项目批准和启动时玩的政治游戏。

◆ 敌友之辨

迅速判断一个人是敌还是友通常很难。并不是所有有政治企图的人都是敌人。有些人会为了你的最佳利益而玩政治游戏。因此，通过其个人企图来进行敌友的分辨是非常有益的。这意味着你必须跟他们沟通，尽可能地通过非正式方式来理解他们的企图。通过肢体语言来初步猜测一个人是敌是友通常是个好办法。

一个对人们进行分类可能有效的方法是：

- 真正的支持者。这些人公开表示他们愿意支持你和你在项目中的立场。
- 中立者。这些人可能支持你，只要今后你向他们证明你是值得他们信任和支持的。为了表明你的立场并赢得他们的支持，你需要花更多的时间。
- 真正的态度不明者。不同于被你的思维方式征服的中立者，这些人是真正的态度不明者。他们可能存在并不符合你最佳利益的潜在企图，但他们相对安静，并且不轻易表达他们的担忧。当这些人强烈反对项目进展方向时，他们可能构成严重的威胁。
- 真正的敌人。这是一些明确表达不支持你的看法的人。你理解他们的立场，可能也很清楚他们对你和项目发展方向的态度。

◆ 攻击或撤退

当人们在项目中玩政治游戏时，有两个事实似乎是必然的。首先，这些人对玩政治游戏很有经验；其次，他们想赢。面对冲突，你必须选择是强力进攻还是撤退。不采取行动是一种回避，而这必将使你在这场斗争中失败。

斗争的第一个法则是尽可能多地收集关于敌人的情报。举例说明，借助干系人地图，如图 2-3 所示。干系人地图常用网格的形式展示和比较每个干系人在项目中的权力和利益。

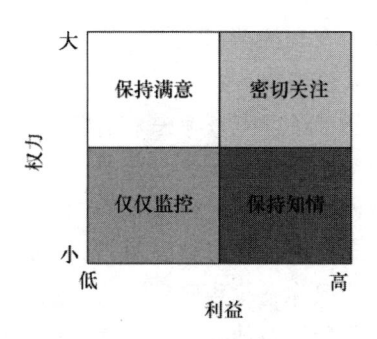

图 2-3 干系人地图

- 密切关注。这些权力大、对项目有利益诉求的人可以决定你的项目的成败。你必须尽全力取悦他们。请注意有些因素可使他们迅速改变所处象限。
- 保持满意。这些权力大、对项目有较少利益诉求的人也能决定你的项目的成败。你必须让他们保持满意，但不要告诉他们过多的细节，避免让他们厌倦或完全失去兴趣。可能到项目接近结束时他们都没有参与其中。

- 保持知情。这些人权力有限但对项目有利益诉求。他们可以作为问题到来时的早期预警系统发挥作用，也可能协助解决技术问题。这些人常常可以提供潜在机会。
- 仅仅监控。这些人权力有限，除非发生重大灾祸，否则对项目利益无诉求。可以给他们提供一些信息，但不要包括太多让他们厌倦或失去兴趣的细节。

当你对玩政治游戏的人展开攻势时，开火的同时别忘了必要的后备支援。你必须准备好展示政治决策将如何影响项目的限制条件和相关的基准。根据图 2-3 判断你的对手的权力和利益水平后，你可能需要其他干系人来帮助你申辩。拥有跟玩政治游戏的人相同或更高权力水平的支持者是极为有利的。

并不是所有的政治斗争都需要赢。那些玩政治游戏并掌握巨大权力的人可能也有取消项目的权力。在这种情况下，撤退是唯一可行的选择。但如果你真的疏远了这些玩政治游戏的人，情况可能会进一步恶化，因为未来你依然有可能跟这些人一起工作。不管怎样，最好的办法是试图理解这些玩政治游戏的人，理解他们玩政治游戏的原因，以及在最终决策中他们拥有多少权力和影响力。

◆ 有效沟通的需要

当有人在你的项目中玩政治游戏或打算玩政治游戏的时候，虽然并不总是可以辨别出来，但会有一些迹象表明这些事正在发生。这些迹象包括：
- 人们不在意你的感受。
- 人们避免讨论关键问题。
- 对于问题，人们从来不询问你的感受。
- 做决策的时候拖延。
- 总为未能完成的活动找借口。
- 人们仅仅讨论对他们个人有利的项目。

项目经理对这些迹象可能无法控制，如果再加上无效的沟通，情况会变得更糟。为了将项目中的政治影响最小化，项目经理应该考虑采用以下做法：
- 说话前仔细聆听，不要急于下结论。
- 确保能够理解其他人在说什么，并尝试从他们的角度看问题。
- 所有非正式的沟通应该有一个备忘录，记录下讨论过的问题，并确保不存在误解。
- 在坚持自己的观点前，确保你已收集到所有必要的支持信息。
- 确保你能够清晰理解文化背景对他人跟你沟通方式的影响。
- 如果你必须提供批评性意见，确保意见具有建设性，而不是针对个人的批评。
- 在解决政治问题时，必定有输有赢。仅仅选出赢家并没有结束。你必须向每个人解释为什么选择这个方法而没有考虑其他方法。解释这些必须有一定的技巧。
- 如果不能有效地控制局面，向高级管理层征求意见和寻求帮助是明智的选择。
- 无效沟通会滋生谎言，伴随着大量的不信任，助长政治游戏的产生。

在与团队成员、客户和干系人讨论政治的时候，项目经理必须谨慎。信息可能被误读和过滤，特别是如果人们只想听他们想听到的信息时。结果就是意料之外的政治游戏，同时朋友也会很容易变成敌人。

◆ 权力和影响力

仅靠有效的沟通技巧是不能解决所有的政治问题的。要理解为什么，我们必须着眼于项目管理通常是如何进行的。如果所有项目都停留在传统层级结构内，就存在一个可以解决政治问题的拥有至高权力的人。既然大部分项目都超出了传统层级结构范围，即便治理委员会存在，解决冲突和政治问题的重担还是压在了项目经理肩上。治理委员会很有可能是冲突产生的根源。

从表面上看，最简单的解决方案似乎是赋予项目经理解决政治问题的足够权力。但项目执行通常超出了传统层级结构范围，这样就限制了项目经理所拥有的权力。正式权力的缺失让项目经理的工作更加困难。虽然项目章程已经赋予了项目经理一定的权力，但很多项目经理依然受到限制，原因是：

- 项目经理为了得到合格的资源，必须跟职能经理沟通。
- 没有职能经理的同意，项目经理不能解雇参与项目的人员。
- 项目经理通常在工资和薪酬管理上没有直接权力。
- 项目经理事实上可能没有奖惩权力。
- 如果员工被分配到多个项目中，项目经理可能无法强迫他们及时为自己负责的项目工作。

由于传统层级结构带来的权力缺失和奖惩能力缺乏，项目经理必须依靠其他形式的权力来影响人们。一些如沟通、激励、冲突管理、谈判和协商等行为技能对解决政治纠纷还是有必要的。可惜大部分项目经理缺乏政治敏锐性和冲突解决能力。

◆ 管理项目政治

虽然项目政治是不可避免的，但项目经理可以采取一些行动来减少政治问题的产生或控制政治问题的影响。这些行动如下：

- 收集关于政治局势的尽可能多的信息。
- 确保每个人完全理解政治局势对项目基准的影响。
- 试着站在玩政治游戏的人的角度看问题。
- 试着与玩政治游戏的人结成联盟。
- 看看项目发起人或治理委员会能否使你免受政治游戏的影响。
- 将结构化的决策方法作为项目管理方法论中的一部分，以减少一些政治游戏。
- 试着通过一个人的肢体语言判断他的政治立场。
- 如果政治局势不能很快缓解，在没有牺牲整个项目的前提下可以表明妥协的意愿。

权力滋生政治，政治反过来助长权力。期望管理一个没有任何政治冲突的项目是不切实际的想法，我们无法预测客户和干系人的行为。有时候政治事件会在没有任何早期征兆的情况下发生。

没人能统一定义项目政治，政治以各种形态存在。因此，项目经理必须学习更高级的行为技能来处理各种政治场景。不能正确解决政治问题的危害就是项目方向的改变或迷失。

2.14 七宗罪引发的伤脑筋

40多年来，教科书、杂志文章对项目管理领域中项目失败的原因做出了种种论述。遗憾的是，许多失败原因分析仅仅限于失败教训的表面，而没有进行深层分析。当试图发现失败根源时，我们往往首先从承包商中寻找责任人，而不是从自己公司中寻找。如果这种做法不管用，我们就会循着本公司的组织层级，将视线转向项目团队，紧接着就是项目经理。一旦我们找到了"责任人"，这种寻找就此结束，大家都对找到"失败根源"感到舒心顺意。

指责组织层级的底层而不是高层，是人类的天性。然而，失败的真正原因是组织高层的行为（或不作为）和决策，而不是底层。基于人类的天性，人们也总免不了在七宗罪的影响下进行决策，它们分别是嫉妒、愤怒、骄傲、贪婪、懒惰、欲望和暴食。基于七宗罪做出的决策，无论是由高层还是由底层做出的，都会对项目产生可怕的影响。有时，这些罪行难以被识别。我们根本看不到或感觉不到自己正在犯罪。

尽管我们不愿意承认，但七宗罪迟早会影响我们。有些人只是犯了其中的一两宗罪，而另一些人可能犯了全部七宗罪。遗憾的是，当这些罪行影响了高层管理人员对项目的管理方式时，无论他们是项目发起人还是治理委员会成员，项目都会受到最严重的破坏。高层的错误决策，尤其是基于感情而非实际情况做出的决策，会在项目启动之前就将其置于毁灭之路上。

◆ 七宗罪

"七宗罪"这个词，也指"重大的恶行"或"主要的罪行"，是对罪行的一种分类。它们原本是天主教道德规范的一部分，用于教育教徒关于堕落的人们犯下的罪行。过去四个世纪以来，部分罪行在天主教、印度教、伊斯兰教、佛教和犹太教的各种宗教著作中被从多个角度论述。多年来，这些罪行名称被无数的神职人员、哲学家、心理学家、作家、诗人和教育家一再修正和讨论。

表2-1中对七宗罪进行了逐一简要叙述。每种罪行都与一种动物、一种颜色，甚至犯罪者因该罪在地狱中所受的惩罚相关联。

表2-1 七宗罪

罪　行	特　性	动　物	颜　色	在地狱中所受的惩罚
嫉妒	希望拥有他人所有物	蛇	绿色	被投入冰水中
愤怒	强烈的不快感	狮子	红色	被活体肢解

续表

罪 行	特 性	动 物	颜 色	在地狱中所受的惩罚
骄傲	对内在情感满足的需求	孔雀	紫色	被车轮碾压
贪婪	对物质财富等的欲望	癞蛤蟆	黄色	被放入滚烫的油锅中
懒惰	逃避工作	蜗牛	浅蓝	被扔进蛇坑
欲望	一种渴望，不一定是性欲	山羊	蓝色	被浓烟熏呛
暴食	超出需求的消费	猪	橙色	被强迫吃老鼠、癞蛤蟆和蛇

在项目环境中，任何一宗或几宗罪行都能够让理性的人做出非理性的决策，这种情况可能发生在组织的任何一个层级。在某些层级，罪行的存在会对项目效果产生更大的影响。如果在项目一开始就存在一宗罪行，那么启动阶段做出的糟糕决策会对接下来各阶段都产生不利影响。

嫉妒

"嫉妒之心窥视着他人的春风得意，却忽视了自己已有的幸福。"

——哈洛德·科芬

"嫉妒是无知，模仿是自杀。"

——拉尔夫·瓦尔多·爱默生

"当人们充满嫉妒时，他们鄙视一切，无论是好还是坏。"

——普布里乌斯·克奈里乌斯·塔西佗

嫉妒是希望拥有他人所有物。这种充满愤恨的情绪产生于一个人缺乏别人优于自己的身份、财物、好运、品质、能力或地位。嫉妒可能促使某人将不幸加诸别人身上，并试图让别人无法获得好处。嫉妒也可能影响人与人之间的关系，如人们会故意忽略他们嫉妒的人。嫉妒的近义词有妒忌、怨恨、恼恨。

嫉妒既可能是恶意的，也可能是良性的。恶意的嫉妒有刚才提及的所有特点。良性的嫉妒可以成为积极的动力，促使人们以积极的态度去努力达成自己的心愿。良性的嫉妒通常存在于组织的底层，而恶意的嫉妒经常存在于组织的高层。

以下4个情景说明了嫉妒是如何导致项目灾难的。

情景1：重组失败

一家公司有4个部门，每个部门都由一位高级副总裁领导。以往，大多数项目都由单一部门完成。每个部门都有各自的项目管理方法论，而且成功的项目案例远远比失败的项目案例多。随着市场环境的变化，公司开始承担需要多部门协作才能完成的项目。同时使用多个项目管理方法论管理一个项目成了不可能的任务。

总裁要求必须只用一种方法论来管理项目，所有部门都必须采用该方法论。该公司成立了一个PMO，总裁任命了其中一个副总裁领导PMO。其他3个部门的员工被临时抽调加入PMO，在该副总裁领导下共同制定统一的项目管理方法论。

PMO的成员看起来工作很顺利，但是4个副总裁都要求有最终签字权，授权统一项目管理方法论的采用。每个副总裁都认为他们本部门的项目管理方法论应该成为制定这个唯一方法论的主要推动力。不论 PMO 设计出什么方案,每个副总裁都表现出嫉妒和怨恨,对其他人的想法挑错,并表现出"非我发明综合征"。与此同时,由于缺乏项目执行的架构,项目失败的数量开始增加。

很明显,不论哪个副总裁领导 PMO,这个副总裁就比其他 3 个副总裁拥有了更大的权力,因为他掌握了项目管理的知识成果。信息就是权力。对信息占有嫉妒的代价就是无法有效地管理和控制项目。最终,总裁介入,并让每个副总裁都成立一个 PMO。但是,这 4 个 PMO 需要互相协作。这让情况有所缓解。但即便他们就项目管理方法论达成了一致,每个 PMO 还是试图引导其他 PMO 按照自己的思路思考。可想而知,管理方法论总是改来改去,项目也因为没有明确的方向而受影响。嫉妒使得做出的决策不能实现整个公司的利益最大化。

情景 2:奖励失败

由于相信有效的奖励或奖金制度可以激发项目团队的积极性,某公司管理高层宣布将根据项目的收益确定项目团队的奖金。该公司在竞标中中标的多数项目都价值数百万美元。项目经理很快意识到,如果在竞标时适当上调项目的成本预算,并仍然确保中标,那么他们就能获得大额奖金。

尽管公司因为项目成本预算上调而失去了一些本可中标的合同,但一些项目经理在合同结束时获得的奖金已经与部分管理层获得的奖金差不多了。许多管理层成员开始嫉妒他们的下属获得如此多的奖金。因为嫉妒,管理层改变了奖金政策,改为部分奖金分配给管理层,尽管他们并不是项目负责人。这样,给项目经理和项目工作人员的奖金就大幅减少了。一些项目工作人员宁愿怠工,也不愿意看到管理层得到本应由工作层获得的奖金。

情景 3:因制造麻烦而导致的失败

保罗是一家中型公司的运营主管。他的公司正在组建一个直接向首席执行官汇报的 PMO。保罗认为 PMO 主任是通向副总裁的踏脚石,所以非常想担任这一新职务。保罗的首要竞争对手是布兰达。她是在公司工作 20 年的老员工,而且被公认为该公司最好的项目经理。由于布兰达优秀的决策技能,她几乎在她主管的项目中有着绝对的决策权。

当布兰达被委派负责最新的项目时,保罗申请并成为布兰达那个项目的发起人。保罗嫉妒布兰达的能力和好运,他相信如果他能在不损害自己的前提下给布兰达的项目捣乱,他就能轻松地当上 PMO 主任。保罗对布兰达的权力进行了限制,并要求自己作为发起人审批所有重大决策。保罗总是在面临决策时迫使布兰达做出不是最优的选择。布兰达的项目遭遇了灭顶之灾,保罗不久就被任命为 PMO 主任。

嫉妒能让我们为获得自己所求而将痛苦加诸他人身上。保罗得到了晋升,但是布兰达和工作团队知道他的所作所为。保罗与主题专家的工作关系恶化了。

情景 4:关系失败

杰瑞和两个朋友住得很近,并同时加入了公司。杰瑞在项目管理团队工作,而另两人在工程部门工作。他们组成一个拼车小组,每天一起上下班。在业余时间,他们也常有来往。

加入公司两年后,杰瑞第二次获得了晋升,但他的两个同伴一次都没有获得过晋升。

由于嫉妒杰瑞的成功，两人不再与他来往，也不再跟他拼车。这两人因为太嫉妒了，甚至拒绝在杰瑞的项目中工作。尽管两人并没有直接表现出对杰瑞的嫉妒，但事实胜于雄辩，他们的行为清楚地表达了他们的感受。

愤怒

"你每发怒1分钟，也就失去了60秒的幸福。"

——拉尔夫·瓦尔多·爱默生

"如果在愤怒时说话，你将做出最出色的演讲，却会令你终生感到悔恨。"

——劳伦斯·J. 彼得斯博士

"愤怒总有理由，但很少是充足的理由。"

——本杰明·富兰克林

"愤怒距离危险仅一步之遥。"

——佚名

"愤怒，如果不加以控制，常常比激起愤怒的伤痛本身更伤人。"

——塞内加

愤怒是一种强烈的不快感。有时，我们愤怒是因为别人在项目中的所作所为冒犯了我们。另一些时候，我们表现出不必要的愤怒，是为了让别人感到困扰，以阻止他们的威胁性行为，如持续的计划延迟或超预算支出。愤怒常常是烦恼、生气和愤恨的同义词。

当我们生气时，我们常常失去客观性。我们可能突然感觉和表现出愤怒，也可能是故意的。愤怒有一个程度范围。其中，在温和的一端，愤怒可能只是有一点儿生气，而在强烈的一端，愤怒可能导致暴怒和大发雷霆。并不是所有的愤怒都是清晰可见的。例如，消极的愤怒可能只表现为冷淡对待、反应过度或反复检查物品。侵略性的愤怒可表现为欺凌、表达不信任、说话过快或破坏性行为。

以下是愤怒影响项目的几个例子。

情景5：因不恰当的愤怒而失败

在为下一年的 20 个项目选择组合时，管理层在没有任何可行性支持数据的情况下制订了预算和进度计划。更糟糕的是，各项目的运营负责人强调不接受任何进度延迟或超预算支出。各项目团队制订了细化的项目计划，20 个项目团队中的 8 个都断言高层制订的预算和进度计划是不现实的。但是，这 8 个项目团队并没有立即通知管理层他们对预算和进度的估计可能有误，反而开始着手实施项目并期待奇迹。项目团队认为这样比让管理层知道实情，惹怒他们要好得多。

这 8 个团队都没能见证奇迹。几个月后，管理层对其中一个团队做了一次项目健康检查，终于发现了真相：项目的情况很糟糕。随后，他们对所有 20 个项目都进行了健康检查，显而易见，这 8 个项目在财务和技术上都出现了问题。管理层因没能得到及时报告而非常愤怒，不仅取消了这 8 个项目，而且一天之内 8 个项目经理都被炒了鱿鱼。针对没有及早报告管理层一事，8 个项目团队都受到了指责。

但是，更多责任应该由管理层自己承担，尤其是他们曾表现出不恰当的愤怒行为。当项目团队确信他们从管理层那里得到的仅仅是怒气而不是解决问题的支持时，项目管理就无法成功，项目自然只能失败。为了避免惹怒管理层，坏消息常常被过滤掉。

情景6：小算盘带来的失败

某公司首席信息官担任项目负责人，负责一个价值2 500万美元的信息技术项目，项目周期约为1年。他将10月1日定为项目上线的日期。在7月的项目进展总结会上，项目经理告诉首席信息官那个上线日期是不现实的。首席信息官大怒，问道："10月1日软件有多少可以运行？"项目经理回答："大约10%。"

首席信息官大发雷霆之后冲出会议室，并称项目团队为"无能的傻瓜"。随后，首席信息官批准了大量的加班，并许诺主要承包商500万美元的好处，只要他们能够在10月1日前确保软件部分的50%可以运行，11月1日前超过70%完成即可。这个首席信息官知道公司年底的分红是与该项目的实施部分挂钩的。软件部分有了70%的完成度，他的分红就很可观了。当来年2月项目终于完成时，运营委员会认为这个项目部分失败了，因为超预算支出了500万美元。因此，项目经理受到了责难，而首席信息官获得了他的分红。

情景7：信息过滤导致的失败

政府部门的高级管理人员形成了一种文化，那就是当消息上传时坏消息会被过滤掉。允许坏消息直达高层意味着怒气将会从高层返回项目。因此，当消息抵达高层时，大部分坏消息已经消失，项目的风险都被隐藏了。曾有一个项目，其结果正如技术风险专家所预测的那样：7名宇航员在"挑战者"号航天飞机升空爆炸中丧生。还有其他因素导致了这场灾难。在事故原因调查会议上，一个主题专家被问及："为什么你没有将风险报告递交高级管理层呢？"主题专家说："从行政级别上，我不应向高级管理层汇报。我的责任是将此报告给我的上司，他依次向上级报告。"

情景8：集体信念导致的失败

集体信念是一种强烈的、通常是盲目的、愿意不惜一切代价和后果实现的愿望。当存在集体信念，特别是当它存在于高级管理层时，理性的组织也会做出非理性的决策，同时任何偏离集体信念的行为都会引发他人的愤怒。谁质疑集体信念或挑战其进展，就会被逐出项目团队或被责难。为了在项目中工作，每个人都必须压抑自己的愤怒情绪，随波逐流，不管结果如何。这些项目在技术上可能是成功的，但在财务上可能是失败的，并不能完全达成企业的战略目标。

一个很好的例子就是铱星计划。铱星计划是一个为期11年的项目，但它的发布日期只比预期延迟了1个月。该项目是建立一个由66颗环绕地球的人造卫星组成的网络，使得人们可以与任何地点的任何人通话。该项目的管理是由摩托罗拉公司和铱星公司（Iridium LLP）负责的，它们表现出色，尤其是考虑到该项目产生了超过1 000项专利和2 500万条程序代码。从技术上来说，项目获得了成功，但从财务上讲，它是一场灾难。当公司发现无法获得足够的用户来收回成本时，愤怒由此产生。在项目实施过程中，对高层愤怒的恐惧和集体信念的存在，使得人们几乎不可能质疑对订阅者数量的预测。

愤怒不需要表现出来就可以损害一个项目。仅仅是隐含的威胁或对愤怒的恐惧就能大大影响团队的表现。

骄傲

"一个骄傲的人总是看不起任何事和任何人。由于你总是向下看，自然看不到你上方的任何事。"

——C. S. 路易斯

"盲人看不见，骄傲的人不屑看。"

——俄国谚语

"虚荣和骄傲尽管常被用作同义词，实际上却是两回事。一个人可能骄傲但不虚荣，骄傲更多地与我们对自己的看法有关，虚荣则与我们希望他人如何看待我们有关。"

——简·奥斯汀

"当我们独自一人时，我们很少骄傲。"

——伏尔泰

骄傲是帮助我们获得个人满足或达成个人目标的内在情绪。骄傲可以是一种美德，或者仅仅是对自己的爱，以及对个人成就的夸大感知，这会给人带来愉悦感。骄傲同时包含消极和积极的内涵。从消极方面来说，骄傲会让我们在有所成就时极度膨胀。从积极方面来说，它可以是对其他人行为的倾慕，或者对于获得归属感的满足，如民族自豪感，或者作为重要项目的一员的自豪感。

骄傲常常被看作美德。过度骄傲则会导致不认同真相，这样有时会带来自我满足。骄傲的反义词是谦虚和愧疚。

以下是骄傲影响项目的几个例子。

情景 9：经验主义带来的失败

彼得是公司中最有经验的工程师之一，他的专业水准首屈一指。彼得被指派解决项目中的一个问题。尽管有好几种可能的选择，彼得却选择了花费最大的方案，并且这会增加不必要的功能，也就是常说的"花哨的装饰"。彼得坚称这是唯一最实际的方案，项目经理勉为其难地接受了。彼得将这个项目视为提高自己在公司内声望的工具，而不管对项目的影响如何。那些"花哨的装饰"极大地增加了项目可交付物的最终支出，同时，这也使彼得的自尊心得到了极大的膨胀。

情景 10：错误发起人导致的失败

南希是市场部主任。她的上级，即负责市场部的副总裁，要求为市场部开发一个相当复杂的 IT 项目。一旦该项目获得批准，通常 IT 部门应该作为项目发起人负责所有 IT 项目。南希知道这个项目能够获得最高管理层的关注。南希并没有担任该项目发起人的能力，但是她相信，一旦做了项目发起人，她就能通过这个项目得到上级认可，进而获得晋升。

南希通过努力成了项目发起人。遗憾的是，很多 IT 问题需要在发起人层面得到解决。由于南希缺乏 IT 方面的专业知识，她做出了几个错误决策。因为南希的错误决策，项目后期不得不进行许多变更，导致项目延期和超出预算。南希的虚荣给项目带来了不利的后果。

贪婪

"野心不过是贪婪踩着高跷、戴着面具。"

——沃尔特·萨维奇·兰德

"贪婪比奢侈毁掉了更多的灵魂。"

——查尔斯·迦勒·柯尔顿

"贪婪是晚年的恶习。"

——乔治·班克罗夫特

"有些人生命的第一阶段浪费在享乐上,第二阶段献给了野心,贪婪差不多是他们最后的激情了。"

——塞缪尔·约翰逊

"贫穷需要很多,但贪婪,一切都要。"

——普布里乌斯·西鲁斯

"贫穷有所需,奢侈所需甚多,而贪婪渴望一切。"

——本杰明·富兰克林

"在贪婪之屋中,爱永远是陌生人。"

——安德烈亚斯·卡佩拉努斯

"'风险越大,收益越大'这句话包含了更多的贪婪,而不是智慧。"

——威廉·佩恩

贪婪是一种对财富、商品或有价值物品的强烈渴望。贪婪超越了基本的生存和舒适所需。贪婪索求多于我们实际所需或理所应得。贪婪也可表现为对权力、信息或资源控制的渴望。它的同义词有贪财和贪心。

以下是贪婪影响项目的几个例子。

情景11:过多资源导致的失败

卡尔被任命管理一个为期两年的项目,项目共需要118人参与,多数人都只需要兼职工作一段时间。卡尔说服管理层,称项目需要一个协同作战的队伍,所有人都需要全职工作,并且整个团队应该在他们的职能经理所在地之外的大楼共同工作。高级管理层知道这不是一个好主意,但还是勉强同意了。他们非常清楚项目目前超员且管理过度。

第一年年末,显然卡尔团队里没有一个人获得提升或奖金,因为职能经理只奖励那些坐在他们周围、每日支持他们的员工。卡尔项目上的员工现在觉得被分配到这个项目是不会得到晋升的。一些员工试图破坏项目以便尽早离开。不久,卡尔发现其他几个项目经理也表现出对他的强烈不满,因为他对资源的贪婪占有已经影响了他们的项目。

情景12:权力导致的失败

卡萝尔是一个部门经理,她为最终能够成为部门经理而感到自豪。公司有传闻说管理层正在计划一次裁员。卡萝尔担心她的部门会被解散而使她失去部门经理的职位。

为了保住这个职位,卡萝尔开始给部门内人员发出相互矛盾的指令。工作人员不停地来找卡萝尔,想弄清矛盾指令的实际意图。卡萝尔转身就告诉她的上级,部门成员每日都需要得到监督，项目绩效才不会受损。看上去这个手段阻止了卡萝尔的部门被解散，但也对部门内工作人员的项目工作成效带来了不利影响。卡萝尔对权力和资源的贪婪使得公司受损，但她个人获利了。

情景 13：贪图奖金导致的失败

工程副总裁被委派为项目发起人，管理一个价值数百万美元的国防部项目。本是项目经理。副总裁的大部分奖金是以他直接管理和负责的项目的收益为基数的。这个由本领导的大型项目计划在 11 月完成，另一个大额的续约项目计划在 2 月开始。

副总裁和本约定将预留一大笔管理储备经费在两个项目之间支持项目小组。因为项目小组一旦在 11 月解散，就无法保证还能够召集到同样的成员参与 2 月开始的续约项目。当项目在 10 月接近完成时，剩余的管理储备经费还足够支持小组成员在 10 月到来年 2 月间的活动，包括开展续约项目所需的一些活动，如初步规划活动和采购计划等。

当项目于 10 月最终结束时，副总裁指示财务人员将管理储备经费记录为项目额外收益。这大大增加了副总裁的奖金。然而，没了管理储备经费，这些拥有重要技能的人员都被重新委派给了各职能部门，许多人在 2 月就无法再参与续约项目了。由于需要特殊的技能和崭新的学习曲线，续约项目出现了预算超支和进度延误。副总裁贪婪的危害显而易见。

懒惰

"没有什么比看到别人懒惰更让我心烦的了。注意，我反对的是思想上的懒惰，而身体可以是懒惰的。"

——伊丽莎白·赫胥黎

"我们为懒惰找到的借口就是困难。"

——马库斯·法比尤斯·昆体良

"勤奋克服困难，而懒惰创造它们。"

——本杰明·富兰克林

"懒惰和沉默是傻瓜的美德。"

——本杰明·富兰克林

"对勤奋的人来说，一切都容易；对懒汉来说，一切都难。"

——本杰明·富兰克林

懒惰是肢体上、精神上和/或感情上不活跃的一种状态。懒惰可导致对人员、物品、技能、信息甚至时间的浪费和无效使用。懒惰常常让我们过度估计工作的难度。

以下是懒惰影响项目的几个例子。

情景 14：懒惰导致的失败

贝姬负责一个 1 年期的项目，这个项目相对容易而且风险不高。当与职能经理商讨项目人员时，贝姬过高地估计了项目复杂性和项目风险，因而要求更多经验丰富的人员加入项目。这当然会让贝姬的工作轻松些。职能经理不确定贝姬对风险和复杂性的估计是否正确，但他们决定满足她的要求，这样做比给她普通的资源以后发现贝姬是正确的更好。

在项目上，贝姬几乎没什么可做的，因为主题专家全做了。最终，贝姬项目团队中经验丰富的成员向他们的职能经理报告说，应该分配级别低一些的成员参与项目。虽然贝姬没做太多，项目也获得了成功，但是其他更需要经验丰富人员的项目遭殃了。懒惰通常使个体受益，但代价是牺牲大局利益。

情景 15：工会标准带来的失败

某公司有一个强有力的工会，它不鼓励那些想展示技能的新员工生产超过工会允诺的标准的产品。新员工被要求放慢速度，享受生活。

很快，这家公司在市场上就不再有竞争力，市场空间逐渐缩小。高级管理层告知工会，要么提高工会标准，要么裁减员工。工会仍然自鸣得意，不愿在标准上让步。当高级管理层警告要外包大部分业务和裁员时，工会员工开始罢工。

管理人员和非工会员工开始干原本工会员工做的工作。结果他们发现，70%的工作用10%的非工会员工就能够胜任。人力资源人员在操作钻床和车床，销售人员则在装配线上作业。高级管理层现在对于懒惰这么多年给公司造成的危害有了清晰的认识。高级管理层不打算通过谈判结束罢工。最终，工会屈服了，员工回到了工作岗位。然而，新标准实行后，超过 160 名工会员工被辞退。现在，这家公司再次具有了竞争力。

欲望

"欲望之于其他激情，如同神经流之于生命；它支持其他所有激情——野心、残忍、贪婪、复仇。"

——萨德侯爵

"在世俗所有物中，欲望是最强烈的。其他世俗的激情似乎都紧随其后。"

——佛陀

"社会用欲望驱使人们疯狂，并称之为广告。"

——约翰·拉尔

"他们对权力无止境的欲望仅与他们无法治愈的无能等同。"

——温斯顿·丘吉尔

"地狱有三扇门：欲望、愤怒和贪婪。"

——《薄伽梵歌》

"不是权力本身，而是对权力欲望的合法化，才导致完全腐败。"

——理查德·霍华德·斯塔夫·克罗斯曼

"贪欲完全控制了人类，看上去他们似乎被财富所控制，而不是他们控制着财富。"

——老普林尼

欲望是身体内在强烈渴求的情绪或感受。尽管人们总是将欲望与性相关联，但它也可以表现为对权力、知识或控制的强烈渴望。它可以引发强烈的渴求或热情。这也可能是好的，特别是在满足感官需求方面。

以下是欲望影响项目的两个例子。

情景 16：权力欲导致的失败（一）

拉尔夫被任命为项目经理，负责一个通过竞标成功的新项目，他因此感到非常兴奋。这个客户有很大可能还会续约。这是拉尔夫比其他项目经理掌握更多权力的好机会，他甚至可能因此获得晋升并拥有一个独立办公室。带有大窗户的办公室可以说是权力和威望的象征。为了让这一切成真，拉尔夫慢慢地不顾后果地将项目变成了资源的帝国。

在项目最初的合同结束时，拉尔夫比项目之初的计划获得了更多的全职工作人员。项目严重超员，反过来对收益产生了不利影响。但拉尔夫向上级解释，项目未来会获得更多收益。

当续约项目开始时，拉尔夫要求得到更多的资源，从而组建一个以他为首的项目型组织结构。公司同意了。这个项目型组织结构让拉尔夫能够调用所有临时工作人员全职为他的项目服务。在项目进行到一半时，公司得到消息还会有一些续约项目，但需要通过竞标获得。拉尔夫的权力在这时达到了最大。

遗憾的是，为了支持他的帝国，拉尔夫完成的续约项目利润仅够支付人员薪水。再一次，拉尔夫声称今后还会有更多利润。在针对新续约项目的竞标中，拉尔夫的上司大大提高了投标价格，这样该公司就不再具有竞争力了。拉尔夫和他建立的帝国倾倒了。权力欲带来了两年的辉煌，却在一夕之间分崩离析。

情景 17：权力欲导致的失败（二）

这是凯西第一次担任项目发起人。凯西相信，如果她对项目团队进行微观管理并要求做出所有的决策，那么她的权力就会更大。高级管理层当然会注意到这一点，至少她是这么认为的。

凯西是对的，高级管理层注意到她做出的所有决策。遗憾的是，主题专家和项目经理都知道凯西对于一些需要决策的技术问题所知甚少。他们也对她的事无巨细的管理方法感到不满。凯西的许多决策是错误的，团队虽然知道，但是他们没有提出疑问，而是继续执行。高级管理层也发现凯西做出的错误决策，并最终撤销了她项目发起人的职务。

暴食

"暴食者：用牙齿给自己挖坟墓的人。"

——法国谚语

"暴食是所有虚弱的来源，也是所有疾病的根源。如同火焰会因油过多而熄灭，自然健康的身体也会因放纵的饮食而被毁掉。"

——罗伯特·伯顿

"吝啬鬼和贪吃鬼就像两只可笑的秃鹫：一个把食物藏起来，另一个把自己吃得胖胖的。"

——乔希·比林斯

"暴食是一种情感逃避，是某种东西正在吞噬我们的标志。"

——彼得·德·弗里斯

"暴食比剑杀人更多。"

——乔治·赫伯特

暴食经常用"狼吞虎咽地吃下"或"囫囵吞下"食物来定义。我们常把它看作对食物的过度消费。在商业环境里，暴食是超出需求的消费。这是一种奢侈或浪费。

以下是暴食影响项目的例子。

情景18：暴食对于资源的占有

杰瑞是生产主管之一，向生产副总裁报告。随着科技的进步，生产管理人员意识到需要建立几个新部门应用新技术。杰瑞渴望占有资源。他说服了生产副总裁，这些新部门由他来领导。在接下来的两年间，所有的新部门都由杰瑞监管。杰瑞控制了生产部门超过75%的资源。

当生产副总裁退休后，杰瑞顺理成章地晋升为副总裁。他一上台，就立刻将自己建立的帝国拆分，这样就没人能够跟他一样有权了。在杰瑞看来，他已经掌握了所有资源，不论它在生产部门何处。

我们描绘了一幅七宗罪对项目负面影响的图画。从项目角度而言，有些罪行密切相关，不能像心理学家和哲学家让我们相信的那样容易分开讨论。这可以从前面举出的例子中看出。例如，对大量资源的占有既可以被看作欲望，也可以被看作暴食和贪婪。

在某些情况下，这些罪行也确实会产生积极的作用。它们可以让我们更加积极进取、承担风险、迎接挑战，并为公司增加价值。骄傲和欲望可以让我们将举步维艰的项目带出低谷，进而获得成功，并得到全公司的认可。对奖金的贪婪同样也可以鼓励我们促使项目取得成功。七宗罪的不利方面无疑会影响我们建立良好的人际关系，损害我们与项目团队和职能部门的关系。

因此，我们是否应该训练项目经理和团队成员识别和控制这些罪行呢？也许只要未来有好的结果，就不需要这么做。再次强调，我们每个人都或多或少地有这些罪行，只是程度不同。

罗马天主教会列出了七个美德，与这七宗罪刚好相反，如表2-2所示。

表2-2 七宗罪与七个美德

七 宗 罪	七个美德
嫉妒	宽容
愤怒	温和
骄傲	谦逊
贪婪	慷慨
懒惰	勤奋
欲望	贞洁
暴食	节制

从项目管理的角度看，最好的解决方案也许就是在项目管理培训课程中教授七个美

德。也许在今后版本的项目管理知识体系中,人力资源管理章节真的会讨论罪行和美德。时间会证明一切。

2.15 一些不那么伤脑筋的问题及来源

不是所有的项目管理问题都会令人大伤脑筋。下面列举了一些不同公司出现的小问题,但它们不一定会特别令人头疼。

- 维持原有的约束。当项目团队开始项目工作时,工作开始扩展开来。一些人认为,每个项目中都有一个更大的项目等着人们发现。拥有多个项目发起人,而且他们每个对项目都有不同的计划,会导致这个问题。
- 对原有使命的修订。在项目关口评审会上,管理层重新思考了项目的使命,导致项目方向发生改变。尽管这类变化是不可避免的,但是,项目方向的巨大变化对企业项目管理系统、项目组合管理的努力和能力计划都有破坏性的影响。
- 缺乏指标。一个信息技术部门有超过 500 名员工。在任何时候,高级管理层都无法建立一套指标来衡量信息技术部门的人员配备是超编、缺编,还是刚刚好。资源没有按重要性进行排序,资源管理变得非常被动。
- 过多指标。再来看看另一个例子,信息技术部门的管理层为了确认项目是否按时完成,实施了一套 IT 项目平衡计分卡。前 6 个月收集的指标显示,85%的项目都按时完成了。高级管理层认为这个数字具有误导性,但是也没办法知道到底这个数字有多准确。例如,一位高级管理人员自己就知道,他的最重要的 5 个项目和一位信息技术经理的全部 10 个项目都落后于计划。高级管理层相信,真正的挑战是如何确定合适的指标来衡量项目的进度、质量和估算数据。
- 项目组合管理。在评审项目组合或单个项目的时候,项目计划的准确程度和详细程度不在一个水平上。例如,一些计划只包含里程碑和关键日期,而其他计划则包含过多细节。那么,关键问题就变成了"计划中包含的信息要怎样实现平衡,如何能让所有项目的所有计划都具有一致的准确程度",即便准确程度这个概念本身在组织中也是不一致的。
- 项目和资源的优先级排序。组织里没有统一的项目优先级排序机制,这使得组织里的资源配置问题变得更加复杂。例如,首席信息官有他最重要的 5 个项目,高级管理人员有他最重要的 10 个项目,而信息技术经理有他最重要的 10 个项目。所有这些项目都要使用共同的项目经理库和项目资源,但是没有一个客观方法来决定首席信息官的第 3 个项目和高级管理人员的第 6 个项目,或者信息技术经理的第 1 个项目哪个更重要,哪个不太重要。因此,当各方利益竞争时,只能进行主观决策,很难确定所做的决策是否正确。
- 荣辱与共。组织里传统的项目都具有单一资源、单一流程、单一平台的特点。现在,几乎每个项目都跨团队、跨平台,而且跨流程。这种新的模式不仅增加了项目的复杂度和风险，也需要项目团队对项目的成功或失败承担更大的责任。遗憾的是，组织文化和人员仍然坚持旧模式。例如，如果一个团队在项目中成功完成了自己的部分，而另一个团队没有做到的话，其态度就会是"我很高兴，至少我不是导致项目失败的人"或"尽管项目失败了，但是我成功了，因为我完成了我那部分"。尽管这种说法在一定程度上是对的，但是从整体上说，文化应该有所改变，以支持营造一种新的氛围，即"如果项目成功，大家都成功"；反之亦然。

- 衡量项目成果。许多已经完成的项目都基于流程的改进或效率的提高获得了认可。然而，流程改进项目完成后，并没有现成的程序来判定是否真正实现了改进。事实上，因为公司每年都有两位数的增长，高级管理人员质疑经过认可的流程改进是否真能长期有效。

- 整合多种方法论。应用程序研发团队采用了软件开发方法论（Software Development Methodology，SDM）和敏捷开发方法论来进行软件开发。这两种方法论中都包含非凡的举措，让团队按时、保质、按预算交付软件产品。组织所面临的挑战是，这两种方法论中的组件是否适用于非软件开发的项目；如果适用，如何实现。这场辩论最后上升到了高级管理层，但高级管理层也很难决定。不管项目是不是与软件相关，在到底应该如何管理项目上的观点分歧，导致几个不同的团队纷纷试图说服其他团队来加入他们，以支持将软件开发方法论和敏捷开发方法论应用于所有的项目。总体来说，花在说服他人上的精力没有为组织增加任何价值，反而浪费了核心人员的时间。

- 组织内部的沟通。尽管在组织内有很多关于项目的沟通，但现行的流程还有很多问题。例如，一位高级管理人员表示，在他和他的直接下属的每月项目进展会上，他很惊讶地看到一位经理对另一位经理的项目毫不知情，甚至有时这个项目马上可以交付生产了。现有的流程导致很多经理被动地接受项目，而不是主动地规划项目。此外，现有的沟通流程不利于整个组织或整个项目内的知识共享。相反，现有的沟通流程更容易形成沟通中的信息孤岛。

- 词句的含义。有个项目是从员工这一级发起的。工作说明书中有很多开放式短语和模棱两可的语言，如"开发一个世界级的控制平台，特别符合人体工程学，并引人注目"。项目经理和他的团队只能用自己的创造力来解释工作说明书。团队中大多数人是工程师，没有精通市场营销的员工，所以最后的解决方案往往是技术上出类拔萃，而在市场和销售方面一塌糊涂。推向市场的时间就这样拖延了几个月。

- 成功的问题。一个项目得到了批准，但项目章程中只是松散地定义了项目的边界。项目进行中实现了一些初步的成功，消息很快就在组织中传播开来。随着项目的继续推进，一些部门经理开始用他们自己的方式解读工作说明书，浑水摸鱼，把一些其他事项塞进项目范围中，期望让项目团队帮助自己谋取私利。项目最后陷入困境，员工士气受挫。高级管理层最终解散了这个项目团队。从此以后，管理层就很难再鼓励员工加入项目团队。

- 权力之争。一个跨职能的项目团队成立了，其中有来自多个部门的技术专家。项目经理是外来承包商的顾问。在这个大型项目中，出现了生产进度和资源的冲突。一线经理不可避免地开始从项目中抽调资源。项目经理立刻汇报了资源抽调对项目产生的可能影响。项目团队成员也表达了同样的担心，并希望组织能够支持这个项目。对资源的竞争一直延续到项目结束，给项目团队成员带来了压力，因为他们不得不尽量平衡工作负荷。项目最终推迟完成，成本大大超支，同时也间接导致了很多项目参与者之间的敌意。

- 不能结束的项目。一个重新设计、部署工程变更管理系统的项目启动了。在整个项目过程中，项目团队得到了强有力的支持。在和高级管理人员的项目结尾会上，项目经理阐述了项目团队对可交付物的理解。令项目经理相当惊讶的是，高级管理人员认为可交付物不完整。最后，这个项目团队工作了 3 年多，以完成工作说明书中像蜘蛛网一样不断延伸的部分（原先的项目结束汇报在项目开始后 9 个月就完成了）。项目团队成员因为这个没完没了的项目感到非常沮丧。高级管理人员也对这个团队失去了耐心，因为他们认为项目团队在磨洋工。这家公司的项目管理流程受到抨击，威胁到将来的工作和员工的支持。
- 成本超支。在一个重要的产品革新项目开始后不久，项目经理汇报说他严重低估了项目完成的成本。遗憾的是，市场部门以为项目会按时结束，已经在市场上开始了大规模的促销活动，客户也对产品的发布有很高的期望。高级管理层面临着抉择，要么以超额的成本让项目按时完成，要么项目延期，颜面扫地，并接受销售的损失。

除上述问题外，项目管理确实可用且好用。项目管理是否往往不能达到预期呢？一些人会说"是"，因为项目管理不是什么魔法，不可能在任何情况下都能产生可交付物。另一些人则认为项目管理确实好用，没什么问题，错误在于高级管理层对项目管理的期望过高。项目管理可能成功，也可能失败，但是高级管理人员必须有实行项目管理的意愿，尽力保证项目管理的实施，并且理解项目管理。

2.16 项目管理的十大创伤

◆ 介绍

项目管理方法论、课程和书籍等足以解释运行项目的技巧及用到的工具。了解这些技巧和工具是最基本的，然而成功的项目经理的与众不同之处是他们的经验，更具体地说，是项目经理职业生涯中经历的所有项目的失败经验，让项目经理知道什么是不该做的。就像弗农·劳（Vernon Law）所说："经验就像一位严师，它总是先考试，再授课。"

在我多年的项目管理经历中，我遇到过几个方面的问题，总是让项目非常困难。我把这些方面称为项目的"创伤"，因为就是这些事情让项目变得面目可憎。这些事情即使被发现了，也很难轻易解决。

本节我们会讨论项目管理的十大创伤，并提出一些解决方案。当然，除这十大创伤外，还有其他的一些创伤，但是根据我的经验，这 10 个是最普遍而且影响最大的创伤。

◆ 十大创伤

下面就是关于十大创伤的描述和它们发生时的一些症状。

1. 缺少文档维护。通常，项目工作紧张时，第一个被砍掉的就是文档工作。有时即使项目有时间，也不会创建项目文档；或者创建了文档，也很少在项目进行过程中维护它。

症状：
- 产品与需求文档不符。
- 技术文档过时，无法保证技术的延续。
- 没有记录项目决策及决策原因的文档。
- 没有对变更的审计跟踪记录。

这确实是个问题，因为文档是为项目服务的。我这么说的意思是，一旦项目结束了，将来启动新项目的人员和维护这个项目的人员都需要通过文档来了解项目创建了什么、为什么创建，以及是怎样创建的。否则，它们会像前人一样落进同样的陷阱。在这种情况下，"忽视文档历史的人注定会重蹈覆辙"。

2. 鼓包现象。"毯子下面是什么？"这是在项目结束时经常被问到的一个问题。在项目中，主要的工作通常会得到特别关注，但是那些边缘的事总是被忘记，或者推迟到"以后"再做。在项目结束时，就会有好几项（在毯子下面）需要处理的工作。我将这种现象称为"鼓包现象"，因为项目团队成员认为这种现象表现为，在项目结束前，所有这些"额外的"工作就突然冒出来了。

症状：
- 出现任何人们认为"以后会做"却没有列入计划的事。
- 不断扩充的日志（问题、缺陷等）。
- 假定在项目最后才完成文档记录工作。

在大多数项目计划中，没有"以后"这个时间。因此，这些事要么被取消了，要么在结束时仓促完成。

3. 源头无质量保证。项目团队成员并不总是认可"源头质量"的说法。有时候他们会有这样的想法，即"别人会发现我的那些错误"，而不认为自己要对质量负责。项目经理无法评审所有的工作，所以他们必须依赖项目团队成员。因此，项目团队成员必须担负起责任，确保所有他们署名的工作代表他们的最高水平。

症状：
- 没有评审就提交了错误的可交付物。
- 不测试开发出的代码。
- 不关注对可交付物的提交。

一些研究成果显示，项目的质量问题如果没有在源头被发现，当项目继续进行并发现问题时，就要花数倍的成本才能解决。

4. 用人不当。项目角色需要技能和职责的正确匹配。有时候，一个人的技能与他被分配的角色并不匹配。我还发现，工作态度和技能一样重要。

症状：
- 项目团队成员需要一遍遍地重复同样的指示。
- 总是错过截止日期。
- 质量总是不高。

作为项目经理，我们所有的一切，就是我们的人力资源。没有合适的项目团队成员会导致不必要的工作强度，而且影响团队中的其他人，因为他们不得不帮忙赶上进度。这里还有一个激励的问题：如果项目团队成员被放在了一个错误的岗位上，他们可能感觉工作没有挑战性，或者没有发挥出自己的潜力。这些人将受到影响，他们不会尽全力工作，没有表现出扎实的工作态度，觉得自己的价值没有得到充分发挥等。

5. 合适的人员没有参与。只有项目团队成员知道如何让项目成功。没有在合适的时间让合适的团队成员参与，会使项目在未开始前就注定失败。

症状：
- 不得不修改已完工的工作。
- 来自客户的持续的项目范围变更。
- 项目团队对估算缺乏认可。
- 缺乏决策的责任人。

没有在项目初期让合适的人员参与会导致工作的变更。没有让项目团队成员参与项目估算和决策，会使他们觉得他们对自己的工作和项目的产出没有控制权。

6. 没有合适的发起机制。项目需要内部高级管理人员发起机制和客户高级管理人员发起机制才会成功。项目发起人就像解铃人一样，清除阻碍项目进行的组织政治或障碍。

症状：
- 得不到组织不同方面的充分支持，得不到干系人的充分支持。
- 问题要花很长时间才能解决。
- 无法高效地做出决策。

没有合适的发起机制会使项目裹足不前。当涉及项目变更的工作时，没有合适的发起机制会让受到影响的员工无法继续接受这个项目。

7. 执行流程不严格。几乎所有的公司都有一套实施项目的流程。这些流程的成功与否取决于能否在项目中得到严格的执行。很多时候，如果没有坚持流程，项目就会走偏。

症状：
- 不完整的可交付物或根本不存在可交付物。
- 在同一项目中无法保持一致性。
- 缺乏对项目全景的了解。
- 缺乏可重复的流程。

流程只有在严格执行的时候才有价值。一些公司使用了太多的项目管理方法论。由于工作性质不同，其中一些方法论是必需的；一些基本的项目管理实践和原则（甚至工具，如用微软 Project 或 Excel）应该很容易标准化，却还没有标准化。当一位经理要把工作交接给另一位经理的时候，就会增加复杂性，因为他们之间没有共同的语言（就像你试图理解别人的代码，而这段代码的书写没有用你所熟悉的编码规范一样）。

8. 没有共同的计划。项目经理花了相当多的时间来做规划、估算，并安排任务的进度。如果这些结果不与团队成员分享，他们就不知道自己的工作目标是什么，也无法管理自己的进度。这也包括对项目目标和全景的沟通。

症状：
- 对工作何时截止缺乏了解。
- 错过了截止日期。
- 对可交付物没有责任感。
- 忘记了应该交付的可交付物。

缺乏共同的计划使得团队没有被告知相应的信息。有一个共享的计划和目标有助于增强团队凝聚力，有助于人们更好地了解个人的工作在整个项目中的位置。

9. 缺乏返工计划。估算技术通常专注于创建项目工作所需的时间，而返工所需的时间常常被遗漏。我所说的返工，不是指项目范围管理，而是指那些第一次做错了，需要二次审核的工作。返工要么占据了其他工作的时间，导致那些工作的延误；要么就是将需要返工的工作推后进行。

症状：
- 错过了截止日期。
- 质量差。

永远不要假设任何事情都会第一次就做对。

10. 截止日期只是数字。进度是项目成功的主要驱动因素。我很惊讶地看到，有一些人认为截止日期只是个建议。由于项目中的相互依赖关系，项目早期的延误会波及项目其余部分的进度。

症状：
- 持续错过截止日期。
- 一些问题长期无法得到解决。
- 可交付物不完整或根本不存在可交付物。
- 项目团队缺乏紧迫感。

如果不结构化地管理截止日期，就要花费相当大的精力才能获得项目成功。另一个问题在于沟通——要对这些日期进行明确的沟通，大家必须一致认为这些截止日期是他们的目标。他们必须了解哪些任务在关键路径上，哪些任务可以有浮动时间。这样，如果关键路径上的任务延迟了，他们就会知道这会影响整个项目，或者影响项目集里的其他项目。

◆ 可能的治疗方法

分析这些创伤时，我发现它们之间都是相互关联的（见图 2-4）。例如，执行流程不严格会造成没有共同的计划，又接着导致项目团队成员不关心截止日期（截止日期只是数字）等。

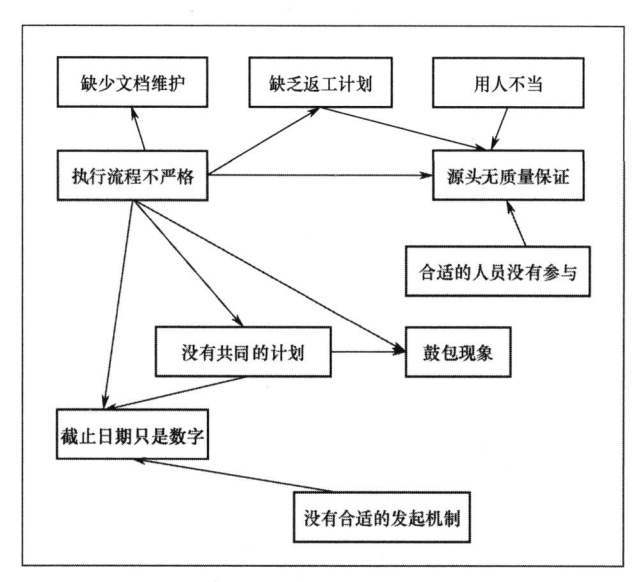

图 2-4　十大创伤之间是相互关联的

我也认识到，一些治疗方法可以减轻这些创伤。关键在于主动避免问题，而不是被动应对问题。因为当你看到这些创伤的时候，项目已经受伤了。

1. 主动管理。主动管理就是在早期投入适当的时间和精力，尽量避免将来的"救火需要"。主动管理包含以下几个行动。

- 制订详细的计划。
- 持续关注计划，预期要发生的事并做好准备。
- 考虑即将进行的任务，并排查可能出现的任何问题。我认为团队就像在跑马拉松，而我的工作就是帮助清理路面，让他们继续前行。
- 做好后勤保障。像没有事先预订会议室一类的小事都可能造成项目进度的延迟。
- 在任务开始时，预先准备好适当的人手。
- 了解每个人的休假计划。
- 随着手头信息的增多，不断调整计划。
- 了解项目的进展。我见过很多项目经理像在象牙塔里管理项目，他们对自己项目的情况都是从项目报告中才第一次了解到。到这时候，问题可能已经发生一周了。

当然，总会冒出一些意想不到的问题，但是主动管理有助于减少那些可控的问题。可以把这看成一种时间投资，因为被动应对问题要比保证流程正确执行花上多得多的时间（和金钱）。这对一些项目经理来说很难，因为这要求项目经理不仅要关注当下的问题，还要能预见项目的状态。主动管理的一个重要方面就是要能高效地进行决策。

2. "齐头并进"。既然已经不用再救火，你只需要让团队成员集中精力，做好当下的事。这意味着集中精力处理目前工作的各个方面，并考虑相关影响。这包括：

- 在工作过程中而不是在最后记录文档。我相信你会马上回答："我们没有时间。"但是我确实相信（并且验证过）在项目进行的时候完成文档记录远比收尾的时候完成节约时间。
- 当项目中的事情发生变化的时候，能考虑到变化引起的联动反应。例如，如果文档改变了，文档的负责人应该考虑这一变化是否会影响其他的可交付物，并通知相关人员。
- 将工作转移给下个人之前对所有工作进行全面检查。
- 根据流程和计划，确定该完成哪项工作，我听说大家称之为"活在计划中"。

该治疗方法能保证项目工作被平摊在整个项目过程中，最大限度地减少项目结束时的突击。最坏的结果就是大家认为这是一次"不舒服的马拉松"，但至少不会是臭名昭著的"死亡行军"。

3. 给团队更多权力。项目经理必须认识到，项目团队的结构就像一个倒金字塔，项目经理是为团队服务的。完成项目工作的是团队成员；项目经理的主要职责就是支持团队，帮助清除障碍，以便团队能完成工作。这包括：
- 让团队成员参与项目计划，这样他们不会说是管理层单方面设定了最后期限。
- 询问项目团队成员工作进度，并针对他们关注的事情采取行动。收集反馈但不采取行动还不如什么都不问，因为这会让项目团队成员产生期待，即事情将得到解决。
- 和团队成员一起庆祝团队的成功。
- 对团队成员要以诚相待。

我对爱德华兹·戴明（Edwards Deming）先生十分推崇，他引领了制造业的革命。他的 14 个管理原则都围绕团队授权，这些也非常适用于项目。表 2-3 列出了戴明的其中几个观点和我的观点，来说明它们和项目管理之间的联系。

表 2-3 戴明的观点和我的观点

戴明的观点	我的观点
8. 消除恐惧，让每个人都可以高效地为公司工作	这意味着铁腕项目管理不是个好主意。员工会拒绝讲出自己的观点，不愿意高质量地完成工作
10. 去掉那些要求员工零缺陷、更高效率的口号、说法和目标。这些口号只会产生对抗的关系，因为质量差、效率低的大部分原因在于整个系统，超出了员工的能力范围	项目经理不应只是抛出目标，更应该让团队成员参与决策。这也说明项目经理应该从流程中寻找失败的原因，而不是从团队成员身上找原因
12. 消除障碍，让按小时计工资的员工也能为自己的技艺感到自豪	这就是我的马拉松比喻——项目经理要帮助团队消除障碍，以便他们可以做自己的事情
13. 制订一套有力的学习、自我提高计划	让团队成员能不断提高自己的能力

给团队更多的权力，使得项目经理能够把信息分享给团队成员，也让团队成员感觉他们对自己的工作有控制权。这样，团队的每个成员都会对项目负责。

4. 治疗创伤的效果。用上述方法治疗创伤的效果如表 2-4 所示。我把这种新的工作方式称为"吸引人的状态"，因为它吸引人们走向成功。

表 2-4 治疗创伤的效果

创伤编号	创伤名称	表现	可能的治疗方法 主动管理	可能的治疗方法 齐头并进	可能的治疗方法 团队授权
1	缺少文档维护	• 不知道做了什么决策 • 不知道为什么做决策 • 文档不准确，不可信赖 • 不能用于将来的项目	• 文档得到更新 • 计划文档工作 • 每个人都能理解解决策	• 在项目进行中完成文档工作 • 在项目结尾没有额外的工作	• 团队成员负责文档工作
2	散包现象	• 以后再做 • 可能再也没做	• 工作量可控制 • 如果确实有散包现象，也会体现在计划中	• 随着项目的进行而处理，散包现象不会越来越大，失去控制	• 由于团队成员对工作负责，极大地减少了这种情况
3	源头无质量保证	• 对工作不负责任 • 质量差 • 修正花费大量人力、物力	• 因为前期投人了适当的时间，使质量更高	• 团队成员会在工作中注意质量，而不是以后才注意质量	• 人们对工作负责，因而会保证质量
4	用人不当	• 项目用人不当	• 能够在认识到项目造成严重影响之前认识到人力资源并加以解决 • 在项目之初就选对人员	• 管理各项任务，因而能够及早看到人力资源的问题	• 其他团队成员可以承担失败的同事的工作
5	合适的人员没有参与	• 在工作完成后进行变更 • 对工作没有主人翁精神 • 对工作不负责任	• 在早期引入合适的人员，避免返工	• 在工作过程中让团队成员参与，而不是以后才告诉他们，使他们只能被动地应对	• 团队成员得到授权，对工作负责
6	没有适当的发起机制	• 不能解决问题 • 陷入组织的政治旋涡	• 在项目早期让项目干系人参与，以便在需要时获得支持	• 如果需要，能够快速、有效地决策	• 因为对问题有更多了解，所以有所改进
7	执行流程不严格	• 不严格 • 质量差 • 工作不一致	• 适合严格要求是主动管理的本质 • 可重复的流程 • 向前看有能保证对流程的适度关注	• 员工遵从流程 • 执行了流程 • 保证没有漏掉流程中的步骤	• 对工作的责任感会使员工更严格地执行流程

续表

创伤编号	创伤名称	表现	可能的治疗方法		
			主动管理	齐头并进	团队授权
8	没有共同的计划	• 对工作何时截止缺乏了解 • 团队成员对工作不负责——计划是给项目经理用的	• 项目经理有能力将计划和目标传达给团队	• 每个人的工作都依据统一的计划,而且知道最终的目标和方向	• 每个人都被通知到——人们可以管理自己的工作 • 共享目标
9	缺乏返工计划	• 在做其他工作和解决问题之间没有权衡的计划	• 预测可能出现返工、范围变化的领域,并且和主要干系人一起解决这些问题 • 计划返工工作	• 团队成员工作时考虑返工的工作量 • 跟踪项目,了解全局,了解返工工作的规模,并在必要时重新制订计划	• 出于对工作的责任感和动力,返工应该降至最少
10	截止日期只是数字	• 不在乎期限 • 没有责任感 • 交付延误	• 清楚地沟通截止日期,以及交付延误的影响	• 严肃对待截止日期,在截止日期前完成该做的工作	• 团队成员对交付日期负责

◆ 结论

专注于主动管理、"齐头并进"、团队授权，是项目成功运行的关键。本节所讲述的内容都是以前已经说过或写过上百遍的。这对项目经理来说不是什么新内容。但是，我们还是一次又一次地看到这些创伤。这使我得出了一个结论，即这些方法的应用才是最大的挑战。我发现，在每次读到一篇好的论文或参加了一次管理培训后，我会怀着极大的热情去尝试这些新方法；一旦碰到问题，我就又会回到我熟悉的方法中去。所以，我认为对这些创伤还有第 4 个治疗方法——自知。要了解正在发生的事情，知道自己是怎样管理项目的。

每天早上，我都会比团队的其他成员早一点到公司工作，这样我就有时间安静地思考要做什么事，不只是当天要做的事，还包括未来几天要做的事。我也常常给自己设置提醒，让我后退一步、思考一下。丹尼尔·戈尔曼（Daniel Goleman）的情商系列书籍是一套有关这些技巧的非常棒的资料。

项目中总会有各种各样的创伤，但是只要你对这些创伤有所认识，就能在它们发生的时候觉察到这一点，也就有可能防止你的项目因这些创伤而陷入混乱。

第 3 章
追求卓越之旅

3.0 简介

正如我们在第 1 章中讨论过的，每家公司都有自己的推动力，推动公司走上追求卓越项目管理的旅程。有些公司花 2～3 年就完成了这一旅程，而有的公司要花 10 年或更长的时间。本章我们讨论不同公司所走的道路。虽然每家公司的历程不尽相同，但它们都在一定程度上实现了卓越项目管理。

一些公司是在员工的要求下开始这一旅程的，而另一些公司则是迫于竞争对手和客户的行动而开始这一旅程的。无论如何，都有一些推动力在推动着公司对卓越项目管理的追求。

像我们之前提到过的，推动项目管理走向卓越的力量包括：
- 资本项目。
- 客户期望。
- 竞争。
- 高级管理人员的支持。
- 新产品开发。
- 效率和效能。

卓越之旅的第一个推动力是资本项目。即使最小规模的制造企业，每年都可能在资本项目上花费数百万美元。没有好的项目估算、好的成本控制和好的进度控制，资本项目会使企业现金流不畅；使企业因为设备不到位或安装不正确，不得不裁员；使货物发送延误，惹恼客户。在非项目驱动的机构和制造企业中，资本项目是公司成熟的推动力。

第二个推动力是客户期望。今天，客户期望承包商不仅交付高质量的产品或服务，而且要用扎实的项目管理实践来管理这些活动。这些实践包括有效的定期状态报告、项目状态的及时汇报和全面有效的客户沟通。出价低的竞标者拿不到合同也并不稀奇，这可能是由于以前给客户做的项目中项目管理太糟糕。

第三个推动力是竞争。北电、惠普这样的公司都认为项目管理是竞争武器。以外部合同（收入）为生的项目驱动型公司在它们发出的每份建议书中都在推销自己的项目管理技术。赢得与失去合同的关键可能就在于公司既往的项目管理的成功与否。

最普遍的竞争形式就是两家或多家公司竞争同一工作。假设其他因素都一样，那么就要根据以前项目管理的表现来决定哪一方能得到合同。如今，因为承包商的能力得到了认可，公司进行单一来源采购并不少见。这类竞争的一个子集表现为公司发现由于承包商的项目管理体系更加成熟，进行外包比自己做还便宜，这很容易引起裁员、员工不满、士气低落等现象。这还会使公司内部形成一种竞争的氛围，阻碍组织成功地实施项目管理。

第四个推动力是高级管理人员的支持。高级管理人员明确和积极的支持会减少诸多障碍的影响。通过高级管理人员的支持所能克服的典型障碍如下：

- 不支持项目的一线经理。
- 不支持项目的员工。
- 认为项目管理只是一时潮流的员工。
- 不了解公司如何从项目管理中受益的员工。
- 不理解客户期望的员工。
- 不理解高级管理人员的决策的员工。

第五个推动力是新产品开发。新产品开发能持续数月或数年，而且新产品很可能是公司未来几年的主要收入来源。新产品开发流程包括开发、商品化和将新产品推向市场等阶段。将项目管理的原理应用于新产品开发，公司可以在更短的时间内、用更低的成本开发出更多的产品，而且保持高质量，并满足客户的需要。

在某些行业，开发新产品是公司生存的基础，因为这会在未来几年给公司带来持续、丰厚的收入。实际上，所有的公司或多或少地都进行了新产品开发，但是受新产品开发影响最大的很可能是航空航天或国防工业的承包商。对它们来说，新产品开发和客户满意度会带来多年的合同，可能有 20 年之久，甚至更长，再加上产品的更新，时间可能进一步延长。

客户只会为新产品支付合理的价钱。因此，任何新产品开发方法都和有效的成本管理和控制系统分不开。航空航天和国防工业的承包商都已经是挣值管理专家了。我们常常听到政府产品开发项目的成本超支，更多的是因为范围变更和产品改进，而不是由于项目管理无效或成本控制不当。

第六个推动力是效率和效能。提高公司的整体效率和效能即使有可能，有时也是非常困难的。这通常需要改变企业文化，而文化变迁的过程是痛苦的。这些变化对实施项目管理的速度的影响通常取决于组织的大小。组织越大，变化越慢。

显然，优秀项目管理背后最强大的推动力就是生存问题。有些人会说，所有的推动力都和生存相关，如图 3-1 所示。在某些行业，如航空航天和国防工业中，糟糕的项目管理会很快让公司破产出局。小的公司当然也不例外。

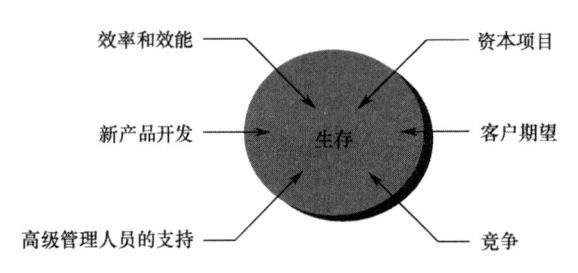

图 3-1 公司生存的要素

有时候，还有其他几个推动力：
- 公司成长的需要使项目规模扩大。
- 客户要求加快产品的部署。
- 客户为了确保项目成功，要求公司具有项目管理专业知识。
- 公司成长的需要带来组织的全球化。
- 为了成为合作伙伴而不仅仅是承包商，需要在项目执行上保持一致。

3.1 项目管理的战略规划

50多年来，项目管理已从曾经被认为是很快就会消失的一时风尚演变为如今关乎公司生死存亡的战略能力和职业路径。今天，项目管理实际上已经应用于各个行业、各个业务板块中，管理方式越来越成熟。现在，我们管理业务如同管理一系列项目，项目经理被期望既做项目决策也做业务决策。项目经理除了扮演原本的角色，更多时候被当作业务人员。

今天，不论项目周期长短、复杂程度如何、成本多少或风险大小，项目管理都被认为是可用于任何项目的一系列流程。然而，到目前为止，项目管理在业务中被接受较慢的部分就是战略规划执行项目。我们可以认为，管理战略规划执行项目跟管理其他类型的项目没什么不同。尽管这样的观点可能有一定道理，但我们仍需考虑几个重要区别。具体而言，项目经理必须进行战略性思考而不是战术性或经营性思考，并且他们需要根据项目的复杂程度将传统的项目管理领导力转变为战略领导力。

◆ 战略规划为什么失败

为了理解战略规划如何受益于项目管理，了解战略规划为什么失败是非常重要的。从项目经理视角来看，失败的一些常见原因包括：
- 忽视了战略是通过完成的项目来实现的。
- 忽视了事业环境因素如何影响高级管理层对未来的愿景。
- 未充分理解消费者行为和客户行动。
- 项目批准前的调研不当。
- 范围定义不充分或不清晰。
- 商业论证文档记录不完整导致批准错误的项目。

- 未能从一开始就得到高级管理人员和干系人的认同。
- 开始实施战略后，高管治理不佳。
- 频繁更换管理团队成员。
- 高估项目执行所需资源的能力。
- 能力规划不佳导致项目人手不足。
- 职能经理拒绝为战略项目持续提供适当的资源。
- 未能获得员工对项目的承诺。
- 未能向执行团队解释清楚项目的重要性。
- 未能向执行团队解释清楚参与这个长期项目的激励措施和经济利益。
- 未能理解项目成功所需的组织变革的规模。
- 无法有效地管理变革。
- 未考虑项目执行中技术进步的影响。
- 时间和成本估算不准确。
- 执行团队无法应对定义模糊或持续变化的需求。
- 在整个组织中项目无法有效整合。
- 沟通不充分。

战略规划失败还有很多其他原因。这些原因可能发生在任何项目中，但在战略规划执行项目中，它们对公司的潜在危害是十分严重的。

◆ 项目管理：站在高级管理人员的角度

随着高级管理人员有能力将成功经验复制到许多项目中，他们十分自然地意识到在战略规划执行中采用项目管理的好处。原因如下：

- 执行比计划花费更多时间且消耗更多资源。高级管理人员没有时间用于可能需要几年协调或整合大量职能领域的工作。
- 没有成功的执行计划，战略规划是不可能成功的。
- 项目经理能成功地管理由于计划和执行之间的分离而产生的功能障碍。
- 长期的战略目标必须分解成可执行的短期目标。这些可以利用项目管理工具和工作分解结构来完成。
- 项目管理的人员配置技术可以通过诸如建立 PMO 等手段实现资源在项目间的合理配置。在组建多个项目的项目组合时，这一点至关重要。
- 项目管理中应用的组织过程资产（包括仪表板报告系统）可以让高级管理人员了解项目的最新进展。
- 战略规划目标因其长期性而具有灵活和易变的特点。项目经理知道如何管理和控制变化。

◆ 战略规划：站在项目经理的角度

战略规划是组织关于未来如何定位及怎样达成定位目标的过程。未来可能指3年、5年或10年。战略规划的制定基于公司的愿景、使命、社会意识和价值观，需要对公司和所处环境有全面的了解。高级管理人员能够比项目经理更好地理解事业环境因素，包括所提供的产品、所服务的市场、现在和未来的技术、供应商基础、劳动力市场、经济情况、政治环境和监管要求。

高级管理人员为他们想要实现的目标设定了高层级目标。通常，这不过是一个可能不太现实的愿望清单。项目经理的角色是确定"这些目标是否可行"，这需要为每个项目撰写一个清晰的商业论证、一个范围说明，并且利用工作分解结构来将高层级目标分解为子目标或更容易理解和完成的低层级目标。如果项目经理或项目团队相信这些目标可以实现，那么就可以制订一个正式的项目行动计划。

从表面上看，战略规划执行项目可能跟其他项目一样。然而，如果我们参考《项目管理知识体系指南》（PMBOK®指南）的知识领域，就可以找到由于项目的持续时间带来的一些重大差别。这些差别如表3-1所示。

表3-1 《项目管理知识体系指南》的知识领域和战略规划执行项目

知识领域	战略规划执行项目
整合管理	整合可能涉及整个组织，无论是国内还是全球
范围管理	范围随着技术改变而改变。项目的持续时间使有效的范围变更控制流程必不可少。范围基准看起来更像一个需要不断更新的移动窗口
时间管理	将合适的可用人员与不断变化的范围相匹配会严重拖慢进度。由于职能领域"救火"而失去可用人员可能产生严重影响
成本管理	预测项目的真实成本几乎不可能。为确保利润和商业价值高于成本，要定期进行重新评估
质量管理	客户对质量和竞争力的期望可能导致项目主要方向的变化
资源管理	项目持续时间越长，资源越可能向不利的方向发生变化。很难对人员保持长期激励
沟通管理	可能需要在整个公司范围内进行沟通。干系人的变化也可能对沟通计划造成严重影响
风险管理	项目可能需要专职的风险管理团队
采购管理	项目的持续时间可能使在前期准确确定采购成本变得困难
干系人管理	项目经理在项目开始时和结束时可能会与不同的干系人进行交互

◆ 项目管理的好处

在战略规划执行项目中使用项目管理的最吸引人之处，也许就是其可以给高级管理人员和客户提供单一的联系点——状态报告。如今大部分战略规划执行项目都过于复杂，以至于一个职能经理无法有效管理，职能责任和项目责任间可能有冲突。这样的项目需要诸如销售、市场、工程和制造等数个职能领域间协调合作。由于状态报告没有单设联络人，高级管理人员需要自己协调和整合，但是他们几乎不可能有时间来做这些职责之外的工作。同样，职能经理也没有足够的时间来管理他们的职能领域，并在各种各样的项目之间做整合工作。因此，对项目管理的需求十分明显。

使用项目管理还有很多其他好处，部分列举在表 3-2 中。

表 3-2 使用项目管理的好处

属 性	好 处
效率	可使组织在不增加成本或降低质量的前提下，在更短的时间里完成更多的工作
利润	在同等条件下利润会增加
范围变更	便于更好地进行前期规划，这样可以减少后续的范围变更数量，并避免不必要的变更
组织稳定	专注于团队效率、沟通、合作和信任而非组织重组
质量	质量和项目管理紧密结合，两者都强调有效的前期规划
风险	便于更好地识别和降低风险
问题解决	项目管理流程促进了及时做出信息充分的决策和解决问题

表 3-2 中所列举的好处涵盖几乎所有项目，包括战略规划执行项目、复杂项目和传统项目。和其他项目类型比，战略规划执行项目会在一些方面获益更多。这些在表 3-3 中举例说明。

表 3-3 战略规划执行项目获得的额外好处

属 性	好 处
一致性	项目与企业战略目标更加一致
识别表现不佳的投资项目	更早识别表现不佳的投资项目
能力规划	更好地分析公司资源规划和合格资源的可用性
优先级	将能力规划工作和项目管理结合，以便更好地为项目组合中的项目进行优先级排序
风险降低	利用假设情景分析来提供更好的商业风险降低方案
上市	促进产品更早上市
决策制定	可用的必要信息让决策更加明智和及时
效率和效能	使组织在不增加总人数的前提下执行更多项目
更好的信息流	消除了因不了解他人工作而导致的重复劳动
项目选择	更好地分析哪些想法好，哪些想法不好

◆ 消除误区

当看到表 3-2 和表 3-3 中所列的所有好处时，我们不禁要问："为什么接受项目管理依然存在阻力，特别是在战略规划执行项目中？"答案非常明了：在战略规划相关的活动中使用项目管理依然存在一些误区。

误区 1：项目经理拥有扎实的技术知识但业务知识有限。

传统的项目经理确实来自技术专业，而且多是技术专业的硕士和博士，但如今的项目经理更多的是在理解技术而不是在使用技术，同时拥有精湛的业务知识。业务知识是有效连接战略和执行的必要条件。"全球化"的项目经理必须对客户业务和自己公司的业务有很好的理解，这是在全球市场竞争中获胜的必要条件。这些全球化的项目经理会接受关于干系人关系管理、政治、文化和种族之类的培训，因为这些主题会对客户的项目造成影响。

今天，我们用一个个项目来管理我们的业务，项目经理既需要进行项目决策，也需要进行业务决策。一些公司要求项目经理获得公司业务流程的认证或接受业务分析认证的培训。

误区 2：项目经理应该在项目获批和商业认证通过后被分配到项目中。

多年前，项目经理是在项目发起阶段结束时而不是开始时加入项目的。我们认为，项目经理的业务知识有限，所以不能在项目发起阶段提供价值。在我们选定项目后，项目经理才参与项目，并受命开始执行项目。今天，项目经理在项目发起阶段和选择流程的初期就参与进来，并被期望因其对业务的理解而做出有价值的贡献。

误区 3：如果我们进行项目管理，项目经理就将开始做出本应该由高级管理人员做出的决策。

战略规划及其伴随的必要决策是由高级管理人员而不是其他人做出的。在一些情况下，战略规划执行决策是为高级管理人员做出的，而非由他们自己做出的。高级管理人员一直担心不得不赋予项目经理在项目决策上更大的权力和责任。这种误区对项目的成功实施造成巨大障碍。

设立执行发起人或项目发起人的职位可以让问题得到部分解决。允许项目经理做出技术决策，项目发起人保留做出部分和所有业务决策的权力，这样的方法针对相对短期的项目效果很好。但对于长达 5 ~ 10 年的战略规划执行项目来说，需要做出的决策多得让人难以应付。因此，为了消除这个误区，最好清楚、明确地授权项目经理在决策上的权力和责任。

误区 4：项目经理不知道如何有效地利用组织过程资产生成受控测量指标系统，以辅助做出明智的决策。

在过去的 50 多年里，时间和成本是项目经理一直运用的两个主要测量指标。这是由于制定的规则，即我们通常选择最简单的指标来衡量和报告，尽管它们可能不会为我们提供一个清晰的项目健康全景。时间和成本本身不能预测项目的成功与否，或者项目完成时是否有价值。战略规划执行项目尤其如此。

在今天的市场上，有很多关于测量技术的研讨会和许多测量技术教材认为，只要你能理解你掌握的信息，任何事情都可以被测量。这样的结果导致项目管理指标的增加。我们认为应考虑以下这些因素作为当今项目的核心指标：

- 时间。
- 成本。
- 资源。
- 范围。
- 质量。
- 行动项。

这些核心指标适用于所有项目，但必须根据项目的规模、性质、范围和重要性添加额外的核心指标。由于战略规划执行项目的时间跨度长、发生的变化大，因此，在项目过程中我们必须允许指标发生变化。建立一组可用于每个项目的核心指标是非常困难的。

◆ 项目管理助力战略规划的方式

在某些特定情况下，组织大大受益于项目管理。在一家生产家用电器的公司，每个职能部门可以执行各自的战略规划。当这些职能部门必须在同一项目中协同工作时，问题就出现了。在这家公司，新产品在贸易展览会上发布，每年有两次贸易展览会。产品发布如果错过其中任何一次贸易展览会，就很容易导致6个月的收益损失，直到下一次贸易展览会开幕。

新产品发布占据市场部战略规划中的最高优先级。研发部有超过300个项目在队列中。在研发部的优先级列表中，市场部所需的新产品的优先级较低。市场部和研发部之间的斗争持续不断。

在另一家公司，市场部可以将对项目的优先级排序作为其战略规划活动的一部分。针对每个项目，市场部还对项目/产品的属性优先级进行设定，其利用这样的方式就可以直接影响产品的广告和市场营销。当项目/产品投产时，制造人员通常有不同的属性优先级设定。市场部和制造部之间的优先级斗争随之而来。

在这两个例子中，当项目管理人员要求公司创建一个所有项目的唯一优先级列表时，问题随即解决。具体做法是研发部、市场部和制造部每3个月见面一次，对项目的优先级达成一致。然而，队列里需要设定优先级的项目太多，很难一次性排好。三个部门决定一次仅列出20个项目的优先级。由于现在每个人都参照相同的优先级列表开展工作，因此极大地优化了项目人员配置。

项目管理的另一个有效用途是差距分析和差距弥合。差距分析是通过缩小差距来提升公司的竞争地位或降低竞争对手的竞争地位。利用其他项目的最佳实践和在经验教训的基础上构建项目，可以缩小差距。差距包括：

- 新产品发布的速度（上市时间）。
- 成本竞争力。
- 质量竞争力。
- 引进新技术或产品性能。

◆ 战略项目管理领导力

我们已经提供了一些可以使战略规划执行受益的项目管理方法。要实现这一点，项目经理可能需要改变他们的领导风格，从传统项目管理领导风格（重点面向项目团队的情境领导）到战略项目管理领导风格（最终结果可以影响整个公司的组织变革）。

"战略领导"通常是留给高级管理层的术语。它需要高级管理人员能够着眼于公司未来而提出一个战略愿景，然后激励或说服组织接受或遵循这一愿景。战略领导需要制订行动计划，这是项目管理发挥重要作用之处。除非计划的制订和实施使愿景成为现实，否则愿景本身没有多大用处。管理战略规划执行项目与管理传统项目大为不同。与基于明确定义的工作说明书的传统项目行动计划不同，项目经理不得不基于复杂、模糊、不确定和易变的知识来制订行动计划。因为存在大量的未知因素且未知因素在不断变化，所以项目经理必须明白管理这些项目需要做出重大决策，而且这些决策涉及拥有执行决策所需资源的最终控制权的管理者。

如果项目需要一定程度的创新，则必须构建让团队拥有创新性和创造力的领导技能。头脑风暴和问题解决会议每周都可能举行。引导技能也是必需的。长期创新项目所需的领导技能可能与那些为客户提供简单可交付物的领导技能显著不同。

为了有效地进行战略项目管理领导，项目经理必须意识到他们现在是组织变革的管理者，因此需要大量的理念储备。每个项目经理甚至整个团队都需要充当啦啦队和执行者，目的是让整个组织中的人们拥有共同的使命感。对于此类项目，项目团队通常被称为战略支持团队（Strategy Support Team，SST）。为使这支队伍有效运作，其成员必须愿意随着战略规划的实施开展训练和指导工作。对于这支队伍来说，最大的挑战是执行需要组织变革的项目。SST成员必须是创新者和变革者，能够顾全大局，并进行战略性思考而非运营性和战术性思考。他们必须放弃短视思维并专注于长远的未来。

战略领导的主要目标是使组织在战略上更具有生产力和创造力，实现更高的效率和效能。我们应鼓励员工在可行的情况下遵循自己的想法，提供技术或行为创新反馈，并通过经验教训和最佳实践的形式将反馈记录下来。经验教训和最佳实践可使公司关注这些有助于长期盈利的正确方向。

传统上，我们希望项目经理能够获得项目相关知识，并将其发送给PMO进行分析和存储。伴随战略领导的出现，更多的业务相关的知识被记录并存入企业知识库。

◆ 战略项目管理领导力特征

在过去40多年里，我们调查分析了能进行有效项目领导的项目经理所需要的技能。这些分析主要基于持续时间12~18个月或更短的传统项目。另外，这些项目的工作说明书定义明确，许多工作人员虽然是全职的，但只持续几周，而且项目的结果可能只影响少数人。现在，战略项目的可能较长的项目周期迫使我们修订其中一些领导技能。

创建一个战略项目经理所需技能的详尽列表几乎是不可能的。然而，我们可以展示一些必要的领导技能变化，如表 3-4 所示。

表 3-4 传统项目管理和战略项目管理领导风格之间的差异

特 征	差 异
权威	从无权领导到拥有重大权威
权力	从拥有权力到明智地使用权力
决策	从参与部分决策到有权进行重大决策
决策类型	从项目内部决策到项目和业务决策
愿意授权	项目时长和规模迫使项目经理比通常情况下更多地授权和做决策
忠诚	从对项目忠诚到对企业愿景和业务忠诚
社交能力	强大的社交能力是必要的，因为我们要和同一群人一起工作很久
动机	学习如何不使用金钱奖励和权力来激励员工
沟通技巧	面向整个组织进行沟通，而不是与选择的一小部分人进行沟通
状态报告	认识到战略项目的状态不能仅从时间和成本的角度来衡量
展望/前景	拥有更广阔的视野，尤其从业务角度
愿景	必须与高级管理人员拥有相同的长期愿景，并在整个公司内宣传和贯彻
关心	必须对员工更加关心，因为他们会在项目中服务很久
自我控制	不对坏消息或干扰反应过度
头脑风暴和问题解决	必须拥有强大的头脑风暴和问题解决能力
变革管理	从项目扩大到整个公司
变革管理影响	从项目扩大到组织变革管理

◆ 项目经理作为变革管理经理

项目的角色在不断进化。如表 3-4 所示，一些战略规划项目旨在实现组织变革，这种变革可能在世界范围内影响整个公司。一个例子就是建立新的全公司范围的安全系统、信息系统或电子邮件安全系统。

这样，新的问题就变成了"当项目准备就绪时，谁来管理变革的执行"。传统上，项目经理负责创建可交付物，管理层会有人带头执行变革。今天，项目经理被要求在组织变革管理中起带头作用或至少参与组织变革管理。也许来自高级管理层的项目发起人拥有组织变革管理的专业知识，可以起到类似的作用。

多年来，我们中的一些人没有意识到自己已经在管理战略项目，我们同样可能没有意识到这需要不同的领导风格。随着项目管理被更多地应用到战略规划执行项目中，我们需要对其所需的特定领导技能进行更多的研究。我们还处于战略项目管理应用的初级阶段，但我们相信这一趋势在未来将持续 10 年或更长时间。

3.2 通往卓越的阻碍

"卓越"经常被定义为成功管理一系列项目。有的人认为卓越的项目管理是一个永远无法实现的战略目标,因为不是每个项目都会成功。所以,更好的定义或许是成功管理的项目持续增加,对比项目失败,项目成功的比例逐年提高。

不管我们在项目管理上做得多好,总是会出现一些障碍,让我们不得不重新审视项目管理的方法。最常见的障碍就是当发生使人们离开舒适区用不同的方式工作的情况。根据障碍的大小,卓越的定义可能也会发生变化,公司可能不得不修改已经在实施的流程。

以下是可能的障碍示例。

- 当公司决定跟踪额外的指标而不仅仅是时间、成本、范围时,员工会对如何识别、测量、追踪、报告额外的指标产生担忧。
- 你的公司已经有了相对成熟的项目管理流程。你的客户现在要求在项目上使用敏捷和 Scrum 方法,这需要员工学习新的流程。
- 你的公司决定在一些项目上使用敏捷和 Scrum 方法,而在其他项目上使用传统的瀑布式方法,员工会在何时使用何种方法方面产生困惑。
- 新技术的出现会改变项目估算的方式,员工对于新的估算结果感到担心。
- 你的公司收购了另一家公司或加入了另一家合资公司,两家公司均有不同的项目管理方法,必须找到共同点。
- 公司重组,调整了部分员工的角色及职责。

显然,还有很多其他的障碍。

3.3 痛点

◆ 背景

在许多时候,当各年龄段的人们踏入项目管理这一领域时,他们往往会被所见所闻深深触动,尤其是项目管理可能为公司带来的显著好处,以及它在塑造可持续竞争优势方面所展现的潜力。然而,鲜为人知的是,公司为了达到当前的项目管理成熟度和卓越水平背后所经历的艰辛与挑战。几乎每个参与项目管理的人都能敏锐地识别出他们需要攻克的难关。

这些难关,有的如同路障,庞大而复杂,迫使我们从既定的道路上偏离方向;而有的则仅是痛点,看似微不足道,却能迅速累积成不容忽视的障碍,若不及时处理,终将演变为难以逾越的路障。

追溯痛点的起源,我们可以回到第二次世界大战结束后的那段时期,美国国防部对航空航天及国防承包商项目的巨额投资,不仅推动了项目管理的发展,还奠定了今天我们所依赖的流程、工具和技术的基础。尽管美国国防部被誉为项目管理实践的先驱与主要推动者，但这一领域的实践同样在建筑行业中得到了广泛应用。

对于众多承包商而言，美国国防部的新项目往往伴随着新的痛点。即便在项目管理学会（PMI）成立，以及《项目管理知识体系指南》和《项目管理标准》不断更新和完善之后，这些痛点依然顽固存在。随着项目管理领域不断涌现出新的流程、工具和技术，新的挑战与痛点也随之而来，亟待我们去解决与克服。

◆ 了解痛点

从历史维度审视，痛点这一概念最初被业务分析师与营销人员广泛运用，旨在精准捕捉那些反复困扰客户、影响其体验的共性问题或障碍。通过识别痛点，公司能够精准定位市场需求，提供有针对性的产品或服务，从而有效缓解客户的痛点，为公司树立起作为"痛点终结者"的积极形象。

时至今日，痛点的应用范围已远远超出其初始范围，助力承包商在执行项目的过程中识别并优化业务流程，确保可交付物满足公司商业模式及客户期望。无论是在项目管理还是程序管理领域，痛点的识别都至关重要，因为它直接关系到项目成果的质量与项目的成败。如图 3-2 所示，痛点若得不到及时缓解，将逐渐累积成为阻碍项目管理实践成功的重大障碍，甚至导致项目彻底失败。

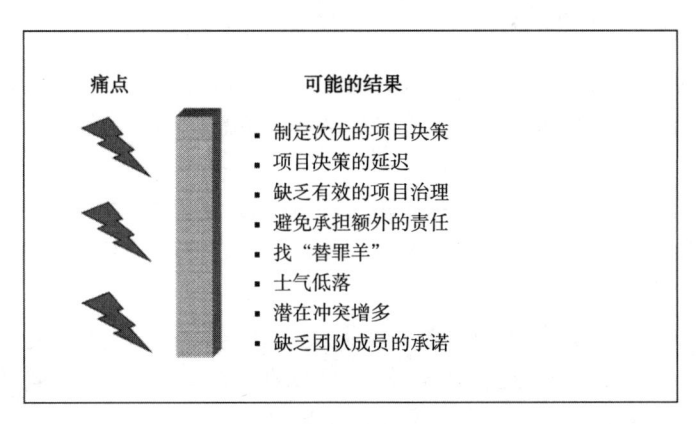

痛点	可能的结果
⚡	• 制定次优的项目决策
	• 项目决策的延迟
⚡	• 缺乏有效的项目治理
	• 避免承担额外的责任
	• 找"替罪羊"
⚡	• 士气低落
	• 潜在冲突增多
	• 缺乏团队成员的承诺

图 3-2 痛点对项目管理的影响

然而，痛点的识别并非易事，其中最大的挑战在于如何达成共识。由于个人视角与经验的不同，同一问题在不同人眼中可能具有截然不同的意义。因此，如何确保团队内部对某一问题是否构成痛点形成统一认识，是亟待解决的关键问题。

此外，痛点虽看似简单，但其背后往往隐藏着复杂的根源，而且痛点有多种表现形式。在项目管理这一强调流程、工具与技术应用的领域中，痛点更是呈现出多样化的特征。典型的痛点类别包括但不限于：

- 展示痛点：涉及如何精准选择并组合项目状态报告中的度量指标与关键绩效指标，以确保项目状态的真实性与全面性。
- 预算痛点：聚焦于如何有效预测项目成本及潜在的范围变更，以维护项目的财务健康与稳定性。
- 进度痛点：无法消除项目进度计划中的浪费与无效时间，直接影响项目效率与进度。
- 治理痛点：缺乏结构化的决策机制与问题解决流程，导致关键问题无法得到及时识别与解决。
- 方法论痛点：表现为对项目管理方法论的一味盲从，忽视不同项目的独特性与差异性。

◆ 痛点：承包商视角下的客户沟通

在 20 世纪大部分时间里，公司战略规划主要围绕产品市场要素展开，即提供产品和服务的市场。这意味着营销和销售部门在制定战略规划中起着主导作用。

尽管许多公司指派项目经理支持销售人员的活动，但销售人员仍认为自己对客户有"所有权"，并且应该是与客户沟通的主要渠道。项目经理负责与销售团队进行沟通，并将信息传达给客户。尽管高级管理层也经常参与沟通过程，但他们允许这种情况继续存在。销售人员与客户之间的关系被视为一种战略上的必需，几乎所有人都忽视了它也可能成为严重痛点的事实。

◆ 痛点：美国国防部视角下的客户沟通

随着合同数量的增加，美国国防部意识到与销售人员讨论项目问题既耗时又不一定有效。每当美国国防部有技术问题需要回答时，销售人员总是回应说他们会尽快回复。这通常需要几周时间。

美国国防部希望直接与项目经理和能够立即解决技术问题的技术人员交谈。销售人员竭尽全力阻止这种情况发生，因为他们担心这样一来他们就不得不与项目经理分享年终奖金。

管理层坚持支持销售人员作为主要的沟通渠道。美国国防部随后决定援引"黄金法则"，拿着政府的支票簿对着高级管理层说："付费的人说了算！" 高级管理层开始深刻感受到来自市场的压力与挑战。

◆ 痛点：项目管理成为职业发展路径

在项目管理的早期，大多数公司并未将项目管理视为一条明确的职业发展路径，而更多地将其视为一种临时性的、辅助性的职责，用以填补职能岗位之外的空缺。项目经理的绩效评估往往交由其职能经理负责。评估主要基于对职能部门的整体贡献，而非项目的成功或失败。

随着政府机构对项目管理专业化的持续推动，这一现状给高级管理层带来了明显的痛点。传统上，承包商通过竞争性投标赢得利润丰厚的合同，技术人员（有时包括项目经理）会为销售团队提供技术支持，以完善投标方案。

然而，这一平衡开始被打破。1970 年，某航空航天与国防领域的承包商大刀阔斧地解雇了除一名市场营销人员外的所有市场与销售团队，转而要求项目经理亲自撰写提案并承担销售任务。在此情境下，高级管理层强调，项目经理的选拔应首先考量其沟通与写作能力，这进一步凸显了角色转变的迫切性。

尽管政府通过"黄金法则"的施压促使项目管理成为一条职业发展路径，但痛点依旧存在。鉴于航空航天与国防行业的特殊性，多数项目经理均为技术背景深厚的工程师，他们的沟通与写作能力略显不足，这促使公司设立了技术撰稿部门以辅助提案准备。

同时，将项目管理作为职业路径进行推广，也暴露了项目经理在人际技能与领导力培训方面的缺失。在短期项目中，管理层倾向于快速剥离项目经理角色以控制成本，这导致项目经理与团队成员之间的联系松散，日常领导与指导多由职能经理承担。

对于长期或技术复杂、可能伴随行为问题的项目，航空公司等组织会派遣组织发展专家介入，专门协助项目经理解决冲突与行为问题。这些专家虽对技术细节知之甚少，却在调和人际关系方面发挥着不可或缺的作用。

此外，让技术专家管理长期高技术项目带来了额外的痛点：部分项目经理将项目视为个人荣誉与地位的竞技场，不惜成本超支也要追求超越规格的目标。资金提供方虽心知肚明，却往往因任期限制而选择视而不见，将成本超支的烂摊子留给继任者处理，有时成本超支甚至高达 300%～400%。这一痛点无疑是对项目管理职业化发展路径的又一严峻考验。

◆ 痛点：项目发起

让项目管理成为职业发展路径上的一个职位被认为是一个痛点，管理层知道这会发生。然而，还有一个需要迅速解决的伴随的痛点，即项目经理可能做出一些本应由高级管理层做出的决策。高级管理层如何控制或影响项目经理做出的决策，包括那些对业务有严重影响或可能导致不必要的成本超支的决策？

答案是在项目治理中通过设置项目发起人职位来监督和参与项目决策。通过为所有关键项目设置项目发起人职位并由高级和中级管理人员担任这些职位，可以缓解这一痛点。

随着项目数量的增加，高级管理人员试图减少他们亲自发起的项目数量，因为这是一项耗时的工作，会分散他们的注意力。遗憾的是，这又带来了客户（特别是美国国防部）接口上的另一个痛点。许多控制项目资金的军官并不认为项目经理甚至一些中低层管理人员的发起人在级别和地位上与他们平等。他们的座右铭是"等级有特权"，政府人员坚持只与高层管理人员沟通，认为这些人在等级上与他们平等。因此，高级管理人员被迫继续担任许多关键项目的发起人。

与发起相关的另一个痛点是失败的项目可能对发起人的职业生涯产生影响。如果高级管理人员认为将自己的名字与可能失败的项目联系起来会损害他们的职业发展机会，他们就会指派级别低于自己的人作为发起人。如果他们仍然被迫继续担任发起人，他们会制订一个计划，如果最终失败，其他人可以承担责任。

例如，一家电信公司的两位高管担任两个"宠儿"项目的发起人，以创造他们认为会增加销售额并产生更多高管奖金的新产品。这两个项目都需要创新，而且成本高昂。在每次项目评审会议上，项目经理都建议取消项目，因为开发两种可能无法产生预期收入流的产品的成本很高。两位发起人却认为，取消项目可能会影响他们的职业生涯，因为已经投入了巨额资金。因此，在每次项目评审会议上，他们都批准项目继续进行，直到下一次评审会议。最终，两个项目都完成了，但成本超支严重。为了避免不得不解释当市场对这些产品不感兴趣时发生了什么的尴尬，发起人宣称项目经理开发了这些产品，并指责营销和销售人员没有为新产品找到客户。这减少甚至消除了发起痛点。

◆ 痛点：流程标准化

随着发起的项目数量的激增，美国国防部愈发感受到对庞杂项目群进行有效监管的艰巨性。各承包商间迥异的工作模式与报告体系迫使美国国防部不得不耗费大量精力去解读每个状态报告中的数据信息，这一过程不仅烦琐，而且带来诸多不便。

为破解这一难题，美国国防部明智地引入了挣值管理系统（Earned Value Management System，EVMS）并推行标准化的状态报告制度。通过发布一系列权威出版物，美国国防部积极倡导承包商采纳 EVMS 及与之相匹配的生命周期阶段和关键里程碑管理框架。起初，这一变革遭遇了承包商的抵触，被视为新的负担。然而，随着时间的推移，承包商逐渐认识到其背后的巨大价值，并开始构建一套普适的方法论，确保所有项目都能遵循统一的流程与标准，这不仅极大地提升了管理效率，也为发起项目与控制工作带来了前所未有的便捷。在此过程中，对项目经理及团队成员的绩效评估也悄然发生转变，更多地聚焦于他们对标准化工具与模板的掌握与应用上，而非单一的项目成败。

◆ 痛点：寻找项目管理的其他应用

从 20 世纪 70 年代到 21 世纪初，出版了许多书籍，发表了很多文章，它们列举了正确实施项目管理的好处和所取得的成功。但大多数人没有意识到为了做出这一决定而分析的项目类型。

从历史上看，项目管理最初被用于传统或运营项目，这些项目从明确的工作说明书和工作分解结构开始。政府机构和大多数客户的项目都是从明确定义的需求开始的。项目经理被教导，除非需求定义得非常明确，否则应该避免进行项目的规划、安排和定价，并且发布了寻找改进需求定义过程方法的技术。EVMS 的使用对具有明确需求的传统或运营项目非常有效。

但是，对于那些基于想法而不是严格需求发起的战略项目，如涉及创新活动的项目，情况又如何呢？这些项目可能会不断发生变化。如前所述，高管担心项目经理可能会做出本应该由高级管理层做出的决策。通过明确定义需求并设置项目发起人职位，这些风险被最小化。因此，项目经理将被允许管理传统或运营项目，而更受高管信任的职能经理将管理战略项目。

让职能经理控制大多数战略项目似乎是一个好主意，但它使一个隐藏的严重痛点浮出水面。许多公司的职能经理根据公司或其职能部门在过去 12 个月的成功情况获得年终奖金。因此，职能经理将他们最好的资源用于影响其奖金的短期项目，而长期战略项目则受到影响。

这个痛点隐藏多年的原因有几个。首先，职能经理被授权使用他们希望在项目中使用的任何流程和技术。高管信任他们的职能经理。这使得他们在向高管汇报时可能捏造或篡改部分项目的真实状态。其次，即使职能经理使用他们大多避免使用的 EVMS，报告也只涉及进度、成本和范围，并没有提供有关所分配资源的质量或能力的信息。使用 KPI 信息编制的预测报告往往夸大其词，不反映实际情况。

◆ 21 世纪的痛点出现

前面讨论的痛点集中在过去出现的痛点上。仅仅因为我们几十年来一直在使用项目管理实践，并且在项目管理方面进行了许多成功的持续改进，这并不意味着在未来不会出现相同或新的痛点。

到了世纪之交，为实现可持续发展和取得未来的成功，公司需要实施的项目数量和类型显著增加，如图 3-3 所示。最大的变化在于战略项目的增长，因为公司意识到继续以老旧方式经营业务无异于自寻死路。

图 3-3　项目的新类型

战略项目的重要性变得显而易见。高管提出了两个问题：
- 我们是否应该像管理传统项目一样管理战略项目？
- 我们是否应该使用相同的人员、流程、工具和技术？

由于战略项目比传统项目复杂得多，因此采用灵活的敏捷和 Scrum 等方法变得更加普遍。灵活的方法在战略项目中表现更好，并且需要对项目经理进行不同技能的培训。

◆ **痛点：EVMS 成为一种过时的技术**

历经 50 多年，EVMS 在传统及运营项目领域内相对成功地扮演了重要角色，其核心聚焦于进度与成本两大关键指标，提供了多样化的视角以审视项目状态。然而，随着项目管理实践的边界不断拓展至更多元化的项目类型，对信息深度与广度的需求激增，促使管理层渴望基于确凿数据而非仅凭臆测与直觉做出决策。尽管 EVMS 不太可能骤然消失，但其正面临着根本性变革的必然趋势。

◆ **痛点：高管对新的指标管理系统的支持**

推广新业务与战略指标至高级管理层，需跨越"信息就是权力"的传统思维障碍，赢得他们的坚定支持。部分高管对于承担新指标管理系统引入的责任心存顾虑，担心若系统未能赢得员工的认同或未产出有价值的成果，将损害其职业形象。此外，高管也不愿支持看似专为影响自身奖金和晋升机会而设的绩效评价体系，以免陷入选择性展示有利指标的窘境。

◆ **痛点：新灵活方法论的兴起**

敏捷与 Scrum 等灵活方法论的兴起，虽为项目管理领域带来曙光，但也预示着更为复杂多变的未来图景。

至 21 世纪末，预计将有 20~30 种不同类型的灵活方法论涌现，"一刀切"的解决方案已成过往云烟。面对如此多样的选择，项目经理需要在项目启动之初审慎评估项目特性，精心挑选最为契合的灵活方法论，以确保项目管理的有效性与适应性。

3.4 日立公司

当正确完成项目管理的战略规划时，整个公司都能感受到使用项目管理的好处，并且项目管理几乎可以与所有的业务领域相结合。日立公司就是一个很好的例子。

◆ **日立公司加强项目管理能力的措施**

日立公司的业务产品线范围十分广泛，包括信息通信技术系统、电力系统、社会基础设施和工业设备系统、高性能材料、铁路系统、电梯和自动扶梯、汽车产品和零配件、工程机械、数字媒体和消费品等的研发、制造和销售，并提供解决方案及相关咨询与服务。每条业务产品线都需要通过改进工程技术来确保质量，因而需改进项目管理。这就是为什么每条业务产品线都需要加强项目管理能力。

从项目管理的角度来看，图 3-4 中所示的 5 个要素是一个项目成功完成的支持要素。

第 3 章　追求卓越之旅

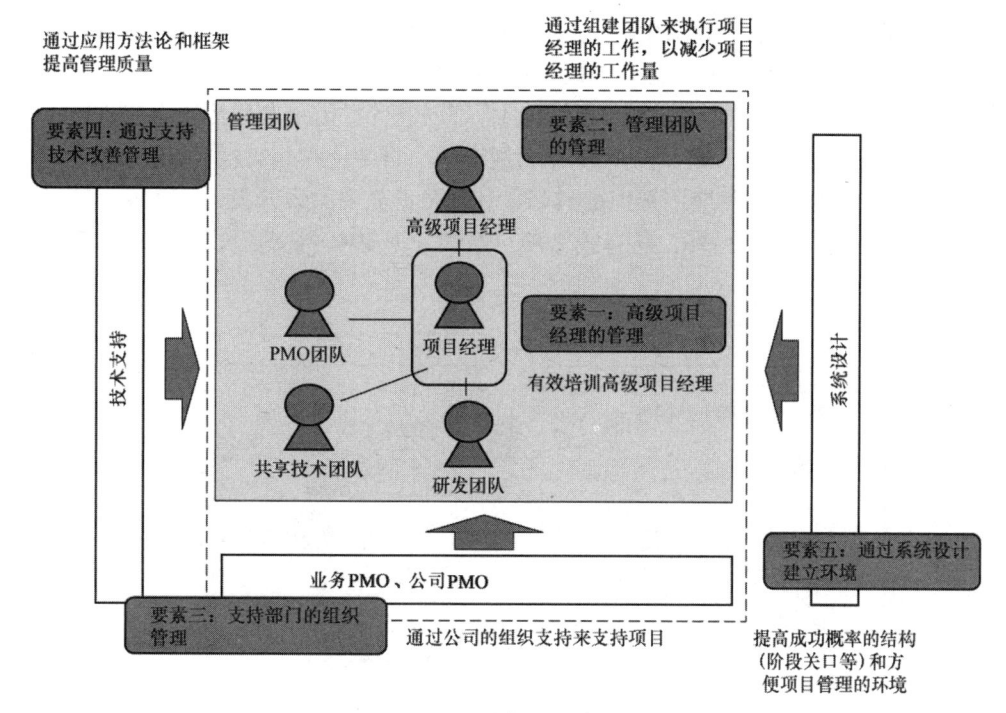

```
通过应用方法论和框架              通过组建团队来执行项目
提高管理质量                      经理的工作，以减少项目
                                  经理的工作量

要素四：通过支持        管理团队        要素二：管理团队
技术改善管理                            的管理

                        高级项目经理

                                        要素一：高级项目
技          PMO团队    项目经理         经理的管理      系
术                                                      统
支                                      有效培训高级项目经理  设
持          共享技术团队  研发团队                        计

              业务PMO、公司PMO

要素三：支持部门的组织                  要素五：通过系统设计
管理                                    建立环境
            通过公司的组织支持来支持项目
                                        提高成功概率的结构
                                        （阶段关口等）和方
                                        便项目管理的环境
```

图 3-4　项目管理支持要素

要素一：高级项目经理的管理，是指为高级项目经理提供持续而有效的培训的措施。由于项目的成功或失败在很大程度上取决于项目经理的能力，所以对优秀人员进行培训十分重要。为此，不仅需要建立培训人员的教育系统，而且需要根据个人特点来进行培训。项目经理能力发展框架（Project Manager Competency Development Framework，PMCDF）分析了项目经理个人特点和绩效之间的关系，并且利用项目经理的个人特点采取相应措施来提高人员培训效果。

要素二：管理团队的管理，是指对团队建设的支持，旨在通过建立团队来执行项目经理的工作，以减少项目经理的工作量。正如前面所提到的，项目的成功或失败在很大程度上取决于项目经理的能力，但项目规模越大，项目经理就越难以面面俱到。因此，项目需要利用项目管理团队的管理技能，项目管理团队不仅包括项目经理，还包括高级项目经理、PMO 团队、共享技术团队和研发团队。正在进行的管理结构评估模型研究是用来评估项目团队的管理能力的，而不是仅用来评估项目经理的个人特点的。

要素三：支持部门的组织管理，旨在通过公司层面的组织支持来支持项目。PMO 或其他组织评估项目现状，提供建议，并从第三方的视角进行评估来支持项目。在项目进展的过程中形成对项目状况的外部理解，原本未被内部人员发现的风险可能被识别。组织支持和风险评估不仅由包括项目经理在内的管理团队提供，而且由站在第三方视角的人员提供，这样项目成功的概率大大增加。

要素四：通过支持技术改善管理，使用支持技术、方法和框架来支持项目实施活动，支持领域包括风险管理、需求识别、沟通支持、知识管理、PMO 支持等。在风险管理方面，有支持风险识别并在各业务领域中设计应对策略的举措。在需求识别方面,对客户的需求识别是通过基于以人为本的设计过程中人种学调查和基于以结果为导向的施工管理系统建设这类举措实现的。在沟通支持方面,识别管理问题的举措是利用传感系统进行关于项目进展的可视化沟通。在知识管理方面,作为组织从项目中持续获得经验知识的循环系统,要有提取经验知识的方法和应用知识的技巧。利用要素五中的系统设计,实现了知识系统的循环,如图 3-5 所示。另外,还有既为项目经理又为 PMO 主动提供支持的信息系统举措。

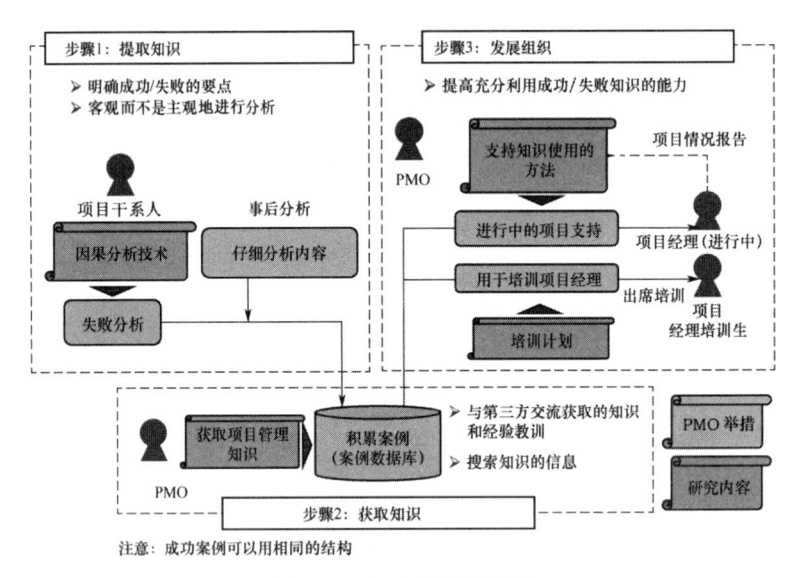

图 3-5　知识系统的循环

与要素三和要素四相关的举措目前正在进行成本损失管理。这里成本损失是指不必要或浪费性开销。减少成本损失是与公司绩效直接相关的关键任务。在日立公司,我们一直努力减少这种成本损失,尤其是在硬件制造方面。这些努力也被纳入了 IT 项目中,从成本损失跟踪(可视化)到响应措施的分析和起草的整个过程正在系统化,作为成本损失管理的一种手段加以实施。我们的支持部门一直在监测成本损失,起草/实施减少组织成本损失的措施,举办培训和活动以提高对这一问题的认识。此外,我们一直在开发技术,帮助我们追踪成本损失,分析原因,提出措施。

要素五:通过系统设计建立环境,构建提高系统成功概率的结构,包括项目经理的认证系统及项目治理结构。如图 3-6 所示,这些结构的特点之一是使用阶段关口管理(一种将生产过程划分为几个阶段,并设立关口审查其是否已满足进入下一个阶段的条件)决定继续或停止项目。使用阶段关口管理可以优化决策,达到降低风险、提高设计质量及管理收益最大化的效果。

此外,电力系统部门实施了一个 D-WBS 业务改进项目。D-WBS 项目有一个平台(D-WBS 平台),用来推进项目管理相关的业务协同(见图 3-7),它涉及管理、知识和各种其他要素,并在平台中构建能够统一要素一~要素五的业务流程。

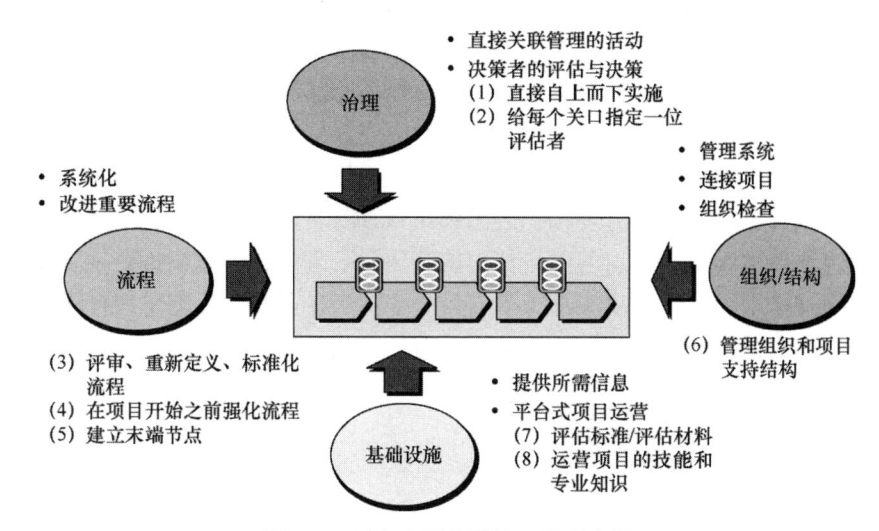

图 3-6 日立公司阶段关口管理流程

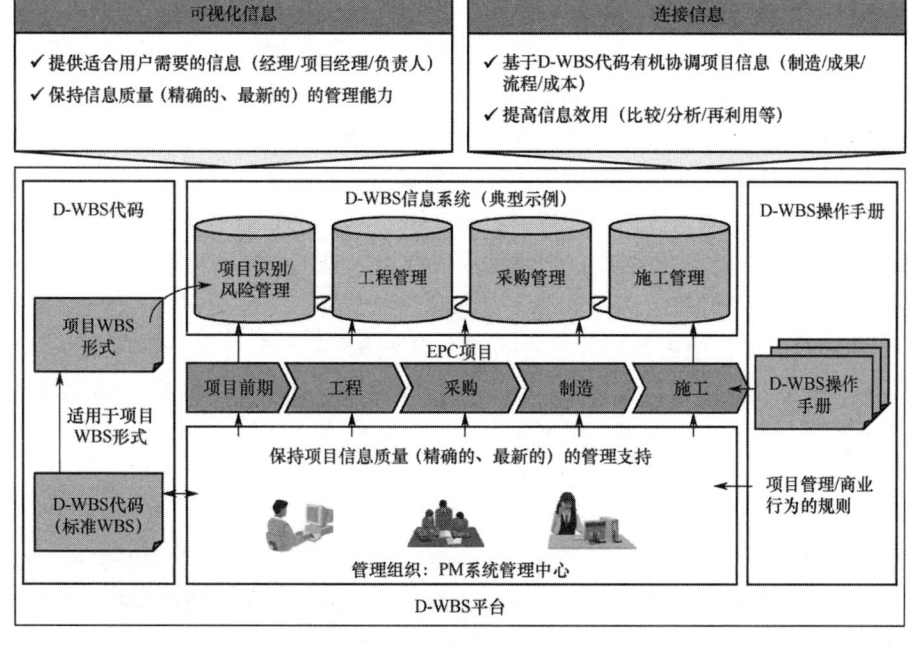

图 3-7 D-WBS 项目概览

上述支持要素是实施项目所需的组件，无须依赖业务部门。尽管每个应用领域都有自己的特点，但通过比较电力系统部门与信息和电信系统部门及信息通信技术系统部门的项目管理技术，有几个方面可以作为有用的参考。在日立公司广泛的业务领域中，共享并使用可以加强项目管理效能的举措将成为日立公司卓越竞争力的来源，内部技术委员会正在为信息交换创造更多机会。

这个技术委员会被称为项目管理技术委员会，在 2000 年左右，电力系统部门和信息通信技术系统部门就开始利用其进行工作层面的讨论。然后，在 2005 年的一次志愿者会议上，技术委员会面向整个公司开放。今天，许多业务部门基于对 PMO 的关注而加入其中。在整个公司中，技术委员会致力于推动项目管理能力的加强。除了为信息交换创造机会，它支持研究机构对共有问题的解决方案进行研究。例如，业务部门之间共享项目管理任务结构，或者基于信息通信技术系统的知识使用来组织整个公司的活动。

除了组织致力于传授项目管理知识的内部论坛，以及日立公司内部专家在技术委员会活动上的交流，技术委员会还对各业务部门提高项目管理能力的意识进行定期调查。

这样，通过技术委员会活动来进行横向跨业务部门专业知识延伸、共有问题识别及解决方案研究，日立公司已经找到了实现协同效应的有效手段。

3.5 中美洲农业信贷最佳实践

◆ 中美洲农业信贷介绍

农业信贷系统是由逾 70 家独立金融机构（也可称协会）构成的庞大网络，它们有一个共同的目标，保障农村地区繁荣与农业可持续发展。其独特的成员所有制合作模式，确保了每一项业务决策均紧密围绕服务核心客户——农民、牧场主、农业合作社、农村购房者及农产品出口企业的需求展开。根据农业信贷系统最新报告（2021），其金融服务范围广泛，覆盖从贷款支持到提供金融解决方案，全方位助力农业产业链上下游的每个环节。

中美洲农业信贷作为系统内的佼佼者，深耕印第安纳、俄亥俄、肯塔基与田纳西四州，通过遍布农村的约 80 个零售网点，为当地农民与居民提供全面的金融服务。服务范围涵盖了土地购置的房地产贷款、支撑日常运营的农业经营贷款（包括饲料、种子、燃料等必需品）、商业贷款、设备融资及至关重要的农作物保险产品，全方位护航农业生产。

2012 年，中美洲农业信贷凭借 197 亿美元的雄厚资产基础，启动了内部运营团队的构建，旨在通过深入剖析业务流程，挖掘效率提升与客户体验优化的潜力。该团队汇聚了六西格玛与精益管理领域的精英，通过"业务之声"系列研讨会，不仅洞察了当前流程的运作实况，还精准捕捉了团队成员对于流程稳定性与增强的迫切需求。

随着数百个流程改进机会浮出水面，中美洲农业信贷高层意识到，实施一套结构化、基于战略衡量与价值导向的项目管理方法迫在眉睫。2014 年，流程改进与执行团队的成立标志着战略项目组合管理的全新篇章。该团队负责资源的优化配置与项目优先级的科学设定，确保所有努力均紧密贴合组织的长远战略。至 2022 年 6 月，中美洲农业信贷资产规模已突破 330 亿美元大关，服务的客户超过 8 万人，充分彰显了其持续成长与服务的深度和广度。

鉴于项目管理最佳实践应用的显著成效，2017 年，运营流程卓越团队应运而生，进一步拓宽了流程改进与执行团队的职能边界。该团队不仅继续引领战略项目组合的高效运作，还深入参与到战略规划流程的制定、关键业务流程的领导力培养、实时业务支持及业务流程知识的收集与管理中，与执行委员会及董事会紧密合作，共同绘制中美洲农业信贷未来发展的宏伟蓝图。

以下概述了中美洲农业信贷如何应用项目管理最佳实践设计结构化方法来进行战略项目组合管理和在金融服务环境中进行持续改进。

◆ 中美洲农业信贷的起点

中美洲农业信贷在引入项目管理最佳实践时采取了高度策略性与适应性的"爬行、走路、奔跑"方法，这种方法的核心在于深刻理解现状、组织文化及快速见效流程的重要性。这一方法旨在避免"一刀切"地推行复杂项目管理框架，从而降低可能被视为行政负担的风险，转而聚焦于构建业务认同，这是确保 PMO 及其相关实践长期生命力的关键。

中美洲农业信贷不仅设定了长期目标，还确保每一步都扎实地建立在促进项目领导管理领导力文化的基础上。这种文化鼓励灵活性，确保项目能够根据具体情况进行调整，并始终聚焦于商业价值的实现而非单纯的项目完成。

中美洲农业信贷内的高度协作与持续改进文化为这一过程提供了得天独厚的优势。运营流程卓越团队的成功实践，如从明确业务问题出发、设定可衡量的绩效指标，以及积极采纳业务声音和客户声音，都为后续流程改进与执行团队的建立奠定了坚实的文化基础。这一团队作为混合型 PMO 与质量改进办公室的结合体，不仅负责战略项目组合的管理，还促进了组织内部的质量提升，营造了良好的学习氛围。

在招聘环节，中美洲农业信贷尤为重视选拔具备项目管理、持续改进及业务洞察力的人才，这是其成熟项目领导力的关键特征。通过精心挑选团队成员，确保他们不仅能够引领项目走向成功，还能够推动组织文化的深化与发展，为协会的持续成长与卓越表现贡献力量。

◆ 采用项目管理最佳实践

招聘实践和灵活的项目管理方法

在人际交往技能对项目经理效能及项目成功至关重要的背景下，招聘和培养具备全面能力的项目领导者显得尤为关键。这些能力不限于技术层面的熟练度，更涵盖了战略思维、领导才能、专业引导及高效沟通能力，它们共同构成了推动项目价值交付的核心驱动力。将战略思维融入项目领导之中，意味着领导者需要超越传统的项目管理指标（如进度、预算和范围），而更多地聚焦于业务成果的实现和整体价值的提升。这种视角的转变促使团队更加关注项目的长期影响，以及如何通过项目的成功为组织带来战略上的优势。

在招聘过程中，对候选人能力的深度和广度进行评估是至关重要的。项目领导者应能够灵活运用多种方法和工具，以适应不同项目阶段和需求的变化。例如，在项目发现阶段采用 DMAIC［定义（Define）、测量（Measure）、分析（Analyze）、改进（Improve）和控制（Control）］过程来定义和解决问题，而在实施阶段则可能转向敏捷模型以快速响应市场变化。这种灵活性和适应性是项目领导者不可或缺的素质。

面试环节的设计应充分考虑到这一点，通过场景设置和批判性思维问题来评估候选人在实际工作中的应对能力和决策水平。同时，情景性和行为性问题也能够帮助面试官更深入地了解候选人的人际交往技能和领导能力，包括他们如何与团队成员沟通、协调冲突以及激励团队实现目标。表 3-5 提供了 2014 年和 2015 年在研究影响项目经理效能的最重要因素时收集的高级领导者的描述性引用，这些引用被用于设计项目场景和面试问题。

表 3-5　项目经理的重要属性

项目经理属性	描述性示例
引导技能	1. 他们如此出色，是因为他们已经准备好议程，提前做好准备，确保合适的人在会议室里，会议室在人们进入之前就已经布置好，能够记录下已经做出的决策，准备好适当的文件，及时发送会议记录，诸如此类 2. 我认为"引导"是一种技能，能够理解你在资源或时间上可能有冲突，然后与干系人一起解决这个问题，并能够提出一个每个人都能够接受的解决方案或者协商一个协议。在促进讨论的过程中，你必须能够把真正的问题摆在桌面上，这样解决方案才能解决问题。这不是双赢的妥协，而是引导他们找到正确的解决方案
个人性格特质（态度、可信度、无偏见）	1. 给我一个消极的项目经理，我会让你在项目开始前就看到一个失败的项目。项目经理需要成为项目目标和团队的啦啦队队长 2. 一个项目经理必须是值得信赖和受人尊敬的。他们不能直接控制人们，所以他们的权力来自团队成员对他的看法 3. 即使遇到困难的事情，一个积极的人也会让其他人都积极。项目工作可能会很辛苦。谁想要一个消极的、刻薄的或不尊重的人的领导
沟通技能	1. 她（项目经理）花时间了解团队成员，并根据他们的特点与其交谈。我并不是说她用高人一等的口气对他们说话，而是使用他们熟悉的术语和例子来确保他们理解 2. 她选择最适合传递信息的工具。换句话说，她没有被困在电子邮件或电话会议中 3. 她总是在说话之前先听。她问的问题比谁都多。你只知道她真的在听你说话 4. 他们需要知道的不仅仅是如何起草沟通计划。我曾有一个项目经理，自己起草了一个计划并通过电子邮件发送给每个人。他不明白为什么没有人阅读这个计划 5. 有许多不同的方式可以传达信息，你必须非常小心，尤其是在电子邮件中，以免给人留下不好的印象。我见过很多这样的例子，人们无缘无故地生气，只是因为措辞不当
领导技能	1. 我认为项目经理的团队建设技能需要比我对 IT 经理的期望要高。他们（项目经理）的团队总是在变化，团队成员往往来自不同的部门，而且不经常一起工作，自然会导致团队内部更大的冲突 2. 领导力的一部分是你用来领导上下级的方法。你如何让决策者参与进来？项目经理需要知道如何领导他们的发起人，目前我觉得和他们建立关系是最好的方法

价值交付焦点

我们在早期旅程中重点关注的最佳实践是创建一种注重从战略项目中实现收益的文化。建立自上而下的收益实现理念始于执行委员会和董事会。根据战略需要（见表3-6），我们在7月的年度战略规划启动期间，由董事会和执行领导从其视角出发讨论战略项目及其价值主张。

表3-6 中美洲农业信贷战略需要

提供卓越的客户体验	为客户提供超预期的体验，使客户重复购买产品或服务，并推荐给其他人
持续成长	产品组合持续增长，并以现在和未来均能惠及客户的方式有效地服务于市场
保持信贷质量和管理	以正确的方式做正确的事，使我们能够在客户遇到困境时与他们合作。提供新增贷款，做好贷款管理，处理不良贷款
维持可持续的财务运作	尽管面临经济挑战，监管和政府政策发生变化，但持续的努力将有助于增强财务实力，使组织能够在未来取得成功
践行宗旨和价值观	我们的宗旨和价值观反映在我们的指导方针和我们所做的一切中。我们一起工作，互相关心，指导和培养人才，以更好地为我们的客户提供服务

依托作为团队所展现的头脑风暴战略优势，我们精心构建了一套价值主张体系，旨在引导所有战略项目及其预期收益、收益实现时间表的深入讨论。表3-7详尽列出了这些被精心识别的价值主张及其精准定义。

表3-7 价值主张及其定义

提高生产力	用同样数量的资源做更多的事情，例如，增加信贷分析师可以决策的贷款数量
降低成本	通过提高效率来消除不必要的开支（运营或资本），如消除运营过程中的浪费
缩短服务时间	缩短完成贷款发放过程中任务所需的时间，例如，通过自动化实现显而易见的决策，如批准和拒绝，缩短贷款决策所需的平均时间
增强客户体验	交易量、利润率或费用的可衡量增长，例如，激励成员整合竞争对手持有的债务
提高员工敬业度	衡量与组织的情感联系、工作场所关系和协作，以及是否为我们的目标和组织的成功做出贡献，例如，离职率降低或工作效率提高
实现长期业务可持续	以长期业务增长、财务扩张和组织稳定为目标，通过克服监管和财务挑战来维持运营能力，例如，关注长期业务影响而非短期利润、价格或结果

此战略的核心在于培育一种文化，这种文化不仅强调基于可量化的业务收益选择项目，更着重于在解决方案落地后，建立衡量实际收益达成的机制，以此作为对传统项目管理指标（如进度、预算与范围）的有力补充。诚然，传统指标在项目中提供了宝贵的信息支撑。但当我们聚焦于战略执行层面，即价值交付与项目完成之间的紧密关联时，这种关注超越了基本业务指标的最佳实践范畴，将项目管理方法论的评估标准提升至全新的高度。

3.6 NCS 集成交付方法和项目管理方法

◆ NCS 集成交付方法

关于 NCS

NCS 是新加坡电信集团的子公司,是一家领先的技术服务公司,业务遍布亚太地区,主要与政府和企业合作,利用科技推动社区的发展。NCS 拥有超过 12 000 名员工,分布在 66 个专业领域,他们拥有丰富的经验和专业知识。NCS 凭借其在数字、数据、云和平台方面的 NEXT 能力,以及在应用、基础设施、工程和网络安全方面的核心产品,为客户提供差异化和端到端的技术服务。NCS 希望与领先的技术公司、研究机构和初创企业建立强大的合作伙伴生态系统,以支持开放式创新和共同创造。欲了解更多信息,请访问 NCS 官方网站。

什么是 NCS 集成交付方法

端到端技术服务的交付得到了 NCS 集成交付方法的支持,这是向客户提供高质量和一致标准服务的基础。NCS 集成交付方法:

- 提供一个成熟、有规则的方法和一套通用的术语。
- 包含我们多年来实施信息通信技术解决方案所获得的智慧和良好实践。

NCS 集成交付方法套件

集成交付方法是一套交付方法,用于提供 IT 支持的解决方案,如表 3-8 所示。

表 3-8 NCS 集成交付方法

方　　法	具体描述
创新—设计思维	一种设计思维方法,旨在设计以人为中心的解决方案,促进企业数字化转型的加速和应对新的市场机遇
集成架构方法	一组可重复且迭代的过程,规定了: • 由技术、交付和合同组成的解决方案,它们之间的相互关系,以及在最初的解决方案设计阶段确定的原则、风险和考虑因素; • 系统组件的结构、它们之间的相互关系,以及指导它们在交付阶段的设计和发展的原则与方针
项目管理方法	NCS 项目经理使用的一种方法,用以确保项目按时、在预算范围内成功交付,并达到双方商定的业务目标和质量目标
应用程序开发方法	一种通过需求分析、设计、增量构建、测试和投产等阶段开发定制业务应用软件的方法
敏捷方法	一种基于敏捷快速迭代和增量开发特性的软件开发方法。NCS 敏捷方法使用 Scrum 作为总体基础框架,并结合敏捷最佳实践和原则,以务实的方法交付

方　　法	具体描述
软件包方法	一种实用的方法，用于实施可配置的应用程序打包解决方案，以满足集成组织的业务需求。它可用于实施需要最低配置的包装软件、高度可配置的商业软件或软件服务
基础设施实施方法	一种针对交付信息通信技术解决方案的需求、设计和实施的综合方法，其中包括硬件、系统软件、网络、通信、系统安全和数据库管理系统
服务管理方法	一套丰富的流程，结合了 ITIL 最佳实践和 ISO 20000 要求，用于规划、交付和管理信息通信技术托管服务和运营

交付方法的组合

NCS 集成交付方法套件包括从最初的售前参与、项目实施到后续支持和运营，如图 3-8 所示。项目管理方法在实施过程中贯穿项目的始终，而集成架构方法则贯穿解决方案的始终。强制性的质量保证和质量控制活动已内置到我们的方法中，以实现更好的内部控制。

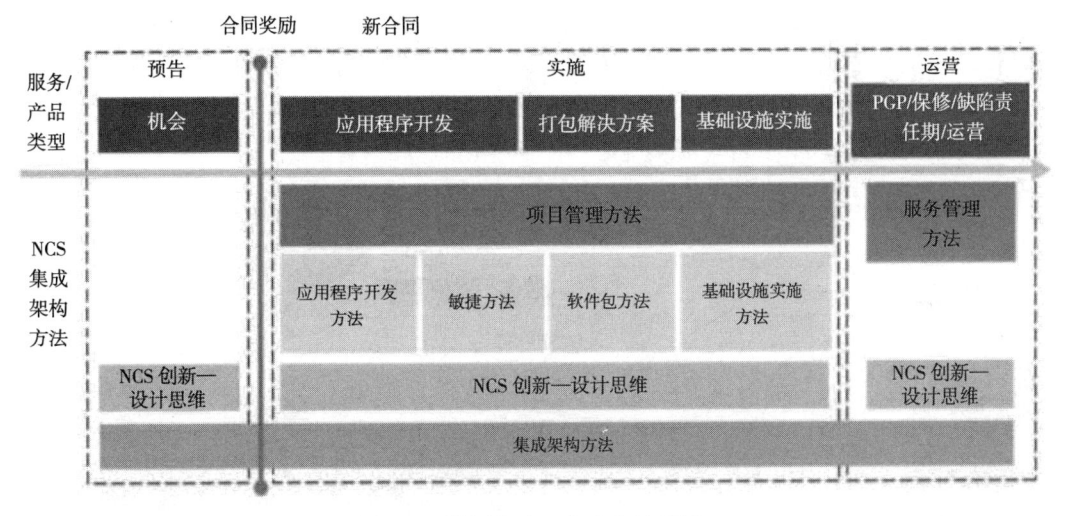

图 3-8　使用方法组合来支持项目

根据向客户承诺的服务，项目经理将选择相关方法，将其组合成定制的方法，以交付解决方案。因为我们是为不同行业的许多客户提供服务的系统集成商，这为我们提供了灵活性，同时又有一个框架来确保一致性、集成性和质量。例如，如果客户需要实施一个网络系统，我们将使用基础设施实施方法、项目管理方法和集成架构方法。

◆ **NCS 项目管理方法**

项目将资源、技能、技术和思路汇集在一起，以完成业务收益并实现特定的业务目标。良好的项目管理有助于确保项目在预算内、按计划完成，并满足所需的质量要求。

什么是 NCS 项目管理方法

NCS 项目管理方法是一套经过调整和良好测试的流程，旨在为 NCS 的项目经理提供一致的框架。

为什么使用项目管理方法

项目管理流程的有效性对项目的成功和交付产品的质量有着重要的影响。NCS 的项目管理方法提供了管理项目的框架和系统方法，以确保项目达到预期目标。

NCS 项目管理方法确保项目按可管理的步骤进行，并继续保持在正确的轨道上直至成功完成。控制点和质量规划活动贯穿于整个项目流程中，以便在必要时采取主动、及时的行动。

NCS 项目管理方法经过了充分测试，已经被成功地应用于许多拥有不同复杂性、规模、持续时间和环境的项目中。

NCS 项目管理方法的阶段和维度框架

NCS 项目管理方法是一个兼具系统性和一致性的框架，用于规划和管理项目，从启动到结束，以确保项目按时、符合预算进行成功交付，并达到约定的业务目标和质量。

NCS 项目管理方法包括阶段和维度，以便项目经理在整个项目生命周期中应用适当的项目管理知识和技能。我们使用图 3-9 中的框架指导项目经理在项目生命周期中管理项目。"工具"维度使我们能够使 NCS 中的许多项目团队保持一致，并提高实践的一致性，而"安全"维度强调在管理 IT 项目时需实施适当的安全措施。

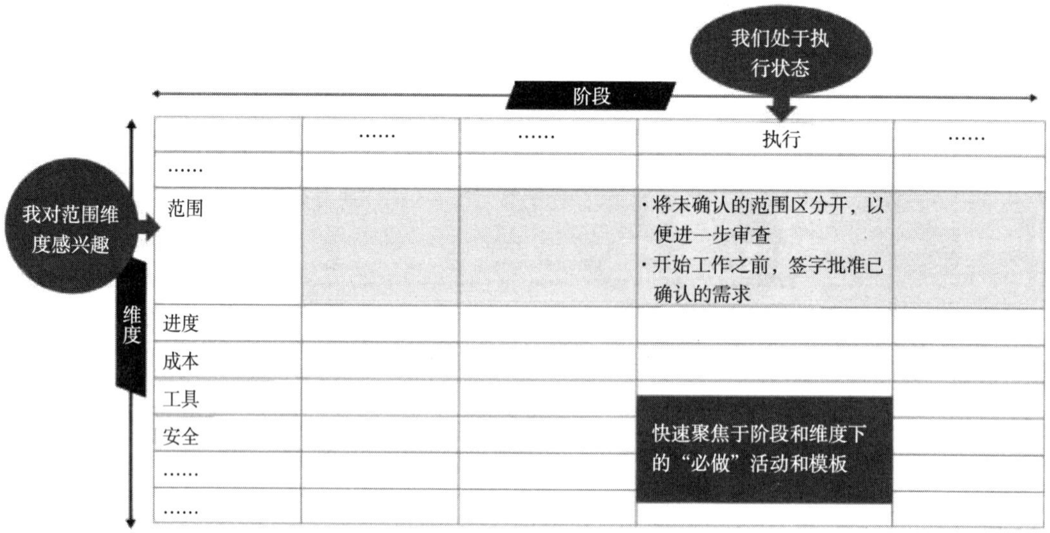

维度 \ 阶段	……	……	执行	……
……				
范围			·将未确认的范围区分开，以便进一步审查 ·开始工作之前，签字批准已确认的需求	
进度				
成本				
工具				
安全			快速聚焦于阶段和维度下的"必做"活动和模板	
……				
……				

（我对范围维度感兴趣；我们处于执行状态）

图 3-9　NCS 项目管理方法的阶段和维度框架

NCS 项目管理方法在移动端 Web 应用程序上的应用

作为一家拥有超过 12 000 名员工并管理众多项目的公司，我们希望能够触及更多员工，并使 NCS 项目管理方法易于使用。这通过一个移动端 Web 应用程序来实现，如图 3-10

所示。

图 3-10　NCS 项目管理方法支持移动网络应用程序

"按阶段检查清单"允许项目经理放大到特定阶段，如规划阶段，并浏览不同维度的活动。"按维度检查清单"允许项目经理专注于某个维度以及在项目生命周期阶段需要做什么。最佳实践和陷阱也被纳入其中，使该方法更加实用。

"必做"活动以小卡片形式列出，并按阶段和维度组织，如图 3-11 所示。项目经理可以浏览"必做"活动上的每张卡片。选择"切勿忘记"将显示不容错过的重要注意事项，"理由"解释了它们为何重要。

图 3-11　阶段和维度中的"必做"活动

选择"有用的工具"将列出可用的相关模板、表格和清单，如图 3-12 所示。

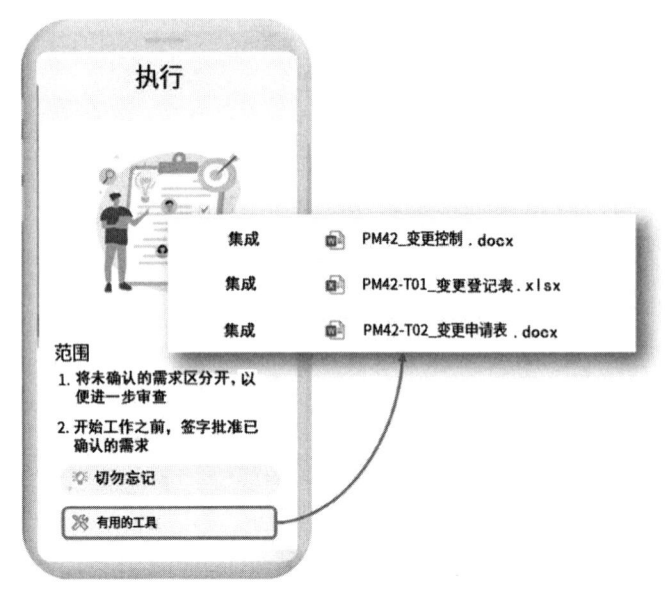

图 3-12　有用的工具

◆ 变更控制流程

集成管理维度的一个重要方面是变更控制流程。

为什么变更控制很重要

变更控制的重要性在于，未受控制的变更可能导致项目偏离正确轨道。变更控制流程：

- 为项目团队提供治理结构和流程，用于识别、记录和跟踪与客户相关的所有项目变更。
- 鼓励积极管理合同权利和义务，并帮助 NCS 和客户对所有变更达成共识。
- 提供渠道与客户讨论和解决这些变更，可能涉及项目范围、资源、进度和成本等影响。
- 帮助处理项目范围问题并防止可能发生的纠纷。

项目启动时建立变更控制流程

在项目启动阶段建立变更控制流程非常重要，这包括变更的定义、通知流程、批准权限、定价机制以及变更处理的时间框架。这些通常在项目管理计划中定义，并与客户达成一致。项目组织的各个层面和各个阶段都应遵循这个变更控制流程来管理项目中的变更。图 3-13 中的变更控制流程可能需要根据项目性质和项目组织结构进行调整。

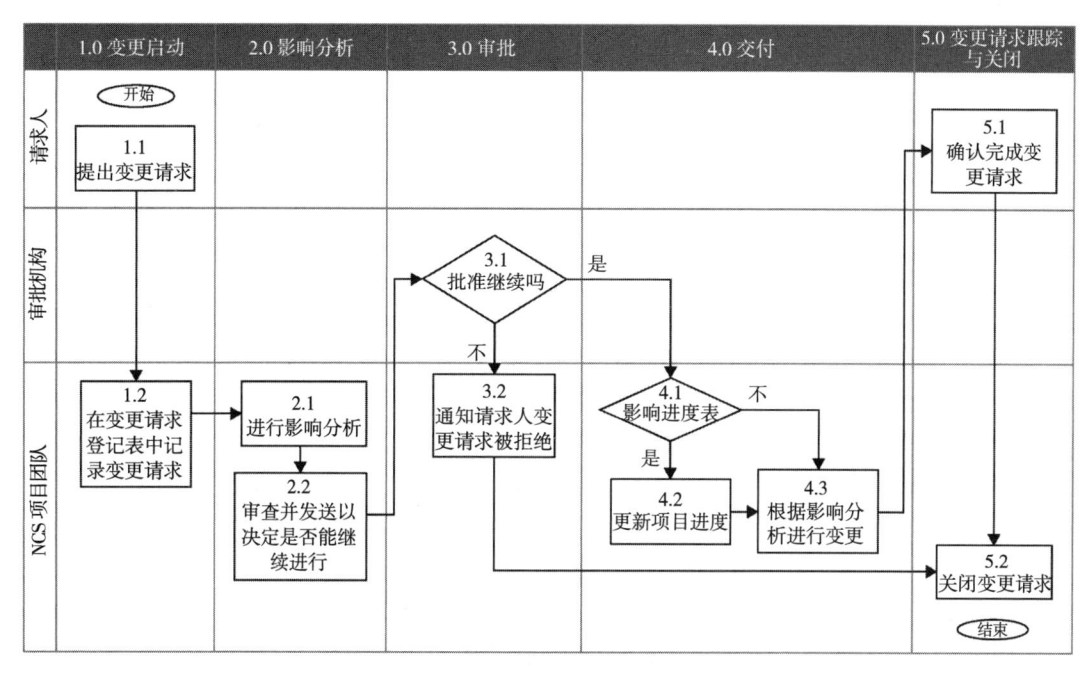

图 3-13　变更控制流程

变更控制流程的有效实施

有效实施变更控制流程涉及图 3-14 中的步骤。

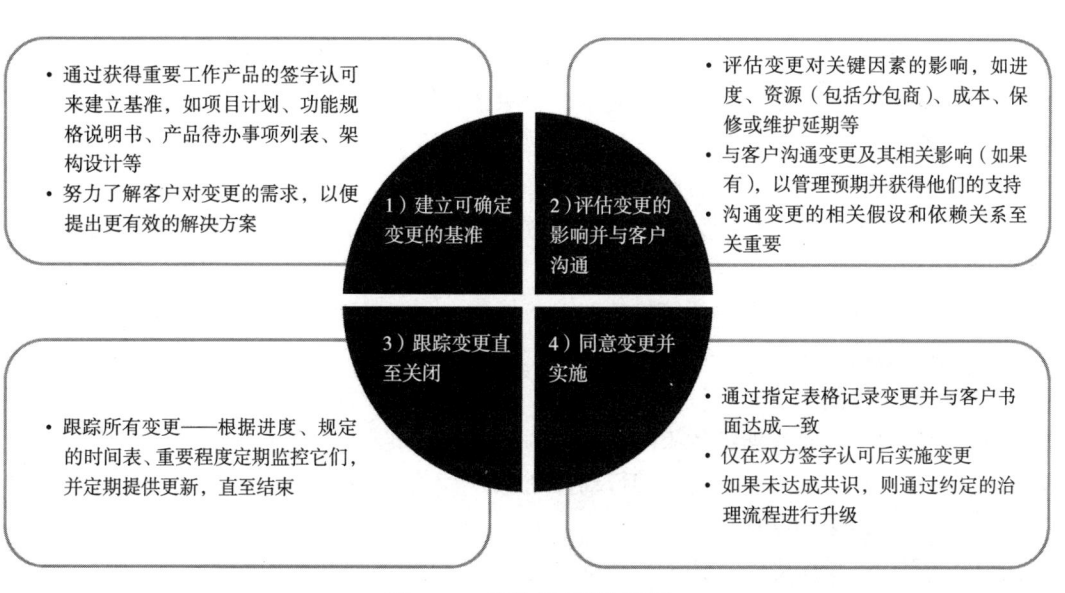

图 3-14　实施变更控制流程

确立共同理解并通过清晰的影响分析、假设和依赖关系等进行预期管理是有效实施变更控制流程的关键。必须进行全面的影响分析，包括一些不太明显的影响，如对分包商的工作领域、条款、保修和维护延期的影响。必须寻求对要实施的变更的同意或批准，并且只有在获得书面同意后才能实施变更。所有变更都应被记录并跟踪，直至结束。

3.7 爱立信在业务领域的研发中管理变革

◆ 关于爱立信

爱立信致力于帮助通信服务提供商充分挖掘连接的全部潜力。公司的产品组合涵盖广泛，从网络基础设施到数字服务、托管服务乃至新兴业务领域，全方位助力客户加速数字化转型，提升运营效率，并开拓多元化的收入渠道。爱立信在创新领域的持续投入，已让全球数十亿人享受到了电话通信与移动宽带的便捷。目前，爱立信的股票在纳斯达克斯德哥尔摩证券交易所及纳斯达克纽约证券交易所均有上市，更多详情，敬请访问爱立信官网。

在这个日新月异的时代，发展的速度令人惊叹，每一年都见证着前所未有的变革。

只需回顾一下新产品与服务的普及速度便能深刻感受到这一点：为了获得 5 000 万名客户，航空业历经 68 年；汽车行业用了 62 年；电话普及则花了 50 年；电气化家庭普及用了 46 年；电视机的普及速度稍快，也用了 22 年；而电脑仅用了 14 年便走进了千家万户；手机更是以惊人的 12 年完成了这一壮举；互联网的普及则进一步加速，仅用时 7 年；社交媒体如 Facebook 仅用时 3 年便风靡全球；微信更是以惊人的速度，在短短 1 年内便赢得了广大用户的青睐；而 Pokémon GO 游戏，其火爆程度更是达到了前所未有的高度，仅仅 19 天便席卷全球。

这一切，正是专家们所称的"第四次工业革命"的生动写照。这是一场关于制造技术、生产过程自动化以及数据交换的深刻变革，它融合了物联网、云计算、认知计算与人工智能等前沿技术，构建了一个前所未有的智能网络。在这个变革的时代，如何有效管理并驾驭这些变革，显得比以往任何时候都更加重要且迫切！

在这个日新月异的时代，公司唯有秉持敏捷的核心理念，灵活应对复杂多变的环境，方能稳步前行。在产品创新研发与变革的深入实施中，我们应巧妙运用"感知—分析—回应"或"探索—感知—回应"的策略框架，依托 Cynefin 模型的深刻洞见，为我们的决策提供强有力的支撑与指导。

回顾在爱立信的宝贵时光，我对于变革管理的思考愈发深入。如今，基于公司的实践探索与宝贵经验，我对科斯特尔（Knoster）的"管理复杂变革"模型进行更新。该模型原本建立在愿景、技能、激励、资源和行动计划这五大坚实支柱之上，而经过此番更新，这些要素将更加熠熠生辉。

在此过程中，我深受格兰特·里克特曼（Grant Lichtman）在国际教育领域推动变革的卓越思想所启发，尤其是他提出的"成功创新的阶梯"模型中的领导力、沟通、包容性等关键维度，为我提供了宝贵的灵感。因此，我对 Knoster 模型进行了创新性的融合与拓展，构建了一个全新的框架，它涵盖了七大维度：愿景、领导力、人员、管理、技能与能力、沟通、流程和工具。

这七大维度相辅相成，共同构成了公司成功实施并持续推动变革的坚实基础。当公司在这七个方面均达到卓越水平时，其变革进程将畅通无阻，最终实现辉煌的变革成果。

但是，如果一个或多个维度缺失，变革将不会持续。

如果你：

- 缺乏愿景，将导致混乱，缺乏需求、目标和紧迫感。
- 缺乏领导力，将导致无法启动、实施和保持长期效果。
- 缺乏人员，将导致倡议不被认真对待，会有挫折感，并且无法实施和部署。
- 缺乏管理，将导致虚假启动、时间浪费，最糟糕的情况是项目停滞不前和难以实现之前的承诺。
- 缺乏技能和能力，将导致启动缓慢、焦虑和无效成果。
- 缺乏沟通，将导致脱节的孤立现象，人们对此也毫无感觉。
- 缺乏流程和工具，将导致缺乏制度化，如果流程不简单易行，人员依旧按照旧流程实施。

下面将逐个讨论我认为必须具备的七个维度，以实现成功的变革。

愿景

我认为任何变革都需要从明确回答为什么我们需要这种变革开始。意图是什么？巨大的机遇是什么？动力是什么？我们想通过这种变革实现什么？我们还需要营造一种紧迫感。在最好的情况下，所有这些都可以在愿景中清晰地表述出来，这个愿景应该是令人信服的、简单的、易于理解的。

我们希望通过这一愿景抓住所有受变革影响的人的心。如果得到以下反应，则表明该愿景清晰易懂：

- "我相信这一点。"
- "我认为这对我和其他人都会有好处。"
- "这对我、我的团队和我的家人都有好处；我明白为什么，所以我想做出贡献。"

关于设定愿景，我建议观看西蒙·西尼克（Simon Sinek）的在线 TEDx 演讲《从为什么开始——伟大的管理者如何激发行动》（2009 年）。

愿景应该辅以战略，该战略可以进一步分解为可管理的部分来实施和部署，并通过目标和关键结果进行衡量/跟进。

领导力

没有好的领导力，就没有变革。好的管理者也需要得到他们管理者的支持。如果你想在实施变革中取得成功，我需再次强调领导层在组织各个层面的承诺的重要性。领导分为正式领导和非正式领导，两者同样重要。我认为仆人式领导是未来的领导风格。

为了实现成功的变革，我认为领导力表现在以下几个方面：

- 通过令人信服的愿景激励、鼓舞和协调人员，确立方向或目标。
- 通过激励和动员使人员表现出兴趣。

- 通过授权和协调来采取行动，以支持自主权。
- 取得成果并设定前进的方向。
- 促进和鼓励持续学习。
- 管理者是变革的榜样和发起人。
- 管理者为组织定下基调、价值观和标准。

我也同意管理顾问约翰·科特（John Kotter）在 2012 年提出的观点，即管理者应该能够消除变革的障碍，通过结构、技能和能力及沟通来支持变革。

要成为一个复杂领域的管理者，你需要具备以下特质：
- 尊重他人。
- 能在失败后快速学习。
- 全面看待问题：过程和结果（价值优化胜过人员优化）。
- 仆人式领导，通过意图引领。

关于领导力的启发，有一本好书——大卫·马奎特（David Marquet）的《伟大》（2013 年）。

另一本关于敏捷工作和仆人式领导的好书是安娜·普卡尔·里姆哈根（Anna Pucar Rimhagen）的《一切都关乎精神：敏捷和关怀与成长的核心》（2021 年）。

转变视角在审视变革倡议时所扮演的关键角色，我再怎么强调也不为过。从高层管理者的视角出发，有时或许会产生错觉，认为当前并未进行太多变革。然而，与此同时，员工层面却可能感受到被层出不穷的变革浪潮所淹没。许多变革历经时日，其持续性往往让人产生变革疲劳。因此，管理者需持续自省，评估其组织所承载的变革容量——我们究竟能同时驾驭多少变革而不致失衡？此外，还应铭记，变革的影响不仅存在于职场之内，更波及我们的私人生活、社会、国家乃至整个世界。

谈及变革管理，干系人的角色不容小觑。变革的序幕往往在高层管理者明确承诺并清晰传达变革价值之时方才正式拉开。高层管理者需将变革置于公众视野的中心，使之成为众人瞩目的焦点。正如爱立信转型历程所揭示的，唯有获得管理层的坚定支持，自下而上的变革火种方能燎原。

除高层管理者外，变革的顺利推进还需众多干系人的携手助力。这些力量可能包括支持变革的管理者、受变革波及或影响的各层级组织代表，以及推动变革工具与自动化进程的使用者。可以说，尽管高层管理者是变革的引擎，但干系人群体构筑了变革的广阔舞台。他们确立目标，批准目标与关键结果（Objective and Key Result，OKR），以资金为变革注资，并决定变革及 OKR 的完成时机。在变革项目中，对 OKR 的掌控力无疑是一种强大的驱动力。

若缺乏干系人与高层管理者的共同承诺，变革将充满质疑与阻碍，最终可能在孤立无援中踽踽前行。

随着变革项目的启动与实施，干系人逐渐表现出浓厚兴趣，频繁审视各种仪表板以获取信息，积极争取变革成果。初期，这种争取行为或许频繁，因转型之路本就充满挑战。但随着时间的推移，争取频率可适当调整，但保持定期审视的习惯至关重要。

当变革步入某一阶段性成果时，干系人需审慎规划未来的路径。是乘胜追击，开启新一轮变革，以挖掘更多潜力，还是巩固现有成果，稳中求进？此时，变革所依赖的流程与工具应适时调整，以支持持续变革的需求。若放任自流或未能达到"完成定义"标准，变革成果恐将付诸东流，甚至可能倒退或恶化。

值得注意的是，干系人在变革过程中的参与度往往呈现出两端高、中间低的趋势。变革初期与收尾阶段，他们的参与热情尤为高涨，而中期则可能相对平稳。这是因为，一旦变革机制启动，具体实施变革的团队将成为推动变革向前的中坚力量。

人员

组织中的人员是重要资产。我认为没有人会反对这一点。

在变革过程中，最终实施所需变革的将是人们——我和我们。因此，根据我的经验，我们需要早期采用者"让雪球滚动起来"。他们需要努力开发最佳实践，构建和分享知识与技能，沟通、激励并进行协作。

然后，为了让员工能够很好地合作，我们需要建立高效的团队，并且每个团队都需要一个早期采用者来确保参与、理解并实现快速变革。

为了实现变革，我们必须在团体中解决如何改变行为和思维方式的问题。我的总结是，如果满足以下条件，我将改变自己的行为：
- 我看到其他人这样做；我有榜样可效仿。
- 我明白为什么我们要变革；这让我有了成就感。
- 我知道如何做，因为我具备技能和能力。
- 我得到了变革所需的信息；我可以与他人分享并从中学习。
- 我的工具和日常流程使一切变得简单。

当以上方面都就位时，更容易催生心态的变化。

想要获得更多启发，我建议在 YouTube 观看视频《第一跟随者：从舞者身上学到的领导力》[德里克·西弗斯（Derek Sivers），2010]。

简而言之，走出舒适区，勇敢地跟随一位变革领导者。创建一个了不起的团队！记住，要开心！

管理

在我的模型中，我将领导力与管理分开。因为在我看来，变革领导力和变革管理之间存在差异。变革管理完全关乎如何规划、构建和执行工作（风险管理、变革预算和行动清单）。与此同时，变革领导力关乎仆人式领导，谈论变革背后的意图，营造紧迫感，成为员工榜样，倾听参与者挑战，赋予人们权力，并鼓励自主性。

关于这一点，我建议观看约翰·科特（John Kotter）的一段短视频，在 YouTube 上搜索《变革管理与变革领导力：它们之间有何差别？》。

现在，除了领导力和管理之间的差别，更值得精确定义管理是什么。我知道管理有许多不同的定义。我引用了约翰·科特（2012 年）的定义，他将管理定义为"建立结构、规划、预算、组织、人员配备、解决问题、测量并产生可靠和一致的结果"。

我相信，为了实现这一定义中的一切并在管理中取得成功，关键在于按照精益和敏捷的价值观与原则工作，并使用敏捷的工作方式。

我进一步建议，任何转型或变革管理者都应考虑麦肯锡的 7S 模型（战略、结构、系统、共享价值观、技能、员工和领导风格）。

考虑到这些定义和模型，我自己管理变革项目的主要工具已经发展为：

- 通过分析和记录客户价值流（使用价值流映射或使用 SIPOC 等方法）来使信息更透明。
- 在客户价值流中添加数据支撑。
- 制订集成计划或剖析计划，显示开发和部署的进度。
- 采用敏捷工作方式。
  - 明确表明想要在何时何地以及由谁实现目标（如使用 OKR）。这样的计划将在事情开始偏离预期时清楚地显示出来，以便采取纠正措施。
  - 制作包含用户故事的待办事项列表，以便找到正确的层级。如果层级太高，事情就永远无法准备就绪。如果层级太低，人们会发现自己被票证驱动，失去了全局视角。（用户故事来自 Scrum 方法，它描述了对用户有价值的功能，由用户的日常或业务语言中的一个或多个句子组成，捕捉用户想要实现的目标。）
  - 为达到子目标而进行冲刺，以实现快速成功，这是具有激励作用的。要明确定义"完成定义"（Definition of Done，DoD）。
- 每月让团队参与，进行风险管理，并向干系人强调最重要的风险以获得支持。找到避免、减少、缓解甚至接受风险的方法。
- 关注预算：清楚地报告成本和预算偏差。

技能和能力

在精益和敏捷转型过程中，我们首先从课程着手，确保每位成员对这种新的工作方式有充分的理解。因为如果没有掌握变革所需的技能和能力，变革就难以实现。同样，当引入运营绩效管理系统时，我们需要在团队中培养额外的技能和能力。

获取新技能并不仅仅意味着阅读一本书。虽然书籍通常是一个很好的起点，但往往不足以达到精通。仅仅阅读一本烘焙食谱书，并不意味着你就能成为专业的面包师。要真正发展技能和能力，你需要亲自动手实践。因此，要敢于尝试，并接受在学习新技能或获取新能力的过程中可能会经历几次失败。正如我们常说的"快速失败，快速学习"。在任何变革计划中，都要为这种情况留出空间。例如，如果你正在采用冲刺方法，确保在每个冲刺周期中都留出时间来培养这些新的技能和能力。

评估组织在获取新能力方面的进展，能力成熟度模型（Capability Maturity Model，CMM）是一个非常好的工具。这个模型最初由卡内基梅隆大学在几十年前开发，旨在帮助组织分析其成熟度并激发思考。如果组织的目标与现状存在差距，那么就需要采取行动。CMM 将组织在获取新能力方面的进展分为五个级别：初始级、可重复级、已定义级、已管理级和优化级。

用来培养技能和能力的主要工具包括：
- 制订详尽的学习计划，既包含主动推动的策略，也包括响应需求的配套活动。
- 提供精心设计的课程，并不断评估与改进课程材料，以确保内容的实用性和有效性。
- 规划如何将新获得的知识融入日常工作，逐步从可重复级过渡到已定义级，再到已管理级，最终到优化级（遵循 CMM 的级别）。
- 识别并培养早期采用者作为变革的先锋，随着他们技能和能力的增长，他们可以进一步培训和指导其他团队成员。
- 实施持续的学习评估机制，以优化学习材料并深入了解组织内的学习吸收情况。
- 持续改进，根据实践中获得的经验教训来不断优化技能和能力。

关于技能和能力，可以找到 YouTube 上斯蒂芬·R. 科维的视频《磨锯——高效能人士的七个习惯》，或者阅读他的同名书籍。

沟通

变革中的沟通确实是至关重要的，它需要持续不断地进行，并且以多样化的方式覆盖整个组织。在变革管理中，确保有效沟通是一项极具挑战性的任务。尤其是在大型组织中，识别受变革影响的人员、确定如何与他们取得联系、确保他们理解传达的信息、提供反馈和意见的渠道，以及明确他们需要采取的行动，都是复杂的过程。

因此，沟通不仅仅是单向的信息传递，它还涉及协作、分享和共同学习。有效的沟通应该是一个双向的交互系统，我们不仅推动变革的实施，还需要收集反馈，以便对变革进行迭代和修订。

我个人认为，在每次沟通时都应清楚地知道你希望你的受众了解什么、感受什么和做什么。在沟通变革时，你需要明确以下几点：
- 为什么需要变革。
- 变革是什么。
- 变革将如何影响你的工作方式或工具的变化等。
- 谁将受到影响以及可以联系谁。
- 变革将发生在哪里。
- 变革将在何时发生。

流程和工具

在我的变革管理模型中，我将流程和工具作为一个独立的类别划分开来。因为拥有流程、工具和操作惯例将简化变革过程中的一切。

我们的主要工具是价值流图。我建议任何变革项目都从使用价值流图对当前情况进行可视化开始。然后为你想要达到的目标绘制一个价值流图（TO-BE 地图）。首先在较高层次上进行这项练习，但随着变革的进行和你变得更加注重细节，可以根据需要重复进行这项练习，以便正确描述流程的细节并让组织中的变革领袖们理解。流程通常与工具相关，它们可以是 Excel 表格、幻灯片或与数据库交互的不同应用程序。在价值流图中包括工具视图，以增加透明度并明确对流程中不同角色的期望。

在推动变革时，流程和工具的最终目标是它们应该易于使用并支持工作。否则，变革就没有得到正确实施。

关于这个主题，我最喜欢的作品是挪威公共广播公司的短剧《中世纪服务台》。在 YouTube 上搜索即可找到。

总结

当你引领变革时，完美无瑕的情况是不存在的。你需要不断地进行风险管理，同时寻找方法来避免、减少或缓解风险，有时甚至需要勇敢地接受风险。与干系人保持密切的对话和紧密的协作至关重要。

变革是一个需要时间、耐心和坚定意志的过程。

请记住以下七个维度：愿景，为我们为什么要这样做设定方向；领导力，我们的榜样，让我看到别人这样做；人员，领导变革的人；管理，明确变革的策略、方法、时机和地点；技能和能力，我能做到；沟通、协作、变革管理、分享和学习；流程和工具，流程、工具和操作惯例使工作变得简单。

如果你对爱立信在 21 世纪初的精益和敏捷转型感兴趣，玛丽安·林巴克（Marianne Rimbark）的书《改变一个组织：爱立信的精益和敏捷运动》提供了一个全面的视角。这本书不仅讲述了爱立信成功转型的故事，还提供了丰富的实践见解和理论分析，为全球精益和敏捷社区及变革管理领域的专业人士提供了宝贵的参考。

> "存活下来的物种不是最强壮的，也不是最聪明的，而是对变化最为敏感的。"
> ——查尔斯·达尔文（Charles Darwin）

3.8　英特尔公司和"地图日"

几十年前，项目管理方法论的引入是围绕阶段结束或关口评审进行的。典型的方法论会有 4~5 个关口评审，每个关口评审主要通过考察预算和时间安排的趋势来做出通过或不通过的决定。公司发现很难取消甚至重新定向一个有问题的项目，人们更愿意让项目执行完成，期待奇迹发生。

有许多糟糕的项目管理案例，高级管理层要识别给定项目的假设和约束条件。有时并不是所有的假设和约束条件都能被识别出来，更糟糕的是，项目经理会假设它们在项目的生命周期中都不会发生改变。然后，在项目完成时，人们会因为可交付物不满足公司的战略业务目标而感到沮丧。

几年前，英特尔公司推出了一个名为"地图日"的概念，其特点包括根据预期的业务目标定期进行项目审查。对于许多公司来说，英特尔公司的"地图日"是对未来项目管理绩效评估实践的展望。它向人们表明，跟踪如假设和约束条件等其他事项的变化，与跟踪时间和成本一样重要。

如今，"地图日"的许多特点被用于敏捷开发和 Scrum 等技术，以及传统项目管理实践中。敏捷开发和 Scrum 使用短时间段，被称为冲刺。在每个时间段结束时，可以检查项目的方向，查看是否有变化。英特尔公司"地图日"的许多概念仍在公司中使用，但叫法可能不同。

3.9 苹果电脑和手机

几十年来，书面报告是项目绩效报告的主要方法。准备这些报告既费时又费钱。决策通常以报告的及时性为依据。如果没有频繁的报告，那么决策就是基于最佳猜测而不是事实或依据制定的。

手机的推出为提供实时状态报告打开了大门。项目经理现在可以在手机上（或者任何移动设备）更新他们项目的状态，并将数据传输到世界上任何一个地方。

现在，决策是基于依据和事实制定的，并且可以实时进行。今天的手机可以显示图像和指标，很容易阅读。对于许多公司来说，带有社交媒体软件的手机可以显著地降低书面报告的成本、会议次数和昂贵的出差费用。

3.10 "隧道"尽头的希望之光

大多数人认为，在"隧道"尽头的希望之光就是建立一套整个组织接受的、满足组织生存需要的企业项目管理方法论。实际上，真正的目标应该是实现卓越的项目管理，而方法论是达成目标的一种驱动力。AT&T 的一位发言人表示，卓越的项目管理可以定义为：

> 拥有一套应用到全公司所有项目的、持之以恒的项目管理方法论，赢得持续的客户认可和更高的客户满意度。另外，卓越的项目管理能力也为我们的销售团队在推销时增加了一个卖点。这样一来，客户会为我们带来源源不断的业务。除此以外，公司内部要达成共识，即项目管理是一项必须拥有的增值业务。

"卓越的项目管理始于建立一套方法论"，这个想法也许有一定的道理，不过如图 3-15 中所指出的，还必须考虑其他一些因素。从三角形的顶端开始，高级管理人员必须有清晰的愿景，认识到项目管理给组织带来的好处。两个最普遍的项目管理实施愿景是为公司提供持续的竞争优势，以及让公司内部人员把项目管理看作公司的战略能力。

一旦愿景确定了，下一步就是创建使命宣言，其中包含和项目管理必要性紧密相连的短期目标和长期目标。如图 3-16 所示，公司可能希望客户认为它们提供的是整体解决方案，而不仅仅是产品或服务。因此，使命宣言可以是建立一个支持客户的企业项目管理系统，能够持续地带给客户成功的解决方案，并因此成为客户的战略伙伴，而不仅仅是一个供应商。企业项目管理系统的必要性在愿景和使命宣言的词句里都可以有所体现。

使命宣言可以分解为长期目标和短期目标。如图 3-17 所示，目标可能从构建指标开始，明确关键成功因素（CSF）和关键绩效指标（KPI）。CSF 主要是客户对产品、服务和解决方案的满意度指标。KPI 用于内部衡量方法论的实行是否成功。CSF 和 KPI 是项目管理成为公司战略能力和获取竞争优势的推动力。注意：在图 3-17 中，CSF 和 KPI 都可以基于最佳实践制定。

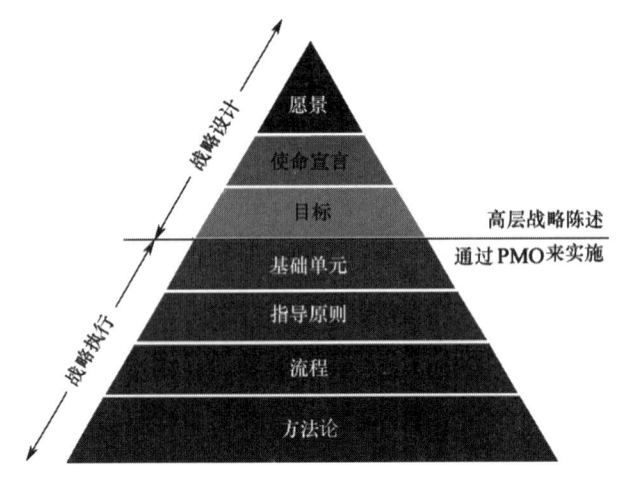

图 3-15 企业项目管理

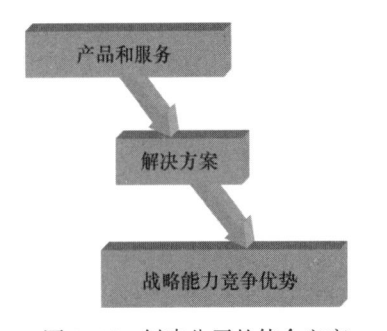

图 3-16 创建公司的使命宣言

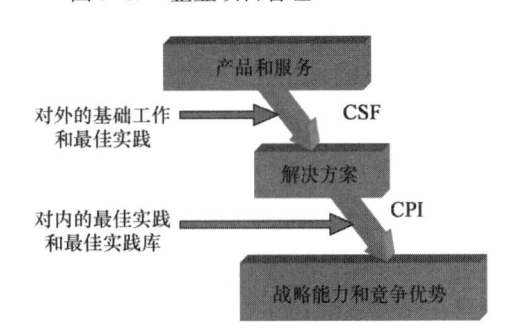

图 3-17 确定度量体系

在图 3-15 中，最上面的 3 层体现了对项目管理的战略设计。从基础单元开始，往下的 4 层涉及战略执行。基础单元就是那些需要考虑的长期因素和短期因素，这些因素甚至可能在建立企业项目管理方法论之前就要考虑了，如表 3-9 所示。虽然很难说到底哪个因素最重要，不过一般来讲，如果优先解决公司的文化问题，那么就可以加快公司走向卓越项目管理的速度。

表 3-9 基础单元包含的因素

长期因素	短期因素
使命	主要和次要的流程
结果	方法论
后勤	全球化推广
结构	商业论证开发
责任感	工具

续表

长期因素	短期因素
方向	基础设施
信任	
团队合作	
文化	

为了实现卓越的项目管理，必须了解是什么推动力迫使公司必须成就卓越。确认了这些推动力之后的要务，就是找出那些妨碍项目管理成功实施的潜在问题和障碍。在整个过程中，高级管理人员的支持至关重要。在接下来的几个小节中，我们会讨论这些问题。

3.11 管理假设

每当讨论追求卓越之旅时，人们总是希望看到一连串按时间顺序排列的事件，以反映公司是怎样在项目管理方面一步步走向成熟的。这当然很重要，然而，除特定的事件外，一些其他的活动也可以加速这一走向成熟的进程。其中之一就是对项目管理开始的假设有所了解，并愿意在整个项目中跟踪这些假设。如果这些假设是错误的，或者发生了改变，那么项目的方向或许也需要改变，或者干脆取消项目。

计划要从了解假设开始。很多时候，假设由市场营销人员提出，并经高级管理人员批准作为项目筛选与批准流程的一部分。对项目最终成果的预期也基于所做的这些假设。

为什么在大多数情况下，项目的最终成果没能达到高级管理人员的预期呢？在项目开始时，根本就无法保证项目结束时可以实现高级管理人员所期望的收益。项目周期当然是一个关键因素，但真正的问题还是出在不断变化的假设上。

项目团队必须在项目开始时使用项目章程把假设记录下来。在整个项目进行过程中，项目经理必须不断挑战旧有的假设，并确认最新的假设是有效的。假设的变更可能使项目不得不终止，或者改变方向朝着一组新的目标前进。卓越之旅中必须包含重新验证假设的方法。项目周期越长，假设改变的可能性就越大。

项目管理计划的基础是项目章程中所描述的假设。但是，项目管理计划也要接受团队成员提出的额外假设。公司使用项目章程的主要原因之一是，项目经理往往是在项目筛选和批准流程完成一段时间之后才指定的。于是，项目经理有必要知道在前述过程中究竟考虑过哪些假设。

3.12 项目治理

大部分公司都是从开发一套项目管理方法论开始走上追求卓越之旅的。采用方法论不仅为了提供指导前进的路线图，还为了给项目经理提供进行决策所需的信息。进行决策需要一些形式的治理，但往往在卓越之旅开始很久之后才能发现这一点。

方法论指的是一系列流程、活动和工具，它们属于一个特定学科范畴，如项目管理，并被设计用来完成一个特定目标。当产品、服务或客户都有着类似的需求，并且不需要特别定制时，公司会开发出方法论来让管理项目的方式在一定程度上保持一致。这套方法论的基础往往是严格的规则和步骤。

随着公司在项目管理方面更加成熟，规则和步骤会被表格、指南、模板、检查清单等取代。这让项目经理在应用方法论满足特定的客户需求方面拥有更大的自由度，也使得项目管理方法论的应用能够更加不受拘束。

如今，我们把这种有一定自由度的项目管理方法论称为"框架"。框架是一个基本概念结构，用于处理特定事件，如项目。它包括一系列的假设、概念、价值观和流程，为项目经理提供一种方法来检视满足客户需求所必需的条件。框架是构建项目可交付物的内部支撑结构。

只要项目需求不对项目经理施加过大的压力，框架就可以运作得很好。遗憾的是，在现今混乱的环境中，这些压力越来越大，原因如下：

- 客户要求小而精的产品，而且要在一定程度上进行个性化定制。
- 项目生命周期与新产品开发周期都被压缩了。
- 事业环境因素对项目执行的影响越来越大。
- 客户与干系人希望更积极地参与到项目的执行中去。
- 公司与供应商正在形成战略伙伴关系，各个供应商可能在项目管理方面的成熟度不尽相同。
- 来自全球的竞争迫使公司接受来自各种客户的项目，这些客户可能在项目管理方面的成熟度与公司不同。

这些压力在干系人想要加快项目决策过程时反而会让这一过程趋于迟缓，原因如下：

- 项目经理被期望在其没有充分认识的领域做出决策。
- 项目经理在接受项目的全部控制权和对项目负全责的问题上犹豫不决。
- 在 PMO 之上强加了过多的管理层级。
- 风险管理的责任被推到了组织层级的更高层次上。
- 项目经理展现出的领导能力不能令人信服。

这些问题都可以通过有效的项目治理来解决。项目治理其实就是一个决策框架。治理与一系列进行定义的决策相关，包括对期望、问责、责任、授权或验证绩效进行定义。项目治理关系项目管理中的一致性、紧密联系的政策和流程，以及在特定责任范围内做出决策的权力。治理使更有效率且效果显著的决策过程成为可能。

即使每个项目都使用同样的企业项目管理方法论，它们还是可以采用不同的治理模式。治理职能可以作为项目经理工作的一部分，也可以是单独的流程。设计治理制度的目的不是用它来代替决策，而是为了防止做出对公司不利的决策。

在以前，治理是通过项目发起人来进行的。如今，治理一般由一个委员会来执行。不同行业和不同项目的委员会成员可能不同。委员会成员也会根据干系人的数量，以及项目服务的客户来自内部或外部而产生变化。

3.13 阻碍项目管理走向成熟的七大误区

在很多情况下，当公司纷纷走上实行项目管理的道路时，却发现想象中的一马平川实际上遍布荆棘，充满了障碍和误区。如果对路途上若隐若现的障碍没有充分的认知，不知道如何应对，那么公司可能就永远无法在项目管理方面达到比较高的成熟度。相比之下，这些公司的竞争对手可能只需要几年，就可以在整个组织范围内实施一套能够可靠交付成功项目的战略。

项目管理走向成熟的第一大关键障碍是，实施活动往往由组织中领导岗位上的人来带头。这些人对项目管理认识不足，又不愿意参加哪怕是短暂的培训项目，来对项目管理走向成熟所必需的元素有一个基本的了解。第二大关键障碍是，同样是这些人，他们常常根据个人利益或别有用心的动机来做出实施决策。这两大障碍都会让项目管理的实施深受其害。

影响项目管理实施走向成熟的误区并不一定会阻止项目管理本身。实际上，这些误区只会延长实施项目管理所需要的时间，并让项目管理团队深感挫败。下面是七个最常见的误区。

误区 1：我们的最终目标是实施项目管理。

目标错了！最终的目标必须是不断发展的项目管理系统和能够可靠地保证项目持续成功的流程。成功的实施会在最短的时间内完成，而且不会对现有的工作流程造成影响。任何人都可以购买成套软件，逐步实施项目管理。然而，有效的项目管理系统和流程并不会就此产生。同时，成功地完成一两个项目并不代表之后的项目都会成功。

另外，就算购买了世界上最好的项目管理软件，也无法代替员工在项目管理环境中共同工作的必要性。项目管理软件不是：

- 项目管理问题的灵丹妙药或快速解决方案。
- 项目管理中人力因素的替代品。
- 管理项目所需要的知识、技能和经验的替代品。
- 人为决策过程的替代品。
- 管理层对项目关注的替代品。

为了在最短的时间内实现成熟的项目管理，树立正确的目标非常重要。

误区 2：我们必须在特定的时间点之前建立达到一定数量的表格、模板、指南和检查清单体系。

标准错了！项目管理成熟度只能通过建立基于时间的成熟度指标，并使用评估工具进行衡量。虽然表格、指南、模板和检查清单都是必需的，但最大化它们的数量或将它们付诸实践并不等于项目管理成熟度高。很多项目管理实践者（包括我在内）都相信，如果专注于在整个组织中开发一套大家都接受并支持的项目管理方法论，那么项目管理走向成熟的进程就会加快。

方法论的开发应该与组织处理项目的方式相适应。举例来说，当一个项目完成时，项目团队应该进行汇报，以获取最佳实践和经验教训。在汇报会上，人们经常发现不必增加成本就可以简化或合并流程并提升效率和效能的方法。

误区3：我们需要购买项目管理软件来为走向成熟的进程加速。

途径错了！仅仅为了拥有项目管理软件而购买软件可不是一个好主意。在很多情况下，决策制定者只是为了一些附加功能而购买项目管理软件，认为更大的软件套装就能让项目管理加速成熟。也许一套20万美元的软件会对建设核电站的公司有所帮助，但到底有多少项目需要这么复杂的功能呢？在我主办的研讨会上，项目经理们大方地承认其实他们只用到了项目管理软件不到1/5的功能。他们好像只是把项目管理软件看成规划进度的工具，而不是主动管理项目的工具。

以下数据代表了一个中等规模组织一个平常年份的情况。

- 每个项目需要开会的次数：60次。
- 每次会议参加的人数：10人。
- 每次会议所用的时间：1.5小时。
- 每小时每个员工的人力成本：125美元。
- 每年的项目数量：20个。

根据这组数据，这个组织平均每年花费225万美元用于员工参加项目团队会议！现在，如果我们可以购买一套软件来减少10%的会议，会怎么样？我们可以省下22.5万美元！

选择软件的目的必须是对项目和组织本身都有利，如通过效率、效能、标准化和一致性来降低成本。在大多数情况下，一个500美元的软件包可以和一个20万美元的软件包达到相同的节约成本的效果。遗憾的是，订购这些软件的人更关注软件包中功能的数量，而不是用这个软件包具体能省下多少钱。

误区4：我们必须通过大家都能看得到的小型突破性项目一小步一小步地实施项目管理。

方法错了！这只有在时间不受限制的情况下有效。最好的方法是用大型项目作为突破性项目。如果对大型项目的管理是成功的，就说明同样的流程在小型项目上也会奏效，而反过来就未必是这样的。

在小型突破性项目中，总会有人找出数不清的事例来反对实施项目管理。大型项目中反对的声音基本上比较少，尤其是当项目执行一切顺利的时候。

用大型项目作为突破性项目是存在风险的。如果项目由于项目管理实施不力而陷入麻烦或失败，就会对公司造成非常大的损害。主张从小型项目开始是有道理的，但作者还是偏向于从大型项目开始。

误区 5：我们不需要对突破性项目的成果进行追踪和公开。

行为错了！强调一个项目的成功只对该项目有利，而对整个公司没有帮助。只有强调项目管理在项目成功中的作用，才会令整个公司获益，这样员工才会明白，项目管理可以在大量的项目中得到应用。

误区 6：我们需要高级管理人员的支持。

基本正确！我们需要"看得见、摸得着"的高层支持。人们可以很容易地区分真正的支持和口头上的敷衍。高级管理人员必须说到做到。他们必须召开会议表明对项目管理的支持，并参加一系列项目团队的会议。他们必须对项目管理实施过程中出现的问题保持一种开放的态度。

误区 7：我们需要项目管理课程来让员工成为 PMP。

又一次，基本正确！我们实际需要的是持续不断的项目管理培训。成为 PMP 只是起点。在《PMBOK®指南》之外，还有更广阔的天地。全公司范围的持续项目管理培训是让项目管理加速走向成熟的最快速的途径。

不用多说，除以上讨论的误区外，还有更多的误区，它们会阻碍项目管理的实施并延缓其走向成熟的过程。重要的是要在组织内部通过一套精心策划的、得到员工认可与支持的方案来实施项目管理。误区会带来不必要的延迟，但认识并克服它们，就可以帮助组织快速提升项目管理成熟度。

3.14 摩托罗拉公司

"到 2005 年摩托罗拉使用项目管理已经有 30 年了。"摩托罗拉公司的一位发言人这样说。推动公司认识到需要在项目管理上取得成功的因素包括项目的复杂性增加、质量问题、进度问题、成本超支等。这些都推动高级管理人员去寻找与以往不同的管理方法。以下是摩托罗拉走过的历程，以及碰到的一些问题。

- 1995 年：聘用项目管理总监。
- 1996 年：第一次聘用项目经理——有了正式的职位定义，承担了进度及客户验收方面的职责。
- 1998 年：由项目经理推动，将正式的变更控制制度化。
- 1998 年：推出阶段关口的管理方法，应用于所有的项目。
- 2000 年：部署了时间跟踪系统。
- 2001 年：部署了更正式的资源跟踪系统。
- 2002 年：对资源计划和跟踪系统进行了改进。
- 2004 年：进行项目成本核算。

最初，项目管理被视为一种成本开支活动，一线经理也不愿放弃对项目的控制权和对进展的汇报权。完全是因为高级管理人员决定使用正式的项目管理实践，才创建了 PMO，并将这些角色和职责转到 PMO。直到几年后，通过有序的项目管理，保证了产品的按时交付，项目管理才得到了一线经理的完全认可。项目管理的职责包含正式的、整合的、完整的项目进度安排，独立的、跨职能的项目治理，中立的项目集进展沟通，跨职能问题的协调解决，以及对项目集风险的识别和管理等。后来，项目管理的职责又有所扩大，增加了客户沟通、项目范围控制和变更管理、成本控制和资源计划等关键领域。

高级管理人员通过发起项目集管理职能的建设，表达了对项目管理的支持。管理职能的汇报部分被仔细地限制在一个适当范围内，以确保不受来自其他部门的不当影响，因而使得汇报与支持的独立性得到保证。

3.15 德州仪器公司

公司面临的一个关键问题是，是否应该在项目管理文化建立之前就开发项目管理方法论。公司常犯的一个致命错误是，认为开发项目管理方法论就能解决它们的问题。虽然这种想法可能适用于某些环境，但是真正优秀的公司会认识到，执行方法论的是人；着重解决人的问题要比着重解决工具的问题更能加速项目管理最佳实践的实现。具备出色的项目管理能力的方法是构建一个成功金字塔，如图 3-18 所示。每家公司都有自己的成功金字塔。

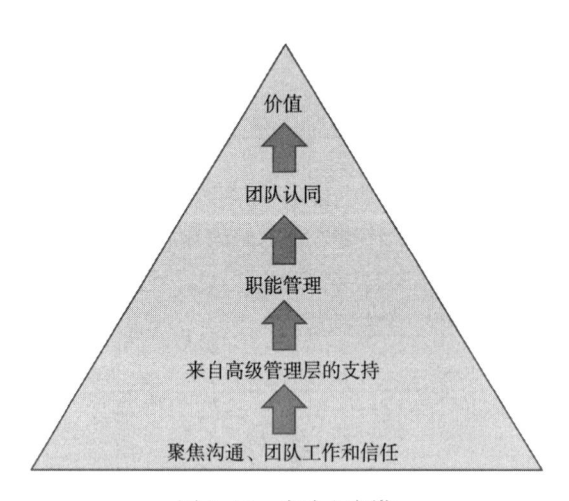

图 3-18　成功金字塔

德州仪器公司认识到，关注人是加快项目成功的重要方法。德州仪器公司构建了一个成功金字塔，用于管理全球项目，其首先关注人。由于团队多元化、不同的宗教信仰、国家政治环境和适用法律，全球项目面临的挑战往往比国内项目更多。

理解和信任成为建立全球项目管理实践的驱动力，德州仪器公司意识到，基于理解和信任的文化是必要的，团队成员可以自由地表达他们的意见，而不必担心受到谴责，这将导致项目冲突的减少和团队更好的参与。为了使成功金字塔运作良好，它必须得到高级管理层的支持。这是图 3-18 中成功金字塔的第二层。

在德州仪器公司，对文化的重视成了最佳实践。遗憾的是，更多的公司没有意识到这一点的重要性。

3.16 航空服务局

◆ 如何使大型复杂项目成功

情景识别

在欧洲，空中导航服务是还未在更大程度上开放的最后的细分市场之一（见图3-19）。空中导航——除塔台区域外——仍然被37个空中导航服务提供者所垄断。欧洲联盟（以下简称欧盟）委员会副主席西姆·卡拉斯（Siim Kallas）在2012年10月10日于塞浦路斯利马索尔召开的"单一的欧洲天空——正当其时"会议上，在开幕致辞中表示："我们正在走向一个更加流畅、连贯和基于市场经济的监管环境。"

图3-19 如何使大型复杂项目成功

跟这个行业同样一直处于严格管制中的还有铁路和医疗行业。新的需求被限制在不断推出的、必须满足严格目标日期要求的诸如欧盟法规、国家立法和新的或更新的ICAO（国际民航组织）标准的范围内。重大投资必须满足监管要求。在2013年第一季度所报告的连续第五年衰退的同时，丹麦空域的交通量正在停滞不前甚至减少。换句话说，从服务提供者的角度来看，可用的资源是有限的，难以满足航空业不断增长的复杂性和高要求。

基于欧盟委员会提供的越来越多的欧盟法规，预计欧洲的空中导航服务将开发更有效的方法来执行空中交通管制。在这种背景下，航空服务局成立了COOPANS协会，与瑞典、爱尔兰、奥地利和克罗地亚的空中导航服务提供者及法国供应商Thales合作。这个协会在开发、实施和维护一个符合现有及未来的欧盟法规的先进空中交通管理系统上分享所需的成本和资源。COOPANS项目非常成功，已经在4个国家和6个空中交通管制中心运行。位于萨格勒布的第7个控制中心于2014年开始运行。

在这样的情景下，我们对成功具有强烈需求。资源稀缺和外部压力使这些工作十分具有挑战性。然而，当我们用其他类似的细分市场来衡量自己时，我们为自己已经成功执行的计划和项目感到自豪。在航空服务局，我们在按时和按预算交付方面几乎达到了100%。

航空服务局在如此情景下按时和按预算交付基于六大原则（见图3-20）。

- 树立信心。
- 为成功制订计划。
- 管理能力和文化。
- 定制流程。
- 组织和报告。
- 沟通无处不在。

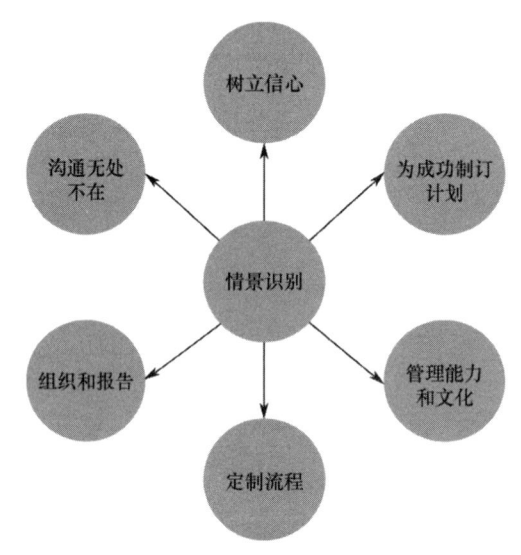

图 3-20　航空服务局的按时和按预算框架

这些主要原则并不严格相互关联，而且成功不一定依靠每项原则的全面实施，用户级别的原则可以根据组织中存在的问题进行裁剪，因为一些参数可能在一些组织中比在其他组织中更有用。因此，高级管理层和项目/项目集经理可以自由选择每项原则描述中所包含的理念。应该说，在这里，描述的每项原则都应该被最大限度地使用。

树立信心

在实施大型项目时，变更管理往往不被优先考虑甚至不被考虑。许多公司因为在以前的项目中有一些负面经验，所以管理层对内部组织能够顺利运作大型项目并不抱太大期望。丹麦政府组织的 IT 项目分析显示，高达 75%的项目没有按时交付。此外，大量的项目没有在预算内交付，并且其中的 40%严重超支。

当航空服务局启动一个项目时，我们首先确保组织理解即将到来的变更。欢迎提出类似"为什么变更是必要的"之类的问题及关于备选方案的讨论。这有助于组织启动变更，进行初步分析，避免后期投资于无法改变的事情、遭遇巨大困难的事情或需要巨额费用支出的事情。

一个需要考虑的关键是问题的识别：组织可能是由不同背景和关注不同方向的人组成的。在这种情况下，避免防御性的反应和允许组织中的不同专业群体表达他们的意见是非常重要的。我们的经验是，这使变更流程更加顺畅，并允许微调方向，以缓解可能转化成其他方面问题的个别风险。你应该确保即使范围略有变化，你也能听得到组织各部分的所有安排，并就此达成共识。同项目集/项目后期相比，在这个阶段，范围很容易变化。为了确保所有涉及的内部干系人对变更有相同的理解，应该首先形成主要收益和可衡量目标的项目框架，然后才开始进行任何项目实施前的调查。

在项目集/项目的所有阶段，治理结构必须允许不同的干系人参与讨论和获取适当级别的信息。航空服务局实施了一个非常大的项目集，它包含 50 多个相互关联的项目，并要求在 2007 年年底投入运营，在丹麦形成一个完整的新空中交通管理系统。我们肩负着整合来自许多不同供应商的技术方案的责任。尽管面临很大的技术挑战，但更大的挑战是变更管理。航空服务局做到了这一点，但我们必须投入大量的时间和精力来实施这种治理结构，并确保所有内部和外部的干系人都参与其中，我们还必须进行定期调查，确认每个人都支持变更，有时还必须立即处理好某一群体的质疑。在这样的背景下，我们的准则是：在实现项目集成功的过程中，这种质疑是非常有用的。我们从来没有试图自我辩护或消除质疑的评论，在今天的航空服务局，这已成为一种固定的做法。

为成功制订计划

航空服务局的一个黄金法则是尽快设定一个新系统上线的日期。如果可能的话，我们甚至要设定一个确切的时间；在上述的项目中，航空服务局内部网首页上放置了一个倒计时时钟。如果你有勇气为组织定义一个非常明确的目标，一切将容易得多。然而缺陷是，日期不能改变。像费德勒这样的职业网球运动员进入网球场时不会考虑可能的失败，你也必须这样做：每天都像专业人士一样，专注于按时和按预算完成。

如果在设定这样一个日期之后，你成功地在组织内制定了一个可实现的目标，你就可以开始倒推计划。强烈推荐你应用门控驱动方法。你应该牢记，一开始的进度计划表只是一个合理猜测。随着项目的推进，进度计划表将逐步改善并变得更加详细。一个能遵循进度计划表的项目经理会有很多收获，并且可避免所有与修订进度计划表相关的工作。当项目准备好时，进度计划表将是完美的。但是，你不能使用这一说法来自欺欺人地推迟计划。对于大多数项目来说，只要运营日期没有改变，如果有必要，里程碑可以调整。

后期活动的预期结果，如验证和确认、培训或现场测试，必须尽早处理。如果你的组织不成熟，将很可能出现类似"在系统实际到位之前不能计划培训"的争论。由于这一事实表达出干系人不知道在项目的早期阶段该怎样进行下去，因此这样的争论应该被认真对待。一旦组织中的不同部门学会在正确的层面处理这个问题，工作就可以尽早启动，而且目标可以达成。项目中经验不足的成员必须得到 PMO 或类似机构的支持，以学习在进入解决方案模式之前如何规划活动。

你必须在治理结构中反复沟通计划。成功的关键是获得所有干系人的认同及搞清楚一些事实。同时，所有的讨论都应该考虑之前所讨论的"树立信心"原则。不同的治理方必须得到相应水平的对待，一些外部干系人如果不受你的测试的影响，他们可能对上线日期感到满意。

来自航空服务局的最重要的关键提示之一是，千万不要在使用系统时运行包括备选日期在内的备选计划。你可以并且应该针对错过运行日期的风险采取相关的缓解措施，如准备一个经过良好测试的回滚计划及其他类似的行动计划。不管怎样，只有一个实施计划，管理层和内部干系人必须就这个计划达成一致，并且进行沟通：我们要实施它！

管理能力和文化

一个团队并不是自然而然地就比个体强大，但有了高绩效的团队文化，结果可能是惊人的。在体育团队、特种部队或类似组织中常用的方法很少被用于项目管理。当一个SWAT团队（特种武器和战术团队）首次集结或团队成员发生变化时，成员间通常花11周的时间来相互了解，此时解决任务甚至没有被提上日程。那么，这样的社会性活动的目的是什么？

当一个SWAT团队执行任务时，参与者完全依赖彼此。为了能够达到100%相互信任，你需要了解的不仅仅是有多少专业人员，你还必须知道背后支持你的人、他们的部分生活经历。在一个SWAT团队，你把自己的生命交到另一个人的手中，而这不会在两个完全陌生的人之间发生。同样，一个具有挑战性的项目可能影响你的睡眠、家庭生活和休闲活动，当这个项目成功完成时，大多数参与者会说同样的话："虽然工作很辛苦，但这确实是人生中难忘的经历。"

构建高绩效团队的过程如图3-21所示，应该从不受办公室或工厂的日常干扰的环境中的社会性交往开始。在这个环境中，第一步是问"为什么"会有变化，同时团队成员应该开始彼此熟悉。在社会性交往中有许多不同的方法，航空服务局所用的一个方法是，要求每个参与者带来一件非常重要的个人物品并就此发表演讲。你会发现你同事的全新一面。第二步被称作"谁"。在这一步，你在团队成员之间建立了信任。

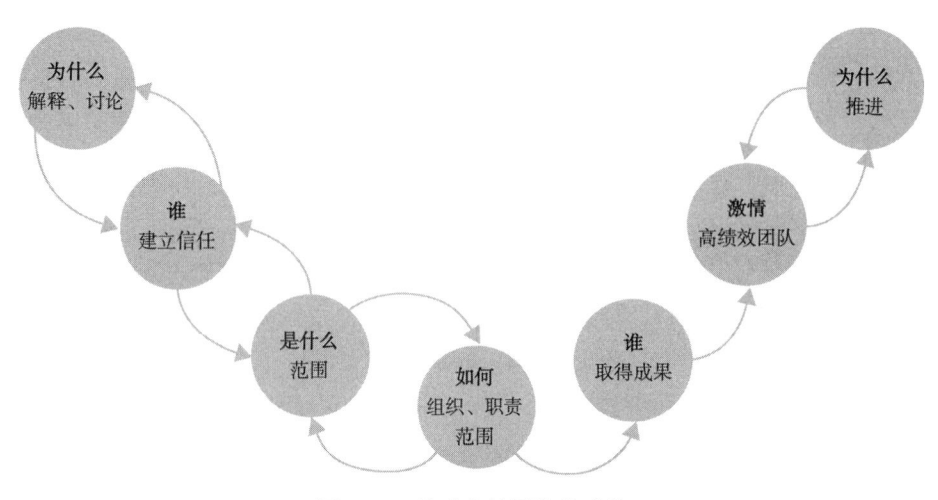

图3-21 构建高效团队的过程

尽可能长地暂停在第一步和/或第二步，至少持续一个研讨会和后续会议的时间。现在你可以继续第三步"是什么"。在这一步，你需要审视变更和任务的范围。这一步和第四步"如何"，对于已经构建了治理结构、职权范围等的项目组织来说是显而易见的。在大多数组织中，"是什么"和"如何"只是一个起点。仅仅使用"是什么"和"如何"是可行的，然而，这样只能导致平庸的表现。如果你从第三步或第四步开始，流程将不能逆转，这是因为一旦启动"解决方案模式"，多数人（在你的团队中至少有两人）就很难退出。

下一步是按照你设定的工作范围和团队一起开始工作，如果以正确的方式开始，你很有可能体验到团队高效执行的"激情"步骤。这必须保持，以便最后一步再次重复第一步"为什么"。这种情形你至少一年会遇到一次，或者在你更换了一位团队成员的时候。如果你更换了一位团队成员，这意味着你有了一个新的团队。不要误认为高绩效的团队文化将永远持续下去。

在多元文化团队中，就像今天的大多数团队，你作为项目经理必须掌握与文化差异相关的技能。对国家、历史、宗教、政治形势和文化（如男权或女权文化）有所了解，将有助于成功建立团队，并支持高绩效的团队文化。

定制流程

项目经理常常处在进退两难的境地之中。虽然你处于治理结构的顶端，但你依然有很多人员和情况要考虑。你必须应对随着项目进展而变化的环境。你的目标可能会受到经济、技术和市场波动的影响，由于业务合作或公司联盟的缘故，你的项目也可能受政策影响。这些因素可能进一步增加项目的复杂性。

航空服务局项目模型基于PRINCE2，包含了用于启动、执行、交付和收尾的项目过程和模板，但这些根据组织结构、环境和项目性质进行了定制。因此，航空服务局的项目模型十分务实：精益的文件流程和简明的阶段结构，由指导小组在两个阶段之间（请参阅原则"组织和报告"）做出清晰的继续/停止决策。项目流程与相应的公司流程如年度预算流程、维护程序等连接在一起。

航空服务局项目模型关注启动阶段，以确定在进入执行阶段前项目是合理的，并且有关产品规格和项目集/项目的范围决策是正确的。项目启动阶段建立在高水平的项目框架基础上，该框架由项目负责人填写，项目集/项目均有清晰可衡量的目标。项目经理被指派在项目框架范围之内分析可能的解决方案（如果有的话）。在这种背景下，作为启动阶段的最后一步，项目经理做出相对详细的包含关于预算、资源、时间、主要风险等估算的项目评估，作为所推荐的解决方案的基础。在此分析的基础上，项目指导小组决定是否应该继续进入不断监控流程的执行阶段（请参阅原则"组织和报告"）。如果项目不再合理，它可以在项目生命周期的任何时候终止。一旦项目完成交付，项目移交阶段将在实际关闭和总结经验阶段启动之前执行。总结经验阶段提供知识共享和收益实现，这可能反过来推动新项目的启动。这一方法是非常成功的，并有着对每项投资所有过程按时和按预算完成的良好跟踪记录。

项目组合的优先级排序是按照航空服务局的标准进行的，这些标准是为了确保我们只实施那些能带来商业价值的项目集和项目。

组织和报告

治理非常重要，通常的经验法则是将发起人置于组织中较高的层级。这个人应该是高级管理层成员并负责业务方面，如首席运营官或首席执行官。如果发起人是首席财务官或其他高级管理层成员，通常会给项目带来另一种类型的关注点，即对财务方面或技术方面的强烈关注。

发起人应该由组织中每个关键领域的管理代表所组成的项目集指导小组的主席担任，以确保有关优先级和项目集/项目阶段转换的决策是全面的，并与整个组织保持一致。项目集指导小组应定期开会。如果你的组织结构允许为所有项目集和项目成立一个指导小组，那将是非常有利的，因为你可以从项目组合的角度来考虑优先级并受益于整体视角。

复杂项目应该配置特定的管理和计划支持人员。维珍品牌的创始人理查德·布兰森（Richard Branson）说："我喜欢才华横溢的助理。"我们持相同的观点，对于航空服务局最复杂的项目COOPANS，我们确实有这样组织和人员配置支持。

项目集组织的子群应该以积极的方式来反映不同的内部干系人，并具备足够的能力来做出与他们的专业领域相关的决策，以确保进度。外部干系人可以是组织的一部分，但更有可能的是，他们是利益集团或用户组织的一部分。作为项目经理，定义什么样的子群并不重要，重要的是子群之间如何彼此交互。

在航空服务局，我们喜欢报告中务实的观点。我们用于状态报告的模板是简单的Excel工具，它基于传统的交通灯状态报告模板。报告本身包含6个参数，其中一些代表与航空服务局综合平衡计分卡相关的业务关键绩效指标。根据项目组合的复杂性，报告频次从每周一次到每月一次。最重要的是项目的风险和问题，以及主动采取措施来缓解风险、解决问题。当前的红绿灯状态其实都是过去的事情，是过时的信息。如果你有一个包含很多项目集和项目的项目组合，你需要更复杂的风险管理工具。在航空服务局，我们通过实用的风险管理工具、经验丰富且经过认证的经理，以及很多现场会议来处理风险和问题。如果你有丰富经验并实施过许多项目，你可以凭借直觉来决定在哪里发挥你的长处。因此，我们更关注现场一对一的会议、讨论和互动，而不是空泛的报告。

在航空服务局，我们体会到一个组织很难判定项目的结果是否令人满意。通常，一个组织在运行新系统之前会变得不坚定和过于关注细节，这常常导致项目延迟。在航空服务局，我们开发出一种验收标准矩阵来决定一个项目的运营是否令人满意。我们有两个层级：一个是详细里程碑和标准描述；另一个是可以利用一两页演示文稿来迅速报告的指导小组。当所有标准得到满足时，我们已经准备好投入运营，将不会有关于是否我们已经准备妥当的麻烦或讨论了。

沟通无处不在

项目的成功沟通离不开沟通计划。沟通计划应该基于干系人分析、SWOT分析和/或类似的分析，以清晰了解目标受众及这些受众对某些情景的可能反应。基于上述分析的沟通计划将提供更有针对性的沟通，最终会让你获得你想要的结果。

你应该考虑所有可能的媒介,以及不同的内部和外部干系人的沟通频率和时机。当涉及不同干系人时,关键信息必须清晰、连贯、易于理解。以大型饮料生产商、汽车或服务公司如何沟通其产品价值来作为典型案例。你应该定位好商业价值,而不是对大多数人来说似乎无用但昂贵的技术优势。你必须不断重复商业价值和关键信息,直到该项目被执行。

你可以使用许多不同的方式来明确你的沟通目的,不应该仅限于使用众所周知的传统沟通工具。一个成功的项目经理将不得不使用将近一半的工作时间来进行沟通和游说,以确保项目的成功。一个能正确沟通的项目经理永远不会拒绝展示项目及相关商业价值的任何机会。

关于沟通的良好实践包括在杂志上发表文章、建立一个内部组织可以访问的门户网站、在互联网和内联网上发布新闻、安排启动会议和开放日活动,当然,还有在可能的情况下提供现场演示。有效沟通的关键之一是采用不同的沟通方式,寻找新的、创造性的方法与干系人沟通。例如,在某些地方展示关键信息,其中包括食堂,或者在门户网站播放对项目集/项目的关键成员的采访报道,或者在他们常去的地方,如咖啡机旁边展示带有关键信息的横幅。后者还提供了一个更加非正式的沟通方式,因为咖啡机和/或类似的代表"安全地带"的地方,能使员工之间更加自由地沟通。一个展示关键信息的横幅可以让谈话朝更积极的方向发展,或者为员工提供更多的"空间"和可见性。非正式的沟通方式已经在航空服务局成功运用。例如,每周由项目经理主持的周五早餐会议,在会上,员工一边享受茶点,一边讨论项目集/项目的进展。因为没有高级管理人员出席,一些原本在正式会议上不会被讨论的担忧和信息将可能被提出。同样,项目经理将有机会对不实之言进行识别和做出反应,以避免对项目集/项目的进展和关键商业价值造成损害。项目经理会利用一封非正式的电子邮件来跟进早餐会议,让没有出席早餐会议的人了解项目集/项目的最新情况,并邀请他们如果有其他信息或不同的意见可以提出来。

缺乏有效沟通和信息交流将使员工在咖啡机旁"开小会"。这将导致谣言和恐慌,必须认真处理,因为谣言往往会干扰事实。简单的处理方法是一旦听说这些谣言就立刻制止,并且应该质疑这些谣言。通常,谣言是没有根据的。然而,如果谣言基于事实发生,则必须找到一个解决的办法。

你不应该忘记庆祝所达到的重要里程碑。庆祝方式要与企业文化兼容。一些企业文化允许为员工提供免费晚餐或歌剧门票,而其他企业可能因为税务问题,或者单纯觉得不合适,没办法这么做。一辆便宜的玩具赛车可以作为对现场验收测试成功的一个奖品。在航空服务局,我们的项目经理骄傲地在办公室显眼的地方摆放法拉利和兰博基尼赛车模型。

你可以做的和项目相关的最重要和有效的事就是赞扬、信赖并重视参与该项目的员工。你能给予的最有力的认可就是向其他部门传达你对员工的赞扬。

◆ 总结

本节给出的6项主要原则建立在以下基础之上:经验教训、外部输入及来自欧洲开发空中导航服务的行业经验——航空服务局项目绩效的最大化和按时、按预算交付的能力。

这里的关键信息是，我们必须了解环境并不断适应它，并意识到我们生活在一个动态的世界中；如果重点不是放在自发改变和适应不断发展的环境上，你的最佳实践再好，也可能沦为"明日黄花"。最后，正如萧伯纳所说："不能改变自己想法的人无法改变任何事情。"

3.17 阿瓦隆电力及照明公司

阿瓦隆电力及照明公司（化名，以下简称阿瓦隆）是一个山区州的公用事业公司，几十年来一直作为地区性垄断公司运作。这一切在 1995 年随着公共事业管制废除发生了变化。目前公司的重点是削减成本和提高竞争力。

阿瓦隆的信息系统部门一直被视为公司的"眼中钉"。员工拒绝接受任何项目管理原则。阿瓦隆削减成本的努力揭示了这样一个事实，即信息系统部门的绝大部分工作都可以外包出去，价格要比自己运行成本低很多。管理层相信项目管理可以使这个部门更具竞争力，但员工会愿意接受项目管理方法吗？

阿瓦隆的一位发言人这样说：

> 之前，我们使用标准的应用开发方法尝试过两次，但都失败了。尽管我们信息系统部门的新总监非常支持第三次努力，要求必须使用标准的方法和工具，但还是遇到了巨大的阻力。
>
> 项目管理方法论的学习周期很长，导致领导者倾向于自行解释方法论，而不去学习文档里的解释。这样就导致对方法论的解释不一致，进而在我们试图用以前的方法去估算新项目时产生了不一致。
>
> 及时更新项目计划的必要性也没有被广泛接受。汇报中的实际工作时间和完成日期不一致，导致可用资源不准确。部门计划里显示的可用资源实际上是不可用的。
>
> 很多团队领导并不接受项目管理背后的理念，也并不真正认同其带来的好处。他们敷衍了事，按要求产出可交付物，但是凭直觉管理他们的项目，而不是根据项目计划来运行项目。
>
> 信息系统部门的管理层没有明确提出需要采用项目管理来报告项目状态的问题。在项目状态报告中，标准的项目管理指标在项目状况汇报中被忽略了。

信息系统部门认识到，它的存在可能很大程度上取决于它能够多好、多快地开发出一套成熟的项目管理系统。到 1997 年，整个信息系统部门都意识到了需要成熟的项目管理的紧迫性。当被问到实现了什么收益时，发言人表示：

> 对结构的洞察力和利用组织外部认可的技术来撰写提案的能力，使得信息系统部门能够在与外部组织竞争应用开发项目中取胜。
>
> 摒弃以往"囤积"首选资源直到下一个项目的做法，我们实现了更好的资源

管理，从而使信息系统部门能够以较少的人做较多的事。

我们目前正在定义项目需求，这个项目是最初项目实施项目管理的后续项目。这个项目将致力于我们开始两年学到的那些经验教训，并且将在现有的课程中添加项目管理概念的培训，而不是工具培训；更注重强调为什么必须正确记录时间和任务的状态。我们将尝试把项目管理扩展到那些非应用开发的领域，如网络通信和技术支持，也将测试现有的方法在客户端——服务器开发和互联网应用开发中的应用。我们还会探索一些提高效率的方法，如让每位团队成员直接输入任务的状态。

现在，我们在公司客户的服务等级协议书中提供项目管理服务的选项。一个成功的事例是实施一个新公司的项目，其中要整合公司的各个不同部门。这一项目打破了部门界限，并维持了具有挑战性的进度要求。定义任务和估算持续时间的流程使得我们可以更好地了解项目的需求。这反过来也让我们能够更准确地进行估算，从而在预算压力下做出关于项目范围的重要决策。项目决策往往基于合理的商业选择，而不是原始的直觉。

3.18 Roadway 快递公司

1992 年春天，Roadway 快递公司（以下简称 Roadway 快递）意识到它的支持系统，特别是信息系统必须升级，才能让公司准备好迎接 21 世纪。Roadway 快递那时的总裁（后来的董事会主席）迈克·威克姆（Mike Wickham）是持续改进思想的忠实支持者。持续改进对他的公司来说是必需的，因为技术的快速演进要求必须不断重构。将要进行的几个项目需要比以往的项目多得多的人力资源，各职能部门之间也需要更强大的接口。

在 Roadway 快递的员工层面，有关项目管理原则和工具的知识在 1992 年的时候是相当缺乏的。相反，在高级管理人员层面，项目管理的知识非常丰富。事实证明，这是非常有益的。Roadway 快递意识到需要在一个两年的项目上应用项目管理。这个项目受到高级管理层的重视和支持，而且人们认为它对公司有着战略上的重要性。这个项目需要一位全职的项目经理，公司决定指派一位一线经理，要求他在这两年里既要管理业务，又要管理整个项目。公司没有持续地应用项目管理，而且对项目管理的理解也非常浅薄。

3 个月后，这位一线经理辞去了项目经理的职务，理由是压力太大，无法在执行项目的同时有效地管理业务。公司安排另一位一线经理兼职项目经理。和他的前任一样，这位一线经理最后也决定辞去项目经理的职务。

公司又任命了第三位一线经理，但这次只让她管理项目，免除了她的全部一线管理职责。项目团队成员及挑选出的一些公司人员接受了项目管理培训。公司总裁了解快速实施项目管理的危险，尤其是在这样大型的项目上，但他愿意接受这个风险。

3 个月后，项目经理抱怨说，她的一些团队成员对项目管理带来的压力感到非常不满，并威胁说如果有必要，他们将辞职，只是为了摆脱项目管理。但问起项目的状况，项目经理表示，到目前为止项目完成了所有可交付物和里程碑。总裁迈克·威克姆和公司的其他高级官员很快就发现，项目管理起到了预期的作用。现在的重点是怎样"安抚"不满的员工，并让他们相信他们工作的重要性和公司是多么感激他们的努力。

为了消除员工的恐惧，总裁承担了项目发起人的角色，而且明确表示 Roadway 快递将持续采用项目管理。总裁还引入了项目管理培训课程，并参加每个培训项目。

总裁的强调和明显的支持渗透到公司的各个层级。到 1993 年 6 月，从第一次正式启用项目管理开始不到 8 个月的时间，Roadway 快递在项目管理成熟度上迈上了一个新的台阶，比很多其他公司花 2~3 年的时间所获得的还要多，这都源于高级管理层的明确支持。

高级管理层很快认识到，项目管理和信息系统管理能够有效地整合在一起。迈克·威克姆正确地认识到，他越快说服一线经理支持项目管理方法，公司项目管理就能越快地成熟。迈克·威克姆说：

> 项目管理不管多复杂或培训得有多好，都未必能够有效地运作，除非所有管理者都致力于为获得成功的项目结果而努力。在目前的流程就位以前，我们要积极地让那些一线经理参与其中。这些一线经理认为，他们的职责就是找出各种理由证明这个系统行不通。现在决策委员会说："就是这个项目。跟着它前进就行了，你会看到它是行得通的。"当所有人都朝着同一个目标前进时，资源的利用就有效得多了。

3.19 Kombs 工程公司

有些公司很幸运能够及早地认清危机并采取正确的措施，其他公司就没这么幸运了。虽然下面的例子可能看起来有点过时，但我们可以从中学到关于不该做什么的宝贵教训。美国密歇根州的 Kombs 工程公司（化名，以下简称 Kombs）就是这样一个例子。

1993 年 6 月，Kombs 的销售额已达 2 500 万美元。其业务主要源于和美国能源部的两份合同，一份合同的金额是 1 500 万美元，另一份合同的金额是 800 万美元。剩下的 200 万美元来自一些小项目，金额从 15 000 美元到 50 000 美元不等。

与美国能源部签订的一份金额较大的合同为期 5 年、每年 1 500 万美元。这份合同在 1988 年签订并预计在 1993 年续签。美国能源部已经明确表示，尽管它对 Kombs 的技术水平很满意，但是根据法律，后续的合同必须通过竞标获得。市场信息显示，美国能源部的后续合同暂定于 1993 年 10 月授予，并打算在其后 5 年内每年花费 1 000 万美元。1993 年 6 月 21 日，Kombs 收到了招标文件。招标文件中的技术要求对 Kombs 来说不是问题。每个人都认为，毫无疑问，单凭技术优势，Kombs 可以赢得这份合同。问题是，美国能源部要求在投标文件中设置一个单独的章节，内容包括 Kombs 将如何管理这个每年 1 000 万美元的项目，以及 Kombs 的项目管理系统运作的详细描述。

在 1988 年 Kombs 赢得初始合同时，美国能源部还没有对项目管理的要求。Kombs 的所有项目都是在传统的组织结构下完成的，只有一线经理扮演着项目领导者的角色。

1993年7月，Kombs聘请了一位咨询师，给整个组织培训项目管理。这位咨询师也与投标小组密切合作，以应对美国能源部的项目管理要求。在8月的第2周，投标文件被提交给了美国能源部。1993年9月，美国能源部针对Kombs的投标文件列出了一系列问题，其中超过95%的问题都与项目管理相关。Kombs随后回答了所有的问题。

1993年10月，Kombs收到未中标通知书。在之后的一次会议中，美国能源部表示它对Kombs的项目管理系统没有信心。Kombs现在已经破产倒闭了。

Kombs的案例是项目管理课程中教育学生的极好案例。它说明了当承包商没有认识到客户对项目管理的精通程度时会发生什么。假如Kombs一直和它的客户紧密联系，那么公司就有5年的时间去开发一个成熟的项目管理系统，而不是只有1个月。

3.20 威廉斯机床公司

文化的力量不仅可以阻止公司认识到变革是必要的，而且即使公司最终认识到需要变革，文化的力量也能阻碍变革的实施。这就是威廉斯机床公司（化名）的境遇。

几十年来，威廉斯机床公司（以下简称威廉斯公司）一直为其客户提供高质量的产品，并在1980年成为美国第三大机床公司。这家公司的利润很高，员工流失率非常低，薪酬福利非常好。

1970—1980年，公司的利润激增，不断刷新纪录。公司的成功得益于一条标准制造机床产品线。威廉斯公司把绝大部分时间和精力都用于想办法改善其赖以为生的这条制造机床产品线，而不是开发新产品。这条制造机床产品线十分成功，以至于客户都愿意按照这些机床去修改自己的产品线，而不是请威廉斯公司对机床做大的改动。

到1980年，威廉斯公司极度自满，期望这条产品线的巨大成功能再保持20~25年。但是1979—1983年的经济衰退迫使管理层重新调整思路。生产的削减减少了对标准机床的需求，越来越多的客户不是要求对标准机床做大的修改，就是要求完全重新设计产品。

市场在改变，高级管理层认识到有必要确立新的战略重点。然而，在试图说服低层管理人员和员工，尤其是工程人员时，他们遇到了很大的阻力。这家公司的员工很多都在公司工作了20多年，他们拒不接受变革，相信在经济衰退后能重返昔日的辉煌。

1986年，公司被卖给了Crock工程公司。Crock工程公司拥有自己经验丰富的机床部门，也了解机床行业的情况。1985—1986年，它允许威廉斯公司作为独立的实体运营。到了1986年，威廉斯公司的资产负债表上出现赤字。Crock工程公司用自己的人马替换了威廉斯公司的所有高级管理层，随后对所有员工宣布，威廉斯公司将成为一个定制机床制造商，过去的好日子一去不复返了。客户对于定制产品的需求仅在过去的12个月就增加了3倍。Crock工程公司明确地告诉员工，不支持这一新方向的人将会被撤换。

威廉斯公司这些新任的高级管理层认识到，对一家专门生产定制产品的公司来说，几十年的传统管理已经走到了尽头。公司的文化即将改变，打头阵的是项目管理、并行工程及全面质量管理。

从公司花在员工教育的时间和金钱上可以明显看出高级管理层对进行项目管理的决心。遗憾的是，那些有着 20 多年经验的老员工还是不支持新的文化。在认识到这个问题之后，管理人员继续给予项目管理以明确的支持，同时聘请了一位项目管理咨询师，这位咨询师在 1986—1991 年一直服务于威廉斯公司。

1986—1991 年，Crock 工程公司下的威廉斯公司持续亏损 24 个季度。直到 1992 年 3 月 31 日结束的这个季度，才有 6 年以来的第一次盈利。这很大程度上要归功于项目管理系统的绩效和成熟。1992 年 5 月，威廉斯公司被卖出。公司搬到了 2 400 多公里以外，80% 的员工丢掉了工作。

威廉斯公司认识到业务的基础已经从产品驱动变为项目驱动时已经太晚了。只有在你想成为历史学家时，活在过去尚可接受；但公司想要生存下去，尤其在一个激烈竞争的环境里，人们必须向前看，并且认识到变革是不可避免的。

第 4 章
项目管理方法论

4.0 简介

在第 1 章中，我们描述了实现成熟项目管理的生命周期阶段。其中第四个阶段是成长期，包括：
- 建立生命周期阶段。
- 开发项目管理方法论。
- 方法论基于有效的计划制订。
- 尽量减少范围变更和范围蔓延。
- 选择适合的软件来支持方法论。

好的方法论的重要性怎么夸大都不为过。它不仅能提高项目执行过程中的绩效，也能改善客户关系、提高客户信任度。好的方法论还能带来单一来源采购合同。

开发可行的项目管理方法论并非易事。一个常犯的错误是，为每种类型的项目开发不同的项目管理方法论。另一个常犯的错误是，虽然有可能，但还是未能将项目管理方法论和项目管理工具集成到单一流程中。公司同时开发项目管理方法论和项目管理工具有两个好处：首先，工作范围变更较少；其次，流程的设计对业务运营的持续性干扰最小。

本章讨论项目管理方法论的组件、一些应用广泛的项目管理工具，以及在工作中应用项目管理方法论的具体例子。

4.1 卓越项目管理的定义

卓越项目管理通常表现为一连串持续成功管理的项目。没有项目管理方法论，可能很难重复成功地完成多个项目。

今天，每个人看来都在一定程度上认可项目管理方法论的必要性。然而，对于卓越项目管理的定义，还是有不同的看法；同样，各个公司对于项目成功也有不同的定义。在这一节,我们将讨论卓越项目管理的几个不同定义。

有些卓越项目管理的定义非常简单,而且能达到和复杂的定义同样的目的。摩托罗拉的一位发言人说:

> 卓越项目管理可以定义为:
> - 严格遵守进度安排的实践。
> - 高级管理层的定期监督。
> - 正式的需求变更控制。
> - 正式的问题和风险追踪。
> - 正式的资源追踪。
> - 正式的成本追踪。

AT&T 的一位发言人则这样定义卓越项目管理:

> 卓越项目管理是项目管理方法论,具有一致性,应用于组织的所有项目,得到客户的持续认可,客户满意度高。同时,优秀的项目管理能力也是我们销售团队的一个关键卖点。这让我们从客户那里获得源源不断的业务。另外,公司内部也认为项目管理能带来增值,是必要的。

4.2 认识开发方法论的必要性

仅仅拥有项目管理方法论,并且遵照它去做事,并不能带来项目管理的成功和卓越。外部因素可能对项目管理方法论的成败有巨大的影响。当今的商业环境中充满变化,而且没有迹象表明变化将来会消失。过去 20 年中技术的飞速发展推动了项目管理的变化,这种技术发展不大可能放缓。另一个趋势是消费者和客户日益成熟,这个趋势也会继续下去,不会消失。在很多行业中,成本和质量控制实质上变成了同一个问题。其他外部影响因素包括快速并购及实时沟通。

项目管理方法论是有机的流程,它需要随组织的改变而改变,以应对不断演变的商业环境。然而,这些改变需要得到各级经理的全力支持,并需要有一个愿景,即项目管理系统与组织其他的业务系统一道发展。

今天,公司通过项目来管理业务,这既包括项目驱动的组织,也包括非项目驱动的组织。实际上,组织的所有活动都可以按照某种类型的项目来处理。因此,管理良好的公司要把项目管理方法论作为管理整个业务的方法,而不仅仅是管理项目的方法,只有这样的思路才是恰当的。把项目经理看作部分业务的经理,而不仅仅是某个项目的经理,这样业务流程和项目管理流程就可以整合到一起。

并不是每家公司都要开发标准的项目管理方法论。对项目规模小、周期短的公司来说,这种正式的系统可能不太经济、不太合适。然而,对项目规模大、周期长的公司来说,就必须开发一个可用的项目管理系统。

例如，一家生产家用固定设备的公司就有数个项目开发草案。当它决定开始系统化地使用项目管理时，公司当前的方法就显得较为复杂。基于不同的项目类型，公司有多个系统开发方法论。员工不得不在每个项目中与不同的方法论打交道，非常费力。于是公司决定开发一个通用的、满足所有目的的方法论，用于所有的项目。这个新的方法论具有灵活性。公司的发言人说：

> 我们的项目管理方法论，从设计之初，就不是仅与某个特定的系统开发方法论相关的。因为我们认为使用标准的系统开发方法论要比纠结于选择哪个方法论更具优势。我们已经开始为我们的组织特地开发了一个指导性的系统开发方法论。我们现在已经确定了项目成功的先决条件，包括：
> - 一个设计精妙的方法论。
> - 一系列清楚的目标。
> - 被充分理解的期望。
> - 彻底明确的问题定义。

20 世纪 80 年代末期，并购狂潮冲击了银行业。随着规模经济带来的成本降低，以及相应的竞争加剧，银行业人士认识到使用项目管理进行并购的重要性。不同文化的结合越快，对公司收益的影响就越小。

某家银行的发言人认为，对好的方法论的需求日渐明显：

> 这一方法论的目的是使项目管理的流程更为有效；该方法论并不是针对诸如系统开发活动或硬件安装等特定类型的项目量身定做的。相反，这是一个通用的方法，用于辅助各类项目在任何管辖范围内进行优先级排序并确保其成功实施。

1996 年，某家银行的信息服务（Information Service，IS）部成立了一个 IS 重组团队，致力于开发和部署项目管理及与系统开发相关的流程和工具。IS 重组团队的使命是提高 IS 项目的绩效，以便提高生产率、缩短周期时间、改进质量、提高项目客户的满意度。

该银行的发言人说，流程是这样开始的：

> 我们评审了银行当前和过去使用过的方法论的信息，将所有在以前的活动中得到的最佳实践合并到这个文档中。尽管来源不同，但这些项目方法论的阶段划分在一定程度上都是标准的。所有项目都遵循同样的步骤，只是依项目复杂度、规模和类型的不同，使得其遵循方法论的程度不同。这一方法论强调的是项目控制，以及项目可交付物和项目控制与目标实现之间的联系。

为了确定过去的项目管理方法论的缺陷，IS 重组团队进行了多个焦点小组讨论，焦点小组得出的结论是，以前的项目管理方法论缺乏下述内容：
- 管理层的承诺。
- 项目经理反馈机制（确定方法论所需的更新和修订）。
- 适用于整个组织的方法论。

- 针对项目经理的方法论培训课程。
- 对方法论部署进展一致性和定期沟通的关注。
- 对项目管理工具和技术的关注。

根据这些反馈，IS 重组团队成功地开发和部署了一个项目管理和系统开发方法论。从 1996 年 6 月开始到 12 月，目标听众——300 名项目经理，都了解并应用了这一项目管理方法论和标准工具（微软 Project）。

该银行出色地开发了这一方法论，该方法论反映了指导原则而非政策，为银行的所有项目提供了易于应用的流程。到 2017 年，该银行一直不断地提高其项目管理方法论的灵活性，使其更容易管理不同类型的项目。下面将讨论从该项目管理方法论中选出的部分组件。

◆ 组织

对于任何项目，你都需要定义要完成什么，并决定项目要如何实现这些目标。每个项目都始于一个想法、愿景或商业机会，这个起点必须和组织的业务目标挂钩。项目章程是项目的基础，是与参与项目的各方人员形成的合同。它包括对业务需求的描述、项目承诺交付的协议、对项目依赖关系的确认、参与项目的团队成员的角色和职责，以及项目预算和项目管理所应遵循的标准等。项目章程定义了项目的边界，只要项目成员在边界之内，项目团队就有很大的灵活性。

◆ 计划

一旦项目的边界得到清晰定义后，就必须收集充分的信息来支持目标和目的、降低风险、尽量减少问题。项目管理的这一组件应该产生足够的信息，来明确需要完成的可交付物、定义特定的任务以确保可交付物的完成，并且列出合适的资源水平。每个可交付物都会影响项目的各个阶段是否达成了其目标、预算、质量和进度。为简单起见，有些项目采用了 4 阶段的方法。

- 提案：项目启动和定义。
- 计划：项目计划和需求定义。
- 开发：需求开发、测试和培训。
- 实施：将开发出来的需求推广到日常运作中。

每个阶段都包括评审点，以帮助确保达到项目的期望并完成高质量的交付。尽早指定项目评审人是非常重要的，这样才能保证恰当地平衡相关专家和管理人员的参与。

◆ 管理

在整个项目过程中，必须保持对流程的管理和控制。对项目经理和团队来说，这是评估项目、评审项目绩效、控制可交付物开发的机会。在项目进行中，要对以下几个方面进行管理和控制。
- 通过对预算、质量、周期时间的度量，来评估项目任务和可交付物的日常进展。
- 调整每天的项目任务和可交付物，应对即时的偏差和问题。
- 积极解决项目问题，处理项目变更，以控制范围的蔓延。
- 以客户满意为目标。
- 定期进行结构化的可交付物评审。
- 构建集中的项目控制文件。

成功管理项目的两个重要机制是健全的状态报告程序和问题及变更管理程序。状态报告对保证项目不偏离正轨、保持状态良好来说是必要的。状态报告应该包括以下内容。
- 迄今为止的主要成就。
- 下一阶段计划完成的事项。
- 项目进度总结：
  — 已投入的工作时间的百分比。
  — 已花费的预算的百分比。
  — 已完成的项目进度的百分比。
- 项目成本总结（预算和实际花费的比较）。
- 项目问题和关注点。
- 对项目质量的影响。
- 管理层的行动。

问题和变更管理在确保项目顺利推进的同时提供了一定的灵活性。项目问题是指需要由项目经理、项目团队及管理层决策的问题。对项目问题的管理，需要给出定义，并且恰当地与项目成员沟通，从而保证在合适的级别上进行问题的追踪和监控。变更控制也采用同样的原则，因为项目的范围不可避免地会受一些变化的影响。项目中影响成本、进度、可交付物和相关项目的任何变更管理都需要汇报给管理层。问题和变更管理的汇报应该在状态报告中总结，并分别标明未完成的及完成的条目。这能帮助管理层评估项目的健康状况。

仅仅拥有并应用项目管理方法论并不能保证项目管理的成熟和成功，必须有"需求"，才能推动系统向更成熟的方向改进。项目管理系统可以随着组织的变化而变化。然而，管理层必须积极参与这些变化进程，并且有让项目管理系统随着组织一起演变的愿景。

4.3 企业项目管理方法论

如今的大多数企业似乎都意识到需要一个或多个项目管理方法论，却往往开发了错误的方法论或误用了所开发的方法论。很多时候，企业急于开发或购买一套方法论，却对实际的需要几乎一无所知，只知道竞争对手拥有方法论。詹森·查凡（Jason Charvat）说：

使用项目管理方法论是一种可以让企业将项目价值最大化的商业战略。方法论必须不断进化和调整，来适应企业不断改变的重点或方向。方法论会重新塑造整个组织流程——市场营销、产品设计、规划、部署、招聘、财务和运营支持，它对很多组织来说代表着彻底的文化重建。当行业与企业发生变化时，方法论也必须改变，否则它们就会走向失败。

方法论指的是一套可以用于特定项目或情境的表格、指南、模板和检查清单。可能没有办法建立一个可以应用于整个企业内任何一个项目的方法论。有些企业做到了，但也有很多企业成功地应用了多个方法论。除非项目经理能够根据自身的需要裁剪企业项目管理方法论，否则拥有多个方法论一般是必要的。

好的意图偏离正轨有几个原因。在高管层面上，如果高级管理人员对方法论认识不足，方法论就会失败。典型的例子包括认为方法论是：

- 万能的快速补丁。
- 无敌的尚方宝剑。
- 临时的解决方案。
- 一步步照做就能实现项目成功的秘方。

在工作层面上，方法论也会因为如下的原因失败：

- 过于抽象和概括。
- 没有将方法论描述清楚。
- 不够实用或无法解决关键领域的问题。
- 忽略行业的标准及最佳实践。
- 看起来令人印象深刻却无法真正整合到业务中。
- 使用脱离标准的项目规范和术语。
- 争夺相近的资源却不解决问题。
- 没有任何绩效衡量指标。
- 由于官僚主义和行政体系而花费太长时间。

决定方法论的类型并非易事，有很多需要考虑的因素，例如：

- 企业的整体战略。作为一家企业，我们有多强的竞争力？
- 项目团队的规模及需要管理的范围。
- 项目的优先级。
- 项目对于企业有多重要。
- 方法论及其组成元素有多少灵活性。

项目管理方法论需要围绕企业的项目管理成熟度和企业文化来开发。如果企业在项目管理上相对成熟，并且拥有良好的文化来促进合作、有效沟通、团队协作和信任，那么基于指南、表格、检查清单和模板可以开发一个高度灵活的方法论。项目经理可以为特定客户选择合适的方法论组件。不具备这两个特点的组织则要依赖根据严格的政策与流程开发的方法论，从而带来大量的文书工作，不仅增加了成本，还降低了灵活性，使得项目经理不能自如地根据客户的特定需要来应用方法论。

查凡将这两种类型描述为轻型方法论和重型方法论。

◆ **轻型方法论**

不断增加的技术复杂性、项目延迟和不断变化的客户需求给开发方法论的领域带来了一场小小的革命。一个全新的方法论正在崛起——它既灵活又有很强的适应性，并且全程都可以让客户参与。很多重型方法论的专家都非常抗拒引入这些"轻型"或"灵活型"方法论。这些方法论运用非正式的沟通方式。和重型方法论不同，轻型方法论只有很少的规定、实践和文档，项目的设计和构建来自面对面的讨论、会议及向客户传递的信息。使用轻型方法论的显著特点是，该方法论不那么关心各种文档，往往关注的是减少项目中的文档数量。

◆ **重型方法论**

人们认为传统的项目管理方法论（如系统开发生命周期方法）在本质上是官僚主义或"预测性"的，因而造成了很多项目的失败。这些重型方法论正在变得不那么流行。这些方法论牵涉的工作量如此之大，以至于整个设计、开发和部署的流程都慢了下来，什么都完不成。项目经理倾向于预测每个里程碑，因为他们想提前看到所有的技术细节（软件代码或工程细节）。这导致管理者开始要求各种规格说明、计划、报告、检查点和进度表。重型方法论试图将项目的大部分规划得非常详细，因而耗时很长。只要各种条件保持不变，重型方法论就会运作得很好，而项目经理天生就抗拒改变。

企业项目管理方法论可以增强项目规划流程，也可以提供一定程度的标准化和一致性。企业已经意识到，企业项目管理方法论在基于模板而不是严格的政策与流程时会运作得更好。国际学习集团创建了一个统一项目管理方法论（Unified Project Management Methodology，UPMM），它的基础是《PMBOK®指南》（第 6 版）中的相关知识领域。

（1）沟通：
- 项目章程。
- 项目程序文档。
- 项目变更请求日志。
- 项目状态报告。
- 项目管理质量保证报告。
- 采购管理简报。
- 项目问题日志。
- 项目管理计划。
- 项目绩效报告。

（2）成本：
- 项目进度表。
- 风险应对计划与登记册。
- 工作分解结构。

- 工作包。
- 成本估算文档。
- 项目预算。
- 项目预算清单。

（3）人力资源：
- 项目章程。
- 工作分解结构。
- 沟通管理计划。
- 项目组织章程。
- 项目团队名录。
- 责任分配矩阵。
- 项目管理计划。
- 项目程序文档。
- 启动会议清单。
- 项目团队绩效评估。
- 项目经理绩效评估。

（4）整合：
- 项目程序概要。
- 项目建议书。
- 沟通管理计划。
- 采购计划。
- 项目预算。
- 项目程序文档。
- 项目进度表。
- 责任分配矩阵。
- 风险应对计划与登记册。
- 项目范围说明书。
- 工作分解结构。
- 项目管理计划。
- 项目变更请求日志。
- 项目问题日志。
- 项目管理计划变更日志。
- 项目绩效报告。
- 经验教训文档。
- 项目绩效反馈。
- 项目验收文档。
- 项目章程。

- 收尾过程评估清单。
- 项目归档报告。

（5）采购：
- 项目章程。
- 项目范围说明书。
- 工作分解结构。
- 采购计划。
- 采购计划清单。
- 采购工作说明书。
- 征求建议文档摘要。
- 项目变更请求日志。
- 合同构成清单。
- 采购管理简报。

（6）质量：
- 项目章程。
- 项目程序概要。
- 工作质量计划。
- 项目管理计划。
- 工作分解结构。
- 项目管理质量保证报告。
- 经验教训文档。
- 项目绩效反馈。
- 项目团队绩效评估。
- 项目管理流程改进文档。

（7）风险：
- 采购计划。
- 项目章程。
- 项目采购文档。
- 工作分解结构。
- 风险应对计划与登记册。

（8）范围：
- 项目范围说明书。
- 工作分解结构。
- 工作包。
- 项目章程。

（9）时间：
- 活动持续时间估算工作表。

- 成本估算文档。
- 风险应对计划与登记册。
- 工作分解结构。
- 工作包。
- 项目进度表。
- 项目进度评审清单。

（10）干系人管理：
- 项目章程。
- 变更控制计划。
- 进度变更请求表。
- 项目问题日志。
- 责任分配矩阵。

4.4 标准方法论的好处

对那些理解标准方法论的重要性的公司来说，其好处是不胜枚举的。这些好处可以分为短期收益和长期收益。有家公司将短期收益描述为：

- 缩短周期时间，降低成本。
- 制订现实计划，更有可能满足时间要求。
- 能更好地沟通对各个可交付物的期望和时间要求。
- 获得反馈和总结经验教训。

这些短期收益主要集中在关键绩效指标上，或者简单地说，就是项目管理的执行。长期收益看起来更集中在关键成功因素和客户满意度上。开发并执行一个世界级方法论的长期收益包括：

- 通过更好地控制范围，更快地将产品投放市场。
- 降低项目的整体风险。
- 更好的风险管理带来更好的决策。
- 客户满意度和信任度更高，这将带来更多商业机会，促使一级供应商承担更多的责任。
- 强调客户满意度和附加价值，而不是职能部门之间的内部竞争。
- 客户把承包商当作合作伙伴，而不是商品。
- 承包商帮助客户进行战略规划活动。

世界级方法论的最大好处是客户对其的接受和认可。如果你的一个特别重要的客户开发了自己的方法论，那么它就能迫使你为了保持供应商的身份，不得不接受并使用它的方法论。但是，如果你能展示你的方法论优于或至少和你客户的方法论一样好，你的方法论就能被接受，并且会营造互相信任的氛围。

一家承包商最近发现，客户非常相信和尊重他的方法论，以至于客户邀请他参与其战略规划活动。这家承包商发现，客户对待他就像对待合作伙伴，而不仅仅是纯粹的商业伙伴或单纯的供应商。这为该承包商带来了单一供货方的采购合同。

要围绕公司的大部分项目开发一个标准的方法论，并且得到整个组织的认可，是一件困难的事。最困难的部分很可能是要确保这个方法论既支持公司的整体文化，又支持管理层提出的目的和目标。如果方法论需要公司改变整体的文化，可能就很难被组织彻底接受。表面上很好的项目管理方法论也会毁于不支持它的公司文化。

20世纪80年代到90年代，一些咨询公司开发了它们自己的项目管理方法论，大多数是针对信息系统项目的。然后它们给客户施加压力，要求客户购买这些方法论，而不是帮助客户开发更适合客户需要的方法论。虽然这样做可能也取得了一些成功，但是事实证明，失败的例子远多于成功的例子。一家花130 000美元购买项目管理方法论的医院相信这就能满足它的信息系统的需要。遗憾的是，高级管理层没有征求过将来使用这一方法论的工作人员的意见就决定购买。结果，这个系统从来就没有人用过。

另一家公司也购买了类似的软件包。但是等到发现这个软件包并不灵活，而且要想有效地使用这个项目管理方法论，需要改变组织，特别是企业文化时，已经太晚了。该软件包的供应商后来承认，要想得到最好的结果，就不能更改该方法论。

这类方法论特别僵化，是基于政策和流程制定的。这些方法论无法为特定项目或文化进行定制设计，因此最终都被丢弃了，但是为软件包供应商带来了巨大利润。好的方法论必须是灵活的。

4.5 关键组件

如果没有世界级方法论，公司几乎不可能成为在项目管理方面的世界级公司。过去，可能只有很少几家公司真正拥有世界级方法论。如今，由于生存需要和不断加剧的竞争，很多公司都有不错的方法论。

世界级方法论具有如下特征：
- 至多有6个生命周期阶段。
- 生命周期阶段互相重叠。
- 阶段终了时进行关口评审。
- 与其他流程整合。
- 持续改进，如听取客户意见。
- 客户导向，与客户的方法论接口。
- 公司范围内的认可。
- 使用模板（工作分解结构的第三层）。
- 关键路径进度（工作分解结构的第三层）。
- 简化、标准的柱状图报告（标准软件）。
- 将文书工作最少化。

通常，项目管理方法论的每个生命周期阶段都需要文书工作、控制点及可能的特殊行政管理需求。生命周期阶段太少会招来灾难，而生命周期阶段太多会增加管理和控制的费用。大多数企业采用不超过6个生命周期阶段。

历史上，生命周期阶段本质上是按顺序排列的；而今天由于要压缩进度，生命周期阶段将产生重叠。重叠的程度依赖项目经理愿意承担风险的大小——重叠越多，风险越大。相对于顺序活动中犯的错误，重叠活动中犯的错误通常更难以纠正且成本更高。重叠的生命周期阶段需要出色的前期规划。

阶段终了时的关口评审对于项目进展的控制和中间里程碑的验证非常关键。生命周期阶段存在重叠时，在每个阶段终点仍会进行关口评审，但这些评审是由生命周期阶段中的中间评审来支持的。

世界级的项目管理方法论是与其他管理流程整合在一起的，如变更管理、风险管理、全面质量管理、并行工程等。这一整合产生了协同效应，最少化了文书工作、最小化了项目所需的资源，使组织能够进行能力规划，以确定组织能支持的最大工作量。

世界级方法论通过关键绩效指标评审、经验教训更新、标杆制定和客户建议等实现持续改善。方法论本身也能成为与客户和承包者之间的沟通渠道。有效的方法论增强了客户的信任，并且尽可能减少了项目中的客户干扰。

项目管理方法论必须方便工作人员使用，还要涵盖项目中可能发生的绝大多数情况。也许最好的办法是将方法论编制成易学易懂的手册。

优秀的方法论尽量使项目计划和进度安排更加容易，通过在工作分解结构中的上三层采用模板就可做到这一点。简单地说，使用工作分解结构第三层的模板就会生成包含标准术语的标准报告。项目之间的差异体现在工作分解结构的较低层级，即第四层到第六层。

今天，许多公司都提倡使用项目章程，将其作为方法论的一个组件。但是各家公司在项目生命周期中创建项目章程的时间点是不同的，如图4-1所示。图中的3个三角形表示可能创建项目章程的时间点。

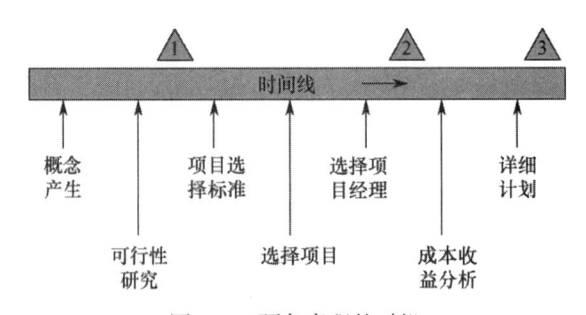

图4-1 预备章程的时机

- 在第一个三角形处，项目章程的创建紧接着可行性研究的完成。在这个时间点，项目章程包含可行性研究的结果，并记录所有考虑到的假设和约束条件。之后，项目一旦被选中，就会重新审视该项目章程并加以更新。
- 在第二个三角形处，是创建项目章程更好的时间点。项目章程的创建是在项目被选中，而且项目经理也已指定之后。该项目章程包括了对项目经理的授权，但仅限于此项目。
- 在第三个三角形处，在详细计划完成之后创建项目章程。该项目章程包括详细计划。直到高级管理层批准了详细计划后，管理层才会签署该项目章程。此时，也只有在此时，公司才算正式批准该项目。一旦管理层签署了这一项目章程，该项目章程就成为项目经理与相关的一线经理之间就可交付物要满足的目标和交付时间达成的法律约定。

尽管我们在这一部分确定了关键组件，但有许多公司的方法论并不包含这些关键组件，也在项目执行中取得了成功，因为员工已经使方法论成功运作。

4.6 Valmet 客户项目管理

◆ Valmet 及 Valmet 项目管理简介

Valmet 是一家全球领先的流程技术、服务和自动化解决方案开发商和供应商，服务于制浆、造纸和能源行业。Valmet 凭借其自动化系统和流量控制解决方案，服务的流程行业领域更加广泛。公司有 17 000 名专业人员，分布在 30 多个国家，致力于通过独特的产品和服务方式推动客户绩效的提升。Valmet 拥有超过 220 年的工业历史，并且在持续改进和创新方面有着卓越的表现。

Valmet 的项目在规模、复杂性和持续时间上各不相同。通常在项目生命周期的各个阶段会有多个项目团队和职能部门参与，而且涉及多个国家。为了管理这种复杂性并协调项目中的工作，Valmet 开发了项目执行模型（Project Execution Model，PEM），如图 4-2 所示。

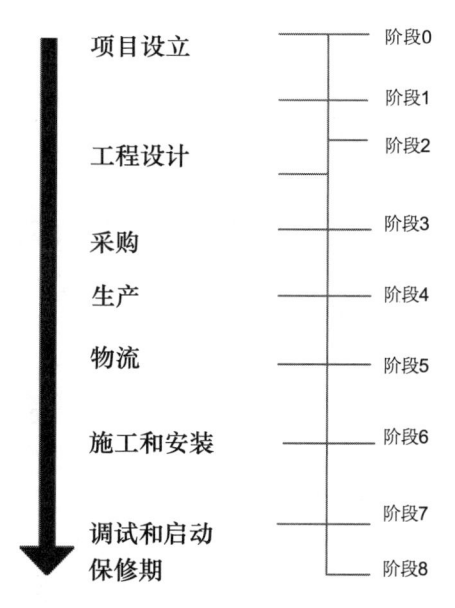

图 4-2 Valmet PEM 中九大项目交付流程

◆ Valmet PEM

Valmet PEM 实现了项目管理的标准化。Valmet PEM 为项目提供了结构和通用语言，这是成功和高效管理项目的基础。PEM 主要用于确保项目以正确的质量按照计划和预算进行，有利于提高项目的透明度和可预测性。

该项目模型描述了所有项目共有的主要阶段、关卡和检查清单。Valmet PEM 还具有可扩展性，可以根据项目的具体情况进行补充。项目阶段关卡是一个检查点，在这个检查点上，已完成和正在进行的操作会被审查，并根据检查清单中的事实和已定义的里程碑评估项目的准备情况。

Valmet PEM 包含九个关卡，并且可以根据项目类别进行扩展。Valmet 根据项目类别（A、B、C 和 D）定义了强制性的关卡。大型和/或复杂项目属于 A 类项目，这些项目必须包含所有九个关卡。小型和简单项目属于 D 类项目，这些项目中只有两个强制性关卡（阶段 1 和阶段 8）。所有的阶段在表 4-1 中进行了描述。

表 4-1　Valmet PEM 中的九大关卡

关　　卡	关卡名称	目　　的
阶段 0	决定设立项目	决定启动内部准备工作，以确保项目的及时和高效启动
阶段 1	决定启动交付项目	决定启动交付项目：工程设计、采购、生产和物流
阶段 2	决定启动详细设计	决定启动详细设计并继续开展采购、生产和物流活动
阶段 3	决定开始现场操作准备	确保文档齐全以开始履行安装合同，并且现场规划可以继续进行。审查采购、生产和测试计划的状态
阶段 4	决定启动主要发货	确保设备准备好发货，且现场已准备好接收交付物
阶段 5	决定开始施工/安装	审查现场条件以确保安全和高效的施工和安装工作按计划进行，并达到所需质量
阶段 6	决定开始调试和启动	审查现场条件以确保安全和高效的调试工作按计划进行
阶段 7	决定开始性能测试	确保履行性能保证的计划已准备就绪，并且计划活动所需的资源可用
阶段 8	决定关闭项目	确保所有项目活动和费用均已完结

关卡检查清单包括 10~30 个问题，用于确保所需的项目规划和执行活动正在进行，且项目可以达到目标。关卡检查清单包括了以下主题：

- 健康、安全、环境和可持续性管理。
- 范围管理。
- 进度和进展管理。
- 质量管理。
- 财务管理。

项目经理负责跟进并更新关卡检查清单的状态。检查清单提醒项目经理在每个项目阶段关注项目最重要的方面，否则很容易忽略全局视角而只关注特定主题。

表 4-2 中列举了阶段 5 "决定开始施工/安装"的部分问题示例。

表 4-2　阶段 5 "决定开始施工/安装"的部分问题示例

问　题	答　案	备　注
项目管理与范围		
1. 客户付款是否按计划收到	是	75%的付款已收到。所有付款都按时收到
2. 是否已与客户和第三方承包商商定变更管理程序	是	变更管理程序已在客户合同中描述
QHSE、可持续性和风险		
3. 针对现场的 HSE 计划是不是最新的	否	HSE 计划将在 2021 年 5 月 31 日更新,在收到客户更新 HSE 指示后
4. 是否已告知人员旅行安全和现场条件	是	现场培训材料已准备好并与所有前往现场的人员分享
财务		
5. 是否已与客户和第三方承包商商定合同变更	是	无未解决事项
6. 项目财务是不是最新的（成本预测、收入确认计划、发票、银行担保）	是	于 2021 年 5 月 3 日更新
规划与调度		
7. 现场的资源计划是否已与客户商定	是	计划在 2021 年 5 月 15 日的客户会议上进行审查
8. 施工/安装和调试计划是否在相关各方之间同步	是	计划在 2021 年 5 月 15 日与现场所有各方进行审查,并做一些变更

每个关卡的决策日期在项目的主要进度基准创建时确定。关卡决策和检查清单会在用于所有 Valmet 客户项目的项目组合管理工具中更新。使用通用工具使得创建自动化和可视化报告变得容易,以便跟踪关卡决策、检查清单和即将到来的关卡决策的状态。

Valmet PEM 中的关卡决策包括:
- 通过决策。
  — 没有发现重大偏差,项目可以继续进行。
  — 如果有轻微偏差,项目可以继续进行,但需要制订纠正措施计划并设定完成日期。
- 不通过决策。
  — 发现项目计划和/或目标存在重大偏差。
  — 制订详细的偏差管理行动计划并跟进。
  — 如果做出不通过决策,项目经理需要将偏差上报给 Valmet 管理层。

关卡决策是基于检查清单问题的答案、项目的其他可用信息以及对项目状态的整体理解做出的。Valmet 管理层参与所有不通过决策。

在项目组合层面，项目每月接受一次审查。在项目组合会议上，审查项目的 Valmet PEM 关卡决策、内部项目报告、风险、偏差和财务状况，以确保项目能够达到目标。对于有重大偏差的项目，将在单独的会议中重点跟进纠正措施。

持续改进对所有公司都很重要。Valmet PEM 促进了项目之间的经验分享。每年要对 Valmet PEM 及其检查清单进行一次审查，以确保其在未来几年仍然有价值和相关性。

◆ 总结

PEM 帮助 Valmet 改进了项目管理。在 2020 年和 2021 年，当新冠疫情大流行影响每个人的生活和工作时，Valmet 仍能够在全球范围内成功执行数百个项目。虽然项目管理的通用流程和结构并没有使工作变得容易，但确实使我们能够在极具挑战性的情况下取得成功。

Valmet PEM 是一个简单而强大的系统，但它只是一个系统。项目成功的关键是拥有能够基于系统和项目计划执行项目的有能力、经验丰富、态度积极、勤奋的人员。像 Valmet PEM 这样的系统通过为团队成员提供共同的目标、结构、语言等，帮助优秀的人才发挥最佳工作效果。

4.7 项目质量关卡——确保项目成功的结构性方法

项目质量在 SAP 项目的交付中至关重要，这一事实体现在 SAP 解决方案交付的质量管理结构性方法上——内化质量流程。SAP 项目质量方法最主要的就是执行正式的项目质量关卡。SAP Activate 方法论中定义了质量关卡，该方法论用于交付 SAP 实施、范围增强和升级项目。SAP 及其客户和合作伙伴使用这一方法论进行项目计划、管理和交付。每个项目类型都有一定数量的质量关卡，在项目执行中作为关键里程碑。图 4-3 中展示了 SAP S/4HANA Cloud 实施的质量关卡示例，其出现在准备、探索、实现和部署阶段的末尾。

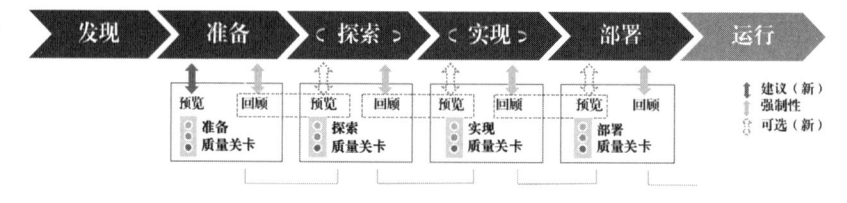

图 4-3 项目质量关卡被定义为项目生命周期的关键阶段

SAP 认为质量关卡是任何项目成功的必要因素，无论项目是传统的、敏捷的还是混合的。质量关卡不仅集成在我们的交付方法论中，也体现在我们的交付政策及内部系统中。

SAP 为项目团队成员提供了详细的质量关卡清单，以及在项目执行期间构建和运行质量关卡的指南。客户可以在线访问 Roadmap Viewer 工具中的这些 SAP Activate 资源。单击"工作流"前的复选框，选中"项目管理"选项，并导航至"阶段结束和签字阶段的可交付物"（如准备、探索、实现或部署阶段——我们在上文中列出了它们），你就可以轻松找到质量关卡（见图 4-4）。

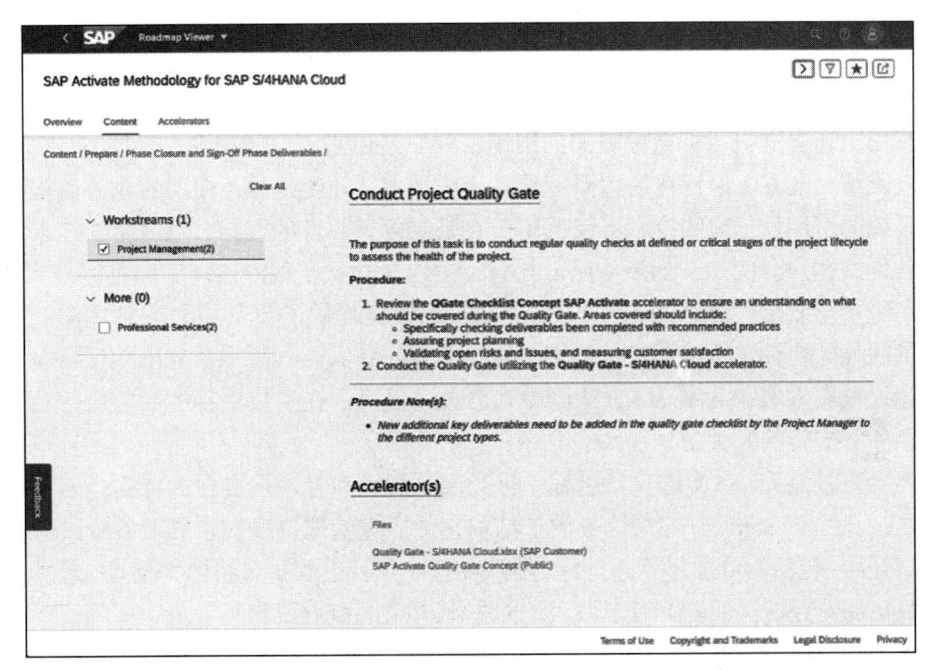

图 4-4　在 Roadmap Viewer 中实施 SAP S/4HANA Cloud 的 SAP Activate 项目质量关卡任务示例

SAP Activate 方法论中的项目质量关卡为项目经理、干系人、项目团队在如何构建和执行质量关卡审查上提供了清晰的指导。在每个项目质量关卡中，质量保证经理根据预设的质量关卡检查清单评估每个项目可交付物的完整性和质量，质量关口检查清单中不仅包含可交付物名称，而且包含详细的验收标准。为完成质量关卡，在质量关卡检查清单中会标明每个可交付物的强制性或可选性。在完成质量关卡后，质量保证经理会评估此质量关卡的通过/不通过得分，并对在此过程中识别出的缺陷提供后续改正措施。

正式的质量内置流程已被证明在客户满意度方面有积极影响，提高了整个项目组合的健康状况，并对收入产生了正面影响。

◆ SAP 方法论

SAP 在推出 SAP S/4HANA 的同时引入了 SAP Activate 方法论。该方法论取代了之前使用的 ASAP 方法论，并引入了一系列新原则，这些原则旨在更高效地部署和激活 SAP 软件，同时利用新技术和管理项目的新原则。以下是嵌入在 SAP Activate 方法论中的关键原则：

- 从即开即用的业务流程开始。通过利用预配置的即开即用的业务流程，项目团队能够向客户展示流程，评估其适应性，并识别差异需求。所有识别出的差异需求都会记录在待办事项列表中。
- **确认解决方案的适应性。** 在需求研讨会中，通过即开即用的业务流程，项目团队引导业务用户优先考虑重用预先提供的流程，而非开发或定制大量软件。这种方法不仅有助于加快项目进度，降低总拥有成本，还能更快地采纳创新。
- **模块化、可扩展和敏捷。** 该方法论围绕涵盖成功项目所需的各种学科的通用模块构建，包括项目管理、解决方案设计、数据管理和技术等。该方法论旨在随着项目规模和复杂性以及客户需求的变化进行扩展。无论是支持在全球多个国家部署软件的客户，还是支持目标范围较小的组织，SAP Activate 方法论能适应不同的需求。
- **云就绪。** 该方法论旨在最大限度地利用云技术，并通过即开即用的业务流程来加快系统的可用性。这些技术不仅适用于在云端部署软件的客户，也适用于在本地部署软件的客户。例如，如果使用云托管，可以更快地实现沙盒环境的可用性。
- **高级参与就绪。** SAP Activate 方法论为项目团队提供了关于 SAP 服务在何处可以提供额外的咨询和保障服务的建议，如 SAP MaxAttention 或 SAP ActiveAttention。这些建议被嵌入 SAP Activate 方法论中，为公司提供了在实施项目中如何最佳利用 SAP 服务和支持的相关信息。
- **内置质量流程。** 在实施项目过程中进行质量规划和管理是实现成功实施的关键因素之一。SAP Activate 方法论提供了结构化的质量管理方法。它从准备阶段的质量规划开始，包括制订质量管理计划，然后在整个项目过程中进行监控活动，最后在 SAP Activate 方法论的每个阶段执行质量关卡，如本章前面所述。

SAP Activate 方法论分为六个阶段，引导项目团队通过部署、激活和配置 SAP 软件以满足客户的需求。SAP Activate 方法论的各个阶段及每个阶段的关键活动描述如图 4-5 所示。

示例：使用 SAP Active 方法论部署 SAP S/4HANA 云
历程概述和关键里程碑

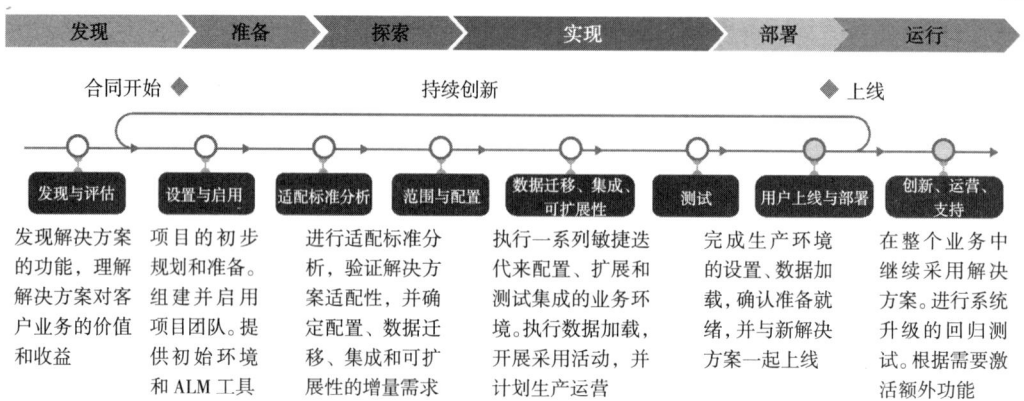

发现	准备	探索	实现	部署	运行
合同开始		持续创新		上线	
发现与评估	设置与启用	适配标准分析	范围与配置	数据迁移、集成、可扩展性	测试	用户上线与部署	创新、运营、支持
发现解决方案的功能，理解解决方案对客户业务的价值和收益	项目的初步规划和准备。组建并启用项目团队。提供初始环境和 ALM 工具	进行适配标准分析，验证解决方案适配性，并确定配置、数据迁移、集成和可扩展性的增量需求	执行一系列敏捷迭代来配置、扩展和测试集成的业务环境。执行数据加载，开展采用活动，并计划生产运营	完成生产环境的设置、数据加载，确认准备就绪，并与新解决方案一起上线	在整个业务中继续采用解决方案。进行系统升级的回归测试。根据需要激活额外功能

图 4-5　SAP Activate 方法论的六个阶段及每个阶段的关键活动描述

让我们回顾每个阶段及其关键活动：
- **发现（Discover）。** 这一阶段的目标是帮助客户发现解决方案的功能，理解解决方案对客户业务的价值和收益。
- 准备（Prepare）。项目团队进行项目的初步规划和准备工作，包括正式启动、制订项目管理计划。下一个重要步骤是上线并启用项目团队，准备初始的系统环境和应用生命周期管理工具。
- 探索（Explore）。项目团队进行一系列适配标准分析，以验证解决方案的适应性并确定配置、数据迁移、集成、分析、可扩展性和用户访问管理的差异需求。这些需求被记录在待办事项列表中。
- 实现（Realize）。项目团队通过一系列敏捷迭代来处理待办事项。在冲刺期间，项目团队配置、扩展和测试集成的业务环境。此外，项目团队进行数据加载、采用和组织变更管理活动，并计划生产运营。
- 部署（Deploy）。这一阶段的目标是完成生产环境的设置，完成向生产环境的数据加载，确认切换的准备情况，并执行上线活动，以便客户使用新解决方案。
- 运行（Run）。在此阶段，客户将通过添加新用户继续在业务中采用新解决方案。他们将准备并执行升级前后的活动，如回归测试。最后，他们将利用 SAP 的创新，根据业务需求激活额外的功能。

SAP Activate 方法论涵盖了 SAP 实施的关键方面，从围绕《PMBOK®指南》的项目管理工作流中的项目管理指导开始。除了项目管理，该方法论还为业务流程设计、商业价值管理、应用生命周期管理、组织变更管理、技术解决方案和架构、数据管理以及其他成功部署和激活 SAP 解决方案的重要主题提供了详细指导。

SAP 客户可以在 RoadmapViewer 工具中访问 SAP Activate 方法论。此外，项目团队将在 SAP 提供给客户的 SAP Cloud ALM 环境中使用 SAP Activate 方法论来计划、执行和监控项目。该环境提供了业务项目建模、需求管理、测试等功能，支持项目团队参与部署和激活过程。

你可以在 SAP Activate 社区了解更多关于 SAP Activate、可用的预配置业务内容、方法论资产和培训的信息。或者，你也可以考虑详细阅读由斯文·德纳肯（Sven Denecken）、简·穆修（Jan Musil）、斯里瓦桑·桑达南（Srivatsan Santhanam）撰写的 SAP PRESS 出版物 *SAP Activate, The project manager's handbook for SAP S/4HANA, cloud and on-premise*。

4.8　Técnicas Reunidas 公司

◆ **开放式估算对于执行石油和天然气行业项目来说是一种成功的合同备选方案**

简介

鉴于能源需求的增长趋势，石油和天然气行业在不同领域面临广泛的挑战和机会。因此，几年前这一领域就开始进行新工厂的建设项目，在多数情况下，这些都是巨型项目。

如图 4-6 所示，石油和天然气行业资本项目的典型生命周期横跨所有阶段。理解并管理好这些阶段，对于项目的长期成功非常关键。

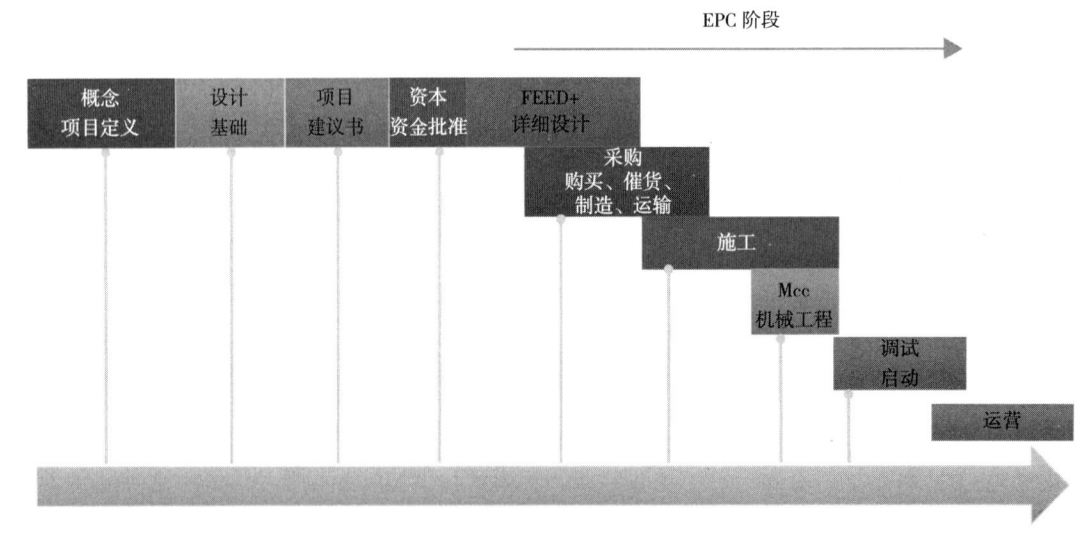

图 4-6 典型生命周期阶段

在石油和天然气行业的项目中，交钥匙总承包（Lump-Sum Turnkey，LSTK）及成本加成是非常普遍的合同形式。根据项目客户可接受的风险级别、预算限制及客户组织的核心竞争力，可以确定哪种形式最适合他们的项目。

这一领域中大部分项目都是以工程、采购及建设（Engineering，Procurement and Construction，EPC）LSTK 合同的形式执行的。Técnicas Reunidas 公司的主要经验大都基于这样的项目：通常需要管理整个项目，实施详细的工程［在一些情况下，工作范围包含基础工程或前端工程设计（Front-End Engineering Design，FEED）］，采购所需的设备和材料，然后施工、预调试及启动，交付功能性设施。LSTK 合同风险最大，所有风险都由 EPC 合同方承担。

开放式估算（Open Book Estimate，OBE）或开放式成本估算（Open Book Cost Estimate，OBCE）是执行 EPC 项目的备选方案。通过这种合同，工作的最终目标是与客户合作来确定项目的总体价格；项目的全部成本是通过透明的方式（开放式）形成的。

开放式估算

　　OBE 的主要目的是应用之前客户和合同方达成一致的参数，确定准确的 EPC 价格，通过 OBE 形成基础成本，开发扩展的前端工程，以及在某些情况下，对于已选的长供货周期和关键项目下采购订单，以保证项目的总体进度计划。通过 OBE 会确定项目基础成本，并为确定项目总 EPC 价格打下基础。

　　在 OBE 阶段，承包商会在成本补偿或固定总价或其他替代方案的基础上开发前端工程设计和/或部分详细工程，包括对项目进行全面和透明的成本预算。在共同约定的工程开发周期（通常是 6~12 个月，主要取决于客户要求的精确度、进度计划和其他因素），以及客户与承包商就基础成本达成共识后，合同被变更或转变为 EPC-LSTK 合同（包含了之前已达成一致的各因素）。

◆ 成本估算方法论

主要成本因素及定价类别

在通常情况下，OBE 基于以 OBE 合同中识别的可交付物为依据的工程设计。一般在项目进程中，最大限度地开发这些可交付物是可能的。在转换阶段完成之前，所要求的可交付物会准备好并提交给客户。

OBE 最主要的成本因素如图 4-7 所示，下面进行详细说明。OBE 应包括全部工作范围。

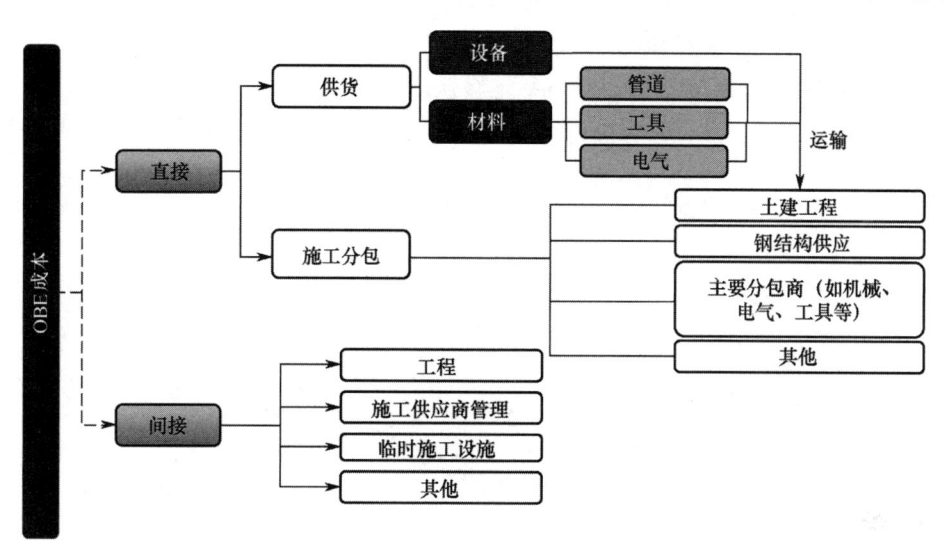

图 4-7 最主要的成本因素

（1）详细的工程、采购及施工服务。
（2）提供设备、散装材料和备件。
（3）运输至施工地点。
（4）清关。
（5）现场施工和安装。
（6）提供临时施工设施和服务的分包商。
（7）施工及预调试服务。
（8）调试和启动服务。
（9）培训服务和卖方支持。
（10）保函、保险及对冲费用。
（11）其他费用，包括第三方检验及承包商保险。
（12）其他。

成本基础

- OBE 程序是在合同阶段制定的，并在项目 OBE 阶段执行。就如何准备 OBE 所需的所有细节达成一致，并将其作为附件包含在合同中。
- 应提前就费用、增长、条件、技术设计费用、盈余、削减及浪费达成一致。
- 基于 PDS 软件进行材料估算（MaterialTake-off，MTO），使用流程和仪表图进行测量、绘制平面布置图及估算。程序中的所有细节应在 OBE 合同签署前达成一致。

在以可转换为基础执行合同时，在正常项目执行的同时 Técnicas Reunidas 公司会进行 OBE 的开发，确保这两项活动在不受干扰的情况下顺利进行。在 OBE 阶段，在特殊情况下且与客户达成一致后，Técnicas Reunidas 公司可以提前进行主要设备的采购并启动施工分包合同的谈判。提前执行这些活动加快了项目进度计划的实现。

项目的 OBE 阶段由客户和 Técnicas Reunidas 公司共同制定。OBE 对客户是完全透明的，一旦风险/回报因素确定，可以很容易地转换成 LSTK。

在图 4-8 中，我们可以看到达到 OBE 目标及转换到项目下一阶段的主要步骤和活动。

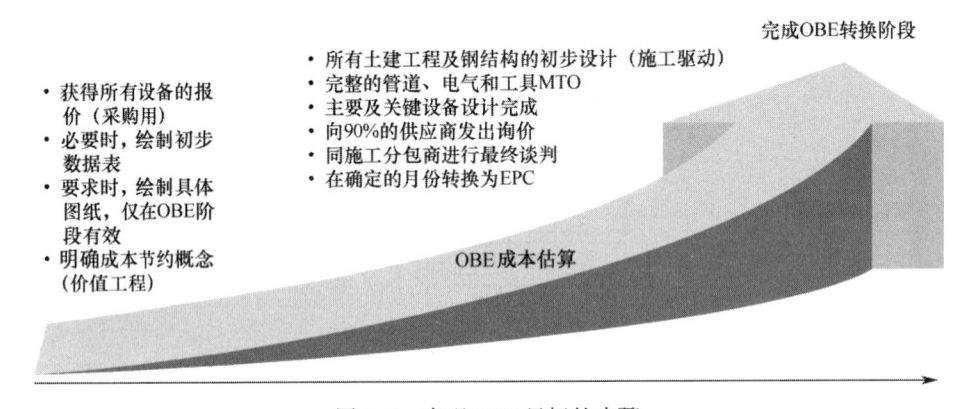

图 4-8　实现 OBE 目标的步骤

在 OBE 阶段，可考虑制定节省成本的办法，以便对最终成本估算进行调整。为此，指定一个由工程专家组成的特殊团队同工程经理和估算经理协作，目的是找出在不影响安全、质量或进度计划的前提下，通过优化设计就能达到节约成本的潜在领域。任何可以带来节省成本的变更都会从技术角度进行仔细评估，如果潜在变更的可行性得到证实，那么备选解决方案连同节约成本的影响将会提交至客户，供客户考虑。

EPC 合同价格是基础成本乘以固定比率的结果，这一固定比率主要和设备、散装材料、施工及辅助成本相关，而且是客户及承包商的一致意见。转换阶段的价格会变为总价，并且在 EPC-LSTK 阶段不变。

合同

OBE 备选方案下典型的合同模式为：

- 一个合同，两部分：OBE 和 EPC。转换时，将 EPC 部分价格包含进来。
- 两个合同，一个 OBE 及一个 EPC。两个都可以在开始的时候签订，或者一个在开始的时候签订，另一个在转换阶段签订。

合同中包括 OBE 的方法论。

在没有转换的情况下：

I. 合同关系消失，客户和承包商均违反承诺。客户可能由于无利益而中断合同，后果是：

- 新的 LSTK 报价需要 6 个月，评估报价需要再加 2~3 个月。
- 和不同承包商重复 FEED。

II. 在没有达成一致的情况下，合同提供机制：

- 以服务为基础，继续合同［更好的总价（Lump Sum，LS）合同］。
- 同意部分转换。
- 依据合同协议采取其他行动。

优势

OBE 阶段后跟随 LSTK 合同可以对整个项目执行进行优化，尤其在成本和进度计划方面：

- 在成本方面，由于估算方法、转换条件（乘数因子）等都已达成一致，客户和承包商可以通过 OBE 共同决定项目成本。由于这一模式可以避免不必要的紧急状况，因此，可以得出准确成本。
- 然而，由于转换谈判阶段可以缩短招标周期，因此，这一模式有利于进度计划。由于在扩展的 FEED 和转换阶段中已进行了所有工作，因此 EPC 阶段也得以缩短。图 4-9 显示了在进度计划方面的优势。

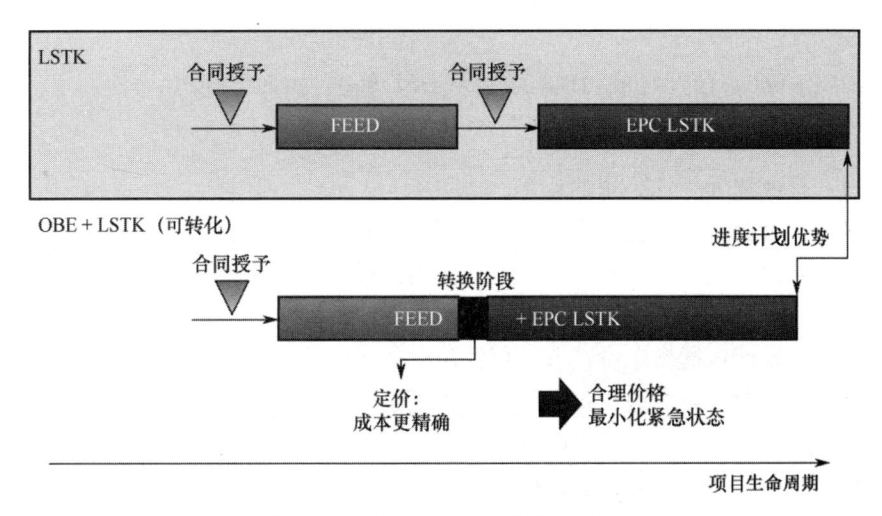

图 4-9 在进度计划上的典型优势

总而言之，在成本和进度计划上的优势如表 4-3 所示。

表 4-3 在成本和进度计划上的优势

成　本	进度计划
• 6～12 个月内制定 EPC 估算。这会使成本估算更准确 • 基于真实报价和商定的转换因子的准确价格,确保客户和承包商之间的公平性 • 有足够的时间开发项目,避免不必要的紧急状况 • 应用成本节约,使项目成本匹配客户预算 • 由于预算更准确,可以加速融资过程 • 风险降低,更好地控制了客户和承包商的共同收益	• 招标周期短,因为成本估算无须详细 • 缩短了项目的整体进度,因为扩展 FEED 和 EPC 招标时间被大大压缩 • 合同授予过程更容易,也更迅速 • 供货周期长的产品和关键设备可以提前确定下来或进行商谈

收尾

OBE 在石油和天然气行业的项目执行中已被证明是一种成功的合同替代方案,因为它使客户和承包商的目标与项目目标保持一致。无论是客户还是承包商,双方都致力于寻求最佳成本估算或项目目标成本,与此同时,进度计划也得到优化了。

正如在前文中提到的,目前绝大多数石油和天然气行业的项目都是大型项目,其中涉及很多风险,这些风险与供应商、承包商、分包商的高工作量相关。通过 OBE 这种替代方案,客户可以通过一种更有助于合作和达成共识的方式更好地管理风险。准确的估算减少了风险,风险被客户分担,而不是完全转嫁给承包商,通过这样的方式,项目成果得以改进。

Técnicas Reunidas 公司已成功地将项目从 OBE 转换为 LSTK-EPC。

定义

- 客户:石油和天然气公司的业主。
- 承包商:负责执行工程、采购及施工服务的相关公司。
- 工程、采购及施工:典型的工厂施工领域合同类型,包括工程服务、材料采购及施工。
- 前端工程设计:指概念设计或可行性研究完成之后进行的基础工程。在 EPC 之前,在这个阶段中,需要进行各种研究以识别出技术问题和粗略估算出投资成本。
- LS 合同:总价合同,指承包商同意以固定价格完成特定项目。
- LSTK 合同:一种合同形式。其中所有系统都交付给客户并准备就绪以供运营。
- MTO:管道、电气及仪表的材料估算单。
- OBE:开放式估算或开放式成本估算。
- PDS:通过多学科工程活动,用于设计工厂的软件。
- P&ID (Process and Instrument Diagrams):流程和仪表图。

4.9 索尼公司及挣值管理

挣值管理（Earned Value Management，EVM）是项目管理中最常用的工具之一。如使用恰当，EVM 就是最佳实践，能让项目经理和管理者更加清楚地了解项目真实的健康水平。EVM 也可以引起显著的持续改进。索尼公司的案例就是很好的证明。

和其他公司一样，索尼公司也面临一些同样的问题。由于索尼公司的项目规划没有达到期望的细节水平，因此索尼公司认为自己是在"负循环"里运营项目，如图 4-10 所示。索尼公司的挑战是找到有效且可持续的方法来打破"负循环"。

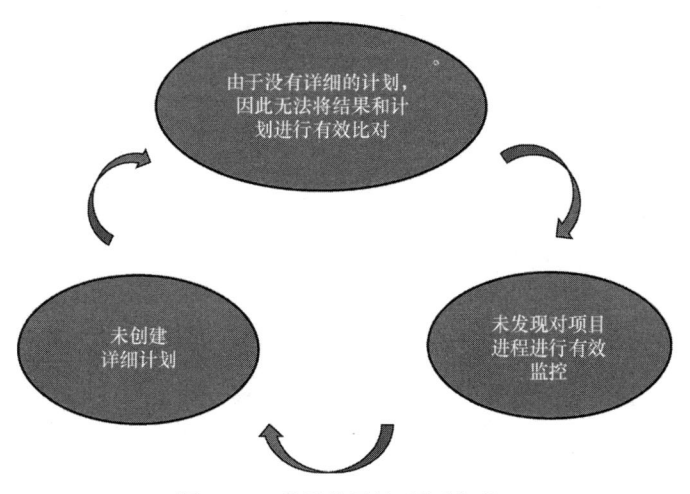

图 4-10 索尼公司的"负循环"

索尼公司的基本想法或假设是，如果人们意识不到变化的必要性并希望加入其中的话，什么都不会发生，更别说是改进了。索尼公司意识到，在一开始进行 EVM 进程的时候，可能需要牺牲信息的准确性。

索尼公司找到了对于项目经理和团队成员而言可能是最容易或最基本的进行持续监控的方法。

索尼公司从以下方面开始：

（1）把每个最终可交付物和完成日期都列在一张清单上。团队成员无须再花费额外力气整理这一信息，因为已经提供给他们了。

（2）在 EVM 方法中选择固定比率方法论，如加权里程碑法、完成百分比法及标准达成法报告进度。固定比率法可最小化项目经理和团队成员的投入力量。

运用各种图形，如图 4-11 和图 4-12 的进度绩效指数（Schedule Performance Index，SPI）报告将项目进程和监控进程可视化。

在人们开始实践这一基本的进程监控和报告方法之后不久，我们开始观察到如下进步：

（1）项目经理和团队成员对预测、早期预警、尽早采取对策提高生产力（如 SPI）的意识增强。

（2）项目经理和团队成员深刻意识到，审查和创建详细计划对于进一步提高生产力至关重要。

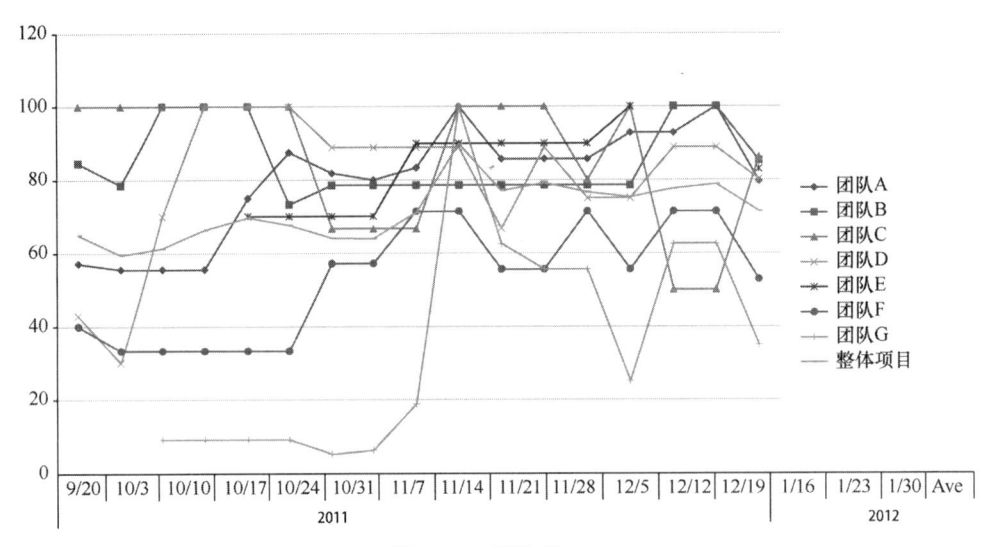

图 4-11　团队的 SPI

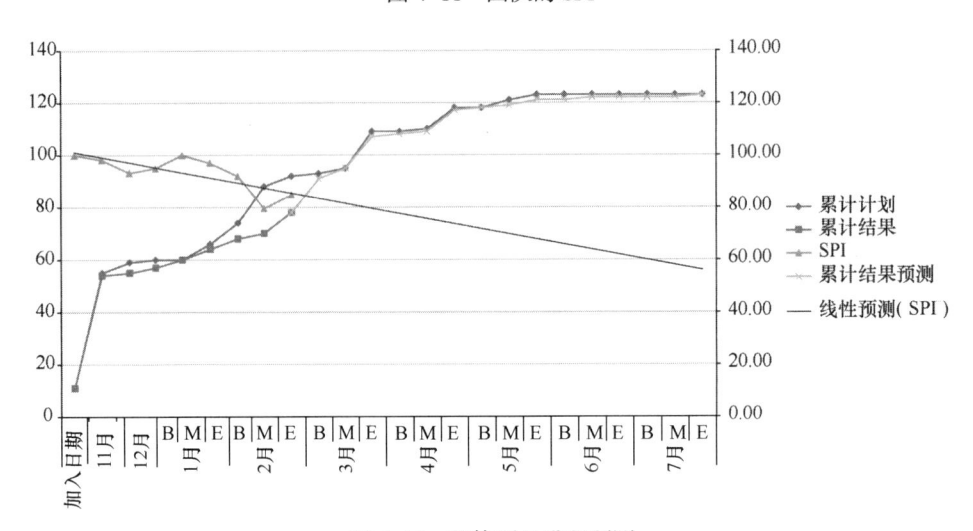

图 4-12　整体项目进程预测

可视化及绩效帮助项目团队更容易理解进行项目进程监控的重要性和益处。

如图 4-13 所示，项目经理和团队成员开始采取行动进行项目进程监控和报告。例如，如果数据不够准确或不够详细，团队成员很难发现进程延误：

（1）将一个月分为三部分。之前，数据是每月提供的。

（2）改变固定比率方法。之前应用的是 1/100 定律，现在则是 20/80 定律。

（3）增加中间可交付物。除了最终可交付物，也需要报告中间可交付物。

总而言之，作为有效执行进程监控的第一步，先开始使用组织中已有的可交付物的数据是很重要的。

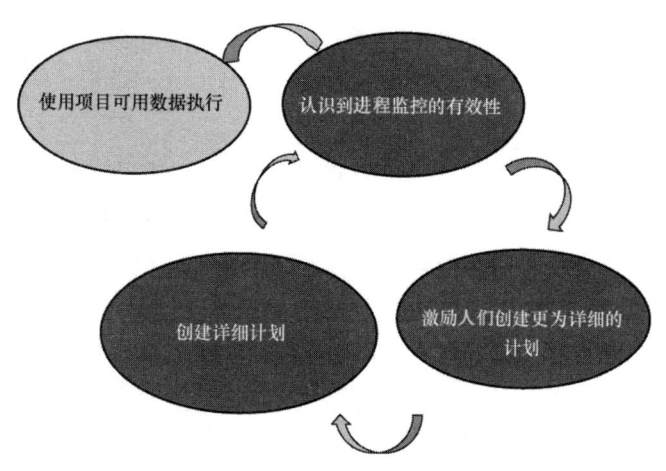

图 4-13　进程改进周期

通过进程监控可视化及预测，确保采取正确的措施解决问题。

一旦人们意识到项目进程监控的有效性，准确性就会提高。

4.10　项目管理工具及社会化项目管理

在项目管理的早期阶段，EVM 是许多公司使用的唯一工具。诸如国防部之类的客户创建了标准表格，要求每个分包商填写，进行绩效报告。一些公司还有一些其他的工具，但是仅限于内部使用，不会与客户共享。

随着项目管理的发展，公司创建了企业项目管理（EPM）方法论，其中包括诸如表格、指南、模板和检查清单等多种工具。设计这些工具的目的是增加项目重复成功的机会，并能用于多个项目。使用附加工具的想法源自对最佳实践及每个项目完成后的经验教训的分析。许多新的工具来自对项目错误学习的经验教训，以确保错误不会重复发生。项目团队目前有 50 种不同的工具可以应用。一些工具用于：

- 定义项目成功，因为定义因项目不同而可能不一样。
- 在整个项目生命周期中而非仅在项目完成时学习最佳实践及经验教训。
- 提高项目绩效汇报技巧。
- 在项目生命周期中获得收益和价值。
- 在项目生命周期中测量客户满意度。
- 将项目工作移交给其他职能团队。

随着项目管理的不断发展，公司从集中办公团队转向分布式团队或虚拟团队。现在需要额外的工具协助支持新的项目沟通形式。项目经理被期望与每个人沟通，包括干系人，而不仅仅是项目团队成员。有些人将此称为 PM2.0，重点是社会化项目管理实践。

技术的进步也促进了协作软件的发展，如公司内联网等协作通信平台；可能需要用到新的项目管理工具，如仪表板报告系统。项目管理哲学也从中心化的命令和控制转向社会化的项目管理，需要额外的工具实现有效沟通。新工具使得项目管理以更严格的方式出现，并伴随着更准确的绩效报告，也使得管理层可以依据事实和证据而不是猜测做出决策。

4.11 人工智能和项目管理

现在，人工智能（Artificial Intelligence，AI）正进入项目管理领域，并且这一话题引起了人们极大的兴趣。AI 会引起项目管理工具的增加还是减少尚不确定，但预计会产生影响。

从项目管理的角度来看，机器最终能否模仿项目经理的思维认知功能，如做决策和解决问题，是一个值得探讨的问题。AI 的原理已经被应用于语言识别系统和搜索引擎，如 Google 搜索及 Siri。无人驾驶汽车使用 AI 概念，军事模拟演习和内容交付网络也使用。计算机现在可以在棋类游戏中打败人类。AI 技术应用到项目管理中只是时间问题。

AI 的总体目标是创建能以智能方式运作的计算机和机器。要做到这点，需要使用统计方法、计算机智能和优化技术。这种 AI 技术的编程不仅需要了解技术，还需要了解心理学、语言学、神经科学及其他许多知识领域。

关于 AI 的使用，问题在于项目经理的思维活动是否能被描述得足够精准，以至于可以使用上述描述的技术进行模拟。或许在短期看来，任何一种简单的逻辑都无法达到这一目标，但随着计算机的运行速度越来越快，云计算的使用及机器学习技术的发展，还是有希望实现这一目标的。然而，近期看来，AI 的一些应用是可以协助项目经理的：

- 越来越多地使用竞争约束而不是传统的三重约束让项目经理更难做权衡分析。使用 AI 可以让项目经理们的日子更好过一些。
- 我们都有一种倾向，即想当然地认为项目开始时的假设和限制条件会在整个项目生命周期内保持不变。现在，我们知道这并不正确，而且必须在生命周期内跟踪所有假设和限制条件。AI 可以在这方面帮助我们。
- 高级管理层往往不知道何时对项目进行干涉。今天很多公司都在使用危机仪表板。当一名管理人员在计算机上查看危机仪表板时，显示的是那些可能有问题的项目，即指标超出可接受目标范围甚至临界度的项目。使用 AI 可以识别出立即能采取的措施，并缩短对超标情况的反应时间。
- 管理人员不知道还能在现有工作中增加多少额外工作而不会给员工造成过重负担，因此，常常会在未充分考虑资源的可用性、资源所需的技能水平、所需的技术水平的情况下就将项目添加到队列中。使用 AI，则可以创建一个项目组合，这个组合中的项目最有机会最大化公司的商业价值，并同时能考虑到资源的有效管理。
- 尽管已有一些用于项目进程优化的软件算法，但实际操作还是一种依靠试错技术的手动活动。有效的 AI 应用可以通过考虑公司所有当前和未来项目而并非单个项目，极大地优化进度。

项目经理经常迫于压力根据直觉而非计算机的步步推理迅速做出决策。由于我们必须做出假设，因此没有什么能被简单地归为错或对。通常来说，我们获取的信息越多，做出的假设就会越少。有了充足的数据信息，AI 工具就能够在信息不完整的基础上进行推理并解决问题。AI 可以将未来可视化，并为我们提供决定价值最优化的选择。

如果 AI 对项目管理实践有益，那么过去存在的项目管理知识领域就必须被整合到全公司的知识管理体系内，其中应包括公司所有的知识产权，如图 4-14 所示。

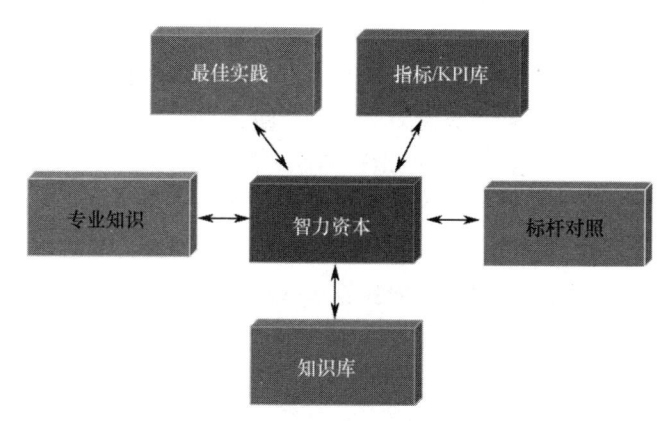

图 4-14　知识产权组件

提供给 AI 的信息越多，结果的价值就越大。因此，起点应是整合项目管理知识产权，并且 AI 可以访问此类信息。这应该是 PMO 的职责。

虽然上述一切听上去都可行，但仍然有一些负面风险，即在《PMOBK®指南》的知识领域中我们该如何使用 AI。比如，在人力资源知识领域，AI 可以测量人际交往吗？可以在与人打交道时表现出共情吗？在整合管理知识领域中，AI 在项目获得批准时可以在业务中增加当时未包含的额外假设和限制条件吗？在干系人管理知识领域中，AI 可以识别出每个干系人的权力和职权吗？关于机器伦理，AI 在做决策的时候能遵循 PMI 的道德规范和职业行为准则吗？

虽然对一些人而言，这些看上去颇有挑战且具有未来感，但 AI 比你认为的要更贴近现实。Amazon、Google、Facebook、IBM 及 Microsoft 已经建立了一个非营利合伙机构，以开发 AI 技术的最佳实践，提高公众的理解及成为 AI 的服务平台。在一份联合声明中，这些公司表示：这个合伙机构将进行研究、组织讨论、提供思维引领、向相关第三方提供咨询、回答公众和媒体的问题，并编制教材，以促进对 AI 技术的理解，其中包含机器感知、学习及自动推理。尽管 Apple 不是 2016 年的原始成员，但它也在 2017 年 1 月加入并成为这个合伙机构的一个创建成员。合伙机构中的成员会提供资金和研究，并与科学界共同努力将学术变为现实。

鉴于 Amazon、Google、Facebook、IBM、Microsoft 及 Apple 是项目管理的重度用户，其中一些被认为是拥有世界级项目管理实践的公司，那么它们将 AI 实践应用在自己的项目管理实践中还需要多长时间呢？AI 实践在项目管理上的应用可能就近在眼前。

4.12 生命周期阶段

在开发项目管理方法论的时候，确定最合适的生命周期阶段数量可能是个难题。举例来说，我们考虑一下 IT 行业。在 20 世纪 80 年代，随着软件的爆炸式发展，很多 IT 咨询公司携着应用系统开发生命周期（Systems Development Life-Cycle，SDLC）阶段开发的 IT 方法论横空出世。这些公司的咨询顾问向他们的客户保证，如果购买方法论外加附带的培训和咨询服务，就可以产生非凡的成效。接下来，在花费了成千上万美元之后，客户发现合同细则里用小字写着"方法论必须照原样使用，不可以进行定制"。也就是说，客户必须改变自己的公司来适应方法论，而不是反过来。大部分使用如此手段的 IT 咨询公司都已经不复存在了。

对一家公司来说，就生命周期阶段的数量达成共识在一开始并不容易。但是，当最终达成一致以后，所有的员工都应该按照相同的阶段来安排工作。然而，在今天的 IT 咨询公司中，"一刀切"的概念并不适用。不管创建了什么方法论，都必须具有灵活性，以便为客户进行定制。在这么做的同时，可能更需要专注于流程而不是阶段，或者也可以用一种框架方法结合二者的优点。

4.13 扩展生命周期阶段

以前，我们把项目的第一个阶段定义为启动阶段。在这一阶段，项目经理到位，拿到预算和进度计划，并被告知负责项目执行。今天，出现了一个预启动阶段，罗斯·阿奇博尔德（Russ Archibald）及其同事称之为项目孵化/可行性阶段。

在这一阶段，我们审视项目收益、完成时的预期价值、是否有足够够格的可用资源，以及在一系列项目中相比其他项目的重要性。有可能这一项目永远都不可能到达启动阶段。

过去，由于项目经理是在启动阶段指定的，因此项目管理在这一阶段才开始。如今，项目经理被期望更好地了解整个业务，公司发现让项目经理在启动阶段之前更早到位，协助做出业务决策而不是仅仅做出项目决策，是有益的。

在同样的背景下，我们传统上将生命周期的最后一个阶段视为项目收尾，其中包括实施合同收尾、行政收尾和财务收尾。项目收尾后，项目经理将被重新分配到另一个项目。

今天，我们还引入了项目后评估阶段。一些公司也将其称为客户满意度管理阶段。在这一阶段，挑选出来的项目团队成员、销售/市场人员及治理委员会的成员会和客户见面，讨论用于执行项目的方法论或流程是否需要改变，以及在未来项目中需要做出什么改变，以更好地改善客户、承包商、干系人之间的工作关系。

4.14 丘吉尔唐斯公司

丘吉尔唐斯公司建立了一套清晰地反映组织特质的项目管理方法论。来看看前项目集管理总监丘克·米尔霍兰的说法。

> 我们在以专业标准为基础的同时，也开发了符合行业理解规范的图表（并使用了术语）来帮助增进理解和认可。举例来说，我们有一套结构化的投资申请、批准和优先级排序流程（见图 4-15）。我们使用这样一个比喻：汗血宝马在上场比赛之前先要进入赛前鞍具装场做好准备，才能进入起跑门准备比赛。项目或者比赛，在汗血宝马进入起跑门之前都无法开始。

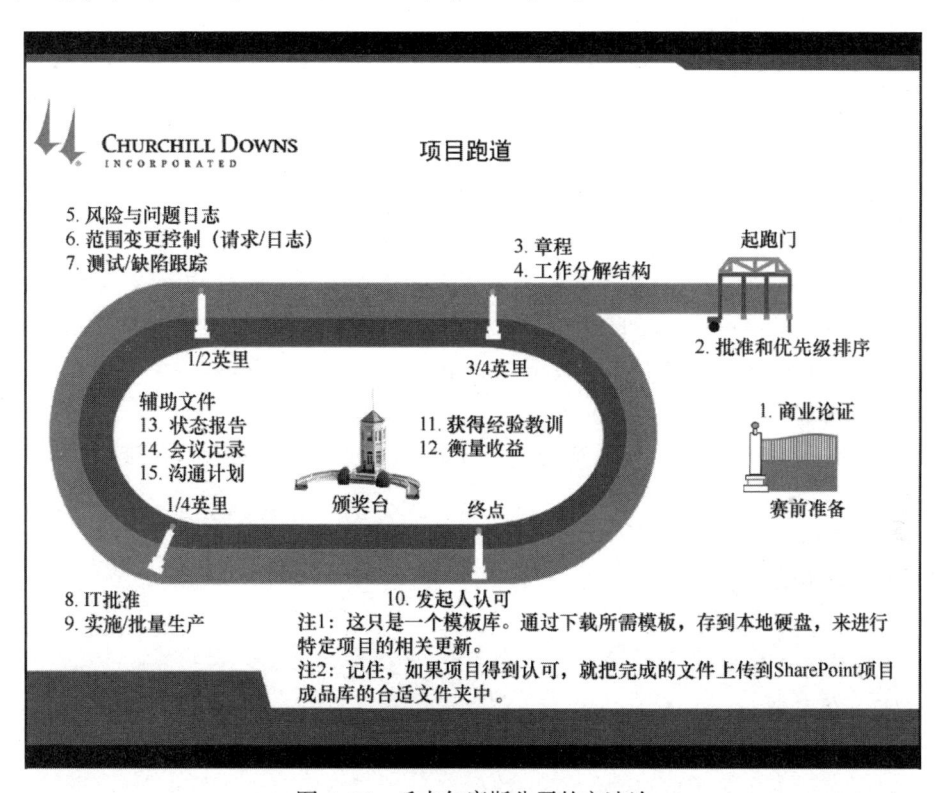

图 4-15 丘吉尔唐斯公司的方法论

4.15 英德拉公司：方法论的需求

就像之前在第 3 章中提到过的那样，对卓越项目管理的追求几乎总要伴随着项目管理方法论的发展。在英德拉公司也是这样的。英德拉公司这样定义卓越的项目管理："卓越的项目管理是在管理指定项目时通过反复逼近项目目标、创造业务机会和改善管理流程本身来实现的。"英德拉公司 PMO 前主任、PMP 专家恩里克·塞维利亚·莫利纳在讨论追求卓越之旅时说：

20世纪90年代中期，我们根据在主要国际项目中获得的经验，正式确立了一套项目管理方法论。我们面临的主要问题涉及对范围的界定、方法论的局限性，以及如何采用正确的策略来将相关知识传播到整个公司。为了解决这些问题，我们的管理层选择了聘请外界的咨询公司来充当推进和驱动文化改变的催化剂。

是的，这一进程从一开始就得到了高级管理人员的切实支持和密切关注，直到它在全公司的各个领域得到完全执行。

这一进程中的主要里程碑大概是这样的。

- 项目管理战略决策：20世纪90年代中期。
- 方法论定义和文档化：20世纪90年代中后期。
- 工具定义与筹备：20世纪90年代末。
- 培训流程开始：2000年。
- 部门层面的风险管理：2002年。
- PMP证书培训开始：2004年。
- 风险管理流程在集团层面的确定：2007年。
- 开始定义项目集与项目组合管理流程：2008年。

在20世纪90年代初期开发了一套项目管理方法论，并在90年代中得到正式定型。我们后来一直在不断更新该方法论，以应对公司和行业的不断演进。我们将该方法论作为一个框架来开发和维护项目管理信息系统，也在全公司范围内培训项目经理。

该方法论的基础是项目生命周期，并具有下列两大时期和六大阶段，如图4-16所示。

（1）合同前期：
- 阶段1 启动。
- 阶段2 方案准备。
- 阶段3 合同谈判。

（2）合同期：
- 阶段4 项目规划。
- 阶段5 执行、监控。
- 阶段6 收尾。

合同前期与合同期都是项目与其生命周期的一部分。大部分在项目运行中出现的问题源于定义本身，以及与客户就其目标、内容和范围进行谈判的过程当中。对合同前期的适当管理，是预防之后出现问题的最佳途径。

在每个阶段结束的时候，会有特定的成果来帮助做出关键决策，确定下个阶段的任务方向和重点，借此减少项目起始时的风险和不确定性。

关于各时期和阶段做出的决策，主要是基于我们的标准项目概念与开发周期的需要，以及我们接触的最重要的项目类型。

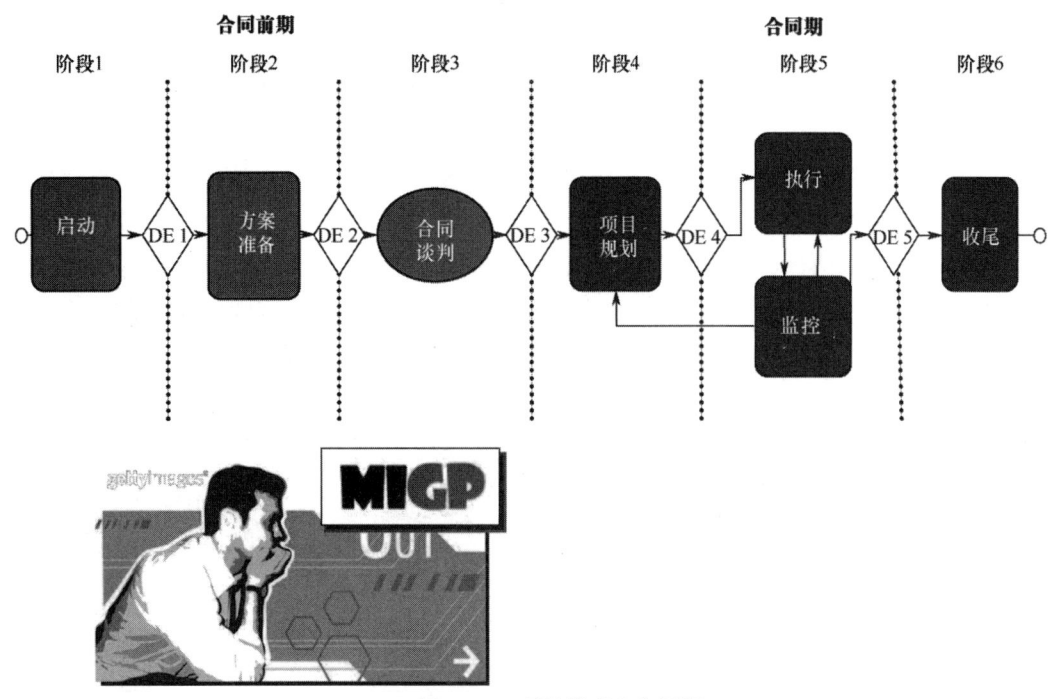

图 4-16 项目管理生命周期

风险管理流程已经被整合到方法论和企业项目管理工具之中。在方案准备阶段进行初始风险识别，之后在合同期的项目规划阶段执行完整的风险管理规划，并在接下来的执行阶段监控流程。质量保证和变更控制流程在这个方法论中被认为是主要的辅助流程。

4.16 方法论的实施

方法论的实际存在并不意味着它就是世界级的方法论。方法论本身不过是纸面上的文字。把标准方法论转化为世界级方法论的是组织文化和方法论的实施方式。

世界级方法论的存在并不能使项目管理变得卓越。只有整个公司接受和使用该方法论，才能形成卓越的项目管理。也就是说，通过卓越的实施，普通的方法论才变成了世界级方法论。

一家公司开发了一套杰出的项目管理方法论。公司里大约 1/3 的人采用了该方法论，并且认识到了它的真正的长期收益。另 2/3 的人并不支持该方法论。公司总裁最后进行了组织重组，并且要求必须使用这一方法论。

实施的重要性再怎么强调都不过分。拥有世界级项目管理方法论的公司的特征之一就是组织中到处都有世界级的经理。

要想迅速开发一套世界级方法论，就必须有一个实施负责人，而不仅仅是实施发起人。

实施发起人主要在需要的时候发挥作用，而实施负责人不同，他会亲自参与，自上而下地推动方法论的开发和实施。大部分公司都认识到需要实施负责人。然而，许多公司并没有认识到，实施负责人的职位是一个终身职位。底特律的一家公司在使用方法论取得了一定成功后，任命了新的实施负责人。结果，再也没有人推进对这一方法论的持续改进了。

好的项目管理方法论让你能管理你的客户及其期望。如果客户相信你的方法论，那么当你告诉他们，项目一旦进入了特定的生命周期阶段，就不可能再有进一步的范围变更时，通常他们都能理解。有个汽车部件分包商把信任的概念推向了极致。这个承包商在每个阶段结束时都邀请客户参加他们的阶段总结会议。这在客户和承包商之间培养了非常稳固的信任关系。不过，在会议的最后 15 分钟，因为需要讨论项目的财务问题，所以会请客户离开会议室。

项目管理方法论是一个"有机的"流程，这就意味着它们会不断变化、改进。方法论的改进通常包括以下几个方面：

- 改进和供应商之间的接口。
- 改进和客户之间的接口。
- 更好地解释子流程。
- 更清晰地定义里程碑。
- 更清晰地描述高级管理层的角色。
- 认识到需要额外的模板。
- 认识到需要额外的度量。
- 为决策委员会的参与开发模板。
- 完善项目管理指导手册。
- 找到让客户了解方法论实施方式的方法。
- 缩短基准评审会议时间的方法。

4.17　实施中的重大失误

尽管公司看到了需要改进项目管理的驱动力，但是，实际改善项目管理的投资决定可能直到公司陷入危机或资产负债表上出现亏损时才会真正出现。认识到需要改进比采取行动要容易得多，因为后者需要时间与金钱。在很多情况下，高级管理人员反复拖延前进的指令，寄希望于奇迹发生，让公司不再需要改进项目管理。当他们停止不前时，情况会进一步恶化。

迟迟不愿投资改善项目管理能力只是众多重大失误之一。另一个常见的失误，甚至是连最好的公司都无法幸免的，就是没有把项目管理当成一项专业工作。在一些公司中，项目管理是一项兼职活动，在员工的主要职务以外完成。员工职业生涯中的晋升机会来自主要职务，而不是项目管理。在其他一些公司，项目管理可能只是被看作一种使用进度工具的特殊技巧。

4.18 克服开发和实施障碍

对公司来说，做出需要项目管理方法论的决策比实际实施要容易得多。当设计和实施团队启动工作后，便有一些障碍和困难显现出来。典型的困难包括：
- 我们是开发自己的方法论，还是参考其他公司的最佳实践并试图在公司中使用它们的方法论？
- 我们是否能够让整个公司同意所有类型的项目都使用同一方法论，还是我们必须具备多种方法论？
- 如果我们开发多种方法论，其所需的持续改进工作是否有困难？
- 当公司中只有一部分人能够看到使用这一方法论的收益，而其他人想自行其是时，我们该如何处理？
- 我们如何说服员工认识到项目管理是一种战略能力，而项目管理方法论就是支持这一战略能力的流程？
- 对于跨国公司，我们如何使全球所有分支机构都能使用同样的方法论？是否必须基于内联网？

这些是在方法论开发过程中困扰公司的典型问题。这些挑战是能够被克服的，在后面我们便会以实例来说明这一问题。

4.19 瓦锡兰：认识支持工具的需求

尽管我们对发动机一直都充满热情，但我们现在不仅仅是一家发动机公司。如今，由于我们同船厂和发电厂的项目越来越大且越来越复杂，因此，专业的项目管理已经成为我们持续成功的关键。

◆ 卓越的项目管理——客户满意的前提条件

瓦锡兰项目管理办公室（Wärtsilä Project Management Office，WPMO）成立于2007年，致力于发展项目管理文化、流程、能力及工具，以保证我们的客户满意。

首先，我们对项目管理进行了详细分析，识别出改进区域。那时，我们还没有任何可用于项目和项目组合管理的软件。因此，WPMO首先采取的行动就是启动了一个名为"网关"的全球改进计划，开发和实施一系列项目和项目组合管理流程及用于支持的应用程序。

据项目负责人安蒂·卡米（Anitti kämi）所说，"网关"的出发点及瓦锡兰需要进一步推进项目管理的原因如下："专业的项目管理对于我们的盈利、竞争力及为客户提供价值而言是真正必不可少的。"

项目分为3种类型

为了获得尽可能高的预期收益，公司内所有部门和以下所有3种项目类型都会使用新工具统一流程的相关部分：
- 客户交付项目。
- 运营开发项目。
- 产品和解决方案开发项目。

这一方式的应用意味着可以使用新工具管理数千个项目，涉及约 2 000 人。

良好的项目管理实践

今天，整个瓦锡兰都在使用统一的业务流程（关口模型）、指南和术语。此外，我们通过项目管理的专业培训和认证方式来维持这一资源。

所有此类规模的项目一直都存在挑战，特别是在工作方式和并行软件共同开发时。公司内部项目管理成熟度水平不同也是一种挑战。好的方面是，现在围绕着项目管理的对话一直是积极的，来自不同部门和不同项目的人能够坦诚地交流经验，给人一种真正的"一个瓦锡兰"的感觉。

在很多项目管理领域，特别是在项目组合管理和资源管理方面，我们已经看到改进和收益。

目前，我们在研究和开发项目组合规划中使用这一新应用程序作为项目数据库。这使项目都以项目组合的方式进行安排，这意味着更加结构化的后续流程。反过来，这也会给项目带来更好的透明度和可见性，也可以对干系人的询问给出更快、更容易的回应，使总体项目汇报更有效。

自从在全公司的运营开发项目中使用了信息管理资源，一流的资源管理就变得重要起来。拥有共享的软件工具确保了良好资源的可用性、管理和监控工作量的透明度，以及为良好的规划提供可靠的事实依据。

使用共同的项目和项目组合管理工具的收益还包括：能够记录和使用经验教训、提高协作能力，以及所有项目团队成员都能更容易地获得信息。

工具的确使项目管理变得不一样

简而言之，这就是瓦锡兰的"网关"：为计划和运行项目制定并应用了更有效的方法，以及一个可以让我们收集、处理和分享项目相关信息的共同工具。另外，通过实施这个工具，我们确保了内外部客户都感到满意。

4.20 通用汽车动力系统集团

对项目规模小、周期短的公司，项目管理方法论可能不经济，也不适合。对项目规模较大的公司，则必须有一个可行的方法论。通用汽车动力系统集团就是大公司成就卓越项目管理的一个例子。公司的业务尽管有少部分外部客户的合同项目，但主要业务基于内部项目，项目规模在 1 亿~15 亿美元。通用汽车动力系统集团已开发并实施了一个具有 4 个阶段的项目管理方法论，该方法论已成为其业务的核心流程。公司决定采用项目管理，是为了加快将其产品推向市场的速度。集团的前高级管理人员、副总裁迈克尔·穆奇勒（Michael Mutchler）认为：

> 作为以产品为中心的组织，我最主要的期望是高效执行。这包括训练有素的、高效的产品群开发、实施和日常运作。我们成立了产品团队，以建立一个让领导者更好地理解市场和客户的需求的环境，鼓励系统思考和跨职能、互助的行为，并且使所有员工能理解他们在实现通用汽车动力系统战略和交付优秀产品中的角色。这一组织战略的目标是使大型组织能够及时响应，并交付客户想要而且买得起的高质量产品。

通用汽车动力系统集团的项目集管理流程基于通用模板、清单和系统构建。下面列出了 20 世纪 90 年代集团的所有项目集的几个通用元素：
- 章程和合同。
- 项目集团队的组织结构，以及定义好的角色和职责。
- 项目集计划、进度和逻辑网络。
- 项目集一级和部件一级的跟踪系统。
- 4 阶段的产品开发流程。
- 变更管理流程。

在通用汽车动力系统集团的方法论中，两个关键元素是项目集章程和项目集合同。项目集章程定义了项目集的范围及可度量的目标，包括：
- 业务目的。
- 战略目标。
- 希望从项目集中得到的结果。
- 工程和资本预算。
- 项目集的时间安排。

项目集的合同定义了项目集将如何履行章程。合同是对项目集团队的可交付物，以及通用汽车动力系统集团的人员为团队提供的资源和支持等方面的共同理解。

虽然这里关于通用汽车动力系统集团的信息可能看起来有一点过时，但它确实显示了通用汽车在开发企业项目管理方法论方面比大多数公司领先了数年。通用汽车动力系统集团已经对其方法论进行了大量变革。很多公司刚刚开始进行的步骤，通用汽车动力系统集团已经在 10 年之前就实施了。今天，通用汽车动力系统集团使用以上方法论来开发新产品，并有第二套方法论来应对软件项目。

4.21 英德拉公司：项目收尾

像英德拉这样的科技公司，项目就是开发、生产及维护复杂的硬件和软件系统，如果没有处理好，项目的收尾做得不够成熟的话，那么也会给公司收益造成巨大的损失。

对项目投入的工作量往往呈曲线形，顶峰都在项目生命周期的开始和一半时出现（见

图4-17）。换句话说，从项目经理的角度来看，最需要关注的是规划、监控阶段。

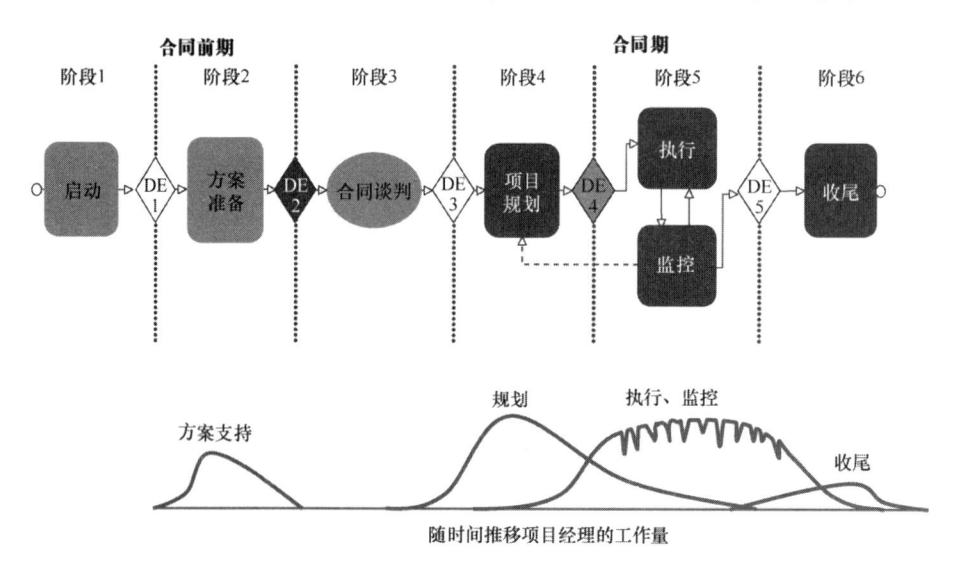

图4-17 英德拉公司项目管理生命周期

在项目规划阶段，项目经理制定清晰的目标。同时，规划也取决于同发起人或客户已确立的承诺。在监控阶段，项目经理的注意力集中于协调团队力量实现项目里程碑、识别偏离基准项及保护项目免受变更的影响，这些实际上占用了项目经理的大多数时间。

在项目收尾的时候，就不是这样了：承诺一旦兑现，项目经理的压力就会释放。有时，由于项目经理的关注度和精力下降，还可能有新的任务正在等着项目经理，因此，他会在没有很好地收尾前一个项目的时候就开始承担新的责任，这样就不能很好地实现项目的一个里程碑（项目收尾）。

像英德拉这样的公司，主要业务是向其客户交付项目结果。我们希望在业务改进的框架下，能以最有效的方式组织资源，使我们对客户的承诺得到最有效的回应。

项目经理对做好项目收尾可能主动性不高，他们认为这是简单的行政工作。因此，大家可能忘记，如果我们不把它当作巩固我们在项目中获得收益的机会，那么组织就会失去这一收益，特别是在范围和资源管理方面（范围和资源是计算生产力的主要数值）。

当我们关注范围管理时，如果项目收尾没有做好，可能存在以下风险：可交付物的验收协议可能被更改，客户可能重新展开验收，或者重新解释验收结果。如果项目收尾没有做好或质保期混乱，就会发生上述情况。

举个例子：在植入新系统后，客户的需求可能发生变化，对需求的解读也会变化，对项目初始范围的跟踪及其验证的前置条件就会不同。如果没有一个正式的收尾，客户方负责验收可交付物的人可能随着时间的流逝改变看法。这样的话，客户可能对项目提出新需求，而不是像本来那样，将需求放入项目扩展中。

当基于敏捷模型（现在很流行）管理项目的时候，要特别注意致力于客户需求接受的工作。

如果我们关注资源管理，可能会出现组织资源配置障碍，最常见的是阻止资源从我们的项目中释放到其他的项目里，这降低了项目期间获得的生产力。另一个负面影响是项目收尾没做好，失去对方法论的关注。我们被迫去应对各种突发的变更和问题。这种没有预防性的做法违背了对于变更、范围、改进和责任的设想的遵守，这些设想本来已经在项目的其他阶段由项目经理通过合理的谈判得以确认，但可能在项目收尾时又濒于险境。

这一担忧促使英德拉公司通过实施项目管理信息系统（Project Management Information System，PMIS）来改进项目收尾实践：

- 尽早开始项目收尾活动，使其与之前阶段重叠（如当范围缩减时或当收尾日期已有计划时）。
- 使用 PMIS 在项目生命周期中收集的信息，以识别可能阻止项目正式收尾的情况。
- 使用与项目收尾相关的指标和报告，同时跟踪项目收尾状态。
- 将经验教训与 PMIS 的更新联系起来，以便能够查找之前的经验知识，这也会影响收尾过程。

西班牙有句谚语，"关上门，否则猫就会跑掉"，话很简单，却显示出如果项目收尾没有做好，组织就会面临风险。如果我们没有关上门（项目），猫就跑了，换句话说，之前控制好的风险最后极可能都会发生。如果项目经理没能仔细执行项目收尾，就可能给项目增加很大风险，而这一风险在他投入精力和关注度时曾经被控制得很好。

4.22 当传统方法论可能失效时

虽然方法论有其有效的用途，但当出现一个令人担忧并且需要采取紧急措施去挽救的失败项目时，传统的方法论可能不会产生良好的效果。在这种情况下，其他的一些因素可能比跟随传统的生命周期阶段更加重要。

◆ 挽救问题项目和项目集

当今的项目和项目集已经变得非常复杂，所以无论你在哪个城市，或者你公司的业务基础如何，可能每天都需要有效的项目挽救技术。我们必须面对许多不同的、无法预料的情况，这些情况与国籍、语言或共有的经历是没有关系的。在项目的实施过程中，我们被大量内部与外部的风险所影响，这些风险在项目的实施过程中会变成真正的问题。

亚历山大·索伦森·吉索尔菲（Alexandre Sorensen Ghisolfi）博士与国际学习集团合作数年，并且在全球项目管理社区面临这种挑战。以下是他杰出的实践成果和想法。

项目挽救可以成为许多想法和经验教训的来源。当项目需要被挽救的时候，通常伴随着冲突、分歧，甚至争斗。

当项目出现问题时，你可能能够更好地了解一个人的本质，并且知道他是否真的效力于组织。换句话说，当事情进展顺利时，我们很容易看见人们脸上的笑容，通常可以知道一个人好的方面。当事情进展不顺利时，一个人不同的一面往往会暴露出来。

在这种环境下我们可以知道，被挽救的项目若想成功，通常需要一个专家团队和一个高效的项目管理领导者。不是所有的项目经理都具有挽救项目的技术。项目经理和解决方法都是挽救的标配，专业的项目管理团队也是必要的。

当情况表明项目很有可能失败时，我们必须能明确地改变文化中可能产生不良情绪的方面。使用这种方法，我们可以创建一种新的文化来帮助挽救项目。

挽救项目管理团队由高层人士组成，包括专家，有新想法、有天赋并且认识到成功的挽救有益于他们的职业目标的年轻人，以及有领导力的挽救项目经理。他们必须在一起工作，将充斥着不良情绪的环境转换为人们相信他们仍然可以使项目恢复并且交付成果的环境。如果团队成功了，这会让团队为他们的成功而感到自豪，也会产生一种极大的认同感。

在挽救过程中，我们必须考虑两种不同的环境：
- 人类行为。
- 应用专业技术。

人类行为

每个有问题的项目都有不同的情况和备选方案。挽救的进程取决于你的经验和找到解决方法的能力，也取决于你能否有效地影响不同的干系人，并且使他们产生"游戏一定会赢"的共识。由于成功的解决方法基于团队成员不同的贡献，项目经理需要知道怎样选取他们之中最优秀的或者影响他们去实现领导者的预期目标。

但是，在你开始识别并评估不同的备选方案时，最好考虑一些与人类行为有关的不同的方面，这会大大影响结果。为简单起见，我们不讨论政治、等级、知识和其他影响人类行为的因素，但是我们建议你至少清楚你身在哪种类型的公司和团队中。我们可以通过关于组织成熟度的研究来清楚这一点。

你有一个成熟的团队吗？你的公司在项目管理方面同样成熟吗？

一些应该去实施的最佳实践：
- 公司和团队的成熟度将直接影响结果，所以你所在的团队越成熟、专业，那么它挽救失败项目的能力就越强。最佳实践是首先深刻地分析公司和团队的成熟度；通过分析结果，你可以明确地知道差异、问题和需要改变的环境。在成熟度分析之后，有一份成熟度报告握在手里，对于准备挽救计划和向项目发起人解释为什么一些重要的活动必须紧急展开是非常必要的。当在一个矩阵组织中工作时，我们会面临很大的困难——不直接属于我们项目组织结构的资源和那些可能对于项目的结果与我们有不同利益的人。

其他必须实施的最佳实践：
- 提醒人们改变的必要性。如果有必要，每天提醒人们我们的使命和日常工作。
- 适当地为人们提供培训并树立榜样是十分必要的。这可能是提高团队和组织成熟度的最好方法。

- 授权给团队成员，使我们的挑战成为他们的挑战。
- 确保整个团队都完全效力于取得好的结果的挑战。

保证沟通过程是有效的。你可以沟通少一点或多一点，但沟通必须是有效的。这仍然取决于你的公司和团队的成熟度和我们对项目的投入度。真正投入的团队成员会专注于沟通，沟通会自然而流畅。

当讨论进程和工作的时候，灵活变通是很重要的。另外，在交代重要活动时一定要适当地强调纪律。团队组织的结构、部门和供应商的利益会对出现好的还是坏的事情产生巨大的影响。

人类行为可能比应用所需的专业技术更具有挑战性。

对于组织和团队成熟度的研究可以为我们指明一个更加安全的前进方式。更快、更好的绩效需要尽快发生，因为你不能再失败一次；行动必须有效。

应用专业技术

在技术方面，当挽救项目时，明确地知道或者确定优先级顺序可能是更重要的。

你会将重点放在你要交付的产品的质量标准（如质量验收标准）上；毫无疑问，你不能牺牲质量。约束条件的平衡将取决于你的谈判能力和你与客户的合同条件。

你可能无法准备好一个项目需要的一切，因为必须做出牺牲。可能当与项目基准比较时，你发现交付的结果是不同的。一个挽救计划需要立刻实施。

牺牲了什么？成本？项目成本？产品成本？时间？降低规格？改变产品项目交付策略？不良的沟通？文档写作、报告？

当项目出问题时，许多因素都会明显地影响成功并且增加困难。这里有一些最佳实践可以实施：

- 强调风险管理是一个必要条件。在有问题的项目中，风险管理变得格外重要。当你鼓励一个团队在风险管理的驱使下执行一个计划时，这个团队已经明确了优先级，这个优先级是通过风险分析得到的。风险管理作为一个整体的视角，可以推动周边的任何事情，如范围、时间、团队组织、技能、沟通等。
- 让你最好的员工第一个去做最难的活动。
- 把重点放在关键的活动上，以缩短它们各自的持续时间。
- 避免临时加入缺少经验的新人；当你想要适当地改变文化或兴趣重点时，你可以引入新人。
- 避免利益冲突，我们不能在解决不必要的事情上浪费时间。更加努力地和你的发起人合作，以获得他们的支持。
- 在项目场景中采用最佳实践也是一个关键点。你必须找到一种方法使你的团队执行以前可能从来没做过的事情。挑战你的团队成员，询问他们是怎样想的，以及如何用不同的方式工作。通过这种方式，你会产生认同感。
- 你可能在寻找快速成功的方法。很快你会发现，团队尝试去应用的一些最佳实践已经奏效，但另一些没有取得好的效果。替换或者采取以前没有采用过的并且你的项目非必需的最佳实践，你可以迅速获得满意的答案。快速明确哪种做法是有效的，哪种做法是无效的，对于弥补时间的损失是十分重要的。

成功地挽救失败的项目是一段令人难忘的经历。当你拥有一个有良好心态的团队时，它的确有益于提高公司和项目管理的成熟度。防止项目进入一个通向失败的关键情境，在未来的项目管理中就可以获得很好的结果。

第 5 章
整合的流程

5.0 简介

在项目管理方面特别成功的公司都进行项目管理的战略规划。这些公司不满足于仅仅与竞争对手打个平手,而是要超越它们。要想持续地比竞争对手表现得更好,流程和方法论必须能够促进持续的成功,而不能昙花一现。

图 5-1 定义了卓越六边形。卓越六边形中的六个构件正是那些在项目管理中表现卓越的公司领先其竞争对手的领域。

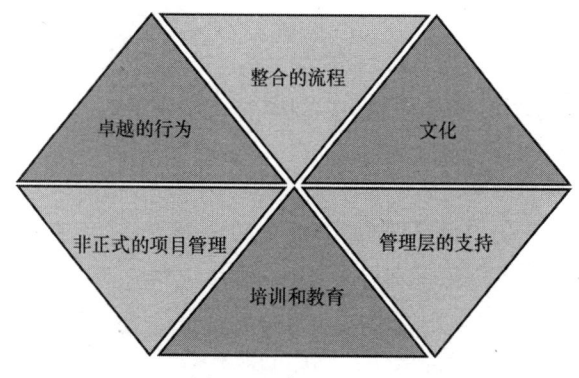

图 5-1 卓越六边形

这六个领域将会在第 5～10 章介绍,本章将从整合的流程开始。

5.1 理解整合的管理流程

如同我们在第 1 章中讨论的那样,自 1985 年以来,一些新的管理流程(如并行工程)提高了项目管理被接受的程度。最重要的几个补充管理流程及其出现并被引入项目管理的年代如下所述。需要了解的是,这些流程在引入项目管理流程之前就已经发布。

- 1985 年：全面质量管理。
- 1990 年：并行工程。
- 1992 年：员工授权和自我管理团队。
- 1993 年：重组。
- 1994 年：生命周期成本分析。
- 1995 年：变更管理。
- 1996 年：风险管理。
- 1997—1998 年：项目办公室和卓越中心。
- 1999 年：集中办公团队。
- 2000 年：跨国团队。
- 2001 年：成熟度模型。
- 2002 年：项目管理的战略规划。
- 2003 年：局域网状态报告。
- 2004 年：能力规划模型。
- 2005 年：六西格玛与项目管理的整合。
- 2006 年：虚拟项目管理团队。
- 2007 年：精益/敏捷项目管理。
- 2008 年：知识/最佳实践库。
- 2009 年：项目管理业务流程认证。
- 2010 年：复杂项目管理。
- 2011 年：委员会治理。
- 2012 年：竞争性约束，包括价值组成部分。
- 2013 年：度量管理和仪表板报告系统的进步。
- 2014 年：价值驱动的项目管理。
- 2015 年：文化差异管理在内的全球项目管理。
- 2016—2017 年：并购项目管理增长。
- 2018—2022 年：企业战略规划和 VUCA 分析。

项目管理与其他领域管理流程的整合是实现持续卓越的关键。并不是每个公司在所有的时候都使用所有流程。公司选择最适合它们的流程。然而，无论选择哪些流程，这些流程都与项目管理方法论组合并整合在一起。前述提到的采用世界一流方法论的公司都选用一种基于整合流程的单一且标准的方法论。其方法论既涵盖业务流程，也涵盖项目管理的相关流程。

每个整合的流程都要经过持续的改进，使用该流程的项目管理方法论同样如此。最佳实践库和知识库包含有关整合的流程及整体项目管理方法论的最佳实践。

能否整合各种流程，取决于公司选择实施哪些流程。例如，当一家公司实施了阶段关口模型的项目管理之后，公司很可能发现，整合诸如并行工程这样的新流程变得相当容易。唯一的前提条件是，新的流程不作为独立功能，而是从一开始就设计成已有项目管理系统的一部分。通用汽车动力系统集团使用的 4 阶段模型以及爱立信电信公司的 PROPS 模型，都能很容易地吸收新的业务和管理流程。

如今的项目管理被看作对一部分业务的管理，而不仅仅是对一个项目的管理。因此，项目经理必须既理解和支持项目的流程，也理解和支持业务的流程。本章将讨论列出的每种管理流程，以及这些流程如何加强了项目管理。下面，我们通过实际的案例分析来看一看其中的一些整合管理流程是如何取得成功的。

5.2 辅助项目管理流程的演进

从 1985 年开始，一些新的管理流程与项目管理同步发展。在这些流程中，全面质量管理和并行工程是与项目管理相关度最高的。将在第 15 章讨论的敏捷和 Scrum 同样具有显著影响。只有卓越的公司才能认识到应针对当今众多管理流程选择进行统合综效。最快成熟起来并实现卓越的公司也正是那些能够认识到流程之间协同促进的公司。让我们考虑下面列出的 7 个概念，看看它们可否构成项目管理方法论的一部分。

- 团队工作。
- 战略整合。
- 持续改进。
- 对人的尊重。
- 以客户为中心。
- 用事实来管理。
- 结构化的问题解决。

事实上，这 7 个概念是 Sprint 电信公司全面质量管理流程的基础。它们也都有可能轻松地构成项目管理方法论的一个方面。

20 世纪 90 年代，柯达公司曾经开设了一门名为质量领导力的课程，包括以下 5 个原则。

（1）关注客户。无论是内部客户还是外部客户，我们都非常关注。客户的意见和需求推动了产品和服务的设计。我们的产品和服务的质量完全由客户决定。

（2）管理层的领导力。基于这些原则，我们将在各层级的管理中展现非凡的领导力。

（3）团队协作。我们一起工作，结合我们的想法和技巧来提高我们工作的质量。我们会加强并奖励质量改进方面的贡献。

（4）分析的方法。我们采用统计的方法来控制并改进我们的流程，用基于数据的分析指导我们的决定。

（5）持续改进。我们积极地追求质量改进，对关键流程采用持续的计划—实施—验证的循环来改进。

我们可以认为这些也是项目管理的原则。

图 5-2 描述了当一个组织无法整合其流程时会发生什么。结果是完全脱节的流程。那些在每个流程里面采用独立方法论的公司最终可能导致重复的工作、重复的资源，甚至重复的设备。尽管在图 5-2 中还包含其他一些流程，但我们只集中讨论项目管理、全面质量

管理和并行工程。

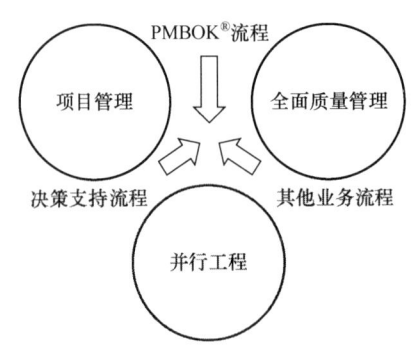

图 5-2 完全脱节的流程

如图 5-3 所示，公司开始认识到，把若干流程置于同一方法论下会产生协同促进作用，最早被部分整合的两个流程就是项目管理和全面质量管理。如图 5-4 所示，当协同促进和整合的好处越来越明显时，组织将选择整合所有的流程。

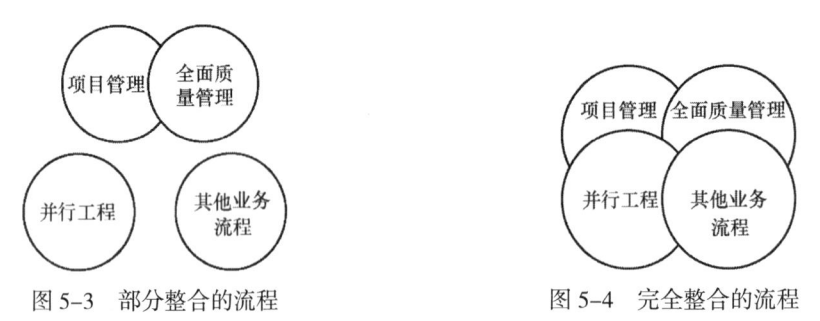

图 5-3 部分整合的流程   图 5-4 完全整合的流程

卓越的公司能够认识到对新流程的需要，并能把新流程迅速整合到现有的管理结构当中。20 世纪 90 年代早期，将项目管理和全面质量管理及并行工程进行整合就受到了关注。到了 90 年代中期，另两个流程也开始被重视，即风险管理和变更管理。尽管这两个流程本身并不是新流程，但整合这两个流程是一个新的概念。

在 20 世纪 90 年代末，延锋汽车饰件系统有限公司的前产品开发副总裁史蒂夫·格雷格森（Steve Gregerson）描述了整合流程的方法论：

> 我们的组织，基于我们公司在全球的最佳实践及客户的需求和期望，开发出一种标准的方法论。这种方法论符合 ISO 9000 的要求。我们的流程由 7 个关口组成，每个关口都要求在一张纸上列出具体的可交付物。有些可交付物包括一个工序，并且在大多数情况下都有定义好的格式。这些指南、检查清单、表格及工序是我们项目管理结构的骨架，能帮助吸取和记录教训，用于后续的项目集。这些方法论与我们的业务系统的所有方面整合在一起，包括风险管理、并行工程、先进质量规划、可行性分析、设计评审流程等。

另一个采用整合流程的例子是北电采用的方法论。在 20 世纪 90 年代末，北电供应链管理部的副总裁鲍勃·曼斯布里奇（Bob Mansbridge）认为：

北电的项目管理是与供应链整合在一起的。现在，大家都能够很好地理解在管理一个项目时，项目管理就是指整个供应链管道中一系列整合的流程。在北电，全面质量管理是由管道的度量体系定义的。这些度量体系来自从客户及外部的角度衡量的"最好的"成果。这些度量是分层次的，并同时为主管经理和执行人员提供互相关联的指标。项目经理需要和供应链中的各个领域一起协作，优化最后的结果，以使正在进行的项目受益。通过在全球范围实施标准化流程，包括项目管理团队和业务部门对供应链管道度量体系进行月度评审，实施"最佳实践"变得更加可控、可衡量和有意义。

人们最终认识到整合风险管理的重要性。Drexel 大学的项目管理教授弗兰克·T. 安理（Frank T. Anbari）认为：

> 从定义上来讲，项目就是有风险的活动。项目的目标是创建以前不存在的、新的、独特的产品、服务及流程。因此，要实现可重复的成功，必须仔细地管理项目的风险。量化的方法在风险管理中起到重要的作用。所以，必须对这些工具拥有足够的认识，此外别无他法。

对于卫生保健、财政金融、法律服务类的组织来说，风险管理是它们几十年来关注的焦点，原因是显而易见的。现今，在各类组织中，风险管理使我们不至于把问题向后推，寄希望于晚些时候能找到一个容易的解决方案，或者寄希望于问题自行消失。作为项目管理的一部分，变更管理用于控制项目范围蔓延的负面效应——成本增加（有时 2 倍或 3 倍于最初的预算）及进度延迟。当变更管理流程成为整个项目管理系统的一部分时，原有项目范围的变更可以作为单独的项目或子项目，以免原有项目的目标迷失。

现今，卓越的公司整合了 5 种主要的管理流程（见图 5-5）：
- 项目管理。
- 全面质量管理。
- 风险管理。
- 变更管理。
- 并行工程。

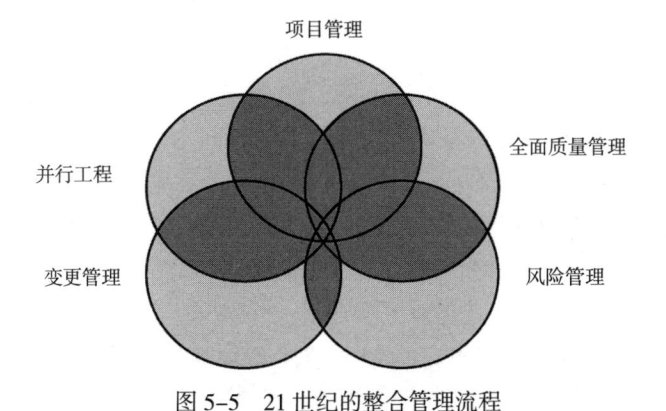

图 5-5　21 世纪的整合管理流程

一些公司还把自我管理团队、员工授权、重组、生命周期成本分析等与项目管理相结合。

5.3 全面质量管理

在过去的 30 年间，全面质量管理（Total Quality Management，TQM）（及六西格玛）的概念使许多公司的运营和生产职能发生了革命性的变化。公司很快领悟到，项目管理的原理和系统可以用来支持和管理 TQM 项目，反之亦然。最终，卓越的公司将这两个互补的系统完全整合在了一起。

TQM 的重点在于强调整个系统的质量问题。然而，质量从来都不是终极目标。全面质量管理系统持续、并行地运行于公司的各个业务领域，其目标是带给市场越来越高质量的产品，而不仅仅是和去年或前年类似质量的产品。

全面质量管理是在戴明、朱兰及菲利普·B. 克劳斯比（Phillip B. Crosby）所主张的原理上建立起来的。其中的戴明，因其曾在促使第二次世界大战后的日本发展成世界经济主导力量的过程中扮演过重要角色而闻名于世。全面质量管理的流程就建立在戴明提出的一个非常简单的"计划—实施—检查—行动"循环（后文中的 PDCA 循环。——译者注）的基础之上。

PDCA 循环与项目管理原则非常契合。要想实现任何项目的目标，首先应该计划要做什么，接下来就应该按照计划去实施。在实施过程中，应该进行检查，并对检查出的问题进行修正，使之最终能按照原来的计划执行。应该注意到，循环并不会随着结果的产出而结束，相反，它是一个持续改进的系统。每个项目结束后，你都应该对项目计划和执行过程中汲取的经验教训进行总结，进而把这些经验教训整合到流程当中，在后续的新项目中开始新的 PDCA 循环。

此外，全面质量管理还基于其他 3 个非常重要的元素：关注客户、流程思维和减少变更。这应该很容易让你回想起项目管理原则。PDCA 循环可以用于在项目管理中识别、验证和实施最佳实践。

20 世纪 90 年代中期，在一个关于"如何实现成熟项目管理"的实时视频会议上，江森自控的质量和项目集管理组副总监戴夫·坎特（Dave Kandt）评价了江森自控令人惊讶的成功背后的原因：

> 我们引入项目管理和其他公司有些不尽相同的地方。我们整合了项目管理和全面质量控制（Total Quality Control，TQC，或称全面质量管理）。20 世纪 80 年代中期，公司的第一个设计开发项目使我们意识到，尽管公司的各职能部门可以非常好地独自运作，但事实上我们更需要一些能把各职能部门有机连接在一起的系统。我们很自然地想到，项目管理的很大一部分职能正是让工作在公司内各职能部门之间并行展开。于是，我们立刻联系了诺尔曼·费根鲍姆（Norman Feigenbaum）博士。这位身在北美的 TQC 鼻祖帮助我们建立了一系列系统，把整

个公司有机地连接起来。费根鲍姆博士从一个最广泛的角度看待质量，包括产品质量、系统质量、可交付物质量，当然还有项目质量、新产品的推出等。这些系统中一个非常关键的部分是强调产品推介及产品推介流程的项目管理系统。此外，还有一个不可缺少的环节，那就是项目管理培训，有了培训才能实施这些系统。

我们的培训从总裁办公室开始。一旦我们向这些人解释清楚项目管理的原则和原理后，我们便将培训进一步推广到工厂经理、工程经理、成本分析人员、采购人员，当然还有项目经理等。只有在夯实基础之后，我们才开始真正的项目管理和角色职责定义。这样，当整个公司的人员开始投入工作时，每个人都理解各自在项目管理中的角色。正是这种理解，使我们得以进一步转型为矩阵型组织，并最终拥有了独立的项目管理部。我们这套方案的效果到底如何呢？自从实施之后，从20世纪80年代中期开始，我们在北美和欧洲的项目从两三个增长到约50个。我们的项目经理从两三人增长到35人。我坚信，如果没有项目管理系统和程序，没有公司最高层人员的理解，我们根本无法管理如此规模的增长，也不可能赢得这么多项目。

20世纪90年代早期，我们开始在欧洲市场上取得成功，赢得了第一个欧洲的设计开发项目。通过这个项目，我们不仅把理解项目管理原则的项目经理和工程经理带到了欧洲，也把我们在北美洲整合的系统和培训带到了欧洲。这样，在整个公司范围内，我们有了整合的项目管理方法论。在我看来，从过去10年的项目管理实践中，我们学到的最重要的东西就是要从系统开始，从明确公司里不同的人在打破各职能部门之间壁垒的过程中应该充当什么角色开始；然后，引入项目管理培训；最后，实施项目管理。

当然，项目经理对于项目管理来说也是相当关键的，我们选择了合适的人来担任这一角色。大家也提到了项目经理充分理解业务的重要性。因此，担任项目经理的人员都是公司精心挑选的。通常，他们要拥有技术背景、市场背景、业务背景和财务背景。尽管很难找到同时兼具这些背景的人，但是，我们不得不承认，只有对不同职能都具备必要了解的人，才能胜任项目经理这个职位。

在江森自控，项目管理和TQM是并行发展的。就在同一个视频会议上，当戴夫·坎特被问及公司是否必须先有坚实的TQM文化才能发展项目集的项目管理时，他说：

我觉得不一定。因为，江森自控这样的公司对TQM和项目管理的同时实施并不是一种规范，相反，仅仅是一个特例。我知道，有些公司在项目管理方面相当成熟之后才采用ISO 9000。因为它们的项目管理已经就位，并以相当成熟的形式存在。这样，对它们来说，实施ISO 9000和TQM是更容易的过程。毫无疑问，如果TQM也能同时就位，甚至TQM能先就位，那么实施起来会更容易一些。但是，我们在经济衰退期中了解到，如果你想在欧洲竞争，如果你想遵照ISO 9000的指南，那么就一定要实施TQM。在通常情况下，项目管理可以很好地帮助TQM

的实施。

也有人问，成功的项目管理能否存在于 ISO 9000 的环境中。戴夫·坎特说：

> 项目管理与 ISO 9000 是和谐一致的。不仅如此，ISO 9000 要求的很多系统正是项目管理成功的关键。如果没有一个很好的质量系统、工程变更系统，以及其他一些 ISO 9000 要求的系统，项目经理想要执行并完成这个项目将非常吃力。更进一步说，我觉得很有趣的是，正在试图建立并部署 ISO 9000 的公司，只要它们是成功的，那它们多半采用了项目管理技术。每个不同的 ISO 要素都要求进行培训，有时甚至要求在公司内部创建可以设定进度、分派团队任务、构建可交付成果、跟踪和监控及向高级管理层汇报的系统。这些正是我们在江森自控实施 TQC 的做法，而且在我看来，ISO 9000 所推动的目的与此非常相似。

全面质量管理

虽然 TQM 的原则依然成立，但六西格玛概念的重要性正在不断上升。第 5.3 节的其余部分由 AFSCN 卫星控制网络项目总监、2006 年科兹纳项目经理年度奖得主埃里克·艾伦·约翰逊（EricAlan Johnson）及科罗拉多大学科罗拉多泉分校定量方法专家、讲师杰弗里·尼尔（JeffreyNenl）提供。

在使用 TQM 的 PDCA 循环之余，持续改进 DMAIC [定义（Define）、衡量（Measure）、分析（Analyze）、改进（Improve）和控制（Control）]模型也可以用来改善项目管理的成效。这一模型已经在六西格玛和精益企业流程改进中得到运用，其结构化、数据驱动的问题解决的基本原则也可以被用来助力项目管理的成功。

通过对从项目成功中采集到的数据和项目失败的根本原因进行评估，DMAIC 模型可以被用来改进对项目的管理，从而提升最终产品的质量。

在定义阶段，详尽的项目定义与要求是根据从客户和历史项目表现中收集的数据做出的。在这些方面尽可能多地收集信息，能够让项目经理可以专注于客户真正关注的焦点，同时回顾过去的表现，从而避免问题并将过去的成功经验发扬光大。在定义阶段，通过评估人员、流程、供应商方面的可用资料，来确定完成项目成本、质量与进度要求的能力。简单来说，在定义阶段不仅要评估客户的要求，还要评估系统满足这些要求的能力。这两项评估都必须根据由专门的衡量系统收集的数据来进行。另外，在定义阶段应当确立相应的衡量指标，用于在项目执行期间监督和控制项目进程。这些指标会在衡量与分析阶段得到持续的评估（这些 DMAIC 阶段与 PMI 规定的项目管理阶段一致）。

在 DMAIC 模型的下一个阶段，也就是衡量阶段，我们会在项目执行中不断地评审来自度量系统的数据（度量指标在定义阶段已经认定），以确定项目正被有效地管理。在定义阶段用到的数据指标应该用具体的项目数据加以更新，以确定项目的进展是否顺利。基于执行中收集的数据持续评估项目绩效，是数据驱动的项目管理的关键。

在继续衡量项目的进展时，很有可能其中的一些关键指标会显示有问题正在发生（现有问题）或有可能发生（领先指标）。如果想要项目按时、按预算并满足要求地执行，我们必须解决这些问题。此时，DMAIC 模型中的分析阶段就成为项目管理的关键。对数据的分析本身就是一个完整的独立领域。关于如何评估数据的问题有无数的专著和论文，但我们的主要目标不变。数据分析的目标是将数据变成可用的信息，构成项目决策的基础。

对于特定的数据类型来说，有特定的数据分析方法，这些方法有针对性地解决特定的问题。第一个步骤（在收集数据之后）是得到关于数据的全景图。这一全景图应该包括中心趋势度量（如平均数），以及如标准差这样的偏差度量。另外，像柱状图或帕累托图这样的图形工具，对于总结和显示信息作用很大。显著性检验和置信区间的建立，对于判定分析结果是否具有统计学意义及估计获得相似结果的可能性来说，也非常有用。

在对流程进行持续监控时，控制图表也是常用的工具，用于评估流程的稳定状态并确定偏差是否显著到需要授权进行进一步的调查。另外，控制图表可以提供依据，来确定偏差的种类是特定原因还是普遍原因造成的。这对于决定是否需要采取合适的矫正措施是非常关键的。

识别项目绩效问题的潜在根本原因需要提供依据，为此我们可以使用一些工具，如失效模式与影响分析（Failure Modes and Effects Analysis，FMEA）及鱼骨图（也被称为石川图），来启动并记录我们对造成偏差的主要和次要原因进行分析所必需的、组织化的思维过程。

如果数据满足了所要求的统计条件，如方差分析（Analysis of Variance，ANOVA）和回归分析这样的测试，可以在量化和预测流程及项目绩效方面极为有用。因为 ANOVA 可以用来比较两个或多个因素水平的均值是否存在显著差异，所以可用来识别对各种项目因变量重要的自变量。众多的回归模型（简单线性、多元线性和二元线性）可以用来量化自变量对关键因变量的不同程度的影响，这些因变量对项目成功至关重要。

简单来说，这个阶段运用数据来进行深入和彻底的根本原因分析，以期发现造成项目执行问题的关键事项，以及如果不加以矫正，会继续对项目造成的影响。

下一个阶段包含流程矫正和改进，来解决前一个阶段发现的问题。这是一项矫正性措施（修正你遇到的问题）及预防性措施（确保这个问题或类似的问题不会再次出现）。于是，一旦根本原因得到确认，就会同时采取矫正性和预防性的流程改进措施来应对当前项目的执行，并防止该问题在将来的项目中再次出现。为了保证当前的项目不会成为最近发现的问题的"牺牲品"，并避免之后的项目重蹈覆辙，会实施控制计划来监督和控制项目。这一循环对所有项目管理问题都适用。

对项目状态和指标的持续监控，以及对它们的持续分析与矫正，是一个从不中断的进程，并构成了项目的控制阶段。在这个阶段中，我们会使用在启动阶段中确立的关键度量指标来跟踪项目绩效，并与要求进行比较。当项目问题的每个根本原因得到了分析以后，这些根本原因及随之而来的矫正性和预防性措施都会被输入一个经验教训数据库中。这使得我们可以采取持续一致的问题解决措施。之后，我们也会同时使用数据库来确认潜在的项目风险，并确定缓解风险的措施。

运用六西格玛工具和概率模型来进行风险/机会管理

无论合同的类型是什么，风险/机会管理是项目或项目集经理工具箱中最关键的工具之一。一般来说，项目或项目集都会关注风险出现的可能性和/或风险带来的潜在影响。虽然这些都是制订良好风险缓冲计划的关键因素，但是项目团队敏锐地察觉风险的能力才会对成功的项目执行产生最大的影响。如果无法察觉到风险，那么应对风险的能力就永远是被动的。无法察觉的风险比起高风险概率和高风险影响因素会对项目执行构成更大的威胁。在这样的情况下，使用六西格玛工具中的 FMEA 就会非常有效。FMEA 可以帮助项目团队进行评估，也就是察觉潜在的风险。专注于察觉风险可以帮助项目团队跳出思维的"条条框框"，提出、规划和执行成功的项目。

例如，如果你的项目/项目集存在一个发生概率很高的风险，那它很有可能不是一个风险，而是一个问题。如果影响很大而发生的概率不高，那么你会加以留意，但通常不会动用管理储备来降低风险。如果风险的影响很大或发生概率高，却很难察觉，其结果可能是灾难性的。

管理项目/项目集的另一面是缺少对机会的识别和管理。如果一个项目团队只专注于风险管理，那么他们可能错过项目潜在的机会。我们需要对机会进行和风险一样严格的评估。对一个项目团队来说，必须在机会的影响、概率和发现机会的能力方面给予同样的重视。FMEA 对机会识别与管理来说也是非常有用的工具。有时会产生无法察觉的风险，但发现和利用机会的能力可以抵消风险带来的影响。对机会识别的应用可以对固定价格项目产生最大的影响，因为节约成本就是增加利润。

如果项目有风险进度表，那我们如何量化该风险呢？一种方法是通过概率模型。对你的进度表进行概率模型化操作可以帮助你预测按期实现所有里程碑的可能性。如果实现进度的风险过高，你可以用这些模型来进行假设分析，直到风险因素能够被降到合理的水平。这种分析应该在项目进行基准化之前完成，或者（理想的情况是）在方案准备阶段完成。

成功实现这一策略的关键是信息数据库，它能让你创建最符合现实的概率模型。这些信息必须从众多种类的大量项目中收集而来，从而保证能够评估有相似规模和范围/复杂度的项目。它必须与来自这些其他项目的"经验教训"相整合，来创建缓解进度风险的最佳概率模型。需要时刻牢记的是，模型的好坏取决于用于创建它的信息的质量。

5.4 并行工程

一直以来，美国公司都深受缩短产品开发时间这一需求的困扰。在经济条件好时，公司部署大量资源来解决开发时间长的问题。在经济走下坡路时，不仅资源短缺，时间也成了一个关键的约束。现今，作为这个问题几乎唯一的理想解决方案，并行工程被广泛采用。

在进行项目管理时，并行工程要求不同的步骤和流程同步执行，而不是顺序执行。这意味着在项目开始且任何工作均未启动之前，工程、研发、生产、市场等部门就都要参与进来。这并非易事，而且在项目进行过程中还会带来风险。这就需要出色的项目规划，避免在之后的项目期间增加风险。最严重的风险是产品上市延迟，以及规划不当导致返工所引起的成本。改进规划对项目管理至关重要。因此，卓越的公司将并行工程和项目管理系统整合在一起也就不足为奇了。

5.5 风险管理

　　风险管理是采用有序的方式识别和度量风险，并开发、选择和管理用于处理这些风险的选项。在贯穿本书的内容中，我都在强调未来的项目经理需要具备超群的业务技巧，以评估和管理包括项目风险和业务风险在内的各种风险。过去，项目经理很少被培训有关量化风险、对风险做出反应、制订应急计划、保存经验教训记录等方面的技能。当出现风险时，项目经理只能向高级管理人员寻求帮助。现在，高级管理人员逐渐授权项目经理做出与风险相关的决策，这就要求项目经理既有丰富的技术知识，又有扎实的业务技巧。

　　制订项目计划是基于历史经验的，简单地说，就是我们从过去学到了什么。风险管理则鼓励我们面向未来，预测将来哪里会出现问题，从而制订应急计划来减轻风险。

　　过去我们也做过风险管理，但仅仅拘泥于对财务和进度的风险管理。为了减轻财务风险，我们增加项目的预算。为了减轻进度风险，我们在计划中加入更多时间。但是，在 20 世纪 90 年代，技术风险变得非常关键。简单地在计划中加入更多时间和金钱并不能减轻技术风险。技术风险的管理要处理两个基本问题：

- 我们能在现有的约束条件下开发这项技术吗？
- 如果我们确实要开发这项技术，该技术是否有过时的风险？我们预测的风险什么时候会发生？

　　为了处理技术风险，需要基于技术预测基础之上的、有效的风险管理战略。从表面上看，把风险管理作为项目计划的必备部分应该相对容易。不就是在风险因素发生之前识别并处理它们吗？遗憾的是，至少在可预见的未来，情况通常是正好相反的。

　　多年来，公司对风险管理只是动动嘴皮子，采取的态度是"我们应该简单地学习如何应对风险"。很少有出版物讨论如何开发结构化的风险管理流程。1986 年 1 月，挑战者号航天飞机的灾难使人们意识到进行有效风险管理的必要性。

　　今天，风险管理已经变得如此重要，以至于公司在内部成立了单独的风险管理部门。尽管许多公司已经多年使用风险管理功能单元，但仍旧未能领悟风险管理的本质概念。下面是总部在美国俄亥俄州的一家国际制造公司的风险管理部门的项目集管理方法论概述。这个部门已经运营了大约 25 年。

　　　　风险管理部是公司财务规范的一部分，最终向财务主管汇报，财务主管进一步向首席财务官汇报。该部门的整体目标是保护公司的资产。实现这一目标的主要手段是通过损失预防计划消除或减少潜在的损失。该部门与内部环境健康安全部门密切合作。此外，我们也雇用公司外的损失控制专家来帮助公司预防损失。

　　　　为确保整个公司都参与到风险管理流程当中，公司要求各个部门各自承担预留准备金范围内的损失。一旦发生大的损失，部门必须自行消化损失及损失对利润空间的影响。这使得部门直接参与到损失预防及索赔管理当中。当索赔确实发生时，风险管理部门与部门人员保持定期联系，以构建包括索赔、准备金及最终解决方案的协议。

公司购买的保险确实高于分配的预留准备金。与直接索赔一样，保险费都被分配到部门。这些保险费是基于销售额和以往的索赔记录来计算的，其中大多数基于索赔记录。

公司的每个部门都需维护一个业务应急预案。这个预案由风险管理部门评审，并由内部审计部门及内部环境健康安全部门审核。

风险管理是公司运营的一个有机组成部分。例如，在公司收购和拆分时，风险管理被应用于尽职调查流程。尽职调查流程一开始，风险管理即被引入，并为部门管理层提供具体的书面报告和口头讲解。

客户服务是公司章程的一部分。风险管理服务的客户是公司的各个部门。部门与其客户的管理方式建立在共识的基础之上，而不是强制命令。从管理的角度看，在全国使用统一的 TPA（Third-Party Administrator）会容易得多。然而在各州，使用分支机构所在地的、强有力的地区 TPA 能给分支机构提供充分的、与当地特定法律相关的知识援助。这一方法在公司内实行得非常好，因为在各州有其特定的专业需要。

现在，全世界都认识到了风险管理的重要性。风险管理的原理不仅用于项目中，也可以用于业务的各个方面。一旦开始使用风险管理的实践，公司就能识别出风险管理流程的其他应用。

对于项目驱动的跨国公司，风险管理极为重要。并不是所有的公司都能理解风险管理及其重要性，特别是在不发达的国家。这些国家有时会把风险管理看作对项目的过度管理。

请考虑以下的情况。当你的组织越来越善于进行项目管理时，客户开始给你越来越多的工作。你现在得到的是交钥匙项目或者完整解决方案项目的合同。以前，你所要做的就是按时交付产品，然后就结束了。现在，你还要负责项目的安装、启动，有时甚至要负责持续的客户服务。客户在项目中不再使用自己的资源，因为他们对你如何处理你的项目管理系统并不担心。

也可能是另一种情况。你正在为第三世界国家的客户服务，这些客户还没有开发出他们自己的系统。100%的项目风险都由你来承担，特别是在项目越来越复杂时（见图5-6）。

一个承包商得到一个在客户的新工厂中安装部件的合同。工厂会在某个特定的日期前竣工。竣工后，承包商会安装设备、进行测试，然后启动。直到启动成功，承包商才能收取产品和服务的费用。如果交付延迟，还会面临罚款。

承包商的部件及时交付了，但是由于工厂施工拖延，这些部件只能放在仓库中。这样一来，承包商将面临现金流的问题，而且因为在关键路径上的外部依赖，还有可能被罚款。换句话说，承包商的进度是由别人的活动决定的。如果当初项目经理不仅针对技术进行风险管理，也针对业务进行风险管理的话，这些风险可能要小得多。

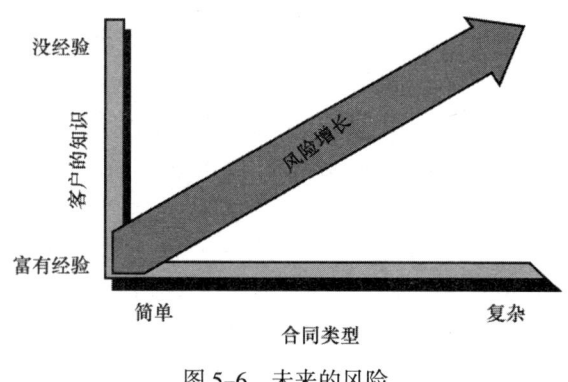

图 5-6　未来的风险

对管理全球项目的项目经理来说，风险管理还有一个新的维度。如果项目所在国家的文化既不理解风险管理，也没有任何风险管理的流程，怎么办？如果员工都不敢报告坏消息，也不敢识别潜在问题，怎么办？如果当地员工根本不在乎项目在时间、成本、质量、绩效等方面的约束条件，怎么办？

5.6　瓦锡兰：对积极风险管理的需求

◆ 瓦锡兰电厂项目中的积极项目风险管理

在瓦锡兰，项目风险管理的主要内容一直是识别和规划。我们发现，如今复杂的项目需要将风险管理扩大至反思和主动采取行动。在风险发生并可能破坏项目目标之前就应该被处理。以下我们将简述在这方面所采取的措施。

项目中对于如何处理不确定性和风险在很大程度上取决于经验。可以说，许多项目经理只处理项目中实际遇到的不确定性和风险，而有经验的项目经理可以在风险出现之前就提前发现风险。同样，有经验的项目经理能够更容易发现机会和不确定因素。然而，机会的发现不仅靠经验，还需要有承担风险的意愿。在许多情况下，项目经理需要转变思维方式才能做到这一点。

由于如今的大型项目变得越来越难管理，项目经理必须具有足够的经验，才能够准确认识项目的各个方面。除了项目本身，了解项目的地理位置、客户和环境也是非常重要的。没有这方面的知识和经验将带来严重问题，使得项目比通常情况更加复杂和困难。为避免这些陷阱，有必要利用整个项目团队的综合知识、经验和创造力。虽然风险管理是项目经理的职责，但不仅仅是他的任务。整个项目团队需共同承担该职责。

这让我们认识到建立包含在项目团队中分享信息的经验教训数据库的重要性。该数据库对新加入的项目经理或其他团队成员是一个重要的资源。同样，当项目团队接受一个新类型的项目或位于完全不熟悉的地理位置的项目时，能够通过数据库获得类似案例的知识，这将起到帮助作用。鉴于这些，需要实施一个分享所有知识和经验的经验教训数据库。

据我们了解，知识和经验在管理项目中的风险、不确定性和其他因素时发挥着重要作用。然而，积极的风险管理并不总是很容易实施，因为它取决于许多人的不同认识。需要进行大量沟通以获得组织对关于风险和不确定性的需求的共识，以及对组织的潜在益处的清晰理解。积极的风险管理不仅仅是发现风险及对风险进行定性和定量评估。运用风险管理流程就是充分准备好使用此前获得的经验和知识来防止风险发生，以及有信心采取必要措施促进积极机会的发展。

项目团队需要一个项目风险管理工具，可以持续跟踪预见和未预见的即将发生的事件。风险管理工具不需要多复杂，最重要的是在组织内使用的方式。我们认为，该案例中的口号"越简单越好"很好地概括了其需求是什么。

瓦锡兰使用的积极的风险管理流程包含 3 个不同阶段（见图 5-7）。首先，应进行项目分类以确定项目的复杂程度。其次，风险流程本身将在整个项目生命周期内作为连续流程管理。最后，应记录所采取的行动与计划的应对措施明显不同的风险的经验教训。在瓦锡兰，我们在所有项目管理团队和管理层使用的共同项目管理工具中实施整个流程。

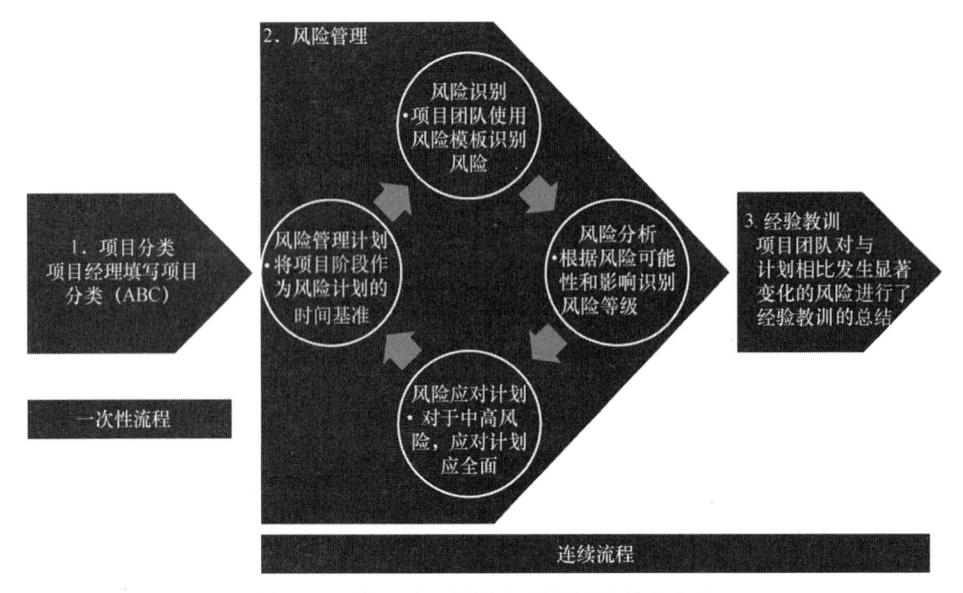

图 5-7 瓦锡兰电厂的积极项目风险管理流程

分类流程将为风险识别步骤提供重要信息。该流程的目的是鼓励项目经理对项目进行思考、确定项目的复杂程度及为风险管理流程识别提供参考。该流程必须客观描述项目。项目分类为项目管理带来的核心附加值之一是确定资源分配所需的资源。

风险管理本质上是一个连续的过程。分类流程中使用的所有相同的元素都已应用于这一流程。《PMBOK®指南》中描述的传统的风险管理流程被用作新的风险管理流程的基础。

项目团队的充分利用对于积极的风险管理流程取得成功至关重要。忽视风险和不确定性，将在其意外出现并变成具有破坏性的问题时给项目管理造成重大问题。

需建立完善的沟通体系，以在项目团队中实施统一的风险管理流程。此外，应就如何使用风险管理流程进行培训，以改善对积极的风险流程如何运用的理解，并获得对其重要性的认识。

5.7 英德拉公司：当风险变成现实（问题管理）

对于像英德拉公司这样拥有在地理上分布广泛的数千个行动项目的公司，固定、持续的风险管理实践至关重要。这在图 5-8 中有具体展示。这些行动可能包含在整个项目生命周期内计划并监控项目风险的结果所造成的影响。

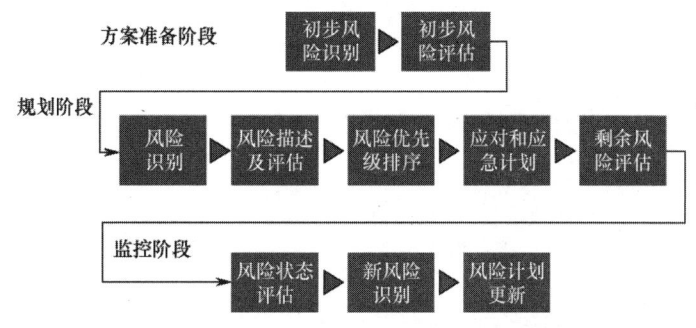

图 5-8 英德拉公司的项目风险管理流程

具有风险计划和进行风险登记的项目，在英德拉公司的比例非常高。然而，公司 PMO 指出，这一高比例未能防止某些风险发生，更糟糕的是，其他未知风险变成了项目经理在计划中未能发现的问题。

然而，问题并不是在未来而是现在影响了项目里程碑或进度，或者特定 WBS 元素，或者承诺的预算或质量水平。鉴于此，问题通常需要立即应对，必须尽快有效地解决，以避免影响项目的其他领域。

我们认为，分析风险与问题之间的关系对一体化风险管理策略必不可少。通过事先评估风险及相关问题并对其进行排序和分类，以及在规划早期阶段分析风险未能得到妥善处理的原因，我们希望了解是什么导致了风险并确定早期风险筛选标准。

随后，我们需要了解它们对项目的实际影响及所提出的解决方案是否有效。这将使我们能够建立一个数据库并发现一些经验教训，帮助我们尽早识别有出现问题倾向的风险，并防止它们在未来的项目中出现。

并非所有问题都是相同的或对组织产生相同的影响。它们的影响取决于项目规模、内外部可见性、项目复杂性、初始预测的偏差、项目进入正轨所需时间。

考虑到所有这些因素，我们决定专注于有严重问题的项目。这些是需要密切监控的项目。对于这些项目，发现问题来源、跟踪问题的直接影响和制订后续的行动计划是关键。为此，我们在 PMIS 中创建了名为问题登记册的新功能，嵌入 PMIS 问题管理模块中。

问题登记册的工作原理如下：当负责项目控制的 PMO 或用户分析项目并发现存在严重问题时，项目经理需要在问题登记册模块中填写详细信息。这在 PMIS 中通过红色警报自动触发（见图 5-9）。

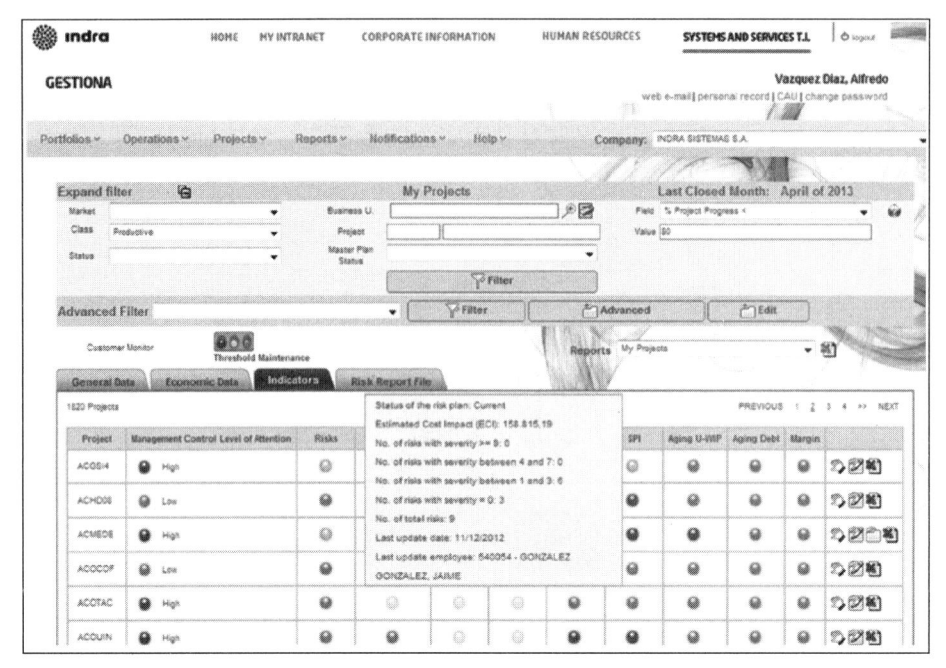

图 5-9　英德拉公司在 PMIS 中的项目风险监控

项目经理必须在报告中描述现有问题、应对问题的行动计划及必须实现的恢复目标，以使项目回到正轨。一旦完成，为了避免状态停滞，项目经理需要在此后的每个报告期更新信息，注明最新行动计划和与最初目标相比的项目状态。

我们希望用问题登记册实现什么目标？我们希望专注于：
- 确定哪些问题来自此前发现的风险，哪些不是。
- 对受到问题严重影响的项目进行分类。
- 追踪问题行动计划的效果。
- 从不同角度（部门、解决方案、项目类型、地理位置等）自动和系统地向业务管理层汇报这些问题和项目。

我们的组织向来重视风险管理，将问题管理作为第二流程，与风险管理分开。问题管理取决于项目经理的参与度和积极性，因此需要以不同方式处理，通常仅在内部项目环境中进行，并且不需要像风险管理那样由组织密切监控和跟进。

项目的登记和跟进及风险与问题之间的可追踪性可以通过 PMIS 完成。为改变现状，我们将从已经发生的问题中学习作为第一步；在此分析基础上，在第二步专注于防止那些已经由其他项目经理登记、诊断并解决的问题复发。这些宝贵的信息能够使项目经理学习到其他人的经验。解决方案蕴藏在问题内，只有在了解问题后，我们才能解决并避免问题。

5.8　风险管理的失败

有无数的原因会导致风险管理的失败。典型的原因可能包括：

- 不能：
  - 实施风险管理。
  - 识别风险。
  - 衡量风险发生的不确定性。
  - 预测影响是正面的还是负面的。
- 在风险管理工作方面的预算不足。
- 有团队成员不理解风险管理的重要性。
- 害怕识别出真正的风险会导致项目被取消。
- 害怕识别出关键风险的人会被报复。
- 来自同事与领导的压力，他们希望无视风险并完成项目。

所有这些失败都发生在项目执行过程中。对于这些失败，我们基本上可以理解，也可以通过适当的培训和为风险管理活动分配预算来纠正。然而，可能最惨痛的失败会在人们拒绝考虑风险管理的情况下发生，而这种拒绝只来源于对风险管理的作用和项目的重要性的一些先入为主的观念。大卫·邓纳姆（David Dunham）在讨论一些人在新产品开发（New Product Development，NPD）项目中回避风险管理的原因时说：

> 在新产品开发中谈论风险看上去是一件困难的事情。虽然新产品开发的高风险性已经嵌入公司灵魂之中，但很多公司还是对管理风险采取一种听天由命的态度。不同的人对风险管理的态度各不相同，这取决于其在组织中所处的位置。

项目集经理
- 在许多公司中，专注于风险评估和管理与公司的行动文化相悖。"风险管理无法创造资产。"一位高级管理人员如是说。
- 管理层认为，学习可以/应该在市场上拼杀的过程中进行。

项目经理
- 开发团队对关注不利的方面存在自发的抵触情绪。
- 将风险作为关注重点对开发团队来说是违反常识的，他们想要的是在竞争 NPD 资金时争取最大的机会。

5.9 用风险管理定义成熟度

多年以来，项目管理成熟度是通过我们是否能够频繁地满足项目的时间、成本、绩效或范围的三重约束来衡量的。如今，我们开始通过不同的要素来衡量成熟度，如《PMBOK® 指南》中的知识领域。成熟度如今是通过不同步骤和要素来衡量的，如我们在范围管理、时间管理、风险管理和其他知识领域中的表现。格雷戈里·吉森斯（Gregory Githens）相信，我们处理风险管理的方式可以成为组织成熟度的一个指标。

有些公司在进行良好的风险管理方面有更强的能力，而这些公司在成长与收益率方面是最有保证的。可能对风险管理成熟度最简单的验证方式，就是查看一下对新产品开发项目（集）经理所授予的权限：如果权限比较高，那么这个组织在自身风险管理方面的定位应该比较好，而如果权限很低，那么公司可能只是在蒙着眼摸黑前进。另一种验证方式是对检查清单的使用：如果在检查清单上"打钩"就是公司对风险的全部应对措施，那么组织的成熟度就不高。风险管理提供了绝佳的视角，可以看到公司将战略诉求和日常运营加以整合与平衡的能力。

很多公司忽视风险管理，因为它们看不到对风险管理的需要。它们认为自身所处的行业是稳定的，而将重点放在它们的竞争对手和运营挑战上……在项目层面应对风险，也鼓励了组织提出额外的战略关注点。

顶尖的 NPD 公司有成熟的风险管理能力，它们会"预订"一个项目规划，注意产品范围和项目范围的细节，使用风险管理工具，如计算机模拟和基于原则的谈判，并将它们的规划和假设写入文档。这些相对成熟的公司也就是那些会在建立项目基准和合同时考虑风险的公司。举例来说，北电就运用一种被称为"界外球"的概念，为 NPD 项目集经理提供更大的自由度，在时间、绩效、成本与其他因素之间进行权衡取舍。风险分析和管理是非常重要的工具。

不那么成熟的公司通常确立一个截止日期，而不怎么关注其他的事情（就我的经验来说，大多数公司都是这样的）。那些运用"赶上发布日期"决策规则的公司就等于自动弃权进入了被动接受状态——试图隐藏而不是管理风险。"救火行动"和危机管理是它们的组织文化特色，而它们的战略绩效是不稳定的。这些公司就像神话人物伊卡洛斯：飞得很高，却因为忽视了显而易见的风险而摔落下来。（希腊神话中的少年伊卡洛斯用蜡和羽毛制成的翅膀飞上高空，因为蜡被太阳晒化而导致卡洛斯坠落丧生。——译者注）

5.10 波音公司

随着公司在项目管理上获得成功，风险管理成为在整个项目生命周期中持续进行的、结构化的流程。支持持续风险管理的两个最常见的因素是项目的持续时间及所涉及的金额。以波音公司的项目为例，设计交付一种新型的飞机可能需要 10 年，投资可能超过 150 亿美元。

表 5-1 显示了波音公司的风险类别（注意，表中的风险并不是互相独立的，也不意味着这些是唯一的风险）。新技术能够满足客户的需要，但与已有技术相比，新技术的学习曲线会更长，因此产生的风险也更高。当产品特性是为个别客户单独定制的时候，学习曲线可能进一步延长。另外，在飞机的生命周期中，供应商的流失也会在一定程度上给技术和生产带来影响。这些风险之间的关系需要利用风险管理矩阵及持续的风险评估来管理。

表 5-1 波音公司的风险类别

风险类型	风险描述	风险减轻策略
财务	基于售出的飞机数,决定预付金和回收期	• 按生命周期投资 • 持续的财务风险管理 • 与分包商分担风险 • 根据销售意向重新评估风险
市场	基于飞机 30~40 年的寿命,预测客户对成本、配置、设施的期望	• 确定客户的联系人和意见 • 是否愿意为客户进行定制设计 • 开发允许定制的基准设计
技术	由于飞机的寿命很长,必须预测技术及其对成本、安全、可靠性、可维护性的影响	• 结构化的变更管理流程 • 使用已经验证的技术,而不是高风险技术 • 并行的产品改进和新产品开发流程
生产	在不影响成本、进度、质量、安全的前提下,协调生产及分包商的配件组装	• 与分包商密切合作 • 结构化的变更管理流程 • 从其他新型飞机项目中吸取教训 • 使用学习曲线

5.11 变更管理

公司使用变更管理来控制项目范围由内部产生的变更及客户驱动的变更。大多数公司成立了配置控制委员会或变更控制委员会,用来控制变更。对于客户驱动的变更,客户作为配置控制委员会的成员参与其中。配置控制委员会至少要解决下面 4 类问题:

- 变更的成本是多少?
- 变更对项目进度有什么影响?
- 变更给客户或最终用户带来什么增值?
- 存在什么风险?

开发变更管理流程的好处在于使你能够管理你的客户。当你的客户提出一个变更请求时,你必须能够马上预测变更对进度、安全、成本、技术所产生的影响。这些信息必须马上传递给客户。特别是当你的方法论决定了一旦进入项目生命周期的某个阶段后就不能再有任何进一步的变更时,更需要通知你的客户。让客户了解你的方法论是如何工作的,这是在变更管理流程中客户能否认可你所给出的建议的关键。

风险管理和变更管理共同发挥作用。风险导致变更,然后,变更又导致新的风险。以一家项目经理负责新产品开发的公司为例。管理层常常在项目还未开始前就确定了交付时间,并希望在某个日期前从项目中获得收益,以抵消开发的成本。项目经理在新产品开发过程中把管理层看作他的客户,而管理层把期待新产品带来收益的股东看作他的客户。如果交付时间不达标,则会让各种"乌纱帽"掉落一地,通常,先下台的是管理层。

在本书的第 4 版中，我们提到过 Asea Brown Boveri 公司已经开发了卓越的风险管理流程，因此也可以理解它也有结构化的变更管理流程。具有卓越项目管理的公司，在其项目的整个生命周期中贯穿着风险管理和变更管理。风险及变更对产品质量、成本、进度的影响都会以最快的速度不断更新、报告给管理层。这样做的目的是最大限度地减少意外发生。

5.12 其他管理流程

在 20 世纪 90 年代早期，员工授权和自我管理团队曾引起商业界的一场风暴。随着对客户满意度的日益重视，授权给离客户最近的人（如订货服务员、护士、秘书等），让他们采取行动解决客户的抱怨，是很有意义的。员工授权的合理拓展就是自我管理团队。自我管理团队是指一组从事特定日常工作的员工管理他们自己及他们所做的工作，其中包括运用资源及解决问题等。

有人认为授权是下一次工业革命的基础。确实，许多知名的跨国公司都建立了自我管理团队。这些公司包括洛克希德-马丁、霍尼韦尔和惠好等。时间可以证明这些概念最终会成为主流还是昙花一现的风潮。

重组是缩小公司规模的另一种说法，建议进行重组的人通常认为可以用更少的人、以更低的成本，在更短的时间内完成相同数量的工作。因为正是项目管理提出要在更短的时间内、由更少的人完成更多的事，因此，只好把项目管理作为重组的一个部分加以实施。现在还不能确定在裁员的同时实施项目管理工作能否起作用，但是有些项目驱动的组织认为这种做法是成功的。

生命周期成本分析最早应用于军事组织。简单地说，生命周期成本分析要求在研发过程中做出的决策要根据系统整个生命周期的成本来评估。生命周期成本是指一个组织在产品的整个生命周期中拥有并获取该产品的所有成本。

第 6 章
文化

6.0 简介

在项目管理方面非常卓越的公司，最重要的特点也许就是它们的文化。项目管理的成功实施创造出一种组织文化，这种组织文化能够根据每个项目的需要迅速地变化，而且能够迅速适应一个不断变化的动态环境。成功的公司需要能够应对实时的变化，而且能够承受随之而来的潜在混乱。如果两个具有不同文化背景的公司必须在一个共同的项目上合作，情况可能变得更加困难。

在所有组织中，变化都是不可避免的，在项目驱动型组织中更是如此。卓越的公司已经认识到，组织只有形成了一种鼓励和维持必要的组织行为的文化时，才能在竞争中获得成功。公司的文化不会在一夜之间改变，而是通常需要几年的时间，但如果有高级管理层支持，就可以缩短改变的时间。即使只有一个高级管理人员拒绝支持有潜力的、好的项目管理文化，都可能导致一场灾难。

在项目管理早期，一家小型航空航天公司为了生存不得不创建项目管理文化。变化是迅速的。遗憾的是，工程副总裁不愿意接受新的文化。在接受项目管理之前，组织中权力的基础在工程方面。所有的决策不是由工程方面提出的，就是由工程方面批准的。这个组织如何才能让这位副总裁接受新的文化呢？

公司总裁认识到了这个问题，却找不到解决方案。有个办法是裁掉这位副总裁，但是由于他以前取得的成功及他掌握的技术知识，这个办法不可行。这时公司拿到了一个具有重要战略意义的两年项目，于是这位副总裁被委任为临时的项目经理，不再是工程副总裁。项目完成后，这位副总裁又被委任为项目管理副总裁，这是个新创设的职位。

6.1 公司文化的创建

公司文化的创建可能需要很长时间，然而公司文化的毁灭可以发生在转瞬之间。公司的项目管理文化是基于组织行为而不是基于流程的。公司文化反映了高级管理层的目标、信念和愿景。创建良好文化的基础可能需要好几年。但这种文化可能仅因一个高级管理人员个人拒绝支持项目管理的想法而迅速坍塌。

项目管理文化可以存在于任何组织结构中。然而，文化成熟的速度可能基于公司的规模、项目的性质和规模、客户的类型等。项目管理是一种文化，而不是方针政策或办事流程。因此，可能很难为项目管理文化定一个基准。在一家公司适用的文化可能在另一家公司就不太适用。

良好的公司文化还能促进与客户建立更好的关系，特别是外部客户。例如，一家公司作为承包商，创建了总是诚实地向外部客户报告测试结果的文化。相应地，客户渐渐地把承包商当作合作伙伴对待，而且定期共享自己的专有信息以便能和承包商互相帮助。

在卓越的公司中，项目管理的流程演变为基于向多个老板汇报的行为文化。向多个老板汇报的文化非常重要。有种错误观点认为，项目管理的基准能成功地从一家公司搬到另一家公司。定义基准的过程是不断比较、度量世界各地的组织，获取信息以帮助组织改进绩效、提升竞争力的过程。竞争基准比较是将组织绩效与竞争对手的绩效进行比较。流程基准比较就是将组织的流程和行业领先者的流程进行比较。

由于项目管理文化是一种行为文化，定义基准的工作最好是定义最佳实践，即能带来卓越绩效的领导力、管理、运营方法等。因为存在强烈的行为影响，所以几乎不可能把一家公司的项目管理文化转移到另一家公司。就像前面提到过的，在一家公司起作用的文化可能到了另一家公司就不起作用了，或者成本过高。

当把项目管理看作一种职业并得到高级管理层的支持时，可以形成强大的文化。强大的文化也可以被视为主要的业务差异化因素。无论项目管理方法是正式的还是非正式的，强大的文化都能够专注于它。然而，在任何文化的形成过程中，总会出现一些需要跨越的障碍。

AT&T 的一位发言人表示：

> 项目经理被看作项目团队中拥有特定工作技能、承担特定责任的专业人士，项目管理因此得到支持。项目经理可以挑选项目团队并全权掌控预算拨款吗？不可以。对一家大公司来说，这是行不通的，因为会有来自不同职能部门的众多项目同时竞争资金和专家。
>
> 并不总是通过正式的项目章程来任命个人作为项目经理，然而，一旦被任命为项目经理，随之而来的就是赋予这个角色相应的权力。由非正式过渡到正式的过程通常是从项目规划和时间管理开始的，而范围管理在稍后开始。
>
> 项目经理大多能获得支持，但也存在一些障碍。曾经最大的障碍就是使管理层相信他们并不需要一直管理所有的项目，他们可以管理项目经理，让项目经理管理那些项目。帮助解决这个问题的一项措施就是将项目经理们集中到一个工作团队中，并让他们接受一位坚定支持项目管理的主管的监督，而不是将项目经理分散在公司的各个项目团队中。卓越项目管理中心如果能够完成工作，提高整个

公司的项目管理能力，也将有益于此。其中包括影响公司文化来支持项目经理。

我们的成功归功于从领导层的视角创建具有奉献精神的项目管理组织文化，这种组织文化清楚地知道项目管理对于业务的价值。我们的愿景是，建立全球最好的项目管理体系，使客户体验最大化，并为 AT&T 增加利润。

在良好的文化中，项目经理的任务和职责是明确确定的，而且项目经理能够获得高级管理层的支持和公司内部所有人的理解。英德拉公司 PMO 前主任恩里克·塞维利亚·莫利纳表示：

> 基于我们公司的历史背景及在项目管理方面已经进行过的实践，我们发现项目经理是决定项目能否成功的一个关键因素。通过在决策时全力支持项目经理，在项目定义和执行方面给他所有的尊重，我们的项目管理理论和实践得以构建。
>
> 我们相信项目经理不仅仅在运行项目或掌控预算和进度，更如同我们的首席执行官过去常说的那样，他会带着一种"将项目视如己出"的心情来理解和看待他管理的项目，并运用统筹方法来完成他的工作。
>
> 我们的文化支持项目经理的工作，把在决策过程中为他们提供帮助及为他们的工作提供所需工具和培训作为优先要务。这种方式允许在一定程度上采用不那么严格的正式流程。它使得项目经理的主观能动性得以发挥，但仍是符合框架体系标准和规范的，从而保障了稳健的财务和业绩报告。
>
> 我们可以说，在公司整个发展过程的不同阶段、在所有的业务部门，项目管理总是能够得到支持，尽管在有些地方我们并不情愿改变已经建立的一套工作方法。主要的一个障碍或不利条件就是对不同类型的项目和产品运用同一套项目管理概念。我们的培训项目主要关心的仍旧是试图解释框架体系和方法是如何被运用到项目中去的，这些项目包括在定义上高度清晰的项目及不那么清晰的项目（模糊项目）。

6.2 公司的价值观

在优秀的公司中，文化的一个重要部分是已经建立的、所有员工都遵守的一套价值观。价值观不仅仅是通常的"标准行为"手册，或者与客户打交道时的道德和伦理。确保公司的价值观和项目管理互相契合，对任何项目的成功都是至关重要的。为了确保这种价值观的契合，公司的目的、目标和价值观被项目团队的所有成员深刻理解是非常重要的。

成功文化由各种类型的价值观构成，图6-1显示了其中的一些。每个公司都可以有自己独特有效的价值观。不同公司间的价值观不能互换。

成功文化的一个更有趣的特征是，当员工在工作之外和工作中进行社交互动时，生产力和协作程度往往会提高。

图 6-1 价值观的类型

在任何结构中，成功的项目管理都可以蓬勃发展，无论这种结构在理论上看有多么糟糕，但是，组织内的文化必须支持项目管理的 4 个基本价值观：

- 合作。
- 团队工作。
- 信任。
- 有效沟通。

有些公司更愿意加入第五个基本价值观，即道德。这主要是基于项目管理协会的行为准则和职业责任。

6.3 文化的类型

项目管理文化有不同的类型，基于业务的性质、信任和合作的程度、竞争的环境等，典型的文化类型包括以下几种。

- 合作的文化：这种文化基于信任和有效沟通，不仅仅是内部的，也包括外部的干系人和客户。
- 不合作的文化：在这种文化中普遍存在不信任。员工更多地为个人利益和个人兴趣着想，而不是为团队、公司、客户的利益着想。
- 竞争的文化：这种文化迫使项目团队之间为了得到公司宝贵的资源进行竞争。在这种文化中，项目经理经常要求员工展现出更多对项目的忠诚，而不是对一线经理的忠诚。当员工同时为多个项目工作，并且接受项目经理和职能经理的不同指示时，就可能导致灾难性的后果。

- 孤立的文化：当一个大型组织允许职能部门发展它们自己的项目管理文化时，就会发生这种情况。这可能导致战略业务部门内部产生一种"文化中的文化"，当多种孤立的文化必须相互融合时，这可能是灾难性的。
- 分裂的文化：如果项目团队中的部分成员与其他成员在地理位置上相互分离，就会导致分裂的文化。虚拟团队中通常被认为存在分裂的文化。分裂的文化也存在于跨国的项目中，可能公司总部的团队中有很强的项目管理文化，但是国外的团队中没有持续的项目管理文化。

合作的文化依赖于有效沟通和信任。决策的制定基于所有干系人的最大利益。无论是个人还是委员会，高级管理层的支持更多是被动的，而不是主动的，很少有问题会上升到高级管理层层面来解决。项目管理更多的是非正式的，而不是正式的，有最少的文档记录，而且只在必要时开会。这种类型的项目管理文化的形成需要很多年的时间，并且在经济景气和不景气时都能很好地发挥作用。

不合作的文化反映了高级管理层内部无法协作，也可能是他们无法与下层员工协作。互相尊重在这种类型的文化中是不存在的。如果目的正当，不合作的文化也可能为客户提供好的可交付物。然而，这种类型的文化无法像合作的文化那样，产生那么多成功的项目。

竞争的文化在短期内可能是健康的，特别是当工作量充足时，但长期效果通常不太好。一家电子公司以前不断投标那些需要三个部门合作的项目。然而，管理层做出了一个无益的决定，即允许每个部门自行投标，从而使它们在内部产生竞争。一个部门得到合同，另两个部门就会作为分包商。

管理层认为这种竞争是有益的，但遗憾的是，其长期结果是灾难性的。这三个部门拒绝交流，信息共享也停止了。为了能以投标的价格完成工作，中标的部门开始把少量的工作交给外部承包商，而不是交给成本更高的另两个部门。随着越来越多的工作交给了外部承包商，公司开始裁员。管理层最终意识到了竞争的文化的弊端。

文化的类型可能受到行业及业务规模和性质的影响。根据埃里克·艾伦·约翰逊（Eric Alan Johnson）和杰里夫·艾伦·尼尔（Jeffrey Alan Neal）的说法：

数据导向的文化（也被看作数据驱动的文化和以知识为基础的管理）的特点是，领导层和项目经理将关键业务行动立足于根据定量方法得到的结果。这些方法包括各种工具和技术，如描述统计学和演绎统计学、假设检验和建模。这种类型的项目管理文化极大地依赖一套一致、精确的数据收集系统，该系统专门用于衡量关键绩效。一套健全的衡量系统需要确保数据的准确性和最终可用性。

为了将关键业务和项目集对象展现给所有的工作人员，这种类型的文化也需要可视化管理技术。一套可视化管理方案不仅需要将项目的流程和绩效展现出来，还要逐渐地将自豪感和主人翁意识灌输给那些最终为项目和项目集成功负责的人，也就是员工本身。

还有一个对于这种类型的文化的成功至关重要的因素，那就是所需的技术方面的培训。为了准确地获得评估结果并能够根据不同类型的数据（包括名义数据和区间资料）制定精准的决策，组织需要拥有在不同种数据分析和诠释方面的专家。

6.4 将公司文化应用于工作中

合作的文化基于信任、有效沟通和团队工作。因此，组织的结构可能变得不那么重要。仅仅为了引入项目管理而重组公司可能导致灾难性的后果。重组公司应该有别的原因，如为了与客户更接近。

成功的项目管理可以在任何结构下产生，无论这种结构在理论上看多么糟糕，只要它能促进团队工作、信任和有效沟通就可以。

◆ 波音公司

在项目管理早期，美国航空航天及国防领域的承包商会为特定的客户，如空军、陆军、海军等设立以客户为中心的项目办公室。设立这些项目办公室的好处之一就是能与客户发展特别的工作关系和文化。

因为项目常常持续数十年，发展这种特别的工作关系或文化是合适的。这就好像在文化中另有文化一样。当项目消失且不再需要项目办公室时，项目办公室中的文化很可能也就随之消失了。

有时，一个大型项目可能需要公司文化持久的变化。波音公司决定设计、建造波音777飞机时就是这样的情况。波音777项目需要新的技术，工作方式也发生了根本的变化，人们需要在一起工作。文化的变化要渗透到公司的各个层级，从最高层直到车间的工人。表6-1显示了一些已经发生的变化。表中的内容显示，在一些大型、长期的项目中，文化的变化可能是必要的。

表 6-1 波音 777 新飞机项目带来的变化

情　　境	以前的新飞机项目	波音 777
高级管理层的沟通	秘密的	开放的
沟通方向	纵向的	横向的
思考流程	二维的	三维的
决策	集权的	分散的
授权	经理	直到车间工人
项目管理	经理	包括非经理
问题解决	个人	团队
经理的绩效考评	单向的	3 个方向的
HR 的焦点问题	弱	强
会议风格	秘密的	开放的
客户参与度	非常低	非常高
核心价值观	最终结果、质量	领导力、参与度、客户满意度

续表

情　　境	以前的新飞机项目	波音777
决策速度	慢	快
生命周期成本	最低	较高
设计灵活性	最小	较大

注：本表中的信息是作者对所发生的一些变化的解释，不一定是波音公司的官方意见。

随着项目管理的成熟和项目经理的责任越来越重，这些经理可能被赋予工资和绩效管理的职责。然而，即使优秀的公司也还在为适应这种新的方法而努力改进。第一个问题是，项目经理自身的薪酬也许还不在公司的管理层薪酬范围内，却被赋予签署绩效评估的权力。

第二个问题是决定采用何种评估方法评价工会员工。这可能是最严重的问题，评审委员会还没有决定采用何种方法开展评估。高级管理层不太愿意实施会影响项目管理薪酬管理方式的原因是担心工会的介入。这将使情况发生明显变化，尤其是当项目团队中的一员认为工会某位员工可以得到晋升，而该员工的直线经理却说晋升必须基于工会标准时。对这种问题没有黑白分明的答案，大多数公司甚至还没有解决这样的问题。

◆ 中西部公司（化名）

公司越大，在整个公司创建统一的项目管理文化就越困难。大公司有不少的项目管理方式，让每个项目都可以以不同的速度成熟。中西部公司有一个在项目管理方面非常出色的部门。这个部门有强大的文化，而且每个人都为项目管理提供支持。该部门因其成功管理项目的能力赢得了多个奖项。同时，有一个兄弟部门比这个优秀的部门在项目管理成熟度方面大概落后5年。在对这一兄弟部门的一次审查中，以下方面的问题暴露出来：

- 新技术导致流程不断变化。
- 没有给工作分配足够的时间。
- 外部的干扰太多（如会议、延迟等）。
- 时间进度基于一些假设安排，而这些假设最后在项目执行过程中发生了变化。
- 劳动力不均衡。
- 不同的团队有不同的目标。
- 使用的流程对"自由职业者"没有任何灵活度。
- 无法开放地讨论问题，因为有些人把技术批评当作人身攻击。
- 缺乏质量计划、进度安排、进度追踪。
- 缺乏资源的追踪。
- 从其他人那里接手了项目，却发现很少甚至没有支持的文档记录。
- 要进行合同管理或代理商管理。
- 项目的预期不断变化或不断扩展。
- 项目的截止日期不断变化。

- 在最后时刻需求发生变更。
- 项目成员有自己的幕后动机。
- 项目范围从一开始就不明确。
- 依赖某些资源，却对这些资源没有控制权。
- 互相指责。
- 没有正式的成本估算流程。
- 缺乏对工作分解结构的理解。
- 很少或没有关注客户。
- 重复劳动。
- 缺乏或几乎没有关于客户需求/要求的声音。
- 支持人员的能力很有限。
- 缺乏管理层的指导。
- 没有产品或项目的发起人。
- 糟糕的会议。
- 人们不容易合作。
- 人们在被要求做他们该做的工作时感到被冒犯；他们的经理只想开发出高质量的产品。
- 有些任务需要持续的时间不清楚。
- 有些人希望参与，却不具备解决问题所需要的技巧。
- 依赖关系。要确保规范变化时，其他与之有依赖关系的事物也跟着变化。
- 每天都要"救火"，以便不危及以前安排好的其他工作。
- 任务重叠（如同时进行3个任务）。
- 没有为团队分配合适的人员。
- 缺乏管理层支持。
- 工作以"距截止日期还有……天"的方式开始，而不是"尽早开始"。
- 存在于非管理层员工之间的小团体势力。
- 没有风险管理。
- 项目范围的蔓延（每个增量在当时看起来都很小，但是所有这些增量累积起来非常大）。
- 与海外分支机构的沟通效果差。
- 模糊的/不断变化的责任。

大公司往往倾向于在局部领域推行项目管理，而不是在整个公司范围内形成统一的文化。然而，在有些情况下，公司必须创建统一的文化来保持竞争优势，有时只是为了保持竞争者的地位，而有时则是为了成为一家全球化公司。

6.5 基伊埃公司与喜力公司合作：学习体验

项目管理规则中最重要的一个方面是根据项目的具体特点，适应项目所在国家的工作文化及客户的特定要求。

基伊埃公司（GEA）是一家全球一流的技术供应商，为各种加工行业的工厂提供服务，尤其是在食品和饮料行业，它是最大供应商之一。其与世界第三大酿酒公司喜力公司一直在全球范围内紧密合作，根据喜力公司的需要在其工厂实施不同类型的项目。最近在西班牙喜力公司实施的一个项目，尤其是西班牙喜力公司和基伊埃公司本地团队之间的密切合作，很好地从文化的角度定义和应用了在项目管理中学到的最佳实践，以实现两家公司的战略目标。

基伊埃公司为西班牙喜力公司开发的项目中，文化因素是关键。为了能够成功地做到这一点，两个团队都必须以开放的方式，将两个公司之间不同的项目管理方法相结合。

项目管理是基伊埃公司的核心竞争力。为了使所有项目管理人员能够在预算内，按照客户的期望，按时保质地交付项目，基伊埃公司开发了项目管理方法、工具和培训。这些都涵盖在基伊埃公司项目流程屋中（见图6-2），它包括从项目移交开始到项目开发的各个方面，将项目执行与公司的相关流程联系了起来。

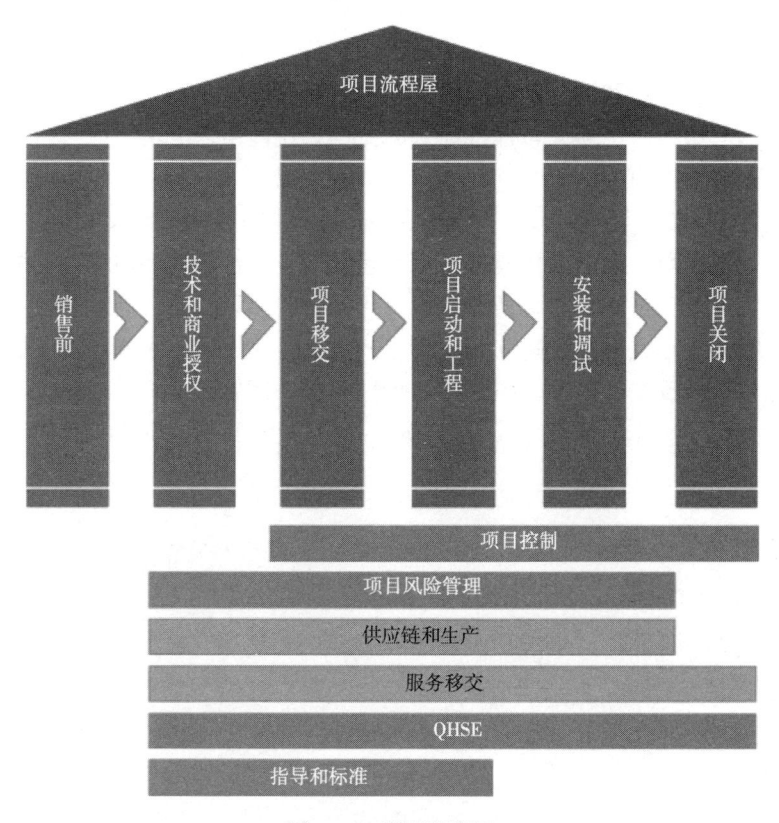

图6-2 项目流程屋

除了这些操作工具，基伊埃公司还意识到这一领域的重要性，为项目管理团队提供了一个支持性的内联网门户网站以供指导（见图 6-3）。

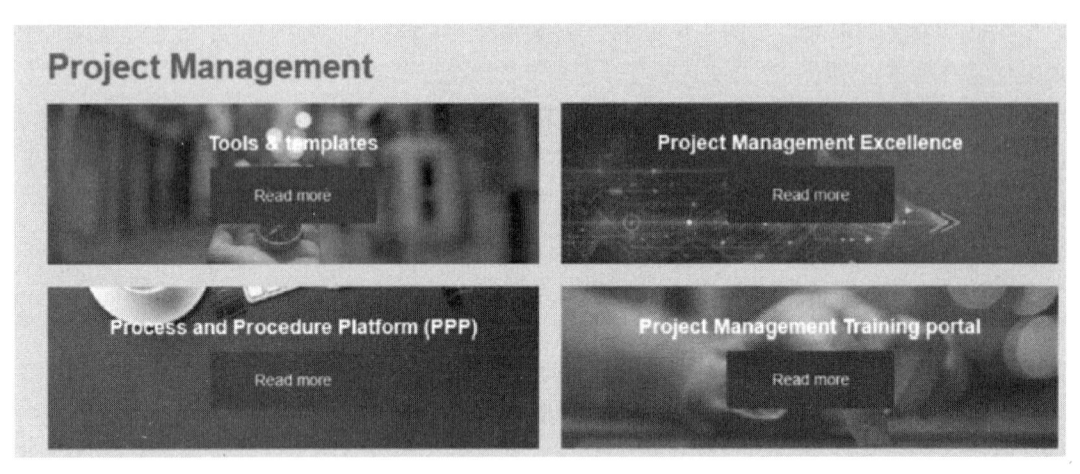

图 6-3　项目管理门户网站（入口页面）

基于《PMBOK®指南》，项目流程屋通过关键流程点向项目经理和整个基伊埃公司解释如何管理和执行项目。它将项目划分为不同的阶段，每个阶段又包含多个阶段性任务，这些任务可以被视为独立的小项目。该体系具有足够的灵活性，可以根据项目的特性调整流程和可交付物，这些特性在销售阶段根据项目的复杂性和战略重要性进行分类。该体系不仅确保了正确的项目执行和治理，还确保了项目与销售和服务阶段之间的平稳过渡。

该项目管理模型是基伊埃公司执行项目的关键，并且在基伊埃公司与西班牙喜力公司的合作中增加了很大的附加值。

值得一提的是，项目经理不仅参与项目的执行，还参与销售阶段，提供多方面的支持，如制定合同时间表、总结类似项目或客户的经验教训、进行风险评估和合同修订。在一些非常复杂或战略性的项目中，如为喜力公司执行的一些项目，项目经理会在销售阶段参与"四眼审查"，特别是在成本和时间方面。同样，项目经理作为最了解他们所执行项目的历史的人员，通过提供反馈，协助服务部门处理任何服务问题。

按照关键流程点（见图 6-4）所示的步骤，根据项目的不同阶段，我们可以做出以下几点说明。

第 6 章 文化

项目流程屋：关键流程点（强制性）——项目管理，版本 3.0（2021 年 9 月）
根据项目类别（标准化/定制化量身定制/特殊）和合同价值

项目销售	项目管理					服务
项目移交	项目启动和工程		供应链	安装和调试		服务移交
项目移交	项目启动	基准计划[3]	与项目经理接口	安装	调试	
PGR3	PGR3	PGR4	PGR5	PGR5	PGR6	PGR7
			采购 / 工程	生产和物流		

项目移交（PGR3）
- 项目分类（来自销售阶段）
- 移交会议
- 首次服务报价
- 项目洽谈

项目启动（PGR3）
- 启动会议
- 启动会议（内部、客户、供应链）
- 授权继续

基准计划
- 项目主页
- 为每个项目活动分配的预算
- 项目进度
- 项目供应商计划
- 健康、安全和环境（HSE）活动
- 流动性与安全性
- 项目控制
- 详细工作分解结构（WBS）和活动清单、项目可交付物
- 沟通计划
- 风险分析和应对计划
- PGR4: 项目计划完成

工程
- 工程详细度
- 设计/尺寸批准
- 启动服务合同开发
- 项目控制（每月审查）
- 安装规划步骤
- 工厂验收测试（FAT）自动化
- 工艺设计审查
- 与验收程序/技术关键绩效指标（KPI）
- 变更管理[4]
- DQ:
- 设计资格认证

采购
- 使用首选供应商
- 竞争性招标/报价请求（RFQ）
- 交货时间管理
- 与供应商协调管理
- 保修事件
- 付款凭证确认
- 项目控制（每月审查）
- 备件采购（如适用）
- 项目采购经理
- 采购计划审查会议
- 节奏报告

生产和物流
- 进度控制
- 质量控制
- 催交
- 运输和海关
- ED 控制
- 变更管理[4]
- FAT 制造

安装（PGR5）
- 健康、安全和环境（HSE）管理
- 安装详细进度
- 质量控制
- 安装资格认证
- 问题清单
- 项目控制（每月审查）
- PGR5: 准备安装 ED 控制 EVM[2] 变更管理[4]

调试（PGR6）
- 健康、安全和环境（HSE）管理
- 调试详细进度
- 系统验收测试（SAT）
- 问题清单
- 项目控制（每月审查）
- PGR6: 准备试运行 ED 控制 EVM[2] 变更管理 操作资格认证 执行资格认证

项目关闭（PGR7）
- 剩余活动、详细预算和进度
- 竣工文档
- 服务移交（首次服务报价）
- 移交给客户和客户反馈会议
- 管理保修事件
- 最终项目审查
- 经验教训
- PGR7: 准备关闭项目 结算会议 与供应商结算

PGR （关口评审）

项目类别和合同价值
- 标准化（>700 万欧元）
- 定制化（>500 万欧元）
- 量身定制（额外活动）

注：本文件与项目评分卡一起使用，以确保遵守我们的流程。它显示了最低要求。在该类项目中，可以接受较少的形式主义。

1. 启动会议与项目团队会议（EVM）或类似工具来监控现场操作的实际进度（仅适用于"标准化"类别）。
2. 使用挣值管理（EVM）或类似工具来监控现场操作的实际进度。
3. 基准计划可以在内部启动前，启动中或启动后进行，具体取决于项目背景。
4. 需要完全遵守新的项目流程点"变更管理"流程。

图 6-4 关键流程点

项目移交

- 项目移交：
  - 为确保销售阶段的所有发现都被记录下来，基伊埃公司销售团队会将所有收集到的相关信息转交给项目经理。特别重要的是确保客户对项目的期望和谈判的精神得以保持。目的是为项目经理提供足够的信息，以便理解项目的目标，不仅是基伊埃公司的目标，还包括喜力公司的目标，同时赋予项目经理足够的权力和资源以推进项目。
  - 在项目移交时（对于非常复杂的项目甚至在移交之前），一些工具被提供给项目经理。最重要的是项目主页（PHS），这是一个共享站点，项目团队不仅将与喜力公司共享的文件存储在此，还包括许多其他技术和非技术的内部使用文件。除此之外，项目团队还有一个名为 GEA Assist 的工具，用于与喜力公司安全地共享文件。
  - 作为流程质量控制的一部分，PGR3（PGR3，PGR 1 和 PGR 2 属于基伊埃公司销售团队）允许项目经理与项目的主要干系人检查团队是否准备好面对项目的下一个阶段，即项目启动，这是项目启动和工程阶段的一部分。

项目启动和工程

- 项目启动：
  - 在销售阶段，喜力公司项目团队和项目经理之间的互动非常频繁，以确保双方的需求都包含在提交的报价中。
  - 明确项目范围以及所有条款和条件，以构建项目开发的坚实基础。甚至与项目未来阶段相关的问题，如职业健康与安全、工厂基础设施等，都在此时与喜力公司进行了讨论。
  - 定期举行的协调会议促进了项目经理和两家公司项目团队成员之间的良好关系。通常这些会议都有预定的议程和周期。对于基伊埃公司而言，这项工作不仅有助于更好地了解项目需求，还有助于熟悉客户的主要干系人。

- 基准计划：
  - 两位项目经理之间的联系也非常紧密。从合同日期开始，所有的管理计划都是共同制定的，重点关注沟通、风险评估、资源分配、时间表（活动、采购、物流等）、供应链、预期质量等方面。
  - 经过热烈讨论最终达成了共识，这对项目执行和项目团队成员的关系都非常有利。从那时起，对两家公司及其高层管理人员来说，只存在一个联合项目团队。
  - 尽管属于项目的其他阶段，但需要强调的是，基于项目各个方面的进展对时间表的更新对双方都非常有用，有助于成功应对项目的问题和风险。
  - 需要提到的是，基伊埃公司系统创建了 PHS，作为项目相关文档存储库的共享站点，即使在项目关闭后也能够使用。此外，还有 GEA Assist，一个用于与喜力公司共享项目文档的工具。
  - 不可忽视的是，这一阶段开始了项目控制过程，直到项目完成为止。在此过程中，项目经理不仅负责项目财务状况的控制（每月与财务部门一起审查），还负责管理可能影响项目可交付物的因素。
— 在所有这些活动完成后，基伊埃公司团队与主要干系人进行 PGR4，分析项目状态，以评估其为下一个项目阶段——工程和设计阶段作准备的情况。
- 工程与设计：
— 该阶段也是双方共同完成的。基伊埃公司根据喜力公司设定的项目需求，开发了所有方面的详细工程设计（如管道与仪表图、3D 设计、布局图、支架、液压设计、设备和组件选择等）。
— 进行了一轮又一轮的初步咨询、工作开发和进一步验证，涵盖所有学科（机械和工艺、电气）。
— 结果是，虽然前期花费了相对较长的时间，但在设备制造、安装和调试的过程中减少了范围变更，只涉及一些小的改动。值得一提的是，双方开放的心态是实现良好工程开发的关键因素。
— 喜力公司通过开放分享关键过程因素，展示了对基伊埃公司的承诺，以便基伊埃公司进行设计和工程施工。透明度、互信和明确的目标设定对确保项目这一部分的成功非常重要。
— 与前几个阶段不同，工程与设计阶段的可交付物数量显著增加，这些可交付物被存储在 PHS 中，并通过 GEA Assist 工具与喜力公司共享。除了更新已有的文档（主要是时间表和风险评估），还包括以下内容：
  - 管道与仪表图、电气图和实体图；
  - 液压设计、电气和结构计算；
  - 3D 设计；
  - 布局图。
— 这一阶段在组件采购和设备制造方面也非常重要。基伊埃公司就设备的技术规格以及认证供应商和承包商的使用与喜力公司进行了咨询；还商定了采购日期，以确保喜力公司准备好安全储存所有后续安装工作所需的材料。
— 作为采购的重要部分，基伊埃公司向喜力公司提供了推荐的备件清单，这些备件将在项目调试期间使用。此做法确保了项目调试不会因缺少替换零件而受到影响。
— 在此阶段结束时，应完成设计验证。

供应链
- 采购、制造和物流：
— 基于在设计和详细工程阶段收集的信息，供应链部门根据在项目基准计划阶段制订的采购管理计划的基础和策略，开始采购项目所需的材料和组件。
— 对于通常由外部或内部车间提供的特殊设备，供应链部门会得到机械、电气和自动化工程部门提供的技术规格支持。这些设备也是采购管理计划的一部分，并且涵盖在质量管理计划中，在质量计划和保证方面，特别在质量控制方面，由基伊埃公司工程师执行。在许多情况下，喜力公司会访问车间进行机械和电气评估，并在可能的情况下进行设备的工厂验收测试。
- 一旦组件、材料和/或特殊设备准备就绪，基伊埃公司供应链的物流部门将负责把所有这些运送到喜力公司。在这里与喜力公司物流部门的互动也至关重要，确保两部门在运输时间和条件方面保持一致。在国际项目中，协调需要更加紧密，不仅要遵循合同上约定的国际贸易术语和出口控制限制，还要有助于海关清关以及在工厂的进一步运输和存储。
- 在供应链阶段结束时，项目经理会像前几个阶段一样执行 PGR5，在此期间，项目团队和项目干系人检查项目的准备情况，以便推进到下一阶段。

安装和调试
- 安装：
  - 在这个阶段，之前完成的设计变为现实。
  - 客户方的干系人数量通常会显著增加。从之前阶段只与项目经理或关键工程师接触，到现在突然出现了许多其他角色。从其他承包商（如土木工程、公共设施、职业健康与安全等）的相关人员到客户其他部门（如工厂管理、维护、仓储等）以及政府官员（如许可证、法规、正式授权等），需要应对的人很多。
  - 与喜力公司合作开发的项目是上述情况的一个好例子。在之前阶段建立的牢固关系对于顺利完成安装阶段非常重要，因为集成商与客户之间的冲突会更频繁。在这方面，喜力公司和基伊埃公司一直合作无间。设备和组件符合批准的管道与仪表图，它们的质量和标准都是正确的。工厂仓储空间和服务等基础设施已经准备好启动运营。
  - 在这个阶段，与其他承包商的互动非常频繁。每天举行的联合会议不仅有助于更好地协调工作，还可以避免事故和意外。在这方面，喜力公司所做的工作值得称赞。
  - 项目开发的另一个重要方面是对参与机械和电气安装的分包商的控制。基伊埃公司及其分包商和喜力公司之间的互动非常频繁，总是从积极主动的角度进行管理，为项目开发取得良好的结果奠定了基础。
  - 在大型项目中，使用挣值管理技术衡量分包商的进展，并使用 ED Controls 工具进行记录，使项目工程师能够轻松掌握与安装有关的所有事实和事件。
  - 从风险的角度来看，安装是项目中最危险的阶段之一，职业健康与安全问题成为喜力公司和基伊埃公司的首要任务。两家公司的代表必须保持持续沟通，以协调在工厂中要完成的工作。
  - 安装接近完成时，应进行一次共同验证，以确保所有问题都已被正确登记，并制定了相应的解决措施。一旦完成，安装认证就完成了。
  - 在安装结束时，执行 PGR6，以检查项目是否准备好进入调试阶段。
- 调试：
  - 在这个阶段，重要的是确保安装已经完全完成并经过验证。如果无法做到这一点，则必须对未完成的事项进行良好的登记，包括负责人和解决日期。
— 在项目的调试过程中，不同集成商与客户之间的互动更加频繁，有时可能发生冲突。基伊埃公司的做法是让客户不仅在管理层面上，而且在所有操作层面上尽可能多地参与。在这一点上，喜力公司在其西班牙工厂开发的所有项目中都非常配合和合作。由于与生产部门的管理层进行了预先对齐，项目对工厂常规生产的干扰所引发的常见冲突得到了最小化。此外，项目工作区域的服务和基础设施可以及时提供，这有助于调试的开始。
— 在这个阶段，工厂开始运作，带来了新的风险。能源的使用（主要是蒸汽和热水）以及危险化学品（苛性碱和酸）的使用，迫使喜力公司和基伊埃公司人员更加意识到运行时存在的风险。
— 系统验收测试由喜力公司成功执行，确保了随后的生产是可靠、稳健和可重复的。与在安装阶段发生的一样，创建了一份未完成问题清单，用于记录、分析和解决所有虽然不影响常规生产但需要解决的问题。
— 项目文档在调试结束时提供，涵盖所有维护要求以及工程师和技术人员使用的材料清单。在此阶段对工厂操作员进行培训。这里，喜力公司提供合适的人员和适当的设施是确保进行良好培训的关键。主要目标是让人员准备好在项目移交给客户后进行工厂的维护和运营。
— 产品试验的启动，特别是商业生产的开始，标志着设备临时验收的完成，在这一过程中，除了实现运营资格，还包括将资产移交给喜力公司，并开始保修期。正如在设计和工程阶段提到的那样，备件清单的存在将减轻组件和设备故障的影响。
— 从那时起，所有保修问题应由基伊埃公司服务部门和喜力公司生产和维护部门管理。在这方面，确保从项目执行阶段到服务阶段的平稳过渡非常重要，双方的项目经理共同合作，努力解决任何需要解决的问题。
— 执行最后的关口评审（PGR7），确保喜力公司和基伊埃公司已准备好进入项目最后阶段。

项目关闭
- 项目关闭：
— 项目关闭阶段为安装提供微调，并确保生产线的良好运行，直到达到工厂的满负荷生产（性能验证）。如果调试中有未解决的问题，这些问题将在这个阶段被修复，直到项目的问题清单被完全清空。项目关键绩效指标（KPI）的最终实现是必不可少的，并且会在满负荷生产时再次进行验证。基伊埃公司从项目执行到服务的运营过渡，以及喜力公司从工程到生产的过渡都已完成并最终确定，开启了虽不属于项目生命周期但仍需谨慎过渡的服务阶段。
— 这一阶段也是项目在行政上关闭的阶段。基伊埃公司需要更新项目存储库，包含所有有关工厂的数据；而喜力公司需要提供项目的最终验收并根据财务里程碑进行最终付款。

——这是为内部的经验教训总结和项目评估做准备的时间，内部客户和外部客户都要进行这些活动。经验教训总结和项目评估允许列出应当推广的优秀实践和未来项目中需要纠正的不足之处，这两者都是基伊埃公司持续改进理念的重要组成部分，也是其最重要的价值观之一——卓越的基础。

综上所述，喜力公司和基伊埃公司根据该方法论共同开发的合作框架，以及管理层的支持，不仅在项目执行期间，而且在销售、售后和服务阶段，对项目成功及基伊埃公司和喜力公司之间建立强大的合作伙伴关系至关重要。

除此以外，两家公司的团队还在每个项目之后学习如何改进协作，以及如何在未来的项目中合作。这一伙伴关系的成功不仅是一个良好的开端，也是一个共同的目标：改进和从我们克服障碍的过程中学习。

最后，除了遵循项目管理方法论并与客户保持密切联系，喜力公司和基伊埃公司之间共享的其他最重要的最佳实践是：

- 干系人管理。喜力公司项目经理在每次会议中都尽可能包括所有可能受影响的部门，这对于参与至关重要。即使在每次会议上都考虑了他们的需求，但当他们参加会议时，他们的参与度和认可度要高得多。
- 范围管理。
  - 收集需求。管理假设和验证验收标准的重要性息息相关。审查项目范围的技术会议提供了开放讨论和宝贵意见，使项目团队能够在工程方面做出重大改进。在最初的项目中存在一些项目假设，这在下一个项目阶段造成了一些差异，因为假设可能发生变化。这些会议随着项目的进行变得越来越重要，减少了安装和调试期间出现问题的风险。
  - 范围验证。在项目期间，基伊埃公司了解哪些工程任务对喜力公司来说非常重要，并为其提供了附加价值。工程审查，尤其是立体审查对喜力公司来说是至关重要的，这些审查被确定为项目进度中的重要节点。
  - 范围经验教训。最初的项目采用了不同的工程设计标准。因此，在调试期间，它们的控制方式与喜力公司预期的不同。对于后续项目，在定义设计标准之前，所有各方都需确认是否满足喜力公司的期望，即使最初的设计标准是有效的。
- 资源管理。在执行阶段，喜力公司和基伊埃公司对现场资源管理的期望在资源数量、责任和其他方面有所不同。由于团队之间缺乏任务管理，一些阶段超出了预期，而其他阶段低于最初的预期。在后续项目中，通过开放的沟通来审查这个问题，以协调和改进。
- 沟通管理。即使团队之间定义了定期和频繁的沟通以满足需求，管理项目优先级的成功因素也是基伊埃公司和喜力公司项目经理之间的密切沟通。

毫无疑问，关注所有这些最佳实践是确保项目良好实施和确保基伊埃公司及其客户关系可持续性的最佳方法。

6.6 英德拉公司：构建有凝聚力的文化

在英德拉公司，项目经理在项目的成功中扮演了重要角色，因为项目运营是公司业务的核心部分。因此，公司在政策和执行上都全力支持项目经理，并且在项目的定义和执行上赋予他们全部责任。正如我们的前任首席执行官所说："项目经理必须把他们的项目当作自己的业务来经营。"

这句话概括了英德拉公司项目管理文化的基础，它表明项目经理对他们的项目必须采取综合性的措施，不仅要关注与三重约束相关的主要目标，维护进度和成本基准，还要具有商业视角，并且为了实现商业目标（盈利能力、成本效益、资源开发、生产能力等）而努力推动项目前进。项目管理基础如图6-5所示。

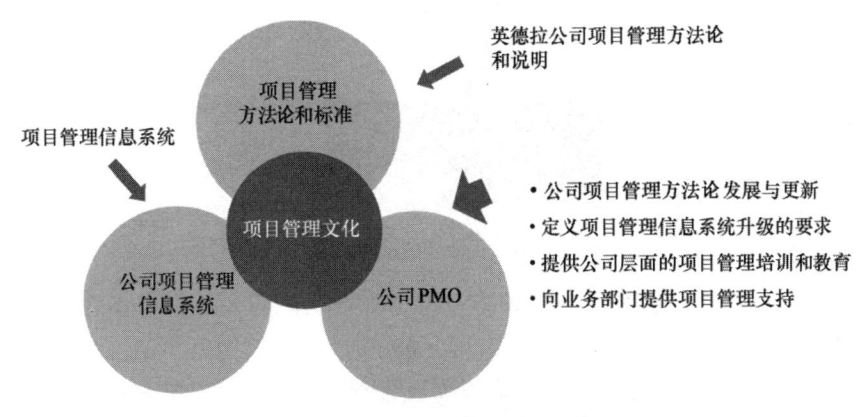

图 6-5 项目管理基础

截至 2013 年，公司 PMO 向约 3 300 名项目经理提供了帮助，以确保项目经理有明确的方向、任务、战略、方法和一系列常用的工具与程序来开展他们的工作。我们负责开发和更新英德拉公司项目管理方法论（Indra Project Management Methodology，IPMM），即公司项目管理方法。基于这种发展，对公司的项目管理信息系统进行升级的要求被采纳并实施了。通过培训和教育、非正式交流及参与业务部门所要求的与项目管理有关的不同举措，我们持续不断地为业务部门和项目管理个体提供帮助。我们的最终目标是在英德拉公司内部创建一种强大的、有辨识度的项目管理文化，无论执行部门、地理位置和业务部门如何。

2005 年，我们为少数高级项目经理、项目经理和业务部门经理启动了一个内部认证项目，使他们通过培训获得项目管理专业人士资格认证。从那以后，这个认证项目每年都会进行一次，而且成了最受项目经理欢迎的培训活动。业务经理对参加这个项目的候选人进行了仔细的筛选。

有 950 多名项目管理人员通过培训获得了项目管理专业人士资格认证。到 2012 年年底，我们实现了 500 人获得项目管理专业人士资格认证的数量目标。截至 2013 年 5 月，我们拥有 500 多名获得项目管理专业人士资格认证的人员。

对于我们来说，这些数字意味着一部分最有经验和天赋的专业人士在项目管理最佳实践中得到了充足的锻炼。考虑到我们的项目管理方法论与项目管理知识体系的一致性，我们可以预计，获得项目管理专业人士资格认证的人员可以轻松地在其影响领域传播项目管理最佳实践的知识和经验。想要在公司内部所有的分支机构创建一种强大的项目管理文化，这是一种行之有效的方法（见图6-6）。

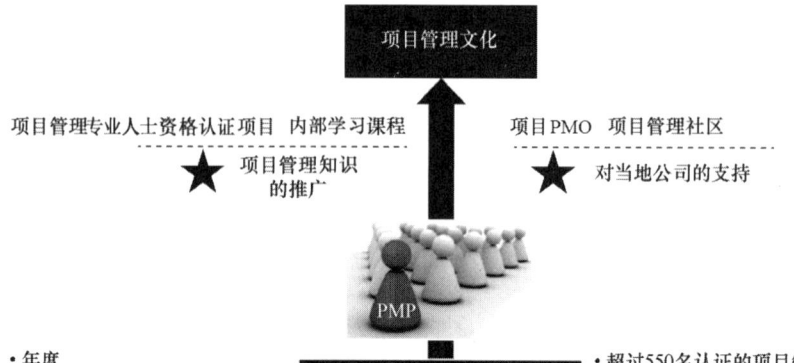

图 6-6 人员：内部培训师

2008年，我们开始以获得项目管理专业人士资格认证的人员为内部培训师，由公司PMO开设"英德拉公司项目管理"课程。这门课程讲解了英德拉公司项目管理方法论和项目管理信息系统。多亏了这个举措，我们以项目管理知识体系的标准来培训我们的员工，同时培训师的经验提供了一个合适的项目管理环境，以英德拉公司向客户提供的项目和服务为培训案例。事实上，这种合作已经取得了成功，对于参与者来说是一种双赢。

- 获得项目管理专业人士资格认证的人员有助于创造更好的项目管理文化，在公司内部传播最佳实践，同时获得专业发展并维持认证。
- 接受培训的人无须经过任何外部培训师的讲解，可以直接与培训内容相联系，因为老师是获得项目管理专业人士资格认证的人员，他们很清楚要管理我们公司的一个项目需要解决哪些问题。
- 人力资源部门也从中获益，因为其可以投资其他需要外部培训师的领域。
- 公司PMO必须监督和支持在培训过程中信息传递的一致性。

最终，整个英德拉公司都从中受益，因为这门项目管理课程的内容可以通过电子平台学习。它被翻译成英语和葡萄牙语，无论在世界的哪个地方，它成了任何一家英德拉分公司项目管理培训的必修内容（见图6-7）。

此外，2010年，人力资源部门建立了一个所有员工通过内部网络可以访问的平台，旨在让员工相互联系、分享和学习。这个平台（名叫"知识共享"）拥有社交网络的界面和体验，目的在于支持专业人士之间非正式的知识和经验交流。它的范围涵盖整个公司，通过平台传递最佳实践、方法、管理和技术问题、商业信息等，快捷又方便，而且可以建立组群和社区，甚至传播数字内容和课程。

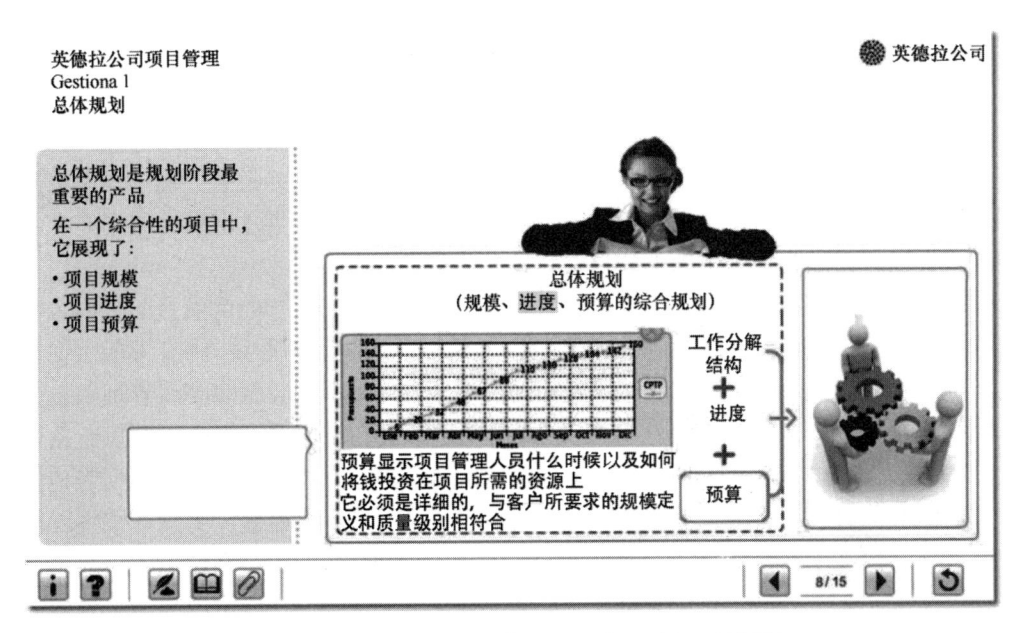

图 6-7 英德拉公司项目管理电子学习平台上的课程

对于我们来说,"知识共享"已经成为一个强有力的工具,可以让我们的项目经理一起讨论,与公司 PMO 保持联系,并保持项目管理文化的建设。我们为英德拉公司的项目管理人员创建了项目管理专业人士资格认证网站(见图 6-8),希望他们保持联系或者更新任何有趣的项目或活动,或者仅贡献自己的经验和想法。

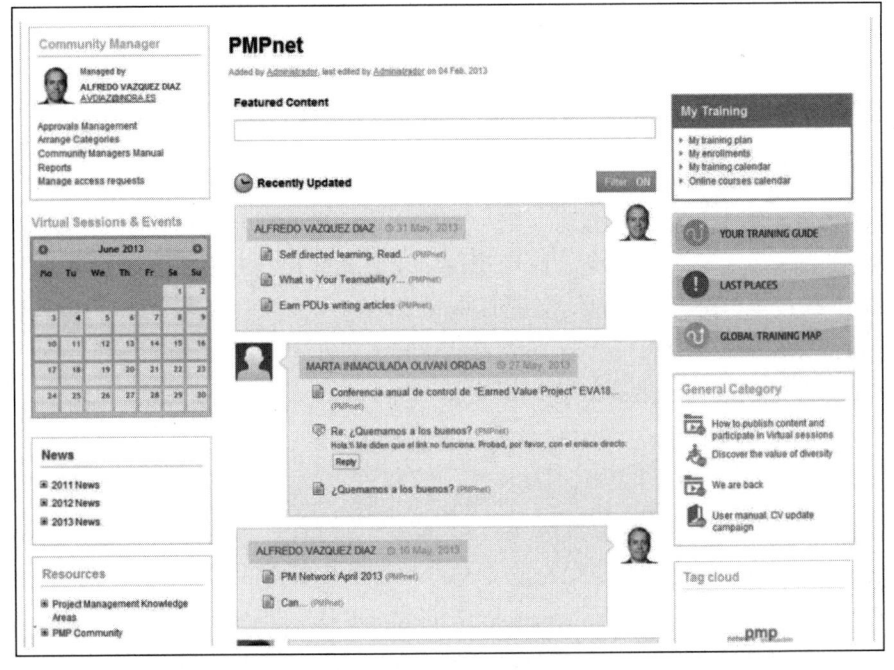

图 6-8 "知识共享"工具的项目管理专业人士资格认证网站

6.7 在新兴市场中进行项目管理的障碍

计算机技术与虚拟团队的发展让这个世界变小了。第一世界国家对新兴市场国家趋之若鹜,以获得丰富的高质量人力资本。这些人力资本相对便宜,并且希望加入虚拟项目管理团队。毫无疑问,在这些新兴市场国家,人才比比皆是。这些人才对项目管理有着相当好的理解,而且其中有些人以加入虚拟项目团队为荣。

但是,在虚拟项目管理团队工作也有可能带来伤脑筋的问题。在由项目团队成员掌控的工作层面上,项目管理已经开始被接受,但在更高层次的管理层级,则有可能出现对接受与实施项目管理的抵触。由于项目管理在全世界范围内的发展,很多高级管理人员公开表示接受项目管理,但这仅仅是"空头支票",在幕后他们对项目管理的正常执行造成了巨大障碍。这也同样为虚拟团队中第一世界国家的成员带来了相当大的困扰,因为他们必须依赖团队其他成员的支持。信息流动差、决策过程长、成本控制差,并且在很大程度上依赖外部将导致进度不断拖延,以致超过了买方合同日期,最后的结果可能让人产生挫败感。简单地说,有很多顽固的文化问题需要考虑。在本节,我们将以美国为例来说明第一世界国家的情况。

影响有效项目管理的障碍在全世界范围内都存在,并不仅仅出现在新兴市场国家。但是在新兴市场国家,这些障碍更明显。为了简单起见,我们把这些障碍分为4类:

- 文化障碍。
- 阶层和政治障碍。
- 项目管理障碍。
- 其他障碍。

◆ 文化障碍

文化是人们信奉的一套价值观和准则。每家公司都可能拥有自己的文化,一些公司甚至拥有多种文化。其中有些文化强势,而另一些文化比较弱势。在一些新兴市场国家,存在非常强势的国家文化或民族文化,以至于决定了公司文化。有很多因素都可能影响一个组织的文化。在这里,我们讨论的仅仅是那些可能影响项目管理接受与实施的因素,包括:

- 权力集中在少数人手中。
- 缺少有意义的或真正的高级管理层支持。
- 组织层级的重要性。
- 不当但"合法"的法律。
- 贪污腐败的潜在可能性。

权力集中在少数人手中

很多国家保持着这样一种文化,即决策权集中在少数人手中,而这是巨大权力的来源。在私有企业和政府组织中都存在这种因素。项目管理提倡的是权威和决策权的分散化。在很多国家，最高管理层永远不会将决策的权威、权力下放给项目经理。在这些国家，高级管理层的任命并不一定基于能力。相反，这些任命基于资历，或者隶属于相应政党，又或者与政府内部人员有私交。这样做的结果可能是，高级管理层对他们自己的业务知之甚少，或者缺乏领导能力。

缺少有意义的或真正的高级管理层支持

项目的发起机制可能存在于公司的某一层级，但是一定不会在高级管理层。原因有两个：第一，高级管理人员知道自己能力上的不足，甚至可能对项目一无所知。因此，他们很有可能犯严重错误，而那些将他们置于该权力位置的人会看在眼里。第二，也可能是最重要的，作为项目发起人，如果失败了，可能就意味着作为高级管理人员的生涯的结束。因此，发起机制，如果存在的话，很可能是在组织层级的下层，也就是如果项目失败，人员可以"牺牲"的那一层。这样做的结果是，发起人不能或不愿在出现麻烦时帮助项目经理。

组织层级的重要性

在美国，项目经理普遍有权与公司的任何人交谈，以获得与项目有关的信息。这样的目的是使工作不仅在纵向流动，也在横向流动。在一些新兴市场国家，项目经理必须遵循权责指挥链。组织层级是神圣的。遵循权责指挥链必定会延长决策过程，以至于尽管有一个发起人存在，项目经理还是不知道需要多长时间才能获得需要的信息或者制定决策。没有成熟的基础结构来支持项目管理，现有基础结构的作用仅仅是过滤高级管理层的坏消息，并证明每个职能经理的存在是合理的。

在美国，麻烦止于发起人。发起人有最终决策权，并需要协助项目经理度过危机。发起人的职责是清楚界定的，而且可能在企业项目管理方法论中有详细描述。但在一些新兴市场国家，发起人可能没有决策权，有些决策需要上报政府部门。简单地说，人们不总是清楚何时何地需要做出决策，以及由谁做出决策。在美国，由项目发起人负责报告坏消息。在一些国家，消息也可能被上报到政府部门。简单来说，你不会知道项目信息会止于何处。

不当但"合法"的法律

新兴市场国家的一些法律允许的行为可能在其他国家或明确或含蓄地被视为不合法的。然而美国的项目经理在与这些国家合作时，必须像遵守任何其他法律一样遵守那些法律。例如，采购合同并不一定会由那些最有资格的供应商或价格最低的竞标者获得，而有可能由位于高失业率城市的竞标者获得。再如，有些国家的法律暗示在竞标时受贿是可以接受的。有些合同由高级管理层的亲友获得，而不是给那些最有资格的供应商。

贪污腐败的潜在可能性

一些国家可能确实存在贪污腐败的现象，这会给那些关注三重约束的项目经理带来巨大灾难。项目经理习惯上会提出一个计划，在三重约束下达成目标。他们同样假设所有事情都能够系统化并有序地完成，也就是假设贪污腐败并不存在。在一些国家，总会有些营私舞弊的个人或组织，不择手段地阻止或减缓项目，直到他们能够获得个人利益为止。

◆ 阶层和政治障碍

阶层和政治在所有地方都普遍存在，并有可能对项目管理产生负面影响。在一些新兴市场国家，阶层和政治实际上会暗地破坏项目管理并阻止它正常运作。影响项目管理的因素包括：

- 法律手续和政府约束。
- 高级管理层缺乏安全感。
- 地位意识。
- 社会义务。
- 内部政治。
- 失业和贫困。
- 对待员工的态度。
- 低效。
- 所有层级都缺乏奉献精神。
- 错误的信息或缺乏信息。

法律手续和政府约束

在美国，我们相信表现不好的员工会被移出项目团队，甚至被解雇。但是在一些新兴市场国家，即使员工的表现达不到标准，他们还是有合法的工作权。有法律明确规定在何种情况下员工可以被解雇。

还有些关于加班的法律。加班可能不被允许，因为付钱让人们加班最终可能导致产生一个新的社会阶层。因此，当项目进度拖延时，不能依靠员工加班来维持或加快进度。

高级管理层缺乏安全感

高级管理人员经常会比手下的经理们更缺乏安全感，因为他们的职位可能是政治任命的。因此，项目经理可能被高级管理人员看作"明日之星"而对他们构成威胁。允许项目非常成功的项目经理向政府最高级别管理层做汇报可能让高级管理人员感觉受到威胁。相反，如果项目有麻烦了，那么项目经理可能被迫去做陈述报告。

地位意识

在某些文化中，特别是在一些新兴市场国家，公司高级管理人员具有高度的地位意识。他们非常担心实行项目管理可能使他们失去地位，因此他们不愿意成为积极的项目发起人。如果项目失败的话，可能导致他们地位的丧失。地位通常伴随附加福利，如公司配车或其他特权。

社会义务

在新兴市场国家，出于宗教习俗和信仰或政治要求的社会义务可能比在第一世界国家显得更重要。为了维持与那些赋予高级管理人员或项目经理权力的人的结盟关系，社会义务是必要的。因此，项目经理可以与某些群体交流，但不能与其他群体交流。这也可能妨碍项目管理的实施。

内部政治

内部政治存在于全世界的每家公司。在高级管理层考虑支持一种新的方式（如项目管理）前，他们会担心自己因此变得更强还是更弱，有更多还是更少的权威，有更多还是更少的晋升机会。这就是只有一小部分的新兴市场公司拥有 PMO 的原因之一。无论哪个高级管理人员控制住了 PMO，他的权力就会比其他高级管理人员都大。在美国，我们允许高级管理人员拥有自己的 PMO，因而问题得到了解决。但在新兴市场国家，这种方法却被视为人员浪费。

失业和贫困

事实上，所有高级管理人员都能理解项目管理及其带来的好处，但他们仍旧保持沉默，而不明确表示对项目管理的支持。实行项目管理的一个好处就是它可以让组织更有效率，以至于需要较少资源就能完成工作。这对一名高级管理人员来说可能是个威胁，因为除非有额外的业务，高效率会导致公司裁员，高级管理人员的权力和权威受到削减，失业率增加，并可能加重社区内的贫困程度。因此，项目管理带来的效率提升可能被视为"不适宜"。

对待员工的态度

在一些国家，员工会被视为建立商业帝国的基石。对建立商业帝国来说，为完成相同的工作，雇用三个能力在平均水平以下的员工比雇用两个能力在平均水平的员工要好，但是可能要以项目预算增加和进度拖延为代价。虽然找到合适的人力资源可能确实困难，但是有时候公司根本没有努力去寻找。不管能力如何，雇用亲朋好友是首选之策。当寻求具有项目管理专业知识的人时，问题就更复杂了。

低效

在前面我们已经说明，公司在雇用有能力胜任工作的项目管理人员方面可能觉得困难。并不是所有人都能胜任。有些人尽管能够理解项目管理，却根本不能完成他们的工作。其他人则感到沮丧，因为他们发现自己没有权力、权威，或者没有那些来自第一世界国家同事的责任感。有时，希望成为高效员工的新员工会因为低效的文化而感到压力很大，他们被迫保持低效率，否则同事将被视为表现不佳的人。同事带来的压力是存在的，并且可能妨碍人们发挥出他们真正的实力。

所有层级都缺乏奉献精神

当人们相信他们不会丢掉工作时，就很难有动力。很多人也许根本不会理会三重约束。有些人或许更喜欢看到进度出现问题，相信更长的时间提供了一定程度的安全感。人们同样也缺乏对产品的承诺。当一个项目接近尾声时，员工可能已经开始在其他项目中寻找栖身之所。他们甚至可能在工作完成前就过早地离开他们当前的项目，以确保在其他地方的工作机会。

错误的信息或缺乏信息

在新兴市场国家工作的人可能觉得他们必须对同事和项目经理隐藏一些事情,特别是坏消息,或者出于必要,或者为了保住自己的工作和威望。这给项目经理带来了巨大的障碍,因为他们需要依赖实时信息(无论是好消息还是坏消息)来成功管理项目。报告的延迟可能浪费时间,在这段时间里本来可以采取纠正措施。

◆ 项目管理障碍

除了文化、阶层和政治可能对新管理思想造成障碍,还有其他一些与项目管理直接相关的障碍,包括:

- 实施项目管理的成本。
- 失败的风险。
- 培训成本及培训限制。
- 对于成熟度的需要。
- 缺少项目收尾环节。
- 职业道德。
- 计划不周。

实施项目管理的成本

实施项目管理是需要成本的。公司必须配备相应的硬件和软件,创建项目管理方法论,并开发项目绩效汇报技巧。做这些需要巨大的财务支出,对有些公司来说可能负担不起。同样,在实施项目管理过程中需要长时间占用大量资源。由于资源紧张,或者由于实施项目管理需要更好的资源,从而无法用于正在进行的工作,所以即使公司知道项目管理的好处,但还是会回避。

失败的风险

即使一家公司愿意为实施项目管理投入时间和金钱,但仍存在着巨大风险导致项目管理无法实施。即使项目管理实施成功,但项目由于任何其他原因失败了,人们也会将责任归咎于错误的实施。一旦高级管理人员发现他们不得不为没有实际成果的时间及金钱投入负责时,他们在组织结构中的地位可能被撼动。这也是有些高级管理人员拒绝接受或不明确支持项目管理的原因。

培训成本及培训限制

如果没有面向员工的培训计划,实施项目管理是困难的。这带来了3个附加问题:①需要分配多少钱用于培训?②谁来提供培训?培训师的资格如何?③员工应该暂停手边的项目工作来参加培训课程吗?培训项目管理人员既费时又费钱。实施和培训的成本可能阻碍一些高级管理人员接受项目管理。

对于成熟度的需要

项目管理需要一定的成熟度,不仅体现在所需的有限技术或工具方面,也体现在员工团队合作的能力上。新兴市场国家普遍缺乏成熟的团队合作。员工可能看不到团队合作的好处,因为其他人可以因此看出他们缺乏竞争力或发现他们犯的错误。这样的人没有经过培训,无法在团队中正常工作,对团队也没有什么贡献。

缺少项目收尾环节

在项目结束时会总结经验教训和最佳实践,此时员工会害怕这些与自己有牵连。经验教训和最佳实践不仅从我们做得好的方面获得,也会从我们做得差的方面获得。员工不愿意看到在总结报告中出现任何这样的内容——暗示最佳实践是由于他的错误而被发现的。

职业道德

在一些国家,与有效项目管理实践相反,由于无法解雇人,就会产生相对较差的职业道德。员工上班或开会容易迟到早退。就算员工真的出现在会议上,也仅仅在团队中讨论好消息,而对坏消息进行一对一的讨论。沟通技巧和报告写作技巧同样薄弱。员工缺少责任心,因为责任心意味着当出现问题时员工需要对自己的行动负责。

计划不周

在新兴市场国家,计划不周是屡见不鲜的。在计划过程中总是缺乏责任感。因为缺少标准,而这可能是由于职业道德水平不高,所以预估项目持续时间、工作量和成本就非常困难。计划不周导致的最终结果是项目进度的拖延。

◆ 其他障碍

无法一一提及其他障碍,下面列出一些比较重要的。这些障碍在新兴市场国家并不一定是普遍存在的,而且许多障碍是可以克服的。

- 货币兑换效率低。
- 无法获得实时的报酬。
- 迷信。
- 法律反对引进和输出知识产权。
- 缺少对虚拟团队合伙人宗教信仰的宽容。
- 在得到合伙人所在地政府的认可方面存在风险。
- 使用差劲或落后的技术。

◆ 建议

尽管我们描绘了一幅看似黯淡的画面,但其中有很大的机会。新兴市场国家有大量的人才,他们的能力还没有被完全开发出来。这些人才的真实能力现在仍不得而知。虚拟项目管理团队可能是全面实施项目管理的起点。

随着项目管理的发展，高级管理人员将意识到并接受项目管理带来的好处，并看到他们的业务基础在不断增长。使用虚拟团队的合伙经营企业和合资企业将更加普遍。尽管那些妨碍项目管理成功实施的障碍仍然会存在，但项目经理会逐渐学会与这些障碍共处，学会在那些强加在新兴的虚拟团队上的约束下工作。

巨大的新兴市场经济将带来更多的机会。人们看到了项目管理更大的价值，并且开始扩大项目管理的使用。一些快速发展的经济力量将变得更强，为克服刚才提到的许多障碍提供所需的支持。随着更多成功故事涌现出来，各式各样的经济力量会得到加强，它们之间的连接也将更紧密，人们也将开始充分利用项目管理的真正价值。

第 7 章
管理层的支持

7.0 简介

就像我们在第 6 章中看到的那样,高级管理人员是公司文化的创建者,他们的职责是确保一旦公司的文化被接受,以后不会分崩离析。为了维持项目管理文化,管理层的明确支持是非常重要的。这种支持必须是持之以恒的而不是"三天打鱼两天晒网"。

本章将探讨管理层的支持在创建、维持项目管理文化上的重要性。案例分析显示,在项目管理系统中,员工授权及项目发起人的角色是至关重要的。

7.1 高级管理人员明确的支持

作为项目发起人,高级管理人员为项目经理及项目团队的其他成员提供支持和鼓励。在项目管理方面表现卓越的公司都具有以下特点:

- 高级管理人员采用不干涉的做法,但有问题时他们也能给予帮助。
- 高级管理人员期望得到精确的项目状态报告。
- 高级管理人员对下级进行授权。
- 高级管理人员将权力及决策权下放。
- 高级管理人员期待项目经理及其团队不仅提出问题,还要给出可供选择的解决方案及建议。

然而,有效的发起支持和压迫性的发起支持之间有一条微妙的分界线。对于这一点,3M 公司的前副总裁罗伯特·赫什克(Robert Hershock)在一次关于卓越项目管理的视频会议上给出了最好的表述:

> 可能最重要的事就是一定要从上层开始接受这种方法,一定要有从上层而来的领导力,而且上层必须 100%地支持整个流程。如果你是个控制狂,或者你具

有高超的组织技巧而且愿意凡事亲力亲为，那么这会是令人非常不舒服的流程，因为基本上这是个混乱的流程，而且你在这里一定要能容忍错误。管理层必须做的是显示他们对团队成员的信任。他们需要确立战略和方针，然后给予团队成员所需要的授权，以便他们能够完成各自的工作。在团队经过培训建立起来之后，管理层所能做的最好的事情就是不要挡道。

为了保证支持清晰、明确，高级管理人员需要相信"走动式管理方法"。这样，每个员工都会渐渐认得发起人，并且认识到带着问题去找发起人是合适的。走动式管理也意味着高层发起人要敞开他们的办公室大门，让每个一线经理及他们的每个员工都能感受到发起人的支持，这一点是很重要的。保持大门敞开的政策偶尔也会导致一些问题，如员工会企图绕过基层经理而直接去寻求更高层的许可。这种情况不太常见，而且发起人可以很容易地把问题转回给合适层级的经理去处理。

7.2 项目发起机制

高级管理人员作为项目发起人，能向项目经理及项目团队提供指导，并负责确保领导职能部门的一线经理履行对正在进行的项目的资源承诺。另外，高级管理人员也负责保持与客户和干系人的沟通。

根据项目的战略重要性，项目发起人通常由一位高级管理人员担任，除了他的日常职责，发起人还向其负责的项目提供持续的指导。一位高级管理人员可能同时负责几个正在进行的项目。有时，一些低优先级的或维护性的项目也会由中层管理人员担任项目发起人。我知道有一个组织甚至更愿意安排中层管理人员而不是高级管理人员作为项目发起人。这家公司认为,这样会避免常见的一线经理对项目不认可的问题。项目发起人的角色如图7-1所示。

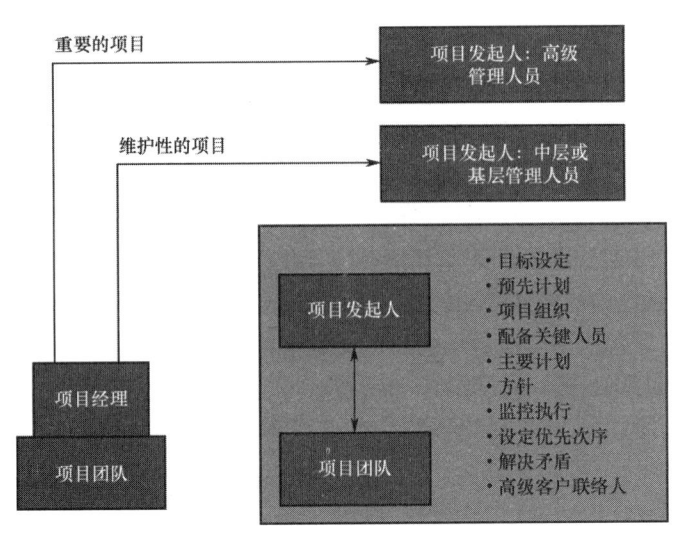

图7-1 项目发起人的角色

在一些大型、多样化的公司里，高级管理人员没有足够的时间来完成项目发起人的职责。在这种情况下，项目发起人就由公司高级管理人员之下的层级承担，或者由委员会承担。

也有一些项目不需要项目发起人。通常来讲，大规模的、需要很多资源的复杂项目要有发起人。大规模的复杂项目也需要发起人来整合各个职能部门的活动，以解决具有破坏力的矛盾并维持牢固的客户关系。

考虑以下这个项目发起人支持项目的例子。一个在美国联邦政府的部门中管理项目的项目经理认定他的团队只有增加新的职位才能如期完成项目。他已经在公司中找到了一位符合他所列出的条件的年轻女性。但是，增加一个全职的职位不太可能，政府项目办公室的人数是在单位人员配备文档中明确规定的。

该项目经理向项目的高层发起人寻求帮助。高层发起人和组织中的人力资源及人事管理部门协商，增设了项目经理要求的职位。新增的职位在 30 天内就批准了。如果没有发起人的介入，组织出于官僚作风可能要几个月才能批准这个职位，以致影响项目的如期完成。

另一个例子发生在某家中等规模的制造公司，该公司的总裁想成为一个特别项目的发起人。项目经理决定让这位总裁为项目的最大利益服务。他要求这位总裁，也就是项目的发起人处理一个特别关键的情况。总裁发起人飞到公司总部，两天后返回时拿到了对项目经理需要的新工具的许可。最后公司在项目上节约了时间，项目完成比预计时间提前了 4 个月。

◆ 由委员会作为发起人

随着公司的成长，有时候不太可能为每个项目安排一名高级管理人员。因此，会由委员会而不是个人来担任项目的发起人。事实上，在许多不同的组织中，最新的趋势是由委员会作为项目发起人。项目发起委员会通常由公司中各个职能部门的代表组成，包括工程、市场、生产等。委员会可能是临时的，如作为一个阶段性项目的发起人。委员会也可能是永久的，如由一个常设委员会作为新项目的发起人。

例如，通用汽车公司的动力系统部门就把将委员会作为项目发起人这个方法运用得非常好。两位关键的总裁，即工程部的副总裁和运营部的副总裁，领导生产和运营办公室。这个办公室是专门成立的，负责对所有产品开发过程的管理工作做全局性的宏观统筹。这个办公室向整个组织展现和传达来自高级管理人员的支持和承诺，其角色和职责包括：

- 在制定项目章程的过程中负责任命项目经理和组建团队。
- 解决战略性的问题。
- 批准项目合同并检验其完备性。
- 通过与项目集经理一起进行定期进度评审来确保项目的执行。

委员会治理方式已经变得普遍。那些专注于从战略项目组合中实现商业价值最大化的公司采用的是委员会治理，而不是单一的项目发起人制度。这样做的原因是，项目现在变得越来越大，越来越复杂，以至于一个人可能无法做出所有决策来支持项目经理。

遗憾的是，委员会治理存在一些问题。许多被指派到委员会的人以前可能从来没有在委员会工作过，他们误认为项目的委员会治理与组织治理是相同的。更糟糕的是，有些人可能从来没有担任过项目经理，并且可能没有认识到他们的决策会如何影响项目管理。委员会成员如果对项目管理缺乏了解，就会给项目组合带来很大的麻烦。许多采用敏捷开发实践的组织采用委员会治理，而且在大多数组织中，委员会成员对他们的新角色和职责有很好的理解。

◆ 不同阶段的项目发起人

项目发起人的角色在项目的整个生命周期中不断变化。在启动和规划阶段，发起人在下列活动中发挥积极的作用：

- 帮助项目经理确定项目的目标。
- 在组织形成和人员配备阶段为项目经理提供指导。
- 向项目经理解释哪些环境因素、政治因素可能对项目的执行产生影响。
- 独自或与公司的其他高级管理人员一起确定项目的优先级顺序，把项目在公司内的优先等级及其原因告知项目经理。
- 指导项目经理为项目制定方针和程序。
- 作为客户的联络人。

在项目的执行阶段，发起人必须非常仔细地考虑并确定哪些问题需要他的指导。试图解决项目中出现的每个问题会导致微观管理。这样会破坏项目经理的权威性，同时使得高级管理人员很难完成他的日常职责。

对于两年或两年以内的短期项目，最好的做法通常是，发起人在整个项目期间不变。对于五年左右的长期项目，必要的话，可以在项目的每个阶段安排不同的发起人。最好在公司的同一级别的高级管理人员中选择发起人，因为同一级别的发起人可以在一起平等对话，而不同级别的发起人就可能有偏向。

项目发起人不一定来自这个项目中工作量最大的职能领域，有些公司甚至从与项目没有既定利益关系的一线职能部门来指定发起人。从理论上讲，这会促进公平的决策。

◆ 客户关系

高层项目发起人在客户关系方面的角色取决于组织是完全项目驱动的还是部分项目驱动的；同时取决于客户是内部客户还是外部客户。为外部客户开发大型项目的承包商通常由其高层项目发起人来保证客户完全了解项目的进度。涉及上百万美元的项目的客户通常非常关注他们的钱是怎么花掉的。如果有一个高层项目发起人，客户就很容易得到答案。

对积极参与竞争性投标的承包商来说，在投标书中标明他们的项目经理及高层项目发起人的简历是非常常见的做法。如果其他方面都相同，这些简历就可能给予这个承包商更大的竞争优势。

客户都希望能有与承包商的高级管理人员直接沟通的渠道。一位承包商认为，高层项目发起人的职责包括：
- 积极参与早期的销售活动及合同谈判。
- 建立并维护高层的客户关系。
- 帮助项目经理启动项目，如计划、人员配备等。
- 了解当前项目的主要活动。
- 处理主要的合同问题。
- 向项目经理解释公司的方针。
- 帮助项目经理确认并解决重要的问题。
- 让总经理及客户经理了解项目中的重要问题。

◆ 决策制定

把项目管理想象为赛车。黄旗就是警告要提防问题，需要项目经理或一线经理采取行动。只要项目经理不想让发起人来解决问题，那么，将黄旗问题告知高级管理人员是没错的。然而，红旗问题通常确实需要发起人的直接参与。红旗问题指的是可能影响项目的进度、成本及绩效的问题。所以红旗问题需要得到认真对待，而且相关的决策需要由项目经理和项目发起人共同做出。

严重的问题有时会导致严重的冲突。项目经理和一线经理之间有分歧并不少见，而这需要高层项目发起人的审慎干预。首先，发起人应该确认，没有他的帮助，这个分歧无法解决。其次，发起人需要从各方面收集信息，并考虑已提出的各种可能的方案。再次，发起人必须确定他是不是解决这一问题的合适人选。这些争论通常属于技术问题，需要具备合适知识的人来解决它们。如果发起人不能解决这些争论，就需要找到具有相关技术知识的权威人士。最后，公正、恰当的解决方案应该可以被双方所接受。如果在项目中没有高层发起人，争论的双方就不得不一层一层地向上反映，直到找到一个共同的领导来帮助他们。高层项目发起人的存在最小化了解决工作争端所需的人数及时间。

◆ 战略规划

高级管理人员负责公司的战略规划，而项目经理负责他们管辖的项目的运营规划。尽管这两种规划的思考方法及时间框架是不同的，但高级管理人员的战略规划技能可能对项目经理有帮助。对那些包括流程开发或产品开发的项目，发起人能够提供专门的市场监控，以识别那些会影响组织长期利润的新机会。另外，发起人也能从下级经理及员工那里得到很多对战略非常重要的信息：什么时候组织中缺乏制造新产品所需要的知识和技能？什么时候公司需要招聘更多技术工作人员？什么样的技术变化可能影响所在的行业？对于这些问题，有谁能比他们知道得更清楚呢？

7.3 卓越的项目发起机制

在优秀的公司中，发起人的角色不是监督项目经理，而是确保客户和公司的最大利益都能实现。然而，正如下面的两个例子所揭示的，高级管理人员的决策不可能让每个人都满意。

弗兰克林工程公司（化名）以开发高质量的、创新的产品著称。不过，该公司为了获得这样的声誉也付出了很高的代价——高额的研发预算。在研发部门发起的项目中，只有不超过 15%的项目能实现最终产品的商业化并收回研发成本。

公司的高级管理人员决定实施新的政策，要求所有的研发项目发起人必须定期对项目进行成本效益分析。如果一个项目的成本效益比不能达到政策中规定的级别，就要为公司的大局着想而取消该项目。

一开始，研发人员看到他们的项目被取消会非常不高兴。但是很快，他们就认识到，与其将大把的钱花在一个很可能失败的项目上，还不如早点把这个项目取消。最终，项目经理和团队成员达成共识，要把钱花在更成功的项目上，而不是毫无意义地浪费人力和物力。在两年之内，这个组织用相同的研发经费完成了更多项目，项目的成功率也更高。

另一个案例涉及一家位于加利福尼亚州的计算机设备设计和制造公司。让我们称这家公司为设计解决方案公司。研发组和设计组充满了最有天分的组员，他们相信自己可以做不可能的事情，他们也确实经常做到这点。这两个强大的组的组员对他们的项目经理不怎么尊敬，而且痛恨时间进度安排，因为他们觉得时间进度限制了他们的创造性。

1997 年 6 月，公司发布了两款新产品，刚好在竞争对手之前，险些落后。公司起初的计划是在 1996 年年底发布这两款新产品。推迟的原因是，项目团队希望新产品不仅要满足原来要求的特性，还要超过这些要求。

为了将来避免类似的延误，公司决定为每个研发项目配备高级管理人员发起人，以确保项目团队能遵从标准的管理做法。有些团队成员试图隐藏他们已经完工的事实，因为他们觉得自己可以做得更好。但是，发起人威胁要解雇这些员工，员工最终服从了。

上述两个例子中的教训是很清楚的。事实上，高级管理人员发起人能改进现有的项目管理系统，以更好地满足公司和客户的要求。

7.4 当项目发起失败时

项目管理的教育者和从业者都提倡有效的项目发起对项目的重要性。然而，遗憾的是，尽管初衷良好，许多情况下无效的项目发起仍然会导致项目灾难甚至失败。我们将讨论几种无效项目发起的情况，以及未来如何改进项目发起实践。

◆ 成功的定义

40多年来，关于通过有效实施项目管理实践促使项目和组织获得成功的文章和书籍层出不穷。尽管许多公司已经实现并维持了高水平的项目管理成功，但其他公司在持续投资项目管理实践以保持成功方面有所限制。

在项目管理环境中，成功的定义有很多种。造成这种差异的原因在于大多数公司并不清楚成功的因素。为简化起见，项目管理成功及其为组织带来的价值可以概括为以下几个方面：①项目成功；②流程、工具和技术的可重复使用；③商业模式的影响；④业务结果成功。这些方面是根据托马斯（Thomas）和马拉利（Mullaly）使用的模型中的组件进行调整的。

- 项目成功：传统上定义为在时间、成本和范围这三重约束内完成可交付物，并被客户所接受。客户可以是组织的内部客户或外部客户。
- 流程、工具和技术的可重复使用：当公司对所有传统或运营项目采取"一刀切"的方法时，这通常是成功的一个特征。
- 商业模式影响：衡量标准是成功采用项目管理所产生的新业务量或市场份额的增加。它还可以衡量项目组合管理实践的有效性及PMO的使用情况。
- 业务结果成功：通常以从完成项目中获得的收入来衡量财务结果。

还有其他可以考虑的成功领域，其中许多是与行业相关的或取决于项目类型。每个成功领域都可以细分为关键成功因素（CSF），这些因素通常也是跟特定行业紧密相关的。

◆ 项目发起人与项目经理的工作关系

项目发起的诞生始于项目管理早期的航空航天和国防工业。当时的大多数项目高度技术化，通常要求具备高学历的工程师担任项目经理。高层管理人员担心这些技术能力突出的项目经理会做出一些本应由高级管理层做出的决策，因此对他们的决策权限进行了限制。

这种误解认为，由于项目经理的技术专长，他们在做业务决策时可能会表现得无效。尽管事实并非如此，但高层管理人员还是更愿意指派发起人来处理所有的业务决策，让项目经理专注于技术问题。

然而，许多被指派为项目发起人的人员对项目管理实践及技术本身的理解较为贫乏。发起人和项目经理之间的沟通并不频繁或充分。结果是，项目的业务决策在缺乏对技术全面理解的情况下被做出，而技术决策则在不了解其对客户和业务影响的情况下被做出。

最终的结果是，项目决策不佳。

◆ 客户沟通

公司很快意识到发起人与项目经理之间存在上述问题。许多公司考虑从中层或基层管理层中指派发起人，而不是高级管理层。虽然这种方法有望增加合作并解决一些协作问题，但政府工作人员和军方人员并不认为这符合他们的最佳利益，并施加了影响力。

许多政府工作人员和军方人员认为，由于他们的头衔或军衔，承包商内的"对等"人员应该在高级管理层。因此，尽管指派了较低级别的个人作为发起人，但控制项目资金的政府工作人员和军方人员仅与高级管理层沟通，从而迫使高级管理人员继续担任发起人。简而言之，发起通常受两条政府规则的影响：

- 级别有其特权。
- "谁控制钱，谁就做主！"

高层管理人员屈服于压力，继续担任发起人以安抚客户。他们大多数时候充当"隐形"发起人。

最终的结果是，项目发起无效。

◆ 信息就是权力

在项目管理的早期，高级管理层认为允许项目经理做出业务决策不仅是一种风险，而且削弱了高级管理层的权力。许多高管当时（并且有些人现在仍然）认为"信息就是权力"。因此，提供给项目经理进行业务决策所需的战略或商业信息会动摇他们的权力基础。

当认为"信息就是权力"时，项目团队并不总是能够直接与高级管理层沟通，因此可能会做出与战略目标不一致的决策。

最终的结果是，项目团队之间缺乏一致性。

◆ 发起需求的增长

项目管理的好处很快就显现出来了。公司开始将项目管理用于传统或运营项目，以及外部客户的项目。现在，公司需要更多的项目发起人。

高级管理层很快意识到他们不能为所有项目充当项目发起人。发起可以委托给中层或基层管理人员，但他们会很快抱怨作为发起人需要花费的时间，以及这可能会迫使他们减少对其他日常活动的支持。

高级管理层决定，对于内部项目，业务负责人将承担项目发起人的角色。这造成了额外的问题。业务负责人对项目管理应该如何运作的了解非常有限。很多时候，他们不理解技术或开发技术或创建产品特性的复杂性。但最糟糕的情况是，业务负责人基于短期盈利做出项目决策，这可能影响他们的年终奖金，并牺牲了项目能够为公司带来的长期利益和价值。

最终的结果是，项目决策制定的短视化。

◆ 培训发起人

几十年来，许多被指定为发起人的人并不完全理解他们的角色，对项目管理知识的了解也相当有限。一些公司设立了培训项目，以教育人们了解发起人的角色。遗憾的是，许多项目负责人并不认为自己需要参加这样的课程，尽管大多数课程的时长不到两小时。他们觉得，让他们接受如何作为项目发起人正确发挥作用的教育，对他们来说是一种侮辱，因为他们都已经处于管理职位了。这些人认为发起项目与提供行政指导是一样的。

最终的结果是，项目发起人角色的理解问题仍未解决。

◆ 项目人员配置中发起人的角色

在项目人员配置上，项目经理往往依赖职能部门经理来提供合适的人选。项目经理最初可能并不完全了解项目所需的具体技能。然而，当项目经理明确了所需的技能组合，而职能部门经理所提供的人员却无法满足项目需求时，他们自然期望发起人能够介入，帮助他们获得合适的资源。

许多发起人为了避免与他们未来可能需要合作的职能部门经理产生隔阂，常常回避参与项目的人员配置。因此，发起人避免参与任何可能需要侵犯其他经理职权的项目人员配置活动，这种情况并不罕见。发起人并不愿意告诉其他职能部门的经理如何为特定项目配置人员，特别是当他们并不清楚这些部门负责的其他项目或其优先级时。

最终的结果是，项目往往配置了不恰当的资源。

◆ 发起人员配置的隐秘议程

在前一个例子中，我们展示了发起人可能并不愿意参与项目人员配置。而在另一个极端，有些发起人可能会坚持参与项目人员配置，特别是当他们认为所发起项目的成功可能对其职业生涯产生有利影响时。这种情况发生在发起人可能与该项目有相关的隐秘议程时。

根据发起人的职位和头衔，他们可能拥有强制职能部门为项目配置由项目发起人亲自挑选的人员的权力。这通常是在很少考虑从另一个急需这些技能工作者的项目中抽调人员的影响的情况下进行的。

最终的结果是，项目人员配置并非出于公司的最佳利益。

◆ 向客户做出不切实际的承诺

发起人与客户沟通，尤其是与客户组织中的高层管理者沟通，是一种常见且往往有益的做法。然而，如果发起人为了取悦客户或在客户面前表现得更好而向客户做出不切实际的承诺，就可能引发问题。

举个例子，在与客户的讨论中，一位发起人向客户承诺，公司将进行额外的测试来验证报告中的某些数据。这项额外测试的成本高达 10 万多美元。发起人指示项目经理在不超出原有预算的情况下完成这些测试，并警告说如果有任何超支，他将不会满意。发起人希望将这视为一种"零成本的范围变更"。

项目团队无法掩盖这些额外工作的成本，项目利润减少了 10 万美元。尽管这些要求本身是不切实际的,但发起人还是因为团队未能遵循他的指示而对他们进行了批评。

最终的结果是,所谓的"零成本的范围变更"在现实中几乎不存在。

◆ 不愿听到任何坏消息

发起人的存在是为了帮助项目团队解决问题并做出正确的决策。然而,有许多发起人告诉团队他们不想听到任何坏消息。这种情况背后有几种原因。发起人可能不想向客户传达任何坏消息,并且觉得不知道问题反而更好。发起人认为坏消息可能对其长期目标有害。发起人可能不愿意参与解决问题。

最糟糕的案例之一是挑战者号航天飞机灾难,高级管理层期望低级管理层过滤掉坏消息,不让其传达到高级管理层。

有一个合理的观点认为,过滤掉坏消息导致了七名宇航员的死亡。

最终的结果是,过滤坏消息可能会造成非常严重的问题。

◆ 经验教训

从上述提供的情况中我们可以学到什么?首先,项目的成功并不完全在项目经理的控制之下。可能会有许多问题超出项目经理的控制范围,需要项目发起人的参与和决策。发起人的角色相当复杂,即使在同一行业中,不同公司中的发起人角色也可能不同。如果没有清楚地理解发起人的角色和责任,就无法确定发起人是否及如何对项目成功做出了贡献。

发起人需要理解自己的角色以及他们预期要做出的决策。他们应该在担任发起人之前就理解这些,而不是在担任发起人时通过试错来学习。一位电信公司的项目经理开始担心她的发起人正在做出她不知道且经常不同意的决策。她与发起人会面,在白板上画了一条线,列出了许多她预期项目中需要做出的决策。然后她看着发起人,要求澄清哪些决策她有权做出,哪些决策必须由发起人做出。她与发起人的会面结果是澄清了责任分工,这使得组织意识到了这个问题,并最终促进了项目发起人角色模板的创建,该模板成为公司项目管理方法论的一部分。

◆ 对发起标准的需求

专业组织已经为项目管理制定了标准,但似乎没有为项目发起制定任何标准或指导方针。总部位于英国的管理协会(APM)将项目发起人定义为主要的风险承担者,项目是代表其利益进行的;而总部位于美国的项目管理协会(PMI)则将发起人描述为为项目提供财务资源的人/团体,这些资源可以是现金或实物。这两个定义将项目发起人描述为主要的风险承担者或资源提供者。

公司必须理解有效发起和成功的关键成功因素。以下清单(不分特定的重要性顺序)提供了一些指导,帮助理解发起人的角色和责任:

- 发起人必须明白,在某些项目中,他们可能需要充当与客户沟通的主要联系纽带。

- 项目经理可能没有足够的权威来推动项目成功，除非得到发起人的支持。
- 我们现在在战略性项目以及运营或传统项目上都采用项目管理。发起人提供知识和权威，确保项目决策与公司战略和战略目标保持一致。
- 在项目选择活动中必须指定发起人，以确保选择最佳的项目组合并获得他们的支持。发起人应具备进行 SWOT 分析和在项目选择中应用既定商业模式的技能。
- 越来越多的项目今天受到 VUCA 环境下事业环境因素的影响。发起人可能比项目经理更了解公司是如何受到 VUCA 环境的影响的。
- VUCA 环境增加了公司必须面对的风险。发起人可以提供如何最好地减轻风险的指导。
- 发起人不仅仅是资助项目的业务负责人。他们拥有把正确资源分配给项目的权威。
- 发起人必须明白，状态报告不再仅仅基于三个指标，即时间、成本和范围。发起人必须参与选择适当的指标组合，以便可以快速确定项目的真实状态，并且项目发起决策将基于证据和事实而不是猜测做出。
- 发起人必须向项目经理提供标准（可能基于选定的指标），以定义项目成功和项目失败。项目失败的标准至关重要，以便团队知道何时停止在一个项目上工作。
- 发起人必须明白他们的决策会影响项目的结果，并可能导致项目成功或失败。
- 发起人必须认识到，项目真正的成功在于从可交付物中获得收益和价值。可能在项目可交付物产生后的几个月或几年才能看到项目真正的成功。因此，发起人必须在项目的整个生命周期中保持活跃，包括收益获取和收益及价值的维持。对于那些导致公司商业模式变化的项目尤其如此。
- 项目经理在执行项目期间依赖发起人的指导、领导和辅导。因此，发起人必须拥有项目管理运作的相关知识。
- 发起人必须愿意参加定期的发起课程，以了解发起的关键成功因素和最佳实践。
- 一些公司已经开始采用委员会发起，因为一个人可能不具备发起所需的所有技能。其他公司已经创建了专门的 PMO，其主要职能是发起其控制下的项目组合。所有发起委员会成员以及 PMO 领导人员都必须理解发起人的角色。

7.5 项目取消标准的需要

并非所有项目都会成功。高级管理人员必须愿意建立一个"退出标准"，以指示何时终止项目。如果项目注定要失败，那么越早终止它，就可以越早地将宝贵的资源重新分配给表现出更高成功可能性的项目。如果没有取消标准，那么项目就有在浪费资源的同时继续拖延下去的风险。

例如，两位副总裁提出了他们自己的项目想法，并使用其职能部门的资金在内部资助了两个项目。这两个项目的预算接近 200 万美元，持续时间大约为一年。这些都是有一定风险的项目，因为两者都要求取得类似的技术突破。两个项目都没有建立取消标准，是否可以取得技术突破无法得到保证。即使实现了技术突破，两位副总裁估计产品的使用寿命大约只有一年，但他们相信可以很容易地收回研发成本。

这两个项目被认为是个人钟爱项目，因为它们是在两位副总裁的个人要求下发起的，没有进行任何商业论证。如果这两个项目被要求通过正式的项目组合选择过程，那么这两个项目都不会被批准。这两个项目的预算与公司将获得的价值相差甚远，即使可以取得技术突破，投资回报率也会低于最低水平。PMO积极参与项目组合选择过程，并表示不建议批准最终产品保质期只有一年或更短的项目。简单地说，这两个项目的存在是为了让两位副总裁得到自我满足并从同事那里获得声望。

尽管如此，两位副总裁都为他们的项目找到了资金，并且愿意在没有标准审批程序的情况下让它们继续运行。每位副总裁都能够从他们的团体中找到一位经验丰富的项目经理来管理他们的个人钟爱项目。

在第一次关口评审会议上，两位项目经理都建议取消项目，并将资源分配给其他更有希望的项目。他们表示无法及时取得所需的技术突破。在正常情况下，这两位项目经理都会被颁发象征勇敢的奖牌以表明他们支持取消项目。这肯定是出于公司最佳利益的建议。

但两位副总裁都不愿意轻易放弃。取消这两个项目对于发起项目的副总裁来说是一种羞辱。相反，两位副总裁都表示他们的项目将继续进行到下一次的关口评审会议，届时将决定是否取消。

在第二次关口评审会议上，两位项目经理再次建议取消项目。和之前一样，两位副总裁都声称项目应该继续进行到下一次的关口评审会议，然后再做决定。

幸运的是，项目最终取得了必要的技术突破，但已经晚了六个月。这意味着销售产品和收回研发成本的机会窗口将是六个月而不是一年。遗憾的是，市场知道这些产品可能在六个月后过时，因此两种产品的销售量都很少。

两位副总裁必须找到一种方法来挽回面子，避免承认他们在两个无用的研发项目上浪费了数百万美元。这可能对他们的年终奖金造成很大的影响。两位副总裁找到的解决方案是，催促项目经理创建产品，然后责怪营销和销售部门没有找到客户。

在项目审批过程中应建立退出标准，并且这些标准应在项目的商业论证中清晰可见。标准应基于上市时间、成本、销售价格、质量、价值、安全性或其他制约因素制定。如果不这样做，刚刚给出的例子将一次又一次地重复出现。

7.6 项目治理

所有项目都有可能出现问题，但通常情况下，项目管理都会发挥作用。当问题出现的时候，不要把项目需求的沉重压力强加给项目经理，项目发起人应该作为同盟者和项目经理一起解决问题。遗憾的是，在今天这种混乱的环境中，压力反而增加了，因为：

- 为了生存，公司正在接受高风险、高度复杂的项目。
- 客户要求小而精的产品，而且要在一定程度上进行个性化定制。
- 项目生命周期与新产品开发周期都被压缩了。
- 事业环境因素对项目执行的影响更大了。

- 客户与干系人希望更积极地参与到项目的执行中去。
- 公司与供应商正在建立战略伙伴关系，而各个供应商在项目管理方面的成熟度可能与公司不同。
- 全球竞争迫使公司接受客户的项目，这些客户的项目管理成熟度不同，报告要求也不同。

在干系人希望加快项目决策过程时，这些压力反而会使这一过程趋缓。单个项目发起人可能既没有时间也没有能力去处理所有这些额外的问题，这将使项目放缓，原因如下：

- 项目经理被期望在其没有充分认识的领域做出决策。
- 项目经理在接受项目的全部控制权和对项目负全责的问题上犹豫不决。
- 在项目管理组织之上存在过多的管理层级。
- 风险管理的责任被推到组织中的更高层。
- 项目经理表现出的领导能力不能让人信服。

这些压力造成的问题可能无法得到解决，至少无法由单个项目发起人轻易和及时地解决。这些问题都可以通过运用有效的项目治理来解决。项目治理其实就是一个用来做出决策的框架。治理与一系列进行定义的决策相关，包括对期望、问责、责任、授权或验证绩效进行定义。项目治理关系到项目管理中的一致性、紧密联系的政策和流程，以及在特定责任范围内做出决策的权力。治理使高效和有效的决策成为可能。

即使每个项目都是用同样的企业项目管理方法论，它们还是可以采用不同的治理模式。治理职能可以作为项目经理工作的一部分，也可以是单独的流程。设计治理制度的目的不是用它来代替决策，而是防止做出对公司不利的决策。

以前，项目治理是通过项目发起人来执行的。如今，治理一般由委员会来执行，并且委员会可以包括来自每个项目干系人组织的代表。表7-1列出了针对各种项目类型所采取的不同治理方法。不同行业和不同项目的委员会的成员可能不同。项目治理委员会成员可以根据项目干系人的数量和是不是内部或外部客户而变化。对于长期项目，成员可以在整个项目中变更。

表 7-1 项目治理的类型

组织结构	描　　述	治　　理
本地分散型	团队成员可以全职或兼职。他们仍然隶属于其行政所属职能部门	通常由一个人作为项目发起人，视项目复杂程度而决定是否需要内部治理委员会
地理分散型	这是一个虚拟的团队。项目经理可能从未见过某些团队成员。团队成员可以全职或兼职	通常由包含项目干系人的治理委员会监管
协同办公型	所有团队成员都和项目经理在一起办公，项目经理不具备对项目成员的薪资管理权	通常由一个人作为项目发起人
项目制型	这类似于一个协同办公团队，但项目经理的职能通常和一线经理相同，具备对团队成员的薪资管理权	基于项目的规模和战略合作伙伴的数量，由委员会治理

由于人们会混淆公司治理和项目治理，因此项目治理和项目集治理有时会失败，结果导致委员会的成员不确定他们的角色是什么。两者的一些主要区别包括：

- 定位。公司治理的重点是如何做好项目组合与满足整体经营目标；项目治理的重点是持续跟踪项目进度。
- 方向。公司治理为如何使项目符合公司目标提供战略指导；项目治理更多的是对预定义的参数决定的项目范围、时间、成本和功能方面的指导。
- 仪表板。公司治理仪表板基于财务、市场和销售等指标；项目治理仪表板基于时间、成本、范围、质量、措施、风险和可交付物等指标。
- 成员。公司治理委员会由资深的高级管理人员组成；项目治理委员会成员可能包括一些中层管理人员。

另一个导致失败的原因是项目或项目集治理组织的成员并不了解项目或项目集管理。这会导致治理委员会进行微观管理。哪些决策必须由项目治理委员会做出？哪些决策可以由项目经理做出？通常来说，项目经理有权做出与维持项目基准相关的行动决策。项目治理委员会有权批准一定费用支出之内的项目范围变更，并做出对项目符合公司目标和战略的必要调整的决策。

7.7 东京海上控股集团：卓越的项目治理

◆ 高级管理层必须建立 IT 治理：东京海上控股集团

广之柴田（Hiroyuki Shibuya）是东京海上控股集团 IT 部门的负责人。2000—2005 年，他领导了 IT 方面的创新项目，重建了东京海上控股及日动火灾保险公司当时的保险产品线、业务流程及信息系统。为了解决集团公司其他陷入困境的开发项目，并利用他在这个项目上的经验，他在 2010 年 7 月被任命为东京海上控股集团新成立的 IT 部门的总经理。自那时以来，他一直带领整个部门努力建立 IT 治理的基本方针政策和标准，以加强整个东京海上控股集团的 IT 治理。

东京海上控股集团是一家全球性集团公司，从事各种保险业务。旗下有约 70 家公司，包括东京海上控股及日动火灾保险公司（日本）、费城保险公司（美国）、Kiln 公司（英国）和东京海上控股亚洲公司（新加坡）。

东京海上控股及日动火灾保险公司是日本最大的财产和意外险保险公司。除此以外，东京海上控股集团在日本还有其他几家公司，如东京海上控股及日动人寿保险有限公司，以及服务提供商，如东京海上控股及日动医疗服务有限公司和东京海上控股及日动设施有限公司。

东京海上控股集团的 IT 治理实施

东京海上控股集团负责制定集团的 IT 治理办法。东京海上控股集团高管认为，这是公司管理的一个重要基础，希望利用它来加强公司管理。一些总监和高管却对 IT 持反对意见，他们认为 IT 难以理解，成本太高，会带来频繁的系统故障及系统开发的失败。

通常，一个组织的管理层会认识到系统开发的重要性，但总把系统开发完全放在 IT 部门，认为系统开发只是 IT 部门的工作。其他高管甚至更进一步，认为 IT 管理或治理是 IT 部门或首席信息官的事。这种关于 IT 的想法类似于认为会计是会计部门的工作，处理人事事务是人力资源部门的职责。

这些都是未实施 IT 治理系统的组织的典型行为。东京海上控股集团的管理层认为，IT 并不是单纯的 IT 工作，而是一种提升公司业务水平的工具。

东京海上控股集团的管理层意识到，虽然会有多种不同原因导致系统开发失败（如服务启用日期的延迟、项目超预算），但更常见的是需求差异，如在一个系统完成后，业务人员说"这不是我们想要的系统"或"你做的这个系统太难用了，它对我们的业务没有用"。

为什么会有需求差异产生

系统开发的过程与建筑施工类似，但二者之间有一个显著的差别：系统开发不是可视化的，而建筑施工恰恰相反。因此，在系统开发中，认知和沟通的差异会不可避免地存在于业务部门和 IT 部门之间。

东京海上控股集团系统开发的成功解决方案

为了弥补这些差异，业务部门和 IT 部门必须有足够的沟通，以最小化图 7-2 中 A 和 C 的部分，最大化达成共识的 B 部分。系统开发的成功之路在于提高业务部门和 IT 部门之间的沟通的质量。

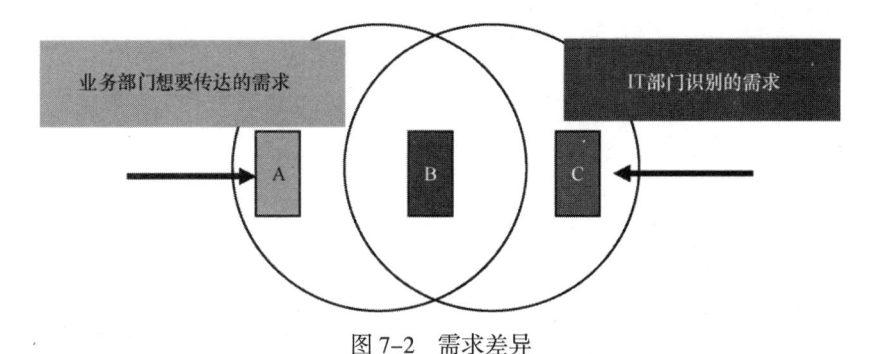

图 7-2 需求差异

这种沟通不能在单向的关系中实现或维持。理想的沟通是业务部门和 IT 部门各自合理地分配角色并承担相应的职责，做到权责分明，形成一种平等的合作伙伴关系。

这是东京海上控股集团应用所有者系统的核心概念。

应用所有者系统的实施

东京海上控股集团决定将应用所有者系统作为集团 IT 治理系统的核心概念来实施。他们认为这个系统对于集团在系统开发中的成功，以及集团业务在当前的商业环境中取得增长是至关重要的。

应用所有者系统（见图 7-3）的基本思想是：

- 业务部门和 IT 部门之间带有适当制衡关系的相互合作有助于分配职责和达成共同的目标。
- 每次业务部门和 IT 部门的密切沟通都会让双方充分考虑各自的职责。

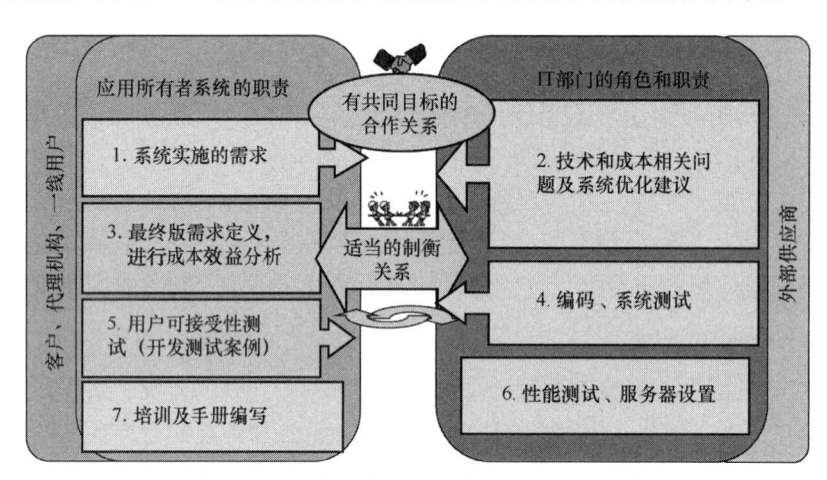

图 7–3　东京海上控股集团的应用所有者系统

东京海上控股及日动火灾保险公司早期的成功

东京海上控股及日动火灾保险公司是集团最大的公司，从 2000 年起就使用了应用所有者系统。该系统上线后立即减少了 80% 的系统故障和问题（见图 7–4）。

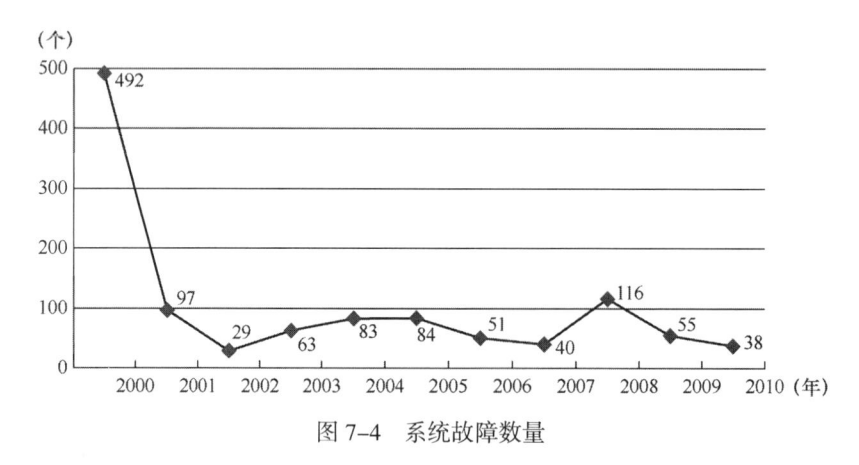

图 7–4　系统故障数量

IT 思维模式

东京海上控股集团的思维模式是只有管理层可以建立企业级的 IT 治理系统，那么 IT 治理就是管理层的职责。

此外，不仅仅是管理层要有这样的思维模式，整个组织中的所有员工都应该知道，强大的 IT 系统不是仅仅依靠 IT 部门孤军奋战就可以建立的，而是业务部门和 IT 部门通力协作的结果。所有员工都要意识到 IT 的事情与自己息息相关，而不仅仅是 IT 部门的职责，这一点是非常重要的。

在公司内部构建这样的思维模式是管理层的职责。

东京海上控股集团的 IT 治理系统

以应用所有者系统为特色，东京海上控股集团曾经引入了一个以 COBIT 4.1 框架为重点的 IT 治理框架，特别是计划和组织（Plan and Organize，PO）领域。

IT 治理框架的主要目标在于：

- 制定 IT 治理基本原则。东京海上控股集团制定了 IT 治理基本原则，作为整个集团 IT 治理框架的政策。
- 制定 IT 治理指导原则。东京海上控股集团定义了 7 项原则作为指导原则（见表 7-2），该原则涵盖了 IT 治理方案中的 5 个重点领域，特别强调战略定位和价值交付。这 7 项原则包含在 IT 治理基本原则中。东京海上控股集团认为，在应用所有者系统中最重要的原则如下所述：在计划实施过程中，IT 部门和业务部门之间相互合作，又相互制衡。管理层可以清楚地确定 IT 部门和业务部门各自承担的职责，两个部门都由可靠的、合格的人员组成，并建立一个确保每个部门都会根据各自职责来执行计划的管理系统。

表 7-2 7 项指导原则

序号	原则	主要领域
1	制订 IT 战略规划，构建业务流程，制订可执行的计划	战略定位
2	在计划执行阶段，确保 IT 部门和业务部门既相互合作又相互制衡	战略定位
3	在信息系统的开发和实施阶段，确保从质量保证、可用性、承诺的服务日期、恰当的成本估算、人力资源可用性等方面来衡量项目计划的有效性	价值交付
4	确保为实现信息系统开发和实施的目标，公司全体成员都使用该系统	价值交付
5	进行适当的 IT 资源管理，包括计算机容量管理和人力资源管理	资源管理
6	进行适当的风险管理和信息安全管理，并制订针对各种 IT 常见风险因素的系统故障应急预案，如业务流程对 IT 的高度依赖，重要信息的集中化及互联网的广泛使用带来的威胁	风险管理
7	鼓励 IT 运营透明度的改进，监控运营流程，如项目进展、IT 资源使用情况及信息系统的使用情况	绩效度量

- 创建适用于东京海上控股集团的治理和管理系统。东京海上控股集团定义的治理和管理系统将在所有集团公司内实行。它包含 5 个领域，由 3 个主要部分构成：组织结构的建立，规则和标准的制定，以及执行 PDCA 循环以促进改进。东京海上控股集团旗下公司所需的治理和管理系统在集团 IT 治理标准中详细列出。
- 建立 IT 治理标准（东京海上控股集团优先级流程的定义）。东京海上控股集团已经确定使用 COBIT 4.1 框架定义管理系统。然而，集团也意识到，在相对较小的集团公司实施 COBIT 4.1 框架的成熟流程是有一定难度的。为解决这个问题，集团尽量将设置和流程最小化，或者对目标进行更细致的管理，这对于在 IT 治理过程中的

集团业务发展至关重要，对于东京海上控股集团对整体业务的控制也非常重要。

在 IT 治理标准中，东京海上控股集团列出了集团 IT 管控的优先级（见图 7-5）。IT 管控的优先级定义为 5 个领域、14 个过程，以及从 COBIT 4.1 框架的 210 个管控目标中选出的 39 个管控目标（见表 7-3）。

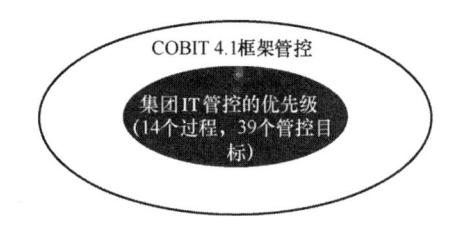

图 7-5　东京海上控股集团 IT 管控的优先级

表 7-3　东京海上控股集团 IT 管控的优先级

域　　名	编　　号	过程名称
a. 计划和组织	a1	年度 IT 计划
	a2	IT 部门和业务部门的权责定义
	a3	建立一个 IT 指导委员会
b. 项目管理	b1	项目开发及实施的管理
c. 变更管理	c1	变更控制
d. 运营管理	d1	事件/问题管理
	d2	供应商管理
	d3	安全管理
	d4	IT 资产管理
	d5	计算机容量管理
	d6	灾难恢复及备份/恢复
e. 绩效及投资回报率监控	e1	年度审查
	e2	监控 IT 指导委员会
	e3	监控项目管理、变更管理及系统运营管理

根据 COBIT 成熟度模型，集团公司需要提高优先级控制以达到 3 级成熟度，并向东京海上控股集团汇报改进进度。

展望未来

自从东京海上控股集团的 IT 治理系统建立后，东京海上控股集团就一直不懈地与 CIO、CEO 及集团公司的管理层沟通，确保他们理解并愿意带头推行 IT 治理。

通过这些活动，组织有理由相信 IT 治理系统的核心概念已经被管理层更好地理解，并且应用所有者系统已经在集团子公司中取得了好的进展。东京海上控股集团将继续向集团公司推行 IT 治理系统，实现集团业务收益增长，使干系人得到更好的投资回报率。

7.8 对项目经理的授权

让高级管理人员发起人与一线经理及项目经理并肩工作会导致的最大问题是，一线经理会觉得他们失去了控制权。这个问题确实存在，而且必须由高级管理人员来处理。MCI 的高级管理人员弗兰克·杰克逊（Frank Jackson）认为"信息就是权力"：

> 我们对团队进行了一次评审，看看我们是真像自己想象中那样在不断进步，还是在自欺欺人。结果非常令人惊讶。评审结果显示，中级管理人员 50% 的时间都花在为组织的上上下下过滤信息上。在我们有了发起人后，信息会从团队传到发起人，再传到运营委员会。这确实在我们的中级管理人员中制造了危机。
>
> MCI 找到了解决这个问题的方法。如果有人认为创建团队合作的环境是很容易的，可以在不知不觉之间完成，那他就大错特错了。在我所供职过的那些公司里都能看出，很难让经理们放弃他们已有的一些权力。只有进行推动，才能创建团队合作的环境。我们有一个内部沟通的 MCI 邮件系统。这是一个电子邮件系统，它使全公司都能跨越管理的层级进行沟通。虽然有时你可能陷入沟通的细节，但是，这使得你能够跨层级沟通，而任何人都无法截留信息。

高级管理人员有能力推动项目管理的成功，同时能创建导致项目失败的环境。3M 公司的前副总裁罗伯特·赫什克认为：

> 我碰到的项目失败要么是因为管理层过多干预，要么是因为管理层不能 100% 遵守流程，或者管理层用报告或大量的旁敲侧击让整个流程陷入瘫痪。我所看到的最大的失败，真正的原因都在于管理层。基本上有两类事情会使项目无法成功。一类是管理层过多干预，他们无法放弃他们的决策权，不断地跑到团队中去讲"你做的这件事是错的""你做的那件事是错的"。另一类是团队无法清楚传达其目标。当团队不能集中精力、项目范围不断扩展时，项目就会崩溃。团队也因失去重点而分崩离析。

项目的失败经常出于错误的观念。大多数高级管理人员相信，他们已经升到了组织的顶层，并且在扮演"孤胆英雄"。如果让他们改变，他们就会觉得是在放弃公司高层所拥有的大量权力。为了改变这种情况，最好的做法可能是从小处开始，正如一位公司高级管理人员所观察到的：

> 高级管理人员从来不愿意参加培训，也不愿意倾听，不过我认为很多事情真的是做过才会知道效果。如果你想在组织中建立项目管理团队，那就从一点一滴开始。如果公司不允许你采用"只要跳进来就放手去做"的耐克式做法，那就从小处开始，而且每走一步，就向公司证明项目管理的成功。让团队为结果负责，结果会不证自明。

当然，我们也要知道，高级管理人员进行事必躬亲的微观管理的原因可能显得很合理。

一位高级管理人员这样评论为什么项目管理在他的公司不能按计划进行：

> 我们这些高级管理人员需要给项目经理授权，然后这些项目经理又会给他们的团队成员授权，以便他们能够做出与项目或职能相关的决策。遗憾的是，我们对项目经理缺乏信心，我觉得我们（高级管理人员）无法完全支持授权。这些项目经理既不积极主动，也没有展现出领导能力。

在大多数组织中，高级管理人员只相信他们这个层级的经理。随着项目管理系统的完善和项目管理文化的发展，高级管理人员开始逐渐信任项目经理，尽管项目经理在组织结构图中并不占据很高的位置。授权不是在一夜之间发生的，这需要时间。遗憾的是，非常多的公司从来也没有实行过完全的项目经理授权。

7.9 工作中的管理层支持

高级管理人员明确可见的支持，对项目管理的成功及项目管理文化的稳定来说是必需的。但是，也会有一些高级管理人员出现得太过频繁的情况。请参考以下案例。

◆ 中线银行

中线银行（化名，以下简称中线）位于美国西北部的一座大城市，是一家中等规模的银行。中线的高级管理人员认识到，未来银行业的发展将基于整合和并购。因此，中线需要展现积极的姿态，才能保持竞争力。在财务方面，中线已经为并购其他中小规模银行以拓展其组织做好了充分的准备。

银行的信息技术团队负责开发一套全面、复杂、成熟的软件包，用于评估有意并购的银行的财务健康状况。这一软件包实际上需要中线的每个职能部门的输入，可想而知，这种项目的协调将非常困难。

中线的文化是由大型、无法逾越的职能帝国主导的。这一软件项目是该银行历史上第一个需要不同职能部门间合作和整合的项目。银行任命了一位专职的项目经理来负责指导这个项目。

遗憾的是，中线的高级管理人员、经理及员工对项目管理的基本原理几乎一无所知。不过，高级管理人员确实认识到需要高级管理人员发起人。一个由5位高级管理人员组成的指导委员会成立了，他们为项目经理提供支持和指导。但是，这5个人没有一人懂项目管理。指导委员会认为它的角色是对项目进行日常的、不断的指导。

在5位高级管理人员发起人中，每位都要求项目经理每周提供个性化的简报，而发起人给出的指示互相矛盾。每位高级管理人员对项目都有自己的盘算。

到第2个月月末，项目已经一片混乱。项目经理的大多数时间都花在准备状态报告上，而不是在管理项目。高级管理人员频繁改变项目的要求，而这个组织除了指导委员会的批准，没有别的变更控制流程。

在第 4 个月月末，项目经理辞职离开公司另谋高就。指导委员会中的一位高级经理做了兼职的项目经理。最终项目又换过两次项目经理，完成时间比原计划晚了 1 年。公司学到了一个至关重要的经验：发起人多，不一定比少强。

◆ Contractco 公司

另一个案例关于美国肯塔基州的一家公司，我称它为 Contractco 公司，这是一家从事核聚变测试业务的公司。该公司正参加美国能源部的一个合同的竞标。能源部要求公司的标书中要包含项目经理及其职责。为了让能源部产生深刻印象，公司委任了高级副总裁和工程副总裁共同作为项目发起人。

能源部质疑了双重发起人的想法。对能源部来说，显然公司并不理解项目发起人的概念，因为这两位发起人的角色和职责看起来有重叠。能源部也质疑高级副总裁作为项目发起人是否有必要。

合同最终给了另一家公司。Contractco 公司学到，公司永远也不要低估客户在项目管理及项目发起人方面的知识。

◆ 健康管理协会

健康管理协会（化名）为新英格兰地区的大型、小型公司提供健康管理服务。这家公司与新英格兰地区的 23 家医院合作，有超过 600 位医生的专业团队，而且许多医生也是公司分支机构的一线经理。这些医生也有自己的诊所。

公司的做法是，利用市场部准备的建议书模板来争取新业务。如果客户真的对健康管理协会的服务感兴趣，那么可以针对该客户的要求，准备一份定制的建议书。通常，定制设计的流程会花 6 个月甚至 1 年时间。

健康管理协会希望加快定制设计建议书的流程，并决定采用项目管理的流程来实现这个目标。从 1994 年 1 月起，公司决定，要比竞争对手提前一步，为每个新的建议安排一位医生经理作为项目发起人。这样做的原因是觉得这会给客户留下良好而深刻的印象。

波士顿的新科能源公司（化名，以下简称新科）拥有 8 600 位员工，遍布新英格兰地区的 12 个城市，成为这一项目的试点。健康管理协会向新科保证，健康管理计划书会在 1994 年 6 月前就位并开始实施。

项目完成几乎拖了 60 天，而且严重超出预算。健康管理协会的高级管理人员单独与新科的每位员工面谈，以确定项目失败的原因。员工提供了下面这些观察结果：

- 尽管医生接受过管理培训，但他们还是在应用项目管理原则上碰到很多困难。结果，医生最后扮演的角色是看不见的发起人，而不是项目的积极参与者。
- 因为这些都是执业的医生，他们并没有完全投入项目发起人的角色。
- 没有强有力的发起人机制，也就没有有效的流程来控制项目范围的蔓延。
- 医生没有权力管理一线经理，而项目成功所需的资源都需要这些一线经理提供。

健康管理协会的高级管理人员学到了两个教训。首先，并不是每位经理都是合格的项目发起人。其次，项目发起人的委任应该基于他们推动项目成功的能力。让客户得到一个好印象并不能解决一切问题。

◆ **英德拉公司**

英德拉公司的高级管理人员在支持公司内部的项目管理发展方面动力十足。他们坚持改进我们的项目经理培训计划，并专注于确保采用最佳的项目管理方法。

有时候，项目的成功意味着在新技术研发、新市场推出或新合作伙伴关系建立方面迈出了重要一步。在这些情形下，经理往往扮演一个特别活跃的角色，作为项目或项目集的发起人。他们与客户一起加入项目或项目集的指导委员会，并协助进行决策或风险管理。

基于相似的原因，尽管层级较低，但对于某些特别重要的项目，中层管理人员也会仔细监管它们的执行过程并提供额外的支持（如与客户就特定问题的解决方案进行协商），这种情况并不罕见。

获得中层管理人员的支持也是借由同一套全公司所有层级和所有项目统一使用的项目管理工具来完成的。不在公司系统内的项目不会得到认可，而为了让项目获得认可，一线经理就必须遵照统一的基本规则与方法，无论这个项目是经常性项目、非经常性项目，还是其他类型的项目。一个完善的工作分解结构、一个完整可见的进度体系、一套风险管理规划和量身定制的挣值方法，可以适用于任何类型的项目。

7.10 获得一线经理的支持

来自管理人员的支持并不只限于高级管理人员，前文已经谈到了这一点。为了让项目管理有效运作，一线经理的支持也是至关重要的。一线经理通常对项目管理更加抗拒，并往往在支持新的流程之前要求给出项目管理为组织带来价值的证据。这个问题之前在追求卓越之旅中已经讨论过，在摩托罗拉的案例中也出现过。以下是摩托罗拉一位发言人的说法："最初很困难。这需要多年的时间才能让项目管理为组织提供价值。"

当组织在项目管理方面更加成熟时，高级管理人员和中层管理人员的发起人的作用已经微乎其微了，而且整合的项目团队已经组建，这些团队也被称为核心团队，团队得到了授权可以管理这些发起人很少介入的项目，关键决策的制定除外。这些整合团队或核心团队可以介入一线管理，也可以不参与。核心团队的概念在摩托罗拉成了一项最佳实践：

> 大多数项目决策与权力都属于项目核心团队。核心团队由来自不同职能领域（市场、软件、电子、机械、制造、系统测试、项目集管理、质量等）的中、低级经理构成，并且对项目拥有所有权和责任。核心团队要负责对产品需求进行评审和批准，并安排资源和进度。核心团队同时作为项目变更控制台，可以批准或拒绝项目范围变更请求。然而，任何交货验收日期变更都必须得到高级管理层的批准。

7.11 启动倡导者和退出倡导者

随着项目管理不断演进，高级管理人员在项目管理中的角色也在不断演进。如今，高级管理人员主要扮演 3 种角色：
- 项目发起人。
- 项目（启动）倡导者。
- 退出倡导者。

项目经理在项目中作为发起人的角色已经比较成熟。大部分关于项目管理的教科书都会有关于项目发起人的章节。然而，项目倡导者的角色才刚刚起步。史蒂芬·马卡姆（Stephen Markham）对倡导者的角色做出如下定义：

> 倡导者是以一种非确定性的方式产生的非正式领导者。做倡导者是一种个人的自愿行为，旨在推动特定的项目。在从事倡导者的活动中，个人不大会将自己称为倡导者，而是表示自己只是在试图为正确的公司做正确的事情。倡导者也很少在倡导项目时单独做出决策。实际上，倡导者会从一种简单的方式开始，慢慢地为项目培养越来越高的热情。倡导者会对项目充满激情，并基于个人的坚定信念即认为这个项目有利于整个组织，让其他人加入。倡导者会通过在整个组织中传播积极的信息来影响其他人对项目的看法。在没有正式的权力或责任的情况下，倡导者可以通过推动项目前进，为新产品的研发做出贡献。因此，倡导者是这样的非正式领袖：他们将项目视如己出，为项目做宣传，并承担由此带来的风险，并通过获得其他人的支持来推动项目。

在新产品研发项目方面，需要倡导者来克服"死亡之谷"中的障碍，如图 7-6 所示。"死亡之谷"是新产品开发中的一个区域，在这里，对创意/发明的认知与将产品进行商业化的努力交织在一起。在这一区域，好的项目往往被扔在路边，而项目组合中经常加入不那么有价值的项目。根据马克姆的说法：

> 很多原因导致了"死亡之谷"的产生。研发员工（见图 7-6 的左侧）经常无法理解商务员工（右侧）的关切，反过来也是一样。这两种员工之间的文化鸿沟表现在一方重视的结果被另一方贬低。进行人际网络建设和联系人管理可能对商务员工来说很重要，但对研发员工来说只是肤浅和自我膨胀的行为。研发员工从探索发现中找到价值。商务人员需要可以在市场上销售的产品，而往往只是把探索发现的成果当作理论性的，因为完全没用。研发员工与商务员工都需要获得帮助，把研究成果转化为卓越的产品。

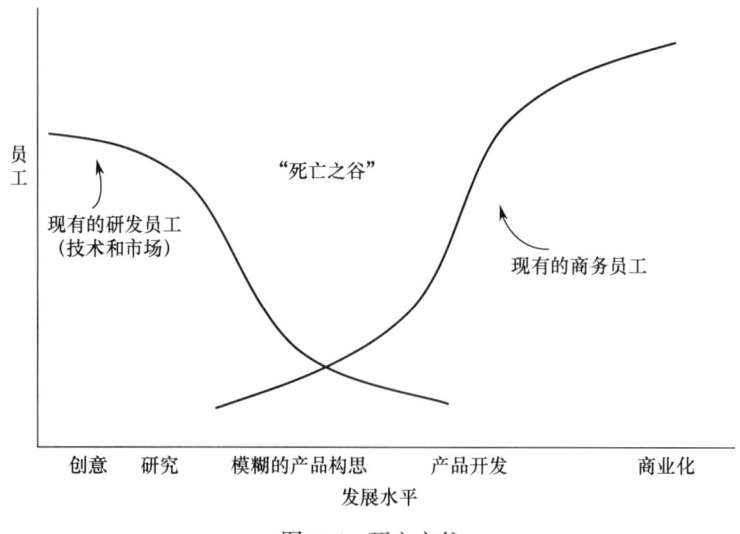

```
        员
        工                    "死亡之谷"

             现有的研发员工
             （技术和市场）                   现有的商务员工


             创意   研究   模糊的产品构思   产品开发      商业化
                            发展水平
```

图 7-6　死亡之谷

如同在图 7-6 中所看到的那样，"死亡之谷"似乎源于模糊的产品构思附近，即模糊前端（Fuzzy Front End，FEE）。

> 产品开发中那个混乱的"准备开始"阶段出现在正式且结构严谨的产品开发流程之前，而此时产品的概念还十分模糊。它基本上包括产品开发流程最初的三大任务（战略规划、概念一般化及尤其重要的前期技术评估）。这些活动往往比较混乱，无法预测也没有结构。相比之下，新产品开发流程通常都结构严谨，也很正式，有一系列规定的活动、需要回答的问题和需要做出的决策。

项目倡导者通常既不是项目经理，也不是项目发起人。倡导者的角色是推销创意或概念，直到它们最终成为一个个项目。倡导者甚至不需要理解项目管理，也可能没有管理项目所需要的技能。倡导者可以处于比项目经理高得多的组织层级中。

允许项目倡导者履行项目发起人的职责可能就像让他们做项目经理一样糟糕。当项目倡导者和项目发起人是同一人时，项目永远也不可能被取消。

有些项目，尤其是倡导者积极参与的长期项目，往往需要一种共同信念。这种共同信念是一种狂热的甚至是盲目的对建功立业的渴望，能够渗入整个团队、项目发起人，甚至最高管理层。这种共同信念可以让一个理性的组织以一种非理性的方式行动。如果项目发起人传播这种信念，这一点就会尤为突出。

当存在一种共同信念时，成员是通过他们对共同信念的支持来筛选的。倡导者可能拒绝让有才华的员工进入项目团队，除非他们与倡导者怀有同样的狂热信念。非信徒们会被说服加入进来支持共同信念，而团队成员是不允许对结果提出疑问的。随着共同信念不断成长，支持和不支持它的人都会深受其害。

这样的共同信念有一些特点，也是一些大型高科技项目往往无法终止的原因：
- 不能或拒绝承认失败。
- 把坏消息看成个人失败。

- 拒绝看到危险信号。
- 把失败看成软弱的象征。
- 只看到愿意看到的部分。
- 把失败看作一个人职业生涯的污点。
- 害怕暴露错误。
- 把失败看作一个人名誉的污点。

项目发起人和项目倡导者会尽一切努力让他们的项目成功。但如果项目倡导者及项目团队和发起人对于项目的成功有着盲目的自信，又该怎么办呢？如果固执地坚持共同信念而完全无视危机的预警信号，又会发生什么呢？如果共同信念让不同的声音完全湮没了，又会怎么样呢？

在这些情况下，必须指派一位退出倡导者。退出倡导者有时需要直接参与到项目中来获得威信，但直接参与并不是必要的。退出倡导者必须冒着自毁名声的风险，甚至可能面对被项目团队驱逐的可能性。以下是伊莎贝尔·罗耶（Isabelle Royer）的说法：

> 有时候需要一个人站出来，撼动一个项目团队的共同信念。如果完全不受约束的狂热开始引发问题，项目倡导者的工作带来了非预期的结果，那么需要的可能就是一种对抗的力量——一位退出倡导者。这些人不只是在唱反调。他们寻求客观的证据来证明问题确实存在，而不是简单地提出问题。这让他们可以质疑——或者根据现有数据的模糊程度，可以想象甚至确认——项目的可行性。之后他们就可以根据数据来采取行动了。

项目越大，给公司财务带来的风险越大，退出倡导者所处的位置就应该越高。如果项目倡导者正好是首席执行官，那么董事会的一位成员甚至所有的董事会成员都要承担退出倡导者的角色。遗憾的是，在一些情况下共同信念已经渗透了董事会。在这种情况下，共同信念会迫使董事会逃避他们的监督义务。

大型项目会导致巨大的成本超支和进度拖延。一旦开始了，做出取消这样的项目的决策就会非常艰难。戴维·戴维斯（David Davis）是这样说的：

> 在花费几百万美元之后放弃一个项目的困难，几乎阻止了对项目的客观审查和重新估算成本。由于这个原因，理想情况是有一支独立的管理团队——一个没有参与项目开发的团队，来进行成本重估，以及在可能的情形下完整地审查整个项目……如果成本重估和客观审查中得到的数据让人无法接受，那么公司就应该放弃项目。之所以有一些糟糕的项目最终走到了运营阶段，是因为它们的支持者往往阻碍做出退出决策。
>
> ……高级管理人员需要创建奖励诚实与勇气的环境，并为项目经理授予更大的决策权。公司必须营造一种鼓励项目成功的氛围，但管理者也要允许项目失败。

项目周期越长，就越需要退出倡导者和项目发起人确保业务计划具有"出口通道"，以便让项目在分配到和消耗掉大量资源之前就可以终止。遗憾的是，当存在一种共同信念时,"出口通道"会被故意从项目和业务计划中移除。需要退出倡导者的另一个原因是让项目收尾流程可以尽快发生。当项目接近结束时,团队成员往往对他们的下一个任务心存疑虑,并试图最大限度地延长现有的项目,直到他们准备好离开。在这种情况下,退出倡导者的角色就是在不影响项目质量的前提下加快收尾流程。

有些组织让项目组合评审委员会的成员来担任退出倡导者。项目组合评审委员会在项目选择方面有最终发言权。他们同时也对项目是否应该终止有最终发言权。通常,委员会的一位成员会担任退出倡导者,并向委员会的其他成员做最终陈述。

第 8 章
培训和教育

8.0 简介

由于项目管理涉及众多复杂的、互相关联的技巧（如定性的、行为的、组织的、定量的等），因此制订项目管理的培训计划是培训主管的最大挑战之一。在项目管理早期，项目经理只能吃一堑、长一智，从自己的错误中学习，而无法学习别人的经验。今天，在项目管理方面表现出色的公司都提供项目管理课程。有效的培训使得项目管理能够成为一个专业领域。

有些大公司提供的项目管理内部课程甚至比大多数学院及大学还要多。这类公司几乎将教育视为一种宗教。小公司也有一定的内部培训计划，而且通常会送员工参加社会上开办的培训项目。

本章将讨论识别培训需求、选择需要参加培训的学员、设计并实施培训，以及度量培训的投资回报率等方面的流程。

8.1 现代项目管理培训

在项目管理发展的早期，即 20 世纪 50 年代后期到 60 年代末，培训课程都集中在不同组织形式（如矩阵型、传统型、项目型和职能型）的利弊上。然而，高级管理人员很快意识到，只要应用了基本的项目管理，任何结构的组织都能富有成效并高效率地运转。基于信任、团队合作、协作、沟通等项目管理技巧，哪怕最糟糕的组织结构问题也能得到解决。

从 20 世纪 70 年代起，强调的重点从组织结构转移到项目管理上。两种新的基本计划取代了以前的培训计划：

- 基础项目管理，强调行为方面的主题，如多重汇报关系、时间管理、领导力、矛盾解决、谈判、团队建设、激励等，以及基本的管理技能，如计划和控制。
- 高级项目管理，强调时间安排的技巧，以及用于项目计划和项目控制的软件包。

当今项目管理的培训课程既包括行为课程，也包括技术课程。培训经理面对的最重要的问题是如何有效地平衡行为和技术这两部分课程，如图 8-1 所示。社会上举办的培训由研讨班的老师自行决定在技术和行为方面的分界线。然而，对公司内部培训师而言，这一平衡点必须由培训经理根据参加项目管理培训的学员情况、项目的类型、项目的平均长度等预先设定，如表 8-1 所示。

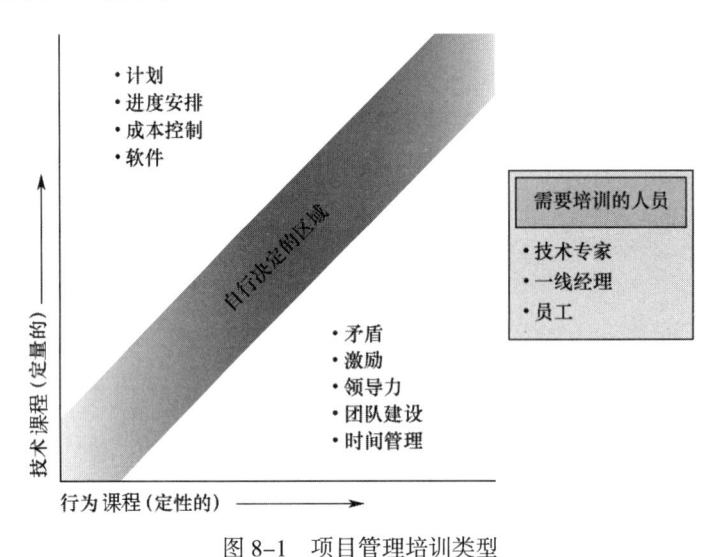

图 8-1　项目管理培训类型

表 8-1　不同培训课程的不同侧重

参加项目管理培训的学员情况 （项目经理的来源）	培训课程的重点	
	技术技能	行为技能
项目经理职能的培训		
• 短期项目中的技术专家	高	低
• 长期项目中的技术专家	高	高
• 作为兼职项目经理的一线经理	高	低
• 作为专职项目经理的一线经理	高	中到高
• 有协同合作经验的员工	高	中到高
• 没有协同合作经验的员工	高	中到高
一般知识性的培训		
• 任何员工或经理	中	中

8.2　对教育的需求

在之前的一节中，我们讨论了在技术技能与行为技能之间寻找平衡的重要性。这种平衡正在改变，因为我们对项目经理角色的看法在改变。如今，我们有了新一代的项目经理。

若干年以前，基本上所有的项目经理都是拥有高学历的工程师。这些人对技术熟练掌握而不仅仅是了解。如果一线经理确信项目经理真的对技术了如指掌，那么他就会允许指定的职能员工从项目经理那里听取命令。结果就是，项目经理被期望既要管理人员，也要提供技术指导。这意味着项目经理必须对职能可交付物负责。

今天的大多数项目经理只是理解技术而没有熟练掌握技术。结果就是，对项目成功的责任需要项目经理和所有有关的一线经理来共同承担。由于需要共担责任，一线经理现在必须对项目管理有良好的理解，这也就是为什么现在越来越多的一线经理成了 PMP®证书持有人。现今对项目经理的期望是既要管理可交付物又要管理员工。管理分配的资源不再仅仅是一线经理的责任。

另一个重要的事实是，人们认为项目经理是在管理一部分业务，而不仅仅是在管理一个项目，也就是需要项目经理做出可靠的业务决策及项目决策。项目经理必须理解业务原理。将来，对项目经理的期望可能是，在外要获得 PMI 的认证，在内要通过公司关于业务流程熟悉度的认证。

现在，在设计培训课程时，我们需要对技术技能、行为技能和商业技能进行平衡。ABB集团负责项目管理方法论和人才开发的前助理副总裁本尼·尼贝里（Benny Nyberg）表示，软技能和商业敏锐度对完美的项目执行来说是必不可少的。

> 将 ABB 项目管理流程作为通用的高层级流程，在公司的整个项目营销组织及好几个产品开发组织实施之后，有一件事情变得非常清晰。有一家技术公司雇用了大量能力高超的工程师，并且其中一些工程师晋升为项目经理。在这家公司，项目管理的技术层面如规划、进度设计和成本控制等，是最容易实施的。不那么资深的员工确实需要这方面的培训，但在达到卓越运营的项目管理、天衣无缝的项目执行、令人满意的项目成果和高级别的客户满意度等方面，真正的挑战来自寻找和培训具有非凡商业敏锐度的项目经理人选。项目经理是一个需要卓越的商业、沟通和领导技能的管理岗位。一位项目经理必须具备出色的商业头脑，有能力与不同的干系人进行有效沟通，并有能力领导员工和激发他们的工作热情。在项目交付方面，准确理解合同（条款与协议，还有范围及其他任何承诺）对刚好交付客户想要的结果至关重要，只有这样才能满足客户的要求，并因此保证客户满意度和项目成功。理解合同对取得最好的财务成果及发现销售机会来说更是必要条件。
>
> 项目经理的角色与关键客户经理的角色颇为类似，特别是对持续几个月甚至几年才能完成的大合同来说。下列这些技巧/能力对成功来说都是最为重要的，包括商业头脑、沟通能力、谈判能力、领导能力、风险管理能力、营销能力。
>
> 为了识别和应对各种各样的能力和技巧所需的培训及其他发展活动，ABB 已经建立了一个能力模型。这个模型包括所需能力的定义、自我评估问卷、面试问卷和开发指南，以及最后但同样重要的一系列可选的培训模块，完成后可以得到相应级别的认证。

8.3 SAP：项目管理职业道路的重要性

在 SAP 服务部，我们为任何支持客户交付项目（或内部转换项目）的人构建了一条清晰的项目管理职业发展道路。项目管理职业发展道路跨越各种层次的项目经理职位，从入门级的项目经理助理一直到项目集经理（见图 8-2）。

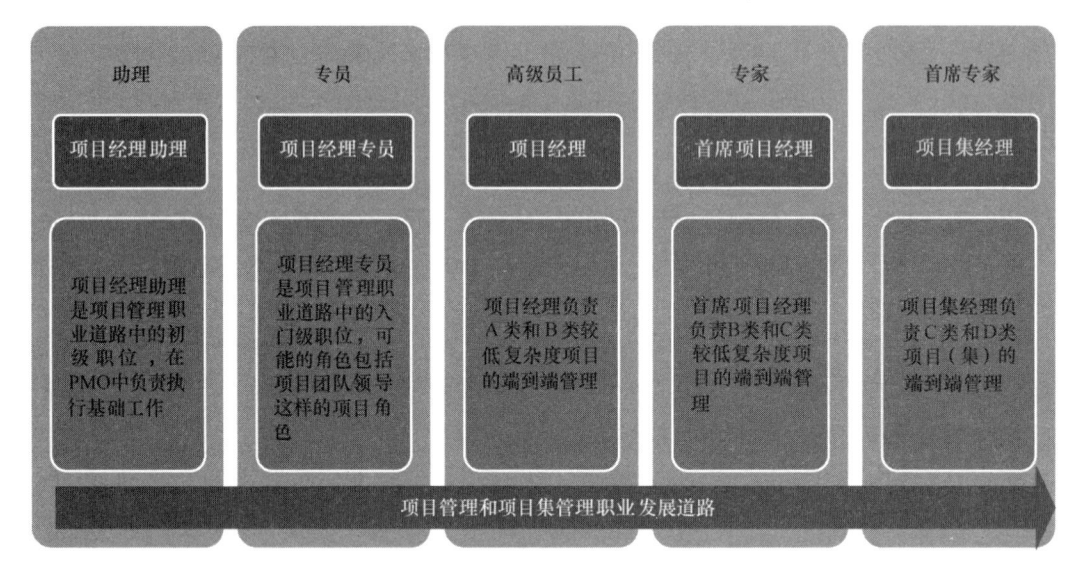

图 8-2 项目管理和项目集管理职业发展道路

每个角色都有明确定义的技能概要，包括对必要工作技能的明确定义和每种技能的预期熟练程度。每个概要还涉及处于该职业层级的人预计要管理的项目种类，涵盖项目规模、复杂性、风险敞口及预算等。

每个概要都与人力资源工作概要和相应的个人职业发展道路密切相关，发展道路中明确指定了概要中每种技能的推荐培训课程。项目管理实践的培训内容指定了培训的目标角色，培训学习目标则与概要中的具体技能相关。培训目录涵盖广泛的技能，从基于 PMI 标准的项目管理核心技能，如 PMI 的《PMBOK®指南》项目管理基础及 SAP 具体知识（如 SAP 解决方案知识、SAP 实施方法、敏捷项目交付及项目管理工具等）到领导力和人际关系技能。

通过结构化的职业道路，项目经理在知识、专业和经验方面获得成长，得以沿着项目管理职业发展道路前进。这条职业发展道路与 SAP 公司中的其他工作互相联系，所以项目经理可以做职业选择，从此走向不同的职业发展道路，如管理、销售的角色，或者留在项目管理事业中。

8.4 国际学习集团

鉴于组织的战略是通过项目、项目集和其他重要举措来实现的，那么在当今和未来就会一直需要项目管理培训和教育。国际学习集团的总裁兼首席执行官 E. 拉弗恩·约翰逊（E. LaVerne Johnson）评价了项目管理培训需求的增长（如果希望得到关于 IIL 的更多信息，请访问 IIL 官网）。

在 IIL30 年多的历史中，我们和世界上成千上万家组织合作，设计和提供项目、项目集和项目组合管理方面的定制学习的解决方案。我们的客户来自各行各业，既包括世界一流的大公司，也包括想通过有效的培训获得竞争优势的小规模组织。IIL 既满足客户日常的需要，也服务于客户不断提出的新需求。随着项目管理成为一门成熟的专业学科，我们也享有了独特的优势，参与和观察项目管理行业的全面发展。在项目管理从兴趣领域转变为组织的必要之事的过程中，我们一直"在场"见证。

我们认为，几年前还能满足要求的课程现在已经达不到要求了，这真正体现了项目管理的不断发展。全球市场及项目管理重要性的不断提高，都要求有一系列新的课程：内容要更丰富，而且培训实施的方法也要更灵活，使得学生在任何时间、任何地点，只要需要，都可以学习——不管是在真正的课堂上，还是在虚拟教室里；是独自在桌前、在家里，还是在办公室；是自学还是由老师教授。IIL 为它的多模式学习（Many Methods of Learning™）品牌深感自豪，这可以保证它提供的培训能够适应多种需求、风格和兴趣。

此外，我们目前正在探索提供微学习的机会，这种学习可以在工作现场按需访问。这种学习需要与传统课堂或自学培训完全不同的设计方法，因为它需要专注于那些获取"即时"知识或提高绩效的小步骤。

◆ 不断进化的年代：学习趋势

20 世纪 80 年代的培训课程更多的是提高项目经理的技巧。培训的重点是基本的技能：项目规划与控制，以及通过 PMI 的 PMP®认证考试所需要的知识。相应地，IIL 启动了项目管理基础培训课程，并建立了一套完整的认证程序，使得学员能够准备并成功地通过 PMI 的 PMP®认证考试。我们向在公司里管理项目的人提供了一系列书目、面授课程，以及一些软件产品，以协助他们的项目经理成功地执行项目。

◆ 变革的年代：市场趋势

近年来，各行各业有越来越多的公司都认识到，更有效地管理项目对业务非常重要。与前些年相比，项目管理出现了革命性的变化，有证据显示，出现了以下几种趋势：

- 随着越来越多的公司通过项目的方式运营业务，项目的数量在逐渐增多。确实有一些领先的组织每年承接几十万个项目，有些是简单的小规模的项目，而另一些是复杂的大规模的项目。
- 有效管理项目的能力对业务来说至关重要。对顶尖的公司来说，好的项目管理技巧已经成为其竞争优势。
- 这种革命性发展的结果是，项目经理的地位越来越高，其价值越来越大。拥有这样的知识能使公司的项目完成更快，成本更低，客户满意度更高，项目的产出会更让人满意。
- 有些知识，原来觉得是"锦上添花"，现在则是"不可或缺"的。一个公司财务上的成功和生存都依赖它的以下能力：决定哪些项目可以支撑其总体战略目标，以及做出合适的安排来实现成功。
- 今天，不仅仅是项目经理才具有项目管理技巧，团队成员及中高级管理人员也在不断积累这方面的经验。
- 项目管理方法论的复杂程度和范围已经扩展，包含了新的技巧和新的应用。例如，敏捷和 Scrum 的加速采用为项目执行提供了创新的方法，并产生了积极的结果。
- 通过直接支持或知识管理解决方案来发展和改进流程，已经成为在最困难的时刻让公司生存下来的必要条件。例如，IIL 开发统一项目管理方法论（Unified Project Management Methodology，UPMM）软件包就是为了支持项目、项目集和项目组合管理中的一致性和质量。
- 大量与项目管理相关的软件程序继续扩展，如微软的 Project、Project Server、SharePoint、Primavera，以及其他许多这类程序，以辅助项目管理。
- 项目管理认证对个人的工作发展来说，比以前更有价值了。因此，截至 2020 年 7 月 31 日，PMI 的成员已经超过 1 036 367 人，分布在全球 214 个国家和地区。
- 迄今为止，项目经理的技能主要还是体现在技术方面。但是，现在我们看到项目经理开始学习其他方面的知识，如领导力和人际技能。
- 项目管理的战略计划也逐渐占据了重要地位。组织在寻找系统化的方法，使项目管理与业务目标更好地协调一致。
- 越来越多的公司成立了项目与项目组合管理办公室。
- 相对来说，组织内部的项目管理方法论仍然是多样的和不标准的。为了获得更多可重复的和可预见的成功，公司需要寻找一种更成熟的内部统一的方法论。
- 公司及其项目管理办公室都更加强调通过运用如战略管理、收益实现、知识管理和商业关系管理等管理模型，提供高质量的服务、高质量的产品和改进的流程。

◆ 变革的年代：学习趋势

与上述市场趋势相对应，针对行业面的拓宽，我们也提供了更多样化的课程，还引进了新的学习方式，满足客户更多样化的需求。以下是 IIL 如何应对这些需求，为项目经理、项目集经理、项目发起人和执行者们提供培训和教育的最佳实践的例子。

- 除基础知识外，IIL 还提供了各种各样的专业课程，以拓展项目经理的知识和技能范围。这些课程包括风险管理、复杂项目管理、需求管理、项目办公室的设计和开发，以及以敏捷管理为重点的完整课程体系。
- 也有一些课程强调项目管理"柔性"的一面，旨在提高引导技巧、人际技巧、领导技巧及其他非技术领域的技巧等。
- 随着组织在项目管理方面的成熟度不断提高，需要对有效运用企业项目管理软件进行培训，如 Project Serve 及其他许多这类软件。
- 越来越多的大学要么提供项目管理学位，要么将项目管理课程作为某些学位要求的一部分。IIL 与纽约大学职业学习学院合作，提供项目管理认证。
- 我们学习的方式也在发生变化。与以前相比，员工没有时间在教室里学习。因此，IIL 提供实时虚拟培训，参与者可以从任何地方参加课程。此外，许多组织倾向于为参与者提供混合学习方法，包括面对面教学、虚拟教学和按需网上学习。在通常情况下，参与者以小组的形式参加混合课程，从而提供共享的社交体验，有助于知识的巩固和应用。

◆ 探讨未来：趋势及相应的学习方法

人们很难预测未来。但是，有一些新兴趋势让我们可以合理地进行预测。针对每种趋势，都需要开发相应的学习方法。公司的一个关键竞争因素是选择并成功执行所有类型的项目的能力，从设计到研发新产品和服务，从而增加收入和利润，以有助于组织改善内部绩效、降低成本。可以肯定的是，选择提升公司竞争地位的项目组合的能力，在当今的环境中至关重要。

- 项目管理方法论将与其他已被证实的业务战略和框架相结合（如六西格玛、敏捷管理、Scrum 质量管理、风险管理和业务分析等）。与之相关的培训也会结合在一起。
- 项目、项目集和项目组合管理的重要性会不断增加，而且会成为组织保持竞争力的战略性差异化因素。现在，项目组合管理软件必不可少。
- 高级管理人员会对项目管理更了解并更多地参与到项目管理中。这就需要项目管理的培训，满足高级管理人员的特别需求。
- 项目管理的战略规划会成为领导组织的常规方式。项目办公室/项目组合办公室的角色会越来越重要，而且逐渐在各公司中普及，其成员将包括最高层的管理人员。高级管理人员将领导公司项目组合管理方面的工作。
- IIL 会继续与公司合作，提供外部和内部双重认证，为他们的项目经理、团队成员和产品所有者进行认证。
- 高级管理人员会专门为了项目管理更多地参与到如能力规划、项目组合管理、优先级排序、流程改进、供应链管理及战略规划这样的活动当中。实际上，越来越多的高级管理人员正在获得项目管理认证。
- 各组织的奖励和表彰制度将改变，以强化项目管理的目标和目的。
- 经认证的项目经理的地位将显著提高。专业的项目经理将集技术、业务、战略规划和思维能力于一身。
- 项目基准及持续的项目改进将成为领先组织的基本要求。在这方面，当前及新的项目管理成熟度模型会起到很重要的作用，因为这些模型能帮助公司认清其长处、短处，以及具体的改进机会。
- 项目、项目集和项目组合管理重要性的不断提升要求更多员工接受项目管理方面的培训。这也反过来要求开发新的、更好的授课方式。基于视频的在线互动培训将发挥越来越重要的作用。
- 我们会看到，达到更高等级项目管理成熟度的组织会呈指数级增长。
- 越来越多的学院和大学会提供项目管理学位，并试图让其课程与国际标准和最佳实践相符。
- 项目管理专注于提供知识和最佳实践来支持可持续的活动。在全球经济中，通过价值观、领导力和专业责任来实现项目可持续性将成为所有项目、项目集和项目组合经理及发起人的强制性要求。

8.5 确定培训需求

为了确定培训需求，一线经理及高级管理人员需要认识到两个关键因素：第一，培训是在公司里掌握项目管理知识最快的方法之一；第二，培训的目标应该是通过提高效率和效果来提高公司的利润率。

在过去 10 年中，由于已经出版了很多项目管理培训收益的案例研究，确定培训需求变得更容易了。这些收益可以分为定量的和定性的。定量的收益包括：
- 产品开发周期缩短。
- 更优质、快速的决策。
- 成本降低。
- 利润提高。
- 需要的人员减少。
- 文书工作减少。
- 质量和可靠性的改进。
- 员工流失率降低。
- 最佳实践的实施加快。

定性的收益包括：
- 结果的可见性和关注度更高。
- 协同合作更融洽。
- 士气更高。
- 加速培养管理人员。
- 更好的项目控制。
- 客户关系提升。
- 更好的职能支持。
- 需要高级管理人员参与解决的矛盾变少。

公司最终认识到，适当的培训能加速实现项目管理带给公司的收益。

8.6 选择学员

选择参加培训的人员是很关键的。我们已经在一系列的案例研究中发现，常见的错误是只培训项目经理。如果想要成功地实施项目管理，整个组织都必须深入了解项目管理，并拥有项目管理的技能。例如，某汽车分包商花了好几个月的时间培训其项目经理。6个月之后，项目还是延误了，而且超出预算。公司的高级副总裁最后认识到，项目管理是整个团队的事，而不仅仅是某个人的职责。在了解到这一点之后，公司为与项目有关的所有员工提供了培训。项目的结果马上就变好了。

江森自控公司的质量和项目集管理与持续改进部门前副总监戴维·肯德特（David Kandt）解释了如何制订公司的培训计划来完成卓越的项目管理：

> 我们从总裁办公室开始，一旦我们向这些人解释清楚项目管理的原则和原理后，我们就继续向工厂经理、工程经理、成本分析人员、采购人员，当然还有项目经理等，解释这些原理。只有在这些基础打好之后，我们才开始真正的项目管理和角色职责定义。这样，全公司的人在投入工作时都理解各自在项目管理中的角色。就是这种理解使我们得以转型为矩阵型组织，并最终拥有了独立的项目管理部门。

8.7 项目管理培训的基本原理

20年前，我们的项目管理培训和教育资源还比较有限，重点都放在岗位在职培训上，寄希望于工作中出的错越来越少。今天，我们还有许多其他类型的培训，包括：
- 大学里的课程及研讨会。
- 企业内部的课程及研讨会。
- 供应商提供的培训。

学习的方式可以是：
- 面对面学习。
- 虚拟学习。
- 网上在线学习。

随着各种文献资料的增多，我们也有了多种多样的方法来传授这些知识。常见的授课方式包括：
- 讲课。
- 讲课加课后讨论。
- 考试。
- 其他公司的实证案例研究。
- 本公司项目的工作案例研究、定制的场景或为一般学习目的构建的标准场景。
- 角色扮演和模仿。

培训经理现在正在探索"培训的最佳时机",最常见的选择包括:
- 即时培训。包括安排员工在进入项目工作之前进行培训。
- 接触型培训。包括对员工进行基本原理培训,这些知识足够使他们理解公司里项目管理方面的活动。
- 持续学习。先进行基础培训,再进行高级培训,使员工能在项目管理方面不断成长。基础培训可能涉及进度规划的原理,而高级培训可能包括使用特定软件包的培训。
- 自信心培训。与持续学习类似,但主要关注目前业界最前沿的尖端知识。这样能加强员工的信心,让他们知道自己的技能与那些在项目管理方面享有盛誉的公司的员工拥有的技能相近。

8.8 项目管理教育的一些变化

在项目管理的早期,几乎所有项目经理都来自工程学科。项目经理被认为是精通技术而不仅是理解技术的。当挣值管理原理形成时,项目管理课程强调成本和进度控制。市场上出现了所谓的"项目管理"研讨会,其两三天课程的内容几乎都是 PERT 和 EVM。除了几个行业,项目管理均被视为兼职工作或本职工作的附加任务。完全理解这些技能和能力以实现有效的项目管理这一需求并未被认为如此重要。

现今,几乎所有公司中都有一条项目管理的职业发展道路。高等院校现在提供项目管理硕士和博士学位,设置的典型课程如下:

核心课程

- 项目管理原则。
- 项目进度方法。
- 项目估算方法。
- 项目融资方法。
- 创造力和头脑风暴。
- 问题解决和决策制定。
- 全球项目管理。
- 多重项目管理。
- 项目管理领导力。
- 虚拟团队管理。
- 项目组合管理。

选修课程

- 高级项目管理。
- 项目质量管理。
- 项目采购与合同。
- 工程伦理和专业行为准则。
- 项目监控方法。
- 项目报告实践。
- 干系人关系管理。
- 实施项目健康检查。
- 管理有问题的项目。
- 获取最佳实践。
- 管理文化差异。

一些教育机构还为学生提供各项目管理领域认证的专业培训。通过认证考试所需的知识可以来自专业课程或传统的核心课程和选修课程。一些与项目管理相关的认证项目的部分列表可能包括：

- 项目管理。
- 项目集管理。
- 项目风险管理。
- 敏捷项目管理。
- 业务分析。
- 复杂项目管理。
- 其他项目管理认证。
- 专业认证或定制认证。

项目管理教育的最大改变似乎在于对软技能的要求。这是可以理解的，因为项目需要人们一起工作。在行为领域及在一些技术领域，现在正在把重点放在以下方面：

- 问题解决技能。
- 决策制定技能。
- 概念化技能。
- 创造力/头脑风暴技能。
- 过程技能。
- 应对压力。
- 无权威的领导力。
- 多重报告。
- 咨询和引导。
- 指导技能。
- 谈判技能。
- 冲突解决技能。
- 展示技能。

在未来，社交媒体技能可能被添加到此列表中，因为项目执行情况的信息是通过移动设备传输的。

8.9 课程设计和进行培训

许多公司现在认识到，在职培训可能不如正式培训有效。在职培训无异于让人们通过犯错误来学习，但是他们学到了什么呢？是如何犯错误吗？从一开始就训练人们以正确的方式做事，恐怕是更有效的。

项目管理已经成为一种职业发展道路。今天，越来越多的公司允许甚至要求其员工通过项目管理的认证。某公司告知其员工，在职位薪酬体系中，项目管理证书与研究生的学位证书相当。获得项目管理证书的成本只是获得工商管理硕士学位证书成本的 5%~10%。这一证书还能为公司带来更高的投资回报率。对没有大学学历的员工来说，项目管理证书也很有用。该证书为员工在公司内开辟了第二条职业发展道路。

人们也有这样的疑问，即内部培训好还是社会上开办的培训班好？答案取决于公司的性质、多少员工需要培训、培训预算的规模、公司员工已掌握的知识等。如果仅仅是少数员工的一次性培训，送他们去参加社会培训可能是比较有效的。但是如果不断有大量的员工需要培训，那么就应该设计、实施定制的公司内部培训计划。

通常，量身定制的课程是最有效的。做得好的公司会把课程内容的调查问卷送到公司的各级管理层。例如，很多年前，位于美国俄亥俄州 Alliance 市的 Babcock and Wilcox 公司的研发部门需要对 200 名工程师进行项目管理培训。培训部门的领导知道，自己不是决定课程核心内容的合适人选，因此她向高级管理人员、一线经理及组织中的专业人士发出了调查问卷。根据调查问卷返回的信息，她设计了3门不同的课程。在福特汽车公司，培训分为针对高级管理人员的2小时培训、针对项目人员的3天培训，以及针对行政人员的半天培训。

对内部培训课程而言，选择合适的培训师是非常重要的。如果公司的内部人员在项目管理方面有深厚的知识积累，那么公司可以任命这位员工作为培训师。公司还可以送内部人员参加外部咨询公司的培训师培训，培养其成为内部培训师。这两种方法，无论哪种，来自公司内部的培训师不仅必须有公司所需要的专业知识，同时要有必要的引导技能，以最大限度地增强培训效果。大多数外部教育提供者，如国际学习集团，会基于技术知识和引导技能选择培训师。

使用内部培训师的一些问题包括：

- 内部培训师在项目管理上的经验可能不全面。
- 内部培训师可能不了解其他公司采用的新的项目管理技术。
- 内部培训师可能在公司内还有其他的工作，因此准备培训的时间不充分。
- 内部培训师可能不像外部培训师那样专门教授项目管理，或者不如外部培训师有技巧。

如果有必要的话，内部培训师可以与外部培训师互为补充。事实上大多数公司选用外部培训师来提供公司内部培训。选择培训师的最好办法就是咨询其他公司的培训经理，以及大学里项目管理课程的授课教师。另一个办法是与培训师所在的单位联系，但是培训师的质量可能达不到公司的要求。最常见的寻找培训师的办法是查阅社会上组织的研讨会的宣传材料。当然，这些小册子都是作为营销材料设计的，因此评价社会培训的最好的办法是亲自参加。

选好培训师后，下一步是检查其建议书。表8-2中列出了选择外部培训师的预警信号及避免方法。

表8-2 选择外部培训师的预警信号及避免方法

预警信号	避免方法
培训师声称自己是多个领域的专家	验证培训师的资格。人们很难成为多个领域的专家，向聘用过该培训师的其他公司了解情况
培训师的简历上列出了数个知名的大公司（作为其客户）	看看培训师是否多次为这些公司做咨询。有时，虽然培训师一开始很善于推销自己，但是公司请他们做过一次后，就不愿意再聘用他们了
培训师给人留下的第一印象是很善于推销自己，简短的课堂观察结果会印证你的看法	活跃的培训师不一定能保证讲课的质量。有些培训师太有活力了，可是等受训人认识到"人很好，但是课程的内容只是刚及格"时，为时已晚

续表

预警信号	避免方法
培训师的简历显示有 10~20 年甚至更长时间的项目管理工作经验	在某个特定行业或公司中的 10~20 年经验,并不意味着培训师的知识能满足公司或行业的特定需求。问问培训师都管理过何种类型的项目
培训师所在公司的市场人员积极地展示其公司的质量,而不是培训师的质量,给出的客户清单是公司的客户清单	你聘用的是培训师,不是市场人员。要求与培训师见面谈谈,并要求看看培训师的客户清单而不是公司的客户清单
培训师承诺要根据公司的需要量身设计培训材料	要求至少在讲课两周之前看到培训师为公司设计的材料,也要确认幻灯片和其他材料的质量

最后一步是评估外部培训师将在课程中使用的培训材料和演讲材料。以下问题可以作为检查清单:

- 培训师采用案例研究吗?如果采用的话,这些案例研究是以事实为基础的吗?公司最好开发出自己的案例研究,并要求培训师使用这些案例,因为这些案例才与公司的业务相关。
- 是否安排了角色扮演和实验室体验?如果有,会对学习很有帮助,但也会对参加学习的人数有限制。
- 课程里是否安排了必读材料和家庭作业?如果有的话,这些能否在研讨会之前完成?

8.10 衡量培训的投资回报率

项目管理培训的最后一个领域是确定培训的投资回报率。一定要记住,除非培训能给公司带来持续的回报,否则不要进行培训。也要记住,培训师的费用只是培训成本的一部分。计算培训成本时,还要包括因员工培训而未到岗给公司带来的损失。有些不错的公司聘请外部的咨询师来确定投资回报率。咨询师根据面谈、岗位评估、书面问卷等进行评估。

某家公司要求受训人在培训前后分别参加考试,以了解受训人真正获得了多少知识。另一家公司聘请外部的咨询师,起草、解读培训后的关于培训价值的问卷调查。

任何一家公司所需要的培训取决于两方面因素:公司是不是项目驱动的,以及公司采用项目管理的时间是否足够长,并已经发展出成熟的项目管理系统。图 8-3 显示了所需的项目管理培训课程(包括复习课程)与组织采用项目管理的年限的关系。项目驱动的组织所需的项目管理培训课程最多,而刚刚开始实行项目管理的组织所需的课程最少。这并不令人感到吃惊。在项目管理上有超过 15 年经验的公司的情况则千差万别。

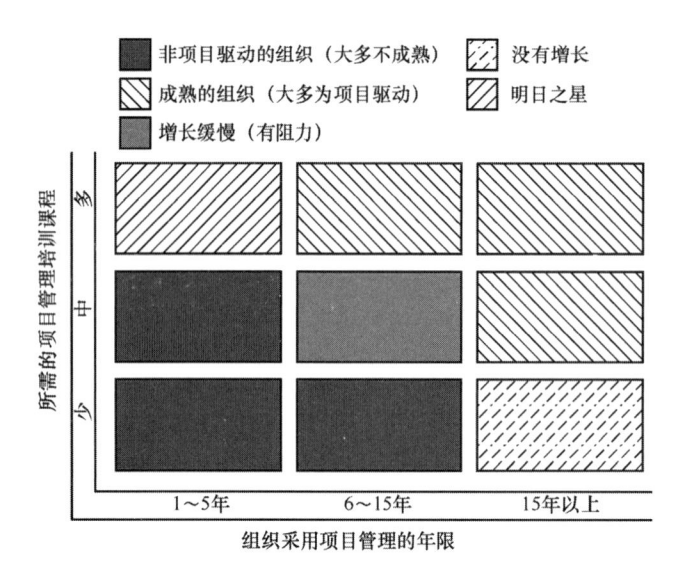

图 8-3 所需的项目管理培训课程与组织采用项目管理的年限的关系

8.11 项目管理是一种专职工作

前几年，项目管理被看作一项兼职工作，因此所有的培训都是针对主要职位描述设计的（无论这个职位是什么），而不是针对项目管理设计的。因此，没有必要制定项目与项目集经理的职位描述。如今，这些职位描述已经存在，项目管理已经被看作一项专职工作，而且人们也会根据这些职位描述来提供培训计划。当被问到AT&T是否有这些职位描述时，一位发言人在项目与项目集管理两方面都做出了肯定的回答。

项目经理

项目经理负责在项目的整个生命周期内通过直接管理项目团队的工作来提供端到端的项目管理，以交付完整的产品和/或服务。项目经理要对管理大型低复杂度到高复杂度项目或在可能涉及多个地区或职能部门的项目集范围之内的项目负全部的责任；多个并行的项目也可能在需要管理的范围之内。项目经理的职位描述包括预测、规划进度、统筹协调、分配资源、确保项目资金到位，以及协助推荐项目需要的业务解决方案或替代方案。项目经理对项目风险、问题、危机、升级和问题解决进行评估、规划和管理。项目经理也负责管理项目范围、项目预算与成本汇报，并在使用组织的标准流程达到质量、进度和成本目标的同时确保项目完成。项目经理还需要充当IT伙伴、客户组织与IT领导者之间的项目联络人，同时协助对已有供应商进行管理。项目经理可以指挥项目副经理为项目沟通和项目进度跟踪提供支持。项目经理的职位描述不包括管理那些极大规模、极其复杂且拥有多个子项目并需要高层监督和大量高层沟通的项目集。项目经理必须使用超过80%的时间来履行以上所述的项目管理职责。

项目集经理

项目集经理负责在项目/项目集的整个生命周期内通过直接管理项目/项目集团队的工作来提供端到端的项目管理和/或项目集管理，以交付完整的产品和/或服务。项目集经理要对管理可能涉及多个地区、职能部门和/或业务单元的高度复杂的并行项目和/或项目集负全部责任。项目集经理要负责进行详尽的规划，包括项目/项目集的结构和员工部署、估算、资源分配与指派、详细的进度规划、关键路径分析、将项目计划整合到项目集整体规划中，并协商所有的排序冲突。项目集经理指挥项目和/或项目集的活动，利用组织的标准流程来确保按时交付规定的业务收益，将实际与计划加以比对，并在需要的情形下调整计划。项目集经理要对项目/项目集的风险进行评估、规划和管理，包括风险缓解和应急计划；还要对问题、危机、升级和问题解决进行管理。他们的职责还包括对项目/项目集的范围进行定义，并确保范围和可交付物发生的变更通过变更管理流程进行管理。项目集经理还要负责管理大型项目集或项目的预算及支出汇报。项目集经理还需要充当客户与IT领导者之间的项目联络人，进行交流沟通并提供有关项目/项目集进展的状态资讯。项目集经理也可以协助投标申请书的编制、评估，以及供应商的筛选，维持与供应商和咨询师的良好关系。项目集经理利用其在业务、产业和技术方面的知识将业务流程方面的改进合并到组织中去，并开发业务战略和职能/业务/技术架构。项目集经理可以指挥项目经理管理项目或高级项目/项目集经理负责的子项目。项目集经理的职位描述可能包括管理那些极大规模、极其复杂且拥有多个子项目并需要高层监督和大量高层沟通的项目集。项目集经理必须使用超过80%的时间来履行以上所述的项目管理职责。

把项目管理看成一项专职工作的理念已经在全世界传播开来。据英德拉公司PMO前主任恩里克·塞维利亚·莫利纳所说：

项目管理现在已被看作特定的知识与经验组合的成果，而这些知识和经验是在履行项目经理的职责、尽力负责地实现项目成功的过程中积累获得的。

我们有一系列管理角色，与不同的项目管理责任和专业能力层级相关，并用于开拓业务机会（项目经理、项目集经理等职位）。对于每个角色，都定义了一套特定的技能，因此可以对绩效和成就进行评估。对个人绩效的年度评估是根据职位描述、达到的角色成熟度，以及角色的预期表现与实际表现的对比来评定的，因此个人发展的不断演进也可以被评估。

8.12 竞争力模型

30年前，公司用职位描述来阐述项目经理的角色和职责。遗憾的是，职位描述通常都很简短，而且对如何获得晋升或加薪没什么指导意义。20年前，我们还在强调职位描述，到 20 世纪 90 年代末，公司开始强调核心竞争力模型，模型中清楚地描述了成为称职的项目经理所需要的技能等级。核心竞争力模型所对应的培训计划也已制度化。然而，建立核心竞争力模型及开展相应的培训并不容易。

几年前，礼来公司开发了业内最全面、最有效的能力模型之一。该能力模型的基础如图 8-4 所示。沿每个轴所需技能的详细列表已被列出，并为所需技能制订了培训计划。

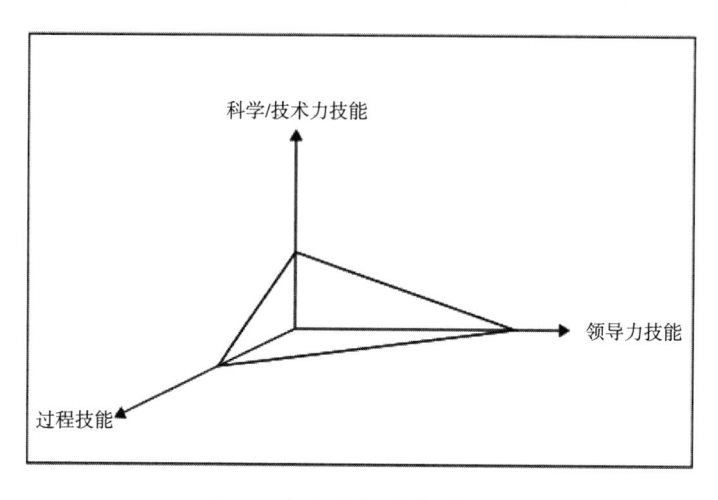

图 8-4　礼来竞争力模型的基础

第 9 章
非正式的项目管理

9.0 简介

在过去的 35 年里,项目管理最重要的变化之一可能就是认为非正式的项目管理确实也奏效。20 世纪五六十年代,项目管理技术和工具主要应用于航空航天、国防、大规模的建筑行业。因为项目管理还是一种相对比较新的管理流程,承包商和分包商的客户希望能有证据显示这一流程真的起作用。所使用的政策和程序的文档也被列为投标书的一部分。那时,由成百个政策、程序、表格组成的正式项目管理成了普遍的管理流程。毕竟,潜在客户怎么会愿意为一个非正式管理的项目签署上千万美元的合同呢?

本章将首先澄清正式的项目管理和非正式的项目管理的区别,然后讨论非正式的项目管理的 4 个关键要素。

9.1 正式的项目管理与非正式的项目管理

正式的项目管理是费时费力的。早些年,花在书面的政策、程序上的时间和精力主要是为了让客户安心。随着项目管理的确立,创建正式文档也主要是为了客户。承包商开始采用更加非正式的管理方法,但是客户还在为正式的项目管理文档付钱。表 9–1 列出了正式的项目管理和非正式的项目管理之间的主要区别。正如你所看到的,最显著的区别在于文书工作的数量。

表 9–1 正式的项目管理和非正式的项目管理

因　素	正式的项目管理	非正式的项目管理
项目经理的级别	高	低到中
项目经理的权力	明确授予的	隐含的
文书工作	过多	最少

文书工作是昂贵的。即使是为团队会议准备的例行分发材料,每页纸也要花500~2 000美元。优秀公司的高级管理人员知道文书工作是昂贵的。他们鼓励项目团队在沟通时不要使用过多的文件。然而,有些人还是错误地认为ISO 9000认证需要大量的文书工作。

图9-1展示了项目管理对文书工作要求的变化。20世纪80年代早期是喜欢文书工作的人的好时光。那时,政策和程序手册的初期准备大概要花300万~500万美元,而在项目生命周期中,每年的更新还要花100万~200万美元。项目经理被淹没在表格的海洋中,几乎没什么时间来真正管理项目。客户开始抱怨分包商的成本太高,文书工作渐渐地从繁荣走向衰败。

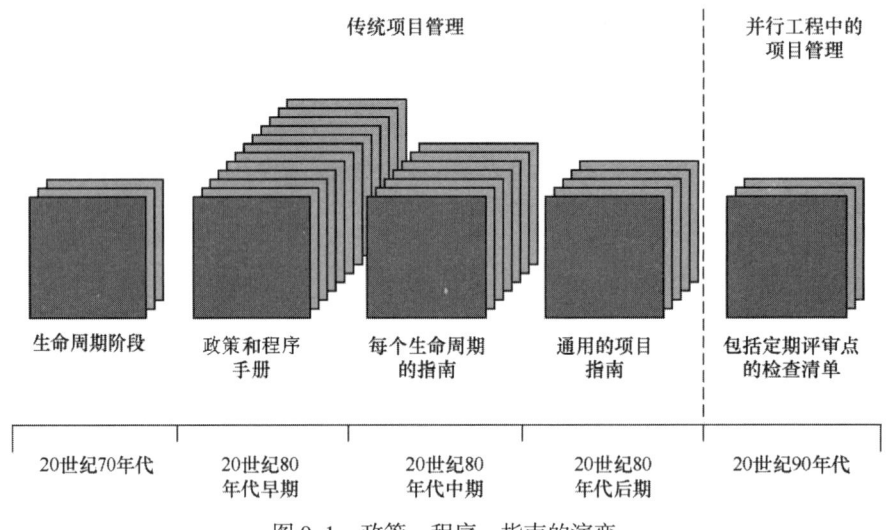

图9-1 政策、程序、指南的演变

直到20世纪90年代早期,随着并行工程的发展,真正的成本节约才实现了。并行工程通过将原来串行的活动改为并行,缩短了产品的开发时间。这种变化增加了每个项目的风险水平,因而要求项目管理舍弃以前的一些做法。不那么具体的、更通用的检查清单取代了正式的指南。

政策和程序代表正式性,而检查清单代表非正式性。但是,非正式并不意味着项目完全没有文书工作,而是把文书工作的需要降低到能接受的最低程度。从正式到非正式,这需要组织文化的改变,如图9-2所示。非正式文化的4个基本要素是:

- 信任。
- 沟通。
- 合作。
- 团队工作。

大公司即使有采用非正式的项目管理的愿望,通常也无法真正做到。公司越大,越倾向于采用正式的项目管理。北电IOC销售运营及客户服务部的一位前副总裁认为:

在北电全公司引入项目流程及工具标准,并使用管道指标(客户定义的、行业标准度量),这为公司提供了正式项目管理框架。由于我们承担的电信项目的复杂程度，以及短期内提供集成方案的要求，这样的正式项目管理框架是必要的。北电的项目经理需要协调多个组织才能在迅速变化的环境中实现客户要求的项目成果。

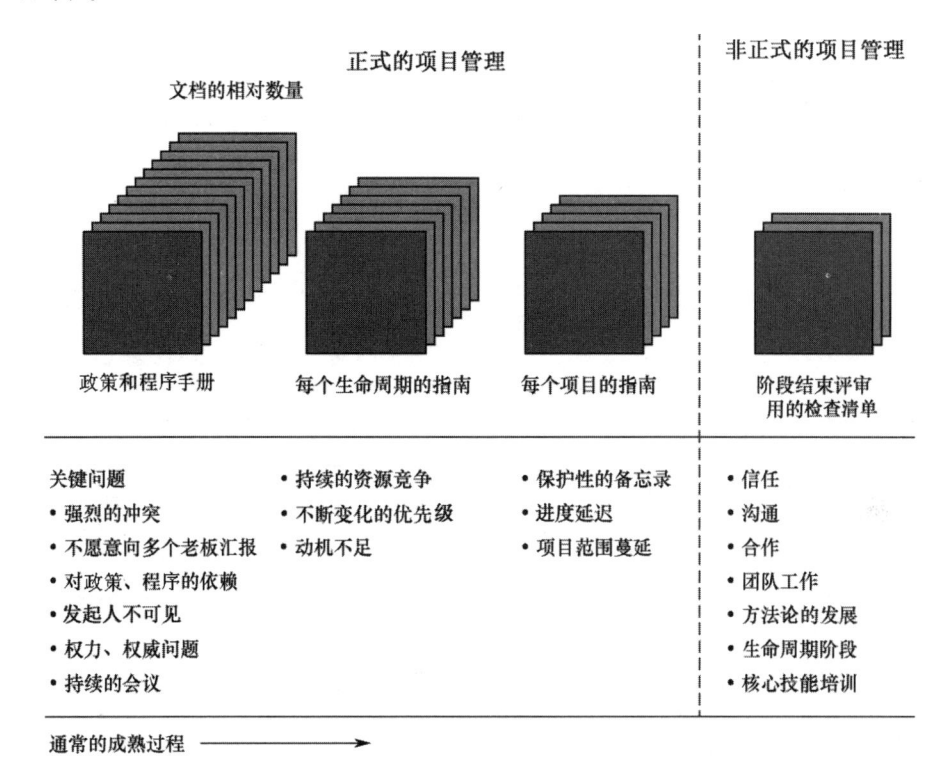

图 9-2　文书工作的演进及正式程度的变化

大多数公司要么正式地管理项目，要么非正式地管理项目。然而，如果你的公司是项目驱动型的，而且有很强的项目管理文化，你可能就要根据客户的需求，决定是采用正式的项目管理还是非正式的项目管理。

9.2　信任

信任项目的所有参与人员，这是至关重要的。早上，你驾车去上班，路上可能踩 50 次刹车。你虽然从没见过设计刹车踏板的人，也没见过制造或安装刹车踏板的人，但是你从没怀疑过踏板是否会在需要刹车的时候失灵。然后你到达工作地点，按下电梯按钮。你从没见过设计电梯的人，也没见过制造、安装、监测电梯的人，但是，同样，你很安心地乘电梯到了你所在的楼层。当你在早上 8:00 到达办公室的时候，你已无数次满怀信任地将你的生命交到你从没见过的人手中。当在办公室坐下来时，你却不肯信任隔壁办公室的人做出的关于 50 美元的决定。

信任是成功实施非正式的项目管理的关键。没有信任，项目经理和项目发起人就会要求进行所有的文书工作，而这只是为了证明每个在项目上工作的人是按指示工作的。信任也是在客户和承包商、分包商之间建立成功关系的关键。我们来看一个例子。

可能我见到过的非正式项目管理的最佳应用发生在几年前，由 Bendix 集团的重型车辆部门实施。Bendix 集团聘请了一位培训师来进行为期 3 天的培训。该培训是为公司特别设计的。在课程设计阶段，培训师征求部门副总裁和总经理的意见，是培训非正式的项目管理，还是培训正式的项目管理。副总裁倾向于非正式的项目管理。为什么是非正式的项目管理呢？这个部门的文化建立在相互信任的基础上。雇用一线经理的标准不光是技术专长。雇用和晋升的标准是新经理是否能与其他一线经理及项目经理沟通、合作，共同为公司和项目的收益着想并做出决定。

一旦客户和分包商的关系是以信任为基础的，双方都会得到很大好处。这种好处在惠普、CA 公司及众多汽车分包商中是非常显著的，如表 9-2 所示。

表 9-2　客户和承包商之间的信任关系所带来的好处

没有信任	有了信任
不断进行竞争性投标	长期合同、回头客业务、独家供货合同
大量文档	文档最少化
过多的客户和承包商的团队会议	团队会议最少化
团队会议要有文档	团队会议无须文档
高级管理人员担任发起人	中级管理人员担任发起人

9.3　沟通

在传统而正式的组织中，员工经常抱怨沟通不畅，而高级管理人员认为公司中的沟通还是挺好的。为什么意见不同？在大多数公司，高级管理人员淹没在业务的各个职能部门的文山会海、每周状态报告中，而流向组织基层的信息的质量和频度不一致，越是在正式的公司中，越是如此。但无论信息向上传递到高级管理人员，还是信息向下传递到基层员工，问题的症结总是在上层的某处产生。一有什么对报告或会议的需求，多半都是高级管理人员提出的。而且，很多这样的会议和报告都是不必要的、重复的。

大多数项目经理喜欢口头的、非正式的沟通。正式的沟通的成本可能很高。项目沟通包括发布决策信息、工作授权、谈判、项目报告等。卓越公司的项目经理们认为，他们 90% 的时间都花在和团队成员的内部沟通上。图 9-3 显示了项目经理常用的沟通渠道。在项目驱动的组织中，项目经理的大部分时间花在与客户及管理机构进行的外部沟通上。

好的项目管理方法论不仅鼓励非正式的项目管理，也鼓励横向、纵向的有效沟通。这种方法论本身就起到沟通渠道的作用。某家大型金融机构的高级管理人员是这样评价其组织的项目管理标准（Project Management Standard，PMS）的项目管理方法论的：

> PMS 引导项目经理完成项目中的每一步。PMS 不仅规定报告的结构，还指

出谁应该参与项目及其不同层级的评审。这就建立了有效沟通渠道。项目中的沟通是成功的最重要的因素之一。即使有出色的计划，离开了沟通，也无法实施。

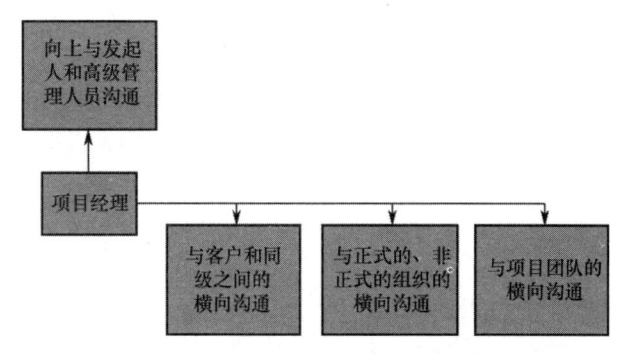

图 9-3　项目管理的内部及外部沟通渠道

大多数公司认为，好的项目管理方法论会带来有效的沟通，这也使得公司能够更多地采用非正式的项目管理。问题是要花多长时间才能实现有效的沟通。如果所有的员工都在同一工作地点，这可能花不了太长时间。但是由于全球项目分散的地理位置和文化差异可能使达成有效沟通的时间拉长到几十年。即使如此，也不能保证全球项目能实现非正式的项目管理。

惠普公司的运营总监苏珊娜·扎勒（Suzanne Zale）强调：

> 任何一个全球项目的沟通都会比一般项目更复杂。在项目早期需要更多的计划，需要早早确认大家认同的因素。为了利用现有的专业知识、熟悉当地文化的专家和供应商，我们显然需要建立虚拟团队。这更增加了有效沟通的难度。
>
> 沟通的机制也可能发生很大的变化。面对面的会议或讨论更困难了。我们通常依赖电子通信，如视频会议、电话会议及电子邮件。事先需要就沟通的标准形式达成一致和理解，这样信息才能迅速流动。由于文化差异和时区的不同，沟通也要花更多时间和精力。

非正式的项目管理的存在也暗示着员工需要理解各自的组织结构、在组织中的角色和职责，以及在项目中的角色和职责。诸如线性职责图、责任安排矩阵等工具很有帮助。现在，沟通工具的使用不像 20 世纪七八十年代那么频繁了。

在跨国项目中，组织结构、角色和职责等都必须清楚地定义。有效沟通具有至高无上的重要性，或许应该采用正式的沟通而不是非正式的沟通。

苏珊娜·扎勒这样讲：

> 任何全球项目都必须具有清晰定义的组织结构，以最大限度地减少可能的误解。最好有清楚、分明的组织结构图及角色和职责。任何对员工的激励，都要周密地考虑文化的差异。不同文化中的激励因素和价值观可能有非常大的差异。

当公司要培养一种非正式的文化的时候，需要克服的两大主要沟通障碍是"疝气报告"

及"辩论会"。"疝气报告"的产生，是因为高级管理人员认为未曾书面记录下来的话就没有说过。尽管这种看法在一定程度上是对的，可是要把话都记下来，花的时间可不少。我们要考虑的不仅仅是准备报告及正式备忘录所花费的时间，还有收到报告的所有人读报告的时间，以及处理、复印、分发、归档所花费的时间。

如果为管理层准备的书面状态报告需要订起来或夹起来，那就太长了。超过 5～10 页纸的项目报告基本不会有人看。在实现卓越的项目管理的公司，内部报告要尽可能扼要地回答以下 3 个问题：

- 我们现在的状况如何？
- 我们将来会走向何方？
- 是否有需要管理层参与解决的问题？

所有这 3 个问题的答案，可以在一张纸之上写清。

所谓的"辩论会"，是指预先安排 30 分钟，而实际花了 3 小时的会议。当高级管理人员干预日常工作活动时，就产生了"辩论会"。甚至项目经理也会陷入这种错误中，如项目经理把不该由管理层处理的信息传递给管理层。这种情况完全是自找麻烦。

在过去，沟通实践与项目管理方法论中所使用的流程、工具和技术紧密相连。那些采纳统一方法论的公司为与客户的沟通设立了标准，并常常维护一份统一的客户沟通计划。这些沟通活动，无一例外，都基于从挣值管理系统中获取的数据。

然而，随着敏捷和 Scrum 等灵活方法论的兴起和普及，我们对沟通的认识也随之转变。这些灵活的方法论强调了包括所有干系人在内的团队成员之间有效协作的重要性。我们现在更加关注项目中多个相互竞争的限制条件，而不仅限于时间、成本和范围这些传统因素。此外，我们开始在项目初期给予干系人更多的选择权，让他们根据自己的需求确定项目度量指标，以辅助他们做出预期的决策。这些变化促成了个性化的项目状态报告的产生，并促进了沟通频率的提高。

9.4 合作

合作是指个人为了团队的利益，去和别人一起工作的意愿。这也包括一个团队自愿采取行动，一起工作以得到好的结果。在具有卓越的项目管理的公司中，合作是常态，不需要有权力的人士来进行正式的干预。团队知道该干什么，而且会主动去做。

在表现一般的公司（或者在这方面表现一般的任何类型的组织），随着人们的相识、相知，他们开始学习合作。这要花时间，而项目团队经常时间不足。但是，诸如爱立信、通用汽车、惠普等公司，都创建了促进共同利益的合作的文化。

9.5 团队工作

团队工作是指一组人本着合作精神共同完成工作。有些人把团队工作与士气混淆起来，但是士气更多的是指工作的态度，而不是工作本身。当然，好的士气有助于团队工作。

在卓越的公司中，团队工作具有以下特点：
- 员工和经理互相分享各种观点，在工作中进行高度的改革和创新。
- 员工和经理互相信任，而且彼此忠诚，也对公司忠诚。
- 员工和经理为工作尽职尽责，而且信守承诺。
- 员工和经理自由地分享信息。
- 员工和经理一直坦诚相待。

让人们觉得他们是团队的一部分并不需要花太多精力。让我们来看看道氏化工公司（Daw Chemical Corporation）的工程建筑服务分部在几年前的情况。那时道氏化工公司要求一位培训师开发项目管理的培训课程。培训师在课前与几位将参加研讨会的学员进行了面谈，以确定存在问题的领域。看起来，最大的问题是缺乏团队合作。这一问题在草图部尤为明显。草图部的人员抱怨说，制图中变化太多。他们真的完全无法理解这么多变化背后的原因。

找出的第二个问题，也可能是更关键的一个问题是，一旦制图完成，项目经理就再也不与草图部沟通。草图部对他们所做的项目的状态一无所知，而且他们也不觉得自己是团队的一部分。

在培训课程中，一位负责建造大规模化学工厂的项目经理被问到为什么他负责的项目中有这么多的制图变化时，他说："这些变化有 3 类原因。第一，很多时候，客户一开始并不知道他们想要什么；第二，当完成初步制图后，我们会做一个厂房的塑料模型，通过模型我们经常看到，出于维护保养及安全的考虑，需要把设备挪个地方；第三，有时我们不得不在环保机构批准前匆忙地开始动工。等到环保机构最终批准时，可能带来对已经完工工程的主体结构的变更。"道氏化工公司的一位老员工说，他在公司工作了 15 年，从没有人解释过制图变化背后的原因。

一旦讲明了沟通不足的问题，解决起来就很容易了。项目经理保证每月与草图部分享项目建设的简要进展。草图部的人员感到很高兴，觉得自己更像项目团队的一部分了。

9.6 用颜色标示的状态报告

无论是打印出来的报告，还是内部网上的视觉演示，在状态报告中使用颜色越来越重要了。使用颜色的报告能促进非正式的项目管理的产生。使用颜色能降低风险，因为这样能迅速地向管理层发出警报——有潜在的问题。某公司准备了复杂的状态报告，但是在每页右边的空白处标注了颜色，以便特定的受众及特定层级经理审阅。一位高级管理人员说，他现在只看那些为他标注了颜色的页，无须在整篇报告中搜索需要的内容。在另一家公司，高级管理人员发现，使用颜色的内部网上的状态报告使得他们能更及时地评阅更多内容，因为只要集中精力关注用颜色标注出的潜在问题即可。颜色可以用来指示：
- 还没有得到应对的状况。

- 状况已经得到应对，但并不存在问题。
- 项目正常运行。
- 将来可能存在的问题。
- 确实存在问题，而且很严重。
- 对这个问题可以不采取任何行动。
- 活动已经完成。
- 活动还在进行，但是已经过了预计完成的日期。

9.7 危机仪表板

在过去的几年中，用仪表板向项目团队、客户和干系人展示项目状态信息已经司空见惯。仪表板的目的是将原始数据转换成有意义的信息，这些信息便于理解并可用于正式的决策制定。仪表板为观众提供了"情境感知"，即这些信息现在意味着什么，如果现有趋势持续下去，这些信息将来意味着什么。作为沟通工具，仪表板让我们实现无纸化项目管理、精简会议，并且消除浪费。

当今环境下的项目明显比过去的许多项目更复杂。在现在的项目中，参与治理的是治理委员会而不是单个项目发起人。每个干系人或治理委员会成员都很可能有不同的度量指标和关键绩效指标要求。如果每个干系人都采用二三十个度量指标，那么指标计量和报告的成本会非常高，有违于实现无纸化项目管理的目的。

实现与干系人和治理委员会有效沟通的方法是告诉他们，他们很有可能获得做出明智决策所需的所有重要数据，以及可以显示在一个仪表板屏幕窗口内的 6~10 个度量指标或 KPI。情况并非总是如此，必要的时候可能多于一个窗口显示。通常来说，一个窗口就足够了。

如果仪表板屏幕上的任何一个度量指标或 KPI 存在超出容忍的条件或危机情况，那么观察者会很容易观察到。但是如果危机是由屏幕外的其他度量指标引起的呢？在这种情况下，观察者就会立刻被引向一个包含所有超出容忍条件的度量指标的危机仪表板。这些指标会一直存在于仪表板中，直到危机或者超出容忍的条件被纠正。每个干系人就会看到常规的屏幕截图，然后被引向危机屏幕截图。

◆ 定义一场危机

一场危机可以是任何事件，不管是否超出预期，能够导致项目结果的不稳定或危险情形的事件都可以被定义为危机。危机意味着消极的结果，会伤害组织、干系人和一般公众。危机会导致诸多变化，包括公司商业战略、公司与事业环境因素的交互方式、公司社会意识的展现及公司对客户满意度维护等方面。危机并不一定意味着项目会失败，也不一定意味着项目应该被终止，而可能仅仅说明项目结果会偏离预期。

有些危机可能是慢慢出现的，出现前会有早期警告信号，这些信号可以被视作"冒烟的危机"。度量指标和仪表板的目的就是识别出表明可能发生危机的趋势，为项目经理制订紧急计划提供充足的时间。越早知道即将发生的危机，就可能有越多的补救选择。

我们如何确定超出容忍条件的情况是一个小问题还是一场危机呢？答案在于其潜在的破坏性。如果发生以下任何一件事情，那么这种情况很可能被视作危机：
- 对项目结果造成重大威胁。
- 对组织整体、干系人甚至一般公众造成重大威胁。
- 对公司商业模式和战略造成重大威胁。
- 对工人健康和安全造成重大威胁。
- 对客户造成重大威胁，如产品侵害。
- 可能造成人员死亡。
- 由于系统重置，可能造成工作推迟。
- 由于组织变革，可能造成工作推迟。
- 很有可能损害公司形象或声誉。
- 很有可能恶化客户满意度，导致现在及将来的大额收入损失。

理解风险管理和危机管理的区别很重要，根据维基百科所述：

> 风险管理包括评估潜在威胁并找出避免威胁的最佳方法，与此相反，危机管理是在威胁发生前、发生时和发生后的应对。也就是说，危机管理是积极主动的，而不仅仅是反应式的。它是一门更广范围内的管理学科，包括识别、评估、理解和应对严峻情况的技能和技术，特别是从它第一次发生到恢复过程开始的时候。

应对危机通常需要快速决策。有效的决策制定需要信息。如果一个度量指标似乎处于危机模式并出现在危机仪表板上，观察者可能发现有必要看看其他指标，这些指标可能不处于危机模式，也没有出现在危机仪表板上，但可能引发危机。观察仪表板上的指标比观察月度报告容易得多。

问题和危机的区别就像人们对于"美的看法"，它取决于当事人的眼光。一个干系人认为只是一个小问题的情况，在另一个干系人眼中可能是一场危机。表 9-3 说明了做出明确的区分很困难。

表 9-3 问题和危机的区别

度量指标/KPI	问 题	危 机
时间	项目推迟，但客户仍可接受	项目推迟，客户在考虑取消项目
成本	成本超支，但客户会提供额外资金	成本超支，无额外资金，项目很可能被取消
质量	客户不太满意但可以接受	交付质量不能接受，可能造成人身伤害，客户可能取消合作，而且可能该客户再也不会和我们合作
资源	项目人手不足或资源不够，可能出现计划推迟	资源短缺会造成计划严重推迟，工艺可能不合规定，可能导致项目被取消

续表

度量指标/KPI	问　　题	危　　机
范围	大量范围变化,导致基准变化,发生推迟和成本超支,但目前尚在客户可接受的范围内	范围变化导致客户认为计划失误且将发生更多范围变化；项目收益不再大于成本,项目可能被终止
活动项	客户对处理活动项所用的时间不满意,但对项目的影响不大	客户对处理活动项所用的时间不满意,但对项目的影响很大。由于开放活动项,治理决策被推迟,可能对项目造成严重影响
风险	存在重大风险水平,但团队能缓解部分风险	由于风险水平超过客户接受范围,可能发生潜在损失
假设和约束	已经出现新的假设和约束,可能给项目带来不利影响	已经出现新的假设和约束,可能需要重新规划,项目的价值可能不复存在
事业环境因素	事业环境因素已经改变,可能给项目带来不利影响	新的事业环境因素将大大减少项目价值和预期收益

我们现在可以得出有关危机仪表板的以下结论：
- 对于观察者来说,危机的定义并不是十分明确的。
- 不是所有的问题都是危机。
- 有时候,不利的趋势被视为危机并出现在危机仪表板上。
- 危机仪表板可能包含一系列危机度量指标,而这些指标仅仅被视为问题。
- 为了确保所有的度量指标都易于理解,当被放在危机仪表板中时,可能需要修改传统仪表板报告系统中的度量指标。
- 危机度量指标通常意味着必须密切监测这种情况或必须做出某些决策。

9.8　非正式项目管理的风险

　　非正式的项目管理可以为公司节省大量的金钱和时间。然而,总有一些风险必须被考虑。在一家公司中,客户和承包商通过合同约定了一项成本补偿条款,其中包括每月的状态报告,以及所有问题、行动项和解决问题计划的详细文档。项目计划在两年内完成。

　　在合同的最初几个月,客户和承包商都意识到文档成本高昂。客户和承包商的项目经理口头决定以非正式的方式进行管理,绕过了许多书面工作的要求。

　　项目开始出现严重问题。客户的法律团队对合同文档要求没有得到满足感到愤怒,并认为如果这些要求得到满足,许多严重问题就不会发生。客户项目经理受到斥责,客户对承包商提起了法律诉讼。关键在于,非正式的项目管理实践不应替代合同要求。有些项目是高度数据驱动的,而不是交付物驱动的。

　　通常认为,由于合同复杂且涉及数百万美元,因此客户和承包商之间的沟通必须是正式的。然而,通过设置现场代表可以将潜在的争议关系转变为信任和合作的关系。

例如，一位客户对仅依赖书面报告来确定项目状态感到担忧。客户组织精心挑选了两名员工作为现场代表在承包商公司监督一个高度技术性新系统的开发。承包商的项目管理办公室与客户方的现场代表之间迅速建立了基于信任的工作伙伴关系。团队会议在没有交换过多文档的情况下举行。双方同意相互合作。承包商的项目经理足够信任客户的现场代表，甚至在承包商的工程师能够对数据形成自己的意见之前，就向他们提供了测试结果的原始数据。作为回报，客户的现场代表承诺在承包商的工程师准备好与他们自己的高管发起人分享结果之前，不会将原始数据传递给他们的公司。

这个项目上的关系清楚地表明，客户和承包商之间可以进行非正式的项目管理。大型建筑承包商在使用非正式项目管理和现场代表来重建信任和合作方面也取得了同样的积极结果。非正式项目管理不是正式项目管理的替代品。相反，它仅仅意味着一些活动可以更非正式地完成。正式的沟通和非正式的沟通可以同时存在。

非正式的项目管理实践通常在不受客户、承包商或合同要求影响的内部项目中效果更好。然而，如果那些想要进行非正式项目管理的人有隐藏的议程，并且试图隐藏项目的真实状态或在不让公司领导知道的情况下想要改变项目的方向，问题仍然可能发生。

第 10 章
卓越的行为

10.0 简介

之前我们看到，拥有卓越的项目管理的公司对行为技能的培训非常重视。过去，人们认为项目失败主要是因为计划不周、估算不准、进度管理低效和缺乏成本控制等。今天，优秀的公司认识到，项目失败更多地应归因于行为上的缺陷——员工士气低落、人际关系糟糕、生产效率低下和对工作缺乏责任心等。

本章将讨论在情境领导及矛盾解决中的这些人为因素，也提供关于项目管理中的人员配备的信息。最后，本章就如何实现卓越的行为给出了一些建议。

10.1 情境领导

随着项目管理开始强调行为管理重于技术管理，情境领导和第一章讨论的如社会领导风格等也受到了更多关注。项目的平均规模有所扩大，项目团队的规模也扩大了。随着项目团队规模的扩大，流程整合及有效的人际关系也变得更加重要。现在，项目经理需要和许多不同的职能部门去沟通。有一个项目管理谚语是这么说的："当研究人员和研究人员对话时，他们完全（100%）理解对方；当研究人员和制造人员对话时，他们部分（50%）理解对方；当研究人员和销售人员对话时，他们根本就不（0）理解对方。但是，项目经理要和所有这些人对话。"

克利夫兰联邦储备银行的前高级副总裁兰迪·科尔曼（Randy Coleman）在强调宽容的重要性时说：

> 成功的项目管理所必需的、最重要的特点就是宽容：对外部事件的宽容，对人们个性的宽容。通常，联邦储备银行的工作人员中有两类人，一类是终身员工，另一类是漂泊者。你得用不同的方式对待这两类人，但同时你又必须以基本类似

的方式对待他们。你要稍微迁就那些独立的、年轻的漂泊者,因为他们有好的创意,而且你想留住他们,特别是那些愿意冒险的人。你得承认,你总得有些折中的办法。

一家国际会计师事务所的高级项目经理描述了他自己在成为项目经理后,领导风格是如何从传统风格转变为情境领导风格的:

> 我以前认为存在某种最佳的领导方式,但是经验告诉我,领导力要和个性相结合,适用于一个人的方式不见得适用于另一个人。所以你一定要对项目结构、人员有深入的了解,然后采用适合你个性的领导风格,让它看起来自然而真诚。这是个人经验、个性、领导风格交融的结果。

许多公司在开始采用项目管理时并不理解项目经理与直线经理之间基本的行为差异。我们假设直线经理不承担项目经理的职责,那么他们的行为差异有:

- 项目经理要处理多重的汇报关系,而直线经理只向唯一的上司汇报。
- 项目经理没什么真正的权力,而直线经理因为其头衔拥有很大的权力。
- 项目经理通常不提供员工绩效考核的依据,而直线经理的正式评价是其直接下属的绩效考核的依据。
- 项目经理的报酬并不一定在管理层级上,而直线经理的报酬通常属于管理层级。
- 项目经理的职位可能是暂时的,直线经理的职位是永久的。
- 项目经理的报酬级别有时低于项目团队成员的级别,而直线经理的报酬级别通常比其直接下属高。

多年前,现在的 AT&T 俄亥俄州分公司(当时被称为俄亥俄贝尔公司)还只是美国 AT&T 的一个分支机构时,它聘请了一位培训师,进行为期 3 天的项目管理培训。在定制课程的过程中,培训师被要求强调计划、进度、控制等,而不要费神考虑项目管理中的行为方面。之前,AT&T 提供过如何成为直线经理的课程,那个研讨会的所有学员都曾参加过这门课程。之后,在培训师与课程内容设计者的讨论中,很显然,领导力、激励、冲突解决在 AT&T 的课程中都是从经理对下属的角度来教授的。当课程内容的设计者在讨论中意识到项目经理要领导、激励那些不直接向他们汇报的员工时,他们同意培训师在研讨会中引入与项目管理相关的行为方面的话题。

组织一定要认识到工作关系中的行为因素的重要性。一旦组织认识到这一点,它们就会明白,聘用项目经理时要全面考虑他们的项目管理技能,而不是仅仅考虑其技术知识。通用电气塑料公司的前现场培训经理、首席流程师布莱恩·瓦诺尼(Brian Vannoni)描述了他的部门选择项目经理的方法:

> 选择什么样的人作为项目经理主要基于他们的行为技能,以及他们作为领导者的技能和能力。一些专业人士及全职的项目经理带领并辅导一些资深工程师,以便他们能学会并掌握项目管理方面的一些技能。但是,我们寻找的主要技能事实上是领导技能。

具有高超的行为技能的项目经理更倾向于让团队参与决策，而共同的决策是成功的项目管理的特点之一。今天，项目经理更大程度上是在管理人员，而不是在管理技术。3M 公司的前副总裁罗伯特·赫什克（Robert Hershock）说：

> 信任、尊重，特别是沟通，都非常非常重要。但是，我认为有一件事我们必须牢记，团队的领导者不是在管理技术，而是在管理人。如果你正确地管理了人，这些人会管理好技术。

另外，与技术较强的项目经理相比，以行为为导向的项目经理更倾向于授权给团队成员。1996 年，MCI 公司（前美国世通公司）的前高级经理弗兰克·杰克逊（Frank Jackson）说：

> 团队领导者要关注最终目标，并对此尽心尽力。你当然要为你的团队及你团队的产出负责。你要与大家共同决策。你不能把自己单独划出来，作为唯一有权做决策的人。你要和大家分享这个权力。最后，再说一遍，沟通——在整个团队中向上、向下进行清楚、简洁的沟通——非常重要。

有些组织更喜欢由具有高超的行为技能的人担任项目经理，而技术专长则由项目工程师掌握，另一些组织认为反过来会更有效。通用汽车动力系统部门的前项目管理流程经理罗斯·拉塞尔特（Rose Russett）说：

> 我们通常指定有技术背景的人担任项目经理，有商务及系统背景的人担任项目行政经理。这样的技能组合能互相补充。各个一线经理对项目的技术方面最终负责，而项目经理的关键责任是整合所有功能交付物以实现项目目标。考虑到这一点，项目经理理解技术问题固然对项目有帮助，但是他们对项目的价值不在于解决特定的技术问题，而在于遵照流程、带领团队为整个项目而不是某个特定的职能方面带来最佳解决方案。项目行政经理根据所有团队成员的建议，制订项目计划，确定关键路径，并且在项目的整个生命周期中定期向团队传达这些信息。这些信息会被用于辅助问题解决、决策和风险管理。

未来几年最大的挑战可能是需要更好地理解有效的项目领导力。项目领导力可能是横向的、纵向的或以团队为中心的，并且可能因项目不同或项目生命周期的不同阶段而有所变化。简单来说，项目经理需要根据项目的需求、项目团队成员的技能水平和期望，以及与干系人的合作要求，采用"适应性"领导风格。这对于情境领导的有效运作是必不可少的。

采用"适应性"领导风格将迫使项目经理专注于影响力而不是权威。项目经理可能还需要挑战治理、文化和沟通渠道的现状。

10.2 文化商

科技的进步和全球化的需求已经彻底改变了公司的运作方式和制订战略计划的方法。

为了实现可持续的全球增长，公司必须在跨越母公司文化环境的边界执行项目。那么，大多数公司面临的挑战就变成了"如何在文化多样性的环境中有效地管理项目"。许多这些项目都发生在 VUCA 环境中，需求不明确，风险和不确定性水平很高。许多风险与团队对当地文化、宗教、政治和法律的了解不足以及这些因素如何对项目绩效预期产生影响有关。结果可能是员工极度焦虑、压力巨大，从而影响公司绩效。

文化商指的是在文化多样性环境中有效交往和工作所需的技能。大多数项目团队从未接受过这些技能的培训，但这种情况正在慢慢改变。最紧迫的问题是为此类项目选择合适的项目经理。仅仅因为一个人会说当地语言，并不能保证他担任项目经理会有效。同样，仅仅拥有卓越的技术知识可能也无法使项目在跨文化环境中取得成功。

跨文化进行有效互动是必需的，尽管公司正在开发有关文化商的培训计划，但评估某人是否具备这些技能对公司来说仍然是一个挑战。适合跨国项目管理领导职位的优秀候选人往往被人力资源人员忽视。技术能力很重要，但不是唯一需要的技能。为了最大化绩效且最小化摩擦，我们需要其他与思考、行为和互动相关的技能，例如：

- 认识并理解核心价值观、信仰、态度和行为的核心文化差异，以及它们对项目管理工作方式可能产生的影响。
- 理解和承认当地的价值观和行为，以及所有必须遵循的文化规则和非言语行为，以实现有效的协作。
- 理解社交互动规范，包括手势、面部表情、语调和肢体语言。
- 理解每个团队成员可能的行为并采取正确反应，从而给团队成员创造归属感并产生有效的结果。
- 展示文化同理心、高度的灵活性和对不明确行为的宽容。
- 理解他人如何看待我们的差异。
- 认识到可能存在额外的或者新的假设与限制。

有效的项目管理领导者必须理解并支持文化商的所有组成部分。项目经理必须帮助团队看到文化多样性带来的好处，并将其视为一种愉快的学习体验。然而，项目经理还必须让团队做好心理准备，因为可能有与预期不同的体验。

10.3 情商

情商和文化商已逐渐成为有效项目领导力的主要支柱。情商是理解、管理和健康表达一个人情绪的能力。它还使我们能更好地理解他人的情绪。在有效地管理与他人的互动和合作之前，我们必须了解自己的情绪并学会管理情绪。情商对所有类型的项目的项目经理来说都是关键技能，包括那些跨越文化界限的项目。情商的一些特征包括：

- 意识到自己的感受和情绪。
- 知道如何解释自己的情绪。
- 知道如何调节自己的情绪。

- 理解自己的情绪可能被他人解读的方式。
- 知道如何利用自己的情绪来帮助管理他人的情绪。

具有高情商技能的项目经理能够识别自己的情绪，并利用这些信息来指导他人的思考和行为。表现出同理心是高情商的一种表现方式，可以让团队成员感受到归属感和项目领导者的信任。有效的情商能够带来更好的决策，改善与所有人尤其是与干系人的合作，以及保持与同事的积极关系。即使在团队压力极大的情况下，高情商也能起到这样的作用。情商还能带来与高级管理人员和项目治理人员更为融洽的工作关系。

情商是未来项目经理需要的重要技能之一，用于激励员工和营造归属感。然而，项目管理绩效仍然是通过项目结果以及项目经理必须做出的决策来衡量的。

10.4 冲突解决

反对项目管理的人声称，一些公司之所以不愿转变成项目管理的文化，是因为它们害怕随着变化而来的不可避免的冲突。在采用项目管理文化的公司中，冲突是每天都要面对的。冲突可能在组织的任何层级产生，而且通常是由不一致的目标引起的。项目经理是冲突管理者。在许多组织中，项目经理经常在处理由人际间、部门间的冲突导致的危机。他们因为忙于处理冲突，只好将日常的管理项目运转的职责交给项目团队。尽管这种安排不是最有效的，但有时这种安排是必要的，特别是在组织重组之后或启动需要额外资源的新项目之后。

要具备冲突解决的能力，首先需要理解为什么会有冲突。我们可以问4个问题，这些问题的答案有助于处理项目管理环境下的冲突，而且还可能预防这些冲突：

- 项目的目标是否与正在进行的其他项目的目标相冲突？
- 为什么会发生冲突？
- 我们如何才能解决冲突？
- 在冲突恶化之前，我们能做点什么以预测并解决冲突？

尽管冲突是不可避免的，但仍然可以预先准备如何应对。例如，如果团队成员不理解对方的角色和职责，就很容易产生冲突。可以画出责任图，显示谁负责项目中的哪项工作。在角色和职责上没有歧义，冲突就解决了，并且避免了将来的冲突。

冲突解决意味着协作，而协作意味着人们愿意信赖对方。没有协作，猜疑之风就会盛行，报告进度的文档就会增多。

最常见的冲突包括：

- 人力资源。
- 设备和设施。
- 资本支出。
- 成本。
- 技术观点和权衡。

- 优先级。
- 行政流程。
- 进度。
- 职责。
- 个性。

以上每种类型的冲突的程度都可能随着项目的生命周期发生变化，相对剧烈程度可能取决于以下因素：

- 接近项目的限制条件。
- 只能满足两个约束条件而不是三个都满足（如只满足时间和绩效的要求，不满足成本要求）。
- 项目生命周期本身。
- 处于冲突中的个人。

冲突可以是有意义的，只要它能带来有利的结果。只要不突破项目的限制条件，而且能产生有利的结果，这些有意义的冲突就应该继续存在。这种有意义的冲突的例子，如两位技术专家争论解决问题的更好方法，有益的结果是双方都尽量寻找更多的额外证据以支持其假设。

有些冲突是无法避免的，并会一再发生，如原材料和成品库存的例子。制造部门希望原材料库存越多越好，以避免停工。销售和市场部门希望成品库存越多越好，这样账面看起来好看，而且不可能出现现金流的问题。

项目经理可以考虑采用以下五种方法解决冲突：

- 积极面对。
- 妥协。
- 调解（或淡化）。
- 强迫。
- 退缩。

积极面对可能是项目经理最常用的解决冲突的方法。采用积极面对的方法，项目经理能直面冲突。在项目经理的帮助下，意见分歧的双方都试图说服对方承认自己的方案才是最合适的解决问题的方案。

当积极面对不管用时，项目经理常采用的另一种方法是妥协。在妥协过程中，冲突中的双方同意让步，直到找到一个双方都能接受的方案。这种互让的方法很容易产生双赢的冲突解决方案。

第三种解决冲突的方法是调解。通过运用理解技巧，项目经理着重强调一致的方面，淡化不一致的方面。例如，项目经理可能说："我们在五点上意见不同，到现在为止，我们已经在其中三点上达成了一致。我们还有什么理由不能在最后两点上达成一致呢？"调解分歧并没有解决冲突。调解淡化了冲突发生时的情感因素。

强迫也是解决冲突的一种方法。当项目经理试图推行自己的看法来解决分歧而忽视其他参与人的看法时，他就是在强迫。通常，强迫冲突双方接受一个方案会造成有赢有输的结果。请项目发起人来解决冲突是项目经理有时使用的另一种强迫形式。

用得最少也最无效的冲突解决方法是退缩。项目总监可以直接从冲突中抽身，而不去解决冲突。使用这种方法时，冲突并没有消失，而且以后很有可能再发生。个性冲突可能是最难解决的冲突。个性冲突可能随时发生，与任何人发生，并且可能因为任何事发生。它看起来很难预测且无法事先计划解决方案。

让我们看看如何在一个项目中找到预测并避免个性冲突的方法。Foster 国防集团（化名）是一家《财富》500 强公司。该公司了解项目团队中的个性冲突可能产生有害的后果，它不希望看到整个团队在一起互相攻击。公司找到了一个更好的办法。项目经理列出团队成员的名单，然后，他与团队的每个成员面谈，让他们找出名单中与之有过节的人。这个信息是保密的，而项目经理通过分开有个性冲突的人来避免可能的冲突。

只要有可能，项目经理应该着手解决冲突。只有在项目经理无法解决冲突时，才应该请项目发起人来帮助解决问题。即使这样，项目发起人也不应该通过强迫来解决冲突。项目发起人应该促进项目经理和团队成员之间的进一步讨论。

10.5 实现卓越所需的人员配备

项目经理的人选通常由高级管理层决定。然而，在拥有卓越的项目管理的公司中，高级管理层不仅仅选择项目经理：

- 项目经理在项目早期就加入进来，帮助列出项目大纲，设定项目目标，甚至为市场和销售做计划。项目经理在客户关系中扮演的角色越来越重要。
- 高级管理层为项目安排项目经理，项目经理服务于项目的整个生命周期。在项目生命周期中，发起人可以变，但项目经理不能变。
- 项目经理有自己的职业晋升阶梯。
- 在客户关系中承担职责的项目经理远在项目完成之前就要帮助销售将来的项目管理服务。
- 高级管理层认识到，项目范围的变更是不可避免的。项目经理是管理变更的经理。

擅长项目管理的公司随时准备处理危机。公司鼓励项目经理和一线经理尽快让问题浮出水面，以便为应急预案和问题解决留出时间。项目出了问题，首选解决方案已不再是更换项目经理。只有在项目经理企图掩盖问题时，才会撤换项目经理。

某国防项目的承包商的项目进度延迟了，制造团队被要求加班以赶上进度。制造团队的两名员工（都是工会成员）使用了错误的原材料来生产项目所需的一件价值 65 000 美元的设备。客户对进度延误及因更换无用的设备所导致的成本增加很不满。客户和承包商的高级管理人员、项目经理及那两名员工召开了一个类似审判会的会议。当客户方的代表要求解释发生了什么时，项目经理站起来说："我为所发生的事情负全部责任。要求员工长时间加班导致了错误的发生。我应该更谨慎一些。"会议就此结束了，没有人受到责备。当项目经理为保护两名工会员工所做的一切在公司里传开时，为了使项目如期完成，每个人都尽力投入其中，即使没有报酬也自愿加班。

为项目团队分配人员时，也要考虑人的行为因素。不能仅仅根据人的技术知识来安排项目中的团队成员。要认识到，有些人就是无法在团队中高效地工作。例如，新英格兰的一家公司的研发总监手下有一名50岁的工程师，该工程师拥有两个工程学科的硕士学位。在之前的20年中，他一直负责单人项目。总监很不情愿地把他安排到项目团队中。在独自工作了这么多年后，这位工程师只相信他自己的结果。他不愿意与团队中的其他成员合作。他甚至把团队中另一位工程师给他的所有计算结果重新算了一遍。

为了解决这个问题，总监把这位工程师安排到了另一个项目上，在那个项目里他负责管理两位不如他有经验的工程师。这位老工程师又一次试图自己完成所有的工作，即使这意味着他得加班而别人没事可做。

最后，总监不得不承认，有些人就是无法与团队合作。总监又把这位工程师安排到只需要一个人的项目上，在那里他更能发挥自己的技术能力。

3M公司的前副总裁罗伯特·赫什克曾经发现：

> 总有那么一些人，你不能把他们放到团队中。他们不善于团队合作，他们会分裂团队。我认为我们必须认识到这一点，而且确保这些人不是团队的一部分。如果你需要他们的专业知识，你可以请他们来做团队的顾问，但是你永远、永远不要把这些人放到团队中。
>
> 另一点是，我永远也不会完全剥夺任何人成为团队成员的机会，不管这个人在什么层级上。我认为，经过适当的培训，任何层级的人都可能成为团队的一员。

1996年，MCI公司的前高级经理弗兰克·杰克逊相信，组建一个每个成员都能有所贡献的团队是有可能的：

> 不应该因为一个人无法很好地参与团队工作就把他孤立起来。每个人拥有的技能、个人经验都不同，他们都能加入团队，并对团队有所贡献。当你融入团队的环境中时，另一件非常重要的事是你不能妨碍沟通。沟通是任何团队成功、实现目标的关键。

在项目管理的圈子中，至今仍有一个很重要的争论，即员工（甚至项目经理）是否有权力拒绝领导者的安排。明尼苏达电力照明公司公布了项目经理职位空缺后，没有人申请这个职位。公司认识到，可能员工不了解这个职位的职责。在80多人接受了项目管理基础培训后，很多人申请了这个空缺职位。

如果担任项目经理的人不能专注于项目管理的流程，也没有这个职位所需要的责任感，那项目就走上死亡之路了。

10.6 虚拟项目团队

从历史上来看，项目管理是一个面对面的环境，团队会议是所有参与人都在一个房间里进行的会议。今天，由于项目的规模和复杂度，几乎不可能在同一个地点聚集所有的团队成员。杜阿尔特（Duarte）和斯奈德（Snyder）定义了7种类型的虚拟团队，如表10-1所示。

表10-1 虚拟团队的类型

类 型	描 述
网络型	团队成员身份是动态的，成员根据需要随时加入或退出。在组织中缺乏清晰的团队边界
并行型	团队有清晰的边界及明确的成员身份。团队在短期内合作，目的是对流程或系统的改进提出建议
项目或产品开发型	团队成员身份是动态的，有清晰的边界，有确定的客户群、技术需求、产出。长期的团队任务是非例行的，团队具有决策权
工作或生产型	团队有明确的成员身份和清晰的边界。成员从事常规的、对外的工作，通常在同一个职能领域中
服务型	团队有明确的成员身份，持续地支持客户网络活动
管理型	团队有明确的成员身份，定期地对公司活动进行领导
行动型	团队处理需要立即行动的事件，通常是一些紧急情况。成员身份是动态的或明确的

文化和技术会对虚拟团队的绩效产生很大的影响。杜阿尔特和斯奈德明确了其中的一些关系，如表10-2所示。

表10-2 文化和技术

文化因素	技术考虑
权力距离	来自高权力距离文化的成员可能更愿意使用允许匿名输入的异步技术进行交流。在这些文化中，有时使用技术来反映团队成员之间的地位差异
不确定性规避	在较强的不确定性规避文化中，成员采用技术的步伐较慢，他们可能更喜欢采用能产生讨论或决策的永久记录的技术
个人主义和集体主义	来自注重集体主义文化的成员可能更倾向于面对面交流
男性气质和女性气质	在更具"女性气质"的文化中，成员可能更倾向于以培育的方式使用技术，特别是在团队初创的时候
情境	来自高情境文化的成员可能喜欢提供信息更多的技术，以及能提供让人感到有社交机会的技术，他们可能不愿使用那种没什么社交机会的技术来与未曾谋面的人沟通；来自低情境文化的成员可能更倾向于异步的沟通方式

文化的重要性怎么强调都不为过。杜阿尔特和斯奈德明确了人们要牢记的文化对虚拟团队影响的4个重要方面。

（1）文化包括国家文化、组织文化、职能文化、团队文化等。虚拟团队了解如何利用文化差异来创造协同效应，这些都能成为竞争优势的来源。与成员都来自同一文化且想法和行动都相似的团队相比，理解并对文化差异敏感的团队领导者和成员能产出更可靠的结果。如果能理解并积极地运用文化差异，团队就能具有独特的优势。

（2）理解和处理文化差异的最重要的方面是创建能让问题浮出水面并能积极讨论差异的团队文化。

（3）非常重要的一点是，要能区分问题是由文化差异导致的，还是与绩效相关的。

（4）世界上各个地方的商业实践和商业道德都是不同的。虚拟团队要清楚地讲明这些不同的做法，以便每个团队成员都能理解并且遵守。

10.7 奖励项目团队

今天，大多数公司都在使用项目团队。然而，对于如何奖励成功完成任务的项目团队，还存在一些挑战。帕克（Parker）、麦克亚当斯（McAdams）和泽林斯基（Zielinski）都明确指出奖励团队的重要性。

> 有些组织喜欢说"我们都是团队的一部分"，但这往往是管理层的空谈。这种情况在传统的组织层级中尤为普遍。它们虽然这样说，实际上却很少采取重要的举措来推进。员工可能阅读各种文章，参加各种会议，然后开始相信许多公司都转变为合作型的。然而，实际上，没有几家公司是真正基于团队的。
>
> 另一些管理者诡辩道，他们用丰厚的奖金或利润分享计划来认可或奖励团队。但是，这些计划本身并不是对团队的承诺，它们更像"阔舅舅"的礼物。如果高级管理人员认为，只要用金钱或年度团队称号之类的为数不多的几个奖励计划就能够加强团队合作，那他们就大错特错了。单靠这些并不能根本性地改变人员管理和团队管理的方式。
>
> 但是，在很少的一些组织中，团队是公司战略的重要组成部分，参与到团队之中是非常自然的事，而且不需要什么奇思妙想，也不需要高谈阔论，就可以实现合作。在这种组织中，有自然的工作小组，一队人在同一地点做同样或类似的工作，有固定的跨职能团队、特别项目团队、流程改进团队及真正的管理团队，这样就自然而然地有了团队的参与。

为什么奖励项目团队如此困难？为了回答这个问题，我们必须理解何谓团队。

试想这一概念：组织中的单元可以像团队一样行动，但团队并不一定是组织的一个单元，至少从奖励计划的角度来看是这样的。组织中的单元就是由一组员工组成的组织结构图中明确的业务单元。他们的行为可能表现出团队精神，但是，从奖励计划的角度来说，他们不是一个团队。组织单元可以是整个公司、某个战略性的业务单元、某个分公司、某个部门或某个工作小组。

"团队"是因共同的项目聚集在一起且共享绩效目标的一小群人。他们通常具有互补的技能和知识，而且互相依赖，需要共同工作才能实现项目的目标并为其结果负责。这种团队在组织结构图中是找不到的。

可能因为组织结构图中没有项目团队，因此很难实施激励计划。图 10-1 显示了员工的强化模型。对项目团队来说，重点在于图中右面的 3 个箭头。

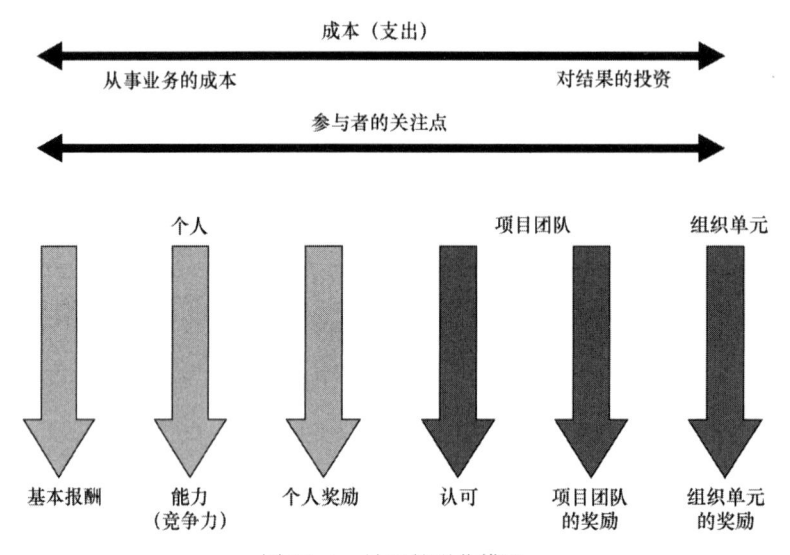

图 10-1 员工的强化模型

项目团队的激励是很重要的，因为团队成员期望有适当的奖励和认可。

项目团队通常是（当然并不总是）由管理层组建的，要在预定的时间框架内完成特定的项目或解决特定的难题，如评审提高效率或节约成本的建议、发布新的软件产品或实施企业资源计划系统等。也有其他情况，为了解决特定的问题自发形成了团队；或者团队是持续改进计划的一部分，如基于团队的建议系统。

项目团队可以包括跨职能部门的成员，也可能是目前组织单元的一部分。发起团队的人，也就是团队的倡导者，通常会制订一个激励计划，计划中包括具体的目标衡量标准及与实现目标相关的奖励时间表。合格的激励计划必须包括预先宣布的目标，对团队保证"如果完成了什么，就可以得到什么"。激励通常随着项目增加的价值而改变。

项目团队的激励计划中通常会用到以下几个基本衡量标准的组合。

（1）项目里程碑。如果按时、在预算内完成了里程碑，那么所有的团队成员都得到一定数量的奖金。这种奖励方式尽管理论上听起来不错，但是把物质奖励与完成里程碑联系在一起，有它固有的问题。里程碑经常因为一些合理的理由而变化，如技术进步、市场转移、其他发展等。你不希望看到团队和管理层开始为推迟得到激励而谈判。除非里程碑是非常固定的，而且实现这一里程碑只需要团队完成日常工作，否则最好用庆祝的方式来奖励里程碑的完成，而不是把物质奖励与之挂钩。

奖励也不见得总要与时间相关。团队在特定日期之前达到里程碑不见得一定要奖励。例如，产品开发团队按时完成了新软件的调试工作，这不一定是奖励团队的理由。但是，如果团队发现并解决了以前不知道的问题，或者在交付日期之前编写了更好的代码，那就应该给予奖励。

（2）项目完成。如果项目团队按时在预算内完成了项目，或者团队达到了团队倡导者要求的质量标准，那么所有团队成员就应得到预先规定的奖金。

（3）增加的价值。该奖励由项目增加的价值决定，而且非常依赖组织建立和跟踪目标衡量标准的能力。增加的价值可能包括缩短客户需求的解决时间、加快产品开发周期、采用新的高效率的流程来节约成本，或者项目团队开发或实施的产品或服务提高了利润或市场份额。

关于项目激励计划的一个警告是：这些计划在帮助团队集中注意力来实现目标，并让他们觉得自己的努力有所回报方面非常有效，但这些计划往往是排他的。并不是每个人都能成为项目团队的一员。有些员工是团队的成员，因而有机会赢得奖励，但那些非团队成员的员工就没有机会，这就存在内部的不公平。解决这个问题的办法之一是在实现团队目标的时候，奖励团队的核心成员，并认可那些支持团队的外围成员。支持的方式可能是提建议、提供资源或伸出援手，或者帮助项目团队成员完成其本来的日常工作。

有些项目在战略上非常重要，因此作为管理层要能够接受内部不公平的问题，以及非团队成员对无缘奖励的抱怨。然而，这种工具用起来要谨慎。

有些组织只注重现金奖励，但是，帕克等人的研究结论显示，非现金奖励即使不比现金奖励好，至少可以起到与现金奖励一样的作用。

> 在我们的案例研究所涉及的组织中，很多都采用非现金奖励，因为这种奖励具有持久的功效。每个人都喜欢钱，但随着时间的推移，金钱可能失去其激励作用。而非现金奖励具有的纪念意义功效持久，因为每当看到获得的电视机或纪念杯，你都会回想起你和你的团队为赢得奖励所做的一切。每个激励计划都提供了人们向往的奖励，因此具有难忘的纪念意义。
>
> 如果你问员工他们想要什么，他们总会说钱。但是，因为预算有限或激励计划涉及的目标盈利不多，可能很难提供现金奖励。如果一年发多次奖金，再扣除税金，净值可能看起来非常少，甚至显得廉价。非现金奖励更看重其象征意义，而不是其财务价值。
>
> 非现金奖励可以有很多形式：一句简单的"谢谢"、一封感谢信、带薪假、奖杯、公司的纪念品、奖牌、礼品兑换券、特别服务、双人晚餐、免费午餐、公司发放的当地商店的购物卡、特别的礼品、可带家人的商务出差或休假、股票期权等。除了制订奖励计划的人的创造力和想象力，没有什么能限制不同奖励的可能性。

10.8 带来卓越行为的关键

项目经理可以采取一些与众不同的行动来确保项目的成功完成。这些行动包括：

- 坚持拥有选择关键项目团队成员的权力。
- 争取得到在该领域中有良好业绩记录的核心团队成员。
- 从一开始就培养使命感。
- 寻求得到来自发起人的充分授权。
- 协调与客户、上级和团队的关系并维持良好的关系。
- 提升项目的公众形象。
- 让团队的关键成员参与决策和问题解决。
- 做出成本、进度和绩效的合理估算。
- 针对潜在问题预设备选策略（应急预案）。
- 构建适当的团队结构，使其既灵活又精简扁平。
- 为人员和关键决策提供超出正式权限的影响力。
- 采用可行的项目计划和控制工具。
- 避免过分依赖一种控制工具。
- 强调控制成本、保持进度、实现绩效目标的重要性。
- 对于有助于实现最终目标的任务或职能给予更高的优先级。
- 有效控制变更。
- 尽力确保高效的项目团队成员的职位稳定。

在本书之前的章节中我提到过，除非大家认可这是一个项目，而且此项目得到高级管理人员的支持，否则项目是无法获得成功的。高级管理人员一定要愿意投入公司的资源，并提供必要的行政支持，以便项目成为公司日常业务的一部分。另外，组织一定要营造有利于在项目经理、上级组织、客户组织之间建立良好工作关系的氛围。

高级管理人员应该采取一定的行动，确保组织作为一个整体，既支持每个项目及项目团队，也支持整体的项目管理系统，这些行动包括：

- 表现出愿意协调各方工作的诚意。
- 展现出保持结构灵活性的意愿。
- 展现出适应变化的意愿。
- 进行有效的战略规划。
- 保持与团队的和谐关系。
- 对过去的经验给予适当的重视。
- 提供外部缓冲。
- 及时并准确地沟通。
- 表现出热情。
- 认识到项目确实对整个公司的能力增强有所贡献。

高管发起人可以采取以下行动来提高项目成功的可能性：

- 在项目早期就选择一个在行为技能和技术技能上都有成功经验的项目经理。
- 给予项目经理清晰可行的指导原则。
- 充分授权给项目经理，以便他能与项目团队成员共同做出决策。

- 展现出对项目及对项目团队的热情和承诺。
- 发展并保持直接的、非正式的沟通渠道。
- 避免为赢得合同给项目经理太大的压力。
- 避免随意削减或增加项目团队的成本估算。
- 避免"收买行为"（形容故意进行价码过低的虚假竞标来赢得合同。——译者注）。
- 与主要客户联络人及项目经理建立密切的工作关系。

客户组织通过尽量减少团队会议、快速响应需求、允许承包商不受干扰地开展业务来对项目的行为方面施加很大的影响。客户组织能够采取的积极行动包括：

- 表现出愿意合作的态度。
- 保持和谐关系。
- 建立合理的、具体的成功标准。
- 构建变更流程。
- 及时、准确地沟通。
- 根据需要提供资源。
- 减少繁文缛节。
- 充分授权客户代表，特别是在决策制定方面。

有了这些行动作为基础，就有可能实现行为上的卓越，这包括：

- 从一开始就鼓励所有参与者保持开放和诚实。
- 营造健康的竞争氛围，而不是你死我活的竞争或不正当竞争。
- 为整个项目的完成准备足够的资金。
- 对成本、进度、技术性能指标的相对重要性有清楚的理解。
- 具有直接、非正式的沟通渠道和精简、扁平的组织结构。
- 给主要客户联络人以足够的授权，以加快重要的项目决策的批准或否决。
- 拒绝"收买行为"。
- 迅速做出关于合同批准或否决的决策。
- 与项目参与者建立密切的工作关系。
- 避免疏远的关系。
- 避免过多的报告制度。
- 变更发生时能迅速做出决策。

在项目管理方面表现出色的公司不仅采取了上述标准行动，它们采取的额外的行动包括：

- 杰出的项目经理展现出以下品质：
  - 理解并展现出作为项目经理的能力。
  - 必要时展现出非常规的创新能力，但并不热衷于找麻烦。
  - 从一开始就展现出高度的自我激励能力。
  - 正直诚信，脱离政治斗争和欺诈行为。
  - 专注于公司利益而不仅是项目利益，从来不自私自利。

- 在领导力方面表现出谦逊。
- 无论是对内还是对外，都展现出强大的行为整合技能。
- 主动而不是被动地思考。
- 愿意承担大的风险，而且愿意花足够的时间来准备应急预案。
- 知道何时要处理复杂问题，何时要直接化繁为简，展现出坚韧、顽强的品质。
- 愿意帮助人们发挥其全部潜能，尽量让人们表现出自己最优秀的一面。
- 及时并自信地沟通。

• 项目经理能保持自己及团队的高标准的绩效，表现在以下这些方面：
- 强调管理、运营和产品完整性。
- 无论是对内还是对外，待人接物都符合道德准则。
- 从来不隐瞒信息。
- 小心谨慎地确保质量和控制成本。
- 不鼓励采用政治手段和以诈取胜，强调公正和平等。
- 为持续改进而奋斗，但是保持对成本的关注。

• 杰出的项目经理以稳健、高效的方法组织和执行项目：
- 在项目启动会议上就告诉员工他们将如何被评估。
- 更喜欢精简、扁平的组织结构而不是官僚的组织结构。
- 开发一套快速、有效地处理项目危机和紧急情况的流程。
- 及时告知项目团队各种信息。
- 不要求过度报告，营造信任的氛围。
- 预先定义好角色、职责和责任。
- 建立有客户参与的变更管理流程。

• 杰出的项目经理知道如何激励员工：
- 总是采用双向沟通。
- 能与员工有相同的感受，是一个好的倾听者。
- 让团队成员参与决策，总是寻求意见和解决方案，从不急于评判员工的想法。
- 从不强令别人做事。
- 将成绩归于应得的人。
- 进行建设性的批评，而不是人身攻击。
- 有成绩时，公开地赞美和感激，而批评是私下的。
- 确保团队成员知道他们要为自己的任务负责。
- 保持"开门"政策，总是能让员工找到，即使员工需要解决的只是个人问题。
- 对员工的不满迅速采取行动，关注员工的感情和意见。
- 允许员工与客户接触。
- 尽量了解每个团队成员的能力和兴趣，使其兴趣、能力与工作匹配，关心项目结束后对员工的安排。
- 尽量在团队和行政、运营问题之间起到缓冲作用。

- 项目经理最终负责提高团队凝聚力、生产率，营造开放、创新的环境。如果项目经理成功地做到了这些，那么团队将：
  — 展现出创新能力。
  — 自由地交换信息。
  — 愿意承担风险并尝试新想法。
  — 有足够的工具和流程来执行项目。
  — 勇于打破常规，不满足于只是达到要求。
  — 理解项目的业务面和经济面。
  — 尽力根据整个业务而不仅是项目本身做出可靠的决策。

10.9　主动与被动的项目管理

项目经理，特别是新项目经理，面临的最大的行为挑战之一，可能就是学习如何主动地而不是被动地应对项目管理。凯瑞·威尔斯（Kerry Wills）讨论了这个问题。

◆ 主动管理能力倾向

在当今世界，项目经理经常需要同时管理多个项目。这使得他们只有足够的时间去应对每个项目当天出现的问题，这些问题是每个项目经理都可能面对的。他们没有时间展望项目接下来几周的计划，这导致需要紧急救火的情形更多了。以前有个叫"打地鼠"的游戏，玩家有一个槌子，每当一只地鼠冒出来，就用槌子把它打下去。每打到一只地鼠，就会有一只新的地鼠冒出来。这种忙于救火、无暇顾及导致更多火灾的问题的恶性循环模式可以被称为"打地鼠项目"。

我的经验是，主动管理是项目经理保证项目成功的最有效的工具之一。然而，要管理好多个项目，很难有时间向前展望。我把这种花时间进行展望的能力称为"主动管理能力倾向"（Proactive Management Capacity Propensity，PMCP）。本文将揭示主动管理的好处，定义 PMCP，并提出加强 PMCP 进而提高项目成功的可能性的几种方法。

主动管理

项目管理包括许多预先的计划，如工作计划、预算、资源配置等。我所见到的最精确的初始计划声称项目终了时，与最初的计划相比，有正负 30% 的偏差。因此，一旦计划制订完成、项目启动，项目经理就需要不断地重新评估项目，以了解未知的、可能发生的影响。

字典里把"主动"定义为"提前行动以应对预期的困难"。通过"提前行动"，项目经理能在一定程度上影响这些未知因素。然而，如果不提前行动，未知因素的影响会更大，因为一旦产生滚雪球效应，项目经理应对起来就被动得多。

当我早晨开车去上班时，我有自己的计划和时间表。我离开家，走特定的路线，40 分钟后到达公司。如果我把开车去公司作为一个项目（有特定的目标且有明确的开始和结束），那么我有两种选择来管理我的往返路程（见图10-2）。

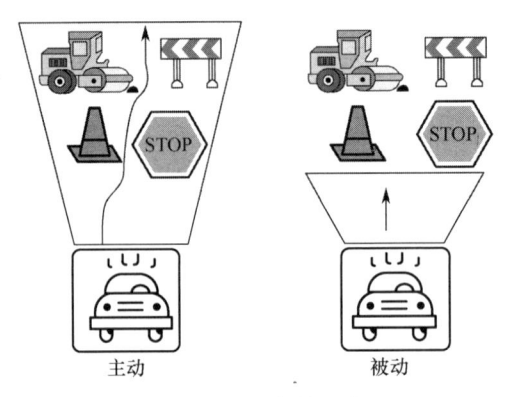

图 10-2　开车的比喻

如果我主动地管理我的往返路程，我早晨会看新闻了解天气和交通。尽管我有一个计划，但如果在我通常走的某条路上有施工，我还可以改变计划，选择另一条路，以确保按时到达。如果我知道要下雪，那么我可以早点出门，路上的时间就更宽裕。当我开车时，我会关注前方的路况，以提前做好准备。可能有事故，或者路上有坑，我要绕开。向前看给我变换车道提供了足够的时间。

如果我被动地管理我的往返路程，我会假设自己预先的计划很圆满。当我开上高速公路时，如果有施工，那我只能坐在车里等，因为当我意识到施工的影响时，我已经错过了所有的出口。这导致我无法按时到达。同样，如果我走出门，看到满地的雪，我也无法按时到达。我的项目范围扩大了，因为增加了铲雪的工作。如果我是一个被动的司机，那么我可能直到开到了坑里才意识到有坑。这会导致预算的增加，因为我需要更换新的车轴。

主动管理的好处

上述比喻揭示了被动管理对项目的害处，因为当你意识到问题时，它通常已经影响了进度、范围或成本。主动管理还有其他几个好处：

- 主动管理计划使得项目经理能看到后续的活动，并为之做好准备。准备有可能很简单，如为开会准备好会议室。我也曾看到这种情况，即任务没有如期完成，仅仅是因为这类后勤安排没有做好。
- 了解后续活动也能帮助确保合适的人员能够就位。项目时常需要项目团队之外的人员，而集合这些人总是不太容易。通过预先准备，当需要他们时，他们就更有可能及时就位。

关系

- 项目经理应该不停地重新调整计划。通过审视手头的工作及后续的工作，就能估计并管理成功的可能性，而不是坐等最后期限的到来，直到那时才知道有些工作不能如期完成。

- 主动管理也使得我们有时间关注质量。被动管理通常是忙着以最快的速度解决冒出来的"地鼠"。这通常意味着一个临时补丁而不是适当的修正。通过适当地计划工作，问题能够得以正常解决，也降低了返工的可能性。
- 当以前没想到的工作冒出来时，可以对这些工作有所计划，而不是认为"我们只要做就好了"。

主动管理对项目成功的可能性有极大的影响，因为这样就能在问题产生严重影响之前重新做计划并解决这些问题。

我观察到项目经理的工作量与其主动管理的能力有一定的关系。随着项目经理工作量的增加，并行项目越来越多，他们主动管理的能力就会下降。

如图 10-3 所示，随着项目经理工作量的增加，他们主动管理的能力下降了，最终也变得更加被动了。

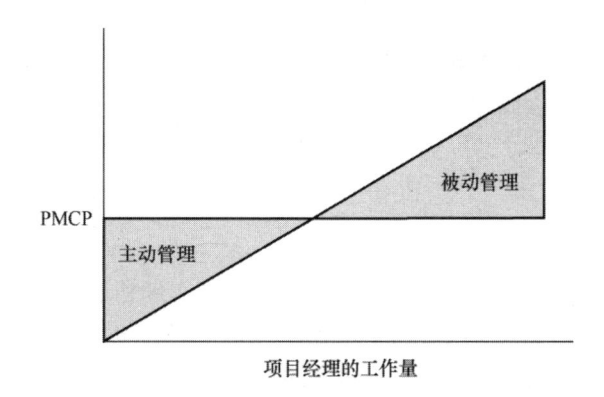

图 10-3 项目经理的工作量和他们主动管理的能力的关系

项目和项目不同，项目经理也各不相同。有些项目经理能很好地处理几个项目，有些项目比其他项目需要更多的关注。因此我列出了项目管理能力倾向，即影响项目经理主动管理项目的因素的总和。

下面列出了影响 PMCP 的几个因素：

- 项目经理的技能组合会影响 PMCP。良好的时间管理和组织技巧让项目经理有更多的时间关注未来。有效运用时间的项目经理能审查更多的后续活动并为之进行计划。
- 项目经理在项目上的经验也会影响 PMCP。如果项目经理是该业务或该项目的专家，他们可能不需要花时间去收集信息、澄清信息，因此能更快地做出决策。
- PMCP 也受团队组成的影响。如果项目经理管理一个大型项目，而且有几位团队领导者帮助他管理计划，那么他就更能关注计划及后续的活动。另外，如果团队成员中有相关领域的专家，项目经理需要花费的精力也会少一些。

提高 PMCP

有一个好消息是 PMCP 是可以提高的。

项目经理可以通过培训来寻找提高 PMCP 的方法。在时间管理、优先级排序、组织等方面有很多著作，也有相关的研讨会。参加这些研讨会能提高项目经理花在各项活动上的时间的效果。

项目经理也可以重新评估团队的组成。通过引入强有力的团队领导者或不同的团队成员，项目经理的工作负担可以减轻，也就能花更多时间进行主动管理。

所有这些方法都能提高 PMCP，提高主动管理的能力。图 10-4 显示了 PMCP 的提高如何提高了主动管理的上限，因而在同样的工作负担下可以进行更多的主动管理。

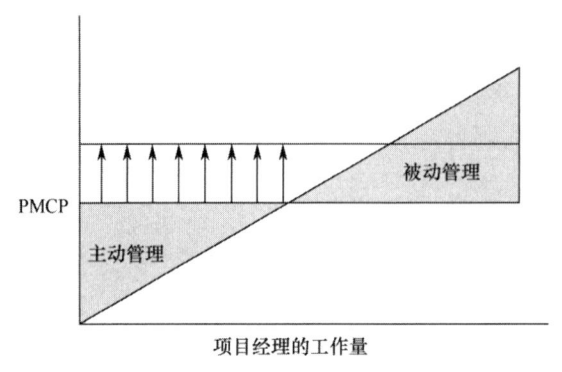

图 10-4　提高 PMCP

结论

主动管理项目能提高成功的可能性。项目经理的工作量和他们向前展望的能力之间存在直接的关系。项目经理的确能控制一些因素，使得他们更能集中精力进行主动管理。这些因素，即 PMCP，可以通过培训及建立适合的团队而得到提高。

总之，走路时记得要注意看路。

第 11 章
衡量项目管理培训的投资回报率

11.0 简介

20世纪60—80年代的近30年，项目管理的发展及对项目管理的认可，仅限于航空航天、国防及建筑行业。对所有其他行业来说，项目管理只是一个锦上添花而非不可或缺的选择。社会上几乎不提供任何项目管理培训课程。即便能找到一些课程，它们也只涉及最基本的项目管理，很少针对不同公司的需求而定制资料。没有培训的投资回报率(Return On Investment，ROI)这一概念，至少没有针对项目管理课程的。然而最近，一些研究已经量化了项目管理的收益，在项目管理培训的收益方面已经有了一些开创性的成果。尽管还有大量的工作要做，但我们已经意识到了投资回报分析的必要性。

现今，我们对项目管理教育的观点已经改变，同样，我们对项目管理培训资金的ROI进行评估的需求也已改变。引起这些改变的原因有以下几个：

- 高级管理人员认识到，培训是公司进一步发展的基本必要条件。
- 员工渴望通过培训获得职业成长和进步的机会。
- 项目管理已经被认为是一个专门的职业，而不再是兼职的副业。
- 通过PMP®认证的重要性在不断增加。
- 可以通过众多的大学课程获得项目管理硕士、工商管理硕士和博士学位。
- 有各种项目管理概念的认证课程，如风险管理和项目组合管理。
- 企业维持盈利能力的压力不断增加，导致企业可用的培训资金变少。然而希望通过PMP®认证的员工在不断增加，他们要求培训资金不断增加，以保证每3年能累计完成60个专业发展单元(Professional Development Unit，PDU)，从而维持他们的认证资格。
- 管理层认识到应该将一大部分的培训资金分配到项目管理课程上，而且资金应该分配到能为企业带来最高ROI的课程上。这样一来，培训ROI的概念就摆在了人们面前。

11.1 项目管理的收益

在早期的项目管理中，以航空航天、国防工业等领域为主，进行了一系列的研究工作以确定项目管理的收益。其中，米德尔顿（Middleton）的一份研究报告指出，这些收益包括：

- 更好的项目控制。
- 更好的客户关系。
- 更短的产品开发周期。
- 更低的项目成本。
- 质量和可靠性得到改进。
- 更高的利润率。
- 更好的项目安全控制。
- 参与项目的公司各部门的合作得到改进。
- 参与项目的员工士气更高，具有更好的任务使命感。
- 由于项目职责变宽，能够更快地培养管理人员。

以上结论是米德尔顿通过寻访调查得出的，本质上是主观的判定。他并没有试图量化这些收益。在那个时候，也并不存在真正的项目管理培训课程。在职培训被认为是学习项目管理的首选方法，大多数人通过自己的经验教训来学习项目管理，而不是通过借鉴他人的经验教训。

米德尔顿指出的项目管理的收益现今仍然适用。在其基础上，我们又新增了如下一些收益：

- 以更短的时间、用更少的资源，完成更多的工作。
- 提高效率和效能。
- 提高客户的满意度，带来更多业务。
- 与客户保持长期合作伙伴关系。
- 更好的范围变更控制。

高级管理人员希望获得所有上述的项目管理收益，或者说，他们早就希望获得这些收益了。虽然只采用在职培训也可以获得这些收益，但那是在时间绰绰有余的假设下，而不是在时间非常有限的情况下。高级管理人员希望员工从别人的教训中吸取经验，而不是非得从自己的错误中学习。此外，高级管理人员还希望参与项目管理的每个人都能够找到持续改进的途径，而不仅仅是偶然的一时心血来潮产生的最佳实践。

并不是每门项目管理培训课程都能涵盖所有上面的这些收益。一些课程可能只针对其中一个收益，另一些则可能针对一组收益。希望获得的收益是决定你选择培训课程的基本要素。同时，如果在培训结束后，这些收益可以被量化，那么高级管理人员就可以通过选择合适的培训机构，最大化他们在项目管理培训资金上的 ROI。

11.2 ROI 模型的发展

在过去 15 年里，全球的 ROI 模型层出不穷。美国培训与发展协会也针对 ROI 模型进行了专项研究。在全世界范围内，各种专业团体不断组织各种研讨会、论坛、国际会议等，专门探讨培训的 ROI。

根据 2001 年《培训》(*Training*) 杂志的年度报告，全年花费在培训上的资金逾 660 亿美元。因此，毫不奇怪，管理人员会以商业思维对待培训，并采用 ROI 进行衡量。尽管全世界成功使用 ROI 模型的案例比比皆是，仍然有很多公司因畏惧而拒绝使用它。典型的说法包括："它对我们并不适用""我们无法定量评估它的收益""我们不需要它""分析的结果毫无意义""成本太高"等。这种畏惧情绪阻碍了 ROI 技术的实施，然而大多数是臆想的障碍。

在大部分公司里，人力资源开发（Human Resources Development，HRD）部门负责推动克服上述畏惧情绪，并实施 ROI 研究。持续实施这些研究的成本可能占到人力资源培养总预算的 4%～5%。一些 HRD 部门很难论证这笔成本的合理性。再加上 HRD 人员不了解项目管理，这使情况变得更糟了。

事实上，负责克服上述畏惧情绪并设计合理的项目管理培训计划的最佳部门应该是 PMO。既然 PMO 成为所有项目管理知识产权的监管机构，并且负责设计项目管理培训课程，那么 PMO 也应当负责计算项目管理相关培训课程的 ROI。就像通过 PMP® 认证或获得六西格玛黑带认证一样，PMO 的成员可能也需要通过类似的方式获得教育方面的 ROI 衡量的认证。

利用 PMO 的另一个原因是企业项目管理（EPM）方法论的应用。EPM 将一系列流程整合到公司的项目管理方法论中，包括全面质量管理、并行工程、持续改进、风险管理、范围变更控制等。之前可能无法被跟踪和报告的每个流程，现在都有了可测量的产出。这也对 PMO 和项目管理培训提出了额外的要求，即设计成功的衡量指标。

11.3 ROI 模型

任何 ROI 模型都需要提供系统的 ROI 计算方法。模型应该基于生命周期或采用类似于 EPM 的分步方法。和 EPM 一样，对于任何模型都有最基本的标准，那就是行之有效。

由于上述这些标准被认为是对 ROI 模型的最基本的要求，因此任何 ROI 模型即便不能满足所有的标准，也应该尽可能地满足大部分标准。事实上，坏消息是大部分 ROI 模型通常无法满足这些标准。不过好消息是，菲利普斯（Phillips）的书中所提出的 ROI 模型完全满足所有的标准。图 11-1 描述了该模型，表 11-1 中给出了图 11-1 中各个级别的定义。

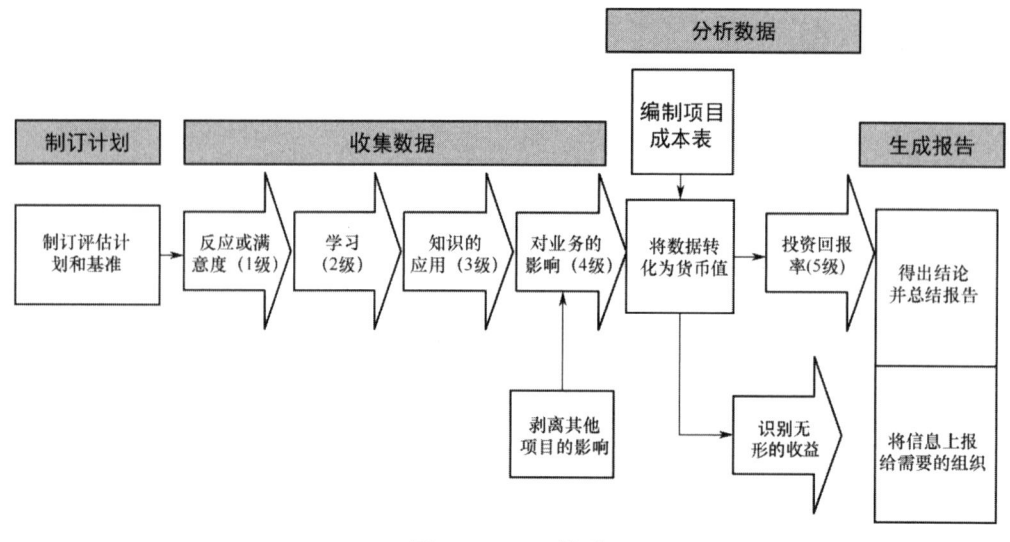

图 11-1 ROI 模型

表 11-1 各个级别的定义

级别	描述
1：反应或满意度	评估参与者对课程的反应，并为实施这些想法制订行动计划
2：学习	评估具体的技能、知识、态度的变化
3：知识的应用	评估工作习惯或工作绩效的改进，以及对所学知识的应用
4：对业务的影响	评估实施改进后对业务产生的影响
5：投资回报率	将收益货币化并计算其与培训成本的比值，用百分比表示

11.4 生命周期的制订计划阶段

在 ROI 模型中，第一个生命周期阶段是制订评估计划和基准。评估计划类似于《PMBOK®指南》中某些知识领域，这些知识领域的第一步就是制订计划。评估计划应该指明：

- 培训目标。
- 培训目标的验证方法。
- 目标受众。
- 假设和制约条件。
- 培训的时间安排。

在完成 ROI 建模之前，就必须清楚地定义培训项目的目标。表 11-2 中列出了典型的目标，必须清晰地定义模型的 5 个级别中每个级别的目标。其中第 2 列可能是公司派人参与项目管理认证计划（Project Management Certificate Program，PMCP）培训课程时期望实现的典型目标。在这个例子里，公司出资让员工参加培训，目的可能是希望该员工通过 PMP®

认证，以帮助机构开发基于《PMBOK®指南》的 EPM 方法论，从而期望获得更高的客户满意度和更多的商业机会。表中第 3 列可能代表公司派员参与项目管理最佳实践的培训课程时期望实现的典型目标。一些公司认为，培训课程的参与者如果能从每天的培训中获得两个好的想法，并且可以足够迅速地将这些想法付诸实施，那么该培训课程就是成功的。在这个例子里，公司所制定的目标是吸取那些其他公司正在使用的并能有效地在本公司中实施的项目管理的最佳实践。

表 11-2 典型的目标

级别	目标	
	PMCP 培训	项目管理最佳实践培训
1 反应或满意度	理解《PMBOK®指南》的原理	理解公司正在记录其最佳实践
2 学习	展现相关领域的知识或技能	示范最佳实践如何使组织受益
3 知识的应用	基于《PMBOK®指南》开发 EPM 流程	开发最佳实践库或其他记录最佳实践的方法
4 对业务的影响	用 EPM 衡量客户和用户的满意度	确定最佳实践带来的机会及成本节约
5 投资回报率	EPM 带来的商业机会和客户满意度	衡量实施每个最佳实践的 ROI

管理人员对培训目标的看法可能有所不同。参考表 11-2 中的第 2 列和第 3 列，目标可能是：

- 学习可以立即应用于当前工作的技能。在这种情况下，ROI 分析可以很快地给出结果。第 2 列的 PMCP 培训就属于这种情况。
- 学习技术和如何进步。在这种情况下，需要额外投入资金来实现这些收益。ROI 的测量结果可能要到该技术完全应用后才有意义。第 3 列中的最佳实践课程就属于这种情况。
- 上述两个目标的综合。

11.5 生命周期的收集数据阶段

为了验证培训过程中是否达成了每个级别的目标，必须收集和处理数据。表 11-1 中的第 1~4 级共同组成了收集数据这一生命周期阶段。

为了理解收集数据的方法，我们回顾一下项目管理最佳实践课程。该课程包含了全球众多公司采用的最佳实践。我们做出如下一些假设：

- 通过培训，参与者至少将两个想法带回公司，并在 6 个月内实施这两个想法。
- 完成 PDU 是次要的收益。
- 课程时间为两天。

表 11-3 给出了典型的收集数据的方法，并有针对各个级别的解释。

表 11-3 收集数据的方法

级 别	衡量方式	收集数据的工具和方式	数据来源	收集时间	负责人
1：反应或满意度	课后评测：1~7分	调查问卷	参与者（课程最后一天）	课程结束时	培训师
2：学习	课前测试、课后测试、在线课程、案例分析等	课堂测验和技能练习	培训师	课程的每一天	培训师
3：知识的应用	课堂讨论	跟进的活动和调查问卷	参与者及PMO	课程结束后3个月*	PMO
4：对业务的影响	评测EPM持续改进的成果	PMO对收益和成本的检测	PMO的记录	课程结束后6个月	PMO
5：投资回报率	收益和成本的比率	PMO的研究	PMO的记录	课程结束后6个月	PMO

注：*通常仅针对内部培训。对于公开的研讨会，PMO可以在培训结束后的一周内完成。

◆ 第1级：反应或满意度

评估参与者对课程的反应，并为实施这些想法制订行动计划。通常在课程结束时发放问卷调查进行第1级评测，参与者通过打分（1~7分）对培训的内容、培训的质量、培训材料，以及其他一些方面给出评价。通常情况下，这种评价更多地基于培训师的演讲水平，而不是培训内容的质量。尽管这是最通用的方法，并作为客户满意度及是否能带来回头客的指标，但这种方法几乎无法保证对新技术或知识的掌握。

◆ 第2级：学习

评估具体的技能、知识、态度的变化。培训师在培训中使用了大量的培训技巧，包括：
- 演讲。
- 教学和讨论。
- 测验。
- 其他公司的案例分析。
- 公司内部项目的案例分析。
- 模拟或角色扮演。
- 综合以上教学方法。

针对每种培训技巧，必须建立相应的评测方法。一些培训师在课程开始时进行课前测验，课程结束时做课后测验。两者分数上的差异通常代表课程中学习的成果。这种方法通常只适用于内部培训课程，对公开的研讨会并不适用。当采用课前测验和课后测验时，必须特别小心。有时，为了凸显课程中学习的效果，课后测验设计得相对简单。案例分析及在线问答也可以作为课后测验。

测验是验证学习效果及知识吸收程度的必不可少的手段。但是，仅仅因为进行了学习，并不能保证学到的最佳实践知识能够或即将应用到公司中。掌握这些知识可能仅仅表明公司做得不错，并没有落后于其他竞争对手。

◆ 第3级：知识的应用

评估工作习惯或工作绩效的改进，以及对所学知识的应用。这个级别的评估通常是通过后续跟进的活动或问卷调查完成的。但是，对于有大量参与者参与的公开课程来说，培训师不可能后续跟进所有的参与者。在这种情况下，评估的责任就落在了PMO的肩上。PMO可能要求参与者准备1~2页的简短报告，用以陈述他们从课程中学到的知识，以及什么样的最佳实践适用于本公司。这些报告要提交给PMO，并可能由PMO来最终决定是否将这些想法付诸实施。重要程度不同的最佳实践想法甚至可能影响项目组合管理。即使在这个级别，还是不能保证培训会对业务产生积极的影响。

◆ 第4级：对业务的影响

评估实施改进后对业务产生的影响。典型的评估领域（事后分析金字塔）如图11-2所示。

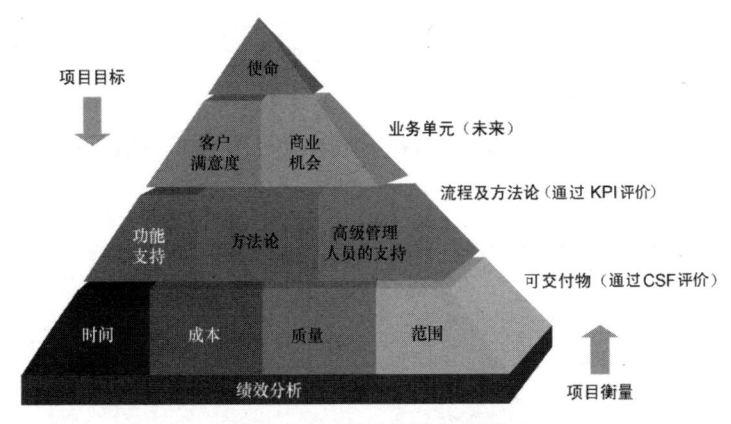

图11-2 事后分析金字塔

图11-2中的关键术语包括以下几个：
- 关键成功因素（CSF）。用来评价实施最佳实践后项目产出的改进。有可能包括时间、成本、质量、范围等的改进。
- 关键绩效指标（KPI）。用来评价使用EPM系统及获得职能经理和高级经理的支持方面的改进。
- 对业务单元的影响。通过实施最佳实践后的客户满意度变化，以及未来的商业机会来衡量。

第4级的评估通常由PMO来完成。这是因为：
- 用于评估的信息可能是公司的敏感信息，不能披露给培训师。
- 在培训和实施最佳实践之间可能存在很长的时间跨度，培训师届时可能无法提供相应的支持。
- 公司可能并不希望公司以外的人员与客户讨论客户满意度。

尽管实施最佳实践可能给业务带来积极的影响，但是必须同时仔细关注实施的成本收益。

如图11-1所示，第4级的重要输入是"剥离其他项目的影响"。通常，很难清晰地判别哪些影响是直接由培训项目产生的。这是因为人们通过多种途径来学习项目管理，包括：
- 正规教育。
- 同事之间的交流。
- 工作经验。
- 公司内部对持续改进的研究。
- 制定标杆。

由于很难区分特定知识的来源，这个步骤往往被忽略。

11.6 生命周期的分析数据阶段

为了计算ROI，必须将第4级的业务影响数据货币化，转换成一定的货币值。相关的信息可以从与员工和管理人员的访谈、数据库、主题专家、历史数据等多种途径获得。很少能从某一个途径获得所需的全部信息。

数据分析要求的另一类输入是培训项目的成本。通常应该考虑的典型成本包括：
- 课程设计和开发的成本。
- 课程资料的成本。
- 培训师的成本。
- 培训过程中设备和餐饮的成本。
- 每个参与者的差旅费、餐饮费和住宿费。
- 参与者的全额工资。
- 与培训课程或参与者参与培训的方式相关的行政、管理成本。
- 培训期间因参与者缺席而无法正常工作造成的收入损失。

并非所有的收益都能被转换为货币，因此图11-1中有一个"识别无形的收益"的方框。比较容易转换为货币值的业务影响收益包括：
- 产品开发周期缩短。
- 优质、快速的决策。
- 成本降低。

- 利润提升。
- 资源消耗减少。
- 文书工作减少。
- 质量和可靠性的改进。
- 员工流失率降低。
- 最佳实践的实施加快。

典型的、不太容易转换为货币值的无形收益包括：
- 结果更显著，也更容易关注结果。
- 合作更融洽。
- 士气更高。
- 管理人员的加速培养。
- 项目控制加强。
- 客户关系提升。
- 更好的职能支持。
- 需要管理人员解决的冲突减少。

尽管上述这些收益可能是无形的，仍然应当尽可能地为这些收益分配恰当的货币价值。

◆ 第 5 级：投资回报率

完成第 5 级评估需要两个公式。第一个是收益成本比（Benefit Cost Ratio，BCR）公式，可以表示为：

$$BCR = 项目收益 \div 项目成本$$

第二个是百分比形式的 ROI 公式。该公式基于项目的净收益，即去除成本后的净收益，可以表示为：

$$ROI = 项目的净收益 \div 项目成本 \times 100\%$$

下面给出 3 个例子来说明这个级别的意义。这 3 个例子均基于同样的培训课程。假定你参加了一个为期两天的项目管理最佳实践研讨会。参加这门课程的成本包括：

- 注册费 　　　　　　　　　　　　　　　　　　　475（美元）
- 两天的时间（100 美元/小时，共 16 小时）　　1 600（美元）
- 差旅费 　　　　　　　　　　　　　　　　　　　800（美元）
- 　　　　　　　　　　　　　　　　　　　　　　2 875（美元）

研讨会结束后，你带回了 3 个最佳实践并推荐给你的公司。你的公司决定悉数采纳，并指派你作为项目经理负责实施这 3 个最佳实践。为了获得期望的收益，必须投入额外的资金。

实例 1

在研讨会期间，你发现很多公司通过实施"交通灯"状态报告系统采用了无纸化项目管理的概念。你所在的公司已经拥有基于网络的 EPM 系统，但过去你一直在为状态评审会准备纸质报告。现在，所有的状态评审会都要实现无纸化办公，用 PowerPoint 演示基于网络的工作分解结构中的每个工作包的"交通灯"状态。

开发"交通灯"状态报告系统的成本是：

- 系统编程（100 美元/小时，共计 240 小时）　　　24 000（美元）
- 项目管理（100 美元/小时，共计 150 小时）　　　15 000（美元）
　　　　　　　　　　　　　　　　　　　　　　　　39 000（美元）

以货币化形式展示的好处包括：

- 高级管理人员参与状态评审会的时间（从每个项目 20 小时缩减到每个项目 10 小时×15 个项目×每个会议中有 5 位高级管理人员×250 小时）：187 500（美元）
- 报告准备时间的缩减（每个项目 60 小时×15 个项目×100 美元/小时）：90 000（美元）

因此，共获得收益 277 500 美元：

$$BCR = (277\,500 - 39\,000) \div 2\,875 \approx 82$$

$$ROI = (277\,500 - 39\,000 - 2\,875) \div 2\,875 \approx 81.95$$

这意味着每投入 1 美元到培训项目中，就可以获得 81.95 美元的净收益！在这个实例中，我们假定一名员工的全额成本为 100 美元/小时、管理人员为 250 美元/小时。收益以一年计，"交通灯"状态报告系统的开发成本是不可摊销成本，冲抵当年的收益。

并不是所有的培训项目都能产生如此巨大的收益。密歇根州迪尔伯恩的 Lear 公司拥有一套项目管理"交通灯"状态报告系统，此系统是基于网络的 EPM 系统的一部分。Lear 公司的经验表明，以前用纸质报告评审一个项目状态的时间，现在可以完成所有使用"交通灯"状态报告系统的项目状态报告的评审。

实例 2

在培训中，你发现其他公司使用模板来完成项目的批准和启动。在培训课上，你得到了这些模板。你发现只需要做很少的工作就可以把这些模板集成到 EPM 系统中，并确保每个人收到更新的通知。新的模板每周至少可以减少一次会议，从而节省 550 美元：

$$收益 = 550\,美元（每次会议）\times 1（每周一次会议）\times 50\,周 = 27\,500（美元）$$

$$BCR = 27\,500 \div 2\,875 \approx 9.56$$

$$ROI = (27\,500 - 2\,875) \div 2\,875 \approx 8.56$$

在这个例子当中，每投资到最佳实践课程中 1 美元，就可以获得 8.56 美元的净收益。

实例 3

在培训课上，你了解到其他公司正在对它们的 EPM 系统进行扩展，以便与客户所使用的系统更好地相互兼容。此举将带来更高的客户满意度。升级 EPM 系统以适应多样化的客户报告生成器的成本约为 100 000 美元。

报告生成器成功运作后，一个每年与你有 4 个合作项目的客户对此非常满意，决定与你所在的公司签订唯一供方采购协议。这将使得采购成本显著节省。你所在的公司通常需要 30 000 美元准备提案：

$$BCR = [（4 个项目 \times 30 000）- 100 000] \div 2 875 \approx 6.96$$

$$ROI = [（4 \times 30 000）- 100 000 - 2 875] \div 2 875 \approx 5.96$$

在这个例子当中，每投资到最佳实践课程 1 美元，就可以获得 5.96 美元的净收益。

时至今日，除了少数研究人员所做的工作，几乎没有人尝试专门衡量项目管理教育的 ROI。不过，也确实存在一些成功的案例。一家保险公司启动了一个价值 1 亿美元的项目。所有员工在加入这个项目之前必须接受项目管理培训。最终，这个项目以低于预算 3%（300 万美元）完成。

为了查明到底是因为更好的项目管理培训节省了 300 万美元的开支，还是初期预算太不准确以至于多预估了 300 万美元，这家公司对所有要求员工先接受项目管理培训再加入项目团队的项目进行了综合研究。结果令人震惊，培训的投资回报率高达 700%。

在另一个组织中，HRD 部门会同项目管理部门共同开发了基于计算机的项目管理培训课程。初期结果表明 ROI 高达 900%。员工利用自己的时间而不是工作的时间完成了这些课程。这可能是电子学习（e-learning）课程所带来的收益。由于不占用正常的工作时间，成本被极大地削减，也使电子学习的 ROI 比传统课程高得多。

11.7 生命周期的生成报告阶段

图 11-1 中的最后一个生命周期阶段是生成报告。结果是否被采纳很大程度上取决于报告的准备情况。报告对任何目标群体都必须能自圆其说。如果对成本或收益做了假设，那么这些假设必须合理。如果为了使培训项目看上去更好而夸大 ROI，人们很可能对此产生怀疑，从而拒绝接受今后各种 ROI 分析的结果。所有的结果必须以事实为根据，并有实际的数据给予支持。

11.8 教育和 ROI 的挑战

组织面临几个挑战，如果不加以认识，可能会降低对 ROI 的预期。

确定课程内容：一家公司聘用了一名来自知名大学的顾问，与高级管理层共度一周时间，讨论公司每条产品线在未来 3 年、5 年和 10 年应该如何定位，以便公司能够拥有可持续的未来。顾问离开后，高级管理人员开会讨论他们从顾问那里学到了什么。结论是顾问告诉他们"应该做什么"，而不是"如何做"。结果很明显："如何做"需要使用项目和项目管理。公司认识到了对项目管理教育的需求，并且认识到了确定课程内容至关重要。人力资源部负责公司培训。公司派遣几名人力资源人员参加公开提供的项目管理课程。当他们回来后，他们被要求为即将进行内部培训的培训师定制课程内容。人力资源培训经理是公司中第一批接受培训的人。如今，公司项目管理培训依赖 PMO 进行定制。

不是所有的课程都一样：一家《财富》500 强公司的商业产品部门意识到了对项目管理培训的需求。该公司有一个航空航天部门，已经成功使用项目管理超过五年。航空航天部门的内部项目管理培训师被要求为商业产品部门进行相同的培训。由于商业产品部门的项目时长更短、成本更低、风险更小，并且需要不同的绩效评估指标，因此培训受到了冷遇。公司意识到需要定制培训。

对未知的恐惧：管理层意识到使用项目管理的好处，并开始培训他们的员工掌握项目管理的基础知识。员工也认识到培训的许多好处，并将学习到的知识付诸实践。由于想要快速实施一些先进的最佳实践，管理层聘请了一名培训专家，专注于项目管理的未来概念以及员工可能在未来几年内期望的项目管理模式。员工担心被带出自己的舒适区，并且新的绩效报告实践、新的指标会让他们感觉到高级管理人员现在正在密切监视他们，以确保工作被正确完成。一些员工开始阻碍他们的项目。管理层很快意识到，学习过程中的期望应该是渐进的，而不是一蹴而就的。

何时评估 ROI：在每门课程结束时，人力资源部会给参与者一个评估表，要求他们在培训结束后当天填写，以确定是否应该重新雇用培训师，以及员工是否能够运用所学课程的知识。其中一位培训师因幽默风趣的授课风格而获得了高分，参与者表示他们相信自己可以运用课堂上所呈现的内容。人力资源部随后改变了培训师评估流程，要求参与者在培训完成后 60~90 天填写评估表。这一次，评估表显示，尽管培训师的授课风格幽默风趣，但员工并没有学到他们预期的那么多知识，并且无法实施培训师所讨论的许多实践。培训师的绩效应该基于参与者所获得并能使用的知识的 ROI 的结果，而不是其娱乐能力。

11.9 结论

随着可供选择的项目管理培训项目的数量越来越多、内容越来越深入，对培训投资的 ROI 进行衡量的概念也将在可预见的未来得到越来越广泛的认可。高级管理人员会认识到 ROI 分析的好处，并像应用于其他培训项目一样，将其应用在项目管理上。项目管理培训组织则必须拥有 ROI 分析的专业能力。最终，PMI 甚至可能成立针对衡量 ROI 的专门调研组。

第 12 章
项目管理办公室

12.0 简介

随着公司逐渐认识到项目管理对盈利能力的积极影响，公司开始着眼于利用项目办公室（Project Office，PO）的概念，来使项目管理变得更加专业。设立 PO 或 PMO 很可能是近 10 年来最重要的项目管理活动。

在认识到 PO 的重要性之后，人们开始进行项目管理和 PO 的战略规划。单靠长期使用项目管理并不能实现成熟、卓越的项目管理。相反，只有制定项目管理和 PO 的战略规划，项目管理才能走向成熟和卓越。

通常的战略规划包括确定你对将来的期望，以及你如何实现这一期望等。在制定 PO 的战略规划过程中，确定哪些事情由 PO 来控制，通常要比确定怎样或何时做这些事情容易。将任何一项职能交给 PO 管理，都可能面临一系列阻力。因为将职能转移到 PO，会被原职能负责人视作对其权力和权威的威胁。赋予 PO 的典型职能包括：

- 评估标准化。
- 计划标准化。
- 进度标准化。
- 控制标准化。
- 报告标准化。
- 明晰项目经理的角色和职责。
- 为项目经理准备职位描述。
- 对经验教训进行总结存档。
- 持续的标杆管理。
- 开发项目管理模板。
- 开发项目管理方法论。
- 推荐并实施对现有方法论的变更和改进。

- 确定项目标准。
- 确定最佳实践。
- 执行项目管理的战略规划。
- 设立项目管理问题解决热线。
- 协调和/或开展项目管理培训计划。
- 通过辅导和指导传授知识。
- 制订公司资源能力管理及资源利用计划。
- 支持项目组合管理活动。
- 评估风险。
- 制订灾后恢复计划。
- 审计项目管理方法的使用。
- 审计最佳实践的使用。

在 21 世纪最初的 10 年间，PO 在公司层级中变得相当普遍。在原有主要职能保持不变的基础上，PO 现在新增了一项职能：

- PO 现在负责维护所有与项目管理相关的知识产权，并积极支持公司的战略规划。
- PO 现在服务于整个公司，特别是项目管理的战略规划活动，而不是针对某个特定的客户。
- PO 转变为公司控制项目管理知识产权的中心。随着项目管理信息数量在整个公司内呈指数增长，这样的角色变化是必要的。

在过去的 20 年里，对高级管理人员来说，使用 PO 所带来的好处显而易见，例如：

- 公司运营的标准化。
- 公司层面而非部门层面的决策。
- 更好的能力规划（如资源分配）。
- 更快捷地获得更高质量的信息。
- 清除或减少公司部门壁垒。
- 更高效且有效的运营。
- 更少的重组需求。
- 更少的会议，避免浪费高级管理人员的宝贵时间。
- 更现实地划分工作的优先级。
- 总经理候选人的培养。

所有这些好处都直接或间接地与项目管理知识产权相关。为了维护项目管理知识产权，PO 必须借助一些媒介来收集各种数据，并将这些数据分发给各干系人。这些媒介包括公司项目管理内部网络、项目网站、项目数据库及项目管理信息系统等。这些信息中的大部分对项目管理和公司战略规划的制定来说都是必要的。因此，必须为 PO 制定战略规划。

现在，全世界的公司都意识到了 PMO 的重要性。英德拉公司 PMO 前主任恩里克·塞维利亚·莫利纳说：

我们拥有一个公司级 PMO，并且在公司的不同层级都设有 PMO，以发挥不同的作用。公司级 PMO 为部门 PMO 在各种项目管理问题、方法论解释及工具使用方面提供指导。

除了为部门 PMO 及项目经理提供所需支持，公司级 PMO 的主要职能还包括以下几个方面。

- 维护并发展整套项目管理方法论，包括项目集和项目组合。
- 为项目经理定制培训资料和流程。
- 管理 PMP® 认证流程并指导和培训申请者。
- 明确公司所需的项目管理工具。

公司级 PMO 向财务主管报告。

大多数 PMO 被视作间接费用，因此也是公司在身陷财务困境时缩减或移除的对象。为了将风险最小化，PMO 需要建立一套评价标准，向公司表明其会为公司创造价值。典型评价标准如下所示。

- 可感知的评价标准：
  — 客户满意度。
  — 有风险的项目。
  — 有问题的项目。
  — 需要修复的"红灯"数量，以及需要多付出的努力。
- 不可感知的评价标准也同样存在，但可能无法衡量，包括：
  — 问题提早发现。
  — 信息的质量和时效性。

12.1 波音公司

并非所有公司都使用"PMO"这一术语。在有些公司，它被称为"卓越社区"或"实践社区"。每个公司都有其特有的 PMO 目标。PMO 的职责会因公司不同而变化。本节内容由波音公司项目管理专家大卫·亨特（David Hunter）提供。

波音公司项目集管理执行委员会支持项目管理卓越社区（Project Management Community of Excellence，PjMCoE），该社区是项目管理最佳实践的典范和波音公司内部项目管理发展的追随者。PjMCoE 的目标是提供一个波音公司范围内的跨职能论坛，以提高对项目管理技能、原则和专业性的认识。作为思想和信息的交流中心，其涵盖了行业动态、方法论、工具、最佳实践、团队和创新等方面。

波音公司内部的卓越社区（Community of Excellence，CoE）是一个正式授权的团体，它至少与一个业务部门在职能上保持一致，拥有企业层面的代表，致力于在整个波音公司范围内推动业务参与、知识共享和教育。

PjMCoE 以一种自愿兴趣小组的方式运作，拥有超过 6 800 名波音公司成员（包括 1 276 名注册 PMP），它是波音公司最大的兴趣小组之一。PjMCoE 成员资格对所有波音公司员工和非美国本土波音公司员工开放。1997 年，PjMCoE 作为一个非正式项目管理兴趣小组成立，那时它只有 75 名成员。PjMCoE 主要承担领导和管理波音公司内部论坛的责任，以提高对项目管理技能、原则和专业性的认识。PjMCoE 对波音公司项目管理的成功可谓功不可没，下面是它为其成员和行业提供的服务：

- 包括 InSite 在内的网络、协作和支持工具，这些工具允许在公司内共享、学习和复制信息和想法。
- 由志愿者主题专家（Subject Matter Expert，SMEs）和波音指定专家（Boeing Designated Experts，BDEs）组成精英团队，他们共同定义、完善项目和项目集管理的最佳实践（Project and Program Management Best Practices，PMBP）。
- 项目管理指导、辅导和培训。
- 协助管理者招聘或提拔项目经理。
- 通过波音公司的全球企业成员团队，为社区服务项目提供支持。

PjMCoE 拥有自己的指导团队，该团队职责明确，支持 CoE 的产品和服务，是整个波音公司的运营团队中的典型。指导团队是实施 CoE 章程、举行常规会议的基础，它监督管理信息系统的运行，确保所有涉及的请求得到回应，并且在收到项目团队、项目集团队或职能部门的支持请求时通知相关组织。

PjMCoE 通过提供以下服务来鼓励其成员提升项目管理技能：

- 提供包含项目管理相关模板的资料库，如书籍、期刊、方法论和演示文稿。
- 门户站点和网站提供 PjMCoE 的信息新闻。
- 通过内部共同学习计划，提供培训和项目管理课程。
- 知识中心提供项目管理认证和项目管理学位的相关指导服务和信息。
- 每年举办现场和虚拟培训课程，免费帮助备考 PMP®。第一个 PMP® 小组成立于 2000 年，迄今为止参加 PMP® 考试的成员通过率达到 96%。
- 定期举办 WebEx 会议，邀请嘉宾演讲，并提供用于认证的专业发展单元。
- 提供职业发展机会、技能评估工具和临时职位等资源。
- 每年一度的项目管理周，吸引来自世界各地的波音员工和承包商参与。

许多员工利用这些服务进行职业发展规划和项目管理技能的提升。PjMCoE 与项目管理协会（PMI）保持长期合作关系，并且是 PMI 授权培训合作伙伴。PjMCoE 为其成员提供多种培训活动，并支持提供波音特定的项目管理课程。其他特设课程可帮助员工获得 PMP® 认证所需的专业发展单元。生活/工作平衡之道、MS 项目、职业里程碑、风险、问题和机会管理、领导力、沟通和虚拟团队管理是波音公司内部项目管理会议提出的部分主题。

12.2 阿卜杜拉国王科技大学信息技术部门 PMO：能力建设

◆ **背景**

除了管理职能，阿卜杜拉国王科技大学（KAUST）的信息技术部门 PMO 还旨在构建项目管理、创新和数字化转型方面的能力。

提高对方法论、最佳实践和工具的认知，是最大化转型价值和影响的关键。

该部门 PMO 成功启动了多个项目，参与者来自大学的各个部门，超过 150 名参与者参加了不同的专业项目。

这些项目的选择遵循了一个全面的研究过程，与战略优先级保持一致，同时兼顾行业趋势和在项目管理、创新和数字化转型背景下所需的关键技能。这些项目由来自世界各地的专家和知名演讲者交付。

除了提供的虚拟和实体课堂学习项目，KAUST 的同事还可以通过 KAUST 信息技术部门 PMO 在线平台获取一份精心安排的定制课程和网络研讨会的资源列表。

能力构建一直是 KAUST 信息技术部门 PMO 追求的高目标，也是推动变革的有效工具。

◆ **框架、最佳实践和本地环境**

PMO 框架是参照 PMI 和 PMP 方法论及最佳实践建立的，同时考虑了 KAUST 中信息技术和数字化转型项目的本地环境。

目标是健全治理，提高项目成功率，并最大化投资项目的价值，为发起人和干系人提供明确的有关项目的数据（包括时间、预算和整体进度等），便于他们对项目情况深入了解。

所建立的框架采用了简化的方法论，在有效监管的同时尽量减少项目经理和项目团队的行政负担。例如，项目章程的审批和认可流程被简化，项目进度表仅记录项目的关键里程碑。

这个框架连同其关键工具和文档一起被建立，以标准化和简化遵循 PMO 框架的过程。

◆ **意识和培训**

核心 PMO 团队是一个由项目经理组成的小组，负责监督大型和高复杂度的项目和项目集。其他项目则由隶属于各职能部门的项目经理管理，并由核心 PMO 团队从治理、框架、合规性等角度进行监督和支持。

因此，职能部门中的大量同事需要接受标准 PMO 方法论和工具使用的培训。

PMO 启动的第一个学习项目旨在为那些将使用这些方法论和工具的人提供培训。

这种机制还促使建立了一个由职能项目经理和项目专业人士组成的社区，他们有技术或业务背景，并在其角色中承担项目管理的职责。

◆ 吸引干系人和项目团队成员参与

构建能力以实现项目成功不仅对项目经理至关重要，对项目团队、产品经理、客户参与经理、采购主管和业务经理这些干系人也很重要。

因此，提高这些关键干系人在项目和项目集最佳实践及框架方面的意识和知识水平是非常重要的。

这些干系人构成了一个提升与项目管理、创新和数字化转型相关的能力、技能和意识的社区。

以下是 2017—2022 年启动并交付的学习与发展项目的一些示例，旨在促进在不断变化的项目背景下实施项目管理最佳实践。

◆ 敏捷思维

作为一个在信息技术和数字转型领域运作的 PMO，敏捷思维和方法论对于将项目细节整合到最佳实践框架中至关重要。

培训项目不仅针对项目经理和核心 PMO 团队，还包括其他项目团队成员和能够支持敏捷产品开发、敏捷采购和持续发布的关键干系人。

其目的在于创建一个混合型 PMO，同时使用预测性和适应性方法，以达到最佳的项目成果。

在这个项目实施及正式建立具有敏捷特色的 PMO 框架之后，一些电子服务和移动开发领域的项目得以启动并采用了敏捷方法论的最佳实践。

◆ 项目集管理

随着一系列战略项目的启动，有必要在项目结构中管理这些项目。KAUST 信息技术部门 PMO 在项目管理最佳实践上培训其核心成员以及关键干系人。

他们在管理多个有高影响力的项目集时采取了项目管理最佳实践。

◆ 变更管理

项目经理在很大程度上是变革的推动者。变更管理是项目经理及许多在项目环境中运作的人必须掌握的关键能力。

在寻找合适的学习项目时，我们选择了一个使用多种情境分析和模拟真实项目场景的项目，以练习和实施变更管理方法论。

结果是参与者获得了非常有启发性的经验，掌握了实用的工具和技术，能够在不同项目中实施变更管理。

◆ 规模化敏捷框架

随着敏捷方法论的广泛采用和项目结构复杂性的增加，多个敏捷团队需要同时运作。我们选择了规模化敏捷作为实现这一转变的最佳实践框架。

在完成学习项目后，规模化敏捷框架被实际建立，并定义了关键事件。

通过培训和认证，团队能够使用共同的语言，理解不同事件、活动和待办事项的目的与价值。这也促使产品团队和交付团队能够围绕良好结构的史诗、特性和用户故事进行有效讨论。这形成了一个敏捷交付周期，通过良好的实践更好地实现了一致性和结果。

◆ 适应性和服务式的领导

KAUST 为项目专业人士设立的另一个学习项目是"数字世界中的适应性项目领导力"。该项目的目标是使团队成员掌握支持其在数字化转型项目中作为项目领导者所需的知识、工具和技术。服务式领导对于实施敏捷和混合项目所需的文化变革管理是非常关键的。

关注的主题包括：创建和执行愿景；指导、协调、激励他人；在没有权威的情况下影响他人行为；管理干系人及管理冲突。

◆ 合作网络和合作伙伴

能力构建的过程不是孤立运作的，也不只是单方面的努力。为了取得成功，必须有强有力的领导支持、与合作伙伴之间的合作，并在国家和国际层面与更大的实践社区进行互动。

互动形式多样，从积极参与地区和国际项目管理活动，到与本地项目管理组织和协会互动，以分享经验并了解项目管理发展模式、趋势和行业最佳实践。我们与不同的学习机构和合作伙伴积极讨论战略、优先事项和学习需求，以制定符合我们目标的解决方案。

12.3 皇家飞利浦医院患者监测服务与解决方案交付

◆ 在医疗保健业务中实现卓越的解决实施方案和服务

迈克尔·鲍尔（Michael Bauer），皇家飞利浦医院患者监测（Hospital Patient Monitoring，HPM）服务与解决方案交付部门的战略能力组合领导者，以及玛丽·艾伦·斯克恩斯（Mary Ellen Skeens），皇家飞利浦 HPM 服务与解决方案交付部门的解决方案设计和交付创新领导者，描述了客户需求的多样性和解决方案范围的广泛性会导致不同的项目复杂性，因此需要一个可扩展的解决方案设计和交付服务方法。他们两人都强调了如何结合于特定解决方案的能力和独立于解决方案的能力，以实现成功实施解决方案并助力客户成功。

在《创新项目管理：管理创新项目的方法、案例研究和工具》中，迈克尔·鲍尔和玛丽·艾伦·斯克恩斯描述了医疗保健驱动解决方案创新、理解客户需求、考虑解决方案的复杂性，以及实现解决方案设计和交付服务卓越的驱动因素。

在《项目管理新一代：组织卓越的支柱》中，迈克尔·鲍尔和玛丽·艾伦·斯克恩斯描述了向以医疗保健客户价值为导向的解决方案项目转变的动力，以及在医疗保健解决方案业务中实现客户成功的驱动因素。

在本节中，我们将回顾驱动解决方案创新的医疗保健领域的关键趋势，这些趋势如何转化为客户需求和解决方案复杂性，以及实现解决方案设计和交付服务卓越的驱动因素，包括：

- 可扩展且角色特定的解决方案设计和交付服务框架。
- 客户生命周期和客户体验。
- 实践社区和社会学习。
- 过程协调和标准化。
- 持续改进。

◆ 关于皇家飞利浦

皇家飞利浦（纽约证券交易所代码：PHG，阿姆斯特丹证券交易所代码：PHIA）是一家领先的健康科技公司，致力于改善人们的健康状况，并在从健康生活和预防到诊断、治疗及家庭护理的健康体系中实现更好的结果。皇家飞利浦利用先进的技术、丰富的临床经验和消费者洞察力提供综合解决方案。该公司总部位于荷兰，是诊断影像、影像引导治疗、患者监测、健康信息学及消费者健康、家庭护理领域的领导者。皇家飞利浦 2021 年的销售额为 172 亿欧元，拥有约 78 000 名员工，在 100 多个国家和地区开展销售和服务业务。

HPM 业务主要提供患者监测相关的软件和服务。每年覆盖超过 5 亿人，HPM 解决方案是先进的智能平台，在临床医生需要的时间和地点提供关键见解和信息。HPM 业务的首要任务是为护理人员、管理人员和患者实现智能决策，使工作流程得到改善，成本得到控制，效率得到提高，并且重要的是支持更好的健康结果。

◆ 医疗保健行业的大趋势——走向创新解决方案

医疗保健行业正在迅速发展。数字技术和创新解决方案正在重新塑造这个行业，以支持个人掌控自己的健康。

推动医疗技术颠覆性变革的四大关键趋势包括：

- 由于全球资源限制，从数量导向的护理向价值导向的护理转变。世界卫生组织估计，到 2030 年需要增加 1 800 万名医疗保健工作者，以满足系统的需求。
- 老年患者人口增长，心血管疾病、癌症和糖尿病等慢性病增加。预计未来 30 年，全球老年人口的增长将超过年轻人口的增长。
- 患者在医疗决策中拥有更多控制权，并作为消费者选择他们使用的医疗机构。由于获得了数字医疗工具并有减少自付费用的激励，患者在护理方面做出了更加审慎的决策。
- 医疗数字化项目的启动引发了对综合解决方案而非单一产品的需求增长。医生现在可以利用数字化和人工智能解决方案来自动收集数据，并将其转化为有用的信息，从而做出基于证据的医疗决策。

这些趋势导致医疗机构努力寻找解决方案，以实现改善临床、患者和财务结果的目标，同时也关注医疗员工的福祉和参与度。

皇家飞利浦采用了以解决方案为导向的方法，通过提供综合解决方案来为客户创造价值。皇家飞利浦将解决方案定义为皇家飞利浦（和第三方）系统、设备、软件、耗材和服务的组合，以特定方式配置和交付，以满足客户（细分市场）的特定需求。

◆ 多变的客户需求和不同的项目复杂性

解决方案满足了客户在其信息技术生态系统中以成本效益的方式最大化临床决策、行动和患者信息使用的速度与一致性，减少了临床差异并改善了临床绩效。

设计和交付解决方案项目是在各国医院中进行的一项本地化活动，通常使用当地语言。皇家飞利浦利用本地和全球资源来支持这一工作。这种全球/本地的组织设计通常会导致虚拟工作环境，需要特定要求来高效推动解决方案项目的交付。不同国家、市场和医院客户的要求和成熟度大不相同。每个医院的项目都是独特的，持续时间（从数周到数年）、规模（高达数百万欧元/美元）和复杂性（从单个临床医生使用的独立解决方案到数千名用户使用的区域分布解决方案）各不相同（见图12-1）。医疗保健解决方案项目的规模大、复杂性范围广泛，包括简单产品、高度可配置系统，以及涵盖临床咨询在内的软件和服务。这受到不同客户情况、需求，以及现有技术和新技术的影响。一个解决方案设计和交付框架解决了客户的需求和要求，这些需求和要求因项目而异：

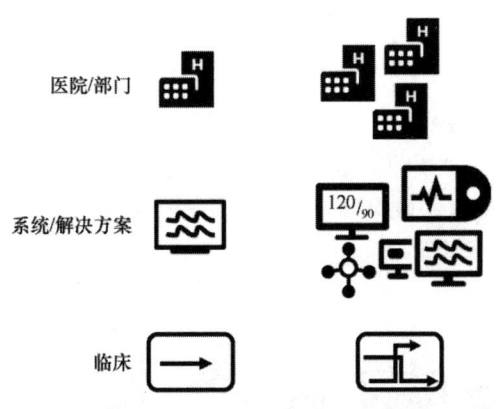

图12-1 医疗保健项目复杂性驱动因素

- 从单科室到跨国界的多医院部署。
- 从集团实践或小部门的独立解决方案到横跨多部门的集成了不同系统、软件和服务的复杂解决方案。

- 从简单的临床流程到高度设计的工作流程。
- 从所有模式和应用程序的"绿地"实施到现有医院环境中的定制化解决方案。

客户需求的多样性推动了解决方案商业化过程。考虑的重要因素包括产品和服务设计中可扩展的解决方案要求、解决方案交付的准备情况以及市场执行的质量。

在单一医院部门的独立网络上设计和交付低复杂度的单一解决方案项目时，项目经理将在 5 个 PMI 过程组内执行基本任务。这些任务包括识别干系人、制订计划、执行安装、控制范围和通过客户验收。当在一个拥有众多干系人和各种解决方案的卫生系统内交付高度复杂的解决方案时，解决方案设计和交付模型变得更加详细。项目经理和跨学科项目团队将执行 5 个 PMI 过程组中的额外任务。这些任务包括进行客户期望分析、绘制干系人 RACI 矩阵、进行工作流程分析、进行解决方案集成测试、控制风险、估算成本和劳动力，并进行经验教训回顾。图 12-2 展示了项目复杂性的驱动因素。

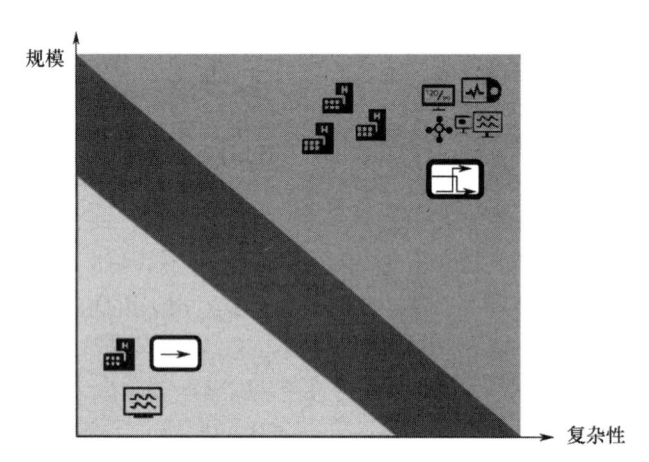

图 12-2　项目复杂性的驱动因素

◆ 在客户生命周期中提供集成的解决方案和服务

2015 年，皇家飞利浦 HPM 服务与解决方案交付部门制定了战略，计划从流程和方法论角度采取全面集成的方法来提供、实施和维护解决方案。随着 HPM 产品组合越来越多地转向解决方案和服务业务，采取全面集成的方法对于在整个客户生命周期内定义、设计、交付和维护客户解决方案至关重要（见图 12-3）。

图 12-3　客户生命周期：实现最佳客户体验的集成方法

首先要与客户进行深入的对话，以进行完整的场景分析并充分了解客户的需求，然后在售前阶段进行解决方案设计，参考架构和设计指南有助于形成强有力的客户解决方案。这个阶段对于后续的解决方案交付阶段来说是必不可少的，它奠定了坚实的基础，并记录在工作说明书（SOW）中。"坚实的基础是实现项目卓越的一个重要因素。"麦肯锡强调了技术和业务能力的重要性，"在投资能力构建的公司，能够获得 40%～50%的新业务盈利率和 80%～90%的续订业务的盈利率"。此后，在交付最初解决方案之前，与客户确立长期的解决方案生命周期计划，并在生命周期中提供附加服务，以充分创造客户价值。持续的客户参与是全面成功和实现预期客户成果（包括持续的合作伙伴关系和未来的合作）的关键。

◆ 客户生命周期和客户体验

皇家飞利浦致力于与客户建立长期的战略合作伙伴关系，这不仅仅局限在时间、成本和范围的三重约束内交付传统的项目成果。为医疗保健客户设计和交付真正的解决方案需要与他们进行深入的互动，包括从客户的角度分析和识别好处、成果和价值。

HPM 意识到每个组织都会在客户心中留下印记，这是一种由理性和情感方面构成的体验，它决定了医疗保健客户与皇家飞利浦品牌之间的联系，以及皇家飞利浦对他们意味着什么。这在服务业中尤其明显。客户体验是关系的核心，这意味着客户是否依赖组织，并将其视为值得信赖的顾问。因此，另一个重要方面是组织如何积极地"设计"端到端的客户体验。HPM 致力于在整个客户生命周期中应用这种以客户体验为中心的方法，从客户与皇家飞利浦分享他们的愿景和授权的时间点开始，通过解决方案设计、交付和持续参与和改进来实现。

在这种情况下，解决方案实施和卓越服务是确保 HPM 可靠且持续地交付期望的客户体验的关键战略要素。因此，构建和维持项目解决方案实施和服务的卓越性，并通过解决方案实施项目达到项目管理的高度成熟，是对客户和皇家飞利浦至关重要的明确目标。

根据项目管理协会（PMI）2021 年的职业脉搏调查，只有 73%的组织项目达到了最初的业务目标和意图。对于皇家飞利浦 HPM 服务来说，成功的解决方案项目实施的目标很高，需要在解决方案项目的设计和交付方面具有高成熟度。

这一目标是实施全球 HPM 服务和解决方案交付功能的关键战略驱动因素，从方法论、流程和工具的角度来看，它涵盖了解决方案和服务的实施。

◆ HPM 服务和解决方案交付功能与战略能力

关注 HPM 战略端到端能力组合，并成立解决方案设计和交付创新团队以实现这一目标，是一个明确的战略决策，得到了高层管理团队的全力支持，以战略性地推动解决方案实施和服务卓越。

HPM 在项目解决方案实施和服务卓越方面考虑以下重要能力。

- 技能：受过良好教育、经过认证、技能娴熟（硬技能、软技能），并持续接受培训的解决方案架构师、客户交付经理、项目经理及团队成员，以及具有专业心态、形象和行为的服务人员。这也包括招募最优秀的人才。
- 流程：高效、标准化、精益、可重复且文档齐全化的流程，并且在持续改进。
- 工具：从项目获取到项目结束，高度集成且高效的工具、模板和应用程序。
- 内容：围绕解决方案设计和交付的角色特定内容（模板、培训材料、图表），被称为解决方案标准工作（Solution Standard Work，SSW）。

一些与解决方案相关的能力是特定于解决方案的，另一些则更通用且独立于解决方案（见图12-4）。对于任何解决方案来说，这两者的结合至关重要。特定于解决方案的能力直接与解决方案创新相关联。要在销售、设计和交付解决方案项目方面取得完全成功，这些能力需要被设计并部署到各国执行组织中。

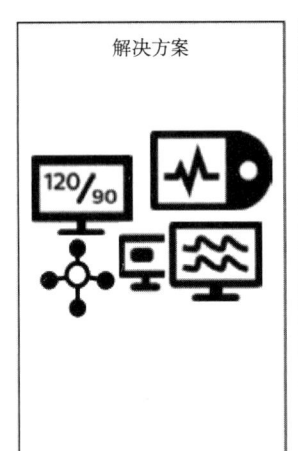

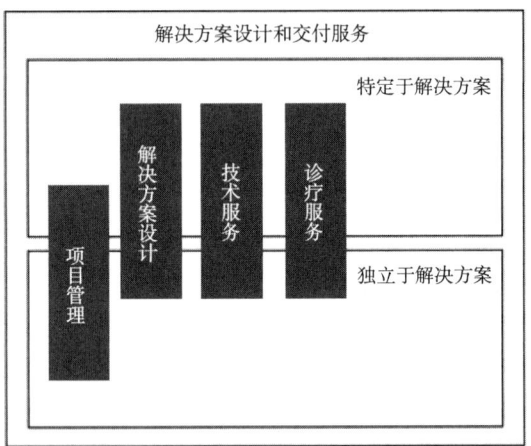

图 12-4　解决方案项目需要一系列的服务和能力

解决方案实施和服务卓越不是一个静态目标，其目标是不断提升项目实施成熟度，并监督整体能力和项目交付能力。

HPM 服务和解决方案交付使得解决方案实施和服务卓越的雄心成为可能，需要重点强调以下几个方面。
- 解决方案实施和服务卓越至关重要：关键在于增加价值、提升技能、改进流程和工具。
- 变更管理：识别、推动和实施组织中的改进与变更。
- 标准化：在产品领域和地区范围内推动标准化和精益实践及流程。
- 持续学习：根据需要进行培训、审查和指导。
- 促进社区实践和社会学习：为不同职业领域提供支持，关键在于分享、学习、利用、建立联系和保持沟通。

◆ SOLiD 框架

HPM 服务和解决方案交付团队与全球 HPM 社区密切合作，开发了 SOLiD 框架（见图

12-5）。SOLiD 框架是 HPM 设计和交付面向客户的解决方案实施项目和服务的方法论。SOLiD 是缩写，代表：
- 可扩展性（Scalable）：可灵活地满足我们低、中和高复杂性项目的需求。
- 操作敏捷（Operational Agile）：这意味着它是第一次迭代，随着时间的推移，将继续通过迭代进行构建和改进。
- 精益（Lean）：包括只为项目和服务团队及更重要的医院客户增加价值的任务。
- 专注于信息技术（IT Focused）：包括在信息技术解决方案环境中成功管理项目和服务所需的结构、工具和流程。
- 交付一致的结果（Deliver Consistent Results）：通过提供标准化和精益的工作方式，交付一致的结果并带来商业价值。

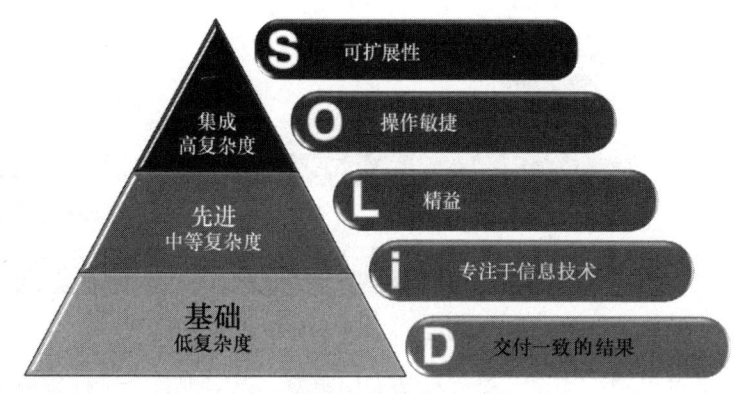

图 12-5 SOLiD 框架

该框架基于《PMBOK®指南》中定义的启动、计划、执行、监控和收尾过程组制定。每个过程组可进一步细分为更具体的过程和程序，详细说明 HPM 如何管理解决方案项目和服务。2019 年，皇家飞利浦将 SOLiD 框架采纳为全球企业标准，并将定义的解决方案设计和交付活动嵌入皇家飞利浦卓越过程框架中。

项目实施中的可扩展性是关键，以便每个项目都能采用正确、灵活、敏捷和高效的方法，同时利用丰富的工具集。解决方案项目由其复杂性等级定义。定义复杂性的典型因素包括项目总成本、涉及的团队成员数量、可交付物的数量及规模、可交付物和客户环境的复杂性及涉及的时间框架。

不同于运营，项目有明确的开始和结束，持续时间有限，并能为组织带来价值。

SOLiD 框架旨在帮助提供基于三个复杂层次的指导：
- 基础。设计用于低复杂度项目，需要执行基本的项目管理任务（例如，基本测试和简单的 SOW）。
- 高级。将基础任务与其他活动/过程结合起来，有助于管理中等复杂的项目，包括解决方案设计组件。
- 集成。结合基础和高级框架，需要额外的活动来管理干系人更复杂的项目；通常需要更多的技术集成和测试活动，以及不同等级的风险和干系人管理。

SOLiD 框架支持项目管理客户生命周期中的活动。图 12-6 概述了解决方案设计和交付。

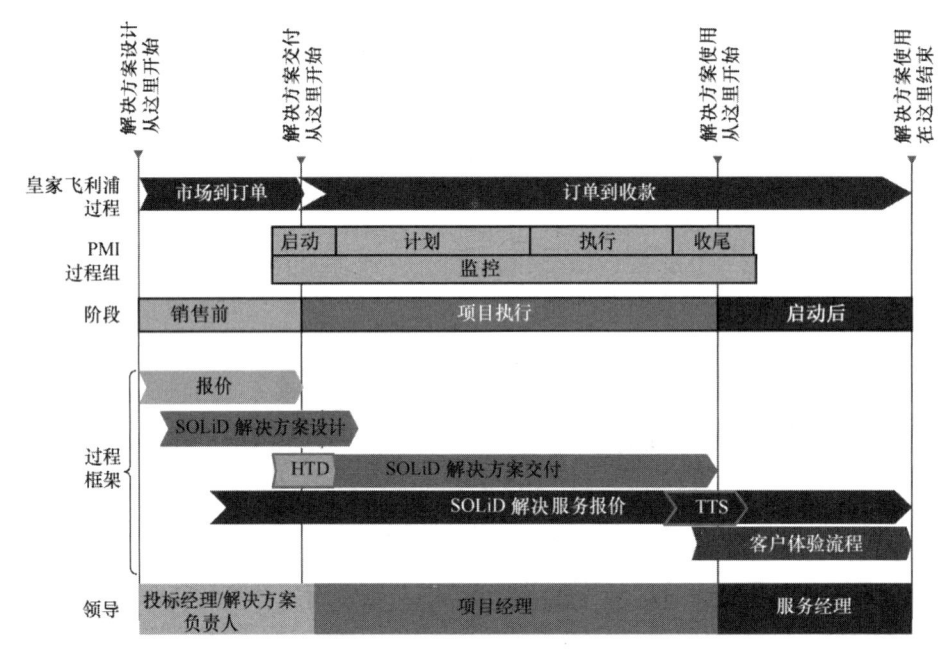

图 12-6 跨流程的可扩展解决方案设计和交付框架

它展示了各个过程的结构以及过程框架如何重叠，以实现各个责任领域之间的顺畅交接。

- 解决方案设计。在遵循已定义的销售投标管理流程的解决方案项目中，销售和项目管理之间的紧密合作非常重要。
- 解决方案交付。在解决方案设计之后，依据确定的范围和精益可扩展的项目管理方法成功实施项目。
- 服务管理。使用信息技术基础架构库工具箱中的组件，是构建高效、先进的信息技术服务概念的行业最佳实践。
- 客户体验。为了在不同的项目里程碑和整个客户生命周期中显示当前的客户体验，在关键接触点邀请客户与 HPM 组织分享他们的反馈。除实施和升级外，调查过程还包括持续的支持和维护。组织会根据与期望的客户体验的一致性对所收到的反馈进行评估，识别改进空间，并了解与学习解决方案实施和卓越服务方面的优势。这种闭环过程是持续学习和改进组织的一个关键特征。

一个重要的结论是，不同的过程都是相互关联的，从而打破了传统的孤岛式方法。沟通和团队合作是这些过程定义期间的关键方面。特别是在像皇家飞利浦 HPM 这样的全球组织中，实施、培训、改进、标准化和精益的流程非常重要。同样重要的是，每个人都使用相同的项目实施和服务"语言"，并使用相同的术语。这就是 HPM 项目经理需要接受 SOLiD 框架培训的原因之一。

◆ 社会学习在 HPM 服务和解决方案交付业务中的价值

在开发客户成功所需的解决方案设计和交付能力时，确保项目团队成员与其领域内的同行之间的联系至关重要，这有助于持续学习、知识共享、持续流程改进和人员发展。在跨职能和全球化环境中，项目团队成员能够访问分享经验和教训的同行网络非常重要。皇家飞利浦采用了两种具体的方法：实践社区和社会学习。

实践社区的基本模型包括三个主要部分：领域、社区和实践。首先，定义人们认同的共同兴趣领域。然后，社区确定谁应该被包括在内以及他们应该建立什么样的关系。最后，在实践中，成员们决定他们想要一起做什么以及如何在实践中产生影响。这些要素对于实践社区的蓬勃发展至关重要。需要认识到实践社区与正式工作组之间的关键区别。实践社区的目的是发展自我选择成员的能力并相互交流知识，而正式工作组的目的是交付产品或服务，每个人都向工作组经理报告。两者相辅相成，对于创新的发生都是必要的。

实践者从参与实践社区中获得的真正价值在于帮助彼此解决问题、反思实践以改进、跟上变化、合作创新，并找到影响战略的声音。随着新社区在业务组、职能部门和市场内外出现，会有更多的知识被共享。在当今世界，仅仅共享知识是不够的。要真正实现更快的转型和创新，社会学习空间是必要的，需要关注数据、应对不确定性并推动人们做出改变。跨越边界创建的学习伙伴关系可以转变为有价值的学习资产。价值创造框架为从社会学习空间（虚拟或面对面）中捕捉事件或想法的流动提供了结构。在该空间中共同学习的信息、新的想法、方法和工具通过随之而采取的小行动和大行动回流到现实世界。当这些发现被带回社区时，这被称为创建学习循环。共同学习的活动包括定期的在线会议以交流关键主题的信息，支持面对面培训和会议的准备，以及为特定产品领域或解决方案实施和服务流程创建创新内容的新工件的构建。定期互动是从社区获得即时反馈并为社区提供反馈的最佳方式，同时促进学习循环。

开发学习循环的一个例子是鼓励跨越边界的开放合作，将人们聚集在一起分享成功和失败的故事，然后征求反馈并留出时间提问和讨论。当人们愿意分享他们的困难时，会加速他人的学习，因为他们为找到解决问题的方法做出了贡献。结果令人印象深刻，因为不仅分享者得到了建议和新想法，社区也积极参与了问题的解决，这可以应用于其自身的挑战中。通过积极的对话和问题解决，重要的学习可以蓬勃发展。

客户越来越希望能够获得帮助他们增加价值和解决业务挑战的解决方案。实践社区创造了一个环境，使不同职能部门之间的交流可以实时发生，触发新想法，进而形成客户真正需要的解决方案。社区主持人需要积极寻找相关的故事，以便在适当的空间内实现创新成功。将失败带到社区中是应用学习循环模型的机会，同时能共同解决复杂问题。对于成员来说，这是一个非常积极的体验。皇家飞利浦的社区主持人见证了在适当的环境中称赞失败可以带来强大的学习效果。

◆ 实现解决方案实施和卓越服务的关键措施

皇家飞利浦和 HPM 追求卓越的解决方案，这就需要在所有服务和能力方面不断改进。

尽管这不是一个绝对的终极目标，但也被认为是一种积极的方式，可以预测并满足客户在解决方案项目管理、客户成功和成果实现方面的需求。以下几个方面对于构建和改进解决方案设计和交付相关的能力至关重要。

- 可扩展的项目实施：能够应对不同的项目复杂性，确保项目成功。
- 全面且完全集成的客户生命周期方法：对于定义、设计、交付医疗保健客户服务解决方案至关重要。
- 解决方案设计和交付服务卓越：这是评估和提高能力（技能、流程和工具）的关键方面。有些能力是特定于解决方案的，有些能力是通用的，适用于任何解决方案。
- 过程协调和标准化：对于在全球运营的组织来说，这非常重要，有助于降低复杂性。上游流程（如销售、投标管理）和下游流程（如整个生命周期）的整合也非常重要。这种生命周期方法必须得到可靠的变更管理和培训活动的支持。
- 解决方案实施和服务卓越：这不是一个静态目标。它需要在人员、流程和工具方面不断改进。尽管这不是一个绝对的终极目标，但也被认为是一种积极的方式，可以预测并满足客户在解决方案和服务方面的需求。
- 变更管理：识别、推动和实施组织内的改进和变更。
- 持续学习：根据需要培训、审查和指导所有项目团队成员。
- 促进不同的实践社区和社会学习：这是实现共享、学习、利用、网络和沟通的关键。

12.4 丘吉尔唐斯公司：成立 PMO

决定成立 PMO 是很容易的事，但是想要真正建成需要克服一些难题。丘吉尔唐斯公司的前项目集管理总监丘克·米尔霍兰按时间顺序列举了他的组织经历的一些大事，并讨论了一些需要克服的难题。

在我们实施结构化的项目、项目集及项目组合管理流程的过程中，遇到的一个主要难题就是"习惯"。丘吉尔唐斯公司的 PMO 成立于 2007 年 4 月，是纯种赛马行业的第一家。我们最高层的领导明白，申请、批准和管理项目及维持项目组合管理需要一个结构化、标准化的方法。然而，很多组织资源在使用过程中从来没有使用过正式的项目管理概念。

我们的高级管理层在成立 PMO 的过程中十分积极。

我认为，这是丘吉尔唐斯公司 PMO 早期能够成功的主要因素之一。我们在成立 PMO 时清晰定义了使命、愿景及目标。我们的 CEO 签署了章程，授权 PMO 使用与资本管理项目相关的组织资源。

- 我们的 PMO 成立于 2007 年 4 月。
- 我们拥有三重使命，专注于高级管理层确定的需求：
  — 建立、促进并管理项目组合选择及资金分配流程。
  — 通过在丘吉尔唐斯公司的项目团队内制定强有力、普遍适用的项目管理原则，为整个组织实现持续的项目成功奠定基础。

- — 通过提高项目管理领导力，同时提高相关流程的质量及可重复性，引导关键项目获得成功。
- 我们定义了 PMO 的目标，并将其进展与 PMO 总监的薪酬挂钩。目标简单来说包括：
  - — 制定并实施项目选择标准。
  - — 制定并实施标准化的项目管理方法论。
  - — 培养丘吉尔唐斯公司员工的项目管理专业性。
  - — 管理丘吉尔唐斯公司的项目组合。
  - — 为关键战略措施提供项目管理指导。
  - — 确保实现收益的相关流程。
- 我们会提供项目管理、团队建设、批判性思维等培训课程，不仅分享知识，还与项目团队成员和其他干系人建立关系。
- PMO 成立了一个目标同样明确的读书俱乐部。这一举措在整个组织内都获得了认可，并且对于在不同部门间建立关系有直接贡献。我们的读书俱乐部成员包括来自 9 个不同部门的代表，级别上至副总裁，下至个人贡献者。

  目标 1：通过完整阅读指定书目、积极参与讨论，实现个人成长。

  目标 2：通过概念的实际应用，在丘吉尔唐斯公司及相关团队中互相学习，获得创造性的想法并找到解决实际中业务问题的方法。

  目标 3：通过积极参与读书俱乐部的讨论，在一个安全、保密的环境中解决实际中与工作相关的重要问题，促进不同职能部门之间的交流。

  目标 4：通过部门内的讨论和实施与学习相关的概念，在各自的团队内分享学习成果。
- 丘吉尔唐斯公司决定成立 PMO 的主要驱动因素是，在界定和管理项目范围、于多个项目间有效分配资源、完成项目预期方面遇到了挑战。

12.5 丘吉尔唐斯公司：范围变更管理

成熟的 PMO 要么直接参与一定金额以上的范围变更，要么建立控制范围变更的流程。丘吉尔唐斯公司的前项目集管理总监丘克·米尔霍兰提出了对于范围定义和变更控制的 6 个必要步骤。

◆ 步骤 1：精简

在一个缺乏控制的组织或环境中引进任何类型的结构或控制的尝试都可能面临很大的挑战。一个项目管理组织在能够控制范围变更之前，必须实施一个定义范围的流程。让组织的决策制定者接受项目管理规范并不特别困难，但如果再加上需要改变组织行为来遵循这些规范，那就是另一回事了。我们越是试图更大程度地改变一个环境，这个环境适应、接受和拥护这些变化的难度就越大。为了避免过度改变带来的自然抵抗，一个合情合理的方法就是限制变更的范围，并集中精力解决即时需求，也就是集中于基础和基本事项。如果你不能始终如一地执行基本操作，一个复杂、高度成熟的流程又有什么用呢？

◆ 步骤2：定义初步范围

对一个组织来说，如果它没有流程来设立与项目请求相关的业务目标，那么它当前的需要就是定义一个用于记录、预估及批准工作初步范围的结构化方法。值得注意的是，批准工作范围不仅仅是简单地用点头、握手表示同意或者主观层面的随意认同。在项目管理中，批准意味着有文件支持的背书。更简单地说，需要签字来表明同意，并以此奠定工作的基础。有一件事很重要，那就是向不熟悉专业项目管理结构化方法的干系人和发起人强调，认可工作的初步范围并不代表只剩下执行了。事实远非如此。相反，你需要着手设定界限，在此基础上才能开始有效规划，以保护他们的利益。换句话说，你在增加项目成功的可能性（正如之前的研究显示）。

◆ 步骤3：理解对项目发起人来说什么才是最终的认可

我们怎么才能知道已经达到最终目的地了呢？当到达计划的目的地时，我们就认为旅行结束了。同样，当我们完成项目章程中描述的目标时，我们就认为项目完成了，是这样吗？是的……但还有其他一些因素。"其他一些因素"就是范围变更控制的重点。你的组织是如何定义最终发起人认可的？推荐一种方法，采用简单明了的语言为干系人定义什么是发起人认可。发起人认可是指对项目的正式认可，认为项目已经实现了最初同意的工作范围定义的目标，也实现了经正式批准的变更请求中定义的目标。这个简单的定义能够帮助我们避免对于"想实现的目标"和"文档记录的目标"的理解分歧。

◆ 步骤4：定义、记录并推广一种结构化的方法来请求、评估及批准变更

什么是变更请求？有一些人认为，变更仅限于请求增加新功能、可交付物或工作。虽然本节专注于这些类型的变更请求或范围变更请求，但重点在于，任何可能影响预期的变更都需要遵循正式的变更请求、批准及沟通流程。请记住，积极管理预期是我们影响干系人对价值感知的最好机会。范围、预算、进度及风险通常是相互依赖的，并能够直接影响干系人的看法。此外，还要记住，最有效的变更控制流程包括风险评估，而且无论是认可变更请求的还是不认可变更请求的潜在风险都需要进行评估。

要记住，过多的官僚主义、过多的分析或太多的非必要文书工作会让干系人想要规避这些流程。如果你想要你的干系人逃避、忽视或完全跳过你的流程，那就使用大量的行政琐事（Administrivia）吧。Administrivia 是根据"Trivial Administrative Process"（琐碎的行政程序）创造的新词。请记住，我们的任务侧重的是交付及经营成果，而不仅仅是遵循预定义的流程。采用一种精简的方法来记录范围变更请求，对接受变更流程会有所帮助。

有关流程的忠告：尽早确定（无论是从企业标准角度还是从特定项目角度）批准变更

请求的触发点和相应的审批权限。什么级别的变更能在内部批准？例如，如果变更对项目只会产生较小的影响，如进度延迟在一周以内或者预算增加少于1万美元，那么项目经理就可以自行批准。什么样的变更需要逐级上报给项目发起人？什么样的变更需要变更控制委员会或治理委员会审查？事先确定这些决策点将在很大程度上揭开如何进行变更管理的神秘面纱。

确保每个人都理解自然分解过程和识别需要完成的新工作之间的区别，以期在目标及与可交付物或修改可交付物相关的工作上达成共识。请记住，计划出现遗漏和错误将导致进度和预算的变更，但通常并不涉及范围变更。

◆ 步骤5：记录并校验范围内的所有工作（创建WBS）

要想界定完成项目所需的所有工作，有个特别好的方法，就是首先设定期望的最终状态及与之相关的预期收益。为了获得这些收益，需要完成什么工作？为了实现已批准的最终状态目标，又需要完成什么工作？为了有效地管理工作，就要计划好必要的细节部分。如果已经能够进行有效管理，那么再进行工作包分解就是琐碎的行政程序了。请注意，定义及沟通为获得最终发起人认可和变更请求的流程都在传统的分解工作之前。为什么？问得好！我们将目标分解到可定义的工作包所遵循的自然规划流程可以对变更请求起到催化作用。我们希望预先达成共识，变更不是无偿的，而且在将新增请求纳入项目工作范围之前，需要经过正式申请、记录、达成一致、批准等流程。

◆ 步骤6：管理变更

至此，基础已经打好了，你已经完成了如下事项：记录了初步范围、定义了获得最终发起人认可的流程、记录了范围变更流程、创建起了WBS，现在还需要做的事情就只剩下按照你的政策和计划进行管理，以及管理必然会出现的变更请求。范围变更控制可以保护项目经理及项目所在组织不受项目范围蔓延的困扰，并且在管理干系人的期望方面起到作用。

从业人员经常询问的一个问题是："当我的上级不允许我来定义、记录、管理变更时，我应该怎么办？"这是一个很现实的问题，而且很有必要解决。一个自然的解决途径就是，与上级进行沟通，让他们理解一种结构化的方法对于记录、管理范围的必要性。正如我们的同行所承认的，在制定组织政策方面，我们并不总能得到足够的支持。我们也许可以尝试采用非正规途径完成，或者就直接那么做了。这可能是一种展示价值的有效方法，但也可以被理解成一种自我保护方式，而不是一种用来增加项目成功可能性的途径。人们可能对别人帮他们记录请求、理由等抱有戒心。你需要确保信息共享，并解释采用这种方式的原因，以证明你在设法完成他们的期望。一般来说，人们很难不接受别人用无私的方式来满足他们自己的需要。

◆ 借鉴他人的经验教训：在真实世界的应用

丘吉尔唐斯项目集管理办公室从基础做起，学习经验、最佳实践及教训，建立了自己的 PMO。新成立的 PMO 的三重使命是：建立、促进并管理项目组合选择及资金分配流程；通过制定强有力、普遍适用的项目管理准则，为整个组织实现持续项目成功奠定基础；通过提高项目管理领导力，同时提高相关流程的质量及可重复性，引导关键项目获得成功。以上这些看起来是相当规范的。三重使命将被分解为具体的目标，而能否成功实现这些目标将影响 PMO 总监的薪酬。

PMO 的目标

（1）为项目申请、评估及资金分配制定并实施标准流程，确保批准通过的项目与丘吉尔唐斯公司的目标和目的相一致。

（2）制定并实施标准化的项目管理方法论，包括政策、标准、指导方针、步骤、工具及模板。

（3）为项目团队提供辅导、培训及指导，让项目团队学习、采用项目管理流程和最佳实践，培养项目团队成员的项目管理专业精神。

（4）准备好所需文档，并使用包含关键绩效指标的有效报告向干系人准确汇报当前的项目组合进展，以管理丘吉尔唐斯公司的项目组合。

（5）为关键战略措施提供项目管理指导。

（6）采用一系列流程清晰定义商业论证及衡量项目成功的相关指标，确保实现收益。协助完成收益实现后的评价与报告。

与变更控制相关的是，我们希望确保使用的流程是精简的，干系人能够理解该流程的重要性……最后也可能是最重要的……采用干系人能够理解的方式进行沟通，并遵循变更请求流程。这里有一个问题要问问我们的从业人员："为什么我们期望干系人学习并理解我们内部的语言呢？"为了帮助理解和培训，我们采用他们可以理解的语言开发了视觉工具来记录整个项目管理的流程。例如，项目跑道（见图 4-15）向我们的上级及项目团队成员展示了我们认为理所当然且被普遍理解的事；项目有明确的开始和结束，并且在计划和管理过程中需要特定的文档记录，以保证每个人都能够理解期望，同时也说明了我们能够实现投资的预期收益。

对丘吉尔唐斯公司来说，范围变更控制的基础是完整的投资申请表（或商业论证），以及对于签署的章程中列出的工作范围的一致认同。这项工作之后将被分解到所需的细化程度，以对行动进行控制并完成必要的工作，最终实现章程中批准的各个目标和范围变更请求。范围变更请求包括一个有助于理解的填写模板，整个流程由项目经理推动。更重要的是，范围变更请求表用于记录变更请求的目标、确保变更收益得以实现的衡量标准、对于进度及成本的影响、资金来源，以及将变更请求纳入整个工作范围所需的必要审批。

对于这一用于记录和控制范围的结构化方法，丘吉尔唐斯公司现在已经意识到了它的一些好处，包括：

- 追溯记录遗留项目的范围，取消那些受不可控变更困扰的项目，这些项目的最终产品不可能带来在商业论证中描述的收益。
- 基于实际的投资回报及影响分析，拒绝范围变更请求。

- 确保请求的范围变更有助于完成投资委员会批准的业务目标。
- 授予项目团队成员对非正式的变更请求说"不"的权力,无论这些请求是否能产生可量化的收益。
- 看起来特别好的想法可能经不起结构化的影响分析。

12.6　Nanoform 项目管理办公室的闪电式扩张

◆ 介绍

Nanoform 是一家总部位于芬兰赫尔辛基的上市公司。2012 年,由赫尔辛基大学物理研究联盟[由公司创始人之一兼 CEO 的爱德华·海格斯特罗姆(Edward Haeggström)教授和约乌科·伊里卢西(Jouko Yliruusi)教授领衔]发明了一项新技术,为在 2015 年成立 Nanoform 奠定了基础。Nanoform 专注于制药领域的纳米技术,拥有 CESS®(超临界溶液受控膨胀)技术的专利技术,这一技术为一些尚未被人类攻克的疾病治疗带来了希望,并提供了更环保的药物输送方法,这家公司的目标是覆盖 10 亿名患者。

2020 年年底,首次使用纳米成型成分的吡罗昔康人体试验证明了 CESS®纳米颗粒可以带来明显的药理学效果,这使得开发具有更高药效的纳米药物产品成为可能。Nanoform 于 2020 年 4 月获得了芬兰药品管理局的 GMP 证书,并于 2020 年 6 月在纳斯达克第一北方增长市场(NASDAQ First North Premier Growth Market)上市。

知识产权的创造、科学技术的发展、研发活动敏捷性的提升、有效变革和投资组合的结构化管理,以及总体上作为一个拥有先进管理系统和卓越运营能力的公司的发展,对于增加公司业务和发掘潜在客户价值至关重要。Nanoform 的价值观是质量、合作伙伴、透明度和道德。这些价值观与三个原则相结合:"我们能做到""杯子是半满的""帮助你的同事"。

Nanoform 一直在战略性地进行加速扩张,R. 霍夫曼(R. Hoffman)称之为"Blitzscaling",即闪电式扩张,而且是速度优先于效率。早期聘用具有 15~20 年制药行业经验的专业人士,并培养年轻科学家团队,(其中大多数是博士),这促成了 2019—2022 年公司的加速增长和第一发展阶段的卓越商业运营成果,这需要一个与这种闪电式扩张相匹配的 PMO。目前,26%的 Nanoform 员工和 57%的 PMO 团队成员拥有博士学位。同时,Nanoform 拥有惊人的文化多样性,140 多名员工来自 30 多个国家。

Nanoform 的加速增长在新冠疫情期间遇到了重大障碍,公司必须通过线上虚拟团队执行各种强制性的远程工作,这迫使我们重新审视我们的干系人沟通管理实践。许多公司不得不长时间进行远程工作,必须在处理意外情况时更加敏捷,更加有选择性地确定优先项目,并面临供应链中断引起的延误。我们的团队在平衡个人生活和工作上承受着更大的压力。为了适应新的工作方式,我们重新审视了风险管理和问题管理,我们在面对不确定性时变得更加敏捷、灵活和主动,项目管理对技术的依赖性日益增加。

我们将描述 Nanoform PMO 的演变过程,以及其逐步采用项目、项目集和项目组合管理最佳实践的情况。这项工作包括与公司成熟度水平相匹配的项目管理能力、权力技能和商业敏锐度。我们还将简要说明如何在早期帮助项目经理培养、发展权力技能。此外，我们还将概述与 Nanoform 业务增长相一致的 PMO 成立、成长和适应过程。PMO 是在将战略与执行联系起来、提供收益和价值并改善客户体验等方面作用逐渐增强的重要有机体。

◆ 2019—2022 年 Nanoform 公司背景

2015—2019 年年初，Nanoform 的员工人数从 5 人增加到约 20 人。员工主要由科学家组成，大多数拥有博士学位。公司在此阶段将技术应用于内部项目，很少有客户外包服务给 Nanoform，当时公司没有专门的项目管理团队，也没有销售和业务开发团队。

2018 年年底，Nanoform 做出了一个重大决定：招聘包括副总裁级别和其他高级管理人员在内的高级管理层。这些高级管理人员和 CEO 共同制订了成立 PMO 的计划（隶属于业务运营），并聘请了一位 PMO 总监。所有高级管理人员都带来了制药和项目管理方面的能力与经验。2019—2020 年建立的公司高级管理架构拥有能够将公司员工人数增加 5 倍所需的人力资本和潜力，使得 Nanoform 到 2025 年人员能达到 200～250 人。

到 2019 年年底，PMO 有 2 名员工；一年后，有 4 名项目经理；到 2021 年年底，有 6 名项目经理。预计到 2025 年年底，团队人数可达到 15 人，能够支持当年的 100 个项目。创建项目管理工具包、在整个组织中的采用和部署最佳实践，通过在职培训、正式培训和个人学习，已为员工和公司创造了强大的动力。同时，高水平的项目管理培训在全公司范围内开展，以提高科学家和技术专家的项目管理意识，并使他们具备项目驱动的思维方式，关注项目的动态性、不确定性和价值交付。

表 12-1 展示了 Nanoform 扩张中的一些关键数据。

表 12-1　2019—2025 年 Nanoform 的关键数据

年　份	2019	2020	2021	2025（预计）
员工数	40	60	125	200～250
PMO 员工数	2	4	6	15
当年签约项目	2	12	22	100
运营线	5	7	10	35
GMP 线	0	1	1	7～14
GMP 项目签约数	0	1	1	—
营收（百万欧元）	0.05	0.69	2.0	—

◆ Nanoform PMO 的商业论证

根据明茨伯格（Mintzberg）的观点，战略形成"不仅关乎价值观、愿景、能力，还涉及承诺、组织学习和间断性平衡、产业组织和社会变革"。战略是一种模式，是行为的一致性。战略可以是深思熟虑的，但也可能是自发的，可能包括设计、创业、规划、定位、认知、学习、文化定义、权力平衡、配置和对环境的适应等要素。在像 Nanoform 这样具有颠覆性的公司中，PMO 必须能够将战略与执行联系起来，同时考虑所有的战略维度。在动荡的商业环境中，必须有明确的战略、快速交付、适应性思维和持续改进，所有这些都需要强有力的领导。拥有敏捷、高效的 PMO，以标准化的方法和工具为干系人提供价值和收益，具备恰当的项目计划管理及熟练的领导能力，并能够进一步招聘人员、发展人力资本，能够在整个组织内进行连接和沟通，使关键干系人能够参与、承诺、受到激励，这些至关重要。

杜格尔（Duggal）认为，我们现在生活在一个不同类型的世界，即 DANCE 世界：
- 动态（Dynamic）、变化。
- 模糊（Ambiguous）、不确定。
- 非线性（Nonlinear）、不可预测。
- 复杂（Complex）。
- 紧迫（Emergent）。

这个生态系统创造了更高的熵水平，要求新的技能和新的方法来管理项目，这些方法更有机而非机械化。"有机"意味着适应性：施瓦茨（Schwartz）认为，企业是一个复杂自适应系统（Complex Adaptive System，CAS），一个具有非线性和复杂互动的自组织系统，在这种系统中，领导者可以影响但无法控制结果。企业被视作一个达尔文式的宇宙，"在这个宇宙中，领导者和管理者可以设定参数，决定哪些想法和行为最有可能存活"。因此，在复杂自适应系统中，领导者的角色是"影响进化过程，使组织实现其目标"。领导企业的艺术因此被定义为"传达对商业价值的理解，以便组织中的团队和个人能够自我选择那些将实现组织使命的行为"。

每位项目经理和整个 PMO 都需要具备高度的艺术性。最近更新的 PMI 人才三角很好地诠释了项目经理必须拥有的多种技能，该三角提到了工作方式、商业敏锐度和影响力是项目经理必须具备的三大关键技能。根据另一位作者卡希尔（Cahill）的说法，成功交付项目的五项关键技能是建立关系、协作领导、战略思考、创造性解决问题和具有商业意识。这些技能是 Nanoform 项目经理必须具备的。再次想起一句话，"项目经理如同走在钢丝上的杂技演员，或者是在湍急水流中划艇的队员，他们必须习惯于面对不确定性。"

项目经理的技能在管理非线性工作时至关重要，这种工作需要创造力、直觉和情感思维。在创新阶段，个人和团队都必须进行发散性思维。但是，推动项目工作向前发展的关键在于能做出正确的选择，决定哪些工作是重要的、必须做的，哪些可以暂时不做。设计思维不仅支持创意过程，还支持做出关键的选择。

同时，PMO 通过应用标准化的管理流程，促进了从非线性工作到线性工作的转换，这有助于加快迭代速度和有效学习，增强知识学习过程的跨功能性，在两种思维和工作方式之间进行切换，并根据获得的经验减少变异性。结果变得越来越可预测，因此不确定性也随之降低。

21世纪的PMO——特别是2022年，与21世纪初大不相同——必须能够将点（和人）连接起来，持续追求简单，严谨而不僵化（参见杜格尔的观点）。Nanoform PMO是基于战略愿景成立的，在公司员工人数大约只有20人、项目数量和营业额还很少的时候，公司CEO就认识到了成立PMO的重要性。

Nanoform PMO有以下职责：

- 与公司愿景和战略保持一致，持续完善项目支持结构，促进运营卓越，指导决策，并支持优先项目。
- 招聘、培训和发展项目经理，提高他们的能力，并指导他们的职业道路。
- 根据资历、可用性和经验将项目经理分配给新的业务项目。
- 项目经理是客户、合作伙伴和关键内部干系人的关键联系点。
- 创建并改进标准、指标、工具和方法。
- 促进并部署当前最佳实践和工作方式的使用，适应并满足不同项目的需求。
- 成为项目团队内部和跨团队的变革推动者。
- 作为客户和合作伙伴以及内部干系人的价值交付和收益实现的守护者。

持续招聘项目经理，通过正式培训（技术能力，如项目管理基础和高级正式培训，敏捷、精益和混合项目管理培训）、沟通技巧指导和情商发展及辅导，以及商业敏锐度培养（通过与客户、合作伙伴以及销售和业务开发同事的持续互动）来指导其工作方式，并赋予他们必要的知识和经验。帮助其准备认证考试，如PMP®认证，这是检验项目经理能力的一种途径。强化项目经理的情感内核至关重要，因此，情商培训，包括一对一辅导和团队辅导，通常在入职的前3个月内安排。情商技能在图12-7中进行了总结。

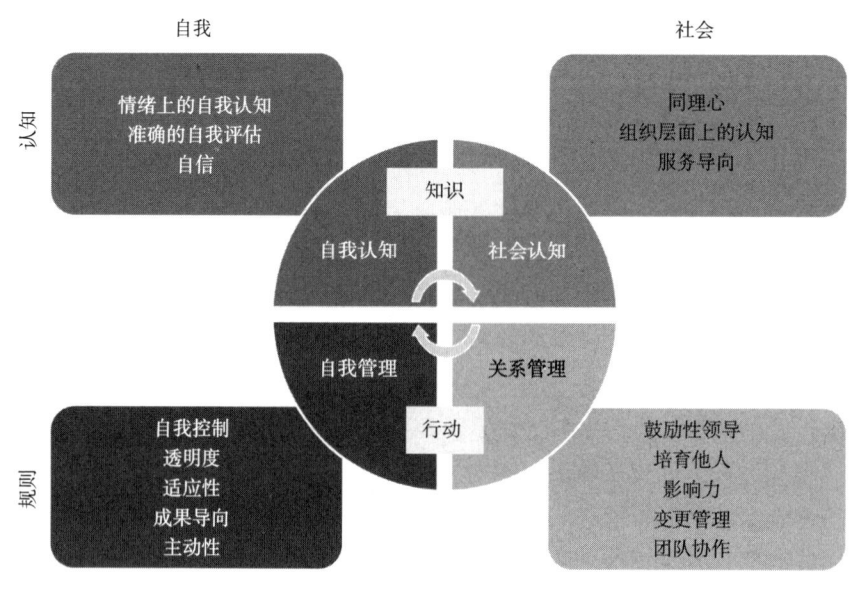

图12-7 情商技能总结

鼓励在职培训和自学，所有项目经理分享最佳实践心得以及在快节奏环境中获得的经验，Nanoform 在不到 3 年的时间里完成了约 40 个项目。在整个公司进行的关于项目管理重要性意识的培训，对于支持公司扩张至关重要。Nanoform 旨在实现更高水平的业务敏捷性，即快速、高效地进行衡量、适应，以尽可能快速的方式交付业务成果。

当前商业环境中的 PMO 必须准备好转型为下一代 PMO，这与传统的、僵化的、官僚的 PMO 不同，Nanoform PMO 正朝着下一代 PMO 的方向发展，如表 12-2 右列所示。

表 12-2 传统 PMO 与下一代 PMO 对比

传统 PMO	下一代 PMO
机械思维模式（机器导向）	有机思维模式（知识导向）
关注执行和交付	关注战略决策支持和商业价值
重视管理科学（技术专长）	重视管理和领导的艺术及技巧（组织敏锐性）
强调监督和控制	强调支持和协作
提供的工具像精准指引的"地图"	提供的工具像指引方向的"罗盘"
标准方法和实践	适应性强、灵活，简单的方法和实践
过程导向：关注过程和方法合规	客户和业务导向：关注价值、体验和影响
重视规则；遵守规则	基于指导原则；遵守规则，如有需要，灵活变通
关注"是什么"（任务管理）	关注"谁"（干系人或关系管理）
关注效率：管控输入和输出	关注效果和体验：拥有结果/成果
衡量并追踪合规性：认证和交付	衡量并追踪收益、价值和体验
重视管理和治理	平衡管理、治理和领导
传统评分制度	下一代评分制度

在 2019 年的最后 3 个月，随着 PMO 的成立，Nanoform 创建了一个全面且适应性强的工具包，如表 12-3 所示。这些工具和方法论随着时间的推移不断被调整和优化。每位新的 PMO 团队成员都为工具的创建或改进做出贡献，并分享关于有效工作方式的经验。此外，优秀的能力技能和情感技能也在不断地被提炼、完善。在快速扩张的公司中，所有项目经理必须习惯于面对不确定性，这不是流行的广告语，在这种公司中，项目的执行和管理速度越来越快。不只速度，精确度和准确性要求也更高。

表 12-3 Nanoform 的工具包

进程组/知识领域	工具和方法论	应用
启动	范围定义模板；工作指令模板；预算模板	商业论证定义；范围定义；项目预算
规划	项目沟通计划；项目基准计划；敏捷计划；启动模板	团队共同制订的共享计划；所有人的认同；迭代、灵活性、团队合作、严谨性和纪律性

续表

进程组/知识领域	工具和方法论	应　　用
沟通、定期项目更新、文件管理共享	项目更新模板；会议议程和纪要模板；完成百分比和 EVM 方法论；行动事项登记册；风险登记册；头脑风暴和 Q-风暴模板；问题解决方法、设计思维方法论；项目共享门户；组织治理：管理团队会议	严谨且基于事实的更新；连接与协作的文化；开放的反馈文化；跨部门/矩阵沟通、知识共享和持续学习；销售、业务发展、项目管理与运营领域之间保持一致；Nanoform 与其客户和合作伙伴之间的数据和报告共享
监控	Power BI、SAP S/HANA 及其他系统自动化工具；每日站会（运营）；每周进度会议（战术）	合适的指标以促进正确的行为，有效监控项目
收尾	项目收尾模板；项目回顾；每个项目结束时的 NPS 调查；季度和年度 NPS 回顾	评估客户价值和收益

对于每个客户项目或合作伙伴项目，从项目启动到结束，Nanoform 都会使用这些模板和文档，并且在每个项目结束时进行客户满意度在线调查。项目经理主要支持外部项目，与客户或合作伙伴一起工作，但一些内部战略项目也有项目经理的支持（例如，新设施的扩建和高优先级的跨公司项目），PMO 将自己定位为战略和执行之间的桥梁。

公司作为一个有生命的有机体，正在不断自我更新并重塑其 DNA，而 PMO 正在达到最佳实践、人才发展和集体学习的第一阶段。康威定律指出："任何设计系统的组织最终将产生一个新设计，其结构与组织沟通结构相仿。"Nanoform 致力于打造一个能够帮助团队围绕共同目标灵活协作的系统。这一愿景和承诺是 PMO 前进的明灯，PMO 由一个小型的、跨职能的、跨层级的团队组成，关键成员在组织内部协同工作。

◆ **2019—2022 年 Nanoform 遇到的主要挑战**

与大多数从大学团队中诞生的初创公司一样，Nanoform 在 2015—2018 年的早期阶段主要是基于学术研究的，在很多方面都是探索性的。由于技术仍然在更新，所产生的创新应用在开发和可扩展性方面并没有得到充分利用。项目领导者是技术领导者，尽管他们拥有丰富的知识（大多数拥有博士学位），但缺乏项目管理经验，也没有接受过正式的项目管理培训。2019 年，Nanoform 通过内部模拟项目来培训和发展团队，不仅包括规划项目范围和进度，还包括领导、执行，同时向合作伙伴、客户和内部干系人报告等多个方面。

在某种程度上对变革的抵触是人的天性。在 Nanoform，领导者通过不断向员工传达愿景、在每周的公开会议上分享信息和相关背景来克服这种抵触。有了这种透明度，Nanoform 就能够培育公司的文化，识别与其他成功公司的差距，并在各个领域招聘到合适的人才。即使在公司闪电式扩张时，也能保持团队凝聚力，并确保每个人都做有意义的工作，有明确的工作目标。与职能领域建立协同联盟，促进与其他部门的协作和沟通，发展创造力，培养批判性思维，对于 PMO 被视为业务合作伙伴而不是官僚部门或障碍至关重要。在复杂的工作环境中，PMO 能够让事情变得简单，这种能力是强大而普遍需要的。新冠疫情也让我们在决策时变得更好、更务实和更少抵触变革。

在 Nanoform，核心项目团队的持续讨论过程、共同决策过程、无指责文化和集体接受所做决策，使沟通变得有效。Nanoform 一直在培养信任和同理心，鼓励与同事主动、积极沟通，无论是面对面还是通过 MS Teams 等平台。合作团队之间的关系变得更为紧密，团队更为团结。MS Teams 等沟通平台的价值不容低估，尤其是因为 Nanoform 的项目团队通常由热情接受这些沟通方式的年轻专业人员和科学家组成。虚拟沟通方式使全球范围内的协作成为可能，使 Nanoform 的项目团队能够成功地与不同时区的客户合作。这再次表明，Nanoform 必须具备高度适应性，才能在疫情期间蓬勃发展并支持公司的持续增长。项目管理工具仅提供结构和共同框架，最重要的是，频繁沟通，无论是面对面的还是虚拟的，在 Nanoform 都非常有效。

在新冠疫情期间，员工通过视频与客户、合作伙伴和新业务联系人保持沟通。Nanoform 创造性地通过虚拟工厂参观（在保密协议的约束下提供多摄像头体验，几乎与真实参观和互动无异）与所有干系人亲密互动。

◆ 2019—2022 年 Nanoform 取得的关键成就

第一个关键成就是加强了 PMO 团队，主要通过明确其愿景、使命和目标，并集体倾听生态系统的声音，构建和定义标准化的方法论和工具包，以及培养正确的人才等多个方面进行。关于工作方式和工具包，已向 Nanoform 所有干系人进行了解释和沟通，在简化后已被部署到所有功能区域。工具包和项目管理的工作方式已被所有参与外部项目的团队采用：所有项目全部使用项目管理工具包和项目管理方法论、工作方式和沟通计划。即使没有专门的项目经理，所有内部项目也使用基本工具包（项目章程、项目计划）。

2021 年开发了一个项目组合仪表板，并在 2022 年进行了微调（见图 12-8）。其目标是每周衡量项目组合的健康状况，并采取行动以最大化客户和合作伙伴的价值。

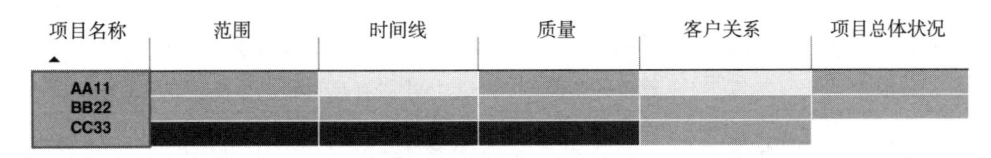

项目名称	范围	时间线	质量	客户关系	项目总体状况
AA11					
BB22					
CC33					

图 12-8　Nanoform 开发的交通灯项目组合仪表板示例（看板是虚构的）

所有运营领域都聘请了科学家和经理，他们接受了培训，变得更加精通，并且在与客户沟通方面变得更熟练。培训形式不仅包括在职培训，还包括外包的沟通培训。他们还变得更擅长团队合作和整合。来自客户和合作伙伴的个人净推荐值（NPS）在过去三年中显示出上升趋势。

在过去 3 年中，Nanoform 共聘请了 6 位项目经理，这需要在招聘方面进行大量投资。公司评审了大约 150 份简历，并进行了 30 多次初步筛选面试，之后被选定的项目经理经历了 4 个阶段的面试过程，一直到副总裁和首席执行官级别。聘请具有强大科学背景、制药行业经验，同时具有合同开发和制造组织经验，并展示出项目管理能力的项目管理专业人士是一项艰巨但有益的工作。每位新候选人都要经历与 Nanoform 文化、PMO 文化和团队精神的一致性的多重检查，因为候选人会接受至少两位现任项目经理的面试，并在签订聘用合同之前被邀请参观公司办公室。这确保了候选人与公司文化的契合度，拥有超强的适应能力，加入 Nanoform 的理由正当，不惧变化，能够适应不确定性。

新项目经理通过集体学习，能够在加入 Nanoform 后的 2~3 个月内独立支持客户会议。一个关键的成功因素是清晰定义角色、责任和期望，并创造条件让所有项目经理能够分享经验，观察由其他同事主持的会议，特别是在他们的入职期间（最大化协作）。这些能力是通过在职培训、正式培训和个人学习来获得和发展的。公司已经定义了职业发展路径：项目经理—高级项目经理—项目组合经理—高级项目组合经理。

◆ 处于成长阶段并逐步走向成熟的 PMO

PMI 的"PMO 成熟度"定义了 PMO 成熟度的五个关键维度：治理、整合与一致性、流程、技术与数据以及人员。"成功地执行这些原则，使得前 10% 的组织能够拥有更大的影响力和冲击力，并收获更成功的项目成果。"

从成立到成熟，PMO 通常会经历如表 12-4 所示的 5 个阶段。

表 12-4 项目管理生命周期的五个阶段

胚胎期	执行管理层认可期	运营管理层认可期	成长期	成熟期
识别需求	获得执行管理层的支持	获得运营管理层的支持	认识到生命周期阶段的使用	开发管理成本/进度控制系统
识别收益	使执行管理层理解项目管理	得到运营管理层的认可	开发项目管理方法论	整合成本和进度控制
识别应用	在执行管理层建立发起人机制	给运营管理层提供相关知识	承诺制订计划	开发教育项目以提高项目管理技能
识别必须做什么	愿意改变公司经营方式	愿意让员工参加项目管理的培训	最小化范围蔓延；选择项目跟踪系统	

对于 PMO，要想取得成功，关键因素展示在表 12-5 中，表中也指出了必须避免的可能导致失败的因素。

表 12-5 项目管理生命周期的关键因素

成功关键因素	失败关键因素
执行管理层认可期	
考虑员工建议	拒绝考虑同事的想法
认识到变革是必要的	不愿意承认变革是必要的

续表

成功关键因素	失败关键因素
理解高管在项目管理中的角色	认为项目管理控制权属于高级管理层
运营管理层认可期	
愿意把公司利益置于个人利益之前	不愿意共享信息
愿意承担责任	拒绝承担责任
愿意看到同事晋升	不愿意看到同事晋升
成长期	
认识到需要全公司范围内的方法论	将标准方法论视为威胁而非好处
支持统一的状态监控/报告	拒绝承认项目管理的好处
意识到有效规划的重要性	只提供口头上的支持规划
成熟期	
认识到成本和进度是不可分割的	认为仅凭进度就可以确定项目状态
跟踪实际成本	认为没有必要跟踪实际成本
开展项目管理培训	认为项目管理中的成长和成功是相同的

Nanoform PMO 正处于成长期，其目标是在接下来的三年内到达成熟期。

◆ 结论和下一步

接下来，Nanoform PMO 将致力于更贴近战略制定，并随着成熟度的提高，进一步部署最佳标准化的方法论（更专注于为客户创造高价值、风险管理、收益衡量和为干系人提供价值），与所有职能部门进行富有成效的协同互动，加强双向沟通，并促进跨职能的资源规划、分配和优先级排序。最有效的信息技术支持和项目管理应用软件及系统的开发将实现项目的整合规划和监控，整个过程将实现自动化。

在新冠疫情之后的世界里，项目管理仍将是许多企业成功的关键。明确定义的决策模型和项目组合管理实践将减少不确定性，更好地管理波动性，使组织更加有效、敏捷和具有强适应性。人们认识到，客户最关心的是通过及时交付价值［因此出现 VMO（Value Management Office）的概念，即价值管理办公室］来解决他们的问题，这些价值由产品特性和修复或服务创新来体现。这是 Nanoform 未来增长和增强 PMO 实践的目标。PMO 层面的领导力将继续发展。全公司范围的项目集/项目管理文化和能力将被横向应用，因为几乎所有 Nanoform 员工都在某种程度上扮演着项目经理的角色，他们既要做出业务决策，也要做出项目决策。

Nanoform 的愿景是成为一家顶尖技术公司，能够触及 10 亿人的生活，能够使每年进入市场的新药数量翻倍，能够在闪电式扩张的同时实现卓越运营。公司拥有适应性强和敏捷的 PMO，目标是在 2025 年达到成熟，能够跟上 2030 年的项目发展趋势和制药及医疗服务领域快速扩张的步伐。只有最敏捷和先进的公司才能实现蓬勃发展。这需要加速学习并进入转型周期，以及所有 Nanoform 员工都拥有超强适应性，以实现个人和团队一起成长。

12.7 项目办公室的类型

公司内普遍存在 3 类 PO。

（1）职能 PO：这类 PO 应用于组织中的某个职能部门或分支机构，如信息系统部门。这类 PO 的主要职责是管理关键资源库，即资源管理。很多公司都成立了信息技术 PMO，实际上，它可能负责管理项目，也可能不负责管理项目。

（2）客户群 PO：这类 PO 的意义是更好地进行客户管理及客户交流。将共同的客户或项目集合在一起，以便更好地管理并维持更好的客户关系。可能同时存在若干个客户群 PO，它们最终可能作为临时组织运作。实际上，客户群 PO 更像公司中的公司，对管理项目负有责任。

（3）企业（或战略）PO：这类 PO 服务于整个公司，它并不注重职能问题，而是侧重于公司问题或战略问题。如果此类 PO 确实管理项目，那么这些项目的目的通常是降低成本。

正如之后将会讨论到的，多种类型的 PO 同时存在并不少见。例如，美国礼品公司（American Greetings）拥有一个信息技术职能 PO 及一个公司 PO。再举一个例子，让我们一起来看看 AT&T 的发言人是怎么说的。

客户项目集管理办公室（Client Program Management Office，CPMO）代表了一个组织（如业务部门或单元），管理一系列指定的项目组合，并与以下部门和人员进行接口：

- 客户发起人及指定项目的项目经理。
- 指定的部门项目组合管理办公室。
- 指定的项目组合行政办公室（Portfolio Administration Office，PAO）代表。
- 企业 PO——资源对齐组织工厂。

部门项目组合管理办公室为客户组织的执行官提供支持，并代表整个部门的项目组合。它起到主要联系点的作用，在以下领域将指定的 CPMO 及其客户组织与整个部门 PAO 联系起来：

- 年度项目组合规划。
- 项目组合资本和费用控制。
- 计划清单的变更管理及商业论证补遗。
- 部门项目组合项目优先级排序。

PMO 由一位执行总监领导，这位执行总监属于项目管理执行总监之列。所有的执行总监均向项目管理副总裁报告。

PMO 的职能包括定义、记录、实施及持续改进项目管理流程、工具、管理信息及培训需求，来确保客户体验到优质服务。PMO 开发并维护：

- 跨项目组合的有效且高效的项目管理流程及步骤。

- 专注于提高项目经理日常活动效率的系统和工具，同时满足外部和内部客户的需求。
- 管理衡量客户体验、项目绩效及组织绩效的信息。
- 支持组织目标的培训/认证课程。

12.8　项目审计和 PMO

最近几年，对业务的不同部分（包括项目）进行结构化、独立审核的需求变得日益显著。一部分原因是遵从 Sarbanes-Oxley 法案的需要。这些审计工作现在已经成为 PMO 职责的一部分。

这些独立的审核是对发现或决策的审计。它们同样可能关注项目健康度的判定。这些审计可能是有计划的，也可能是随机的；可能由组织内部人员进行，也可能由外部人员进行。

审计的常见类型有以下几种：
- 绩效审计。绩效审计用于评定指定项目的进展和绩效，可由项目经理、项目发起人或执行指导委员会进行。
- 合规审计。合规审计通常由 PMO 主持进行，以确认项目在合理使用项目管理方法论。通常，PMO 有权进行审计工作，但可能无权强制执行使项目合规。
- 质量审计。质量审计确保项目的质量能达到预期，并符合所有的法律法规。质量保证团队进行这类审计工作。
- 终止审计。那些遇到麻烦而可能需要终止的项目通常需要终止审计。由项目外的人员，如终止负责人或执行指导委员会进行终止审计。
- 最佳实践审计。最佳实践审计在每个生命周期阶段结束或项目结束时进行。一些公司已经发现项目经理可能并不是进行最佳实践审计的最好人选。在这种情况下，公司可以培训专业人员来进行最佳实践审计。

12.9　年度 PMO 大奖

有些人声称，21 世纪第一个十年，项目管理领域意义最重大的改变就是 PMO 概念的实施。因此，商业实践中心（The Center for Business Practices）开始设立"年度 PMO 大奖"就不奇怪了。

◆ 奖项标准

各个 PMO 通过论文和其他文件展示项目管理改进战略、最佳实践和习得的经验教训，年度 PMO 大奖则颁发给展示效果最好的 PMO。附加的支持文件，如图表、电子表格、宣传介绍册等，不得超过 5 份。在鼓励提供附加文件的同时，每个符合条件的 PMO 都必须在论文中通过例子或实际应用来清楚地说明其最佳实践及习得的经验教训。评委对这些论文进行评阅，考虑申请者的 PMO 是怎样将项目管理与组织的业务战略联系在一起的，以及在发展组织项目管理文化上起到了什么作用。除了申请者的 PMO 对项目及组织成功的贡献，评委还将评判论文的有效性、价值、精确性及一致性。

评委想要看到的最佳实践类型包括：
- 整合 PMO 战略以成功管理项目的实践。
- 对项目管理流程、方法论的改进，或者使组织的项目更有效且/或更高效交付的实践。
- 提高组织项目管理能力的创新性方法。
- 在项目管理应用中独特的、创新的或原创的实践。
- 促进公司范围内使用项目管理标准的实践。
- 鼓励使用绩效测量结果来帮助制定决策的实践。
- 提高项目经理能力的实践。

最佳实践的结果包括：
- 已实现商业收益的证据——客户满意度、生产力、预算绩效、进度绩效、质量、投资回报率、员工满意度、项目组合绩效、战略整合。
- 资源的有效利用。
- 组织项目管理成熟度的提高。
- 在政策及其他文件中表现出的对执行项目管理文化的承诺。
- 专注于组织业务结果的 PMO。
- 对项目管理知识及习得的经验教训的有效使用。
- 与项目成功的衡量标准相关的个人绩效目标和潜在回报。
- 在组织范围内对项目管理职能的持续运用。

◆ 完成论文

论文包括 3 部分。

PMO 的背景

申请者用 1 000 字以内的文字描述他们的 PMO，包括其范围、愿景和使命，以及组织结构。另外，他们还需描述：
- PMO 的存在时间。
- 申请者在 PMO 中的角色。
- PMO 运营的资金来源。
- PMO 的结构（员工、角色和职责、企业范围、部门范围等）。
- PMO 是如何运用项目管理标准来优化实践的。

PMO 的革新和最佳实践

申请者用 1 500 字以内的文字陈述在实施新的 PMO 实践之前组织遇到的挑战,以及他们是如何应对这些挑战的。他们需要言简意赅地描述实施的实践,以及实践对项目及组织的成功的影响。

PMO 的影响及未来的计划

申请者用 500 字以内的文字描述 PMO 在持续期间的总体影响,如客户满意度提升、生产力提高、周期时间缩短、组织文化改变等。如果可能的话,申请者提供定量数据来阐明 PMO 在业务方面影响最大的领域。最后,他们需简要描述他们的 PMO 在 20××年的计划,以及这些计划将怎样影响他们的组织。

第 13 章
六西格玛和项目管理办公室

13.0 简介

在第 12 章，我们讨论了 PMO 在战略规划和持续改进方面的重要性。在一些公司中，PMO 是专门为对六西格玛项目进行监管而成立的。组织中的六西格玛团队会收集数据并向 PMO 提供建议，以用于管理六西格玛项目。六西格玛项目的项目经理会被任命为 PMO 的固定成员，六西格玛项目的团队成员也有可能被任命为 PMO 的成员。

遗憾的是，不是所有公司都有能力维持一个大型的 PMO，让六西格玛团队成员及其他支持人员成为 PMO 固定成员。大多数 PMO 的固定成员为 4~5 个。作者认为，六西格玛项目团队及其项目经理可能最终会以"虚线"方式向 PMO 汇报，而在行政上以"实线"方式汇报给组织中的其他部门。在这些组织中，PMO 的职责主要是对项目进行评估、审批、确定优先级等。PMO 也可能有权拒绝推荐的六西格玛项目解决方案。

在本章中，我们主要关注 PMO 员工人数较少的组织。被分配到 PMO 工作的人员可能并不是六西格玛绿带或黑带，但他们拥有相当多的六西格玛方面的知识。这些 PMO 能够并且可以继续管理特定的六西格玛项目，但这些项目可能不是传统的、课堂上教授的那种六西格玛项目。

13.1 项目管理和六西格玛的关系

项目管理和六西格玛之间有关系吗？回答是肯定的。问题是如何将二者的好处进行交换，也就是如何将六西格玛的好处整合到项目管理中，以及如何将项目管理的好处整合到六西格玛中。有些公司已经认识到二者之间的重要关系，特别是六西格玛原则对项目管理的贡献。

今天，人们普遍认为，大多数传统的、以制造业为导向的六西格玛失败是因为缺乏项目管理；没有人把六西格玛项目当作项目来管理。项目管理为六西格玛提供了结构化的流程，并且能够更快、更高效地执行改进。

从项目管理的角度来看，六西格玛黑带存在的问题包括：
- 无法将项目管理原则应用于六西格玛项目的规划中。
- 无法将项目管理原则应用于六西格玛项目的执行中。
- 过于依赖统计数据，很少依赖业务流程。
- 无法认识到项目管理可以为组织增值。

如果这些问题得不到解决，那么出于以下原因，六西格玛的失败是可以预测的：
- 每个人都做了规划，但几乎没有人能有效执行。
- 队列中有太多的项目，确定优先级的工作做得不好。
- 六西格玛仅仅停留在制造层面，没有和整个业务目标保持一致。
- 黑带没有认识到执行改进本身就是项目中的项目。

六西格玛人员是项目经理，因此必须理解项目管理原则，包括工作说明书、进度安排技巧等。最优秀的六西格玛黑带人员了解项目管理，而且是优秀的项目经理。

13.2 让 PMO 参与

传统 PMO 的存在是为了采用企业项目管理方法论来改进业务流程和支持整个组织。项目经理（包括黑带）关注为客户增值的活动，无论是内部客户还是外部客户。PMO 则关注为公司增值的活动。

PMO 有助于使六西格玛项目与公司的战略保持一致。这包括以下几点：
- 不断地重新排定优先级顺序可能是有害的，有可能牺牲重要的任务，而且员工的积极性会受到影响。
- 为了取悦每个人而模糊优先级顺序，可能导致大量的工作被拖延或取消。
- 在与战略保持一致的过程中可能需要文化上的改变。
- 项目可能与战略方向不一致。
- 战略是由上层制定的，而项目从组织的中层发起。
- 员工知道项目是什么，但可能无法清楚地表达战略是什么。如果不了解战略，就无法在项目组合管理中有效地选择合适的项目组合，这可能导致误解。
- "切块"可以把大的项目分解为多个小项目，以更好地支持战略，这也使得项目的重新启动或否决变得更容易了。

PMO 也有助于解决与六西格玛最佳实践相关的一些问题：
- 引入某个最佳实践，可能过早地设置了"高标准"，现有的项目虽然迫于压力实施了该最佳实践，然而在那个时候可能这个最佳实践并不适合那个项目。
- 员工和经理不知道存在最佳实践，也就没有参与到它们的认定当中。
- 不存在部门间的知识传递，最好的情况是即使存在也非常少。
- 员工错误地认为大多数最佳实践是从失败中总结出来的，而不是从成功经验中学到的。

简单地说，项目管理与六西格玛的结合使我们能从更高的层面上进行管理。

13.3 传统的和非传统的六西格玛

在传统的六西格玛观点中，项目分为两类：制造和业务。每个类别的六西格玛都包含多个方面，如管理战略、衡量标准、流程改进方法论等，如图 13-1 所示。制造类六西格玛流程使用机器来生产产品，而业务类六西格玛流程使用人员和计算机来提供服务。六西格玛的流程改进方法论涵盖了这两类项目，唯一的差别是所使用的工具。在制造类六西格玛中，我们使用重复的流程来生产产品，因而更有可能采用先进的统计工具。在业务类六西格玛中，我们可能更多地使用图形分析及创新的工具和技术。

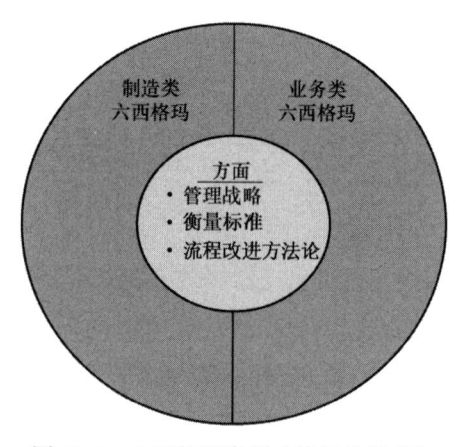

图 13-1　六西格玛类别（传统的观点）

传统的六西格玛项目极其强调对重复流程或制造等相关活动的持续改进。这种传统观点包括注重使用各种衡量标准，可能使用高级统计工具，做事严谨，强烈希望减少波动和不确定性。大多数这种六西格玛项目更适合在制造业实施，而不是在 PMO 中实施。六西格玛团队管理那些与制造相关的项目。

并不是所有的公司都从事制造业，也并不是所有的公司都支持 PMO 的概念。没有制造需求的公司可能更关注业务类六西格玛。没有 PMO 的公司主要依靠六西格玛团队来管理这两类项目。

支持 PMO 的公司必须问自己下面 3 个问题：
- PMO 是否应该参与六西格玛项目？
- 如果 PMO 应该参与，哪类项目适合由 PMO 来管理？
- 是否为 PMO 安排了足够的人手，使其能够积极参与六西格玛项目管理？

PMO 如果积极参与第 12 章中所描述的大多数活动，就没有时间和精力支持所有的六西格玛项目。在这种情况下，PMO 必须有选择地支持部分项目。被选中的项目通常被称为非传统项目，这些项目关注项目管理相关的活动，而不是制造活动。

图 13-2 展示了非传统的六西格玛观点。在这张图中，运营类六西格玛包括制造活动，

以及图 13-1 中的所有其他活动，而业务类六西格玛现在主要包括那些支持项目管理的活动。

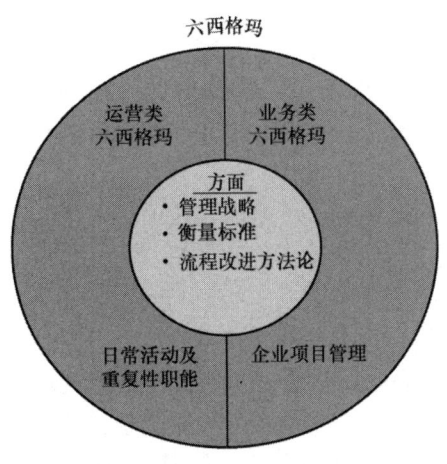

图 13-2　六西格玛类别（非传统的观点）

在非传统观点中，PMO 既能管理传统的六西格玛项目，也能管理非传统的六西格玛项目。然而，有一些非传统的六西格玛项目更适合由 PMO 管理。目前由 PMO 管理的项目包括企业项目管理方法论的改进、PMO 工具的加强、效率的提高、削减成本的努力等。分配给 PMO 的其他项目涉及流程改进，以缩短新产品上市所需的时间和改善客户管理。六西格玛专家可能认为这些是非传统项目。也有人怀疑这些是真的六西格玛项目，还是只是把持续改进的项目重新命名为由 PMO 管理的项目。由于很多公司现在把它们都叫作六西格玛项目，作者也将遵循这一叫法。

六西格玛项目管理的战略规划不是一次性完成的。相反，与其他的任何战略规划职能一样，它也是一个持续改进的循环。改进可大可小，可以定性或定量地度量，可以由内部或外部客户设计。

人们总是有很多关于持续改进的想法。最大的挑战是有效地选择项目并分配合适的人员。这两个挑战都可以通过在 PMO 中应用六西格玛项目管理最佳实践来克服。把六西格玛绿带或黑带专家安排到 PMO 中可能带来好处。

13.4　理解六西格玛

六西格玛并不是制造业的小工具，它关注的是流程。既然 PMO 是项目管理流程的"守护者"，那么 PMO 理应在一定程度上参与六西格玛项目。PMO 可能更积极地参与确定问题的"根本原因"，而不是管理问题的六西格玛解决方案。

有些人声称六西格玛不能满足期望，当然也就不适用于 PMO 从事的活动。这些人认为，六西格玛只不过是有些人相信可以解决任何问题的"灵丹妙药"。现实中，六西格玛可能成功，也可能失败，但是组织对它的理解一定要到位。六西格玛让你更贴近客户，能提高生产率，而且可以确定在哪里能得到最大的回报。六西格玛是关乎流程改进的，通常针对重复的流程，并降低人为和机器错误的可能性。你只有理解了内部或外部客户的关键需求，才能确定错误。

关于六西格玛的定义和看法多如牛毛。一些人把六西格玛看作改头换面的全面质量管理（Total Quality Management，TQM）。另一些人认为六西格玛就是在整个组织中严格应用高级统计工具。还有一些人结合了上述两种看法，把六西格玛定义为将高级统计工具应用于TQM工作。

这些看法不见得完全不对，但确实不全面。从项目管理的角度，六西格玛可以被看作为得到更高的客户满意度而进行的持续流程改进的努力。客户可以是组织外部的，也可以是内部的。对于外部客户和内部客户而言，"满意度"一词可能具有不同含义。外部客户期待产品和服务质量高，价格合理；内部客户可能从财务角度来定义满意度，如利润率。内部客户也可能关注如周期时间、安全要求、环保要求等条目。如果能在没有附加成本（如罚款、返工、加班等）的条件下，以最高效的方式满足这些要求，那么利润率就会增加。

在满意度的两种含义之间可能有些距离。通过降低质量可以提高利润率，但这可能危及和客户将来的业务。为满足某个特定的客户而进行方法论的改进看起来是可行的，但最终可能危害其他客户。

对六西格玛的传统看法，主要关注制造运营，并采用定量的度量和指标。六西格玛工具集也为这一目的专门创建出来。六西格玛活动可以定义为运营类六西格玛和业务类六西格玛。运营类六西格玛围绕着这种传统看法，并关注制造和度量。运营类六西格玛更关注流程，如企业项目管理方法论，强调对相应的表格、指南、检查清单、模板等的使用方面的持续改进。有些人争论说，业务类六西格玛只是运营类六西格玛的一个子集。尽管这种说法有它的道理，但项目管理特别是PMO的大量时间都花在业务类六西格玛而不是运营类六西格玛上。

六西格玛的最终目标是客户满意，但是实现这一目标的流程可能随运营类或业务类六西格玛而不同。

表13-1列出了六西格玛的一些常见目标。左侧列出了传统的目标，这些目标更多地属于运营类六西格玛，而右侧显示PMO计划如何实现这些目标。

表13-1 六西格玛的目标

目 标	实现的方式
理解并满足客户需求（通过预防和减少缺陷而不是通过审查）	为了理解客户需求，对表格、指南、检查清单、模板等进行改进
提高生产率	提高执行项目管理方法论的效率
通过降低运营成本来提高净收入	通过精益项目管理方法论来提高净收入而不牺牲质量或性能
减少返工	开发能更好地理解需求并将范围变更降到最低程度的指南
创建可预测的、一致的流程	对流程的持续改进

六西格玛的目标既可以在高级管理人员层面建立，也可以在员工层面建立。这些目标既有可能通过执行一个项目实现，也有可能需要执行多个项目，如表13-2所示。

表 13-2 目标及关注的领域

高级管理人员目标	PMO 关注的领域
提供有效的状态报告	• 识别高级管理人员的需求 • 有效利用信息 • "交通灯"状态报告
缩短项目规划的时间	• 在规划文档之间共享信息 • 有效地使用软件 • 使用模板、检查清单、表格等 • 客户状态报告的模板 • 客户满意度调查 • 将企业项目管理方法论延伸到客户的组织中

项目管理方面的六西格玛举措不是为了代替目前正在实施的举措，而是将重点放在那些可能在长期或短期对质量及客户满意度有关键影响的活动上。

运营类六西格玛的目标是着重减少人为错误的可能性。但是由 PMO 管理的业务类六西格玛活动可能与人的因素关系更大，如将个人目标与项目目标统一起来、为项目团队开发公平的奖励系统、提供平等的职业发展机会等。解决人的问题是业务类六西格玛的一部分，但不一定是运营类六西格玛的一部分。

13.5 破解六西格玛迷思

六西格玛的十大迷思如表 13-3 所示。这些迷思为人所知已经有一段时间了，但是在 PMO 负责业务类六西格玛项目后，这些迷思就越发明显了。

表 13-3 六西格玛的十大迷思

1	只对制造业起作用
2	寻求利润，忽视客户
3	建立平行的组织
4	需要大量培训
5	耗费额外的精力
6	需要大规模的团队
7	造成官僚主义
8	不过是另一个质量改进计划
9	需要复杂的统计数据
10	成本上不划算

◆ 只对制造业起作用

六西格玛在应用初期的成功大多数基于制造业场景。然而，近年来的文献已经开始探讨六西格玛在其他领域的应用。布雷弗格（Breyfogle）列举了六西格玛在许多业务类或服务方面的应用。在通用电气 1997 年的年报中，CEO 杰克·韦尔奇（Jack Welch）自豪地宣称，六西格玛"致力于将我们与客户接触的每个流程——每个产品和服务（特别强调）——提高到接近完美"。

◆ 寻求利润，忽视客户

这种说法并非完全的迷思，而是一种曲解。值得进行六西格玛投资的项目应该是客户最关心的，并且有显著提高利润的潜力。两个标准必须同时满足。在今天的竞争环境中，盲目追求利润而忽视客户，无疑是自寻死路。

◆ 建立平行的组织

六西格玛的目标之一是消除组织中发现的每处浪费，然后把节省下来的资金的一小部分投入改进中。过去 20 年来，世界各地都在大规模裁员，没企业喜欢职能重复，也没有这样浪费金钱的余地。现在很多职能部门已经人手不足。六西格玛致力于培养任何能为客户创造重大价值并为公司极大提高销售额的职能。

◆ 需要大量培训

彼得·B. 维尔（Peter B. Vaill）说：

> 在我们所处的年代，积极的一面是有众多颇有价值的创新，但付出的代价是，由于人们不停地修修补补，系统一直在变动。永不停息的激流总是把我们推出舒适区，要求我们去做我们从未想过去做的事情。我们应该停下来，仔细思考一下"不断重新回到初学者模式"的想法，这才是持续学习的真正含义。在这样的环境中，我们不需要掌握"胜任"的技能，我们需要的是"不胜任"的技能，即作为有效的初学者的技能。

◆ 耗费额外的精力

这其实就是"建立平行的组织"的变形。同样的问题，同样的答案。

◆ 需要大规模的团队

商业界大量的书籍和文章宣称，团队要想高效，就必须保持小规模。人们认为，如果团队规模太大，团队成员之间可能的沟通渠道数量就会呈爆炸性增长，因而没有人知道其他人在做什么。

◆ 造成官僚主义

字典上对官僚主义的定义是"僵化地遵从行政惯例"。明智地应用六西格玛方法时，唯一僵化的地方就是它会无情地坚持客户的需求一定要予以满足。

◆ 不过是另一个质量改进计划

在过去几十年中出现过很多低效的质量改进计划，在目前的发展阶段，六西格玛代表了"全新的管理组织的方法"。

◆ 需要复杂的统计数据

毫无疑问，许多高级统计工具对找出并解决流程问题特别有价值。我们认为，从业者需要具备分析背景，而且理解这些工具的使用方法，但是他们不需要理解统计技巧背后的所有数学原理。统计技巧的巧妙应用可以通过对统计分析软件的使用来实现。

◆ 成本上不划算

如果明智地实施了六西格玛，组织能在第一年就获得非常高的投资回报率。

13.6 评估的使用

PMO 的职责之一是管理项目组合。PMO 负责从组织中发掘潜在的项目，尤其是那些与六西格玛相关的项目。

确定潜在项目的方法之一是评估。评估是指组织在进行改进、资源分配，甚至优先级排序方面的决策时采用的指导方针或程序。评估作用包括：

- 检查、定义和衡量提升绩效的机会。
- 确定实现组织目标所需的知识和技能。
- 检查并解决绩效差距问题。
- 为了达到验证目的，对改进的状况进行追踪。

差距是指目前的状况和应该达到的状况之间的差异。差距可能存在于成本、进度、质量、绩效、效率等方面。评估能让我们明确地认识到差距，决定何种知识、技能、能力有助于缩小差距。对项目管理方面的差距，评估可能主要基于业务类问题而非运营类问题。基于评估的结果，可能很容易产生对行为进行矫正的项目。

在进行评估前，有几个因素一定要预先考虑。这些因素可能包括：

- 高级管理人员的支持和赞助程度。
- 一线经理的支持程度。
- 对广泛应用的关注。
- 确定评估对象。
- 参与者的偏见。
- 回答的真实性。
- 在多大程度上愿意接受结果。
- 对内部政治的影响。

评估的目标是先确定改进全球业务实践的方法，然后确定改进职能业务实践的方法。因为目标受众通常是全球性的，所以必须对评估流程有统一的支持和理解，并认识到这符合组织的整体利益。为了组织的进步，政治、权力、威信等问题都要放在一边。

评估可以在组织的任一层级进行，包括：
- 整体的组织评估。
- 业务单元的组织评估。
- 流程评估。
- 个人或职位评估。
- 客户反馈评估（满意度和改进）。

评估可以采用不同的工具，典型的工具包括：
- 访谈。
- 焦点小组。
- 观察。
- 流程图。

除非组织认为存在改进的机会，否则不要评估六西格玛项目管理。如图 13-3 所示，进行评估可能要耗费大量的时间和精力。

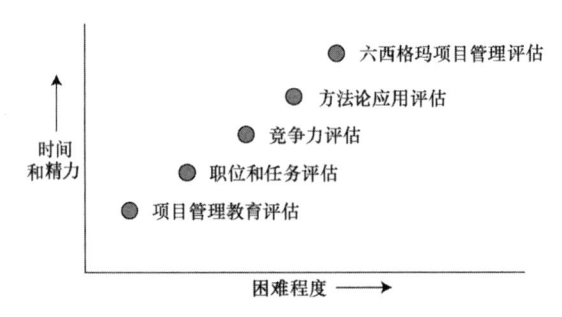

图 13-3　评估耗费的时间和精力

评估的好处包括可以大幅度提高客户满意度和利润率。然而，评估也有一些缺点，例如：
- 实施成本高昂。
- 需要大量劳动力。

- 很难确定哪些项目管理活动能从评估中受益。
- 可能无法提供有意义的好处。
- 无法度量投资回报率。

评估也会有其自己的生命周期。存在一些典型的评估生命周期阶段。这些生命周期阶段不一定与企业项目管理方法论中的生命周期阶段一致，其实施也可能是非正式的。典型的评估生命周期阶段包括：

- 差距或问题的识别。
- 适当的评估工具的开发。
- 进行评估或调查。
- 数据分析。
- 实施必要的变更。
- 审查是否有可能纳入最佳实践库。

确定最佳工具集可能很困难。工具集中最常见的要素是对问题的关注。问题类型包括：

- 开放式问题。
  - 顺序。
  - 长度。
  - 复杂性。
  - 得到回答所需的时间。
- 封闭式问题。
  - 多项选择。
  - 强制选择（是或否，真或假）。
  - 量表。

表 13-4 解释了如何设置量表。左列是定性的回答，可能是主观的；而右列是定量的回答，也更加客观。

表 13-4 量表

定性回答	定量回答
强烈赞同	低于 20%
赞同	20% ~ 40%
不确定	40% ~ 60%
反对	60% ~ 80%
强烈反对	超过 80%

至关重要的是，评估工具要先经过试用。试用包括：

- 验证对指南的理解。
- 检查回答的难度。
- 验证回答所需的时间。

- 验证回答所需的空间。
- 对不好的问题进行分析。

13.7 项目选择

六西格玛项目管理专注于对企业项目管理方法论的持续改进。找出潜在项目组合要比完成这些项目容易得多。原因主要在于以下两个方面：

- 典型的 PMO 可能不超过 3~4 位员工，基于分配给 PMO 的任务，员工放在六西格玛项目管理上的精力可能受到限制。
- 如果需要职能部门的资源，那么这些资源可能首先被分配到公司持续运营所必需的活动上。

在持续改进和持续运营之间经常会有冲突，如图 13-4 所示。理想的六西格玛项目管理活动应该产生较高的客户满意度、更高降低成本的可能性、对正在进行的工作给予极大的支持等。遗憾的是，PMO 最关心的利益可能与持续运营最关心的短期利益不同。

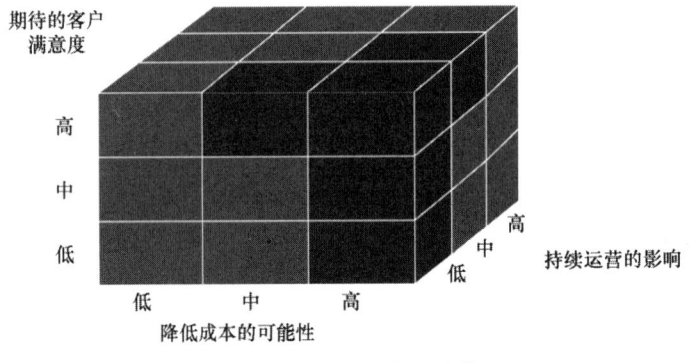

图 13-4 项目选择立方体

所有想法，无论是好是坏，都储存在"想法库"中。这些想法可能来自组织的任何地方：
- 高级管理人员。
- 企业六西格玛倡导者。
- 项目六西格玛倡导者。
- 首席黑带专家。
- 黑带专家。
- 绿带专家。
- 团队成员。

如果 PMO 积极参与项目组合管理，那么 PMO 必须对项目进行可行性分析及成本效益分析，同时给出优先级顺序的建议。可以用图 13-5 确定典型的机会。在这张图中，ΔX 代表要花费的金额（或额外的金额）。这是评估流程的输入。输出是改进量 ΔY，即实现的收益或节约的成本。考虑以下这个例子。

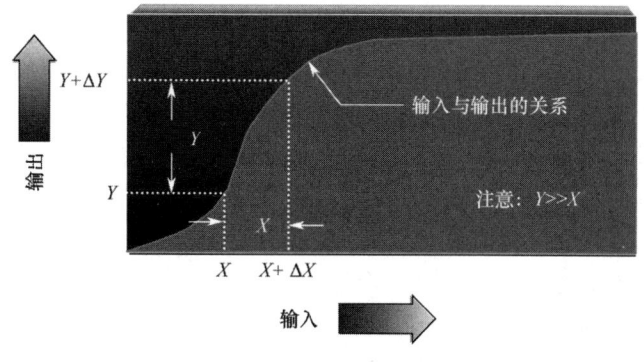

图 13-5　六西格玛的量化评估

◆ **Convex 公司**

Convex 公司确定了一个可能的六西格玛项目，涉及整合内部状态报告。项目的目的是尽量消除大量的纸质状态报告，代之以公司内部网络上使用不同颜色表示的"交通灯"报告。PMO 使用了以下数据。

- 高级管理人员的小时费率：240 美元。
- 每个项目通常需要的项目状态评审次数：8 次。
- 每次会议的持续时间：2 小时。
- 每次会议中出席的高级管理人员数量：5 位。
- 需要高级管理人员评审的项目个数：20 个。

根据上述信息，PMO 计算出了高级管理人员的总成本：

8 次评审×5 位高级管理人员×每次会议 2 小时×每小时 240 美元×
20 个项目= 384 000（美元）

Convex 公司安排了一位系统程序员（小时费率是 100 美元）工作了 4 周。在内部网中添加"交通灯"报告系统的成本是 16 000 美元。

实施 6 个月后，评审次数减少到每个项目 5 次，会议持续时间减少为平均 30 分钟。高级管理人员现在只要关注那些根据颜色显示可能出问题的项目。如果以年计，20 个项目的会议成本现在只有 60 000 美元，仅在第一年就节约了 324 000 美元。

13.8　典型的 PMO 六西格玛项目

分配给 PMO 的项目既有运营类的也有业务类的，不过主要是后者。典型的项目可能包括以下几种。

- 增强状态报告系统：该项目可以采用"交通灯"报告，报告系统的设计是为了让客户更容易分析绩效。报告系统可以是基于局域网的，目标是实现无纸化项目管理。可以根据问题、当前及未来的风险、受众的头衔、层级等决定采用不同的颜色。

- 使用表格：表格应该是用户界面友好且容易填写的。应该尽量减少用户的输入，如果必要的话，输入到一个表格中的数据应该可以被多个表格使用。要去除不必要的数据。表格应列为最佳实践库的索引。
- 使用检查清单及模板：这些文档既要全面，又要易于理解，既要用户界面友好，又要易于更新。表格要灵活，可以适应各种状况下的应用。
- 成功及失败的标准：必须建立项目成功或失败的标准，同时还要有流程保证针对这些标准的持续度量，以及重新定义成功或失败的方法。
- 团队授权：该项目关注整合项目团队的使用、团队成员的选择、评估团队绩效的标准等。设计该项目是为了帮助高级管理人员对团队进行授权。
- 目标一致：大多数人都有自己的个人目标，这些目标可能与公司的目标不一致。目标一致包括项目目标与公司目标、项目目标与职能目标、项目目标与个人目标、项目目标与专业目标之间的一致，以及其他种种目标之间的一致。目标之间一致程度越高，提高效率和效能的机会就越大。
- 衡量团队绩效：这一项目关注的重点是在团队绩效指标中统一应用关键成功因素和关键绩效指标。这还包括绩效和目标协调一致、报酬和目标协调一致等。该项目可能与工资薪酬计划接口，需要进行双方及三方的绩效评估。
- 能力模型：项目经理的职位描述正在被能力模型所取代。必须建立能力标准，包括目标的协调一致和衡量标准。
- 财务评审的精确度：这类项目寻求在项目财务评审时引入更精确的数据的方法，可能包括与不同的信息系统的数据传递，如挣值衡量、成本会计等。
- 测试失败的解决方案：有些 PMO 维护和失效模式与影响分析接口的故障报告信息系统。遗憾的是，虽然能够识别故障，但是可能没有解决故障的办法。这类项目试图缓解这样的问题造成的影响。
- 准备交接检查清单：这类项目主要关注某一职能领域是否已经准备好或已经可以承担移交过来的责任。例如，可能要开发一个检查清单，来评估从工程部门到制造部门的项目移交的风险或准备情况。理想的解决方案是为所有的项目开发统一的检查清单。

以上清单是不全面的。然而，这一清单确实列出了 PMO 管理的典型项目。通过分析这个清单，可以得出一些结论。

- 项目既有业务类的也有运营类的。
- 大部分项目着眼于方法论的改进。
- 具有六西格玛经验的人员会对项目很有帮助，如绿带或黑带专家等。

当 PMO 在六西格玛项目管理中发挥主导作用时，它可能为自己开发一个六西格玛工具箱。这些工具可能不包括那些制造业的黑带专家们采用的高级统计工具，而是更加强调面向流程的工具或评估工具。

第 14 章
项目组合管理

14.0 简介

假设公司现在正在同时运作好几个项目,而且还有 20 个想要完成的项目排在等待名单上。如果可用的资金只能支持不多的几个项目,那么在这 20 个项目中,公司该如何决定接下来运作哪些项目呢?这就涉及项目组合管理流程。理解项目管理与项目组合管理之间的区别是非常重要的。黛布拉·斯托弗(Debra Stouffer)和苏·拉什林(Sue Rachlin)对信息技术项目做出了如下的区分。

> IT 项目组合是由一系列或一组行动或项目组成的。项目管理是一个持续的流程,它是在成本、进度、技术和绩效基准的限制下,专注于构建、维护并达到其预期目标的特定行动。

项目组合管理把注意力放在一个更综合的层面上。它的主要目标是识别、选择、资助、监控并维护一组经过适当混合的项目和行动,以实现组织的目标和目的。

项目组合管理集合了关于组合中所有项目的总体成本、风险与收益方面的考虑,以及项目之间的各种权衡关系。当然,项目组合经理也需要考虑 IT 项目组合中每个项目的健康状态。无论如何,最终项目组合的相关决策,如是否为新项目拨款或者继续为已有的项目拨款,需要根据来自项目层面的信息来进行。

项目组合管理有助于确定正确的项目组合和每个项目恰当的投资水平。结果是在现有的与新的战略行动之间取得更好的平衡。项目组合管理不是简单地对每个项目进行诸如投资回报率、净现值、内部收益率、投资回收期及现金流等具体计算,然后根据对风险的预判来进行适当的调整,实际上,它是一个制定决策的流程,为整个组织的最根本利益服务。

项目组合管理决策不是凭空进行的。它通常与其他项目的诸多因素相关,如可用的资金和资源的分配。另外，所有项目必须与项目组合中的其他项目及战略规划相契合。

对项目的筛选应该基于其他项目的完成情况，已完成的项目所释放出来的资源可以满足新项目的需要。同时，被选中的项目也可能受到其他项目完成日期的限制，因为只有完成这些项目所必需的可交付物之后才能启动新的项目。在任何情况下，某种形式的项目组合管理流程都是必要的。

14.1 高级管理层、干系人及 PMO 的参与

成功的项目组合管理需要那些认识到项目组合管理所能带来的好处的人，同时需要他们展现出强大的领导才能。来自高级管理层的承诺是非常重要的。斯托弗和拉什林对于高级管理层在政府机构中的 IT 环境中所扮演的角色进行了以下评论。

项目组合管理需要对于业务与整个企业的宽广视野。然而，IT 方面的投资决策必须在项目和项目组合两个层面进行。政府高级官员、项目组合经理与项目经理，以及其他决策者必须定期提出两个问题。

首先，在项目层面，是否有足够的信心认为寻求拨款的新活动和现有的活动能在合理及可接受的成本、进度、技术和绩效参数的范围内完成它们既定的目标？

其次，在项目组合层面，在第一个问题得到了可接受的答案的前提下，投资一个项目或项目组合是否比投资其他项目或项目组合显得更合理？

得到了这些问题的答案之后，政府高级官员、项目组合经理与项目经理和其他决策者接下来就必须运用所得到的信息来决定 IT 投资组合的规模、范围和组成。项目组合在何种状况下可以进行变更，必须进行清楚的定义和传达。对项目组合变更的提议应该得到适当的决策机构的审议和批准，如投资评审委员会，并从整个组织的角度加以考虑。

高级管理层要最终负责清晰地定义和沟通项目组合的目标与目的，以及在考虑筛选组合中的项目时采用的标准与条件。斯托弗和拉什林认为，这包括：
- 充分定义 IT 项目组合的目标与目的并进行广泛沟通。
- 清晰地阐明组织与管理层对追寻的收益类型及投资回报率的期望。
- 识别并定义可能影响 IT 项目组合绩效的风险类型，组织正在进行哪些活动来规避和应对风险，以及其对风险持续存在的容忍度。
- 建立一套标准，用于筛选与之竞争的 IT 项目与活动，对该标准达成共识并持续地加以运用。

高级管理层必须同时收集和分析数据来评估项目组合的绩效，并决定是否需要进行调整。这必须定期进行，以确保关键的资源没有被浪费在应该取消的项目上。斯托弗和拉什

林通过访谈给出了他们在这个问题上的独到见解：

>项目管理中心（Center of Project Management）主任戈帕尔·卡伯（Gopal Kapur）表示，组织应该关注 IT 项目组合评估和控制会议中有关重要项目的关键标志。这些关键标志的例子包括发起人的承诺与时间、关键路径的状态、里程碑的实现率、可交付物的交付率、实际成本与计划成本的对比、实际资源消耗与计划资源消耗的对比，以及概率和影响都比较大的事件。运用红色、黄色或绿色的报告卡方法，以及预先定义的衡量标准，组织可以创建一种具有一致性的方法，来确定项目是否对 IT 项目组合有负面的影响，是否正在走向失败而需要提前终止。
>
>需要收集和分析的特定标准及数据可能包括以下这些：
>- 标准财务衡量指标，如投资回报率、成本效益分析、挣值（关注在可能的条件下将实际与计划进行比对）、增加的盈利、节约的成本或回收期。所有参与了访谈的组织都表示，它们运用了其中一个或多个财务衡量指标。
>- 战略协同（定义为任务支持），几乎被所有组织采用了。
>- 客户（顾客）影响，以绩效指标来定义。
>- 技术影响（通过对某种形式的架构所做的贡献或施加的影响进行衡量）。
>- 最初的项目与（在一些情况下）运营和进度。大多数组织提到了这一点。
>- 风险及风险规避（有时包括具体的风险缓解措施）。大多数参与者提到了这一点。
>- 基本的项目管理技巧和方法。
>- 数据来源和数据采集机制也很重要。很多参加访谈的组织更倾向于从现有的系统中获取信息，来源包括财务和项目管理系统。

斯托弗和拉什林所认定的 IT 项目最佳实践之一是，仔细考虑内部的干系人和外部的干系人。

>扩展项目组合管理的业务参与通常包含以下各项：
>- 认识到业务项目经理是关键的干系人，在整个生命周期中提升与之的合作关系。
>- 签订服务水平协议，与问责制度（奖赏与惩罚）联系在一起。
>- 把责任转移给业务项目经理，让他们参与到关键决策制定中。
>
>在很多组织中，都有相应的机制来促进与干系人合作关系的建立。要想确保决策流程更加具有包容性和代表性，这些机制是不可或缺的。让干系人早早地对项目组合管理流程表示支持和认可，更容易保证在整个组织内实施一致的流程和对决策的接受。干系人的参与和认可同时也可以在领导层发生变更时让项目组合管理流程保持可持续性。
>
>与干系人建立合作关系有很多种不同的方式，这取决于组织、流程和手头的事务。通过把每个主要的组织部门中的负责人员（他们负责对来自组织各处相互

竞争的新提议进行优先级排序）包括进来，所有观点都被纳入其中；通过运用预先定义的标准和决策支持系统，就能够在流程中实现客观性；将上述两种方法相结合，就能保证所有人都参与了流程，也能保证流程的公正性。

同样，最高决策机构的成员由来自企业各个部门的高级管理人员组成。所有主要的项目，或者那些需要拨款的项目，都必须经过这个决策机构的投票批准。让干系人参与这种高层活动的价值在于，这一机构的工作是为了支持组织的整体利益和优先任务，而不是狭隘的部门利益。

如今越来越多的公司都非常依赖 PMO 来支持项目组合管理。典型的支持活动包括能力规划、资源优化配置、商业论证分析及项目优先级排序。从这个角度来说，PMO 的角色是支持高级管理层，而不是替代他们。项目组合管理几乎一直是高级管理层的主要职责，但 PMO 所提供的建议和支持会让高级管理层的日子稍微好过一些。在这个角色中，PMO 可能更多地充当协调者。丘吉尔唐斯公司的项目集管理前总监丘克·米尔霍兰描述了在他的公司中的项目组合管理。

我们的 PMO 要负责项目组合管理流程，并通过我们的"投资委员会"来进行项目组合评审。我们有意地把请求启动项目、评估项目（原则上批准项目）和分配工作（加入现有的项目组合）的流程分开了。

在被问及 PMO 与项目组合管理的关系时，丘克·米尔霍兰进行了如下描述。

（1）投资委员会：投资委员会的人员构成包括高级（投票）成员（首席执行官、首席运营官、首席财务官、集团副总裁等），以及来自各个业务单元的代表。委员会定期举行由 PMO 引导的月度会议，以评审和批准新的请求，并审查现有的项目组合。投资委员会的目标和目的包括：
- 为项目排定优先级并分配资金。
- 根据相关商业论证的价值来决定批准还是拒绝新的项目启动请求。
- 在各自代表的组织中，无论是个人还是集体，都要积极地作为项目倡导者，为项目大声疾呼。
- 如有必要，在批准项目交付物、帮助解决问题，以及提供与项目相关的领导与指引方面扮演积极的角色。

（2）请求、评估和批准：我们运用投资申请表对项目（也就是投资请求）呈现给投资委员会的格式进行标准化。其中的元素包括请求描述、成功标准和相关的度量指标、对当前和未来状况的描述、与战略目标的协同、初步的风险评估、相关项目的识别、资源可用性初步评估，以及对投资回报率和成本支出的分析。

（3）工作授权：如果项目在年度运营规划流程中获得批准，并且能产生高投资回报率，那么就要回到投资委员会来获得工作授权并加入现有的项目组合当中。这可以与在规划周期中启动的项目请求、评估和批准同步进行。

（4）项目组合维护：我们使用一种两周一次的项目状态汇报流程，且只包括投资委员会认为需要项目组合评审或监管的项目。项目组合报告每两周提供一次，并在投资委员会的月度会议上展示。

当 PMO 支持或促进项目组合管理流程时，PMO 在战略规划流程中就成了一个积极的参与者，并通过确保队列中的项目与战略目标保持一致来支持高级管理层。其角色可能是支持或监督与控制。英德拉公司 PMO 前主任、PMP 专家恩里克·塞维利亚·莫利纳在论及其组织中的项目组合管理时说：

> 项目组合管理非常注重监督和控制项目组合的绩效、检查项目组合与战略规划的一致性。对趋势的仔细分析也会定期进行，以便必要时评估和调整项目组合。
>
> 一旦项目组合的战略目标在组织的各个层级进行了定义和分配，流程中的主要循环就要包括：在项目组合的绩效、问题、风险、预测和新合同计划方面进行汇报、检查并采取行动。为了把注意力集中到与项目组合管理相关的主要问题上，人们定义了一系列警报、信号或指标，并进行自动化运作。那些被标记为需要特别注意的项目或提议会由管理团队谨慎跟进，并且会提供特定的状态报告。
>
> 项目组合管理流程所用到的关键工具之一是我们的项目监视器。这是一个基于网络的工具，能够提供任何预先定义的项目（或项目组合）的全貌，包括一般数据、绩效数据、指标和信号。它也能够提供不同种类的报告，如单个项目的报告、项目组合层面的报告，或者选定项目组合的特定风险报告。
>
> 除公司 PMO 外，公司中主要的业务单元都在项目组合管理流程中使用自己的 PMO。其中一些 PMO 负责报告项目组合中的主要项目或项目集的风险状态。另一些 PMO 负责为项目或活动进行最初的风险等级定义，以便提前发现潜在的风险领域。还有一些 PMO 在向上级管理层汇报时为项目组合经理提供具体的支持。
>
> 公司 PMO 对项目组合管理流程进行定义，以期与项目管理层级保持一致。除此之外，还需要定义在公司的工具和信息系统中实施这些流程的要求。

一些公司在没有 PMO 参与的情形下进行项目组合管理。当项目组合中可能包括大量资本支出项目时，这种情况非常普遍。AT&T 的一位发言人这样说：

> 我们的 PMO 并不是项目组合管理的一部分。我们成立了一个项目组合管理办公室（Portfolio Administration Office，PAO），通过年度规划流程，对主要的资本支出项目和项目集进行批准。PAO 利用变更控制来管理任何对批准通过的项目列表的修改。每个项目经理都必须跟踪他们项目的详细信息并更新项目组合管理工具（Portfolio Administration Tool，PAT）中的信息。公司项目集办公室使用 PAT 中的数据来监控项目是否健康、状态是否良好。个别项目要经过审计，以确保与流程相符，并准备好报告来跟踪进程和状态。

14.2 项目选择中的障碍

项目组合管理决策者在评估候选项目时拥有的信息通常比他们想要的少得多。项目成功的可能性、项目最终的市场价值，以及项目完成所需的全部成本往往被不确定性包围。这种缺乏足够信息的情况往往带来另一个难题：缺少系统性的方法来进行项目的筛选和评估。我们需要根据一些已经达成共识的标准和方法来评估每个候选项目，这些标准和方法对理性决策来说是不可或缺的。虽然大部分公司已经确立了组织目标和目的，但它们往往不够详细，无法作为标准用于项目组合管理决策。不管怎样，它们都是一个非常重要的起点。

项目组合管理决策往往被很多行为因素和组织因素干扰。部门的忠诚度、欲望和冲突、视角的差异，以及不愿公开共享信息，可能使项目的筛选、批准和评估流程陷入困境。很多项目评估数据与信息本质上都是客观的。因此，各方是否愿意公开地分享并信任彼此的意见就成了一个重要因素。

组织中关于冒险精神的氛围或文化也可能对项目筛选的流程产生决定性的影响。如果组织中的氛围是厌恶风险的，高风险项目就永远没有出头之日。组织中对创新的态度和创意的多少会影响所选项目的质量。总体来说，创意的数量越多，选中高质量项目的机会也就越大。

14.3 在选择项目时项目经理的角色

在过去，尽管项目经理的专业知识在决策过程中扮演着重要角色，但他们往往很少参与到组织选择项目的环节中。项目选择可能涉及单个项目或项目组合的一部分。虽然项目组合经理可能会参与选择过程，但通常不会包括那些最终将被分配到项目中的项目经理。

虽然有专门讨论项目选择实践的书籍，但遗憾的是，大多数项目管理书籍，包括被广泛认可的《PMBOK®指南》，都侧重于传统的项目管理实践，而很少讨论不同的项目选择技术。这可能导致一种误解，即认为项目经理在项目选择过程中的参与是不必要的。然而，这些书籍确实讨论了定义项目成功的关键财务指标。

◆ 项目选择介绍

在项目启动阶段，管理层会决定哪些项目对企业的生存和成长至关重要。通常，他们会准备商业论证和工作说明书（SOW），然后对项目进行优先级排序，并将它们纳入计划队列。然而，项目经理往往在项目已经确定后才被分配其中，并且经常被要求承担一些不现实甚至不可能的任务。出于对可能受到惩罚的担忧，项目经理可能会接受这些任务，这有时会导致项目无法按预期交付，甚至完全失败。

问题的根源在于项目选择决策者在何时引入项目经理。虽然战略规划确实应由高级管理层完成，但项目经理如果能在早期阶段参与进来，将显著提高项目选择的效率和效果。

经验丰富的项目经理拥有高管可能不具备的洞察力，如评估项目风险、分析过往项目的成败因素、评估所需资源和能力、选择合适的承包商和合作伙伴，以及识别做出项目决策所需的关键信息。

正确的项目选择对于执行业务战略至关重要。如果项目选择决策者认为"信息就是权力"，并且认为项目经理在项目批准前不需要知道相关信息，他们可能无意中对公司造成了伤害。简单地声明一个项目与战略业务目标一致，并不意味着它就是正确的选择。在没有参与项目选择的情况下，项目经理只能依据商业论证和 SOW 中的信息来做出技术和业务决策，而这些信息可能并不完整，这可能导致次优的项目决策。项目团队由于信息不全而无法全面理解项目选择的过程和变量，从而限制了项目经理的创新能力。

为了实现可持续的业务，公司需要执行更多战略性和创新性的项目。这些非传统项目的路径从想法的生成到进行开发，再到市场的进入。在想法生成阶段，SOW 和商业论证可能仅仅是一个初步的想法或对战略目标和任务的简短陈述。如果项目经理没有在想法生成阶段积极参与，这可能会在项目执行期间造成决策上的困难。

◆ 模糊前端

大多数项目管理课程将项目的第一个生命周期阶段定义为启动阶段。尽管项目经理没有参与项目需求的识别，但他们需要接受培训以验证他们对项目需求的理解。启动阶段的开始被称为模糊前端（Fuzzy Front End，FFE），通常是想法被批准进行开发的时期。模糊前端可能包括较小的生命周期阶段：

- 识别需求、想法或潜在项目。
- 为每个考虑的项目选择标准。
- 使用定量和定性方法比较项目。
- 分析结果。
- 选择项目。

"模糊前端"生命周期阶段面临的主要问题是信息的不准确性、不确定性和风险，这也是其名称中"模糊"二字的由来。尽管每个生命周期阶段都有模板和数学模型来辅助决策，但这些工具的使用方式在不同公司间差异很大。遗憾的是，项目经理往往没有接受过如何使用这些工具的培训。然而，现在情况正在改变，项目经理开始接受相关的培训，并在项目选择活动中使用这些工具。

在项目管理的早期阶段，"模糊前端"这一术语并不常见，它主要存在于那些依靠竞争性投标的项目驱动型组织中。销售和市场人员通常决定是否参与投标，并确保合同的工作说明书（SOW）合理定义。项目经理可能参与准备投标方案，但通常只有在获得合同且需求明确后，他们才被正式分配到项目中。

随着时间的推移，"模糊前端"的概念在非项目驱动型组织中也得到了发展。这些组织启动项目，旨在创造新产品或服务，或者改进公司开展业务的方式。这些项目的起点往往是一个想法，随着项目的推进，详细需求才被逐步明确。与传统项目不同，这些非传统项目关注的是解决所有客户的问题和探索未来的商业机会。

在项目选择活动中,"模糊前端"的挑战在于如何在众多项目和有限资源之间取得平衡,以最小化风险并最大化机会。由于关于每个项目属性的必要信息往往是不完整或不准确的,这增加了决策的复杂性和风险。此外,确定每个项目属性的重要性以及属性之间的相互影响和关系也存在不确定性。

尽管有项目选择的工具和技术,但决策往往依赖直觉而非完全基于事实或部分信息,尤其是在处理威胁和机会时。在"模糊前端"活动中引入项目经理,并有效利用项目选择模型,对于决定组织的成功至关重要。项目经理的专业知识和经验可以帮助组织在面对不确定性和风险时做出更明智的决策,从而提高项目成功的可能性。

◆ 理解项目属性

尽管每个组织可能都有独特的特点,但大多数项目选择模型具有一些通用属性。这些属性可能以表格、指南、模板或检查清单的形式出现,并确定应考虑用于评估和比较每个项目的因素。

属性1:核心价值观和管理层愿景

大多数公司对产品和服务都有一套核心价值观,例如,针对特定年龄段的客户、特定的价格区间,或者希望在特定的地理市场细分中保持竞争力。这些核心价值观连同高级管理层对组织未来的愿景,为项目选择划定了基本的边界。如果管理层对项目的愿景拓展到了这些核心价值观之外的新机遇,项目经理必须被及时告知,因为这将对项目执行的决策产生影响。

属性2:与战略业务目标保持一致

所选择的项目必须与战略业务目标保持一致。为了简单起见,战略项目可以分为两类:
- 业务增长项目,关注扩展公司的产品和服务。
- 商业模式改进项目,关注提高组织商业模式的效率和效果。该商业模式描述了企业将如何与其客户、供应商和分销商互动。

两类战略项目的典型战略目标如表 14-1 所示。每个类别,甚至每个战略目标都可能有不同的路径和不同的决策。

表 14-1 两类战略项目的典型战略目标

业务增长项目	商业模式改进项目
收入增长	产品可由目前的销售人员销售
市场份额增加	使用类似的营销和分销渠道
形象和声誉提升	现有客户群体购买
品牌知名度提高	缩短上市时间和产品周期
业务重要性增加	降低成本
战略伙伴关系形成	提高客户满意度

管理层必须确保这些业务目标对项目团队是可见的。项目经理必须理解制定特定战略的基本原理，以保持项目决策与战略目标一致。即使项目经理可能参与项目选择过程，在项目执行期间项目团队仍必须与高级管理层保持联系，以防业务目标发生变化或项目与业务目标的一致性出现问题。

度量技术的发展使得项目团队能够为项目的度量构建业务指标、无形指标和战略指标。这些指标可用于衡量创造的商业价值和与战略业务目标的一致性。有时，战略业务目标的微小变化可以使项目团队更容易报告一致性和创造的商业价值。

通过参与模糊前端活动，项目经理可以更好地理解对高级管理层和董事会重要的战略信息。然后，项目经理可以选择适当的战略指标，重点关注所创造的商业价值，并向高级管理层甚至董事会报告这些信息。

表 14-1 中呈现的信息可以被视为选择项目的适用性标准。批准不符合适用性标准的项目可能会延迟上市时间，增加与产品发布相关的成本，并导致与产品重新设计工作相关的额外成本。项目经理必须理解项目可交付物与适用性标准之间的关系。

属性 3：核心竞争力

项目的选择应与公司的核心竞争力保持一致，这可能包括利用现有技术，并确保产品可以使用现有的生产设施制造。经验丰富的项目经理通常比高级管理人员更了解公司的核心竞争力，并可以在项目的"模糊前端"阶段提供这些关键信息。

属性 4：资源需求

项目经理对项目所需资源的准确评估在项目选择过程中至关重要。资源需求不仅包括人力、时间和资金，还可能涉及特定的设施。高级管理人员在选择和优先考虑项目时可能没有充分考虑所需资源。项目经理对人力资源需求有深刻的理解，包括全职人员或兼职人员的配置、员工的逐步增减、必要时的额外培训需求，以及及时调整高技能工人以满足其他项目需求的相关风险。如果资源评估不准确，可能导致项目延误，甚至造成财务损失。

属性 5：使用知识管理系统

在处理战略或创新项目时，仅仅具备必要能力的合适资源可能还不够。组织可能还需要访问信息库或知识管理系统。

项目经理在之前的项目中可能已经积累了使用组织知识管理系统的经验。通过深入了解系统的内容，项目经理可以就是否需要雇用承包商、专有信息限制、知识产权控制，以及可能影响项目选择的客户购买决策的知识等问题提供建议。

属性 6：建立失败标准

项目经理参与"模糊前端"活动的另一个重要原因是与高级管理层共同确定项目失败的标准。每个组织对风险的容忍度阈值都不同，对于每个项目，不可接受风险的阈值限制也可能不同。如果没有明确的失败标准，项目团队很难知道何时应该终止项目以最小化潜在损失。一些失败标准的例子包括：

- 无法克服的障碍（业务或技术）。
- 缺乏专业知识和/或缺乏合格的资源。
- 法律监管或产品责任方面的不确定性。
- 产品市场份额过小；过度依赖有限的客户群体。
- 对某些供应商和/或专业原材料的高度依赖。
- 不愿接受合资企业和/或许可协议。
- 成本过高，产品的销售价格不具有竞争力。
- 投资回报产生时间过晚。
- 竞争过于激烈，不值得冒险。
- 产品生命周期过短。
- 与我们其他产品和服务使用的技术不同。
- 产品无法由我们现有的生产设施生产。
- 产品无法由我们现有的销售团队销售，并且与我们的营销和分销渠道不匹配。
- 我们现有的客户群体不会购买产品/服务。

现在项目经理越来越认识到在模糊前端环境中工作所需的技能。在处理不确定性时，进行组合项目选择活动决策需要了解如何应用模糊逻辑。

◆ 模糊逻辑的发展

有几种项目选择方法。一些方法的使用涉及复杂的数学概念和模型，需要将现实世界的问题转化为可解的方程。另一些使用模糊逻辑原理的模型则试图减少不确定性。

模糊逻辑概念是在 1965 年引入的，通过为每个属性元素赋予权重，它允许我们基于模糊或不精确的信息做出决策。在模糊化过程中，每个变量或属性元素的值由 0 和 1 之间的实数表示。数字 0 可能表示不太可能发生且不适用的完全错误的情况，而数字 1 可能表示完全正确的情况。0 和 1 之间的数字表示部分事实，帮助我们基于不精确或非数字信息做出项目选择决策。

模糊逻辑还可以与其他数学公式结合使用，如：
- 线性规划。
- 非线性规划。
- 动态规划。
- 整数规划。
- 多目标规划。

模糊逻辑使我们能够处理项目选择中的不确定性，并做出通常只是最佳猜测的决策。模糊逻辑已被证明在以下情况下具有价值：
- 多项目导致的资源依赖。
- 由于资源稀缺而间歇性启动和停止项目时最小化进度问题。
- 确定所有项目所需的最大资源数量。

- 原材料的供应日期不确定。
- 项目选择属性之间的相互作用。

◆ 非财务因素

选择某些项目有非财务原因。例如，可能包括组织对环境的影响、稀缺自然资源的使用、客户的影响、保持一定的市场份额、保持产品线运作和工人就业，以及维护正确的形象和声誉方面的企业社会责任愿景。非财务因素通常无法量化，而且往往难以与其他具有财务因素的项目进行比较，但可能具有重要的战略意义。

14.4 识别项目

20 多年来，公司一直将 PMO 作为组织的项目管理实践知识库、最佳实践库的"守护者"，以及项目管理持续改进的控制点。在一些组织中，所有项目经理都向 PMO 汇报。

随着公司开始着手开展更具战略性和创新性的项目，高级管理层意识到，如果不牺牲其他职责，他们就无法投入足够的时间进行项目选择活动。解决方案是成立一个项目组合 PMO，负责选择和管理一组项目。PMO 成为组织识别想法并将其转化为成功项目的命脉。项目组合 PMO 在很大程度上依赖项目经理的参与，以识别、选择和执行项目组合中的项目。

项目组合管理流程包含 4 个步骤，如图 14-1 所示。第一步是识别项目。识别可以通过头脑风暴会议、市场研究、客户研究、供应商研究和文献搜索来进行。所有想法，无论价值如何，都应该被列出来。

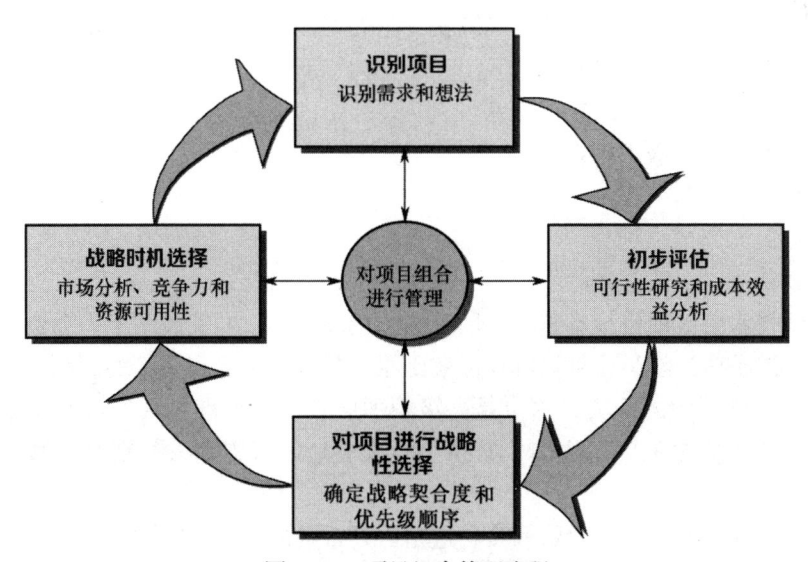

图 14-1 项目组合管理流程

由于潜在想法的数量可能很大，因此需要某种分类系统。有 3 种常用的分类方法。第一种方法是把项目分为两大类，如生存型和成长型。这两类项目的资金来源和类型可能有所不同，并且应该有所不同。第二种方法来自典型的研发战略规划模型，如图 14-2 所示。使用这种方法开发新产品或新服务的项目会被分类为进攻型项目或防御型项目。进攻型项目旨在占领新市场或在已有市场中扩大市场份额。进攻型项目对于新产品和新服务的持续发展来说是必需的。

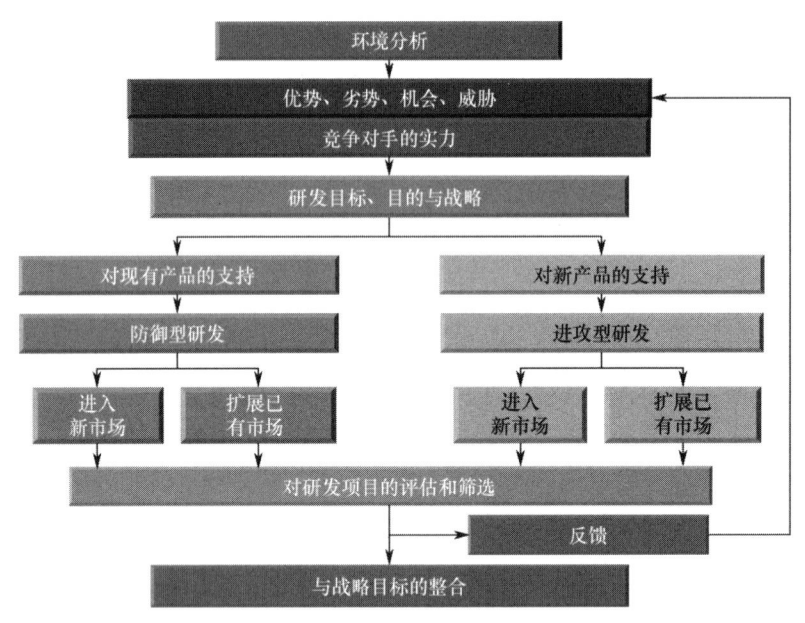

图 14-2　研发战略规划模型

防御型项目旨在延长现有产品或服务的生命周期。这可能包括增添功能或进行改进，来为现有的产品或服务留住现有的客户或找到新的客户。防御型项目通常比进攻型项目更容易管理，并且成功的概率更高。

另一种对项目进行分类的方法是：
- 颠覆性的技术突破项目。
- 下一代产品项目。
- 新的产品家族成员项目。
- 增添功能和产品改进项目。

颠覆性的技术突破项目最难管理，因为需要创新。图 14-3 展示了一个典型的创新项目的模型。如果成功，创新项目就可以带来比原始开发成本多很多倍的利润。失败的创新项目则会带来同样巨大的损失，这也是高级管理层必须在批准创新项目方面非常谨慎的原因之一。在投入大量的资源之前，必须小心谨慎地进行鉴别，并剔除不那么优秀的候选项目。

创新项目管理起来最困难也最昂贵，这是毋庸置疑的。有些公司错误地认为，对此的解决方案是最小化或限制关于创新项目的想法的数量，或者限制每个类别中想法的数量。这样的错误会让公司付出巨大的代价。

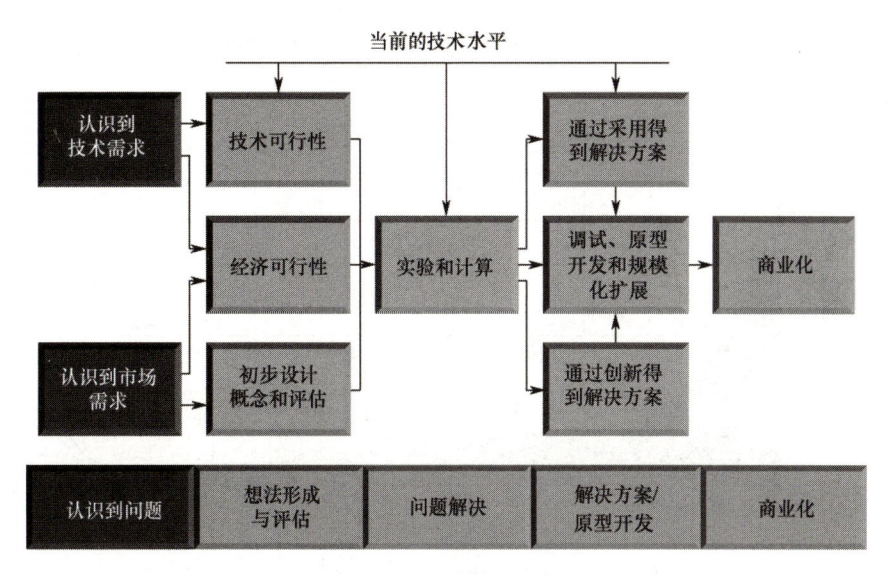

图 14-3　创新项目的模型

在一次面向各行各业数百家公司的新产品开发活动的研究中，博兹（Booz）、艾伦（Allen）和汉密尔顿（Hamilton）把新产品的演进流程定义为把产品正式商业化所需的时间。这一流程始于公司的目标，包括产品收益、目标和增长计划，并以一个成功的新产品而告终。这些目标定义得越明确，对新产品计划的指导作用就越大。这一流程被分解为 6 个可以管理的且基本清晰的顺序阶段。

（1）探索：搜寻那些符合公司目标的产品想法。

（2）筛选：进行快速分析，确定哪些想法是符合公司目标并值得进行进一步研究的。

（3）商业分析：通过创造性分析，将想法扩展为具体的商业建议，包括产品特点、财务分析、风险分析、市场评估和产品计划。

（4）开发：把纸上的想法转化为手中可以展示、可以生产的产品。这一阶段侧重于研究与开发，以及公司的发明创造能力。当意料之外的问题出现时，就寻求新的解决方案与折中方案。在很多情况下，如果困难太大而找不到解决方案，工作就只好中止或推迟。

（5）测试：验证早先的技术和商业判断所必需的技术与商业实验。

（6）商业化：运用公司的名声与资源，全面开发产品，并进行生产与销售。

在博兹、艾伦和汉密尔顿的研究中，新产品开发流程以想法的衰减曲线为特征，如图 14-4 所示。这显示了在产品演进的各阶段中不断否决各种想法或项目的过程。虽然否决的比例在各行业与公司当中不尽相同，但衰减曲线的基本形状是典型的。通常需要差不多 60 个想法才能产生一个成功的新产品。

产品演进过程中包含一系列管理决策。每个阶段都会比前一个阶段更昂贵。图 14-5 以一家领先的公司为例，显示了在一般的项目中开支随时间增长的情况。这些信息基于所有行业的平均值，因此对于理解典型的新产品开发流程很有帮助。非常值得注意的是，大部分资本开支都集中在演进流程的最后 3 个阶段。因此，十分重要的一点是，要在商业分析和财务分析的筛选方面做得更好。这将有助于在演进到相对昂贵的阶段之前淘汰潜力有限的想法。

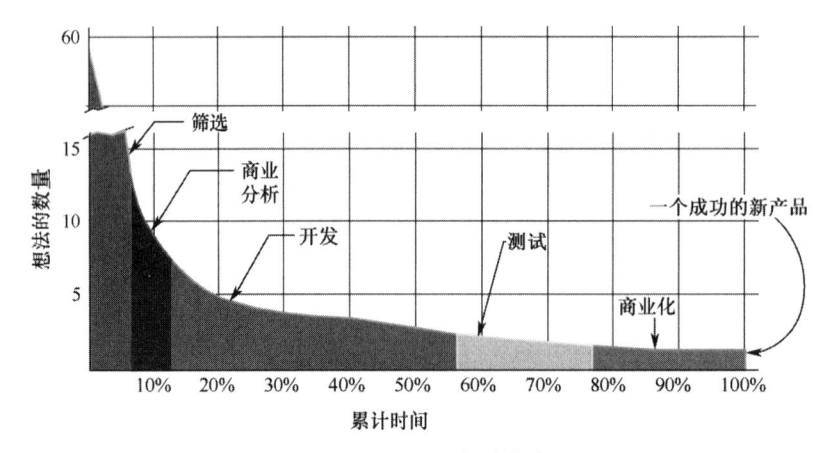

图 14-4　想法的衰减曲线

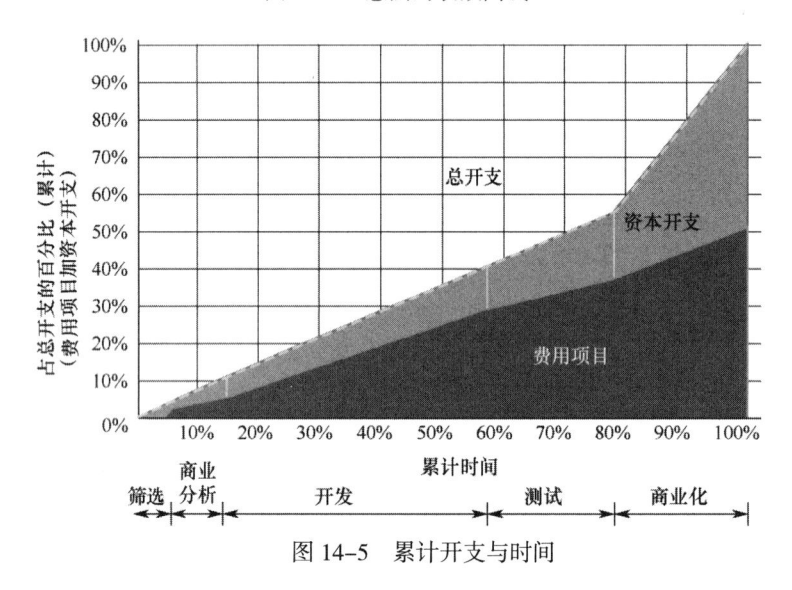

图 14-5　累计开支与时间

14.5　初步评估

如图 14-1 所示,项目选择的第二步是初步评估。从财务的角度来看,初步评估基本上是一个两步流程。首先,组织要进行可行性研究来确定项目是否可行。其次,组织要进行成本效益分析,来查看公司是否应该做这个项目(见表 14-2)。

表 14-2 可行性研究和成本效益分析

项　　目	可行性研究	成本效益分析
基本问题	我们能做吗	我们应该做吗
生命周期	初步概念化的	概念化的
项目经理人选	未指定	可能指定
分析	定性的：技术、成本、质量、安全、合规、经济	定量的：净现值、贴现现金流、内部收益率、投资回报率、假设、事实
决策标准	战略上可行	收益大于成本

可行性研究的目的是验证想法或项目是否符合成本、技术、安全、市场和执行便利性等方面的要求。公司可以聘请外部顾问或主题专家来协助进行可行性研究及成本效益分析。也许直到可行性研究完成之后公司才会指定项目经理，因为项目经理可能没有足够的业务或技术知识在这个时间点对项目做出贡献。

如果项目被认为是可行的且与战略目标高度相符，那么项目就会获得优先处理，与其他获批的项目一同进行开发。一旦可行性得到了确认，就会进行成本效益分析，来验证如果项目得以正确地执行，是否可以带来所需的财务和非财务方面的收益。成本效益分析所需的信息比可行性研究所需的信息多得多。这样的分析可能很昂贵。

及时地评估收益与成本是非常困难的。收益经常有如下的定义：
- 有形收益，可以用货币来合理地量化与衡量。
- 无形收益，可能用货币以外的其他单位来量化，或者可能是主观认定和描述的。

成本的量化明显要困难得多，至少很难及时而经济地进行量化。必须确定的成本包括那些专门用于和收益比较的成本，包括：
- 当前的运营成本，或者在当前的条件下进行运营的成本。
- 未来一段时间内预期的或可以规划的成本。
- 可能较难量化的无形成本。如果对决策过程影响不大，这些成本一般会在量化过程中被省略。

在研究成本与收益的过程中任何已知的约束与假设都必须被仔细地记录下来。不切实际或未经认定的假设往往是导致不切实际的收益预测的原因。对于项目是否继续的决策在很大程度上取决于所做假设的有效性。

14.6　对项目进行战略性选择

从图 14-1 我们可以看出，第三步是对项目进行战略性选择，其中包括确定战略契合度及优先级顺序。在这里，高级管理人员的参与是至关重要的，因为项目可能对战略规划产生重大影响。

战略规划和对项目进行战略性选择在某种意义上说是类似的，因为二者都与未来的利润和组织成长有关。如果没有持续不断的新产品或新服务，公司的战略规划选项可能就会受到限制。如今，技术的进步和不断增长的竞争压力迫使公司开发新型且具有独创性的产品，而现有产品的生命周期看上去正在以惊人的速度缩短。与此同时，高级管理人员可能依然把研发团队置于真空之中，没有利用研发战略规划和项目选择所能带来的潜在利润贡献。

企业从事内部项目的主要原因有3个：
- 为了带来新的产品或新的服务，以保证盈利增长。
- 为了对现有的产品和服务进行有益的改进（也是成本削减举措之一）。
- 为了带来有助于识别新机会或"救火行动"的科学知识。

成功的项目选择是有目标的，但要做到这一点，公司需要一个强大的信息系统，遗憾的是，这往往是大多数公司最薄弱的环节。为实现最佳的项目选择，公司需要借助完善的信息系统来完成以下工作：客户和市场需求评估、经济评估及筛选合适的项目。

客户和市场需求评估涉及机会寻求和商业情报功能。大多数公司把这些责任放到市场部门，而这可能导致不利的结果，因为市场部门过分注重现时的产品和短期的盈利。市场人员没有时间或资源来恰当地分析其他具有长期收益的活动。同时，市场部门可能也没有受过技术培训的人员来有效地向研发部门传达关于客户与供应商的信息。

大多数组织都建立了项目选择标准，这些标准可能是主观的、客观的、定量的、定性的，也可能仅仅是凭借直觉和经验猜测的。选择标准通常基于适用性标准，例如：
- 技术相似。
- 运用了类似的市场营销方法。
- 运用了类似的分销渠道。
- 可以让现有销售团队来进行销售。
- 现有产品的客户会购买这些新的产品。
- 符合公司的理念或形象。
- 利用已有的专门技术或专业经验。
- 适合现有的生产设备。
- 研发和市场人员都满怀激情。
- 符合公司的长远规划。
- 符合现有的盈利目标。

在任何情况下，都要有一个选择项目的合理理由。负责选择和优先级排序的高级管理人员在进行下一步之前，往往寻求来自其他高级管理人员和经理的意见。一种快速、合理的寻求意见的方式是把上述适用性标准转换为评分模型。典型的评分模型如图14-6、图14-7和图14-8所示。这些模型既可以用于对项目进行战略性选择，也可以用于优先级排序。

图 14-6　评分模型

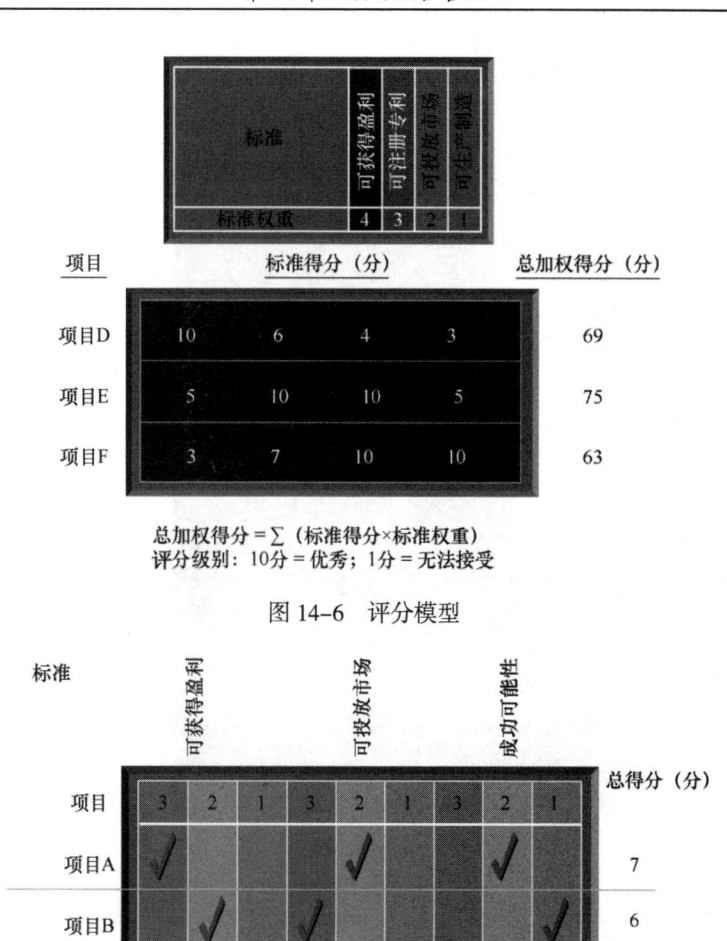

总加权得分 = ∑（标准得分×标准权重）
评分级别：10分 = 优秀；1分 = 无法接受

图 14-7　3个项目的检查清单

进行优先级排序是一个艰难的过程，如现金流、短期利润及干系人的期望这些因素都必须考虑到。同样需要考虑的还有一系列环境因素，如客户需求、竞争者的动态、现有的或预测的技术、政府的政策。

在项目选择与优先级排序方面做得过于保守，可能导致公司直接走向失败。拥有高度成熟、复杂的工业产品的公司必须在项目选择上采取非常激进的方法，否则就有被淘汰的风险。这也必须以强大的技术基础作为支撑。

14.7　战略时机选择

很多组织犯了不顾可用资源的有限性而承接过多项目这一致命错误。结果就是，技艺高超的员工被分配到不止一个项目中，造成进度重叠、生产力低下、利润达不到预期，以及永无止境的项目冲突。

标准	-2	-1	0	+1	+2	分级

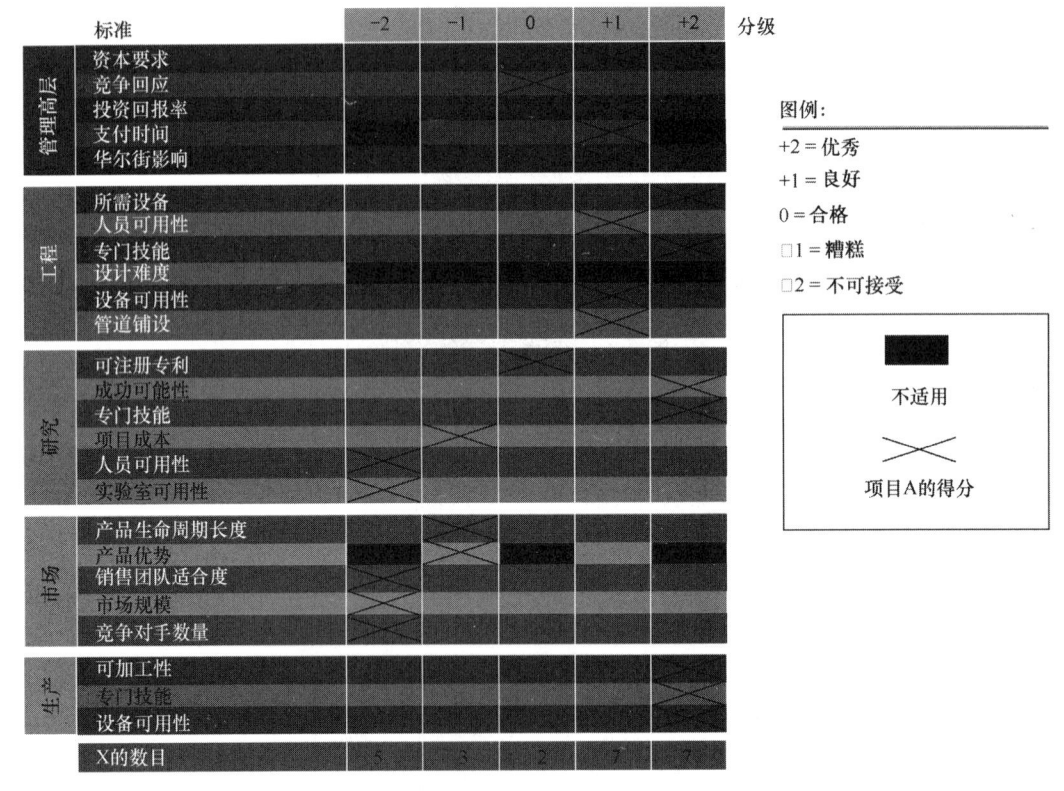

管理高层
- 资本要求
- 竞争回应
- 投资回报率
- 支付时间
- 华尔街影响

工程
- 所需设备
- 人员可用性
- 专门技能
- 设计难度
- 设备可用性
- 管道铺设

研究
- 可注册专利
- 成功可能性
- 专门技能
- 项目成本
- 人员可用性
- 实验室可用性

市场
- 产品生命周期长度
- 产品优势
- 销售团队适合度
- 市场规模
- 竞争对手数量

生产
- 可加工性
- 专门技能
- 设备可用性

| X的数目 | 5 | 3 | 2 | 7 | 7 | |

图例：
+2 = 优秀
+1 = 良好
0 = 合格
−1 = 糟糕
−2 = 不可接受

■ 不适用
✕ 项目A的得分

图 14-8　项目 A 的评分模型

选择项目并进行优先级排序必须以高质量人力资源的可用性为基础。我们可以使用规划模型协助选择人力资源介入的战略时机。这些模型往往被称为总体规划模型。

关于战略时机选择的另一个问题是确定哪些项目需要最优秀的人力资源。有些公司使用风险回报立方体，根据风险与回报的关系分配人力资源。采用这种方法的问题在于，实现收益所需要的时间（也就是投资回收期）并没有被考虑在内。

总体规划模型使得组织可以发现人力资源任务过重的问题。这可能意味着由于缺乏高质量的人力资源，高优先级的项目可能需要进行时间调整或从队列中去除。非常遗憾的是，公司明明知道没有足够的人力资源，还要去考虑那些项目，同样浪费了时间。

时机选择的另一个重要组成部分是组织对风险的容忍度。在这里，重点在于项目组合的风险水平而不是单个项目的风险水平。了解风险管理的决策者可以有效地分配资源，从而降低或规避项目组合中的风险。

14.8　分析项目组合

项目驱动型组织必须在它们执行的项目的类型和数量方面非常小心，因为可用的资源有限。由于时机选择非常关键，所以并不是什么时候都能雇用到新员工并及时对他们进行培训，或者最终发现，公司雇用的分包商的技能值得怀疑。

图 14-9 展现了一个典型的项目组合，从具有生命周期的项目组合管理模型（通常用于战略规划活动）改编而来。每个圆圈代表一个项目。每个圆圈的位置代表了项目资源的质量和项目所处的生命周期阶段。圆圈的大小代表了项目相对于其他项目的收益多少，而扇形代表了项目到目前为止完成的百分比。

在图 14-9 中，项目 A 的收益相对较少，使用了质量中等的人力资源。项目 A 处于定义阶段。然而，当项目 A 前进到设计阶段时，人力资源的质量可能转为低等或高等。因此，这种类型的图表需要时常进行更新。

图 14-10、图 14-11 和图 14-12 展示了 3 种不同的项目组合。图 14-10 代表了高风险的项目组合，其中每个项目都需要高质量的人力资源。这可以代表那些获得了大型、高利润项目的项目驱动型组织。这也可能是一家计算机领域的公司，在这样一个行业当中竞争，产品生命周期很短，新品推出 6 个月就会过时。

图 14-9　典型的项目组合

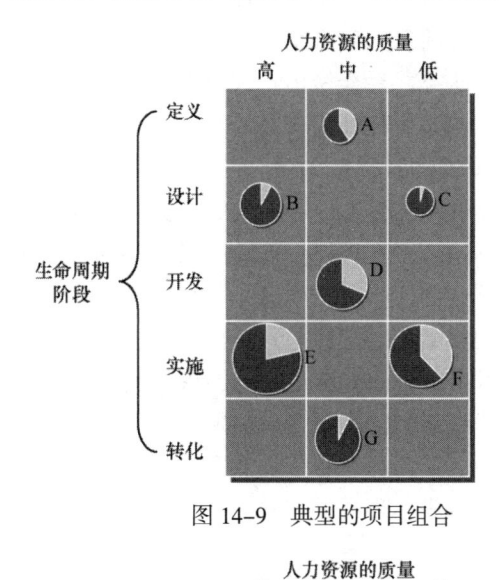

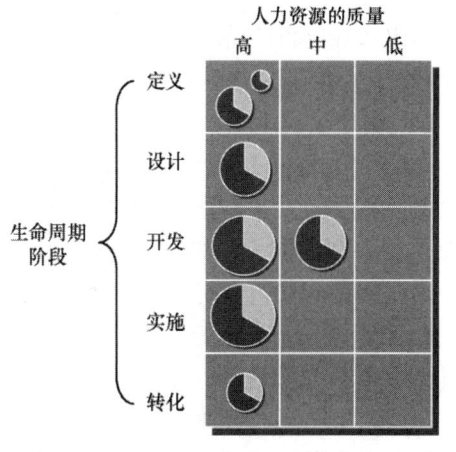

图 14-10　高风险的项目组合

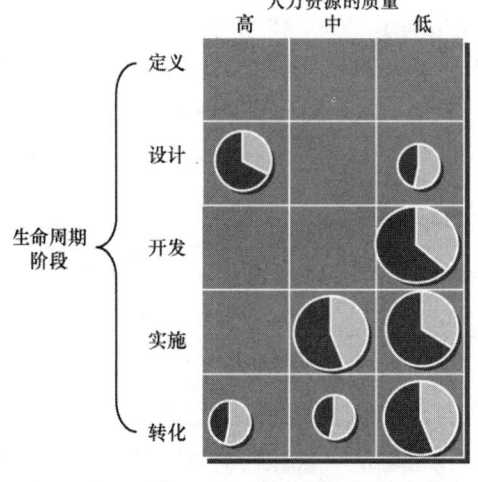

图 14-11　注重利润的项目组合

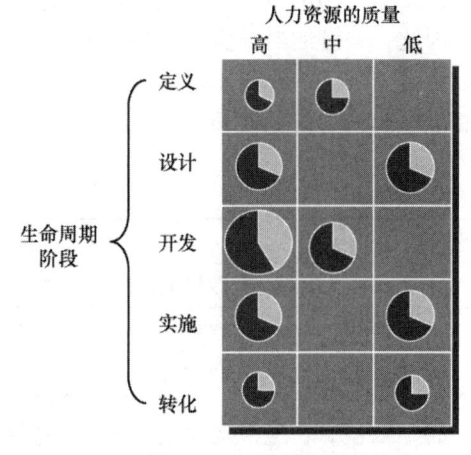

图 14-12　均衡的项目组合

图 14-11 代表了一个保守、注重利润的项目组合，这样的组织从事低风险的项目，只需要低质量的人力资源。这可以代表在一个服务型组织或以产品改进为主要项目目标的制造企业中的项目组合选择。

图 14-12 展示了一个均衡的项目组合，有处于各个项目生命周期阶段的项目，也充分利用了各质量水平的人力资源。这样的项目组合往往也是非常有效率的，而且需要非常高超精妙的技巧来维持这样的平衡。

14.9 达到期望的问题

为什么一个项目或整个项目组合的成果往往达不到高级管理层的期望呢？这个问题困扰着很多公司，而这会最终（往往也是错误地）被归咎于差劲的项目管理实践。举个例子，一家公司在 2001 年批准了一个包含 20 个研发项目的项目组合。每个项目的选择标准都是其成功推出新产品的能力。在完成了可行性研究之后会做出正式批准的决定。接下来公司会制定预算与进度表，以便新产品上市带来的现金流能够支持持续运营所需的现金。

在 20 个项目当中，每个项目都指定了全职的项目经理，并开始制订详细的进度表和项目计划。对其中的 8 个项目来说，人们很快发现，高级管理层施加的财务和进度限制是完全不切实际的。这 8 个项目的项目经理决定不向高级管理层汇报这些潜在的问题，而是等着看会不会建立应急规划。高级管理层没有听到任何不好的消息，于是就得出了这样一个结论，所有的发布日期都是切合实际的，一切都会按计划进行。

8 个麻烦不断的项目此时处境艰难。在用尽了所有的方法也没有出现任何奇迹之后，项目经理才不情愿地向高级管理层报告，无法达到他们的期望了。这发生在项目生命周期的后期，以至于高级管理层非常恼火，辞退了数名员工，包括一些项目发起人。

从这个例子中我们可以吸取几个经验教训。首先，当根据"软"数据而不是"硬"数据进行财务分析时就会产生不切实际的期望。在表 14-2 中，我们展示了可行性研究与成本效益分析之间的区别。一般来讲，可行性研究是基于"软"数据的。

因此，关键的财务决策如果是根据可行性研究做出的，就可能出现显著的错误。这也可以从表 14-3 中看到，它描述了典型预测方法的准确性。可行性研究所用的自上而下的估算可能包含显著的误差。

表 14-3 成本/时间预测

预测方法	种 类	工作分解结构关系	准确性	准备时间
参数法	ROM（粗数量级估计）	自上而下	−25% ~ +75%	几天
类比法	预算	自上而下	−10% ~ +25%	几周
工程法	确定的	自下而上	−5% ~ +10%	几个月

成本效益分析应该运用更确定的估算数据，由详细的项目计划引导进行。成本效益分析结果应该被用来验证高级管理层确立的财务目标是否现实可行。

哪怕有最好的项目计划和全面的成本效益分析，范围变更还是会发生，必须定期重新调整期望。这样做的方法之一是运用图 14-13 中展示的滚动计划。滚动计划意味着随着你在项目的进程中走得越远，获得的知识就越多，然后就可以进行更加细致的规划和估算。这就可以带来更多的信息，帮助我们验证最初的期望。

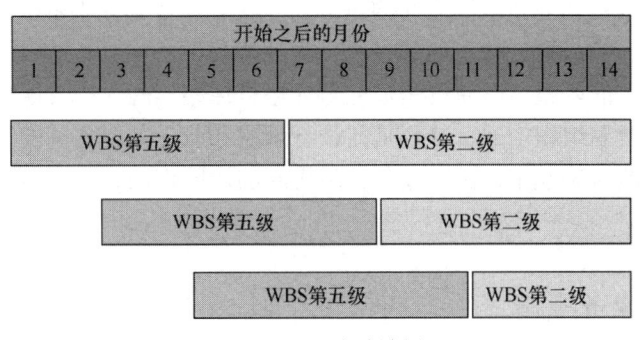

开始之后的月份
1 2 3 4 5 6 7 8 9 10 11 12 13 14

| WBS第五级 | WBS第二级 |

| WBS第五级 | WBS第二级 |

| WBS第五级 | WBS第二级 |

图 14-13　滚动计划

持续对期望进行重新评估是至关重要的。在项目开始时，不可能确保高级管理层期望得到的收益可以在项目完成时获得。项目的持续时间是一个关键因素。基于项目的持续时间，范围变更可能带来项目的重新调整。在最常见的情况下，罪魁祸首是不断变化的经济状况，它造成原先的假设不再有效。同时，高级管理层必须能够意识到有哪些可能改变预期的事件。这些信息必须进行快速的传播。高级管理层必须不抗拒听到坏消息，并有勇气在可能的情况下取消项目。

由于变更可能改变期望，项目组合管理必须与项目的变更管理流程相结合。白宫下属的行政管理和预算办公室 IT 与电子政务副主管马克·福尔曼（Mark Forman）说：

> 很多机构不能运用项目组合管理流程来转换它们的 IT 管理流程，因为它们在开始之前没有进行适当的变更管理。IT 不能解决管理问题，重新设计流程则可以。机构需要培训它们的员工来应对文化问题。它们需要问问自己，要使用的流程是不是一个简单的流程。我们需要一个变更管理计划。在这里，高级管理层的远见和指导是机构迫切需要的。

虽然这里的说法来自政府的 IT 机构，但这一问题在非政府组织和所有行业中也依然是至关重要的。

14.10　错位的问题

项目团队在决策时可能会面临一个严重的挑战：他们的选择虽然看似符合项目的最大利益，但可能并不总是符合发起该项目的整个组织或公司的最大利益。这种情况通常是由于项目与组织的战略或目标之间缺乏一致性。

随着项目管理的范畴从传统的项目扩展到包含创新活动的战略项目，"战略"与"项目"之间的联系变得愈发紧密。战略的实施依赖于正确执行项目。项目管理实践不仅要关注战略的制定和实施，还要涵盖战略项目的执行。项目经理的角色正在逐渐转变为组织的战略家。然而，项目管理实践的演进也带来了一些问题，这些问题可能阻碍有效的协调。如果项目管理技术想在全公司范围内得到有效应用，并成为实现战略目标的关键手段，那么项目管理、业务战略和创新活动之间的协调问题就必须得到妥善解决。

成功的协调增加了组织选择正确项目以实现战略目标的机会；适当的协调将为组织提供更多机会进行必要的调整，以使可用资源与战略目标相匹配。有效地将项目管理与业务战略协调起来可以改善组织沟通，特别是高级管理层和业务部门之间的沟通，更好地将项目优先级与业务战略协调起来，提高业务部门之间的协同作用，更好地监控和报告项目绩效，并成功实施战略。

◆ 项目管理与业务战略

在大多数项目管理课程中，讨论的重点是项目管理流程、工具和技术。然而，在讨论项目与业务战略的关系时，还有几个其他话题需要考虑。如今，项目经理将自己视为业务的一部分，因此，许多以前未被认为对项目经理教育至关重要的其他话题，由于其与业务战略的关系，现在变得极其重要。项目经理现在在战略规划活动中变得更加熟练，除了传统的时间、成本和范围指标，现在还使用业务和战略指标。

◆ 理解创新项目管理

对于许多公司而言，战略规划的核心在于通过执行创新和研发项目来实现其战略目标和宗旨。然而，这些创新项目在应用传统或运营项目的标准实践时常常会遇到困难。因此，功能型组织往往被赋予更大的灵活性，以不同的方式管理这些创新项目，采用它们认为最有效的流程。尽管如此，许多公司为传统或运营项目也已经建立了一套标准化的方法、流程、工具和技术。

创新项目与传统项目的一个关键区别在于项目定义。传统项目通常以明确的商业论证和工作说明书（SOW）为基础，这有助于最大化地减少一致性问题。相比之下，创新项目可能只是从一个想法开始。随着项目的推进，商业论证、SOW、工作分解结构、预算和进度表会被不断更新。创新项目的方向可能会因为一次测试的结果而迅速改变，这可能导致项目管理流程、绩效测量和报告所需指标的重大调整。因此，持续监控一致性至关重要。

随着项目管理流程的发展，如采用敏捷或 Scrum 方法取代传统的瀑布方法，项目管理实践在非传统项目如创新项目中的应用受到了更多关注。在过去的 50 多年里，已有大量文献详细阐述了实施项目管理实践的好处，同时也有出版物讨论了项目管理流程与业务目标保持一致所面临的挑战。

当前，随着我们将项目管理实践应用于创新和战略业务实践，因错位和脱节导致的挑战被广泛报道。在某些类型的项目中，失败率仍然相当高。特别是在创新项目中，一些公司报告的失败率超过 80%。由于关键因素的错位，失败案例比以往任何时候都多。幸运的是，我们已经对错位问题及其可能带来的毁灭性结果有了深刻的认识。随着项目管理实践被应用于更广泛的项目类型，包括与业务相关的项目或创新的项目，我预计将产生足够多的研究案例，这有助于我们找到有意义的解决方案。

◆ 理解错位问题

错位是指某事物相对于其他事物的错误定位或使用。在传统的项目管理实践中，错位通常出现在项目管理执行技术似乎无法完全支持商业论证中所述的项目目标时。原因可能是选择了错误的流程或选择了无法验证项目目标是否实现的指标。

项目管理中出现错位问题已经有一段时间了。但随着项目管理应用于创新活动，业务战略、创新项目和项目管理实践之间的错位问题变得越来越普遍。错位并不一定会导致项目失败，结果可能是战略目标未能实现最佳效果、结果错误或需要更多时间来纠正问题。

◆ 高层管理者错位问题

高层管理者在企业战略的设计和制定中扮演着核心角色。然而，他们有时可能只关注设定战略目标，而没有充分理解如何通过项目实现这些目标。战略的实施是通过具体的项目来完成的，因此高层管理者需要深入理解项目管理如何与业务战略相互作用。

高层管理者常常将项目识别的任务委托给其他人员，但保留对项目的最终审批权。在这一过程中，项目可能在没有与战略目标保持一致的情况下被批准。部门经理可能被鼓励识别那些更符合其职能部门战略的项目，而不一定是符合公司关键业务战略的项目。

设置项目优先级是高级管理层的关键职责。项目优先级的设置必须与业务战略保持一致。由于公司通常有大量项目排队等待执行，而现有资源有限，选择项目和设置项目优先级必须基于所需的工人技能和资源的可用性。如果在没有清晰了解所需资源的情况下确定优先级，就可能导致战略与项目之间的错位。项目经理在这方面可以发挥重要作用，帮助确定所需的技能并评估资源的可用性。但遗憾的是，项目经理往往在项目获得批准和确定优先级之后才加入项目。

导致项目与战略错位的最重要原因之一是项目经理加入项目的时机。高级管理层可能出于"信息就是权力"的观念，在早期阶段拒绝引入项目经理，这可能导致错位问题。项目经理在项目获得批准后才被分配到项目中，可能不了解项目背后的战略理由、假设、约束以及优先级的确定逻辑。由于对战略的不同理解，项目团队可能会选择不恰当的指标来报告项目绩效。

◆ 项目管理错位问题

项目经理在项目决策过程中可能面临缺乏战略信息的问题。这种情况通常是由于项目团队与高级管理层在项目执行前和执行期间缺乏沟通。由于视野的局限性，项目决策可能过于侧重完成项目的可交付物，而未必是那些最能有效支持既定业务战略的成果。

项目可交付物一旦完成，项目经理往往会被重新分配到其他任务或项目中。然而，实现这些可交付物所带来的真正业务利益和价值可能需要较长的时间，有时是数月，有时甚至是数年。遗憾的是，一旦可交付物完成，项目往往会转交给一个业务利益收割团队，该团队可能有自己的工作重点和议程。在这种情况下，项目经理的持续参与可能不再被认为是必要的。

◆ 项目组合 PMO 错位问题

项目组合 PMO 在选择度量指标时可能面临错位问题。正如托伦（Thorn）（2003）所指出的："项目度量指标并不总是受到 PMO 的积极接纳。当这些指标由高级管理层强加时，PMO 可能表现出对业务决策的抵触，认为这些度量指标不重要，甚至可能产生对抗行为。"

度量指标是展示项目组合 PMO 为组织带来价值的关键。但是，如果过度关注这些度量指标，可能会分散对实现客户价值目标的注意力，从而忽略了项目期望的核心。此外，一些项目组合 PMO 度量指标可能具有主观性，这可能导致错误的驱动行为，影响项目组合的健康发展。

项目组合 PMO 在角色定位上往往更多地扮演监管者而非直接控制者的角色，这可能导致度量指标的选择偏向于治理而非项目实施。当度量指标过于侧重治理时，它们可能只能反映出问题的表象而非根本原因，这对于真正提高项目和项目组合的绩效并不足够。

对于项目组合 PMO 来说，其组合绩效测量系统的关键在于选择正确的度量指标。依赖传统的常用度量指标可能并不是最佳选择。巴辛（Bhasin）（2008）指出，在创新和研发活动中，使用传统度量指标可能存在以下问题：
- 传统度量指标不适合战略决策。
- 传统度量指标不能衡量和报告创造的商业价值。
- 传统度量指标对于评估无形资产并不十分有效。
- 传统度量指标提供的关于问题根本原因的信息有限。
- 项目组合度量指标必须涵盖创新项目管理流程的所有方面。

有时人们认为项目组合 PMO 是一项额外开支。为了降低费用，项目组合 PMO 通常只监控高优先级项目，可能不超过 20 个项目。这导致了错位问题，即项目组合治理和监控仅应用于少数项目，而不能维持所有项目平衡。

◆ 未来的趋势

仅仅因为我们了解了错位的存在，并不能保证问题会被解决。然而，我们可以采取以下步骤改善：
- 高级管理层必须制定一个框架，以确保所选项目符合业务战略。
- 高级管理层必须认识到，有些项目（如创新项目）可能无法采用传统项目所采用的相同项目管理实践进行管理。

- PMO 可以为其监督和管理的项目开发自己独特的流程和框架。如果能够正确支持组织的战略方向，它们还可以制定自己的项目选择和优先级排序协议。
- PMO 必须制定业务相关的战略度量指标，以评估 PMO 项目与组织战略目标的一致性。高级管理层必须了解这些指标的重要性。
- 必须建立衡量整个项目生命周期内创造的业务收益和商业价值的指标。这些指标必须衡量和预测正在创造的有形和无形商业价值。
- 高级管理层必须不断提醒项目经理和 PMO，他们应该首先做出符合公司战略最佳利益的决策，而不是其他标准，如职能部门目标和宗旨。变革不会很快发生，但是，如果得到高级管理层的正确支持和鼓励，变革是可能的，并且可以将由于错位带来的潜在损害降到最低。

14.11　失败后的成功分析

项目失败的风险是所有项目固有的，无论是那些基于历史估算、有着明确定义的传统项目，还是那些可能仅从想法起步的创新或战略项目。不确定性越大和未知因素越多，正如在创新项目中所见，失败的风险也就越高。

当创新项目面临失败时，项目团队可能会急于放弃，以避免被指责，并试图与失败保持距离。团队成员通常会返回到他们的职能部门继续其他工作，而项目经理则可能转向管理其他项目。公司往往拥有大量新项目的想法，似乎更倾向于继续前进，而不是深入探究失败的原因，以及如何将失败转化为成功。

问题的一部分在于许多项目经理遵循的格言："抱最好的希望，做最坏的打算。"做最坏的打算通常意味着制定项目失败的标准，即确定何时应该退出项目以防止资源的浪费。一旦达到失败标准，所有项目工作可能会立即停止。然而，即使在失败之后，成功仍然是可能的，只要组织能够理解并实施将失败转化为成功的流程。目前，已经开始向项目经理和 PMO 人员传授失败后分析的实践。

失败的原因多种多样。最常见的失败原因之一是未能达到绩效预期。然而，失败也可能源于错误的流程、组织领导不力、错误的假设、不切实际的期望、糟糕的风险管理实践，以及专注于错误的战略目标。许多被视为失败原因的问题都可以通过重新规划项目来解决，从而可能实现失败后的成功。成功的项目管理实践不仅要关注创造可交付物，还必须关注建立必要的流程，以便在面对失败时能够转化和实现成功。遗憾的是，直到最近，这些实践在项目管理课程中都很少被教授，这可能部分解释了为什么许多项目团队在面对失败时缺乏应对策略。

◆ 意义构建

意义构建是对某些新颖的、高度不确定或模糊的事物进行理解的过程，这些事物未能达到预期。意义构建是一种常用的技术，可以将失败转化为潜在的成功，不能保证成功，但可以提高成功的概率。

将失败转化为成功首先需要一种将失败视为正常的文化，其次需要一种以意义构建为特征的问题定义过程，既有回顾性也有前瞻性。回顾性意义构建解决了"发生了什么事"，着眼于导致失败的潜在原因，并试图理解结果。前瞻性意义构建解决了"现在该怎么办"，并设想了如果我们构建并实施一个合理的新路径，未来会怎样（见图14-14）。

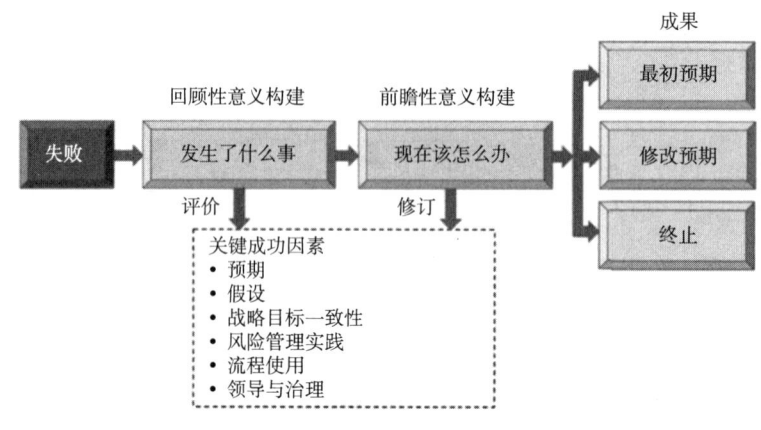

图 14-14 失败后的成功分析

项目经理选择的领导风格决定了是强调回顾性意义构建还是强调前瞻性意义构建，以及必要时重新定义项目的方法。意义构建的结果可能是对原始问题的重新定义，或者是制订侧重点略有不同的新计划。如果团队没有完全理解最初提出的问题，决策基于猜测而非事实，或者事业环境因素发生了重大变化，那么可能需要重新制定。从意义构建中获得的知识可能表明，最初预期仍然合理，但项目必须重新定义。如果最初的预期不再合理，则可能需要修改预期。

◆ 新指标的需求

意义构建需要比挣值测量系统所能提供的信息更多的信息。在使用瀑布方法实施传统项目并伴随着明确定义的需求时，决策围绕时间、成本和范围指标展开。

对于其他项目（如涉及创新的项目），由于失败概率很高，可能需要额外的指标来确定变量的影响，这些变量可能与原始问题表述不同，因此需要进行失败后分析。一些新指标包括：

- 在项目生命周期内做出的新假设数量。
- 在项目生命周期内发生变化的假设数量。
- 事业环境因素发生变化。
- 批准和拒绝的范围变更次数。
- 时间、成本和范围基准修订次数。

- 项目治理的有效性。
- 关键工作包风险等级的变化。

◆ 从失败中学习

项目管理教育者普遍认为，真正的项目失败是那些未能从中汲取教训的失败。如果一个组织不断重复相同的错误而不审视失败的原因，那么它可能会付出巨大的代价。对失败的创新项目进行审查，不仅可以发现可能在其他地方有用的知识产权，还可以评估流程的有效性。

组织通过研究项目失败来捕捉最佳实践，避免重复犯错。一些人认为，与成功相比，从失败中可以学到更多，尤其是当人们不愿公开讨论失败时。然而，从成功和失败分析中发现的最佳实践通常与指导方针、模板和检查清单的变更有关。在项目后评估中，很少花费精力来识别最佳实践，这可能是失败的根本原因。

意义构建可以帮助组织解决可能导致失败的心理障碍。正如莫瑞斯-施托尔茨（Morais-Storz）等人（2020年）所述：

> 失败对于组织学习和适应至关重要，原因如下：失败有助于组织发现难以提前预测的不确定性，推动学习和适应过程，增加冒险行为，并充当触发器以引起组织对问题的关注。

从失败中学习可能会破坏组织的稳定，尤其是当结果表明需要进行重大变革时，如在组织的文化、商业模式或流程方面。创新和战略项目通常不像传统项目那样精心定义，这增加了失败的风险。问题进一步复杂化的原因在于，一方面，大多数创新项目经理直到组织管理层批准项目后，才被纳入项目，这时项目的范围、优先级、约束和假设可能已经被确定。因此，创新项目经理开始实施的项目定义工作可能既不是他们参与的，也不是团队参与的。另一方面，初步的问题定义可能仅由少数人完成，其中大多数人可能从未管理过这种类型的项目。

文献中讨论了各种定义项目的方法，但通常是针对传统或运营项目，而不是创新或战略项目。目前关于失败以及如何通过回顾性意义构建获得的知识来帮助重新定义创新项目、挑战自满、使用现有流程和无效领导的文献相对较少。

◆ 成功中的显示出的失败

创新的最大心理障碍之一可能是组织的自满，这使组织拒绝质疑现有的假设、商业模式和业务实践。当一个组织在财务上取得成功时，它可能会产生一种信念，即这种成功将无限期地持续下去。这种信念可能使盈利能力和市场份额成为比创新更受关注的重点，从而使致力于创新的团队产生心理障碍。然而，市场是多变的，曾经的盈利能力可能会逐渐受到侵蚀，此时创新变得至关重要。但到了那个时候，由于未能及时创新，公司可能已经遭受了重大损失，这种损失可能难以弥补。有效的项目组合项目管理办公室可以在这个过程中提供关键的指导，帮助将潜在的失败转变为成功。

以下是成功环境下存在潜在失败的特征：
- 维持现状至关重要。
- 大多数决策都是为了短期盈利。
- 维持当前的市场份额比投资机会更重要。
- 高级管理职位由财务人员填补，而不是由营销和销售人员填补。
- 高管们拒绝挑战任何假设，因为他们害怕改变现状。
- 目前执行成功的指导原则没有受到挑战。
- 预计 VUCA 环境将保持稳定。
- 公司保持非常低的风险偏好。
- 组织的商业模式不需要变化。
- 公司将继续使用相同的供应商和经销商。
- 组织领导层不需要变化。
- 没有为未来经理制订计划。
- 组织文化基于从顶层到底部的命令和控制，并且不符合人性化，未支持创新和自由思考的环境。
- 公司的奖励制度不需要变化，这些奖励制度很可能不是基于风险承担的。
- 对项目管理流程的变更或持续改进工作很少。
- 没有足够的资金用于所需的创新项目，除非是小的增量创新活动。
- 如果创新项目对盈利能力没有直接影响，那么它的失败就会被忽略。
- 不进行意义构建实践。

创新和战略项目团队在成功公司面临的关键问题是，所有以上特征造成了团队成员必须处理的复杂相互关系。正如詹姆斯·奥图尔（James O'toole）（1983年）所说：
- 创新要求我们能够洞悉环境的变化，并制定相应的政策与战略，使组织能够抓住这些变化带来的机遇。然而，具有讽刺意味的是，那些最成功的公司往往最容易忽视这些环境信号，因为在它们看来，在一切进展顺利时去做出改变似乎充满了不必要的风险。
- 公司的奖励机制往往激励那些短期、稳健和保守的行为。对于创新失败的"惩罚"往往大于对成功冒险行为的回报。创新者还面临着诸多挫折，比如在开发新产品或改变生产流程及管理实践时必须经历层层审批，从而造成延误。

要减少因成功而带来的失败，公司可能需要艰难地改革其管理制度、文化、商业模式和奖励机制。即使变革的必要性显而易见，也并非所有公司都愿意积极面对与变革管理相关的风险。最大的风险出现在组织可能需要调整其商业模式，而员工可能不得不走出他们的舒适区。有些公司为了避免打破现状，甚至选择以隐秘的方式进行项目活动。

14.12 结论

如果一个组织希望在项目管理方面表现出色,它必须了解可以将失败转化为成功的流程。此外,组织必须培养领导风格,支持失败分析和伴随的变革管理工作,这些是回顾性意义构建和前瞻性意义构建所必需的。

第 15 章
全球卓越项目管理

15.0 简介

在前面的几章里，我们讨论了卓越的项目管理、项目管理方法论的运用及卓越六边形（指项目管理的 6 个要素：整合的流程、文化、管理层的支持、培训和教育、非正式项目管理和卓越的行为。——译者注）。本书之前提到的很多公司在所有这些方面都达到了卓越的水平。在本章中，我们关注四家公司，即 IBM、德勤、柯马和西门子，它们在全球化项目管理方面都拥有最佳实践，展现了以下特征：

- 它们都是跨国公司。
- 它们向客户销售业务解决方案而不仅仅是产品或服务。
- 它们认识到，为了成为一个优秀的解决方案供应商，就必须在项目管理方面达到卓越的水平。
- 它们认识到，它们必须在项目管理的所有领域表现突出，而不止一两个领域。
- 它们认识到，全球项目管理方法必须更注重框架、模板、检查清单、表格和指南等，而不是僵硬的政策和程序，而且这种方法应该可以在所有国家、所有客户身上运作得同样良好。
- 它们认识到知识管理、经验教训、获取最佳实践和持续改进的重要性。
- 它们理解拥有支持其项目管理方法的项目管理工具的必要性。
- 它们明白，没有项目管理方面的持续改进，它们可能会失去客户和市场份额。
- 它们维护 PMO 或卓越中心。
- 它们为项目管理进行战略规划
- 它们把项目管理看成一种战略竞争力。

这些特征确实对之前讨论过的所有公司都适用，但对跨国公司来说它们是最重要的。

15.1 IBM 公司

◆ **概述**

IBM 项目管理卓越中心（Project Management Center of Excellence，PMCOE）的使命是为 IBM 项目管理专业人员提供技能、教育、职业发展、社区支持、流程、方法和工具，以成功交付 IBM 的项目和项目集。凭借在漫长发展历程中交付众多成功项目的卓越表现，IBM 于 1997 年成立了 PMCOE，以彰显强大的项目执行能力和项目经理在公司成功中的关键作用。这证明了 IBM 对项目管理的重视，该组织今天仍然存在，并持续发展和创新。

IBM 已经认识到市场的关键转变正在促使公司和像项目管理这样的传统职业发生演变和不断现代化。在过去，稳定和可预测的市场、组织和项目环境为有效的项目管理模型提供了基础。这包括使用专门的项目团队、项目办公室的支持、瀑布式和顺序的项目管理方法、长期规划，以及对流程和风险规避的强烈关注。

今天，工作世界已经改变。项目周期时间更短，公司需要在更具竞争力的环境中迅速行动。项目成功的标准已经从实现预定义的、以指标为驱动的结果，转变为关注价值和收益的实现。随着技术发展和创新的步伐不断加快，这些变化正在影响 IT 项目、项目环境和项目管理职业。与其他组织一样，IBM 需要拥抱现代项目管理能力以适应持续的市场变化，并使我们的员工因为自己为客户和合作伙伴创造的价值而得到认可。

我们的卓越中心在帮助我们的项目经理成功应对挑战方面处于前沿，例如，在我们的认证要求中嵌入设计思维和敏捷工作方式。我们还大力关注发展软技能/行为技能、强大的行业技能，以及在认知、人工智能和云计算等技术方面的能力。

IBM 的项目管理能力得到了认可，它成了项目管理协会（PMI）执行委员会的成员之一，该委员会的成员是指导项目管理职业未来发展并确保其持续增长和成功的精英组织。

◆ **复杂性**

当你回过头来看看我们社区管理的成千上万个并行项目的规模和多样性时，你会大吃一惊。我们不仅要求项目经理跨越时间、预算和资源的传统界限进行管理，而且现在我们需要理解并能够清晰地表述：

- 新兴技术（如云计算、人工智能、物联网、认知计算、量子计算等）。
- 传统企业与混合企业（内部、外部、虚拟等）。
- 行业特定的解决方案（如能源、自动化技术、公共事务等）。
- 特定于平台的解决方案（如作为服务提供）。
- 特定于客户的解决方案（如定制的解决方案、跨多个不同环境的整合等）。

我们的客户团队都是全球性的，这要求我们所有人都要确保多样性和包容性，文化差异和可持续性问题成为核心关注点。

在下面的章节中，我们将阐述 PMCOE 如何使我们的项目管理社区受益。之后，我们将讨论持续创新是如何塑造我们的演进方式的。

◆ IBM 的项目管理方法和工具

项目和项目集的成功实施需要一个管理系统，该系统涉及规划、交付价值及业务和技术流程的整合。

为了给项目团队提供在全球范围内一致的项目管理方法，IBM 开发了全球项目管理方法（Worldwide Project Management Method，WWPMM），如图 15-1 所示，它建立了一套指导原则，用于定义、规划和交付各种项目和项目集，以实现最佳项目管理实践。

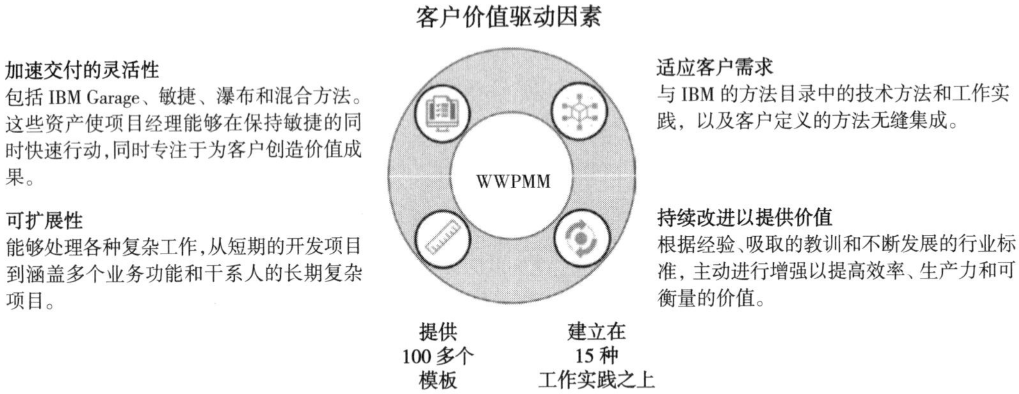

客户价值驱动因素

加速交付的灵活性
包括 IBM Garage、敏捷、瀑布和混合方法。这些资产使项目经理能够在保持敏捷的同时快速行动，同时专注于为客户创造价值成果。

适应客户需求
与 IBM 的方法目录中的技术方法和工作实践，以及客户定义的方法无缝集成。

可扩展性
能够处理各种复杂工作，从短期的开发项目到涵盖多个业务功能和干系人的长期复杂项目。

持续改进以提供价值
根据经验、吸取的教训和不断发展的行业标准，主动进行增强以提高效率、生产力和可衡量的价值。

WWPMM

提供 100 多个模板

建立在 15 种工作实践之上

图 15-1　WWPMM 客户价值驱动因素

IBM 项目管理方法的目标是提供一种经过验证、可重复的方法来交付解决方案，无论地理位置如何，最终实现项目/项目集的成功和客户满意度的提高。WWPMM 在 IBM 环境中扩展了 PMI 的项目管理知识体系（PMBOK®），并明确了项目管理工作产品的内容。WWPMM 持续更新，为从小型项目到使用传统预测、敏捷和混合方法的 IBM Garage 的各种类型的项目提供支持。采取的方法是使用通用的敏捷术语，而不是选择特定的敏捷技术（如 Scrum、Kanban 或 XP）。

WWPMM 描述了 IBM 如何管理项目和项目集，它包括多个相互关联的组成部分：

- 一系列经过验证的项目和项目集工作实践库，这些实践库将任务、工作产品和指南分组，以支持特定领域，如风险管理。
- 项目和项目集活动将项目管理实践中定义的任务排列成一系列可执行的步骤，旨在实现特定的项目管理目标或响应特定的项目管理情境。
- 项目和项目集工作产品是管理和控制项目产生的可验证成果。

WWPMM 包括一套模板或工具指南，用于快速、轻松地定制计划、程序和记录，以满足每个单独的项目或项目集的需求。

IBM 管理项目和项目集的结构化方法包括理解和适应，以满足客户的需求和环境。项目管理系统是这种结构化方法的核心。项目管理系统定义了 IBM 中项目如何被管理。它被记录为一系列指导所有项目管理活动的计划和程序，以及提供实施证据的记录。项目经理定制他们的项目管理系统以适应项目环境和客户需求。项目经理可以选择敏捷、传统或其他方法，并结合这些方法以确保项目交付价值。

为了保持通用性并适用于整个 IBM，项目管理方法不描述特定的生命周期阶段，而是描述可以反复用于任何生命周期的项目和项目集工作实践，如图 15-2 所示。这使得方法具有灵活性，可以与任何技术方法和生命周期结合使用。

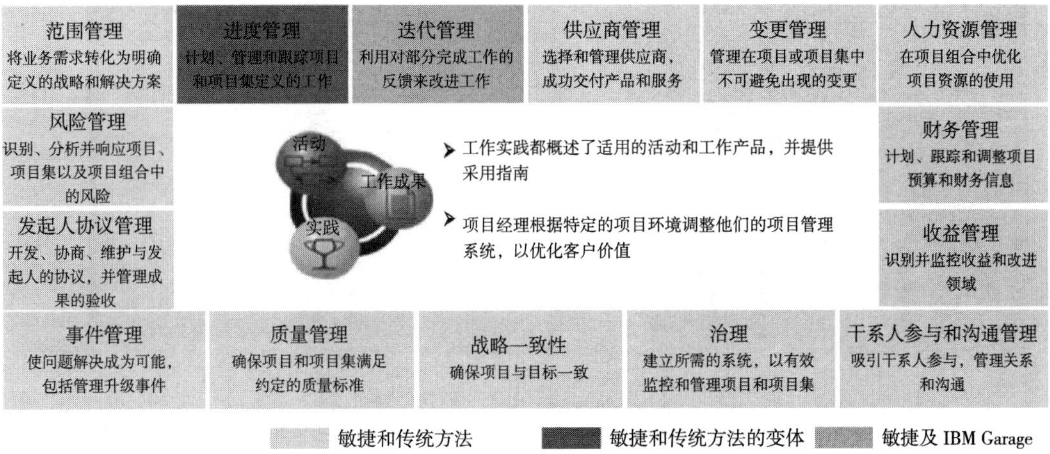

范围管理 将业务需求转化为明确定义的战略和解决方案	进度管理 计划、管理和跟踪项目和项目集定义的工作	迭代管理 利用对部分完成工作的反馈来改进工作	供应商管理 选择和管理供应商，成功交付产品和服务	变更管理 管理在项目或项目集中不可避免出现的变更	人力资源管理 在项目组合中优化项目资源的使用
风险管理 识别、分析并响应项目、项目集以及项目组合中的风险		活动 工作成果 实践	工作实践都概述了适用的活动和工作产品，并提供采用指南		财务管理 计划、跟踪和调整项目预算和财务信息
发起人协议管理 开发、协商、维护与发起人的协议，并管理成果的验收			项目经理根据特定的项目环境调整他们的项目管理系统，以优化客户价值		收益管理 识别并监控收益和改进领域
事件管理 使问题解决成为可能，包括管理升级事件	质量管理 确保项目和项目集满足约定的质量标准	战略一致性 确保项目与目标一致		治理 建立所需的系统，以有效监控和管理项目和项目集	干系人参与和沟通管理 吸引干系人参与，管理关系和沟通

■ 敏捷和传统方法　　■ 敏捷和传统方法的变体　　■ 敏捷及 IBM Garage

图 15-2　工作实践框架

为了保持灵活性，项目管理系统模板和工作产品可以定制，以满足不同地理位置、业务线或客户的特定要求，同时仍然保持我们对一致项目管理的承诺。

根据 IBM 的 WWPMM 负责人尤娜·达根（Una Duggan）的说法：

> 将 IBM 的项目管理方法论与其他 IBM 计划、从经验中吸取的增强措施以及与外部标准的一致性不断整合是必要的，以确保 WWPMM 的项目管理实践在全球范围内引领卓越。

敏捷方法在 IBM 意味着员工需要以不同的方式思考和行动，始终专注于为客户交付价值。这就是整个 IBM，包括项目经理，可以通过学习计划、获得徽章和采用敏捷实践来丰富他们的经验，以规划、协作并专注于为客户交付价值。

自 2006 年以来，我们一直将敏捷视为关键的项目管理方法，以加速我们客户的转型成果，在项目、项目组合和公司层面与客户合作。

示例包括：
- 对于一家石油巨头，我们提供了敏捷教练（同时提供培训）。我们还开发了一个教练能力框架，并帮助他们发展了 PMCOE。
- 对于一家大银行，我们协助其启动了一项为期 10 周的敏捷—DevOps 孵化计划，包括在 7 个月内提供 7 个关于敏捷和成长心态主题的网络研讨会，面向各级 500 多名员工。

- 对于一个国家政府机构，我们帮助其定义敏捷组织、角色和职责以及人员，然后共同进行敏捷干系人培训会议，以获得对敏捷方法的支持。

除了使用客户的工具和方法，我们还有一套全面的内部和外部项目和项目集工具（见图 15-3）。我们的项目经理可以根据项目的具体需求，从推荐的一系列工具中进行选择。我们的工具经常被共享和调整以适应客户的流程和方法。图 15-3 详细介绍了我们的两个工具，这些工具使我们的项目团队能够无缝、高效地启动和管理他们的项目。

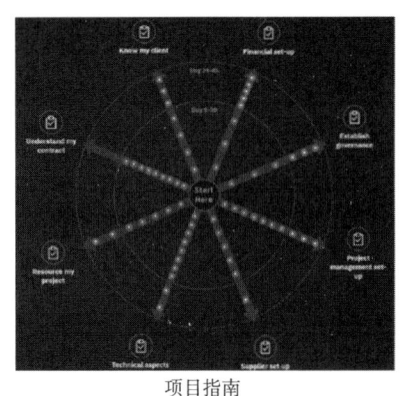

项目指南
一个简单的参考点，可以轻松了解启动项目所涉及的各项要求。它提供了一个分步骤指南，告诉你需要做什么、何时做，以及如何完成。

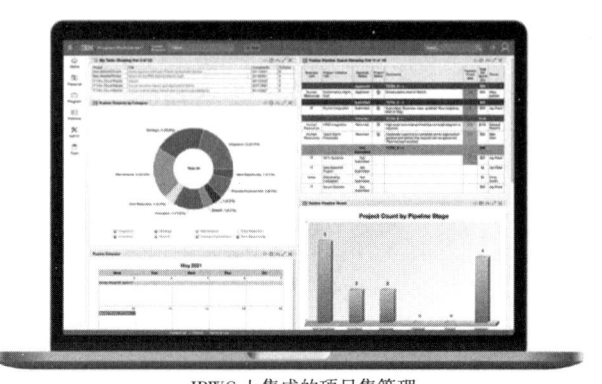

IPWC 上集成的项目集管理
管理项目、项目集、项目组合和全球转型。安全维护和整合关键项目集信息，并自动生成报告，提高干系人的可见性和团队成员的效率。在共同的工作空间内整合和管理多个项目。

图 15-3　项目管理工具

IBM 项目集任务中心（Program Work Center™），如图 15-4 所示，使团队协作、安全地整合和管理项目集关键信息和文档成为可能。

图 15-4　项目集任务中心

我们的项目健康仪表板（见图 15-5）是另一个示例，它使每个项目经理能够对项目进行快速且用户友好的健康检查。

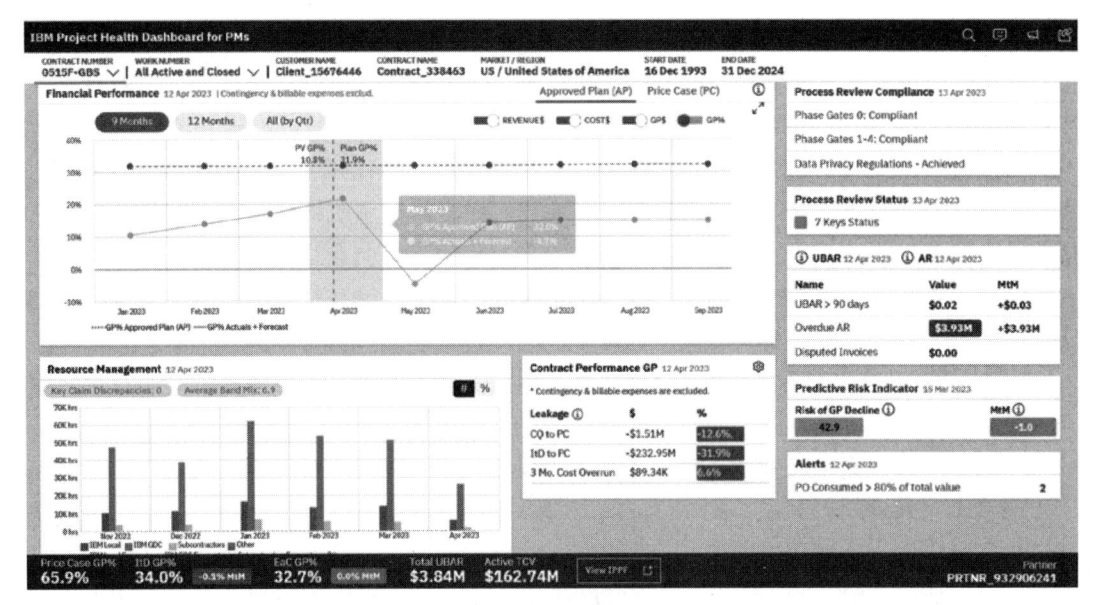

图 15-5　项目健康仪表板

项目经理会看到一个易于理解的项目健康摘要视图，并据此采取必要行动。此视图包括：

- 关键项目健康绩效指标（财务、合规性、资源管理等）一目了然。
- 可视化且易于理解的数据，方便分析。
- 预测风险指标，可基于项目特征和类似项目的表现，提前发出潜在项目问题预警。
- 可方便比较进度的趋势视图。

IBM 的 PMCOE 通过关注关键成功因素来支持项目团队克服他们面临的众多挑战：

（1）确保所有关键干系人理解项目管理的价值。

（2）积极吸引发起人/高管，解决他们的关键问题，并为项目/项目集赢得所需的支持。

（3）确保业务目标与执行的项目之间的战略一致性，使高管团队能够做出明智的决策，选择正确的项目以实现价值。

（4）标准化的项目管理实践支持公司战略，并提供适当的控制水平以降低风险并确保成功交付。

（5）项目管理最佳实践、资产和知识产权使组织能够降低风险并提供可重复、高价值和高质量的解决方案。

（6）投资于项目经理能力的发展，以实现卓越的项目绩效和战略举措的成功执行。

◆ IBM 的业务流程

IBM 的业务流程与我们的方法无缝集成。其中三个流程直接使我们管理的许多项目受益：质量、知识管理和成熟度评估。

质量

IBM 的项目管理方法完全符合 ISO 质量标准。这意味着使用 WWPMM 的项目经理不必花费额外的时间为他们的项目建立质量标准，因为质量标准已经被构建到项目管理系统中。

在 IBM 全球服务中，IBM 的业务实践要求我们对全球质量机构执行的大多数项目进行独立的质量保证审查。项目评审通过在潜在的项目隐患导致问题之前发现它们，从而发挥重要作用，帮助项目按时和按预算完成。IBM 内部评审和评估在整个项目周期的各个指定检查点进行。

IBM 在项目生命周期的各个关键检查点进行内部审查和评估。IBM 咨询的质量交付审查支持这种全面的质量方法，如下所示：

- **项目启动**建立了必要的支持、关系、协议和程序，以便项目能够成功交付。输出包括一系列计划、流程、程序和记录，用以指导所有项目团队活动并提供项目当前状态和历史记录。
- **七大成功关键**®以标准格式分析项目健康状况，从而实现早期预警和方向修正（见图 15-6）。
- **关口评审**（PGR）流程在交付生命周期的关键里程碑处执行一系列阶段性审查。PGR 流程的目标是确保工作产品存在并满足必要的质量标准，且与项目计划和服务交付方法保持一致。
- **满意条件**（Conditions of Satisfaction，CoS）是与客户进行结构化讨论的结果，用于设定和管理他们的期望。这些条件描述了客户在参与的销售和交付阶段的优先事项，并提供了客观标准，供客户评估他们对 IBM 服务的满意度。

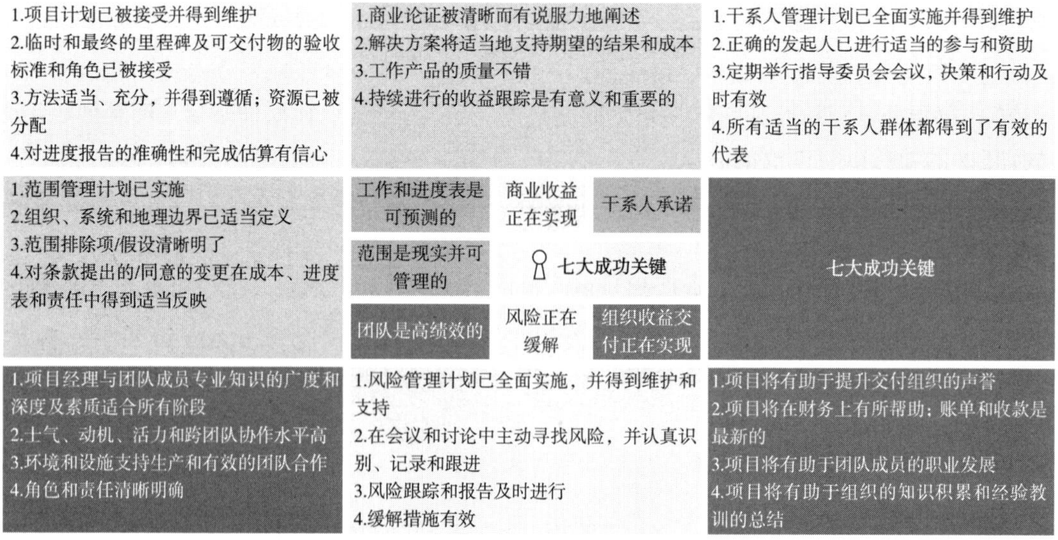

1.项目计划已被接受并得到维护 2.临时和最终的里程碑及可交付物的验收标准和角色已被接受 3.方法适当、充分，并得到遵循；资源已被分配 4.对进度报告的准确性和完成估算有信心	1.商业论证被清晰而有说服力地阐述 2.解决方案将适当地支持期望的结果和成本 3.工作产品的质量不错 4.持续进行的收益跟踪是有意义和重要的	1.干系人管理计划已全面实施并得到维护 2.正确的发起人已进行适当的参与和资助 3.定期举行指导委员会会议，决策和行动及时有效 4.所有适当的干系人群体都得到了有效的代表
1.范围管理计划已实施 2.组织、系统和地理边界已适当定义 3.范围排除项/假设清晰明了 4.对条款提出的/同意的变更在成本、进度表和责任中得到适当反映	工作和进度表是可预测的　商业收益正在实现　干系人承诺 范围是现实并可管理的　　七大成功关键 团队是高绩效的　风险正在缓解　组织收益交付正在实现	七大成功关键
1.项目经理与团队成员专业知识的广度和深度及素质适合所有阶段 2.士气、动机、活力和跨团队协作水平高 3.环境和设施支持生产和有效的团队合作 4.角色和责任清晰明确	1.风险管理计划已全面实施，并得到维护和支持 2.在会议和讨论中主动寻找风险，并认真识别、记录和跟进 3.风险跟踪和报告及时进行 4.缓解措施有效	1.项目将有助于提升交付组织的声誉 2.项目将在财务上有所帮助；账单和收款是最新的 3.项目将有助于团队成员的职业发展 4.项目将有助于组织的知识积累和经验教训的总结

图 15-6　七大成功关键®

IBM 经过验证的方法和工作实践的一个典型例子是我们的七大成功关键™质量流程。

这个简单的框架确保我们的项目团队继续专注于为客户交付价值，团队保持动力和高绩效，干系人保持承诺，并在必要时重新校准。

知识管理

IBM 项目管理的最佳实践、资产和知识产权代表了成千上万名 IBM 项目经理在数十年交付项目和项目集的工作和经验中积累的专业知识。正式的项目管理知识网络已经建立，允许项目经理在全球环境中共享专业知识。

IBM 项目经理还可以访问项目知识产权，包括可重复使用的工作产品，如架构、设计、计划等。项目经理被鼓励通过发布项目工作产品和经验来分享自己的专业知识。获取已完成项目的最佳实践和经验教训是确保未来项目成功的基础。IBM 鼓励使用"IBM 灯塔"，这是一个官方企业参与系统，用于众包交付卓越的文档、编码资产和思想领导力内容。"IBM 灯塔"帮助 IBM 员工在他们的项目和参与中查找和分享知识。该工具建立在 IBM 云和 Watson AI 之上，完全支持 IBM 咨询的运营模式。"IBM 灯塔"由一个拥有 20 年行业领先最佳实践、方法论和经验教训的专门资源团队支持。"IBM 灯塔"的最新产品——IBM 账户空间，允许团队在整个项目生命周期中协作，确保团队成员拥有所需信息，并一致地进行结构化，从而提高信息的可发现性。它利用认知工具预测需求并提供个性化建议。

成熟度评估

IBM 开发了全面的项目管理工具和最佳实践，即项目管理进展成熟度指南（Project Management Progress Maturity Guide，PMPMG），来评估其当前的项目管理能力和为客户提供的项目管理服务，并随着时间的推移对其进行改进。研究表明，随着组织项目管理成熟度的提高，项目交付变得更加有效和高效，客户满意度提高，并且取得了更好的业务成果。

项目管理成熟度衡量项目管理流程或系统要素的存在程度、与组织的整合程度，以及最终对组织绩效的影响。

评估可以在不同层面进行：
- 企业层面——整个组织。
- 项目组合层面——一组项目。
- 项目层面——单个项目。
- 敏捷层面——使用敏捷方法的成熟度级别。

评估是通过对一系列最佳实践的文件审查和访谈进行的，以寻求部署、使用、覆盖和合规的证据。它提供：
- 当前的能力优势、弱势和差距的优先级列表。
- 针对高优先级和中等优先级差距的改进行动建议。
- 每个最佳实践的总体成熟度评级。

为了获得最大的价值，公司应该确定项目管理成熟度基准；有效地安排、计划和实施改进机会；然后随时间的推移进行测量以验证公司项目管理能力的持续改进。通过了解公司的优势和劣势，可以确定持续改进项目管理和实现业务目标的行动。

随着组织项目管理成熟度的提升，项目交付的效率提高，客户满意度提高，并且能够取得更大的成果，如图 15-7 所示。

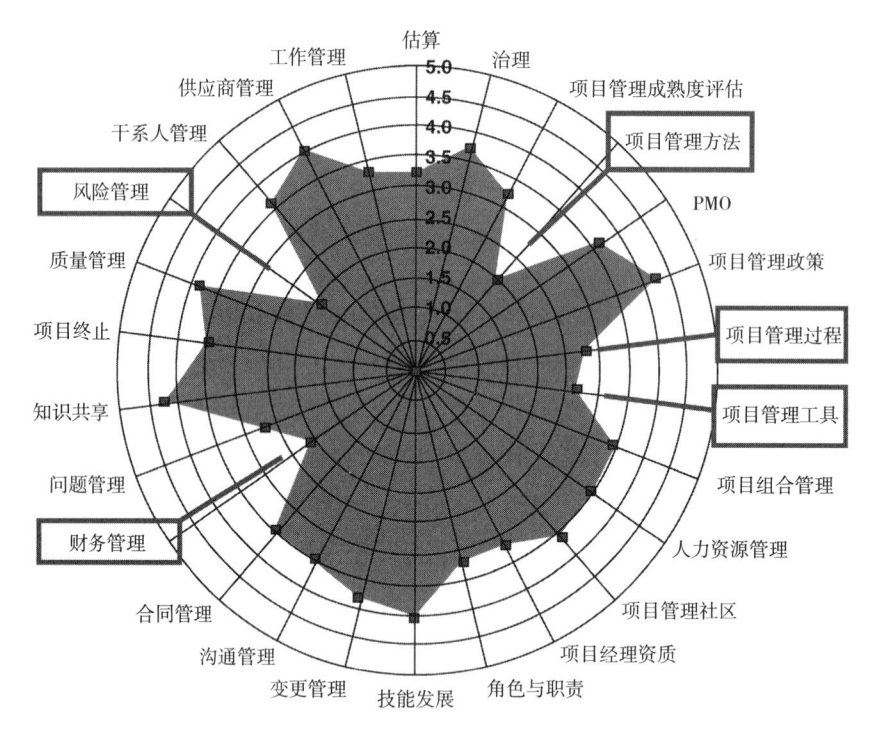

注：半径越大表示得分越高。

图 15-7　通过最佳实践实现成熟度提升

◆ IBM 项目管理技巧发展计划

通过课程培训和资格认证，不断加强 IBM 项目管理专业人员对方法、业务流程和策略的整合。

课程培训

IBM 的项目管理课程是在全球范围内和所有业务部门中交付的，有助于在整个公司内推广统一的术语和理解基础。虽然项目经理是培训的重要受众，但出席培训的不只是项目经理。相反，课程是为了满足所有 IBM 人员的项目管理培训需求，而不管他们处在什么工作岗位上。根据课程内容和目标受众，课程采用了一系列的交付模式。除了传统的课堂形式，越来越多的教师主导的学习是通过在线虚拟课堂进行的。广泛使用自定义播放速度的在线学习为在线学习者选择方便的时间和地点学习课程内容提供了自由。课程指导委员会由来自 IBM 各个业务部门的代表组成，提供课程内容开发的管理。这确保课程不断满足各个业务部门不断发展的需求。

项目管理课程分为四个不同的部分。

（1）核心课程涉及项目管理的基础知识。对没有项目管理知识基础或知识基础薄弱的员工可以通过课程的这一部分来获得项目管理的基础内容。入门课程奠定了基础，更多的专业课程在此基础上进行开发，如项目管理系统、合同管理、财务、项目领导力和 IBM 全球项目管理方法等课程。一门独立的综合课程通过汇总早期课程的理论学习，并将其与实践应用的知识重点结合起来，把这部分的课程内容串起来。

（2）能力提升教育部分提供机会，以学习核心课程为基础，在特定领域深化项目管理技能。这包括更深入的主题培训，如领导力、特定项目管理工具的使用，以及更多的情境性主题，如跨文化工作。

（3）项目管理部分的重点是提升高级职位所要求的通用业务能力，并提供管理具有多个项目和业务目标的大型项目所需的工具与技术。

（4）基础部分包含在项目团队中工作的员工所需的课程。项目管理的基础入门课程为他们提供了对项目运作流程和关键术语的理解，但不期待将他们培养成项目经理。

正如我们已经注意到的，项目管理课程提供不同的工作岗位的培训，不仅仅是项目经理。项目管理课程也不能满足 IBM 项目经理的所有学习需求。例如，担任项目经理对他们的营运能力有一系列具体技能的要求，这些技能将从 IBM 提供的更广泛的学习中获得。

◆ 资格认证

项目管理职业是 IBM 所设置的全球几大职业之一，它着眼于保证 IBM 内部专业和技术技能的可用性与质量。项目管理专业发展包括 IBM 项目管理职业的全球领导力、其资格认定流程、IBM 与 PMI 的关系，以及通过教育培训和导师计划来进行项目管理技能的培养。这些计划的目标是培养项目管理的专业技能，并维持项目管理职业内部的卓越水准。

IBM 内部的职业团队具有什么样的背景呢？IBM 的职业团队是自我管理的社区，由思维和技能相似、工作内容也相近的 IBM 专业人士和经理组成。职业团队的成员在 IBM 组织中的各个部门无论拥有怎样的头衔，都会扮演类似的角色。每个职业团队都会发展并支持自己的社区，包括提供专业发展、职业发展和能力培养方面的协助。IBM 职业团队：

- 帮助 IBM 培养和维持业务所需的关键技能。
- 保证 IBM 的客户在项目管理领域得到一致的最佳实践和技能。
- 协助员工掌舵他们的职业生涯和专业发展。

IBM 所有工作岗位都被划分到几个不同的职能领域，这些职能领域被称为工作家族。一个工作家族是一系列共享相似职能或技能的工作岗位集合。如果对于特定的工作岗位没有可用的数据，那么这个工作岗位的职责就会与各工作家族的定义进行比较，以确定划归给合适的工作家族。

项目经理及绝大多数项目集经理都属于项目管理工作家族。项目管理岗位保证在解决方案的形成、开发、实施和交付过程中满足客户的需要。项目管理专业人员要负责整体的项目规划、预算、工作分解结构、进度、人员配备要求、管理项目执行和风险，并应用项目管理流程和工具。这些人必须管理 IBM 员工和客户员工，以及第三方供应商的行动，以确保能够提供一个整合的解决方案来满足客户的需要。这一岗位角色需要在沟通、谈判、问题解决和领导力方面具有丰富的知识与超强的能力。项目管理专业人员需要展现出以下方面的能力：

- 对其与团队、客户及供应商的关系进行管理。
- 拥有技术、行业或业务相关的专业知识。
- 拥有方法论的专业知识。
- 良好的业务判断力。

管理人员会得到关于对 IBM 的员工进行分类、培养和保持活力方面的指导。在项目管理职业背景下，活力被定义为专业人员满足根据其职业定义的项目管理技能、知识、教育和经验要求（资格认证标准），达到或超过他们目前的水准。最基本的资格认证标准都会对每个职业生涯里程碑加以定义，并被用作个人绩效承诺或发展目标，附加在业务单元和个人绩效目标之上。

技能熟练的项目管理专业人员可以沿着他们的职业生涯路径不断前进，担负责任越来越重要的职位。那些将技能和专业经验融合得恰到好处的人员可能有机会担任项目集经理、项目总监，甚至高级管理人员。职业成长和发展是由几大因素来衡量的：

- 岗位角色所需的通用业务与技术知识。
- 有效应用这些知识所需要的项目管理教育和技能。
- 利用与业务相关的知识和能力的经验和工作方法。
- 对职业的贡献，被称为"回馈"，形式是通过一些活动来提升职业对其干系人的质量和价值。

IBM 的项目管理职业已经建立了一个端到端的流程来对项目管理职业发展路径上的进展进行"质量保证"。这一流程被称为"资格认证"，可以实现 4 个目标：

- 提供一个世界范围内的机制，建立维系和促进 IBM 在项目管理方面的卓越表现的标准。这一标准基于与该职业独特的准则相关的技能、专业知识和成功。
- 保证在评估候选人是否达到每个职业里程碑时全世界范围内应用的都是同一个判定标准。
- 通过对项目管理原则的良好运用（也就是 IBM 的项目管理专业人士应用的一系列丰富的项目与项目集管理流程、方法论、工具和技能），让客户与市场对 IBM 项目管理专业人员的高质量具有最大的信心。
- 让 IBM 项目管理专业人员的技术和经验获得认可。

IBM 项目和项目集管理的职业发展路径让员工可以从入门级成长为高级管理人员。专业人员根据他们在项目管理方面的成熟度进入职业的不同水平。对专业人员的技能和专业知识的验证是通过资格认证流程来完成的。资格认证流程包括鉴定（入门级别）、认证（在更高的、富有经验的层级）、再认证（用于保证专业水准没有过时）及层级移动（达到更高级别的认证里程碑），如图 15-8 所示。

鉴定是资格认证流程的入门级别，在职业资格认证流程评估项目经理为助理级别时适用。

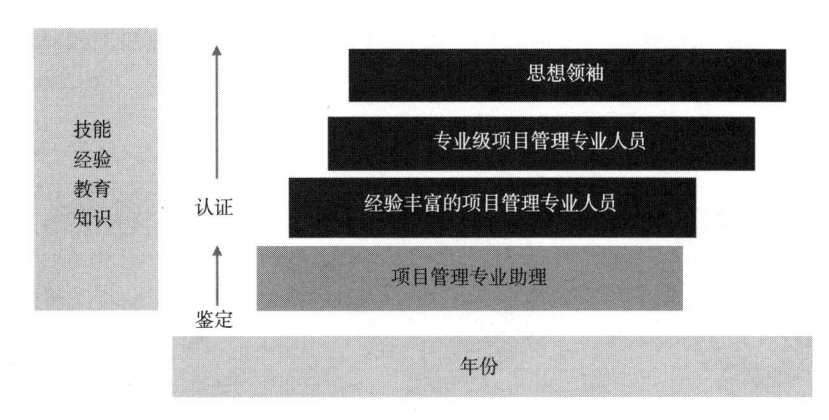

图 15-8　IBM 的项目管理职业发展路径

认证是职业资格认证流程的最高层级，是为经验丰富的项目或项目集经理准备的。当职业资格认证流程评估项目经理为经验丰富的、专家级别的和思想领袖时适用。这些级别需要项目经理完成一个更正式的认证包，并授权将这个认证包上交到项目管理认证委员会。IBM 的项目管理认证委员会由专家组成，管理认证流程中的确认步骤。这个委员会负责验证在候选人的认证包中记录和获批的成就都是真实有效的。委员会验证里程碑已经实现后，候选人将获得所申请级别的认证。

再认证评估经过 IBM 认证的项目管理专业人员在专家和思想领袖级别的时效性。再认证按每三年的周期进行，要求项目经理准备一个里程碑包，其中记录该项目经理在上一个周期内在项目管理、继续教育等方面所做的工作。

IBM 继续投身于培养和支持功底扎实、胜任职责的项目管理专业人员队伍，同时为项目管理的执行者提供高质量的项目管理教育和培训，以此来提升项目管理能力。

与项目经理的发展和认证同样重要的是对项目经理分配流程的完善。项目评估基于规模大小、收入影响、风险、客户价值、时间紧迫性、市场必要性及其他特性进行。经认证的项目经理根据项目所需要的教育和经验因素被分配到相关的项目中。

PMCOE 得到授权来提高 IBM 的项目和项目集管理的实践竞争力。这包括在全球范围内领导 IBM 的项目管理职业（见图 15-9），管理项目和项目集验证流程及 IBM 与 PMI 的关系，通过教育和指导发展项目和项目集管理技能。一个全球团队致力于培养项目和项目集管理的专业知识，并在项目管理行业内保持卓越的标准。

◆ 社区

在 IBM 内部，社区被定义为一群共享特定兴趣、在相同知识领域内工作，并参加互利共赢的活动来构建或维持绩效能力的专业人士。我们的社区关注成员，同时为成员创造机会，让他们在工作中寻找意义，在专业领域增强他们的知识和对技能的掌握，并让他们有归属感——在工作和生活中能够得到帮助、信息和支持。

社区是 IBM 组织结构的一部分，但不受组织边界的界定或限制。实际上，社区建立了一个横跨由工作流、地理和时间因素所构建的边界的知识渠道，从而加强了组织中的结构。它提供了将本地知识转化为集体知识，以及将集体知识转回本地知识的方法。获取社区成员身份完全基于对特定话题的兴趣的自愿行为。社区并不受实践、知识网络或任何其他组织结构的限制。

徽章获得者
传播成就
向同行、潜在雇主和其他人展示技能和成就
鼓励参与
对成就的认可；鼓励参与和留存
打造个人品牌
通过网络展示经过验证的成就；改善与同行、雇主和客户的关系

IBM
生成合格潜在客户
吸引寻求认可和机会的新候选人加入 IBM
提升品牌
公司品牌标志在 LinkedIn、Twitter、Facebook 等网站上被广泛传播
IBM 的独特之处
IBM 通过数字认证计划引领行业
跟踪和培养人才
快速识别技能差距和机会

IBM 客户
验证技能
为雇主提供一个可信赖的"批准印章"，用来验证现有人才或潜在雇员的技能
筛选候选人
提供识别、招聘或晋升候选人的简便方式
提高绩效
激励员工自我发展，提高组织绩效

图 15-9　IBM 的项目管理职业

  IBM 项目管理社区由 IBM PMCOE 发起，是 IBM 内部最大和最活跃的社区之一。所有对项目管理感兴趣的 IBM 员工均可加入。项目管理社区是一个自我管理的实践社区，拥有超过 17 000 名成员，他们聚集在一起，共同提高职业水平。成员分享经验、知识，并与其他项目经理建立联系。IBM PMCOE 提供多种沟通和在线协作平台，确保我们的项目管理专业人员保持联系和积极参与。示例包括：

- 每周网络研讨会。IBM PMCOE 举办每周网络研讨会，称为"eSharenets"。eSharenet 每年提供各种与项目管理相关的主题，涵盖项目管理最佳实践、项目管理技术和方法、项目管理工具及领导力、团队建设和团队协作等。会议以虚拟方式进行，以适应全球受众。该会议的演讲者包括 IBM 内部和外部的主题专家。这些会议使 IBM 的全球项目经理能够获得 1 个专业发展单位元（PMI 认证要求的一部分）。
- 针对项目管理的专业沟通，以协助全球项目管理社区发展技能和项目管理职业生涯。
- 本地社区项目管理活动，如本地组织的 PMI 分会会议或 PMI 奖项。

  IBM 鼓励所有员工在公司内外都成为"社交达人"。根据奥拉·斯黛法纳奇（Orla Stefanazzi）的说法，"IBM PMCOE 为其全球项目管理专业人员增强了社区意识，这是 IBM 最佳实践之一。IBM PMCOE 在所有 IBM 社区中排名第一，Slack 成员中排名前 20"。

  在进入项目管理社区时，IBM 的专业人员经常被问这样一个问题："与你工作过的其他公司相比，你在 IBM 发现的最大文化差异是什么？"最常见的答案是"同事非常乐于助人，愿意分享信息、资源并帮助完成工作"。IBM 的文化非常适合导师制。由于"回馈"是认证的必要条件，所以作为认证导师，不仅可以满足职业要求，还可以为社区做出贡献。

IBM 的最佳实践不仅仅在公司内部得到了认可。IBM 在项目管理方面的卓越表现有着明确记录，并且得到了正式的认可。最近获得的一些奖项包括：

- 项目管理创新。2021 年，我们为一家商业银行的首创项目赢得了全球 PMI 项目卓越奖。2019 年，中国台湾发放了首个仅限互联网的银行许可证，旨在为金融行业带来创新，并与技术驱动的服务创造协同效应。日本领先的电子商务巨头之一与 IBM 合作实施了这个银行系统，成为台湾首家仅限互联网的银行。为了应对这一首创项目并实现客户目标，IBM 采用了 MVP 方法和 PMO 机制。项目 75% 的时间发生在新冠疫情期间，PMO 团队以敏捷的方式响应，成功控制了项目的进度。该项目于 2021 年 1 月启动，引领了台湾金融创新的趋势。
- MCA 奖。2021 年，我们因在新冠疫情期间为客户提供的卓越支持和交付而赢得了英国 MCA（管理咨询协会）奖。

图 15-10 展示了 IBM 项目管理课程、项目和专业人员在过去 25 年中获得的行业认可。

◆ 创新

创新在当今的市场中至关重要。IBM 通过与战略合作伙伴及更广泛的生态系统合作交付项目管理解决方案，加速行业业务转型。这些项目通常由我们的客户创建和扩展。以下是一些示例，展示了 IBM 如何创新以交付解决项目领导者今天面临的一些关键挑战的项目管理解决方案，包括早期项目健康指示、合同执行和业务、IT 和交付组织之间的协作。

- EPC 项目健康诊断。IBM 为一家大型跨国工程和建筑公司构建了一个 AI 解决方案，根据结构化和非结构化数据预测项目健康状况。该公司利用此解决方案衡量项目从开始到结束的状态，预测并改善项目成果，同时缓解风险及降低成本。
- 数字工人。数字工人是一个可执行的软件解决方案，根据给定工作角色的要求应用一套技能，执行可重复的工作流程并推动具体成果，通常与其人类同事一起工作。IBM 在多个案例中成功部署了这项技术，显著降低了 PMO 的工作量，并提高了工作质量。
- 合同分析器。合同价值可能因效率低下而损失高达 40%。IBM 开发了一个解决方案，用于分析合同并评估其中的风险敞口。如图 15-11 所示，许多复杂合同需要密集的审查和管理——这个解决方案可以快速识别可能导致项目陷入困境的领域。

IBM Garage。现代项目管理的一个关键方面是持续的服务改进和创新。我们的 Garage™ 方法是一个端到端的用于加速转型的模型。IBM Garage 方法论指导你的工作，将开放、无缝的实践集合与以人为本、结果为先的方法结合起来。通过应用设计思维、敏捷开发和 DevOps 工具和技术，团队学习新技能，掌握新的工作方式。IBM Garage 的客户获得了超过 10 倍的创新想法，项目速度提高了 67%，投产数量增加了 6 倍，投资回报率达到 102%。图 15-12 展示了 Garage 的三个阶段（共同创造、共同执行和共同协作）以及它在参与期间的真正工作方式示例。

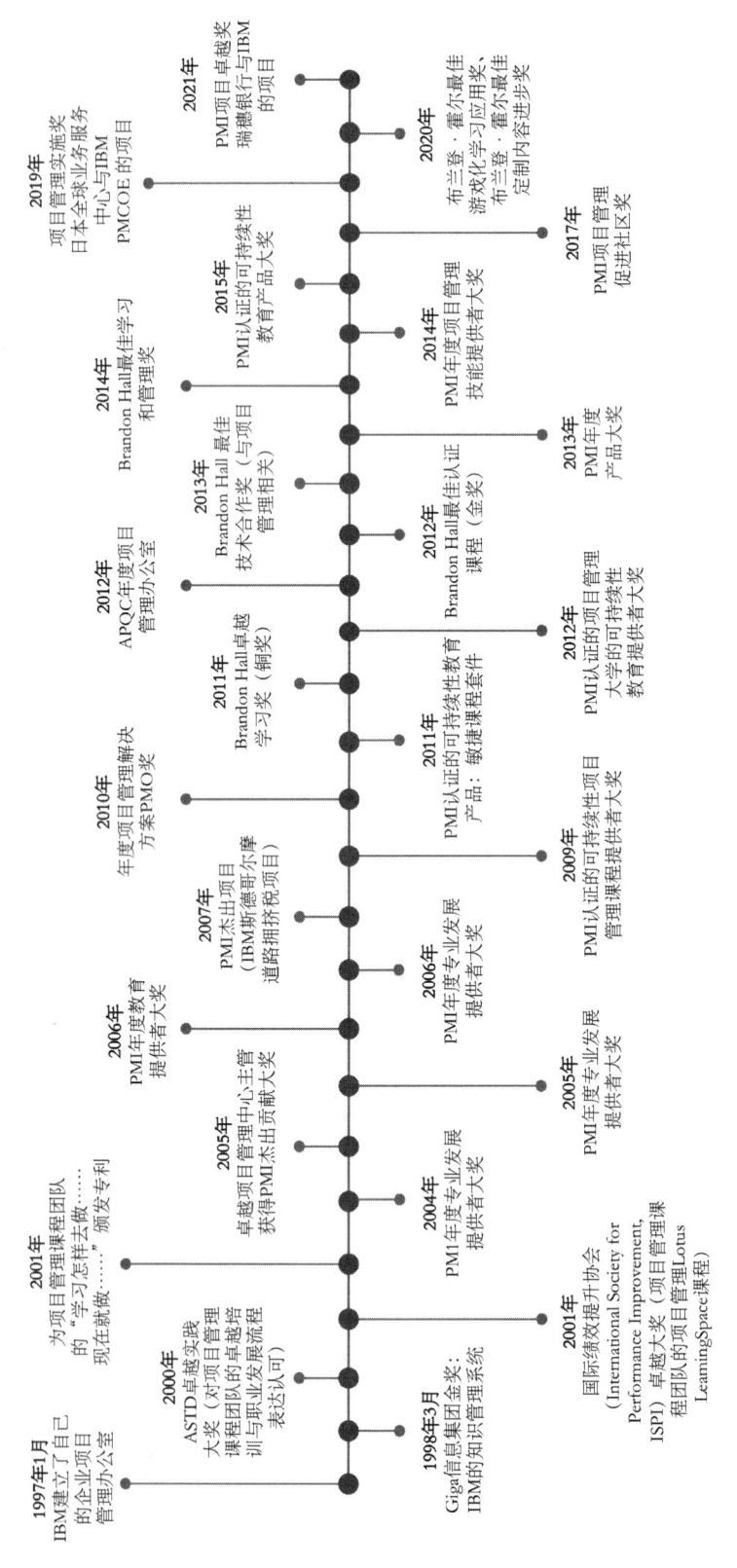

图 15-10　IBM 项目管理课程、项目和专业人士在过去 25 年中获得的行业认可

第 15 章 全球卓越项目管理

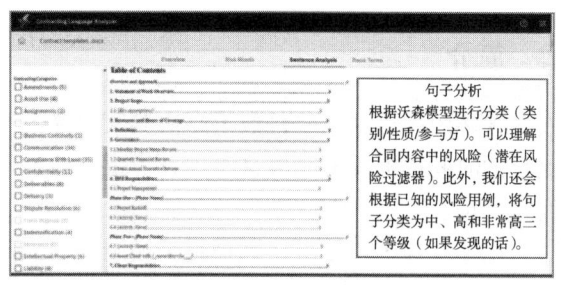

词语分析

风险
基于专家构建的字典/知识库识别和评估"风险"词汇，同时按低、中、高和非常高进行等级分类。

句子分析
根据沃森模型进行分类（类别/性质/参与方）。可以理解合同内容中的风险（潜在风险过滤器）。此外，我们还会根据已知的风险用例，将句子分类为中、高和非常高三个等级（如果发现的话）。

基本条款
检查合同中缺失/存在/修改的标准基本（交易）条款，按低、中、高和非常高等级分类。

图 15-11 合同分析工具

共同创造
探索新的商业机会并为现有状况提供关键的新见解至关重要。与整个生态系统合作，共同构思并创造一个富有远见、引人注目且充满活力的解决方案。

共同执行
为实现未来愿景，扩展并创建团队、构建坚实的团队基础。开发最小可行产品原型，作为解决方案的首个可生产版本，然后迅速将其投入全面生产并不断进行改进和扩展。

共同协作
不断监控和测试，以确保持续改进和快速迭代。这种持续的交付过程将有助于推动深刻的文化转型。此外，许多工作可以在企业内的团队中高效完成。

IBM Garage 方法的三阶段

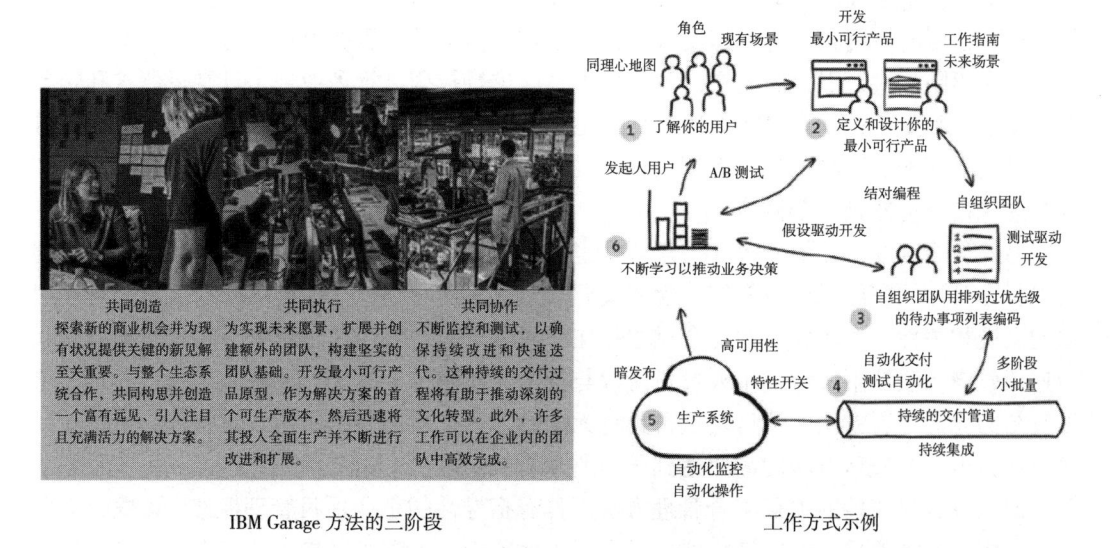

工作方式示例

图 15-12 IBM Garage 方法

15.2 德勤公司：企业项目管理

◆ 简介

很多组织启动的项目数量超出其交付能力。结果通常是它们要做的事情太多，而没有足够的时间或资源去完成这些项目。很多项目常常达不到预期效益，而且预期结果也很难完全实现。

以下几项因素使得达到项目预期结果更加困难：
- 许多项目的转型性质增加了其复杂性。
- 持续追求提高效率和效能。
- 要求展现责任和透明度的新压力。
- 不断加快的变革步伐和不断改变的项目优先级。

传统的项目协调和管理方法正在变得无效，并可能导致工作重复、具体行动的遗漏，或者与业务战略不一致和企业战略优先级排序较差。没有什么比做出正确的投资决策、最大化使用可用资源和推动组织实现预期效益更重要的了。

本节从将公司战略转化为一套一致的项目集和项目出发，到跟踪转型举措预期价值和成果实现情况，来探究德勤公司（以下简称德勤）的项目组合管理方法、技巧和工具。

◆ 企业项目集管理

组织面临着不断增加的压力，要"四两拨千斤"地用更少的资源做更多的事。对更好的质量、方便的使用和交付的速度方面的期望在不断上升，而展现效能与成本效率方面的压力也在不断加大，因此需要在期望和压力之间进行权衡。管理业务（日常运营）和转型业务（项目和变革行动）之间的传统平衡正在悄然发生改变。对大多数组织来说，在项目与项目集上部署的资源比例在近年大幅上升。然而，发展组织能力、结构和流程以管理和控制这些投资仍然是一个挑战。

另外，项目的相互依赖程度与复杂性也显著增加。虽然在过去，很多项目与项目集会被限制在具体的职能或业务领域，现在我们却会更多地看到，在关键的行动之间会存在很强的系统相关性。大多数问题不会孤立存在，解决方案之间存在超越单一问题范围的关联与连锁效应。项目不仅跨越了人员、流程与技术，还跨越了职能、地域和组织边界。如果没有结构化的部署方法，项目与项目集将无法带来客户所期望的价值。对管理项目、项目集与项目组合的战略方法的需要达到了前所未有的高度。

德勤具有代表性的项目组合管理方法是具有指导性的企业项目管理框架。该框架提供了一个模型，将项目、项目集与项目组合恰当地置于一个等级结构中，其中，项目的执行和项目集的交付都与公司战略保持一致，并可以带来期望成果的实现。这种方法试图在管理成果（效能）与管理资源（效率）之间取得平衡，为公司带来价值。

在图15-13中，战略包括定义组织的愿景与使命，以及制定战略目标与绩效衡量指标。

项目组合管理能力将组织的战略转化为现实，并对项目组合进行管理，以确保有效的项目协调、资源分配和收益实现。项目集管理着重于把单个的项目整合到相互关联的群组中，来确保实现单打独斗式地孤立部署每个项目所无法实现的收益。严格的项目管理保证会按时、符合预算与预期质量标准地满足所定义的工作范围系列要求。

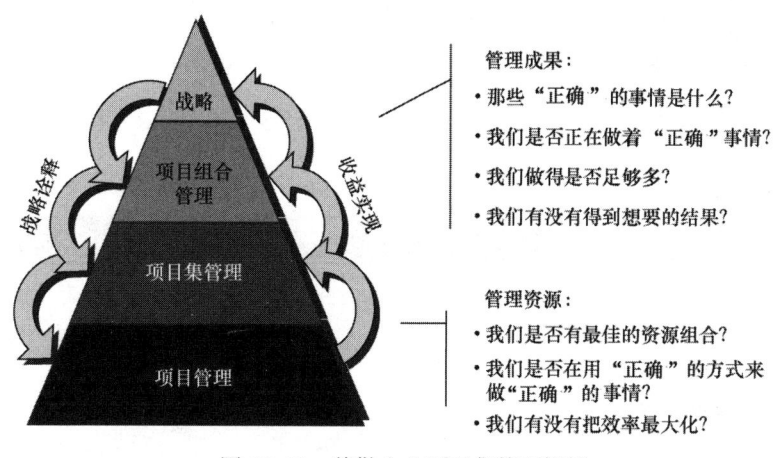

图 15-13　德勤企业项目集管理框架

◆ 战略与企业价值

今天的商界领袖们所处的世界是在不断变化着的，需要同时运营和改进他们的企业。每天都需要做出艰难的决策——确定方向、分配资源、启动新的项目，所有这些都是为了提升组织的绩效，最终为干系人创造并交付价值。干系人的价值的重要性说起来很容易，要让它影响日常的决策——在什么地方花费时间和资源，如何使事情以最佳的方式完成，以及最终如何在竞争的市场或公共领域获得胜利，高效地交付特定的任务，却困难得多。

作为对企业项目管理框架中战略组成部分的支持，德勤的企业价值地图（Enterprise Value Map™，EVM）被设计用来加强采取行动与产出企业价值之间的联系。它会促进关注最事关重大的领域，识别可行的完成任务的方法，以及确保所选取的行动能带来预期的商业价值等。企业价值地图通过加速对潜在的改进行动的识别和预测这些行动会如何为干系人带来更大的价值，让上述流程变得更加简单。

企业价值地图如同在图 15-14 中展现的那样，是非常强大和有吸引力的，因为它可以在以下方面带来有用与实际的平衡：

- 战略与战术。
- 可以做什么与如何做。
- 损益表与资产负债表。
- 组织能力与运营执行。
- 当前的绩效与未来的绩效。

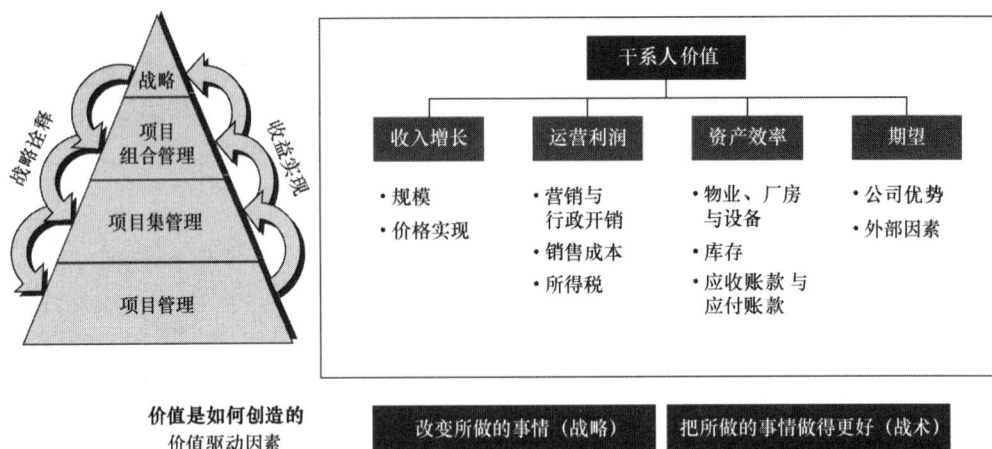

图 15-14　德勤的企业价值地图

总体来看，企业价值地图可以帮助组织专注于正确的事，并可以作为图形化的提醒告诉你正在做什么与为什么做。从执行的角度来说，企业价值地图是一个框架，用于揭示评估公司的衡量指标与改进这些衡量指标的方法之间的关系。从职能的角度来说，企业价值地图是概括公司做什么、为什么做，以及怎样可以做得更好的一页摘要。它可以作为一个强大的讨论框架，因为它能帮助公司关注那些最重要的问题。

德勤利用企业价值地图：
- 识别可以提高干系人价值的事项。
- 加入为潜在的改进行动确立优先级的结构。
- 评估和传达具体行动的背景与价值。
- 带来对于组织当前业务绩效的分析。
- 描述项目与项目集的组合是怎样与价值驱动因素保持一致的。
- 识别痛点及潜在的改进领域。
- 描绘过去、当前与未来的行动。

干系人的价值是由 4 个基本的"价值驱动因素"驱动的：收入增长、运营利润、资产效率和期望。

- 收入增长：公司的"头等大事"，收入来自客户为换取公司提供的产品与服务所支付的款项。
- 运营利润：从收入中扣除提供产品与服务的成本之后剩余的部分——运营效率的关键衡量指标。
- 资产效率：运营业务所用资产的价值与当前收入水平的关系——投资效率的关键衡

量指标。
- 期望：干系人与分析师对公司未来出色表现的信心——投资者信心的关键衡量指标。

名义上存在几千种不同的措施可以让公司提高干系人价值绩效，而企业价值地图在其完整版本中描述了其中的好几百种。虽然这些措施是多种多样的，但其中的大部分无非围绕着以下三大目标之一：
- 提升业务流程的效能或效率。
- 提高资本资产的生产力。
- 培养或增强公司的能力。

企业价值地图中有个别的措施开始识别公司如何进行这些改进。从广义上讲，有两种基本的改进方法。
- 改变所做的事情（战略）：这些措施涉及战略的改变——改变竞争战略，改变所提供的产品和服务及所服务的客户，改变将运营流程委派给内部和外部团队的方式等。
- 把所做的事情做得更好（战术）：这些措施涉及战术的改变——把流程委派给不同的内部或外部团体（或渠道），重新设计核心业务流程，提高执行这些流程的资源的效率与效能。

◆ 项目组合管理

项目组合管理是一种结构化的、遵守原则的方法，通过最大化地运用可用的资源，为组织选择正确的投资项目并确保实现全面的收益和价值，来达成战略目标和目的。

项目组合管理为一个或更多项目组合提供集中的管控，涉及对项目、项目集及其他相关工作的识别、筛选、确定优先级、评估、管理和控制，从而实现特定的战略目标和目的。对项目组合管理采用战略性方法可以让组织增强战略与执行之间的联系。它能够帮助组织设定优先级，精确判断交付能力，并监控项目成果的实现，以驱动企业价值的创造与交付。

德勤的项目组合管理方法让组织可以将其战略愿景与其项目组合活动结合起来，并在取得进展的过程中管理行动。它为将战略转化为运营上的成功提供了关键的连接。如图 15-15 所示，项目组合管理框架有助于回答这些问题："我们是否在做'正确'的事情？""我们是否做了足够多的'正确'的事情？""我们做得怎么样？"

一旦得到了实施，项目组合管理框架就可以帮助把商业战略转化为一套经过统筹的行动组合，它们共同作用来为干系人增加价值。另外，它也提供让项目保持在正轨上的工具和技能，极大地提高组织及时和符合预算地实现期望的成果的概率。它让组织专注于能带来最高价值创造机会的行动，同时提供了结构和原则来驱动绩效提升行动并协助识别持续改进的机会。最后，它会确认合适的资源和预算已经为关键行动准备妥当，并提供工具和技术来有效地管理组织的行动项目组合。

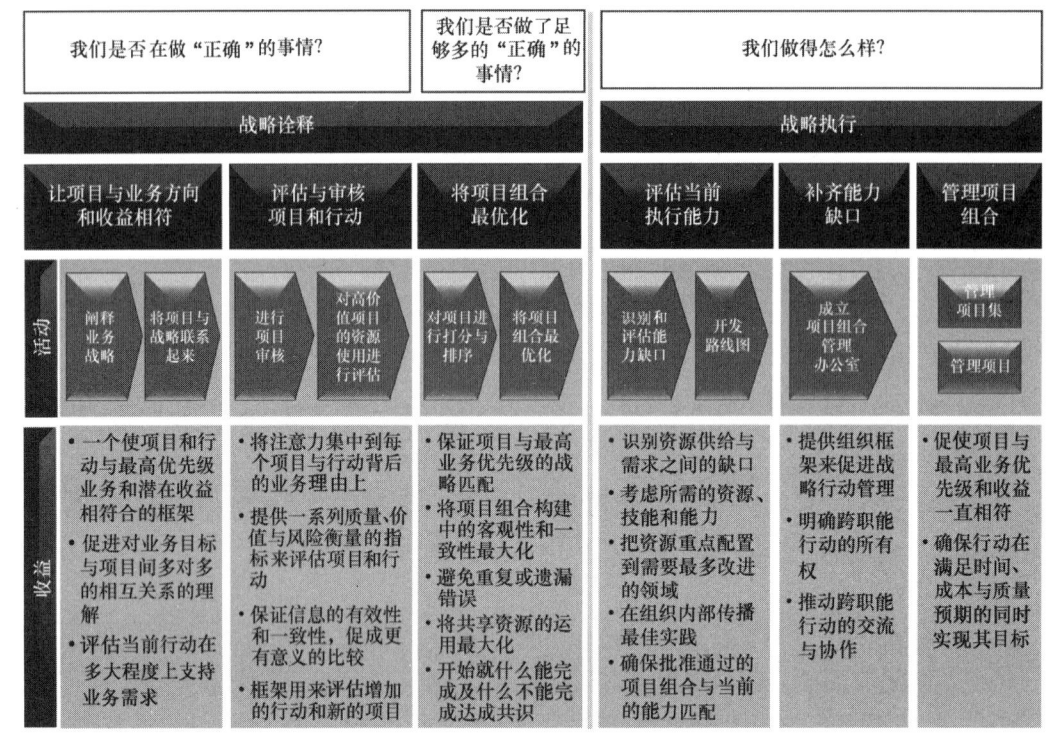

图 15-15 德勤项目组合管理框架

战略诠释			战略执行		
我们是否在做"正确"的事情?	我们是否做了足够多的"正确"的事情?		我们做得怎么样?		
让项目与业务方向和收益相符	评估与审核项目和行动	将项目组合最优化	评估当前执行能力	补齐能力缺口	管理项目组合

活动

- 阐释业务战略
- 将项目与战略联系起来
- 进行项目审核
- 对高价值项目的资源使用进行评估
- 对项目进行打分与排序
- 将项目组合最优化
- 识别和评估能力缺口
- 开发路线图
- 成立项目组合管理办公室
- 管理项目集
- 管理项目

收益

- 一个使项目和行动与最高优先级业务和潜在收益相符合的框架
- 促进对业务目标与项目间对多对多的相互关系的理解
- 评估当前行动在多大程度上支持业务需求

- 将注意力集中到每个项目与行动背后的业务理由上
- 提供一系列质量、价值与风险衡量的指标来评估项目和行动
- 保证信息的有效性和一致性,促成更有意义的比较
- 框架用来评估增加的行动和新的项目

- 保证项目与最高业务优先级的战略匹配
- 将项目组合构建中的客观性和一致性最大化
- 避免重复或遗漏错误
- 将共享资源的运用最大化
- 开始就什么能完成及什么不能完成达成共识

- 识别资源供给与需求之间的缺口
- 考虑所需的资源、技能和能力
- 把资源重点配置到需要最多改进的领域
- 在组织内部传播最佳实践
- 确保批准通过的项目组合与当前的能力匹配

- 提供组织框架来促进战略行动管理
- 明确跨职能行动的所有权
- 推动跨职能行动的交流与协作

- 促使项目与最高业务优先级和收益一直相符
- 确保行动在满足时间、成本与质量预期的同时实现其目标

图 15-15 德勤项目组合管理框架

开发有效的项目组合的第一步,是确立一种方法来决定哪些项目要包括在项目组合内,以及哪些项目不包括在内。需要清晰地定义什么是需要的"项目",也需要制定一些标准,以便把特定的行动放在项目组合边界之内或之外。德勤专门负责项目组合管理的战略与运营咨询部门经理丹尼尔·马蒂纽克(Daniel Martyniuk)强调:

> 虽然第一步目前看来非常简单,因为它的目标是提供一个基本的框架,在其中对项目进行定义、整理和分类,但关键的组成部分是准确地收集所有当前正在进行或已经提议而正在等待批准的项目。很多难以定义的项目往往会被忽视,因为它们可能以日常活动的形式出现,或者在"视线之外"进行。针对这种情况,在日常运营活动与项目工作之间定义清晰的界限是至关重要的。

一个保持一致的分类方法如图 15-16 中的德勤投资框架,有助于回答"我们为什么要为这个项目分配资源"这个问题。它旨在定义行动之间的区别,能够迅速地将项目辨识出来并进行分类,同时也为比较在本质或范围上有所不同的项目提供了基础。它还便于首先通过类型来促成资源的分配,之后对属于同一类型的项目进行优先级排序。最重要的是,它为启动交换意见与优先级排序的讨论提供了基础。一旦项目组合的范围确定,组织就需要一套流程,可以促使项目与战略目标、评估、优先级和授权保持一致,并促进对流程、变更和收益实现的持续管理。

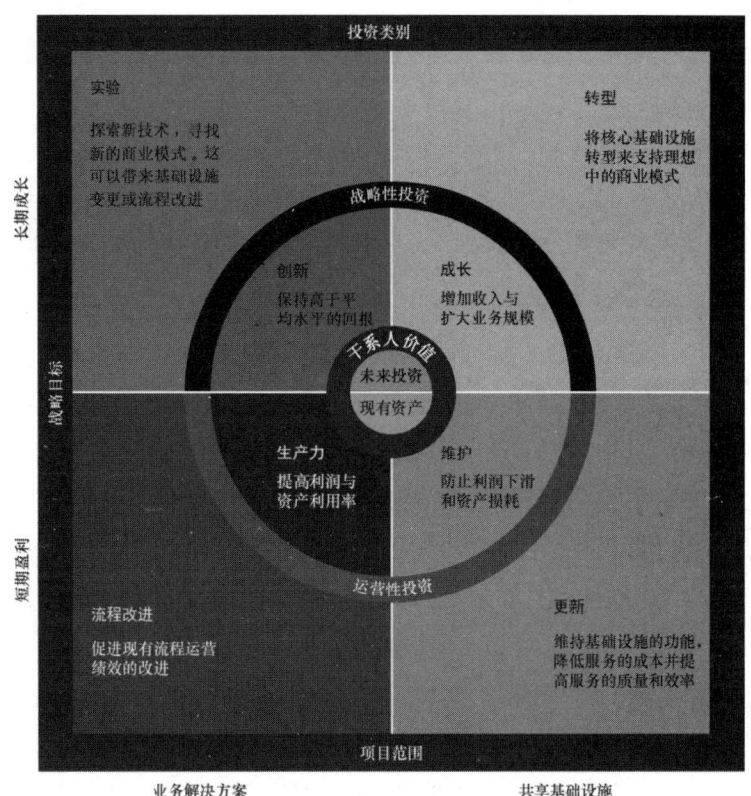

图 15-16　德勤投资框架

德勤项目组合管理流程如图 15-17 所示，它可以作为定义通用的项目组合管理序列的基础。它允许跨项目协调，以利用协同效应，并减少冗余。当存在多个项目机会及组织痛点时，项目组合管理流程也可以帮助用可以比较的格式概述并辨识项目，从而在平衡风险与收益的前提下，将组织行动创造的价值最大化。

当组成项目组合的获批项目清单确定之后，项目的注册与排序就成了接下来的关键步骤。仅仅因为一个项目现在成了获批项目清单的一部分，并不意味着它就应该或者会立刻启动。

在确定项目执行的合适顺序时，有一系列需要考虑的因素。其中决定项目排序的一些关键标准包括：

- 战略优先级——干系人或组织领导层对项目的重视程度；快速启动这些项目会直接对实现声明中的业务目标做出贡献。
- 机会窗口——有些行动需要在一个特定的时间段内完成才能获得预期的收益；对这些行动进行必要的考虑，才能确保不会错过带来价值的时机。
- 项目的相互依赖——在进行项目排序与启动决策时，要保证所有关联的项目之间相互依赖的关系都得到了清楚的识别和考虑；同时也要考虑其他可能影响项目启动或成功完成的依赖关系，如关键决策的时机、预算周期等。

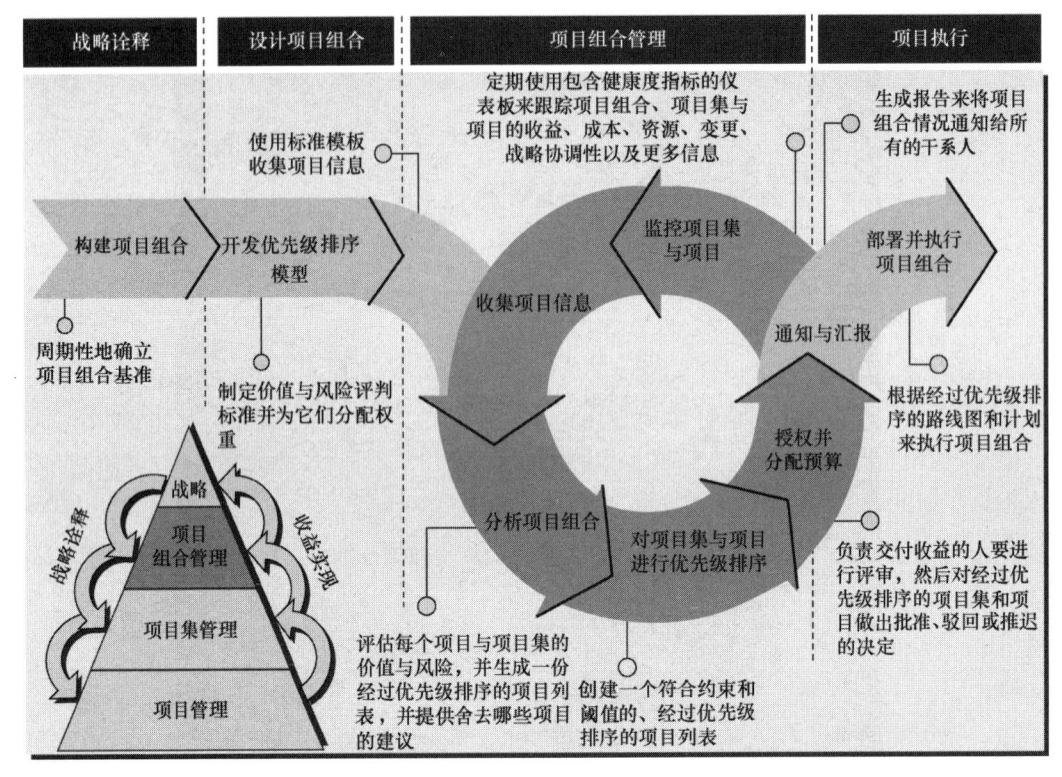

图 15-17 德勤项目组合管理流程

- 资源可用性——项目在合适的人力资源到位并开始执行这个项目之前是无法启动的；然而，要记住"可用性"不是一项技能，除了让人力资源分配到你的项目中，也要确保他们是"合适"的人力资源，这取决于他们的知识、能力和经验。
- 风险——要考虑到从事特定项目所必须承担的风险的级别；不要把所有的高风险项目一次性全部启动是一个好主意，要防止它们全部挤在一个时间段内；高风险项目应该得到密切的监控，而你应该在高风险项目与低风险项目之间取得平衡；在可能的情况下，要错开高风险项目的执行并进行全面的风险分析，以确定并一致同意合适的风险缓解策略。
- 变更——考虑任务的新颖性及因实施提议的项目组合而对组织造成的影响；确保你的组织已经准备好接受已生成的变更的数量与级别——只有在组织处理范围内的变更才能真正发生；错开那些带来显著变更的项目，把它们依次排列来避免组织被变更拖得筋疲力尽。
- 成本/收益——不同的行动会带来不同的成本与收益；类似于风险，当务之急是要了解哪些项目将以最低的成本提供最大的收益；你不想同时启动所有成本较高的项目，尤其是在无法收回所有收益的情况下。

进行优先级排序的关键，应该是对组织的交付能力及人力资源的能力有清楚的认识。组织需要知道哪些人可以从事项目方面的工作，以及他们具有什么样的技能。确定到底有多少人往往不难，所以创建资料清单通常并不是什么问题。真正的挑战在于确定员工正在从事什么工作，以及他们还有多少余力来进行项目工作或如果他们已经在从事项目工作，还有多少时间来处理额外的项目。获得精确全景图的可行方法之一，就是对项目人员进行时间跟踪。

采用一致的项目组合管理框架和流程的预期长期结果和收益将包括但不限于以下方面：

- 在选择要实施的项目方面，根据准确的最新信息，如与业务优先级的战略一致性、预期的收益、估算的成本和识别的风险，做出明智的选择。
- 确定管理小型、中型和大型项目的容量（能够同时进行的项目数量），以实现优先级排序。
- 积极管理与小型、中型及大型项目和复杂的转型项目相关的风险。
- 提高整个组织中与项目管理相关的核心能力，并采用项目组合管理方法来进行决策制定。
- 对与管理单个项目相关的流程，以及与管理互相联系的多个项目与项目组合相关的流程进行精简和标准化。
- 维护当前的项目列表（包括活跃的项目与不活跃的项目），把项目的启动分成阶段，从而与组织的能力相符，并在按时、不超预算和符合要求的前提下，对获批项目的交付做出改进。
- 将内部资源的运用最大化，并将外部资源的运用合理化，以此作为内部资源的补充，更好地推动获得批准的项目高效完成并实现价值。
- 衡量实际的绩效，并跟踪项目及项目集收益的实现情况，能够识别在实现具体的成果与实际的结果方面取得的实际进展。

◆ 项目集管理

按照 PMI 的实践标准，项目集是指一群相互关联的项目，以一种统筹协作的方式来进行管理，以获得单独管理这些项目所无法得到的收益。项目集可能包括超过单个项目范围的相关工作内容（如持续运营）。有些组织把大型项目称为项目集。如果一个大型项目被分为多个相关的项目并对收益进行直接管理，那么它就是一个项目集。通过项目集来管理多个项目可以促进整个项目集的进度最优化，带来不断增加的收益，还可以根据项目集的整体需要来让人员的配置达到最优化。

如图 15-18 所示，德勤进行项目集管理的方法强调了项目集管理职能的 4 个核心职责：项目集整合、依赖度识别、标准遵循和项目集汇报。在图中进一步描述了职能工作范围内额外的主要和次要活动。

时间、成本和范围/质量是单个项目层面上的关键绩效衡量指标，而沟通和排序才是项目集层面上的关键成功因素。这是因为项目集管理涉及以整合的形式对一系列项目进行分组和管理，而不仅仅是完成单个项目。最终，良好的项目集管理毫无疑问有助于按时、按预算并按范围来交付项目集。良好的项目集管理也会提供对整个项目组合中项目之间的联系与依赖关系的更深入的理解和认识。

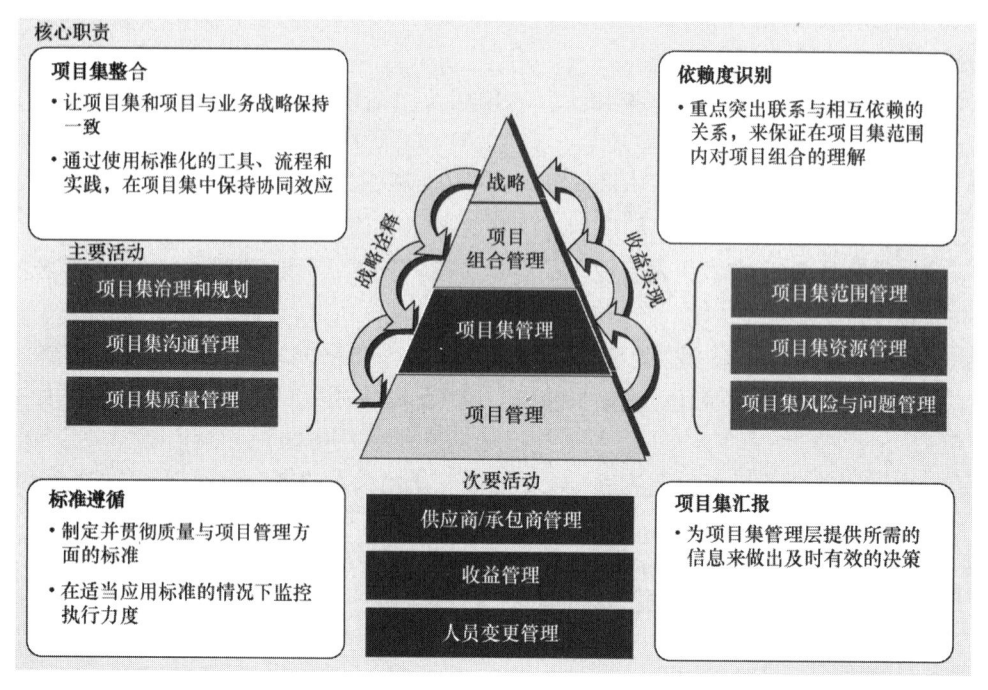

图 15-18 德勤项目集管理框架

◆ 项目管理

在项目集层面，一致性可以产生理想的效果。这种运营节奏能够实现对多个项目的定期报告和监控；而在项目层面，一致性并不总是适用的。许多因素可以促使产生内部项目差异：

- 项目类型（如战略开发、技术实施、组织变革部署等）。
- 地理/组织范围（如一个地点、一个国家、全球等）。
- 项目执行模式（如敏捷、瀑布、迭代等）。
- 项目团队规模。

这些差异会产生不同的项目需求和约束机制，进而影响项目的一些管理流程。言外之意是，企业和项目准则要在一些领域做到标准化，而在其他领域保持灵活性。当达到这种平衡时，项目经理可以在某些领域（状态报告、工作计划）调整流程，同时仍达到最低绩效标准。

另外，还有其他项目外部因素也会催生项目差异，因此我们也需要考虑。其中一些额外因素包括：

- 行业。
- 环境（如公共部门、政府监管、商业）。
- 执行技术（如云计算、ERP 等）。

即使有这么多差异化的因素，仍有一些流程和准则，无论项目管理者选择何种管理模式，都是固定不变的。这些流程和准则包括法律法规、组织条例、公司标准、项目控制和财务管理流程/制度，如图 15-19 所示。

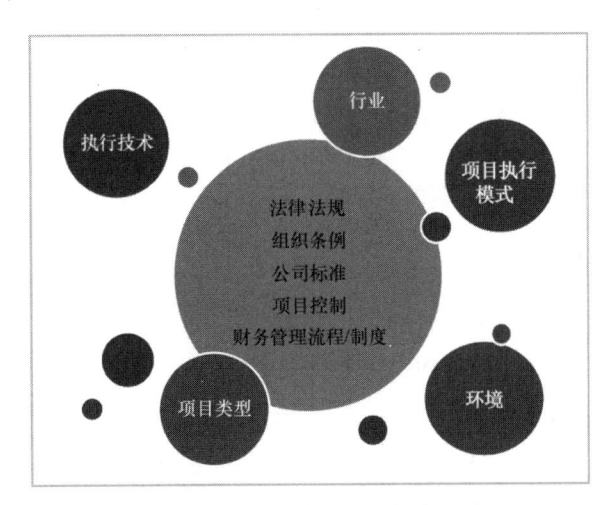

图 15-19　不变因素和可变因素的对比

对企业来说，清楚何时需要灵活性，以及何时需要标准化，何时标准化是有效的，是十分重要的。目标是使项目团队更容易交付更好的解决方案，而不是过于教条或过于理论化，并能够帮助主动设置安全防护措施来识别或管理失控情况。

每个项目启动后，都需要考虑项目的特点，结果就是一套经过调整的、与企业和项目集标准一致，同时又反映项目本身特点的项目管理流程。

方法论

整体项目管理解决方案涉及在企业项目集管理整个框架内对具体工作流的定义和交付。它包括标准、流程、模板、培训、工作辅助和工具。这些组件越标准化，部署起来越容易。团队理解项目预期，了解工具，经历这些流程。

项目管理的企业价值交付（Enterprise Value Delivery，EVD）是德勤公司为咨询客户提供一致的项目管理解决方案的方法。该方法涉及项目管理的具体因素，并且得到了先进的使能工具、资深辅导与培训的支持。这个方法具有可扩展性和灵活性。它可以整体或局部地整合到德勤其他的方法论中，以解决相关的项目管理问题。它结合了标准，同时还允许个别项目根据具体情况调整适用的部分。

EVD 的设计用途是帮助德勤的项目执行者来管理他们的项目，它具有如下特点：
- 可扩展性——运用了模块化设计来实现最大限度的灵活性，可以适应大多数项目，无论规模或范围如何，而且可以适应每个项目的独特要求。
- 以可交付物为基础——符合项目管理流程迭代的性质。
- 规范性——包括特定于项目管理的工具、详细步骤、模板和可交付物样本，来帮助操作人员启动、规划、执行、控制和收尾项目。

- 信息丰富——包含关于方法、流程、工作分配与可交付物创建的海量信息。
- 基于经验——让操作人员可以重复利用基于我们从实践中得来的丰富经验与知识所开发的材料。
- 基于最佳实践——反映德勤的最佳实践及行业的研究和经验,让德勤的操作人员可以在全世界范围内共享通用的语言。
- 可操作性——提供实际的有用信息,专注于那些真正起作用的部分。

德勤的项目管理方法内容与 PMI 的《PMBOK®指南》和软件工程协会的能力成熟度模型保持一致。它分为两个领域的工作——项目管理和质量管理。方法包括对任务的详细描述、逐步指导,以及完成任务所需的关键注意事项,这些对于交付项目管理解决方案至关重要。有多种帮助开发的工具,如指南、流程和工具,它们可以帮助更好地完成每项工作。

持续一致地应用定义好的项目管理工作流和可交付物可以带来一系列好处:

- 帮助项目经理获得"大"视野,并加速工作。
- 提供一致的方法与共通语言。
- 包含可交付物模板与工具。
- 加入质量管理与风险管理,让项目可交付物的质量提升和风险降低变得更容易。
- 可以用来管理项目集及项目。

工具

德勤发现,利用专注于促进项目管理流程的工具有助于驱动企业采用有效的项目管理流程。对于众多企业来说,有大量工具可供采用,另外,这些工具都有各自的优势和劣势,如图 15-20 所示。选择合适的工具有助于促进项目管理的一致性,但是区分项目管理工具和流程之间的差异也很重要。只要保持严格的流程制度,使用哪种工具是次要的。拥有现成和尖端的工具是极有利的,但需要在流程的灵活性(使用合适的工具)和标准化(不论是否使用工具,都需要按照规定的流程完成任务)之间取得平衡。

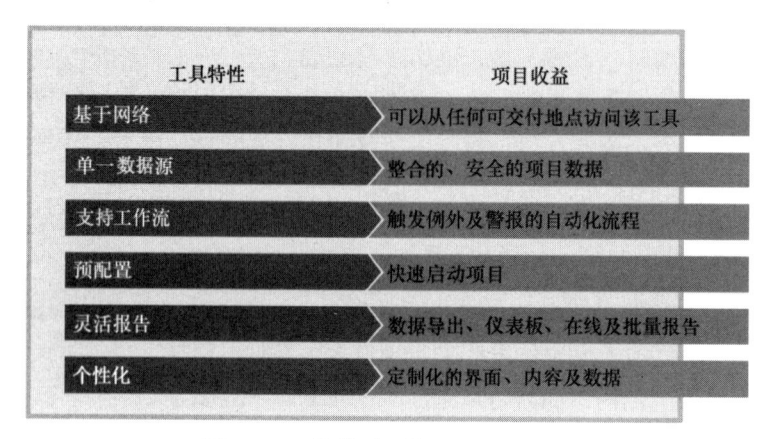

工具特性	项目收益
基于网络	可以从任何可交付地点访问该工具
单一数据源	整合的、安全的项目数据
支持工作流	触发例外及警报的自动化流程
预配置	快速启动项目
灵活报告	数据导出、仪表板、在线及批量报告
个性化	定制化的界面、内容及数据

图 15-20 德勤项目管理工具的特点

如果组织没有合适的工具使用,德勤将提供一个可能使客户受益的解决方案。定制化工具具有项目团队可快速使用的简单特点,同时又具有复杂的功能。在多用户的环境下,它提供了安全性，而且使用者参与项目前都会接受使用工具的培训。

敏捷项目管理

德勤的项目管理的 EVD 解决方案创建了执行普通项目管理任务的基础，又提供了调整流程适应已知变量的灵活性，具体包括：

- 定义常见解决方案场景的典型使用模型，这涉及解决方案的方方面面（如文档、培训、样本等）。
- 提供指导，促使项目在特定的项目环境下利用适当的流程。
- 允许根据项目的风险和花费情况灵活地定义合理的治理结构。

新兴市场条件驱动了对标准项目管理流程的评估需求，特别是在"敏捷"的环境下。敏捷方法通常用于项目需求不清晰或经常变更，或者需要频繁交付高价值解决方案组件的情况。采用敏捷方法的项目执行某些项目管理流程的方式类似于采用瀑布或迭代方法（如风险和问题管理、财务管理及项目状态报告的一些方面）的项目，而执行其他项目管理流程的方式完全不同。EVD 从这两个角度给项目经理提供指导。此外，对于那些不同的方面，EVD 也规定了如何采用敏捷方法来处理它们。

尤其是敏捷项目中的范围管理和工作计划与跟踪和使用瀑布及迭代方法的项目有着明显的区别。EVD 针对敏捷描述了项目如何开发和管理产品和冲刺待办事项列表，并且包括用户故事的编制指南，这些用户故事足够细化，可以在单个冲刺中解决。它还描述了项目团队用以估算冲刺和用户故事大小、预测组件交付进度的度量分析（用速度、能力和燃尽图），并且它还包括用来监控项目进程的产品生产效率报告。即使管理工作的技巧有很大的差异，但也要维护项目管理准则。总之，虽然敏捷在如何执行项目方面有很大不同，但基本的项目管理职能仍然存在，德勤已经找到了利用这两种方法的途径。

项目管理团队

即使使用最复杂的方法和工具，如果没有一个专业的、训练有素的项目团队，项目仍然不能顺利进行。具备丰富的项目或项目集经验的人力资源通常在项目集管理层发挥作用，而没有任何项目经验的人力资源可以在项目层找到。按照这种说法，采用一种考虑到这一点的项目管理方法是十分重要的。

为了使资源在项目中一直有效，在部署项目管理方法时需要考虑一些事宜，如图 15-21 所示。

- 理解变更管理流程。变更管理流程在某些方面更加严格。项目团队必须清楚在何种情况下要通过变更管理流程，以及何时需要何种信息。这对确保变更路线正确是十分关键的。如果每项变更请求都需要审查准确性，会拖慢项目进度，并且会对项目进度产生无法预计的不利影响。
- 尽早开始基础活动。要意识到，虽然企业和项目集管理层通常由全职的项目管理专业人员组成，但项目团队通常还包括没有实际项目经验的执行人员。要确保项目团队知道他们的目标是什么，并且了解项目管理基础知识。例如：
  —— 我应该多久报告一次状态？

— 整个项目时间线是什么？
— 在哪里可以找到和这个项目有关的文档？

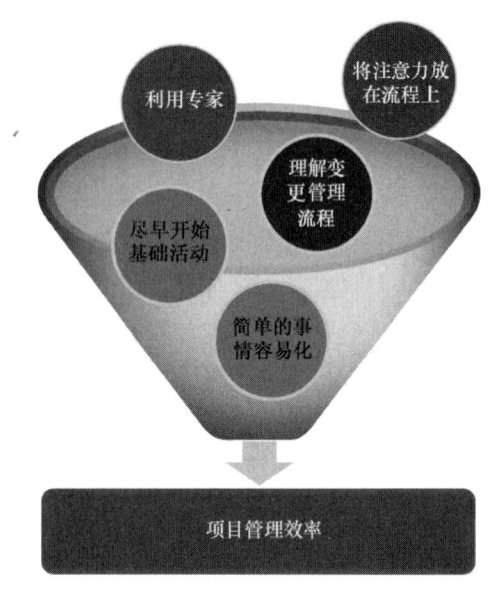

图 15-21　部署项目管理方法时需要考虑的事宜

项目启动会议和严格执行项目管理流程对于让团队了解项目的具体情况是很有帮助的。此时也是说明整体时间线、项目管理协议、角色与职责等内容的时候。同时，项目团队也能够开始其他计划活动，包括模板识别或开发。

- 简单的事情容易化。对于日常工作，如存储更新的可交付物、记录时间或状态，或者更新工作计划，不管有多少经验，所付出的努力都应该是最少的。这些活动不应该给项目带来额外费用。执行这些简单的活动花费的时间越多，用于项目设计或执行的时间就越少。

- 利用专家。当需要更高级的项目管理活动时要利用专家的力量。一些项目管理活动确实需要更多的技能，并且不应该由一个项目初学者处理。这些方面大多以工作计划活动为中心。工作计划活动出现在整个项目过程中，并且需要对依赖关系管理、关键路径识别和进行细致资源分配有深入的了解。图 15-22 中的活动只着重于工作计划的初步制订。人力资源还需要理解范围和资源发生变化时工作计划需要做出什么样的调整。

- 将注意力放在流程上。当情况变得不稳定时，要将精力集中在项目管理流程上。当变更贯穿整个项目时，人们有时会感到项目可能要失控了。避免出现这种情况的一个方法是坚持项目启动时批准的项目管理流程。良好的项目管理准则可使项目管理者把项目从出现的任何不确定情况中拉回来。如果管理得当，流程可以确定对项目范围、时间线、资源或预算的总体影响。当开始出错时，遵守准则是十分重要的，就在一般人说"我没有时间去做那些"时，它变得更加关键。

卓越的项目管理是清楚地理解项目环境的结果。使用标准化的流程和工具能够使事情变得更加容易，但前提是要适应每个项目的变化。一旦找到了这一平衡，剩下的就是按部就班地执行。尽早沟通期望并建立准则，这样大家就会自然而然地遵守。这可使项目团队将创新能量集中于构建最好的解决方案上，毕竟这是我们做项目的初衷。

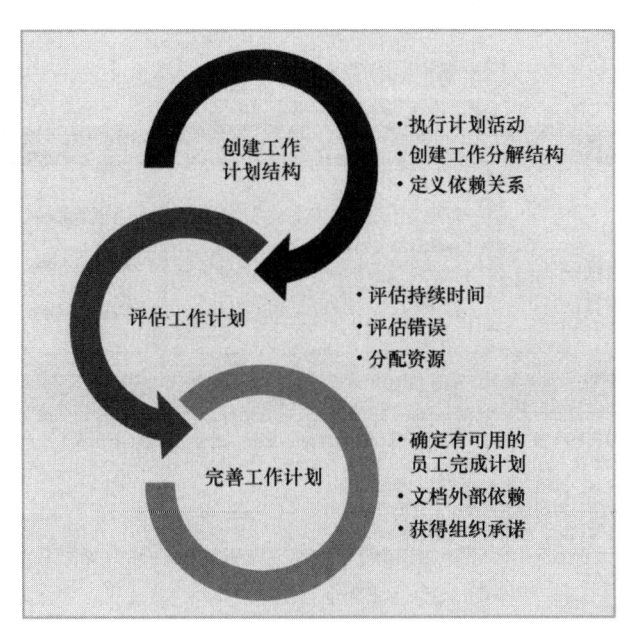

图 15-22　制订项目计划的必要活动

◆ 领导力与治理

除了拥有正确的项目、项目集及项目组合管理流程与模板，还有一些额外的因素会影响组织创造价值与交付转型成果的能力。"适当的治理、领导力与问责机制的重要性是不可低估的，"马蒂纽克说，"在我实施项目组合管理的经验中，拥有正确的框架来引导项目干系人根据一致的标准来做出决策，是项目成功与失败之间的关键区分因素。"

治理的主要目的是明确决策权、澄清责任并鼓励可取的行为。治理的意义在于让正确的人在正确的流程下参与正确的讨论，根据可用信息做出最好的决策。治理框架描绘了制定决策的流程，并定义了管理如下事项的原则：

- 需要做出哪些决策？
- 谁拥有权力和责任来做出决策？根据谁提供的信息？
- 决策要如何实施、监控、衡量与控制？

如图 15-23 所示，有效的治理需要高级管理人员的支持、清晰的"业务"所有权，以及可靠的技术顾问来保证符合已有的规定、标准与指导原则。它同时要求某种形式的收益与价值监督。这可以通过成立一个了解项目价值的定性方面的关键干系人委员会来实现。最重要的是，选定的治理框架中的每个功能都需要在其责任范围之内被赋予所需的决策权。

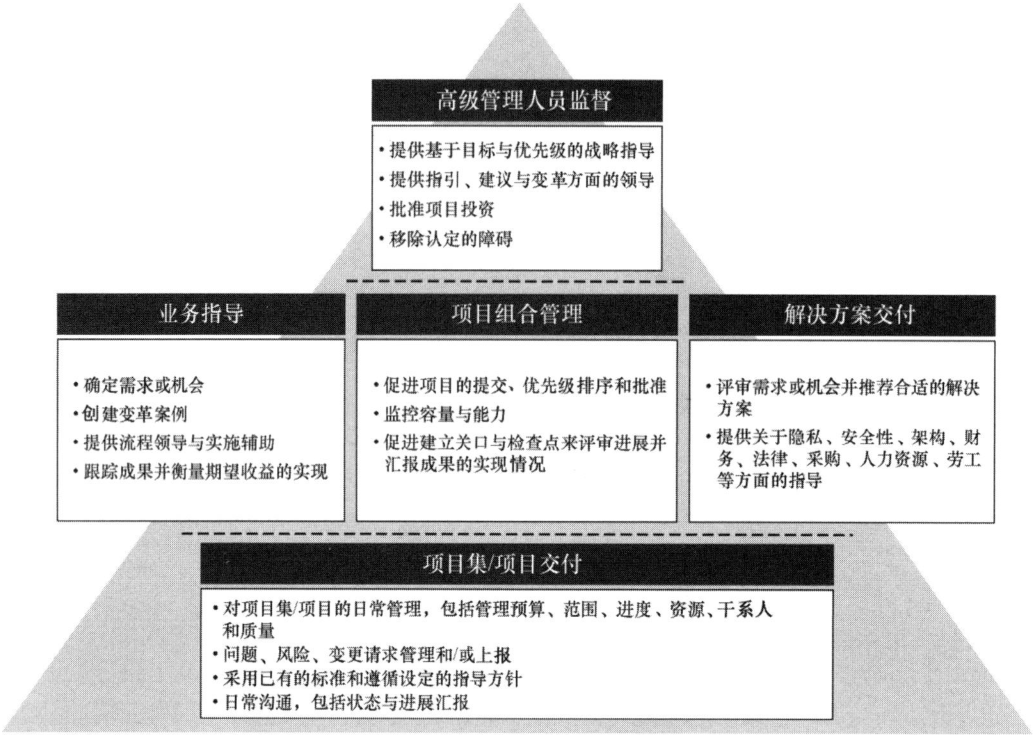

```
                    ┌─────────────────────────┐
                    │    高级管理人员监督      │
                    │ •提供基于目标与优先级的战略指导 │
                    │ •提供指引、建议与变革方面的领导 │
                    │ •批准项目投资            │
                    │ •移除认定的障碍          │
                    └─────────────────────────┘
```

业务指导	项目组合管理	解决方案交付
•确定需求或机会 •创建变革案例 •提供流程领导与实施辅助 •跟踪成果并衡量期望收益的实现	•促进项目的提交、优先级排序和批准 •监控容量与能力 •促进建立关口与检查点来评审进展并汇报成果的实现情况	•评审需求或机会并推荐合适的解决方案 •提供关于隐私、安全性、架构、财务、法律、采购、人力资源、劳工等方面的指导

```
┌─────────────────────────────────────┐
│           项目集/项目交付            │
│ •对项目集/项目的日常管理,包括管理预算、范围、进度、资源、干系人和质量 │
│ •问题、风险、变更请求管理和/或上报   │
│ •采用已有的标准和遵循设定的指导方针  │
│ •日常沟通,包括状态与进展汇报        │
└─────────────────────────────────────┘
```

图 15-23　德勤项目组合治理框架

◆ 人员与组织变革管理

最后,但也是最重要的一点,人才是实现项目与转型目标的关键因素。他们同时是转型目标未能达到预期的主要原因。经过整合的人员与组织变革管理、人力资源及学习服务需要贯彻到项目组合中的项目集与项目层面,从而在整体的转型行动中驱动一致、协调与有效的交付活动。

如图 15-24 所示,德勤的转型人力因素框架符合业务战略,并涵盖了从风险评估和领导协调到行为转变、沟通、培训、组织设计等各个方面。

转型未能实现预期目标的一个主要原因是干系人无法看到和感受到变革的强烈理由。因此,恐惧、愤怒或自满可能生根,从而造成阻力。在变革有效的情况下,组织中的个体会带有一种激情。他们创造令人不得不关注的戏剧化场景,从而帮助人们发现并清楚地认识到在自满、缺乏授权或其他关键事务方面的问题、解决方案或进展。

持续的转型同时需要组织每个层级上的人发自内心的投入承诺。一些干系人会成为共同创造者来帮助转型的愿景和规划成型,有一些则会成为阐释者,其他的干系人会作为转型的受益者。有效的转型需要来自所有方面的贡献和参与。保持一致与内部的投入承诺从顶层开始——所有的领导者都应该保持一致,愿意找出阻力,并以身作则领导转型。

转型项目通常会改变组织的结构、工作流程、系统、关系、领导风格和行为,这些因素一起组成了我们所了解的项目文化。创建组织需要的文化或者保持它已有的文化需要一个专门的计划，并与其他转型活动保持一致。如果没有明确、有意识的努力，组织最终很容易被卡在新的工作方式与旧的行为模式之间。

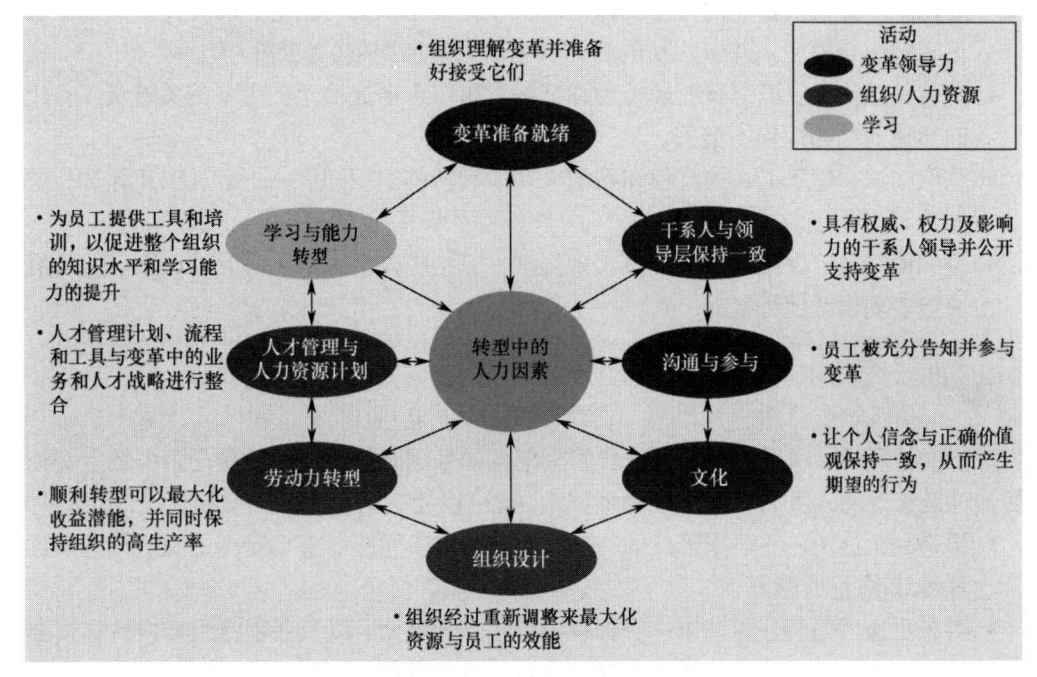

图 15-24 德勤的转型人力因素框架

为了使针对新的商业模式、技术和流程的投资达到最优化，一个面向所有受到转型影响人员的正式的培训与技能提升计划是必不可少的。然而，教育与培训往往处于转型任务列表的底部。

有效转型项目中的人员与组织变革管理的一些关键因素包括：
- 正确地理解你的干系人。理解转型可能怎样影响相关的团体及关键的个人。
- 预测风险。在阻力浮现之前识别它们，并且识别任何可能出现的业务干扰与风险。
- 评估状况。确认变革的规模与速度是在为组织提供能量，还是在让组织濒于瘫痪。
- 确立优先级。将活动进行优先级排序，先处理最关键的障碍。
- 对有重大影响力的人施加影响。识别出每个干系人群体中最受尊重的人，并试图让他们参与进来，作为变革的倡导者。
- 争取真正的承诺。了解人们的需求与渴望，之后再进行一致的努力来满足他们的需求与渴望。
- 把领导者武装起来驱动转型。用独特的知识和技能将领导者武装起来，帮助他们度过这个充满挑战、令人痛苦、难忘的时期。让领导者成为良好行为的楷模。
- 认识到会有赢家和输家。转型的影响对每个干系人群体来说都是不一样的，有些人可能对结果并不满意。要让所有干系人理解、参与并得到最新的信息。
- 专注于那些真正有意义的事。有效的文化会创造可持续的商业价值，让组织在竞争对手中显得与众不同，支持行业特定要求，并帮助客户得到他们真正想要的。
- 保持一致。驱动行为和文化的因素必须保持一致。不保持一致会令人们感到困惑。
- 强化。所有与人相关的行动要保持一致，特别是奖赏与激励，以培养新文化。建立正确的领导模型，并引入新的名词和术语来突出期望的良好行为。
- 留住关键员工。识别表现最佳者和其他对组织未来成功至关重要的关键员工。让他们知道他们的饭碗不会丢。
- 获取知识。建立正式的流程和系统来获取和转移组织知识——这对于开源转型来说尤为重要。
- 温和而坚定。决策制定者应该表现温和，但不应该就决策的必要性、适当性与最终决策表现出任何怀疑。

◆ 总结

对标准的项目、项目集与项目组合管理框架的采用和持续一致的应用，再加上实施相关的治理及有效的人员和组织变革管理技术，就可以使组织实现一系列的收益，其中包括：

- 提高决策能力——根据正确的、最新的项目状态/进展信息，提高了判断哪些项目应该继续/终止的能力。
- 财务更透明与责任更清晰——管理项目超支和结余，以及在项目组合内转移资金来更好地管理和响应未能预见的状况和优先级变化的能力得到了提高。
- 增强资源能力管理——将可用资源进行最佳运用所需的信息和数据更加充分，并有能力在项目组合内部转移资源，以最优化项目之间的资源利用。
- 积极的问题与风险管理——有能力在挑战升级为严重问题之前进行发现和响应；有一套机制来让关键的问题解决或风险缓解决策/行动要求得到高级管理人员关注。
- 标准化与一致性——能够进行项目之间的横向比较；更加有效和及时地与员工、客户、高级管理人员和其他干系人进行内部和外部的沟通。
- 增强的合作与更好的结果——通过以整合的项目组合形式展现对行动的联合管理，使收益实现最优化；共同合作，更好地移除成功路上的障碍。

虽然并未列出所有的话题，但在这一节中已经列出了一些关键成功因素。根据我们的经验，这些关键成功因素足以引领任何组织在其部署持续的项目组合管理能力以交付实际有形的企业价值的道路上朝"正确的"方向前进。

15.3 柯马公司

◆ 简介

柯马公司（以下简称柯马）是全球柔性自动系统制造的领导者，提供整合的产品、流程和服务，提高效率的同时降低整体成本。柯马业务遍及 13 个国家，运用最新技术和流程向客户交付先进的"交钥匙"系统,并能始终超越客户的期望。柯马服务于广泛的工业领域,致力于车身焊接、动力总成机械加工及装配、机器人及自动化、数字化和咨询与教育。其产品范围的不断扩展和改进使得柯马能够在项目的所有阶段,从设计、执行、安装到生产启动和维护服务,提供定制化支持。

柯马的创新基于制造业的数字化转型、增值制造和人机协作,这些关键支柱使柯马能够在自动化文化的引领下达到新的高度。

◆ 柯马项目管理

2007 年,柯马成立了合同和项目管理职能部门,目的是加强领导角色与项目管理之间的联系,并确保执行与公司战略的一致性。随着时间的推移,合同和项目管理职能部门的职责不断增加(见图 15-25)。该职能部门调整了结构,以实现 PMO、风险管理和柯马项目管理学院之间的知识与活动共享。另一个支撑柯马项目管理框架的基础要素是 PMI® 标准集,它代表了项目和组合管理领域的最佳实践标准。

图 15-25 柯马合同与项目管理职能部门的职责

◆ PMO

近年来,柯马开始以新的方式思考行业,开发新场景,设计创新产品,开发简化生产流程的方法,并定义数字制造的新趋势,创建新的范式,以平衡人与机器之间的协作。

我们称之为人机智造(HUMANufacturing),这是柯马的创新愿景,它将人置于制造工厂业务流程的中心,与工业自动化解决方案和围绕它们的新数字技术完全结合。实现上述愿景需要公司在组织角色上进行变革和创新。

因此,柯马 PMO 正在创新,将其视野从传统工业项目组合扩展至包括新产品开发、数字化和工业 4.0 等新形式的项目。

通过在五个支柱（见图 15-26）上的创新，柯马 PMO 目前在组织中被定位为一个有价值的商业伙伴，增强了其适应公司内部不同类型项目的能力。

图 15-26　柯马 PMO 创新支柱

情景分析

市场发展的当前背景凸显了新的颠覆性趋势：

- 创新在柯马所有项目中变得越来越重要。
- 传统 EPC 项目的规模持续缩小。
- 我们的客户基础（传统汽车行业、新能源汽车行业、通用工业等）越来越期望开发新的创新数字产品和解决方案。

因此，柯马开始对当前项目执行过程（流程、组织和工具）以及采用的项目管理方法的深入分析，以验证其与市场需求的一致性。

柯马重新设计了其项目管理流程，使其能够根据每个项目的创新程度进行扩展，并在适用的情况下采用精益和敏捷解决方案。

指导原则

主要遵循的指导原则包括：

- 根据项目分类标准对流程进行优化。从柯马成熟的项目管理流程出发，通过选择适合每个不同项目的适当活动/任务/里程碑来实现优化，进而最大化商业附加值。
- 授权项目经理，并鼓励团队成员间协作，以提高团队成员间的整合与沟通，以及项目团队与职能部门及客户的整合和沟通。
- 团队协作促使工作空间的重新布局、计划活动的整合，以及平台型组织的引入。
- 项目管理流程的数字化实现了无纸化操作，从而使流程更快捷、更用户友好，并优化了流程管理的时间/成本。
- 鼓励可视化管理，并充分利用移动应用的潜力（见图 15-27）。这些操作带来的益处包括减少复杂性、缩短时间、减少里程碑和活动、降低任务执行的劳动强度，总体上减少了"非增值"操作，最大化了当前业务场景所要求的效率和效果。

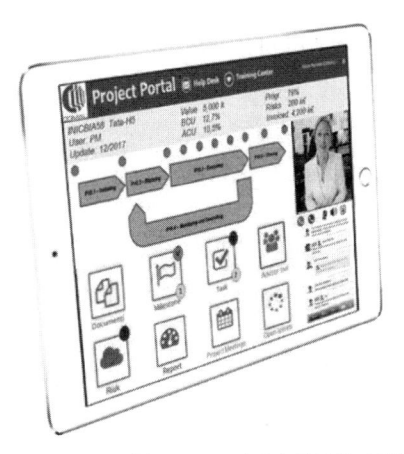

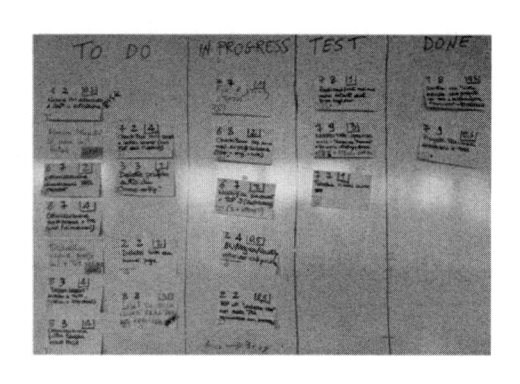

图 15-27 柯马项目管理数字化流程和新工具（敏捷可视化管理）

◆ **合同管理**

鉴于柯马与客户签订的合同协议中大部分具有"固定价格"和"交钥匙"的性质，柯马认为在合同获取和管理阶段应用的合同管理能力对其维持商业模式至关重要。

项目合同包括与客户签订的合同协议，以及与主要交钥匙供应商和（如果有的话）合作伙伴、联合体或合资企业签订的合同。柯马合同管理职能部门负责确保合同从创建、管理、变更、索赔到结束的有效生命周期管理，涵盖整个价值链过程，包括业务发展、订单获取和运营。基于对项目复杂度的早期评估，合同管理从提案阶段开始分配给项目团队，项目团队在执行期间持续参与（见图 15-28）。合同经理与销售和提案团队及项目管理团队紧密合作，为以下主要活动提供支持。

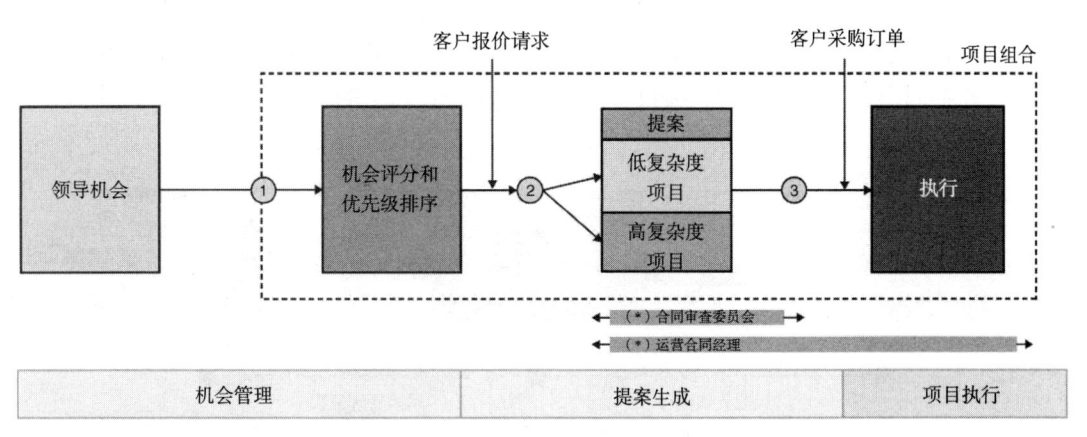

① 领导机会包含在项目组合中
战略一致性和投资组合标准
复杂性评分（机会级别）

② 投标/不投标和流程选择
战略一致性和投资组合标准
复杂性评分（请求报价级别）

③ 执行/不执行——有约束力的报价决策
风险评估、评分和报告

图 15-28 合同管理生命周期

在合同获取期间：

- 分析合同文件，以识别模糊性、冲突和风险（如不可抗力条款等），并就风险和谈判策略提供持续指导。
- 组织和领导合同审查，并为决策制定准备报告。
- 确保合同文件和信息从销售阶段就被有效地移交给项目执行团队。

在合同执行期间：
- 识别客户变更的机会（收入、现金和利润增加）、进度延迟和索赔管理。
- 当与客户、供应商和合作伙伴的争议可能导致诉讼程序时与法务人员合作。
- 识别必须背靠背转移给供应商和分包商的客户合同条款。
- 以适当的方式为不同的受众准备合同审查报告：项目审查、项目组合审查和合同审查委员会。

除了直接参与项目，合同管理职能部门还负责提供一些活动，目的是让大家保持对合同管理的适当关注。这包括基于具体的业务经验、经验教训和商业论证研究提供合同管理课程。

◆ 风险管理

历史和成就

2006 年，柯马开始从更加专注的战略角度处理风险管理，并认识到风险管理是项目成功完成的必要部分。随着组织复杂性的增加和全球业务的扩展，柯马认为有必要采用更结构化和精细的工具来管理不确定性。因此，2010 年，作为项目管理组织的一部分，柯马成立了风险管理办公室。

风险管理办公室的职责包括为项目和项目组合风险管理定义框架（方法、流程和工具），并在项目整个生命周期中改进具体应用。

从 2015 年开始，柯马决定迈出更成熟的一步，启动了一项倡议，旨在加强和更好地整合公司不同层面（销售管理、项目管理和项目组合管理）的风险管理实践，并使其具有全球视角（见图 15-29）。

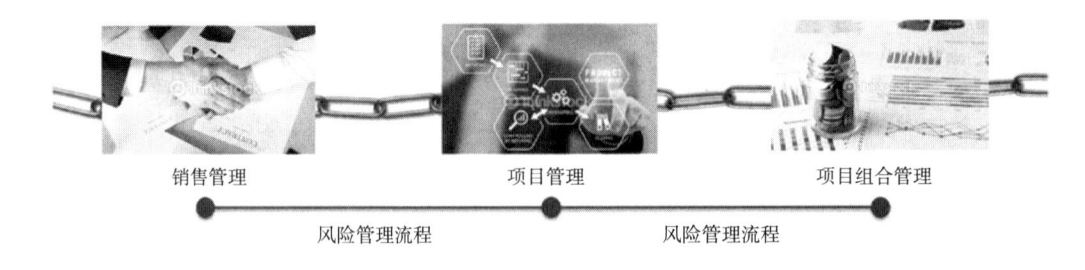

图 15-29 柯马风险管理倡议

该倡议的实施为柯马提供了适当的风险管理方法和工具，用以管理由固定价格 EPC 合同组成的交钥匙项目组合，这些合同具有高度复杂性和固定范围，且需采用传统的项目管理预测方法。

创新项目的风险管理

数字化时代的加速发展促使包括柯马在内的许多公司改变其商业模式。风险管理作为公司内部职能部门之一，也需要发生变化，并采用新模式来涵盖新形式的项目，这些项目可能被称为创新项目（见图 15-30）。

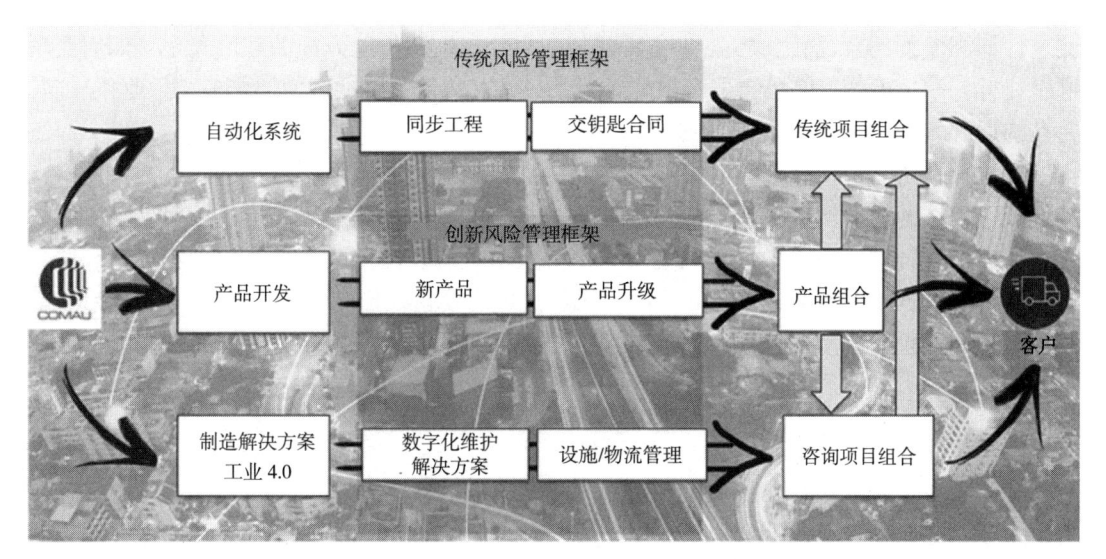

图 15-30 风险管理的新领域

创新项目，如新产品或解决方案开发和数字化项目具有特殊性，需要新的风险管理方法。为了满足这一要求，柯马开发了首个"概念"，以扩展和整合已经构建的传统风险管理。

该概念基于以下指导方针：

- 风险管理是强化项目经理在执行项目时进行"战略思考"的主要工具。新的风险管理方法可能会促使项目经理的视角从战术层面转向战略层面，专注于追求更广泛的商业价值目标。项目经理现在不仅需要精通项目管理流程，还需要了解公司的业务流程，能够预测项目决策对不同业务目标的影响，有效沟通这些影响，并与职能部门合作制定应对策略。
- 新的公司职能和客户参与项目管理。随着项目风险管理范围的不断扩大，公司内部许多人/部门（如创新、营销、销售）成为重要的干系人，他们的利益和目标在项目进行中可能会根据敏捷方法被重新定义。
- 新的衡量项目风险的指标。创新项目预期创造的价值超出了项目本身的范畴。评估风险时需要考虑的项目约束不仅仅限于传统预测方法中的范围、时间和成本。需要引入新的指标来进行风险的定性和定量分析，包括更广泛、更战略性的长期风险影响度量指标。因此，柯马对项目风险管理的新方法是基于预测性和适应性组件的结合。

◆ 柯马项目管理学院

培养创新项目管理者

柯马项目管理学院负责确保参与项目的人员在技术上熟练，并在行为上准备好参与和管理项目。面对创新的需求，项目管理学院面临的挑战是支持公司内项目经理的转型，从侧重计划和流程的角色转变为更加意识到其在为公司创造价值方面的战略角色。如何实现这个目标？一般而言，项目经理必须非常灵活，具有文化敏感性和政治洞察力，业务导向，并在沟通和领导力方面展现出高超技能。

在这种新背景下，项目管理学院继续努力提供有价值的国际项目管理最佳实践，并支持认证过程，同时与敏捷和精益概念及方法相结合，进一步丰富了领导力模型。

在创新环境中完成有效的项目管理，不能仅仅关注认证。认证是人们培养意识和增加知识的好方法，但现在目标更高。"新"项目经理需要扮演影响者、心理学家和政治家的角色。他们不仅自己需要这些软技能，还需要引导团队和干系人提高他们的软技能达到一个新的水平。

项目管理学院新领域

项目管理学院开始在两个新的目标领域开展工作：
- 项目经理的战略视野。
- 项目经理激励他人的能力。

第一个领域是与柯马项目经理角色的逐渐重新定义同步发展的，项目经理成为推动创新的核心。第二个目标是通过为软技能发展提供实用工具来实现的。然而，这些工具的新颖之处在于，它们并非直接用于发展项目经理的软技能，而是为项目经理提供了一套工具，使他们能够促进团队成员和项目干系人的软技能提升。通过这种方式，项目经理成为改变"项目参与文化"的行动者。实际上，成功与项目团队的参与度密切相关。

使用这些工具，团队成员可以：
- 更多、更好地沟通。
- 了解彼此的差异。
- 分享价值观，并为"共享价值观"的定义做出贡献。
- 分析冲突并尝试解决。
- 表达自己的情感并倾听他人的情感。
- 尊重和欣赏差异。
- 感到更满意。
- 更好地理解他们在项目中的角色。

总之，目标是培养项目经理，他们不仅是有价值的项目经理专业人士，同时也是战略业务伙伴、集成经理、激励者和教练。为了实现这一目标，柯马项目经理学院丰富了其课程目录，增加敏捷和精益项目管理、项目管理领导力和项目管理教练等培训内容。

15.4 IP&LM：在数字化转型的工作中实现卓越

◆ 快速且卓越的交付已成为新常态

当今的商业环境预示了未来工作的新趋势。当前的常态是企业在 VUCA 环境下运营。VUCA 概念的最初提出是为了强调世界的波动性、不确定性、复杂性和模糊性，未来工作预计会面临更多中断，同时消费者需求也会不断增加。创新和产品发布的风险已达到历史新高，而能够支持协作并在产品生命周期中促进亲密互动的综合解决方案对于未来的组织来说是必要条件。

> 项目管理卓越的最明显标志是持续、快速地进入市场，贴近不断变化的消费者需求。

我有幸在世界各地工作，亲眼见证了人们对项目卓越交付的强烈兴趣，以及在充满不确定性的环境中实现这一目标的方法。数字化浪潮不仅带来了压力，也提高了期望。随着项目管理的成熟，我观察到工作方式的孤立性导致缺乏透明度、重复劳动，以及资源和时间的巨大浪费。此外，对变化的响应也不够快速。

在许多组织将 10 倍增长作为战略重点的今天，我对西门子数字线程所具有的端到端的集成项目与生命周期管理（IP&LM）的优势感到兴奋。图 15-31 改编自 2014 年 PMI 和 BCG 的十分重要的《职业脉搏深度报告》，显示了项目成功的三大推动因素：用户参与（15.9%）、高级管理层的支持（13.9%）、清晰的需求说明（13.0%）。

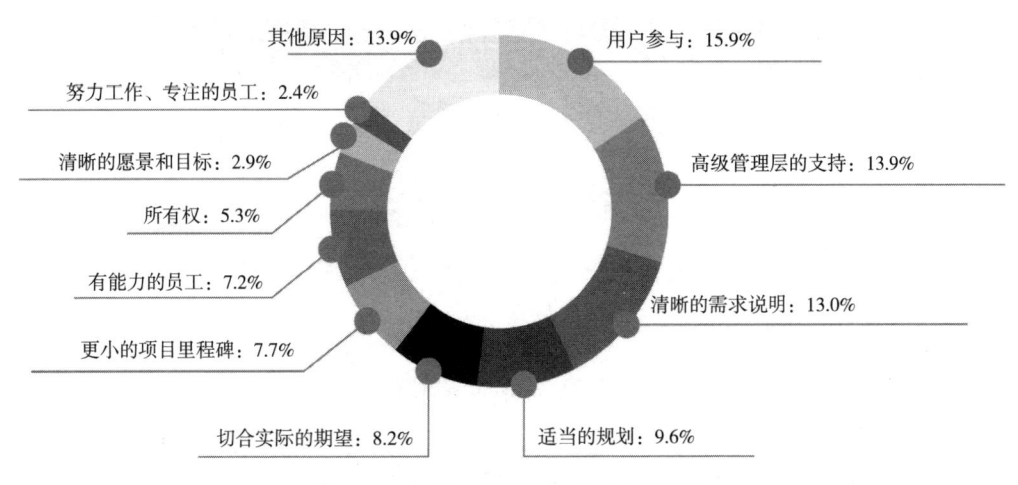

图 15-31 项目/项目集失败的主要原因

我观察到 IP&LM 在这三个关键的差异化推动因素上发挥了重要作用，这些因素预期将继续在未来的全球组织工作中占据主导地位。无论是在消费品、制造业、能源、金融、制药领域还是在企业软件解决方案领域，卓越交付的关键在于找到流程、人员和治理之间的恰当平衡。我将使用以这三个领域为重点的卓越交付模型，来类比 IP&LM 所带来的差异化影响。当卓越交付模式成为主流时，它就会占据主导地位。为了最大化投资回报，数字解决方案必须是动态的且对客户需求的不断变化保持敏感。

图 15-32 中的三个领域也具有集成效应，它们协同工作以实现更高的卓越交付水平。这是我在 IP&LM 中发现的普遍现象。我将探索这三个领域，并将其与 IP&LM 解决方案中存在的数字线程进行类比。

图 15-32　卓越的三个领域

◆ **流程**

在流程领域，实现卓越交付的标准需适应未来工作中不断增长的不确定性和复杂性。这个标准需要在自主性与一致性之间取得平衡。为了在卓越交付上实现规模化，正确的流程必须平衡战略一致性的需求和本地市场的特殊需求。这要求我们在所有流程、业务单元和产品之间实现一致性，同时允许本地市场根据需要自主调整。

让我们来查看图 15-33，并将其与 IP&LM 提供的未来流程优势进行映射。

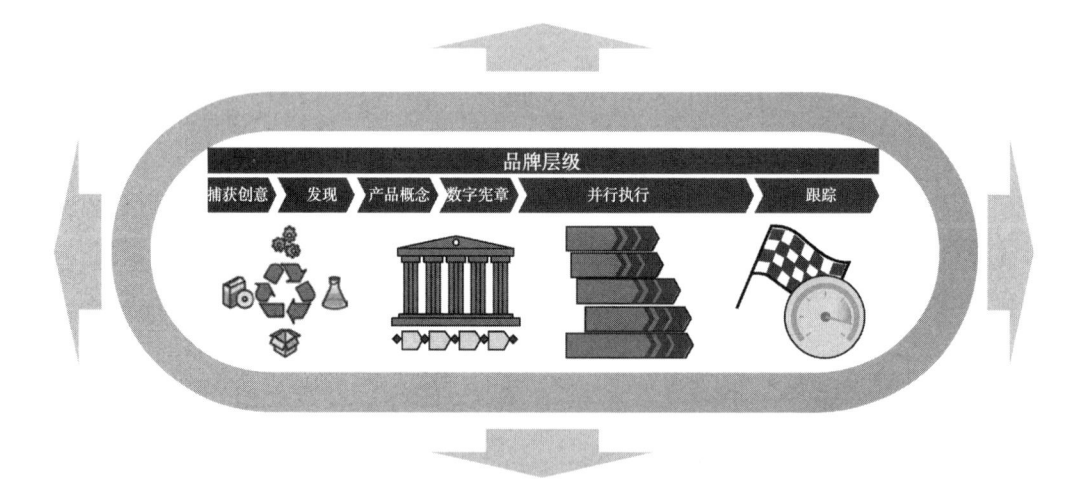

图 15-33　IP&LM 流程图

虽然这个流程图初看似乎是顺序进行的，但实际上它是动态流动的。速度至关重要，流程中的接触点设计旨在打破组织间的壁垒，促进从捕获创意到跟踪的共创过程。对大多数组织来说，关键交付差距在于，它们每次都像第一次做项目一样。转型为学习型组织对未来工作来说是一个关键差异化因素。在新地区或市场启动新项目时，我们应该充分利用并最大限度地重用现有资源。这不仅释放了空间和资源以促进创新，还确保了流程的一致性。

我将聚焦一些关键因素，它们是我观察到的能够充分利用资产和工作流程的有意义的流程。
- 流程一致性的支柱是数字孪生概念/策略。数字孪生是一个虚拟实体，它反映物理世界，将数据转化为洞察力，以支持产品和生产生命周期的持续设计、构建和优化。
- 西门子围绕这一概念构建了 5 个数字线程，并认为这些线程构成了数字孪生的神经网络。
- 理解这 5 个数字线程之间的相互作用有助于我们理解它们对整个转型任务的影响。这 5 个线程包括 IP&LM（我的大部分观察都集中在此）、智能产品和流程设计、生产设计和优化、柔性制造，以及可追溯性和洞察力。
- 在深入观察 IP&LM 时，我采访西门子的一位主题专家，其间有一个例子引起了我的共鸣：一家总部位于汉堡市的公司的市场负责人前往外地出差，目的是展示新产品对皮肤的冷却效果。他忘记带样品，于是在免税店买了一个，结果在使用时发现它没有产生预期的冷却效果。他调查后发现，开发团队取消了产生这种效果的原材料。他们的回答是"我们不知道"。
- 这个例子在全球几乎所有行业的项目和产品发布中都具有相关性，这一点我再怎么强调都不为过。这个例子也说明了端到端的力量即 IP&LM 为项目带来了可重复的成功。IP&LM 线程首先让我兴奋的是速度、敏捷性和严谨性的三重平衡。
- 这种即时力量的关键来自将新产品设计和验证的生命周期管理与项目及项目管理相结合。
- 在优秀的项目管理中，特定项目流程与总体流程水平之间需要保持平衡。在 IP&LM 中，品牌层级整合了公司的全部产品组合，包括所有单个的产品和定义它们的创新资产。品牌层级管理对于发现可重用资产和加速创新至关重要。

在讨论人员和治理之后，我将回到具体的流程特性。但首先，让我们探讨为什么流程一致性对 IP&LM 展示的卓越交付至关重要。

> 流程应该提供适当的结构，同时为个人创造力、共创以及加强所有权留有足够的空间。

- 流程的流动性是至关重要的。
- 流程卓越的关键在于感知哪些是最合适的流程类型、数量和规模，以便快速实现计划成果。
- 要实现卓越交付，正如我在审查 IP&LM 解决方案时所看到的，干系人的参与至关重要。

因此，我们必须在自主性和一致性之间找到正确的流程平衡。组织文化将指导我们选择既促进交付又实现战略一致性的流程。同时，它也为不同业务单元的个性化贡献留出空间，从而带来创造力和所有权。

利用 IP&LM 的丰富流程来展示早期采用者的成功，可以完全实现流程卓越的扩展。当这种流程卓越对其他业务单元具有明显吸引力时，扩展就会自然发生。

◆ 人员

在人员领域，未来实现卓越交付将取决于透明度和数据驱动的决策。数字化对业务运作和变革的影响代表了未来卓越所需的能力。数字技术在作为未来工作的差异化因素方面有巨大的贡献。尽管如此，对这场新革命的反应一直是相当不平衡的，也难以感知。正如流程规模一样，快速感知并响应变化需求的能力必须贯穿组织的各个层面。

> 实现卓越交付需要结合传统的人员能力，并灵活发展适应数字时代的新能力。

为了在这一关键领域实现卓越交付，我们必须致力于开发以客户为中心的新实施框架。IP&LM 通过关注外部客户，避免了内部政治的干扰。我们通常使用设计思维等工具，整合最佳想法，并平衡机器智能对员工日常生活的影响。

当审视 IP&LM 及其在授权整个生态系统中的人员方面的作用时，我感到鼓舞的是，它提供了足够的支持来建立信任，这对实现成功的数字化转型至关重要。

- IP&LM 通过帮助每个领域维护自己的一套模板来赋能人们，每个模板都小而清晰，易于更改。
- 产品团队可以构建最适合他们需求和由产品环境确定的方法。解决方案更像一盒积木，可以非常容易地组合，并提供一个能够非常快速适应任何当前和未来挑战的环境。
- 从捕获创意到发现，解决方案包括产品的原始意图和目的，并列出设计必须交付的所有相关声明。这使人们能够专注于创新。
- 数字宪章根据开发复杂性和倡议类型，为合适的人员提供必要的自主权，无论是产品变体（如冷萃咖啡）、产品扩展、定制包，还是面向世界的全新产品。

因此，我们需要新的视角来设计最适合我们自己和我们客户的组织的人员能力组合，以便在交付复杂产品和解决方案的同时变得更加创新和快速。

我发现为 IP&LM 中不同关键角色提供清晰定义的人物角色非常令人鼓舞。正如项目交付的挑战所示，角色和责任的不明确可能导致项目偏离预定目标。拥有像项目组合经理、市场经理、治理团队、项目集经理、项目经理和产品经理在内的适当组合，并且明确其职责和对组织的明确影响，对成功转型至关重要。

扩大人员领域的影响需要揭示其发挥作用的关键要素，这将促进组织间前所未有的高协作水平。实现对联合可信数据的访问，如市场简报，这是关键的一致性文件。它包括产品的原始意图和目的，并列出设计必须交付的所有相关声明。这为专注于协作和建立信任创造了空间。

> 通过从传统的指导重点转向加强交付重点，实现卓越的治理。

◆ 治理

为了使治理在框架中有效，我们需要一个面向未来的混合型框架。未来的工作是混合型的，IP&LM 是这方面的典范。工作的未来发展趋势已经将治理从传统的指导委员会模式转变为更灵活的方法，使得专注于收益的执行团队能够迅速做出决策。我们必须全面审视业务，并衡量对这种新治理方法的接受度和准备情况，以确保治理的卓越。

决策的成功能够通过示范效应迅速传播。以 IP&LM 在有效决策中的价值为例，它代表了未来治理的核心。例如，在拥有 1 万名员工和 2 000 个项目的组织中，如果新产品的设置时间为 2 周，即使时间缩短一半，我们每年也能节省相当于 4 000 个人日的工作量。

治理领域的另一个关键因素是高级管理团队。在处理复杂项目时，确保高级管理团队能迅速适应新治理方法对实现卓越治理至关重要。这要求提高董事会的透明度，并将执行角色从传统的指导转变为更加注重实验和战略调整。实现快速决策需要加强决策能力建设，不断提高风险接受度。

以下是 IP&LM 支持未来工作中成功项目治理的一些具体观察结果：

- 由于企业应用的广泛性，拥有 IP&LM 框架可以将治理敏捷性转化为竞争优势。
- 跨行业采用 IP&LM 需要进行文化变革。
- 咨询组织可能会更感兴趣，因为它们在客户治理和规划业务流程方面提供支持。
- 尽管一些商业模式已显陈旧，但利用丰富的数据可以重塑自身；然而，将这种治理方式扩展到更大型组织中仍然是一个待填补的空白。
- 文化理解有助于评估治理调整的影响，因此，跨文化环境中的适应力和适度的风险承担能力非常重要。
- 未来治理的一个关键推动因素是综合 KPI 的建立：以数据为基础，建立信任关系，并致力于开发最佳解决方案

因此，未来卓越交付的治理框架需要高管团队树立高度自主的榜样，并将这种模式向下和跨部门传递。为了更快地实现组织文化的转变，要让团队在尝试新事物时感到自在，而且要用成功案例激励他人。这是 IP&LM 的核心优势，数字孪生技术为早期生命周期和项目旅程中的艰难对话与决策提供了可能性。

扩大治理领域的影响需要以一种非常不同的方式定义组织成功。速度是这种新治理模式的核心，而学习是其关键组件之一。随着项目交付成功的度量指标发生变化，相应的行为也会改变，这反映了治理需要具备的流动性和敏捷性。

> 卓越建立在提高流程自主性、拥有数字化能力人才、敏捷、以交付为中心的治理之上。

◆ 展望未来

融合 3 个卓越交付领域可以增强其效果。在流程自主性与一致性之间找到平衡，正确混合传统与非传统能力，并在以交付为中心的敏捷治理下整合这些要素，是加速实现卓越

交付的关键。整合这 3 个关键领域可能比单独关注任一领域带来更高的回报。

IP&LM 精确地把握了流程、人员和治理相互作用的核心。它为未来的创新决策者提供了宏观视角和所需的具体细节。框架的各个阶段提供了广阔视角，使领导者能同时把握整体和深入关注具体资产。这也激发了推动持续变革创新的创造性思维。

图 15-34 概括了 3 个卓越领域中 IP&LM 的一些关键影响点。流程被优先考虑并专注于快速适应，同时确保质量的一致性。人员被授权做出及时决策，并在转变工作方式和实现成果中扮演重要的角色。得益于 IP&LM 所创造的数据和学习能力，治理无缝且客观。

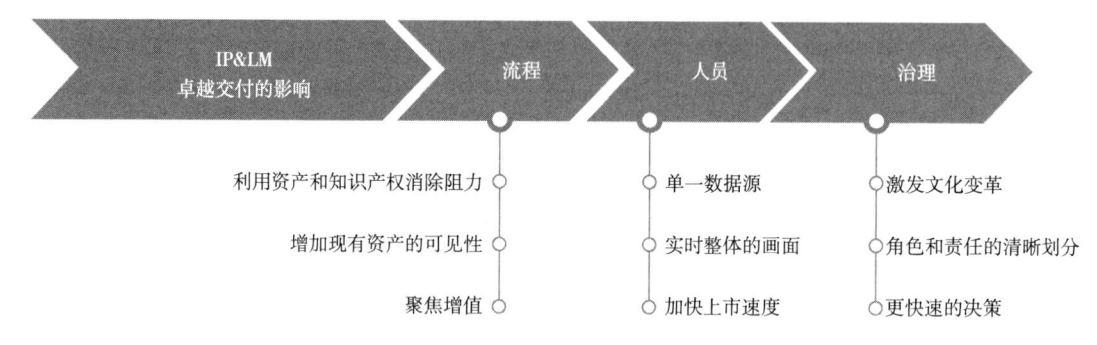

IP&LM 卓越交付的影响	流程	人员	治理
	利用资产和知识产权消除阻力	单一数据源	激发文化变革
	增加现有资产的可见性	实时整体的画面	角色和责任的清晰划分
	聚焦增值	加快上市速度	更快速的决策

图 15-34　IP&LM 与推动卓越

在这个新世界中，尽管追求卓越是一个持续的旅程，但技术与数据的无缝结合使变化速度比以往更快。健康的、面向未来的持续卓越文化需要韧性，追求新方法，并鼓励将实验作为学习的工具，这些方法可能与我们过去的实践不同。IP&LM 提供了一种方法，专注于交付新举措、推动创新、加快产品发布、不断学习，并在必要时快速调整，确保我们能够交付卓越的成果。

第 16 章
价值驱动的项目管理

16.0　理解价值

多年以来，我们渐渐地接受了项目成功的传统定义，即满足时间、成本和范围的三重约束。最近，我们改进了对于成功的定义，认为项目的运作需要有正当的业务目的。自此，成功就被认为是由业务组件和技术组件及满足战略业务目标三重因素组成的。

现在，我们通过增加"价值"元素来进一步完善对于成功的定义，如图 16-1 所示。换句话说，我们运作项目的最终目的应该是为客户和上级组织提供价值。如果项目的价值无法确定，那么可能我们根本就不应该启动这个项目。

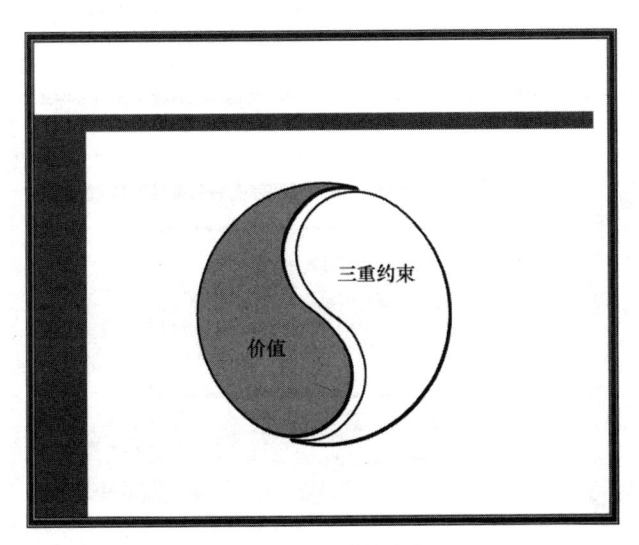

图 16-1　成功的定义

价值可以被定义为干系人所理解的项目可交付物的价值。每个干系人都可能对价值有不同的定义。此外，实际价值可能需要进行定性描述，而不是纯粹的定量描述。有些实际价值甚至无法进行量化。

对于价值成分的重要性，我们再怎么强调也不为过。让我们来看看以下论述：
- 如果你在运作一个错误的项目，那么按时完成项目且没有超支并不能保证成功。
- 即使按时完成项目且没有超支也并不能保证项目在完成时能提供价值。
- 使用世界上最好的企业项目管理方法论并不能保证项目在完成时能提供价值。

通过以上论述，我们相信，现如今价值可能已经是进行项目组合选择时的主导因素。项目发起人必须在项目的商业论证中清晰地说明其价值成分或者可能存在的风险。

16.1 近年来对价值的研究

在过去的 15～20 年，人们对价值进行了大量的研究。在研究中涉及的一些内容包括：
- 价值动态。
- 价值差距分析。
- 智力资本价值评估。
- 人力资本价值评估。
- 经济价值分析。
- 无形价值流。
- 客户价值管理/规划。
- 竞争价值矩阵。
- 价值链分析。
- 信息技术项目价值评估。
- 平衡计分卡。

基于价值的知识发展过程如图 16-2 所示。在一些具体的研究领域，如软件开发项目的价值计算、股东的价值计算等，人们进行了一些研究。这些研究通常输出一个模型，以获得市场中认同、排斥的意见或相关评论。很快就会有其他人在相同的研究领域（如软件开发）中使用相似的模型。一旦市场认同这些模型的有效性，就会出现教科书，讨论一种或多种模型的优缺点。

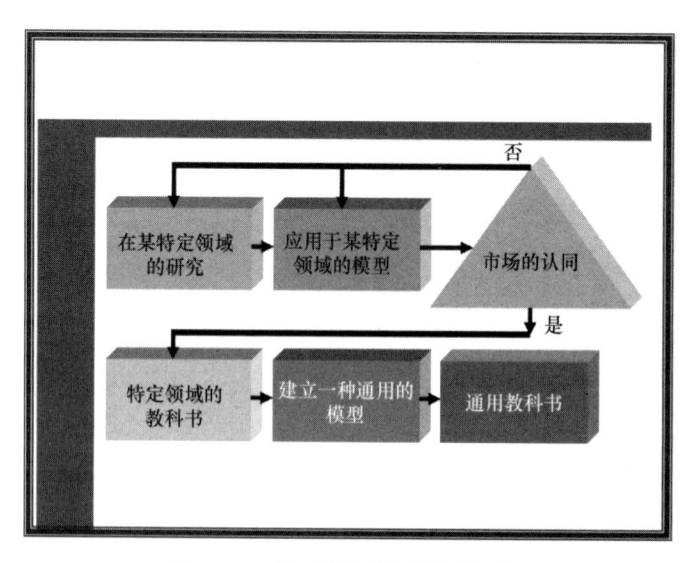

图 16-2 基于价值的知识发展过程

第16章 价值驱动的项目管理

在某特定领域模型获得了认可后,该模型就会迁移到其他领域。流程会顺着流程图不断进行,直到若干领域都进行了建模。一旦这个过程完成,就会有教科书介绍能应用于多个领域的通用价值模型。下面列出了在过去15~20年曾经出现的一些模型:

- 智力资本价值评估。
- 知识产权评分。
- 平衡计分卡。
- 未来价值管理。
- 智力资本等级。
- 无形价值流模型。
- 包含价值管理。
- 价值绩效框架(Value Performance Framework,VPF)。
- 价值度量方法论(Value Measurement Methodology,VMM)。

很多模型之间都存在通用性,因此它们可以被应用到项目管理中。例如,杰克·亚历山大在(Jack Alexander)建立了如图16-3所示的模型,叫作VPF。该模型侧重于增加干系人价值,而不是从无到有地创造干系人价值。其中,模型严重地偏向于财务绩效指标。在表16-1中,列出了VPF能应用于项目管理的主要元素。第一列中是杰克·亚历山大列出的VPF元素,第二列则是它们在项目管理中的应用。

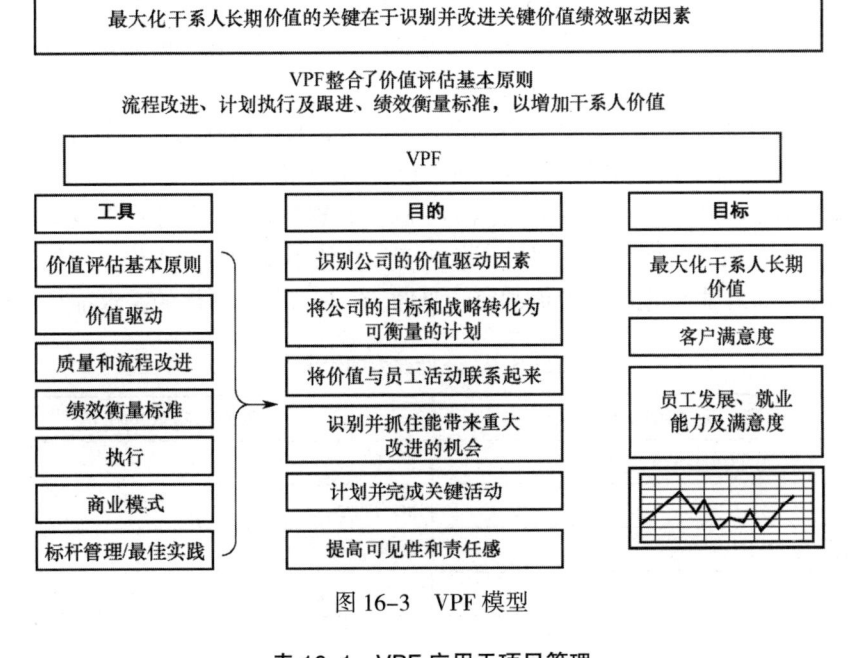

图16-3 VPF模型

表16-1 VPF应用于项目管理

VPF元素	项目管理应用
理解价值评估的关键原则	与项目干系人合作,定义价值

续表

VPF 元素	项目管理应用
为公司识别关键价值驱动因素	为项目识别关键价值驱动因素
通过内部评估和外部基准评价，对关键业务流程和度量指标进行绩效评估	使用 PMO 对企业项目管理方法论和持续改进进行绩效评估
在干系人价值和关键业务流程及员工活动之间建立联系	在项目价值、干系人价值和项目团队成员价值之间建立联系
协调员工和公司的目标	协调员工、项目和公司的目标
识别关键"压力点"（高杠杆改进机会）并预估对价值的潜在影响	获得能用于持续改进活动的经验教训和最佳实践
实施绩效管理系统，提高关键活动的可见性	建立并实施一系列基于项目的仪表板，以实现客户和干系人对于关键绩效指标的可见性
开发有高度视觉冲击力的绩效仪表板	为干系人、团队及高级管理人员开发绩效仪表板，提高可见性

16.2 价值与领导

价值的重要性可能对项目经理的领导风格产生显著影响。从历史角度来说，项目管理领导力被视作个人价值和组织价值之间不可避免的冲突。现如今，公司正在寻找能够使员工个人价值与组织价值保持一致的方法。

有一些书就此主题进行了讨论，在本书作者看来，其中最好的一本莫过于肯·惠特曼（Ken Hultman）和比尔·盖尔曼（Bill Gellerman）合著的《平衡个人和组织的价值》（*Balancing Individual and Organizational Values*）。表 16-2 显示了多年来价值是怎样演变的。如果仔细研读表 16-2 中的内容，你就会发现，不断改变的价值不仅影响个人价值与组织价值的冲突，还可能影响 4 个群体之间的价值冲突（见图 16-4）。每个群体的需求都是不同的。

表 16-2 不断改变的价值

远离：无效的价值	迈向：有效的价值
怀疑	信任
工作描述	能力模型
权力和权威	团队合作
专注于企业内部	专注于干系人
安全	承担风险
一致	创新
可预测性	灵活性

第 16 章 价值驱动的项目管理

续表

远离：无效的价值	迈向：有效的价值
内部竞争	内部协作
被动管理	主动管理
官僚作风	无边界
传统教育	终身教育
等级制领导	多方领导
战术思维	战略思维
服从	承诺
符合标准	持续改进

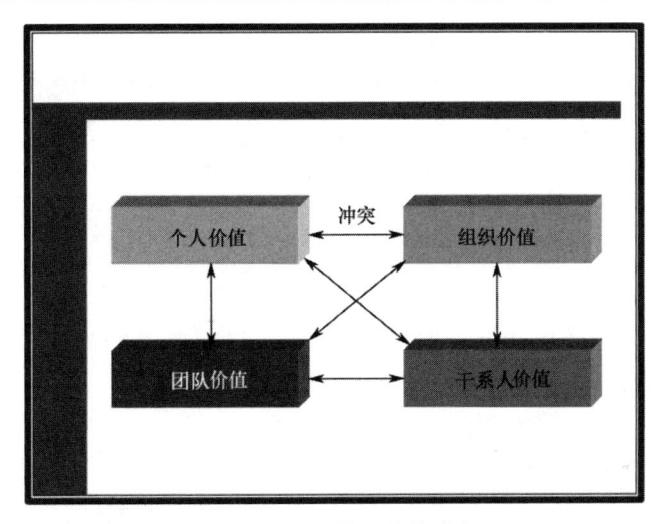

图 16-4　项目管理价值冲突

- 项目经理。
  — 完成目标。
  — 展示创造力。
  — 展示创新。
- 团队成员。
  — 成就感。
  — 升职。
  — 雄心。
  — 证书。
  — 认可。
- 组织。
  — 持续改进。
  — 学习。

— 质量。
— 专注于战略。
— 道德伦理。
— 盈利。
— 认可和形象。
- 干系人。
  — 组织干系人：工作保障。
  — 产品/市场干系人：质量绩效和产品实用性。
  — 资本市场：财务增长。

有若干原因可能导致项目经理的角色及其领导风格发生变化，以下列出了几个：
- 我们现在把业务当作一系列项目来管理。
- 项目管理如今被视作一种专职的职业。
- 项目经理被同时视作业务经理和项目经理，并需要在两个领域进行决策工作。
- 人们更多地在商业方面衡量项目的价值，而不是纯粹地在技术方面进行衡量。
- 现在，项目管理被应用于业务的多个部分，而在过去这些部分是不使用项目管理的。

我们对最后一项进行更深入的讨论。对"传统"意义上的项目来说，项目管理能起很好的作用，这类项目包括：
- 持续时间在 6~18 个月。
- 在项目的整个持续时间内，项目的假设条件是不发生变化的。
- 技术已经确定且在整个项目周期内不发生变化。
- 在项目启动时就参与的人员会一直工作到项目完成。
- 合理清晰地定义了工作说明书。

遗憾的是，一些新型项目与传统项目区别很大，具有以下特征：
- 持续时间长达几年。
- 项目可以仅从一个想法开始，不需要经过商业认证。
- 在项目的整个持续时间内，事业环境因素会发生变化。
- 与传统项目相比，风险更大。
- 在项目的整个持续时间内，项目的假设条件和约束条件会发生变化。
- 在项目的整个持续时间内，技术会发生变化。
- 批准项目的人员可能在项目结束时已不在位。
- 工作说明书没有进行很好的定义，且需要以大量的变更为准。

这些非传统项目，如战略或者创新项目，已经明确说明了传统的项目管理必须改变，主要基于以下 3 个方面。
- 新型项目：
  — 高度复杂化，且在项目批准过程中需要承担无法完全理解的大量风险。
  — 项目结果更不确定，而且没有最终价值保证。
  — 无论风险如何，都要快速投入市场。

- 工作说明书：
  — 并没有总是得到很好的定义，尤其对于那些长期项目来说。
  — 基于可能有缺陷、不合逻辑或不实际的前提假设。
  — 没有考虑到未知的及快速变化的经济和环境因素。
  — 基于静止的最终价值目标，而不是可移动的目标。
- 项目成本和控制系统（企业项目管理方法论）：
  — 基于理想的环境（如《PMBOK®指南》中所述）。
  — 理论而不是对于工作流的理解。
  — 僵化的流程。
  — 定期报告完成时间和成本而不是完成时的价值（或利益）。
  — 对于受限的项目或没有价值的项目，继续进行，而不是终止。

这些年来，在对非传统项目的项目管理使用规划上，我们取得了小小的进步，包括：

- 提供给项目经理更多的业务知识，并在项目选择过程中允许项目经理提供意见。
- 由于以上原因，项目经理在项目立项阶段的一开始就参与进来，而不是在立项阶段结束才介入。
- 现在项目经理对于技术有更多的理解，而不仅仅是掌握技术。

新型项目结合了对于业务调整和价值的最大关注。图16–5是一个项目分类系统。

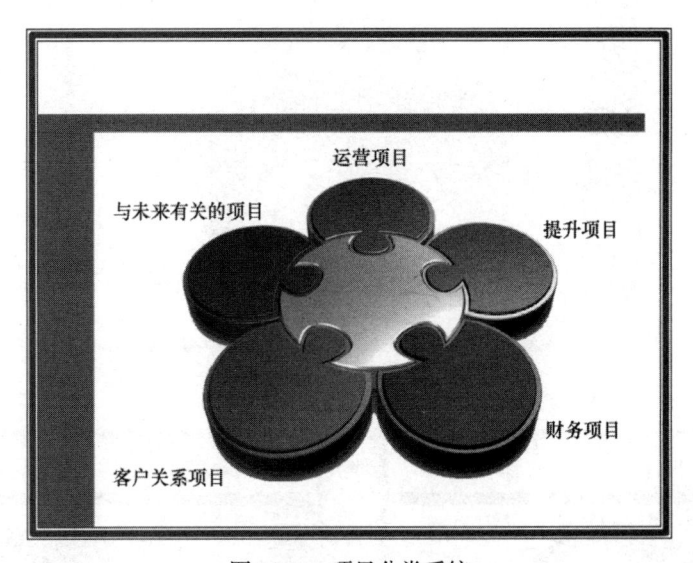

图 16-5 项目分类系统

- 运营项目：这类项目大多数是重复性的，如工资和税收。它们被称作"项目"，但由职能经理进行管理，不使用企业项目管理方法论。
- 提升项目（或内部项目）：这类项目用于更新流程、改进效率和效能，也可能用于提升士气。
- 财务项目：公司为求生存，需要一定形式的现金流。这些项目面向公司外部的客户，并有指定的利润率。

- 与未来有关的项目：这类是长期项目，生产未来的产品，并以此形成未来的现金流。这类项目可能在几年的时间消耗大量的资金，且没有成功的保证。
- 客户关系项目：这类项目即使会有财务损失还是会进行，用于维持或建立客户关系。然而，运作太多这样的项目会导致财务灾难。

这些新型项目更多地关注价值，而不是三重约束。图 16-6 显示了传统的三重约束，图 16-7 显示了价值驱动的三重约束。在价值驱动的三重约束作用下，我们强调干系人的满意度，决策是围绕 4 种类型的项目（不包括运营项目）及预期的项目价值来进行的。换句话说，成功就是在三重约束内获得价值。我们可以定义成功的 4 块基石，如图 16-8 所示。很少有项目不经权衡就能完成。这对于传统项目和价值驱动项目来说都是如此。如图 16-9 所示，传统的权衡会导致进度的延误及成本的超支。如图 16-10 所示，对于价值驱动项目来说，这也是一样的，但是主要的区别在于绩效。在传统的权衡中，我们倾向于降低绩效来满足其他要求。对于价值驱动项目来说，我们倾向于提升绩效来提供额外的价值，而这可能比传统的权衡导致更大的成本超支和进度延误。一般来说，项目经理没有权力进行范围变更/绩效增减。对于传统的项目权衡，项目经理和项目发起人需要合作进行决策。

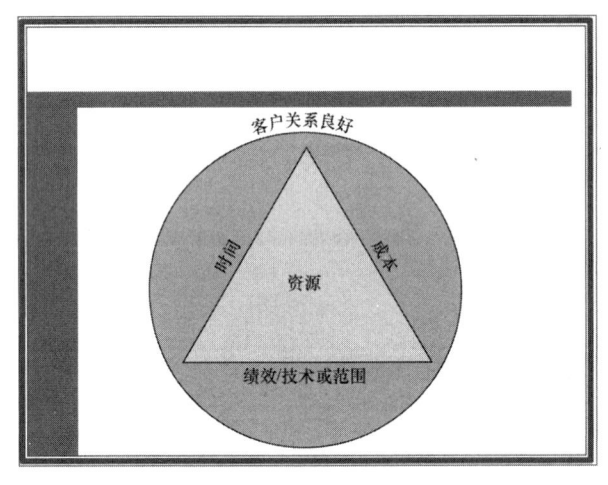

图 16-6 传统的三重约束

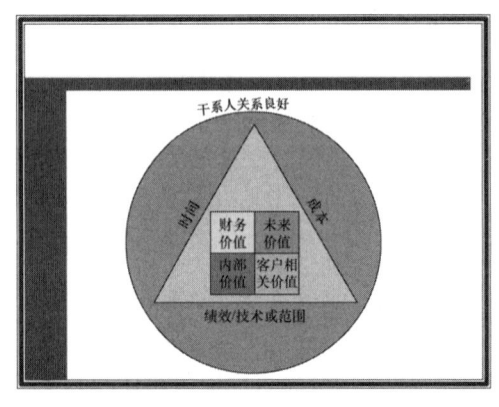

图 16-7 价值驱动的三重约束

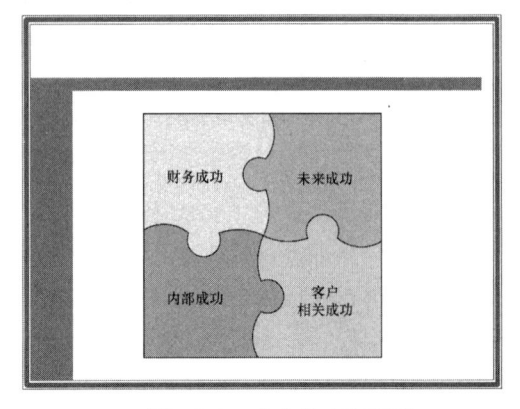

图 16-8 成功的 4 块基石

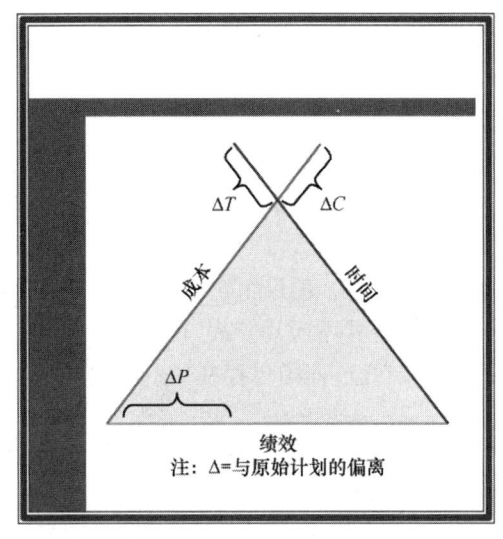

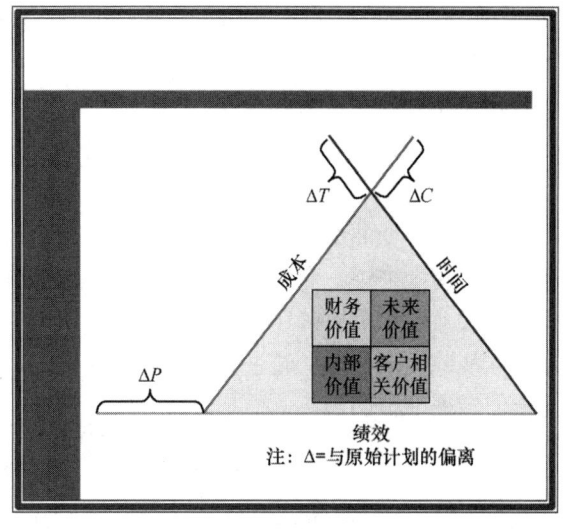

图 16-9　传统的权衡　　　　　　　　　图 16-10　价值驱动的权衡

然而，对于价值驱动项目来说，所有或大多数的干系人可能都需要参与进来。这可能产生额外的问题，例如：
- 可能在项目立项时，无法使所有的干系人都同意同一个价值目标。
- 随着项目进展，就范围变更、额外成本及进度延误达成一致更加困难。
- 必须在项目立项时就告知干系人目标价值或预期价值，并在项目进行过程中持续进行简要的汇报。这是毫无疑问的。

干系人之间可能发生冲突。例如：
- 在项目立项时，干系人之间的冲突通常以支持最大的财务贡献方告终。
- 在执行时，对于未来价值的冲突更加复杂，尤其当主要贡献方威胁说退出项目时。

对于那些有很多干系人的项目来说，只有一个项目发起人来发起项目可能并不是有效的。因此，由委员会来发起就是必要的。委员会的成员可能包括：
- 来自所有干系人群体的一位代表。
- 有影响力的高级管理人员。
- 关键的战略合作伙伴和承包商。
- 其他人员（根据价值类型确定）。

发起委员会的职责可能包括：
- 在定义目标价值过程中起领导作用。
- 在接受实际价值过程中起领导作用。
- 提供额外的资金支持的能力。
- 评估事业环境因素变化的能力。
- 验证和重新验证假设的能力。

在定义和评估项目的价值时，发起委员会可能明显比项目经理拥有更多的专业知识。价值驱动项目要求我们停止关注预算和进度，代之以关注怎样获得、量化及报告价值；

必须从项目对公司的目标有何贡献方面来衡量其价值所在。为此，有必要理解4个术语。
- 利益：优势。
- 价值：获得的收益多少。
- 业务驱动因素：主要在商业层面而不是技术层面定义的利益或价值的预期目标或目的。
- 关键绩效指标：能够进行定量或定性评估的价值度量指标。

从传统上来说，商业计划确定了项目所期望的收益。现在，项目组合管理技术不仅需要确定收益，也需要确定价值。然而，从收益向价值的转变并不容易。表16-3显示了衡量标准从收益向价值的转变。另外，如图16-11所示，在转变过程中也存在一些不足之处，可能使转变变得困难。

表16-3 衡量标准从收益向价值的转变

期望的收益	价值转变
收益率	容易
客户满意度	困难
商誉	困难
进入新的市场	容易
开发新的技术	中等难度
技术转移	中等难度
声誉	困难
稳定的劳动力	容易
利用未使用的生产力	容易

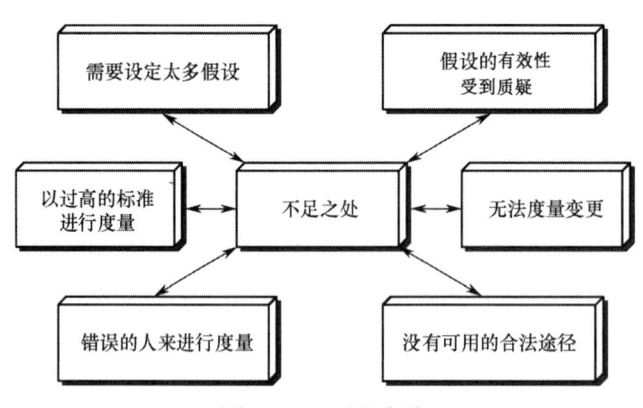

图16-11 不足之处

我们必须确定业务驱动因素，它们必须有可度量的使用KPI的绩效指标。如果没有做到这一点，那么就不可能对价值做出真实评估。表16-4显示的是典型的业务驱动因素及相应的KPI。

表 16-4 业务驱动因素与 KPI

业务驱动因素	KPI
销量增长	月销量或市场份额
客户满意度提高	每月调查
成本节约	挣值测量系统
流程改进	时间卡

KPI 是用于评估价值的度量指标。在传统的项目管理下,度量指标是由企业项目管理方法论设定的,并在项目生命周期期间进行修正。但是在价值驱动的项目管理下,度量指标会根据项目不同有所改变,且在整个生命周期阶段都可能改变,这取决于:

- 公司内部定义价值的方式。
- 客户和承包商在项目立项时共同定义成功和价值的方式。
- 在特定项目立项时,对于使用什么度量指标,客户和承包商达成一致的方式。
- 跟踪软件的新版本或更新版本。
- 企业项目管理方法论和相应的项目管理信息系统的改进。
- 事业环境因素的改变。

即使使用了可行的最佳度量指标,度量价值可能也是困难的。有些价值比较容易度量,而有些更困难些。容易度量的价值通常称作软性价值或有形价值,而难以度量的价值通常被视作无形价值。表 16-5 列出了一些容易度量的价值和难以度量的价值。表 16-6 显示了与两种度量价值相联系的一些问题。

表 16-5 度量价值

容易度量的价值(软性/有形价值)	难以度量的价值(无形价值)
投资回报率	股东满意度
净现值	干系人满意度
内部回报率	客户满意度
现金流	员工保留率
投资回收期	品牌忠诚度
市场份额	上市时间
	业务关系
	安全性
	可靠性
	声誉
	商誉
	形象

表 16-6　度量价值时遇到的问题

容易度量的价值（软性/有形价值）	难以度量的价值（无形价值）
假设条件经常未公开，且可能影响决策	价值几乎总是基于度量人员的主观判断
度量行为是通用的	相较于科学，更像一门艺术
度量行为从未有意义地获得正确的数据	只有有限的模型能够用于度量

人们现在认为，无形的价值比有形的价值更重要。这在 IT 项目中经常出现，高级管理人员会明显地更关注那些无形价值。无形价值的关键问题并不一定总是出现在结果上，反而出现在计算这些无形价值的方法上。

我们通常量化有形价值，而只是对无形价值进行定性评估。对于价值度量，有 3 种观点。

- 观点 1：只有投资回报率是重要的。
- 观点 2：我们无法有效地计算投资回报率，只有无形的价值才是重要的。
- 观点 3：如果你没有办法度量一种价值，那么它就无关紧要。

这 3 种观点都非常极端，认为价值要么是定量的，要么是定性的。最好的方式很可能是在价值的定量评估和定性评估之间找到一种平衡。如图 16-12 所示，我们有必要设定一个有效的范围，能够对这 3 种观点进行综合。这个范围可以扩大也可以缩小。

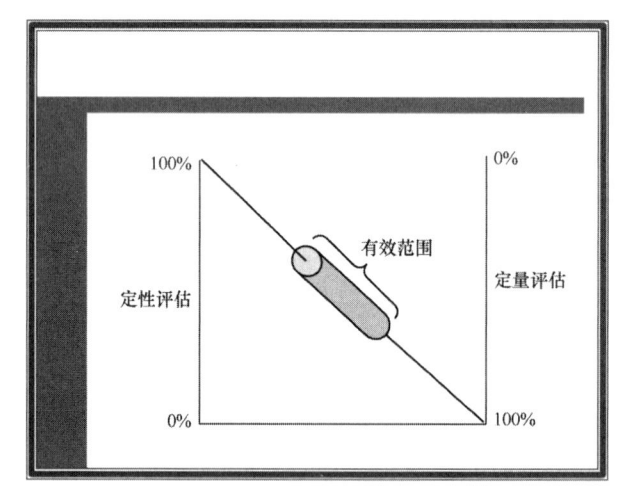

图 16-12　定量评估与定性评估的对比

度量价值的时机至关重要。在项目的生命周期中，有必要在定量评估和定性评估之间进行来回切换。同样，正如之前所述，实际的度量指标或 KPI 也会发生改变。我们必须想清楚一些特定的关键问题：

- 假设度量指标可以用，那么在项目生命周期的什么时候或进行多久时我们可以设定具体的度量指标？
- 我们能不能直接感知到价值，因此不需要任何价值的度量指标？
- 即使我们有了价值度量指标，它们是否足够具体到能合理预测实际价值？

- 我们是否会被迫在所有项目上使用价值驱动的项目管理,或者是否对于有些项目来说,这种方式是不必要的?
  — 定义明确的项目与定义不清的项目。
  — 战略项目与战术项目。
  — 内部项目与外部项目。
- 我们能否制定一种评判标准,来判断何时使用价值驱动的项目管理,或者我们是否应该在所有项目上使用它,但强度较低?

对于一些项目来说,在项目收尾阶段进行价值评估可能是困难的。我们必须构建一个时间框架,用于我们愿意等多久来度量项目的价值或收益。如果实际价值需要在项目完成以后的一段时间之后才能进行度量,这就会尤其重要。因此,如果真实的经济价值需要在未来一段时间内才能显现出来,那么在项目收尾阶段就来评估它成功与否就不可能了。

一些从事价值度量的人员会问,是否使用边界框来度量价值会比使用生命周期阶段要好一些。对于价值驱动项目来说,使用生命周期阶段的潜在问题包括:

- 在不同阶段甚至在同一阶段,度量指标都可能改变。
- 无法在事业环境因素中阐释变更。
- 关注的重点可能是每个阶段结束时的价值,而不是项目结束时的价值。
- 项目组成员可能因为不能定量计算价值而感到灰心丧气。

如图 16-13 所示,边界框与统计过程控制图有一定的相似之处。我们建立了有高有低的战略价值目标。只要 KPI 指示项目仍在价值目标范围内,项目的目标和可交付物就不会进行任何的范围变更。

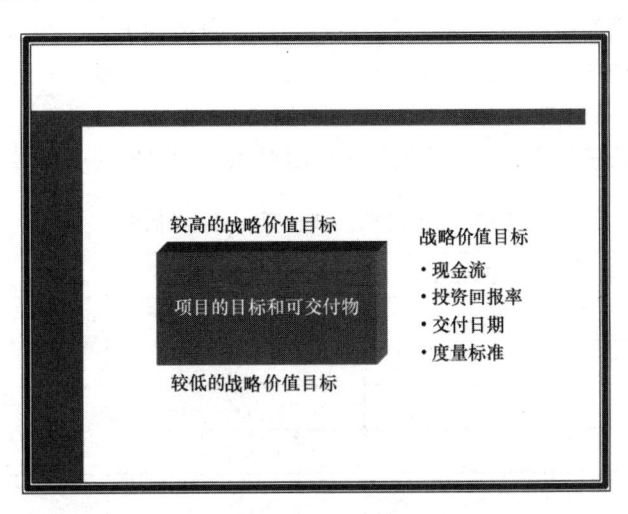

图 16-13 边界箱

价值驱动项目必须进行价值健康度检查,以确保项目能为公司贡献价值。价值度量指标,如关键绩效指标,显示了当前的价值。我们还需要由现在预测未来。使用传统的项目管理和传统的企业项目管理方法论,我们可以计算出完成时的时间和成本。这都是挣值测量系统的普遍组成部分。但是正如之前所述,按时、按预算完成并不能保证在项目结束时获得预期的价值。

因此，我们需要建立一种强调价值变化的价值度量方法论（VMM），来取代重视挣值测量的企业项目管理方法论。使用 VMM 时，我们仍会使用完成时的时间和成本，但是我们引进了一个新的方面，即完成时的价值（或收益）。完成时的价值的计算必须在整个项目中分阶段进行。然而，对完成时的价值和收益进行阶段性的重新评估是困难的，可能因为如下的原因：

- 没有重新检查过程。
- 管理层没有尽力投身到工作当中，且认为重新检查过程是不真实的。
- 管理层对现有绩效过于乐观。
- 管理层被其他项目异常的高额利润蒙蔽了双眼，产生了误解。
- 管理层相信过去的情况预示了未来的情况。

完成时的价值评估能够告诉我们价值权衡是不是必要的。价值权衡的原因包括：

- 事业环境因素的变化。
- 假设条件的变化。
- 找到了更好的途径或方法，可能少些风险。
- 高级技工的可用性。
- 技术突破。

正如之前所陈述的，大多数的价值权衡会伴随进度的延迟。在出现进度延迟前必须考虑的两个关键因素包括：

- 为了获得想要的价值或附加价值，延长项目可能导致风险出现。
- 延长项目会消耗资源，而这些资源原本是可以分配到组合中的其他项目的。

传统的工具和技术可能无法在价值驱动项目中正常使用。建立一套 VMM 对于获得想要的结果来说是必要的。如表 16-7 所示，一套 VMM 可能包括挣值测量系统及企业项目管理系统的特征，但是在获得、度量及报告价值时必须包括附加的可变因素。

表 16-7　EVMS、EPM 及 VMM 的比较

可变因素	EVMS	EPM	VMM
时间	✓	✓	✓
成本	✓	✓	✓
质量		✓	✓
范围		✓	✓
风险		✓	✓
有形资产			✓
无形资产			✓
收益			✓
价值			✓
权衡			✓

第 17 章
兼并与收购对项目管理的影响

17.0 简介

所有的公司都在努力寻求成长。为了这个目标公司要订立战略规划，用于确定需要开发的新产品与服务，以及需要进军的新市场。很多这类规划都需要进行兼并和收购才能实现战略目标和目的。即使准备最充分的战略规划也常常失败。有太多的高级管理人员将战略规划仅仅看作规划，而没有充分考虑实施的问题。在兼并与收购的过程中，成功的实施是至关重要的。

17.1 为成长进行规划

公司的发展壮大有两种方式：内部成长与外部成长。在内部成长时，公司需要从内部培养人力资源，并可能要花费很多年才能实现它们的战略目标和市场定位。由于时间可能是非常稀缺的资源，因此必须非常小心才能保证所有的新发展都符合公司的项目管理方法论与文化。

外部成长则要复杂得多。外部成长可以通过兼并、收购及建立合资企业来实现。通过兼并与收购，公司可以迅速获得所需的专业经验。有些公司偶尔进行收购活动，而其他公司有充足的资金来源，可以持续地进行收购活动。然而，公司经常没有考虑收购活动对项目管理的影响。项目管理的最佳实践可能无法从一家公司转移到另一家公司。兼并与收购对项目管理系统造成的影响往往是不可逆的，然而合资企业有可能终止这些影响。

◆ **兼并与收购对项目管理的影响**

本章会重点关注兼并和收购对项目管理产生的影响。只要快速有效地进行资产与能力共享，兼并与收购就能够使公司以内部成长所无法达到的速度实现战略目标。这种协同效应可以为公司提供单凭自身努力所难以得到的机会。

兼并与收购重点关注两大要素：并购前的决策制定和并购后的流程整合。更令华尔街和金融机构感兴趣的似乎是并购产生的短期财务影响，而不是通过更好的项目管理与整合流程实现的长期价值。在20世纪90年代中期，公司会匆忙投入并购活动中，甚至并购过程所花的时间比公司批准一项资本支出所花费的时间还要少。几乎没有人考虑项目管理的影响，以及期望的最佳实践是否能得到转移。最终结果是，至少看上去失败比成功要多得多。

当公司匆忙地进行并购活动时，几乎不会花费什么时间和精力来进行并购后的整合活动。然而，恰恰在这里，最佳实践的真正影响才会得到体现。在并购刚刚完成时，每家公司分别针对对方的客户进行产品的市场推广和销售。这可能有助于满足股东的要求，但仅仅在短期内有效。从长期来看，需要开发新的产品和服务来满足两个市场。如果没有一个整合的项目管理系统让双方都可以共享同样的最佳实践，就很难实现这一点。

在并购前期的决策制定上花费了足够的时间之后，并购双方都应该着眼于流程整合、资源共享、知识性财产转移及整体的联合运营管理。如果在并购前期阶段没有涉及这些问题，那么就可能在并购后的整合阶段中产生不切实际的期望。

17.2 项目管理增值链

公司期望兼并与收购为其增加价值并提升整体的竞争力。有些人把价值定义为维持一定收入流的能力。一个更好的定义可能是把价值定义为公司所拥有的竞争优势，其来源是客户满意度、低成本、高效率、质量提升、对人力资源的有效充分利用或对最佳实践的实施。真正的价值只会在并购后的整合阶段中产生，这时实际的并购活动已经结束很久了。

价值可以通过查看价值链来进行分析：从上游供应商到下游客户的一系列活动。价值链的每个组成部分都可以带来竞争优势，并对最终的交付物或服务有所增益。每家公司都有自己的价值链，如图17-1所示。当一家公司并购供应商时，价值链将合并，公司期望创造更优的竞争地位。同样，当一家公司并购下游企业时也期望得到同样的效果。但最佳实践并不总是可以顺利地得到整合。

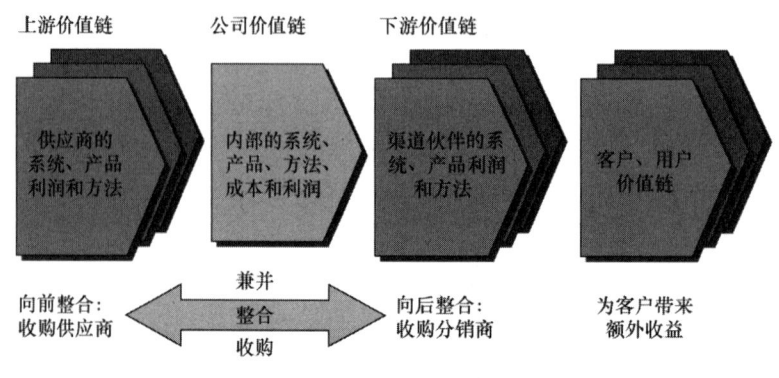

图17-1 普通的增值链

在历史上，价值链分析是用于检视整体业务运行情况的。然而，在这一章余下的部分中，唯一的重点将是项目管理增值链，以及兼并与收购活动对这一链条的影响。

图 17-2 展示了项目管理增值链。主要活动是指实际生产产品或提供服务所需要做的工作。主要活动可以被看成项目管理的 5 个主要过程组：启动、规划、执行、控制及收尾。

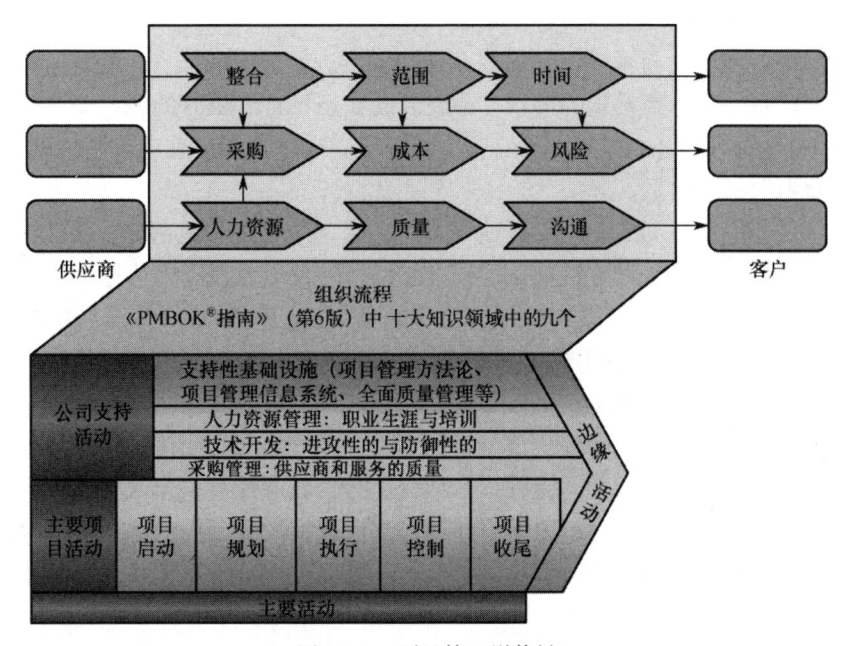

图 17-2 项目管理增值链

支持活动是指为了使主要活动顺利展开而需要做的其他工作。支持活动最少也需要包括以下各项。

- 采购管理：供应商及其为公司提供的产品和服务的质量。
- 技术开发：公司控制的知识产权的质量，以及将这些知识产权进行进攻性（新产品开发）和防御性（旧产品改进）应用的能力。
- 人力资源管理：招募、聘用、培训、培养和留住项目经理的能力。这包括对项目管理知识产权的控制。
- 支持性基础设施：整合并回应关于项目绩效的任何问题所需要的项目管理系统的质量。支持性基础设施包括项目管理方法论、项目管理信息系统、全面质量管理系统和其他支持性的系统。由于为用户建立接口非常重要，因此支持性基础设施也可以包括用于有效建立供应商—客户接口的流程。

这些支持活动可以进一步细分为《PMBOK®指南》中所描述的十大知识领域中的九个。连接九个知识领域的箭头表示了它们的相互关系。具体的相互关系会由于项目、可交付物和客户的不同而有所不同（见图 17-2）。

这些主要活动和支持活动，再加上九个知识领域，对于将供应商提供的材料转化为面向客户的可交付物来说，都是不可或缺的。从理论上讲，图 17-2 代表了项目管理增值链的工作分解结构。
- 第 1 级：价值链。
- 第 2 级：主要活动。
- 第 3 级：支持活动（可包括干系人管理知识领域）。
- 第 4 级：《PMBOK®指南》十大知识领域中的九个。

项目管理增值链让公司可以识别那些必须加以改进的关键弱点。这可能包括对范围变更进行更好的控制、对更高质量的需求、更及时的状态报告、更好的客户关系或更好的项目执行。增值链也可以用于供应链管理。项目管理增值链对于持续改进来说是重要的工具，并可以轻松地识别最佳实践。

高级管理层会把项目的成本估算看成项目管理的一个关键组成部分。项目管理价值链就是这样一种工具，可以帮助理解项目的成本结构，以及项目管理方法论中的成本控制部分。在大多数公司中，这被看作一项最佳实践。消除或减少成本或进度劣势的行动需要与价值链中成本或进度差异产生的位置联系起来。

将项目管理增值链中的元素捆绑在一起的"黏合剂"就是项目管理方法论。项目管理方法论是将各元素整合到项目管理增值链中所需的一系列表格、指南、检查清单、方针政策和步骤。方法论可以针对单独的流程，如项目执行，或者针对多个流程的组合。公司也可以自行设计其项目管理方法论，以便更好地与增值链上游或下游的组织进行对接。如果在供应商—客户接口部位无法进行有效的整合，就可能对供应链管理和未来的业务造成严重影响。

17.3 并购前期的决策制定

大部分并购都是为了满足战略上的或财务上的目标。表 17-1 展示了 6 种最常见的并购原因，以及最可能的战略和财务目标。战略目标在某种程度上比财务目标更长远，而财务目标往往受到股东和债权人要求快速产生投资回报的压力的影响。

表 17-1　并购原因及目标

并购原因	战略目标	财务目标
扩大客户群	更大的市场份额	更大的现金流
提高能力	提供解决方案	更高的利润率
增强竞争力	消除高成本步骤	稳定的收入
缩短新产品投放市场所需时间	市场领导地位	收入增长
缩短改进产品投放市场所需时间	更广泛的产品线	稳定的收入
更加贴近客户	更好的价格—质量—服务组合	单一来源采购

兼并与收购的长期收益包括：
- 合并运营的经济效益。

- 对产品和服务的供给或需求保障。
- 额外的知识产权，可能是用其他方式无法获得的。
- 对成本、质量和进度拥有直接的控制权，而不用再看供应商或分销商的脸色。
- 开创新的产品或服务门类。
- 通过合作创造协同效应，给竞争对手施加压力。
- 通过消除重复步骤来削减成本。

这其中的每项都可以产生很多最佳实践。

对于任何兼并或收购来说，最为核心的目的是让联合起来的两家公司创造单打独斗时不可能存在的、持久的价值。收益的实现，包括达成战略和财务上的目标，很大程度上取决于两家公司的项目管理增值链进行整合的情况，尤其是链条中的方法论。除非两家公司的方法论和文化都能迅速整合，否则目标就可能无法按计划实现。

在并购完成之后可能出现项目管理整合失败的现象。典型的失败如图 17-3 所示。这些常见的失败之所以会发生，是因为兼并和收购如果不伴随组织和文化的改变，就根本不会发生，而这些改变从本质上来说往往是具有破坏性的。最佳实践可能丢失。非常遗憾的是，公司常常以闪电般的速度投入兼并与收购中，但很少考虑要如何整合项目管理增值链。更好的项目管理规划是至关重要的，但遗憾的是它往往成为被忽视的方面。

图 17-3 中的第一个常见问题领域是存在不同的方法论，无法将项目管理方法论与项目管理增值链整合。这个问题的产生是由于：

- 在并购活动之前对各自的项目管理实践知之甚少。
- 在并购前阶段对于要如何进行整合没有明确的指导方向。
- 其中一家公司没有或者两家公司都没有形成久经考验的项目管理领导力。
- 顽固的"我们—他们"式对立态度。

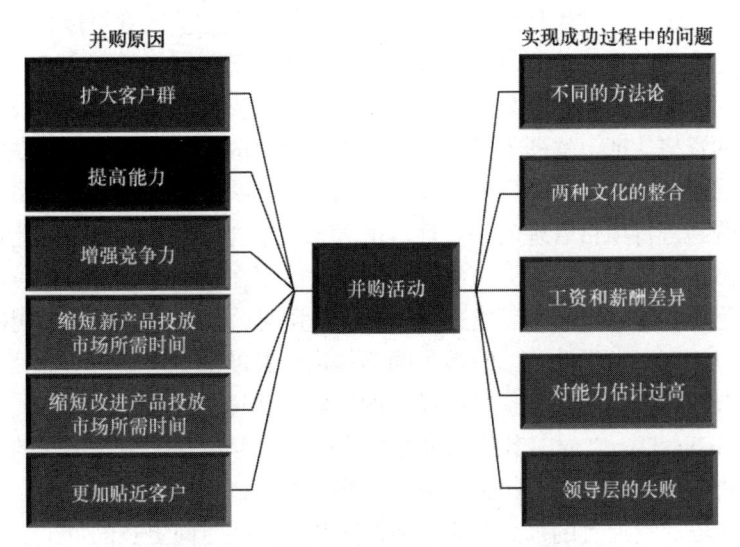

图 17-3 并购之后的项目管理问题领域

有些方法论可能非常复杂，以至于需要大量的时间才能让整合顺利进行，尤其是在整合双方分别有着不同的客户群体和不同的项目种类的情形之下。举例来说，一家公司开发了一套项目管理方法论，来为大型上市公司提供产品和服务。这家公司收购了一家对政府机构进行独家销售的小公司。公司过了很久才认识到，方法论的整合几乎是不可能的，因为政府机构为与其进行业务往来的公司制定了专门的规定，然而一切都已经太晚了。两家公司的方法论一直没能得到整合，而为政府客户服务的小公司被允许作为一家单独的子公司来运作，有着自己的专门产品和服务。期望中的协同效应从来就没有产生。

有些方法论根本就无法整合。对于组织来说，更加审慎的做法应该是分开运作，而不是错过市场上宝贵的机会窗口。在这种情况下，在大型公司中可能存在一些独立运作的项目管理"口袋"。

图 17-3 中的第二个常见问题领域是两种文化的整合。虽然项目管理可以被视为一系列相互联系的流程，但最终要在组织的工作环境中执行这些流程。企业文化如果抗拒对项目管理进行有效支持，可能导致最好的计划以失败告终。不同的企业文化可能存在以下几方面的不同：

- 有（或没有）项目管理专业知识。
- 抗拒变革。
- 抗拒技术转移。
- 抗拒任何类型的知识产权转移。
- 允许缩短周期时间。
- 允许消除高成本步骤。
- 坚持"重新发明轮子"（做无用功）。
- 将对项目的批评看成对个人的批评。

无论经济形势好坏，整合两种文化都是同样困难的。人们可能抵制工作习惯或个人感到轻松自在的"舒适区"发生任何改变，哪怕他们认识到这些改变可以为公司带来好处。

因为有文化上的差异，跨国兼并与收购也同样难以实现这样的整合。几年前，一家美国汽车业供应商收购了一家欧洲公司。美国母公司大力支持项目管理，并鼓励其员工考取项目管理方面的资格认证。欧洲子公司对项目管理提供的支持很少，也不鼓励其员工取得认证，理由是欧洲客户并不像通用汽车、福特汽车与克莱斯勒那样重视项目管理。欧洲子公司完全没有看到进行项目管理的必要性。由于无法整合方法论，美国母公司逐渐用美国的高级管理人员代替了原有的欧洲高级管理人员，以便在所有部门使用一种项目管理方法论。公司几乎花了 5 年的时间来完成这次转型。美国母公司相信欧洲子公司的抗拒更多地出于一种对"舒适区"发生改变的恐惧，而不是由于其欧洲客户缺乏对项目管理的兴趣。

有时候整合两种文化的困难是显而易见的。联邦快递（Federal Express）在 1988 年收购飞虎航空（Flying Tiger）时，其战略是把两家公司合并成一家顺畅运转的公司。在并购进行时，联邦快递（后更名为 FedEx Express）雇用的是一支比较年轻的员工队伍，很多都是兼职员工。飞虎航空拥有的都是全职、更加年长、在职时间更长的员工。联邦快递注重规范化的政策和程序，并有着严格的着装规定。飞虎航空则没有着装规定，管理人员根据指挥链来开展业务，有权威的人可以改变规定。联邦快递的质量管理目标是 100% 按时送达,而飞虎航空对95%~96%按时送达的目标就比较满足了。对于联邦快递来说,将这两种文化融为一体是一项里程碑式的重大任务。在这种情况下,哪怕存在种种潜在整合难题,联邦快递也不能让飞虎航空作为一个独立的子公司分开运作。整合势在必行。联邦快递必须迅速处理这些涉及组织或文化差异的任务。

为文化整合进行规划也可以带来有利的结果。大多数银行都是通过兼并与收购来获得成长的。在银行业普遍存在的信念是,要么自己成长,要么被人家收购。20世纪90年代,总部位于俄亥俄州克利夫兰市的美国国民城市银行(National City Corporation)认识到了这一点,并开发了项目管理系统,使得国民城市银行能够更快地收购其他银行,并将收购进来的银行快速整合到国民城市银行的文化之中。国民城市银行将项目管理视为一项资产,对企业底线有着非常积极的影响。如今的很多银行都有管理兼并与收购项目的手册。

图17-3中的第三个常见问题领域是工资和薪酬差异。工资和薪酬管理问题产生的主要原因包括:

- 对裁员的恐惧。
- 薪资差异。
- 职责差异。
- 职业发展机会差异。
- 不同的政策和程序。
- 不同的评估机制。

当一家公司被收购并需要进行方法论的整合时,可能对工资和薪酬管理计划产生深远的影响。在收购发生后,即使人们明白对于公司来说收购是符合其最大利益的,但他们还是希望知道作为个体能够获得怎样的收益。

被收购的公司往往最担心被误导,产生一种错误的安全感。被收购的公司可能变得充满怨气,甚至试图推翻收购方的控制。这会导致价值被破坏,因为对于员工来说自我保全成了最重要的事情,而这往往要以损害项目管理系统为代价。

请考虑如下的情形。A公司决定收购B公司。A公司拥有的是相对简陋的项目管理系统,在其中,项目管理是兼职活动,而且没有被当作专门职业看待。B公司推动项目管理认证并认可项目经理作为专门职务的地位。B公司项目经理的薪资比起他们在A公司的同行,明显高出了一个档次。B公司的员工表达了"我们不愿意变得像他们一样"的担心,而自我保护带来的是价值的破坏。

因为存在工资和薪酬问题,A公司试图将B公司视为一个独立的子公司。但是当差异变得非常明显时,A公司的项目经理们纷纷试图跳槽到B公司,以获得更多的认可和更高的薪水。最终,B公司付给项目经理的薪酬级别成了整合后的公司的整体基准。

当人们由于担心而自我保护时,可能在短期内对合并后项目管理增值链产生严重影响。项目管理员工在并购整合之后,即使不能获得比之前更好的机会,也必须拥有与之前一样的机会。

图17-3中的第四个常见问题领域就是在并购整合之后对能力估计过高。属于这一类别的问题包括:

- 缺乏技术能力。
- 创新能力不足。
- 创新速度不够快。
- 缺乏协同效应。
- 能力过剩。
- 无法整合最佳实践。

项目经理与那些积极参与到项目管理增值链条中的个人很少参与到并购前期的决策制定之中。这样一来，做出决策的就是那些离项目管理增值链很远的经理，他们会对并购后的协同效应做出过分乐观的估计。

一家相对大型的公司的总裁召开了一次新闻发布会，宣布公司很快就要收购另一家公司。为了让与会的金融分析师们感到满意，这位总裁一丝不苟地描绘了合并后公司期望产生的协同效应，并提供了一个新产品上市的时间表。这份声明令员工们相当不以为意，因为他们知道公司的能力被过高估计，而那些日期根本就不现实。在错过了产品发布日期之后，公司的股价随之遭到重挫，而责任被错误地归咎于整合的项目管理增值链的失败。

图 17-3 中的第五个常见问题领域就是在并购完成后的整合中领导层的失败。这个类别的问题包括：

- 领导层在管理变更方面的失败。
- 领导层在合并方法论方面的失败。
- 领导层作为项目发起人的失败。
- 整体的领导层失败。
- 看不见的领导层。
- 进行微观管理的领导层。
- 认为兼并与收购活动必须伴随着重大重组。

经过管理的变更比未经管理的变更运作起来要好得多。经过管理的变更要求强有力的领导，尤其需要在并购过程中对于管理变更有丰富经验的人员。

A 公司收购了 B 公司。B 公司拥有一套还不错的项目管理系统，但与 A 公司有着显著的不同。A 公司于是决定"我们就像管理我们自己一样管理他们"而不需要改变什么。A 公司接下来用经验丰富的 A 公司经理替换了数名 B 公司的经理。这些措施的实施几乎没有针对 B 公司的项目管理增值链做任何考虑。B 公司链条中的员工开始接到来自不同人员的电话，大部分人对于他们来说完全是陌生的，他们也没有得到适当的指导，不知道出现问题时应该联系谁。

当领导问题不断升级时，A 公司不停地来回调配经理。这导致了项目管理增值链被官僚主义掩盖。不出所料，绩效非但没有得到提升，反而不断下降。

来回调配经理从而促进垂直互动在并购之后是一项可取的实践。然而，它应该被限制在纵向的指挥链条上。在项目管理增值链上，主要的沟通流多为横向的而不是纵向的。添加官僚化的层级，以及用缺乏横向沟通经验的人员代替经验丰富的链条经理，可能对链条的绩效造成严重的障碍。

以上任何一个问题领域，不管是单独出现还是与其他问题领域一起出现，都会让链条的绩效下降，例如：
- 可交付物质量差。
- 无力维持进度。
- 对链条缺乏信心。
- 士气低落。
- 让所有新人经受巨大压力的考验。
- 员工流失率偏高。
- 项目管理知识产权没有转移。

17.4 收购与被收购

之前我们已经讨论了在并购前期阶段评估价值链特别是项目管理方法论的重要性。没有任何两家公司的项目管理价值链和最佳实践是相同的。有些链条运作良好，其他的则表现不佳。

为了简单起见，我们把进行收购的公司称为"房东"，而把被收购的公司称为"房客"。表17-2识别了房东—房客关系中潜在的问题，属于并购前期阶段。表17-3展示了并购后可能的整合成果。

表17-2 房东—房客关系中潜在的问题

房 东	房 客
良好的方法论	良好的方法论
良好的方法论	糟糕的方法论
糟糕的方法论	良好的方法论
糟糕的方法论	糟糕的方法论

表17-3 可能的整合成果

方法论		可能的成果
房东	房客	
良好	良好	基于灵活性，可以实现良好的协同效应；可以通过低成本实现市场领跑
良好	糟糕	房客必须认识到缺点并愿意改变；可能出现文化冲击
糟糕	良好	房东必须看到现在与将来的收益；强有力的领导对于快速响应来说必不可少
糟糕	糟糕	成功的机会有限；可能需要数年才会获得好的方法论

最好的情况会在双方都有良好的方法论时发生，最重要的是，双方都具有足够的灵活性，承认对方的方法论中可能存在一些可取的成分。在这里进行良好的整合可以实现市场领跑。

如果房东的方法论不错而房客的方法论糟糕，那么房东可能在房客身上强加一套解决方案。房客必须愿意接受批评，能够看到艰辛之后成功的希望，就如同看到隧道尽头的光亮，并进行必要的改变。房东必须仔细地向房客讲清楚这些改变及改变的理由，以避免文化冲击。

颇为常见的情况是项目管理方法论糟糕的公司会收购一家方法论良好的公司。在这种情况下，必须迅速进行项目管理知识产权的转移。除非房东认可房客的成就，否则房客的增值链就会减损绩效，也可能出现关键员工的流失。

最差的情况就是房东与房客双方在项目管理系统方面都一塌糊涂。在这种情况下，所有的系统必须从头开始。这可能也算得上"塞翁失马，焉知非福"，因为双方都不会有隐藏的偏见。

17.5 公司合作时的一些最佳实践

团队必须愿意创建一个项目管理方法论（和跨国项目管理增值链），以实现以下目标：
- 结合所有现有的项目管理方法论最佳实践和项目管理增值链。
- 创建一个方法论，这个方法论可以涵盖从供应商到客户整个项目管理增值链。
- 符合任何行业标准，如项目管理协会和国际标准化组织制定的标准。
- 在所有公司组织中分享最佳实践。
- 实现企业在时间、成本、质量和效率方面的目标。
- 定期优化流程、可交付物、角色和职责。
- 提供清晰有用的文件。

对于一家公司，可以获得以下几个益处：
- 整个公司的通用术语。
- 公司部门的统一。
- 通用的表格和报告。
- 对缺乏经验的项目经理和团队成员的指南。
- 更明确的角色和职责定义。
- 减少程序和表格的数量。
- 报告中没有重复的内容。

可提出以下建议：
- 使用通用的书面系统来管理项目。如果收购了一家新公司，应尽快使该公司使用这个基本系统。
- 尊重各方。你不能强迫一家公司接受另一家公司的系统，各方要相互沟通，达成共识，进行修改。
- 给予不同文化进行融合的时间。过于激进地推行文化融合可能适得其反。抓住重点并通过管理来推动文化融合才是实现系统及文化一体化的最佳方法。

- 在合并公司之前共享管理人员可以使系统和员工更快融合。
- 项目管理系统必须有一个"流程负责人"。选择副总级别的人来担当此角色是合适的。

17.6 整合成果

准备最充分的计划也不一定能保证成功。重新评估一直都是必要的。评估并购与整合完成之后的综合项目管理价值增量，可以通过使用改进的波士顿咨询公司（Boston Consulting Group，BCG）模型来实现，如图17-4所示。其中的两大关键因素是公司的感知价值与客户的感知价值。

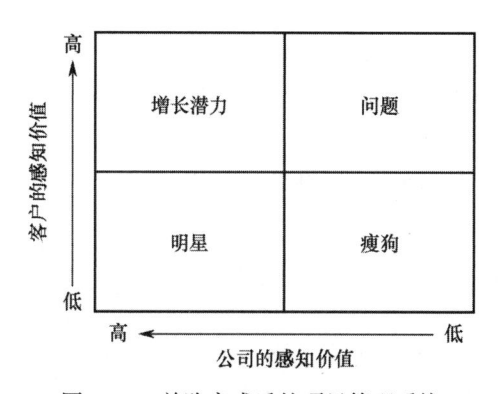

图 17-4 并购完成后的项目管理系统

如果最终的链条让公司和客户都感觉不到什么价值，就可以被称为瘦狗型增值链。
瘦狗型增值链的特点：
- 缺少内部合作，可能整条增值链都如此。
- 价值链与客户对接得不好。
- 客户对于公司提供要求的可交付物的能力没有信心。
- 增值链流程由于过多的冲突而不堪重负。
- 并购前的期望没有实现，业务可能在不断缩水。

瘦狗型增值链的战略：
- 裁员、缩小范围或放弃这条项目管理增值链。
- 把公司重新构建为（或者以项目为单位，或者以部门为单位）项目管理组织。
- 允许业务范围缩小并专注于选定的项目和客户。
- 接受市场跟随者而非市场领跑者的定位。

图17-4中的问题子象限代表了一类客户认为有很高价值而并不被公司认可的增值链。
问题型增值链的特点：
- 客户对公司的交付能力有一定的信心，但对项目管理增值链没有信心。
- 在增值链内可能存在互不兼容的系统。

- 员工们依然对整合的项目管理增值链持怀疑态度。
- 项目更多的是在"火烧眉毛"的压力下完成的,而不是凭借结构性的方法来完成。
- 对于房东和房客来说,可能都存在一些碎片化的项目管理。

问题型增值链的战略:
- 对培训与教育进行大量投资,以创建一种合作的文化。
- 仔细地监控整个链条中的跨职能接口。
- 在房东与房客公司中找出明确支持项目管理的同盟者。
- 使用小型的突破性项目可能是合适的。

图 17-4 中的增长潜力子象限拥有实现并购前的期望的潜力。这条增值链同时被公司和客户高度感知。

增长潜力型增值链的特点:
- 有限的、成功的项目在运用这一链条。
- 链条中的文化是以信任为基础的。
- 存在明确有效的上层支持。
- 房东和房客都把项目管理视为一项职业活动。

增长潜力型增值链的战略:
- 保持缓慢增长,带来更大、更复杂的项目。
- 为方法论改进投资。
- 开始向客户推销完整的解决方案,而不仅仅是产品或服务。
- 专注于利用项目管理增值链改善客户关系。

图 17-4 中的明星子象限可以被公司高度感知,但并不被客户认可。客户不认可的原因是公司已经让客户确信公司的链条有很高的交付能力,客户现在专注于可交付物,而不是方法论。

明星型增值链的特点:
- 存在高度合作的文化。
- 满足了三重约束。
- 你的客户把你作为合作伙伴而不只是承包商来对待。

明星型增值链的战略:
- 大量投资于最先进的产业链支持子系统。
- 将你的项目管理信息系统与客户的信息系统整合。
- 允许你的客户就链条的改进提供宝贵意见。

17.7 价值链战略

在这一章的开头部分,重点放在并购前期决策制定中确立的战略和财务目标上。然而,为了实现这些目标,公司必须理解其在并购整合之后拥有的竞争优势与面对的竞争市场。

图 17-5 中展现了项目管理增值链的 4 种普遍运用的战略。公司必须回应涉及并购后的整合的两个根本问题：
- 组织现在是要凭借产品和服务的成本还是独特性来进行竞争？
- 并购后的市场将是广阔的还是狭窄的？

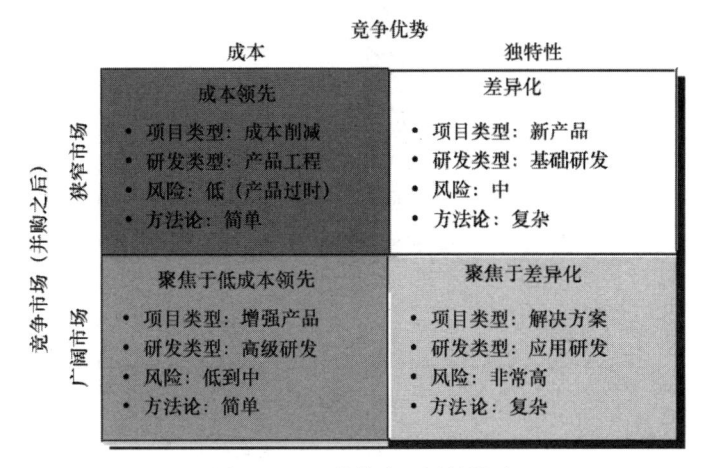

	竞争优势	
	成本	独特性
狭窄市场	**成本领先** • 项目类型：成本削减 • 研发类型：产品工程 • 风险：低（产品过时） • 方法论：简单	**差异化** • 项目类型：新产品 • 研发类型：基础研发 • 风险：中 • 方法论：复杂
广阔市场	**聚焦于低成本领先** • 项目类型：增强产品 • 研发类型：高级研发 • 风险：低到中 • 方法论：简单	**聚焦于差异化** • 项目类型：解决方案 • 研发类型：应用研究 • 风险：非常高 • 方法论：复杂

（左侧纵轴：竞争市场（并购之后））

图 17-5 4 种普遍运用的战略

对这两个问题的回答往往决定了哪些类型的项目最适合采用增值链项目管理方法论。这在图 17-6 中有所展现。低风险的项目需要简单的方法论，而高风险的项目需要复杂的方法论。方法论的复杂程度可能对并购后整合所需要的时间产生影响。当一家公司想要让项目管理增值链提供完整的解决方案项目管理时，最长的整合时间就会出现，其中包括产品与服务开发、安装和后续跟进工作。它也可能包括平台项目管理，重点在于客户满意度、信任和后续工作。

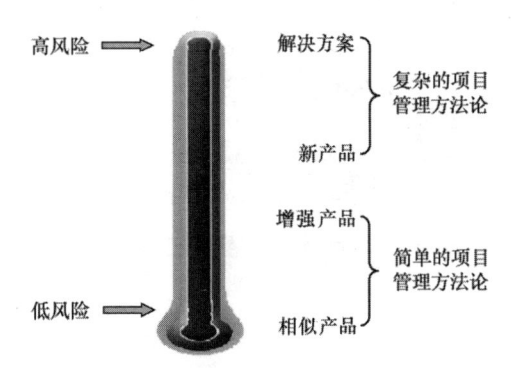

高风险 → 解决方案 ┐
　　　　　　　　　├ 复杂的项目管理方法论
　　　　　　　新产品 ┘

　　　　　　　增强产品 ┐
　　　　　　　　　　　├ 简单的项目管理方法论
低风险 → 相似产品 ┘

图 17-6 针对项目类型的风险分布谱系

项目管理方法论往往能够反映公司对风险的容忍度。如图 17-7 所示，有着较高风险容忍度的公司会开发出能够处理复杂研发项目任务的项目管理增值链，并成为市场的领跑者。在另一极端，增强项目专注于保持市场份额，成为市场的跟随者而非领跑者。

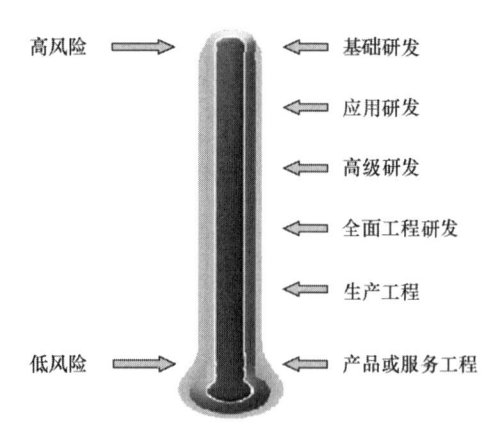

图 17-7　针对研发项目类型的风险分布

17.8　失败与重新构建

高期望往往会导致大的失败。当整合的项目管理价值链失败时，公司有 3 种可行但不理想的备选方案：
- 对公司进行裁员（缩减规模）。
- 减少项目的数量并压缩增值链（缩减范围）。
- 专注于选定的客户业务基础（选定客户）。

这些备选方案的短期和长期后果如图 17-8 所示。

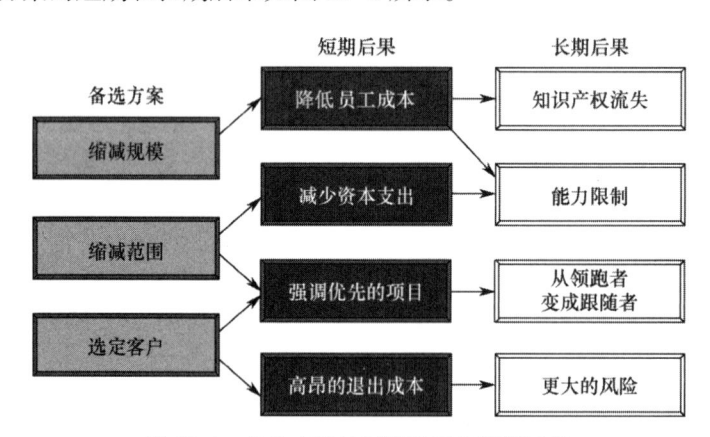

图 17-8　备选方案的短期后果和长期后果

失败的发生往往由于并购前期的决策阶段完全基于想象而不是事实。
- 对项目管理方法论进行整合会自动减少或消除增值链当中的重复步骤。
- 项目管理增值链中的某部分专业知识，可以直接应用到链条上游或下游的活动中去。
- 拥有强大方法论的房东可以有效地强制方法论较弱的房客进行改变。
- 合并运营的协同效应可以在一夜之间实现。

- 并购后的整合是技术与知识产权转移的保证。
- 并购后的整合能够保证所有项目经理在权力与决策方面完全平等。

不管经济形势是好是坏，兼并与收购活动都会不断进行。但愿今后的公司都会对并购后的整合更加注意，并认识到潜在的收益。

第 18 章
敏捷和 Scrum

18.0 简介

随着项目管理领域的发展，新技术在该领域出现是必然的结果。敏捷和 Scrum 就是这样的两种新技术。图 18-1 显示了正在发生的一些改变。级别 2 和级别 3 包含了敏捷和 Scrum 的一些核心概念，它们更关注项目管理的成长和成熟的特征，而级别 1 包含了基本原则，关注让组织接受和使用项目管理。因为高级管理人员最初不信任项目经理，并且对项目经理越过高级管理人员做出决策心存顾虑。我们了解到，级别 1 的许多特点实际上对有效的项目管理实施是有害的，并成为敏捷和 Scrum 开发的重要障碍。可以看出，级别 1 中展现的特点也说明项目管理在之后的发展层级需要更加成熟，敏捷和 Scrum 技术也应运而生。

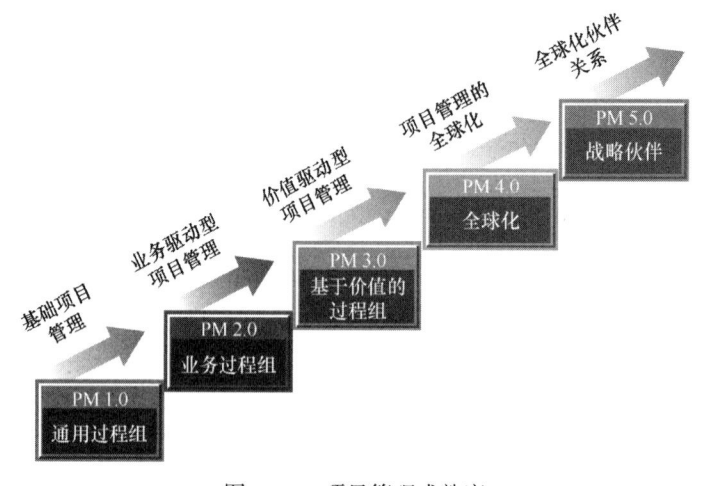

图 18-1 项目管理成熟度

◆ 级别 1（通用过程组）

- 在项目经理不参与的情况下，对项目进行识别、评估和批准。
- 项目计划是由一个集中的计划小组完成的，其中可能包括项目经理，也可能不包括项目经理。
- 即使计划人员可能不完全了解项目的复杂性，但是可以假定计划人员可以制订正确的基准和计划，而这些基准和计划在项目期间不会改变。
- 项目团队成员被分配到项目中，并期待他们按照自己根本没有参与制订的计划去完成项目。
- 基准是在没有项目团队任何参与的情况下制定的，通常由高级管理人员批准，而且假定这些基准通常不会在项目期间发生变化。
- 任何偏离基准的状况都被视为维护原始计划不变而需要纠正的偏差。
- 项目成功被定义为满足计划的基准，资源和任务可以为了保证基准不变而不断地重新组合。
- 如果有必要进行范围变更，那些对现有基准改变不大的范围变更容易被批准。

◆ 级别 2（业务过程组）

- 项目经理在项目生命周期的早期就参与进来。
- 委员会发起，而不是个人发起。
- 去中心化的项目计划。
- 根据弹性的项目需求进行工作的意愿。
- 更倾向于使用竞争约束而不是三重约束。
- 对项目成功的全新定义。
- 对范围变更有更高的容忍度。
- 使用仪表板取代海量文档进行汇报。
- 大量使用虚拟项目团队。
- 客户参与度高。
- 吸取经验教训和最佳实践。

◆ 级别 3（基于价值的过程组）

- 项目与战略业务目标保持一致。
- 用投资生命周期取代传统生命周期。
- 使用收益实现规划和价值管理。
- 从方法论转向框架。
- 使用可以衡量无形要素的指标。
- 建立可以跟踪假设和约束的指标。

- 对范围变更反应迅速。
- 运用能力规划和资源管理。
- 使用项目组合管理办公室。

可以看出，级别 1 和级别 2 的重要用户将是敏捷和 Scrum 的实践者。但是，由于这些变化格外重要，我们可以预见，在未来，所有形式的项目管理实践活动都会使用这些概念。

18.1 敏捷交付

> 就像下棋一样，敏捷学起来容易，掌握起来难。
> ——迈克尔·比德尔曼（Michel Biedermann）

◆ 如何向首席执行官解释"为什么选择敏捷"

下面几条原因可以帮你向高管解释为什么选择敏捷：
- 可以把从想法到产品上市的时间从几个月缩减到几周，甚至几天。
- 将获得比预期更高的投资回报率，因为你可以通过使用它获得来自业务团队、最终用户和消费者的频繁反馈，并借此开发出比原计划更好的产品。
- 你将不再把质量定义为没有缺陷，而是重新定义为"产品如何满足市场需求"。
- 最后，也是最重要的，通过使用优先级事项列表开发产品，你降低了风险，也确保投资获得了最大回报。

◆ 敏捷是更快且频繁地交付价值

敏捷交付是一个不断发展的概念。遗憾的是，随着时间的推移，它变得含糊不清，好像什么都能叫作敏捷。我们召开每日站会了吗？太好了，我们一定是敏捷的！要是这么简单就好了……

让我们用非常简单的定义来开始对敏捷的介绍。

从本质上讲，敏捷就是通过频繁地将反馈整合到产品或服务中，以最大化交付的价值，同时缩短获得初次收益的时间（见图 18-2）。让我们仔细分析一下这个定义。

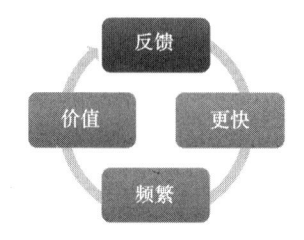

图 18-2　敏捷交付的本质是更快（项目开始后几周）且频繁（每两周）地将反馈整合到新解决方案中，以最大化交付价值

- 反馈。敏捷交付的一个关键方面是最大化交付价值，这通过更好地满足客户以及产品或服务的最终用户的需求来实现。这一目标主要是通过在整个交付过程中迭代地整合反馈到正在形成的解决方案中来达成。在理想情况下，反馈应由实际的客户或最终用户提供，至少应由他们的代表提供，如产品负责人和业务团队。
- 更快。在瀑布或计划驱动的项目方法论中（见图 18-3），工作是按顺序完成的，从需求开始，然后分析、设计、构建、集成、测试，最后部署。每个阶段持续几周到几个月。然而，通过敏捷交付，解决方案或产品在项目开始后的几周甚至几天就出现了。通常情况下，项目团队是靠并行、重叠各阶段中的大部分工作来实现这一点的（见图 18-4）。关键是针对最重要的需求做足功课，开始工作，然后依次满足剩余的优先级需求，以便及时完成项目整合并顺利完成测试。

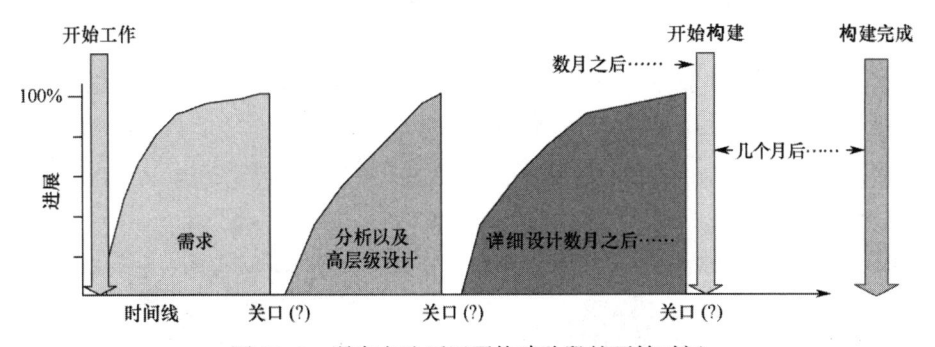

图 18-3　瀑布方法延迟了构建阶段的开始时间

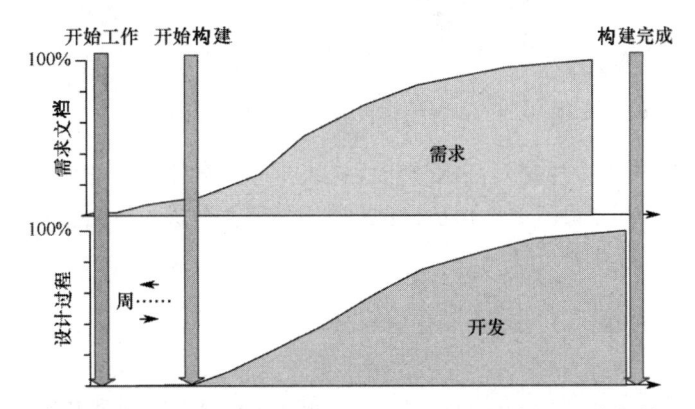

图 18-4　敏捷交付通过项目阶段重叠来达到更快的价值交付

- 频繁。在每次迭代或冲刺结束时（通常是每两周），出现的解决方案都会呈现给任何感兴趣的干系人、客户或最终用户。这样做的目的是通过对新出现的解决方案的实际测试来验证项目的健康状况，以及通过将反馈整合到需求和设计中来增加解决方案或产品的价值。
- 价值。为了最大化早期交付的价值，团队必须持续地首先解决那些最高优先级的需求。我们定义的"最高优先级"的需求分为以下两类：①项目风险最大的需求，如果这些风险得不到缓解，项目可能会早早失败；②具有最高商业价值的需求。

还应该注意的是，解决方案或产品只有在投入生产时才会交付价值。这是因为没有最终用户或消费者会愿意为中间工作产品付费，如一个完整的需求列表，甚至是设计最精美的产品图纸或线框图。只有最终产品才算数。

现在你有了解决办法！我说过敏捷交付很容易学习。现在最困难的部分来了：掌握它。接下来的内容——实际上，作为一个敏捷学徒要学习的其余部分——将集中在对许多方法的掌握上，这有助于达到更快、更频繁地交付价值的目标。

然而，在我们认真地开始这个学徒阶段之前，我们还需要了解另一个概念，即敏捷对刚性约束的影响。

敏捷交付打破刚性约束

我们都了解传统或瀑布式项目的刚性约束，即范围由资金确定，而实现范围所需的人员和进度是可变的。

敏捷改变了这些约束条件（见图 18-5）。人员和进度是固定的，这使得敏捷对管理人员非常有吸引力，因为预算不会改变，例如，可以可靠地安排重要的营销活动。然而，要做到这一点，必须付出一定的努力。敏捷交付的变量是项目的范围。

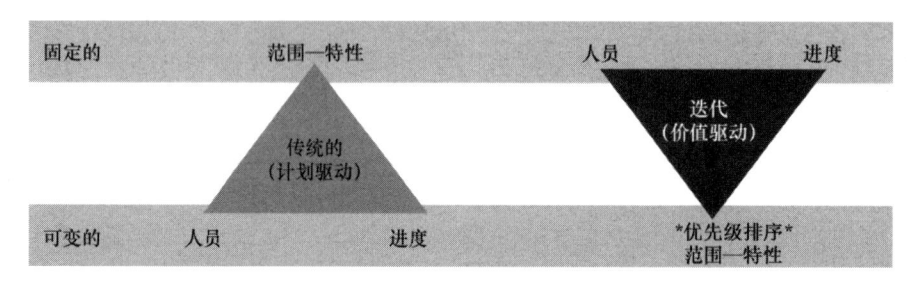

图 18-5　敏捷交付打破了项目的刚性约束

这怎么可能呢？记住，通过对需求进行优先级排序，我们可以提前满足最重要的需求。如果项目耗尽了资金或时间，团队无法满足的那些需求就是最没有价值的需求。换句话说，世事无常，先来点儿甜点吧。

◆ 敏捷宣言

在深入讨论 Scrum 之前，让我们花几分钟回顾一下"敏捷软件开发宣言"（以下简称敏捷宣言）。Scrum 可能是最著名的敏捷交付框架了。

敏捷宣言的 4 个价值观

敏捷宣言从 4 个不同的价值观开始：

个人和交互	胜过	过程和工具
工作的软件	胜过	详尽的文档
客户合作	胜过	合同谈判
响应变化	胜过	遵循计划

首先要明白，正如敏捷宣言的作者们所指出的，并不是右边的几项没有价值，而是敏捷更倾向于左边的几项。我们来看一下。

个人和交互胜过过程和工具

敏捷交付不是盲目地遵循框架或流程。尽管流程或框架（如 Scrum）所代表的一些规程是有用的，但这些不是团队不能在兼顾本职工作的同时跟别的团队紧密协作解决问题的理由。事实上，"我们每个人都不如我们所有人"的概念在敏捷团队中非常适用。你将很快了解到敏捷交付完全是关于团队的，或者如果你愿意的话，也可以称之为"T"eam。

类似地，敏捷交付不是关于工具的，因为工具往往会碍事。选择你喜欢的项目管理工具，它可能要求你考虑项目的特点，并以工具开发人员设想的特定方式进行管理。

这里的要点是，没有哪个流程可以克服团队中个人之间缺乏协作的问题，没有哪个流程可以使团队高效运行。一旦团队成员进行了协作，那么流程将帮助团队进一步提高生产力。

工作的软件胜过详尽的文档

当你思考这个价值观时，问自己以下几个问题：

（1）作为项目发起人，什么能帮助你更好地理解项目的健康状态：阅读团队创建的文档；在每两周的迭代或冲刺之后，定期测试新出现的解决方案？

（2）作为产品的最终用户或消费者，你会为用户手册之外的文档付费吗？

我们已经看到太多的团队以文档成本为借口，不编写任何文档。并不是说没有必要编写文档。这是有必要的。只是编写文档这种行为应该被限制在针对最有价值的东西上。考虑到这一点，什么样的文档对敏捷使用者而言是重要的呢？我们建议至少有以下几项：

（1）产品待办事项列表（作为一个持续更新且一直存在的文档，贯穿于一个又一个版本中）。

（2）RAID［风险（Risk）、活动（Action）、问题（Issue）和决策（Decision）］日志（作为持续更新的文档）。

（3）用户手册，特别是如果产品不够直观，无法在没有帮助的情况下使用。

（4）说明：指导如何将解决方案推广到生产中去，特别是在此过程不是完全自动化的情况下。

（5）产品一旦投入生产必须提供的指导。

客户合作胜过合同谈判

你可能有这样的印象：敏捷交付比传统或瀑布式项目管理需要更紧密的合作。例如，简化文档的工作必须被客户和供应商之间更紧密的合作取代，或者至少作为补充。与其对所有需求都提前记录、分析和设计，甚至是那些最终可能没有完成的需求，还不如通过合作及时地获得所需的知识。

（1）合同谈判推迟了项目的开始，也推迟了客户和供应商初次获得收益的时间，尤其是对于最重要的实体，即产品的消费者或最终用户。

（2）项目的延迟和意外创造了一种文化，在这种文化中，客户和供应商都想把风险转移给对方或者其他方身上。这种类型的谈判让所有参与者都很难找到双赢的局面，而且要耗费大量时间。各方都想利用这个游戏规则，这是人的本性。

（3）团队通常无法回避合同谈判带来的压力和需求，其生产力必然会受到影响，至少是暂时的。例如，必须突然转换方向去分析新的需求，去评估付出努力的必要性，或者去承受团队成员人数是否会在项目过程中不断增加的不确定性。

总体来说，在敏捷项目中，客户与供应商之间的关系发生了变化，从主要由合同驱动的关系转变为紧密的合作伙伴关系。如果旅程不是以双赢开始的，那么各方将踏上怎样的旅程呢？

注意：在这一点上，有些人肯定会问"如何构建敏捷合同"。尽管对你来说，理解这个问题的所有微妙之处还为时过早，但我们更喜欢用以下几个阶段来构建敏捷合同：

（1）[可选的]愿景。此阶段旨在将战略业务目标与日益细化的需求结合起来。它最终定义了实现战略业务目标所需的最重要的 2~3 个需求。一旦工作开始，随着时间的推移会出现更多的需求。

合同类型：固定总价合同，因为这个阶段依赖固定能力和固定期限（2~3 周）。

（2）开始工作。团队被集合起来，开始处理单个最重要的需求，直到交付速度达到稳定状态。这通常需要 3~4 次迭代或冲刺。我们将速度定义为每个冲刺中客户接受的故事点的数量。故事点是评估工作的敏捷货币。

合同类型：工料合同，因为这个阶段依赖固定能力（团队），团队达到速度稳定状态所需的持续时间可能有所不同。根据设置时间、团队的技能和业务领域的复杂性，该持续时间应该为 2~4 个月。

（3）稳定状态。现在团队的速度已知，可以使用产品待办事项的多少来估计项目的持续时间。用于评估敏捷团队工作的货币是故事点。我们将在第 18.2 节中介绍故事点及如何评估工作。可以这样说，如果需求列表的故事点的总和是 200 点，并且团队在每次迭代的稳定状态下平均交付 20 点，那么团队将需要 10 次迭代来完成工作。如果团队规模、组成和工作的业务领域保持不变，则可以以固定价格完成此稳定阶段。请注意，你不应该比较团队之间的速度，以免他们使用它来与系统博弈。换句话说，你不能说每次迭代交付 20 个故事点的团队的效率是每次迭代交付 40 个故事点的团队的效率的一半。

响应变化胜过遵循计划

在大多数项目中，如果不是所有项目的话，客户的需求会随着其对新的解决方案的体验而不断发展。这会引发新的想法、新的需求，甚至产品的新方向。整合这些反馈，从而使最终产品更好地满足最终用户的需求——不仅是可以接受的，而且实际上是非常可取的。也就是说，如果敏捷交付项目本身有一个需求文档阶段，那么它是非常短的，最多几周，用战略业务目标来指导识别 1~2 个最重要的需求。实际上，我应该说需求文档阶段几乎贯穿了整个项目。这里的目的是让需求不断地出现，刚好供开发团队使用，或者比开发团队使用的时间早 2~3 周，以便设计人员和架构师能够提前准备对开发团队的指导。

这个价值观通常是传统供应商和客户最难接受的。太多的合同都是以这样一种方式编写的：项目范围必须完全确定，所有的工作量都必须在合同签署之前固定。具有讽刺意味的是，客户和供应商在项目开始时都无法预见反馈将把产品带向何方，以及真正需要付出多少努力。图 18-6 展示的是不确定性圆锥。

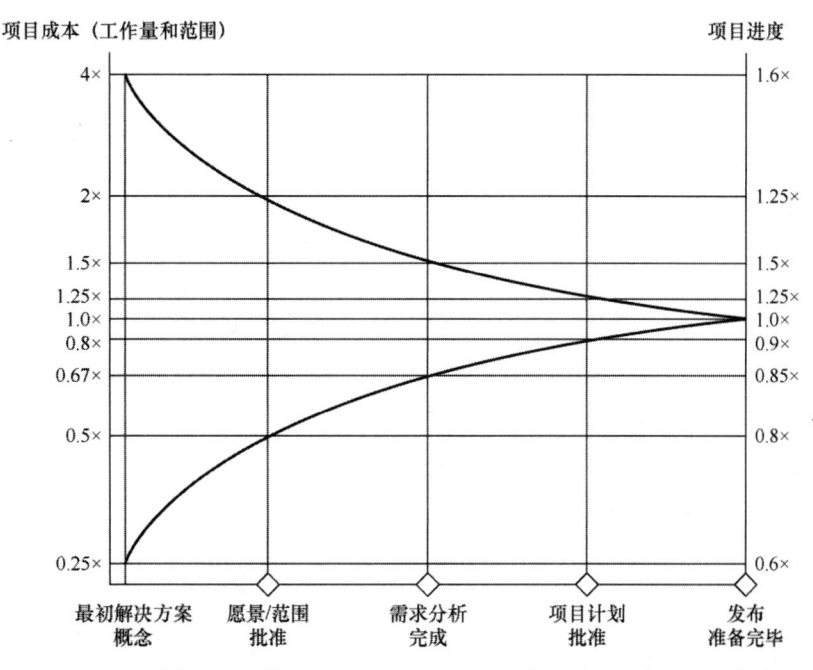

图 18-6　不确定性圆锥体展示了在瀑布式项目的各个阶段不能获取的信息

图 18-6 显示了客户和供应商在项目期间没有获取的信息量。水平轴上记录的是典型的瀑布式或计划驱动的交付阶段。要在项目开始前评估确定项目范围及其工作量的最大隐患是合同双方都不知道自己缺少哪些信息。客户团队只能对要提出的需求做最好的猜测。反过来，供应商团队要努力去评估实现这些不确定的需求需要付出哪些努力。具有讽刺意味的是，两个团队都把巨大的努力和大把时间花费在缩小不确定因素的范围上，而实际上最好的方法是直接开始工作。因此，敏捷团队更喜欢在项目的早期就开始工作，并对变化及时做出调整，而不是花时间揣测计划，或者揣测更重要的日期，这样带来的结果往往是错误的。

让我们来看看为什么有些人会说有一个详细的计划比只了解足够的信息就开始工作要好。显然，有一个计划是有价值的，哪怕是一个简单的甚至过分简单的计划。关键是不要让分析瘫痪，不要为寻找完美计划而耽误工作。相反，业务和技术团队应该接受这些不确定性，并以下列条件为基础建立伙伴关系：

（1）欢迎业务团队更改和重新确定需求的优先级，前提是技术团队仍具有实现需求的技能。

（2）如果业务领域发生了变化，那么技术团队可能必须对团队的技能进行改变。如果需要改变团队技能或复杂性，则有可能提出项目变更请求。

（3）随着项目的推进，尤其是从达到中点开始，完成已知工作所需的迭代次数可以根据可靠的数据进行估计。因此，管理团队应该对项目持续时间有更多的把握。如果在每次迭代中都满足了"完成的定义"（Definition of Done，DoD），那就将其应用到生产上，这一点尤其正确。稍后将对此进行详细介绍。

（4）考虑到团队速度的重要性，并且由于向团队中添加人员会改变其速度，因此向项目中添加资源是通过添加整个团队来完成的。这可以相对轻松地完成，因为敏捷团队相对较小。事实上，敏捷团队应该只有 5～9 个成员。这就最大化了沟通、协作和创新。小团队可能没有集体经验来产生创新和解决大团队所能解决的问题的高质量想法。相反，由于沟通渠道的数量呈指数级增长，大于 9 人的团队在沟通效率上就会下降。图 18-7 说明了沟通渠道的数量基于团队规模呈指数级增长。

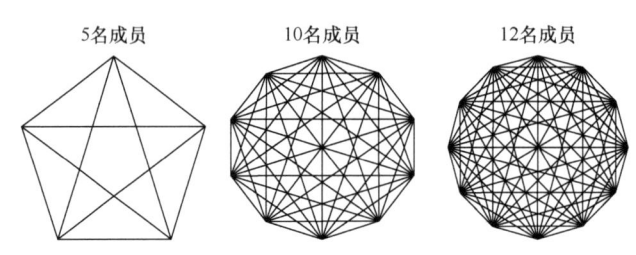

图 18-7　沟通渠道的数量基于团队规模呈指数级增长［公式：沟通渠道=团队规模×（团队规模−1）/ 2］

由于这些原因，敏捷交付成为管理新产品创建的新标准。然而，对许多人来说，这些价值观太宽泛，很难真正理解。这就是为什么敏捷宣言的作者接着提出了 12 条原则，以更好地定义这 4 个价值观。

◆ 敏捷宣言的 12 条原则

敏捷宣言的 4 个价值观太宽泛、太抽象，以至于许多人无法有效地应用它们。所以，敏捷宣言的作者又提出了 12 条原则，以更好地构建敏捷对话。

1. 能尽快并持续交付有价值的软件来满足客户

第一条原则是"能尽快并持续交付有价值的软件来满足客户"。换句话说，需求、架构和设计都没有工作软件有价值。想象一下，作为一个要购买产品的消费者，你会仅仅为了获得一个引人注目的架构文档或出色的线框图而付费吗？答案是否定的。不要误解我的意思，这些工作产品都有一定的价值，但只有当它们反映在工作软件中时才有价值。

考虑到反馈对最终产品质量的影响，业务团队希望在项目中尽早观察，甚至体验新产品。顺便说一下，作为项目经理、发起人或管理团队的成员，没有哪份精心制作的状态报告能像亲身体验新产品的进展那样，让你更好地了解项目的健康状况。

这就是为什么敏捷交付非常努力地推动产品的构建阶段尽早开始，通常是在项目启动后的几周到一个月，并且每隔几周就尽可能多地向受众展示新产品。

2. 欢迎需求变更，即使在开发后期

第二条原则是"欢迎需求变更，即使在开发后期"。敏捷流程利用变更来为客户带来竞争优势。我们已经提到，把源源不断的反馈持续整合到新的解决方案中将创造出比最初计划更有价值的最终产品。因此，在业务中如果有机会实现比预期更高的投资回报率并获得资金支持，为什么不抓住这个机会呢？这意味着在整个项目中都要应对不确定性，但是鉴于这样能带来更好的结果，这种不确定性是健康的。换句话说，接受不确定性并灵活地应对。

3. 频繁交付可工作的软件

第三条原则是"频繁交付可工作的软件"。从几周到几个月，而且时间越短越好。让我们看看敏捷宣言的作者为什么倾向于选择更短的时间。

（1）考虑到收集反馈并将其整合到新产品中的重要性，为什么不经常这样做呢？

（2）缩短演示的时间向团队灌输了一种紧迫感。换句话说，它减少了拖延，并允许团队拒绝无关的请求。注意，这并不是说"拒绝"是永远拒绝；如果请求是合理的，那么它将被确定为下一次迭代（最多两周后开始）的优先级任务。

（3）较短的迭代往往暴露出工作流程的低效和过程中的障碍。例如，如果时间盒迭代持续两周而不是两个月，那么处理相关障碍的紧迫性就会大大增加。换句话说，延迟两天意味着在两周或 10 天的迭代周期中有 20% 的生产力被损失掉。同样，延迟在两个月或 40 天的迭代中只占 5%。

（4）另一个典型的低效率工作是新的敏捷团队倾向于"瀑布化他们的迭代"，这个弊端在较短的迭代中会更显著地展现出来。团队应该首先专注于完成迭代中最重要的单个需求，然后专注于下一个最重要的需求。这确保在迭代期间实现最大价值。相反，瀑布式迭代团队往往首先关注所有迭代的需求，然后对它们进行分析、设计、构建，最后一次性完成对它们的测试（见图 18-8）。如果在迭代的设计阶段被卡住或进展缓慢，那么团队就有可能无法完成任何工作，从而无法为该迭代实现任何价值。换句话说，完成的开发工作应该在迭代早期就交给测试团队进行验证，最好是在迭代开始后几天之内，而不是在迭代快结束时（见图 18-9）。

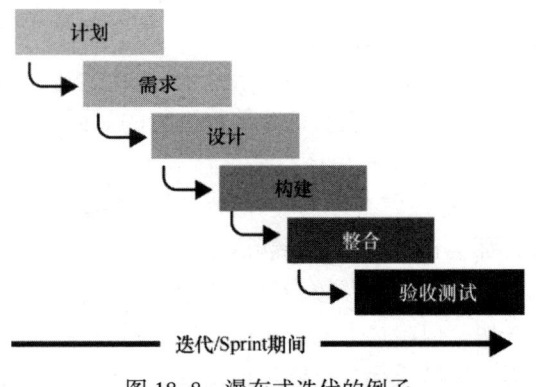

图 18-8 瀑布式迭代的例子

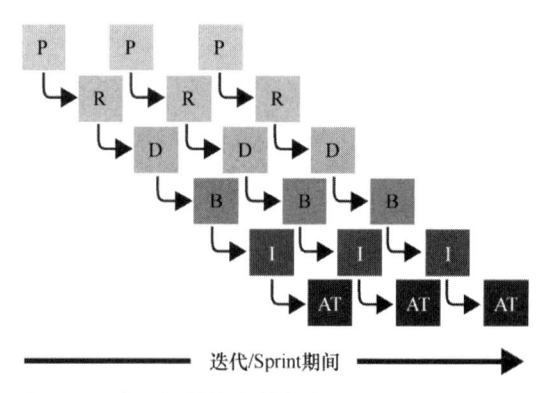

图 18-9　典型的敏捷交付方式是按优先级完成需求

（5）由于持续改进是敏捷交付的主要原则之一，我们更倾向于更频繁地改进而不是偶尔为之。

正因为如此，两周的迭代周期已经成为最佳实践。

图 18-8 瀑布式迭代的例子中工作是由连续的阶段完成的。如果在迭代过程中时间耗尽，那么很有可能实现不了什么价值，也没有什么软件可用。

图 18-9 典型的敏捷交付方式是按优先级从高到低的顺序去完成需求的。如果在迭代过程中时间耗尽，那么至少最重要的需求已经完成，这样交付的价值将在软件运行的过程中实现。

4. 业务团队和技术团队必须每天协作

第四条原则是"业务团队和技术团队必须每天协作"。过去，业务团队会花数周的时间记录需求，然后把它们扔给开发团队，等上几个月才能看到最终产品，结果很可能是失望而归。防止这种情况发生的一种方法是业务团队和技术团队在整个项目中持续协作。以下是在敏捷交付项目中发生的一些典型情况。

（1）业务团队只记录了技术团队工作所需的一两个最重要的需求。"刚刚足够"意味着用 2～4 句话描述期望的结果和对最终用户的价值。传统上，一张索引卡就应该够用了。这张卡片代表一个开始，从此技术团队可以在构建解决方案过程中随时提问。与在纸上记录大量的细节不同，在技术团队需要答案的对话过程中，这些细节会及时浮现。这让技术团队和业务团队能实时地澄清彼此的假设。

（2）通过每天协作，业务团队可以回答数十个来自技术团队的问题，无论需求是写在索引卡上还是 200 页的文档上。如果没有这个持续进行的对话，技术团队就需要每天做出这几十个微观决策。"按钮应该放在这里还是那里？""触发点应该是这个还是那个？""如果答案是'x'而不是'y'，那该怎么办？""很容易就能看到让业务团队在这些问题出现时及时回答带来的好处，那会让团队得出更能满足团队愿景和需求的解决方案。"

（3）在一次迭代中业务团队梳理并重新确定需求优先级 1～2 次。按照商业价值和项目风险来划分需求的优先级。风险最大的需求应该在项目中尽早得到处理，这样，如果它们注定要给项目带来厄运，失败就会尽可能早地出现，从而可以尽可能地降低成本（确定失败的时间越早，失败付出的代价越小）。

在理想情况下，应该随时做好思想准备，即最重要的需求会耗费技术团队 2~4 次迭代才能实现。这就能给设计人员（如架构师、Web 设计人员团队）和基础设施工程师留出更多的时间，使他们能够及时完成工作，以便开发和测试团队处理他们的工作。

然而，毫无疑问，这一原则已经成为最难实施的原则，因为公司强烈希望业务团队留在公司总部，而通过外包技术团队来降低产品开发成本。有一种常见的说法是，"当业务团队和技术团队一起工作时，纬度会带来麻烦，而经度会要命"。由于最有效的沟通方式是面对面的交流，因此如果两个团队仅仅相隔一段距离但仍在同一时区工作，那相对还容易处理。至少通过电话和视频会议，当技术团队需要帮助或澄清时，业务团队能够快速地做出微观决策。错误假设的累积效应通常是由技术团队产生的，会使有效的开发工作偏离正轨。当两个团队分处不同时区时，情况就完全不同了。将工作时间表调整多达 12 小时的强制规定使团队很难长时间保持积极性，更不用说确保只有最好的资源留在项目上，而不仅仅是可用的资源。然而，考虑到这些实际项目的限制，下面有一些优先选项。

（1）让两个团队，或者至少尽可能多的团队有尽可能多的工作时间重叠。一个合理的最低限度是两小时。在这个重叠的过程中，主要关注微观决策和测试新出现的故事。

（2）给业务团队指派一名代理人来帮助业务团队与技术团队进行协作，这名代理人被授权为业务团队和客户的代言人。通常从对团队的业务领域有深刻理解的业务分析人员中挑选。设立业务代理人的额外风险是，业务团队尤其是产品负责人可能将部分或全部决策权交给代理人。出于多种原因，这是次优的做法。

（3）给业务团队配备规模较小的同驻地工作的技术资源团队。他们的职责是成为与离岸资源沟通的桥梁。这个选项的缺点是，微观决策将至少推迟一天，并取决于两个技术团队之间的清晰和准确的沟通。

（4）尽可能详细地记录需求，以便最小化技术团队的假设和做微观决策的需求。这个选项至少有 4 个缺点：

- 将需求文档化到必要的级别可能成为开发工作中的瓶颈，特别是如果需要进行变更，或者更糟的是因为不可能通过预先的大型设计来弥补这些变更，整个计划都要调整。
- 太多的团队在提前编写需求文档和书面文档时因为试图预测所有微观决策的答案而瘫痪。
- 对于大多数离岸团队来说，英语充其量只是第二语言，因此，寻找能够理解其细微差别的人会给技术团队带来另一个瓶颈。
- 书面语言不是一种非常有效的交流方式，尤其是在试图解决复杂问题的时候。

5. 与积极上进的人组队，信任并支持他们

第五条原则是"与积极上进的人组队，信任并支持他们"。围绕积极上进的个人建立项目，给他们提供所需的环境和支持，相信他们能完成工作。在理想情况下，组织、项目和个人目标都是一致的。这种一致性提高了个人参与度并增加了个人责任感。反过来，这

有助于促进管理团队的信任和支持。归根结底，这个原则最终是关于文化的，这是敏捷转型中最难的部分。

6. 与开发团队沟通的最有效方式是面对面交流

第六条原则是"与开发团队沟通的最有效方式是面对面交流"。业务团队和技术团队协作的概念就是从这个原则发展而来的。参见第四条原则，去了解不能实现面对面交流造成的障碍，特别是因为选用外包的技术团队带来的交流障碍，去了解解决这个问题的可能的其他做法。

7. 可工作的软件是进度的主要衡量指标

第七条原则是"可工作的软件是进度的主要衡量指标"。这一原则不言而喻。然而，仍然坚持通过状态报告了解项目或项目集健康状况的经理和领导者的数量是惊人的。这些报告最终花费了团队许多时间来精心制作，以免无意中暴露出令人不安的事实。事实上，如果管理人员能够直接观察冲刺或迭代，那么对于所有相关人员来说，都将会更好、更有效。在大约两小时的会议中，每隔一周左右，他们就会了解请求、风险、问题和阻碍背后的来龙去脉——项目的真正健康状况。当使用的主要衡量指标是观察可工作的软件时，要想对透明度做手脚是很难的，也是让人畏惧的。

8. 敏捷流程倡导可持续开发

第八条原则是"敏捷流程倡导可持续开发"。客户、开发人员和用户要能够长期地保持步调一致。倡导可持续开发的步伐和努力使有关各方的工作更容易。这是通过以下方式实现的。

（1）将工作分成一个个短周期的冲刺或迭代，每次持续时间大约为两周。这样所有的资源，不仅仅是技术团队，都在持续但较低的压力之下去完成任务、降低风险、在问题变成障碍之前去解决问题，等等。在一个计划驱动的项目中，由于一个障碍而损失一天的生产力并不算什么，但是当团队在两周或 10 天的迭代中工作时，损失一天就意味着生产力会立即下降 10%。

（2）通过确保每个故事都满足"完成的定义"，可以在迭代末期被业务团队或产品负责人接受之前就做好付诸生产的准备，这样一来，团队生产力或速度就变得可预测了。稳定的速度成了一种宝贵的规划工具。换句话说，满足"完成的定义"的需求消除了其他项目阶段的需求，如功能测试、集成、用户验收测试等。问题在于，正如"响应变化胜过遵循计划"一节中所讨论的那样，我们不能准确地预测每个阶段的持续时间。没有这一点，就不可能有效地管理干系人和领导的期望。

9. 持续关注技术卓越和良好的设计可以增强敏捷性

第九条原则是"持续关注技术卓越和良好的设计可以增强敏捷性"。这条原则的推论是，技术债务是敏捷的一种反模式。技术债务是我们今天必须为纠正过去做出的技术决策而付出的代价。一个典型的例子可能是，许多公司几年前决定对给定的浏览器版本进行标准化，而不是让 Web 环境保持在最新的状态。移动应用程序的出现要求这些公司首先通过将浏览器和底层应用程序升级到现代版本来纠正这种技术债务。在每个人都迫切需要移动应用程序的时候，纠正这种技术债务往往需要花费数百万美元和数月的时间。

10. 最大可能减少不必要的工作

第十条原则是"最大可能减少不必要的工作"。简化至关重要。这一原则的一个典型例子是，在开发工作之前准备 2~4 次迭代的需求列表可能不会真正减少不必要的工作。这是因为在冲刺或迭代演示过程中收到的反馈很可能影响其余的需求，因此这些额外的工作可能都是徒劳的。

这一原则还可以这样理解，就是效率低下的敏捷使用者使用爱因斯坦的名言解释这一原则："一切都应该尽可能地简化，但不是更简单。"换句话说，这一原则用一种不同寻常的方式来强调，重点是有意识地选择不需要做的工作，而不仅仅是减少工作量。因此，这一原则经常被滥用。

（1）团队靠这一原则来逃避完成最少量标准工作的要求。例如，太多的团队将这一原则与"工作的软件胜过详尽的文档"的价值观结合在一起，作为不编写任何文档的借口。最低限度的文档编制通常是必要的，甚至在敏捷项目中也是如此。它只是不以必要条件的形式出现。我想到的一些文档包括帮助文件、用户指南、代码推广指南（如果这个过程不是自动化的）等。

（2）该原则还被用来防止过度设计或过度开发和测试。太多的团队为假设可能出现的情境进行各种设计。比如，如果我们被问这种情况或那种情况该怎么办？很容易！让我们设计并完成一个同时能够满足这三种情况的解决方案：既满足我们的需求，又满足两种备选情况。这样，我们就有保障了。但这样做的问题是，我们可能为那些根本就没有机会得见天日的情况进行设计和编码，特别是如果项目期间需求发生变化，业务团队可能发现要做出重要的全面调整，以便拿出更好的解决方案。去开发一个不必要的方案，除浪费时间外，有时候为了满足新的需求，这些已经完成的部分很可能被删掉。

出于这些原因，团队至少应该有意识地去寻找满足既定需求的最简单的解决方案。未来变更可能出现，但是我们要让这种变更带来的重构最小化。

11. 最好的架构、需求和设计来自自组织团队

第十一条原则是"最好的架构、需求和设计来自自组织团队"。自组织团队的概念在这里很关键。随着时间的推移，这个概念已经进一步明晰：团队应该既被授权又是跨职能的。团队被授权，因为他们最接近并且最具备快速做出所需决策的能力；团队是跨职能的，因为设计、构建和测试故事所需的所有技能团队都应该具备。这就最小化了对其他团队的依赖，并最大化了故事或需求在冲刺或迭代结束之前被完成、集成和测试的机会。被授权和跨职能的团队最有能力确保每个故事符合"完成的定义"的要求。应该注意的是，在需求不断冒出且完成时间紧迫的世界里，架构和设计解决方案是一个很难完成的任务。随着系统变得越来越复杂，这一情况尤为突出。然而，从用户故事层级视角进行设计可以简化这个问题，尽管这是以牺牲即将成形的整个解决方案的系统性及全面性视角为代价的。为了解决这个问题，像紧密结合但松散耦合的系统、急中生智的设计与深思熟虑的设计、

带有自动化测试的敏捷建模、持续集成和持续交付等概念可以提供帮助。

12. 团队定期反思如何改进并做出必要的调整

第十二条原则是"团队定期反思如何改进并做出必要的调整"。敏捷的关键支柱之一是持续改进。这意味着团队最了解如何更好更快地工作，尽管可能需要 Scrum Master 的帮助。因此，在每次迭代或冲刺之后，团队和项目干系人应该聚集起来，并客观地查看他们最新的工作片段。

18.2 Scrum 介绍

◆ Scrum 概述

Scrum 可能是最著名的敏捷框架。虽然它最初被用于软件开发，但它的许多原则现在已经远远超出了 IT 领域，被应用于更广泛的领域，如开发产品或服务。

Scrum 的核心是一个协作开发和交付具有最高价值产品的框架。以下六个方面最能说明这一点（见图 18-10）。

图 18-10　Scrum 六个要素

（1）轻量级。Scrum 由 3 个角色、4 个事件和 5 个工件定义。我们将在下面详细讨论这些内容。

（2）容易理解。由于它的简单性，Scrum 很容易理解和学习。事实上，"Scrum 圣经"只有 17 页，非常容易阅读。

（3）难以掌握。如前所述，Scrum 看起来很容易学习，但掌握它需要很长时间。我们接下来将了解到一些原因。

（4）透明度。Scrum 和敏捷一样，致力于提高透明度。每个人都必须理解并在"完成定义"上达成一致。在被视为已完成工作并被接受之前，这些是团队所做工作是否完成的标准。敏捷人士正在推动整个项目的透明度，包括团队将遵循的流程、每日进度报告、评估、指标、速度（例如，团队完成工作的速度，更多内容见下文）及风险、问题，特别是阻碍。要做到透明，需要莫大的勇气，例如，尽早分享坏消息，因为并非所有的管理者都遵循"好消息可以等待，坏消息不能"的原则。勇气也意味着宣布在下一次冲刺中要实现的交付，因此，需要每隔几周就对交付做出说明。另一种勇气形式包括经常寻求对所做工作的反馈。这些由透明度驱动的勇气只是 Scrum 难以掌握的一些例子。

（5）检查。在每次冲刺结束时，团队要向感兴趣的人展示完成的工作。在这样做的过程中，团队试图收集必要的反馈，使结果比最初计划得更好和更有价值。此外，团队和干系人定期对人员、流程和工具进行检查，以寻求持续改进。

（6）适用。基于刚才描述的检查，团队和干系人可以自由决定进行所需的更改，以提高正在创建的产品的质量和价值，以及团队的生产力。

现在让我们更深入地探讨组成 Scrum 的 3 个角色、4 个事件和 5 个工件。

◆ Scrum 的 3 个角色

Scrum 项目的特点是只有 3 个角色。它们是团队成员、Scrum Master、产品负责人。

团队成员

团队成员交付价值

团队成员仅指开发人员和测试人员。他们通常是项目中的价值交付者。尽管项目还可能需要临时或兼职的建筑师、设计师和基础设施工程师提供额外的帮助，但敏捷人士认为，前者交付了大部分价值。

团队通常会限制要交付的工作。因此，必须尽一切努力保护其生产力。例如，团队会议应在数量和持续时间上最小化。

跨职能和自组织

最有效的 Scrum 团队是跨职能和自组织的。跨职能是因为团队应该具备完成工作所需的所有技能。例如，软件开发团队可能需要具备前端或用户界面（User Interface，UI）技能、编排层或 API 技能，以及后端或数据库技能。这样的团队将能够在一次冲刺中完成开发、端到端的集成和故事的测试。换言之，这样的团队将确保每个故事都符合"完成的定义"要求。

跨职能的另一个好处是，这样可以使团队最小化对兼职专家的需求，同时可以在团队成员不可用时进行替代，尽管可能没有相同的生产力。

值得注意的是，许多公司更喜欢设立单独的团队来进行后端或数据库开发。此外，这些辅助团队还经常以计划驱动或瀑布式的方式工作。这对于敏捷项目来说是次优的，因为：①创建了不必要的依赖关系；②通常需要项目管理开支来解决这些团队带来的副作用；③很可能阻止一个故事在单个冲刺中从头到尾完成并部署。

除了跨职能，Scrum 团队也是自组织的。团队成员决定如何最好地处理他们在每次冲刺中致力于完成的工作。对他们来说，工作不再是"我完成了我的工作，现在我可以走了"，而是"我完成了我的工作，现在谁需要帮助，以便我们能及时完成"。除构建团队精神或团队凝聚力外，这种方法还带来额外的好处，即每个人都有机会学习不同的角色、技术和编程语言，从而在专业上有所成长。还有一个好处是这种方法进一步增强了团队的跨职能性。一般来说，当团队成员积极参与比他们自己的事情更重要的事情时，这也会提高员工的满意度。

团队成员自己估算工作

如果一个团队打算在一次冲刺中完成它选择的工作，那么它还必须负责估算这项工作，原因有两个：

（1）估算完成工作所需努力可以增强对承诺的投入。换言之，如果一个比你技能高得多的人决定你要花多长时间来完成一项艰巨的任务，你的承诺会有多强？

（2）估算的大小取决于估算人员的经验和技能。初级开发人员完成一项任务可能需要3天时间，而高级开发人员只需要半天时间即可完成。对于初级开发人员来说，不断努力去满足由高级开发人员确定的估算，这如何保持公平或可持续？

Scrum Master

帮助团队交付高价值的仆人式领导者

Scrum Master 的主要目的是成为团队的仆人式领导者。仆人式领导者不是传统的管理者。他首先是仆人，其次是领导者。因此，他会提问团队需要什么才能成功并交付最大的价值。由团队来回答这个问题。仆人式领导者的好处是，他可以比大多数经理更快地与团队成员建立信任。

消除团队生产力的障碍

有效的 Scrum Master 可以快速消除团队生产力的障碍。Scrum Master 需要广泛的人际网络，能够提供帮助，并有完成工作的经验，即使以一种非传统的方式。此外，有效的向上管理有助于解决更困难的组织障碍。

确保遵循 Scrum 和敏捷原则

Scrum Master 是团队在敏捷和 Scrum 方面的主要指导者。在项目中，团队会遇到问题。他们对这些问题的反应决定他们的敏捷转型有多成功。如果 Scrum Master 较弱，团队将依靠命令和控制或者计划驱动和瀑布方法来解决这些问题。Scrum Master 的职责是确保团队在困难时期不会后退。

使用敏捷工具提高团队的速度

高效的 Scrum Master 会利用丰富的敏捷和 Scrum 经验来提高团队的速度和交付更好产品的效率。据说敏捷人士拥有一个大型的敏捷工具带，从中他们可以获得许多建议、技巧和经验，这些建议、技巧和经验远远超出了 Scrum，并涉及许多敏捷框架，如极限编程（eXtreme Programming，XP）、规范敏捷（Disciplined Agile，DA）、Scrum of Scrum（SoS），甚至诸如规模化敏捷（Large Scale Scrum，LeSS）、规模化敏捷框架（Scaled Agile Framework，SAFe）和 Nexus 等主题。最好的 Scrum Master 甚至将他们的工具带扩展到诸如精益（绿带、黑带或大师级黑带）、六西格玛、设计思维、精益启动和 DevOps 等领域。

产品负责人

优先考虑工作以最好地实现目标和愿景

Scrum Master 的主要目的是最大限度地提高团队生产力（如何工作），而产品负责人（Product Owner, PO）的主要目的是确保团队交付尽可能高的商业价值（工作内容）。因此，产品负责人需要非常好地理解公司的战略目标和愿景，并将其转化为有效的战术需求或故事。

负责实现业务目标

为了指导开发最好的产品、应用程序或服务，产品负责人应该充当顾客之声（Voice of Customer or Consumer, VoC）。产品负责人必须密切了解目标受众的需求、欲望和愿望。因此，最好是产品负责人源自公司的业务部门。

当公司把产品负责人的责任推给第三方供应商时，这是令人失望的举动。这是公司业务领导层软弱的表现。如果公司拒绝对产品的质量及其创造和销售的体验负责，消费者为什么购买？

确保待办事项列表的可见性和透明度

产品负责人通常必须与其他团队或项目竞争资源。实现这一目标的最佳方法之一是计划交付引人注目的商业价值。这由产品待办事项列表的内容呈现，产品待办事项列表即团队需要完成的所有工作列表。通过提供待办事项列表的可见性和透明度，产品负责人表明他们欢迎反馈意见，以便向消费者提供更好的产品。

待办事项列表的另一个优点是，下一步的进度和计划对所有人来说都很容易看到。如前所述，透明度是敏捷的关键原则之一。

优化团队交付的价值

最终，产品负责人的成功将由团队交付的商业价值来衡量。团队应该首先交付最有价值的特性，即"大石头"，将最没有价值的特性留到项目结束。这样一来，如果资金或时间用完，"大石头"已经交付，只有"沙子"被漏掉了。这种方法应该使即使最严格的"范围鹰派"也能接受可变范围。换句话说，一个优先但可变的范围确保了最大的回报。

敏捷交付带来的好处之一是"早失败，成本低"。这意味着，如果团队注定要失败，因为项目风险无法减轻，那么至少让它及早失败，以便尽可能便宜地从这个实验中吸取教训。实现这一点的方法是，不仅根据商业价值而且根据风险对待办事项进行优先级排序，特别是在项目开始时。这实现了以下目标：

（1）它给团队（实际上是公司）提供更多的时间来寻找一种减轻项目风险的方法。
（2）如果不能减轻风险，公司最好尽早了解这一点。

团队规模？两个大比萨饼够吗

最后，谈谈团队规模。Scrum 团队规模相对较小，有 5～9 个团队成员（不包括产品负责人和 Scrum Master）。正如我们在敏捷简介中看到的，原因如下：

（1）我们至少需要 5 名团队成员，因为在较小的团队中，想法的数量和质量及技能的广度都会受到影响。

（2）由于沟通渠道的数量呈指数级增长，我们希望不超过 9 名团队成员，以最大限度地提高沟通效率。

敏捷人士经常说，合适的团队规模是吃两个大比萨饼就足够的团队。

◆ Scrum 的 4 个事件

在 Scrum 中，工作是在冲刺中完成的。冲刺或迭代的时间限制为 1~4 周，其中两周是最佳实践。更短的冲刺有以下优点。

（1）不仅在团队内部，而且在支持团队中营造一种紧迫感。例如，在为期两周的冲刺中，如果一个障碍连续存在两天，因为负责人没有迅速解决问题，这意味着团队生产力下降 20%，这是一个很难弥补的延迟。

（2）持续时间更短的冲刺可以更好地暴露公司工作流程的弱点和低效。例如，我们看到过太多的团队使用四周中的三周进行开发，而只使用最后一周进行测试。这叫作冲刺的瀑布化。在持续时间更短的冲刺中，这个过程很难实现。相反，团队应该首先完成最重要的故事的开发，以便可以在冲刺的最初几天进行测试，而不是在最后两天完成。

（3）增加反馈和回顾的机会。与为期四周的冲刺相比，为期两周的冲刺可以使你获得两倍的机会，以收集宝贵的反馈并改善你的流程。

（4）当有人要求团队在冲刺中插入一个被遗忘的项目或紧急的高优先级项目时，团队更容易说"不"，因为这个人最多只需要等待两周工作就会被处理，前提是它具有足够高的优先级可以跳到产品待办事项列表的顶部。试试跟一位经理说，当冲刺持续四周时，他必须等上一个月。

你可能问：为什么不选择持续时间只有一周的冲刺？这是一个非常好的问题，但是在你尝试优化你的工作流程之前，试着看看为期两周的冲刺对你来说效果如何。

不考虑冲刺的持续时间，Scrum 基本上有 4 个事件，也称仪式（见图 18-11）。整个团队，加上产品负责人和 Scrum Master，都参与了以下活动。

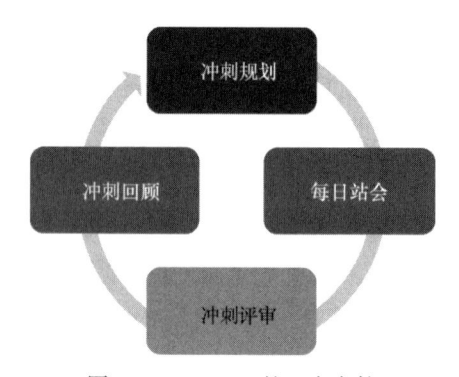

图 18-11　Scrum 的 4 个事件

- 冲刺规划。
- 每日站会。

- 冲刺评审。
- 冲刺回顾。

一些敏捷人士在以上活动中添加了"对产品待办事项列表进行优化"。

冲刺规划

团队、产品负责人和 Scrum Master 在冲刺的第一天上午聚集在一起进行规划。这个仪式在冲刺阶段每星期持续 1～2 小时。所以,两周冲刺的计划应该持续 2～4 小时。显然,这个持续时间取决于团队的敏捷成熟度、故事的复杂性及团队对它们的熟悉程度。

团队首先要了解自己能处理多少工作。表 18-1 是一个例子。

表 18-1 例子

团队成员	第1天	第2天	第3天	第4天	第5天	第6天	第7天	第8天	第9天	第10天
杰瑞	×	×	×	放假	休假	休假	休假	休假	×	×
大卫	×	×	×	放假	×	×	×	×	×	×
迈克	×	×	×	放假	×	×	×	×	×	×
约翰	×	×	×	放假	×	×	×	×	×	×
弗雷德	×	×	×	放假	×	×	×	×	×	×
安德鲁	×	×	×	放假	×	×	×	×	×	×
荣	×	×	×	放假	×	×	×	×	×	×

事情很快就会变得复杂。我见过一些团队计算可用工作小时数,然后计算理想时间与工作时间,希望得到非常准确的估算。这些计算可以快速消耗冲刺规划会议的大部分时间,同时常常给人一种错误的精确感。相反,我推荐一种更简单的方法。

将团队速度用作冲刺规划工具

团队速度被定义为团队最近每次冲刺交付的故事点的平均数量。故事点是对故事复杂性的度量。正如敏捷简介中详细描述的,故事的复杂性大致是按照斐波那契数列分布的:1、2、3、5、8、13、20、40 和 100。一个故事点为 8 的故事,其复杂性是故事点为 2 的故事的 4 倍。团队成员可以通过阅读故事并向项目负责人询问,来快速地对故事的复杂性有一个直观感受。

传统上是用计划扑克法来估算代表复杂性的故事点。有经验的团队估算每个故事大概需要 3～5 分钟。估算工作的重点不是追求完美的准确性,而是尽快达到足够好的程度。当团队无法根据规模在相邻二者之间做出选择时,选择故事点数更高的那个。

随着时间的推移,团队速度通常会达到一个稳定的状态。这通常需要经过 3～5 次冲刺,但也可能有不同情况。从这里开始,我们假设一个团队可以在每次冲刺中稳定地实现大约 35 个故事点,这样在规划冲刺时,冲刺目标就是按照优先级从产品待办事项列表的顶部选择 35 个故事点的故事。这些故事应该被放入冲刺待办事项列表。与产品待办事项列表不同的是,这个列表会根据需要不断地重新划分优先级。一旦团队实现了交付,冲刺待办事项列表就固定不动了，变成冲刺的范围。

就像敏捷交付中的所有优先工作一样，团队应该从顶部开始处理冲刺待办事项列表，以确保首先完成最有价值或者最危险的故事。这样，如果有一个令人不快的惊喜，至少最高价值的工作已经完成。

如果团队速度还没有达到稳定状态该怎么办？在这种情况下，应该使用以前的冲刺速度作为大致的（或者非精准性）参考。

在第一个冲刺中，如果没有速度可用，又该怎么办？在这种情况下，让团队自己决定要承担多少工作。虽然可能得出错误的估算，但是这在目前的情况下是可以接受的。准确性会随着经验积累逐渐提高。与持续数月的瀑布项目不同，在这种情况下，即使团队的估算是错误的，也只对两周的工作产生影响。

验证团队所选择的故事点数的一种方法是要求团队成员将他们的故事分解成单独的任务，并以小时为单位估算持续时间。我的指导意见是，任务应该在 4 小时到 2 天之内完成。少于 4 小时完成的任务不值得提前规划管理。相反，对于超过两天完成的任务，团队不能及早且充分地了解是否存在影响任务完成的问题。故事被分解成任务后，直接对这些任务的持续时间进行估算，然后求和。得出的总和应该与团队在冲刺期间可以完成的工作一致。这也能让 Scrum Master 确保每个团队成员的工作量都没超出负荷。无论哪种情况，都要记住，完美是足够好的敌人。

还有一件事：不要将团队之间的速度作为生产力的指标进行比较。其后果是，团队会开始人为地夸大对各自的估算，以愚弄系统。

将速度作为发布的长期规划工具

另一种非常有用的方法是将速度作为长期规划工具，用它来估算达到最小可行产品或发布里程碑所需的冲刺次数。首先让团队估算产品待办事项列表中剩余的工作量，例如，假设还有 600 个故事点要交付。然后计算每次冲刺可以交付的故事点的总数。请注意，这里你不是在比较团队的速度，只是将它们的数字相加。例如，假设项目团队在每次冲刺中可靠地交付了 125 个故事点。因此，他们需要 4.8（600/125）次冲刺才能完成这项工作。注意，这个过程假设：①团队已经达到稳态速度；②在本例中，团队在未来 5 次冲刺中的可用性与最新的可用性大致相同（换句话说，没有人离开去度假）；③剩余的工作和团队组成与目前看到的非常相似。

请注意，让团队估算整个产品待办事项列表的工作量会损失生产力成本。如果在项目早期就这样做尤其如此，因为根据收到的反馈，产品待办事项列表肯定会发生变化，甚至可能发生显著的变化。所以，请谨慎使用这个过程。

每日站会

每日站会的目的仅仅是规划下一个工作日。为此，每个团队会员应尽量简洁地回答以下 3 个优先考虑的问题：

- 你遇到困难或障碍了吗？
- 你今天打算做什么？

- 自上次每日站会以来，你完成了什么？

注意"完成"这个词的使用，"指有意地完成"。为了节省时间，团队应将每个团队成员的完成情况作为首要关注的部分。换句话说，如果每日站会只是简单的状态报告会，那么只包括所有完成的任务和参加所有会议就可以了，但实际上这样并不够。因为这通常意味着对测试任务的放手，交给团队成员完成，或者由团队成员进行回顾和评审。正是这种对底线的关注让许多团队的每日站会都站着进行，以此提醒大家会议时间要短，以便各个成员在参会后能及时回到工作岗位。

我们鼓励每个人都参加每日站会，以保持对团队脉搏的了解。会上应该只有团队成员才有发言权，但往往太多团队以外的人参与进来，尤其是经理们，他们把这样的团队例会看作一个分享自己议程的机会。结果就是原本不应超过 15 分钟的会议被拖得很长。Scrum Master 还有一个职责，就是有意缩短这些附带内容讨论的会议。一个带点幽默的做法是挥舞一个怪物娃娃。怪物是美国电视节目《芝麻街》中的一个角色。对于敏捷人士来说，怪物娃娃代表就够了，让我们继续！

在每日站会之后，团队成员甚至"局外人"留下来深入讨论各种主题是完全可以的，只要那些不感兴趣或没有参与的人能够及时回到工作中去。

冲刺评审

冲刺评审通常在冲刺的最后一天进行，目的是让团队向"世界"展示其进展，并获取对正在出现的解决方案的反馈。因此，任何对这个项目感兴趣的人都应该受邀参加。对于项目发起人来说，这是亲身体验项目进展和健康状况的绝佳机会。对于未来的产品用户来说，这也是一个绝佳的机会，他们可以通过提供建设性的反馈来指导产品的开发，并围绕产品制造话题。

会议的持续时间可以有很大的不同。在项目初期，当产品还没有什么可展示的时候，大多会议开 15～20 分钟，到整个项目交付功能时会议可能持续几小时。特别是在早期阶段，如果产品太脆弱，团队成员可能需要进行"推动"。如果有许多高级管理人员在场，那么会议最好由产品负责人来推动，因为他能够最好地描述交付的商业价值。

然后，听众提供的反馈应该被整合到产品待办事项列表中，并为未来的开发确定优先级。

冲刺回顾

敏捷和 Scrum 的另一个原则是持续改进。尽管改进可以在任何时候完成，但主要的事件是冲刺回顾。这个 Scrum 仪式通常在冲刺的最后一天的下午进行，持续大约 1 小时，也可能更长，这取决于对关键问题的根本原因进行分析的程度。传统上，本着透明精神，任何人都可以参加，但是开始敏捷之旅的团队更倾向于将参加人数限制在核心团队：团队成员、Scrum Master 和产品负责人。

在众多举行冲刺回顾的方式中，我更喜欢以下方式：

1. 让与会者用便利贴回答以下问题。谈话的语气应该是建设性的，而不是指责性的。毕竟，所有人都在同一条船上。

- 这次冲刺中什么进展顺利？
- 我们需要改变什么或开始做什么？
- 还有什么让你感到困惑？

2. Scrum Master 或主持人与听众一起回顾每个贡献，并在适当的时候要求澄清。

3. 听众对团队在下一个冲刺循环中应该处理的最重要的 2~3 个项目进行投票。投票时，每位观众成员或核心团队成员将获得三张便利贴，可以选择将它们全部投到一个项目上，也可以将它们投到三个项目上。

4. 对得票情况进行统计，团队对得票最多的 2~3 个项目进行简要的根本原因分析，至少询问"五个为什么"。团队可能选择将这个练习的时间限制为每次 10~15 分钟。

5. 得票最多的项目以及潜在的解决方案将被添加到产品待办事项列表中，以便在下一次冲刺中处理。

此外，人们通常希望团队能将在此期间的发现分享出来，以便让这些经验教训得到广泛应用。这是要求透明度和勇气的又一个例子。

产品待办事项列表梳理

产品待办事项列表梳理会议的目的是与团队一起评审新故事，以便对它们进行估算。在与团队会面之前，产品负责人（可能在业务分析人员的帮助下）对已经准备好与团队一起对评审的故事进行验证。这意味着每个故事的验收标准都有完整而又连贯的文档记录。这尤其重要，因为：①这对估算复杂性的工作会产生重大影响；②团队需要知道何时停止开发，以避免过度开发；③测试人员要用这些标准来验证工作是否被可接受地完成。

团队评估故事的复杂性

正如前面看到的，团队成员的角色是使用计划扑克法来估算故事的复杂性。很难预测产品待办事项列表梳理会议的持续时间。其长短取决于团队的敏捷成熟度、业务领域的经验，尤其是对需求的理解和评估。经验法则可能是每周 1~2 小时。

◆ Scrum 的 5 个工件

Scrum 主要由 5 个工件组成：
- 产品待办事项列表。它包含团队必须完成的所有工作的待办事项列表。
- 冲刺待办事项列表。团队在冲刺期间关注的产品待办事项列表的子集。
- 增量。将已完成的工作发布到产品中，并获得相关的商业价值。
- 故事。为简洁和清晰而格式化的敏捷需求。
- 完成的定义。在故事被完全接受并准备部署之前必须满足的增量或项目特定的标准。

产品待办事项列表包含所有的工作

产品待办事项列表是团队工作的有序列表。特别是，它包含产品实现中可能需要的想法、特性、功能、需求、增强和修复等。

产品待办事项列表是一个动态的文档。因此，它永远不可能是完整的。事实上，因为有时不是所有的工作都能完成，它甚至可能在项目结束后仍然存在。

它通常包含两种类型的故事：业务故事和技术故事。

- 业务故事是描述期望的业务结果的故事。
- 技术故事描述的是部署业务所需的技术设计、基础设施或工程的故事。

业务故事及技术故事必须清晰地连接起来，以便产品负责人知道在开始开发业务故事之前需要完成哪些技术工作。如果所需的技术工作不先于业务开发，那么技术债务就会随之而来。技术债务是公司为纠正过去的技术决策最终必须付出的代价。技术债务的一个例子是，许多公司过去决定在 Internet Explorer 8 版本上进行标准化。几年后，大家都想要部署移动应用程序。经过进一步的调查，移动平台需要一个现代浏览器。为了将基础设施升级到 HTML5 和 CSS3，企业花费了数百万美元和数月的时间。可以想象，技术债务是一种敏捷的反模式。

产品待办事项列表归产品负责人管理。添加到产品待办事项列表中的技术故事通常由企业架构师或解决方案架构师负责。

团队（开发人员和测试人员）负责评估他们的工作。这通常使用上面提到的计划扑克法来完成。

一个健康的产品待办事项列表应该有足够的优先级故事，以供团队在接下来的 2 ~ 4 个冲刺循环或迭代中使用，但不能超过这个数量。在项目开始时完全梳理产品待办事项列表是没有意义的，因为许多需求将根据预期的持续反馈而演进，甚至被删除。最大可能减少不必要的工作是敏捷的最佳实践。

冲刺待办事项列表确定了冲刺的范围

冲刺待办事项列表是产品待办事项列表中剩余的最高优先级或风险最高的工作的子集。更具体地说，它是团队承诺在当前冲刺阶段中交付的工作。只有团队才能管理冲刺待办事项列表；对其他人来说，它是冻结的。

增量按需发布

增量是在连续的冲刺中完成并接受部署的产品待办事项的总和。因此，在每次冲刺结束时，演进的增量必须始终满足完成的定义，并且可以根据需要进行部署。

现在，特别是在首创项目中很常见的做法是，尽早交付最小可行产品（Minimum Viable Product，MVP），而不是等待最终产品以大爆炸的方式部署。顾名思义，最小可行产品是产品预期全部功能的一个小子集，有些人会说它是一个基本子集。利用最小可行产品来让业务团队：①验证关键的和有风险的概念，同时仍然有时间根据收集到的真实反馈进行调整；②开始实现小规模的收入流；③围绕新兴产品创建预期的讨论。

在决定在最小可行产品中测试哪些特性时，业务团队还应该关注最小愉快体验（Minimum Delightful Experience，MDE）。如果不提供令人愉快的体验，所展示的特性的潜在价值可能被忽略。

产品负责人决定是否及何时发布生产中的增量。在增量发布之后，将创建一个新的增量。

◆ 让故事本身讲述故事

当故事具有层次结构时，需求更容易管理。

虽然从技术上讲，Scrum 只提到了一种类型的故事，即用户故事，但许多团队在大型项目中定义这种颗粒度非常细的故事时遇到了困难。相反，当用自上向下的方法把需求具象化时，团队就能从故事的新层次结构中受益。

（1）业务目标。从技术上讲，这不是一个故事，战略业务成果设定了所有其他故事必须瞄准的"北极星"。战略业务成果由公司领导层制定。例如，"在产品发布后的 12 个月内，从千禧一代的账户中获得 5 亿美元的新资产管理"。

（2）史诗（Epics）。史诗将业务目标转化为可执行的策略。每个史诗通常需要几个月的时间来完成，一般需要三个月或以上的时间完成。

（3）特性。特性是将战略性的史诗转化为具体的战术性方法。它们必须在三个月的时间内完成。

（4）用户故事。这些故事是特性在战术层面的实现。用户故事必须在一次冲刺内完成。如果不能，就应该把它们分成更小的故事。

（5）任务。对于团队来说，最佳实践是将用户故事分解成完成工作所需的任务。如上所述，任务持续时间应该从 4 小时到大约两天。将各个任务的持续时间加总，是验证团队在冲刺中实际交付了多少工作的简便方法。

记录故事非常简单

在敏捷项目中记录需求或故事非常简单。模板通常是这样的：

- 作为<用户角色 | 行动者 | 系统>。
- 我想要<期望目标或结果>。
- 这样我就可以<预期价值或收益>。
- 当<所有验收标准>时，我就知道完成了。

故事应该放在索引卡上，如果需要大量的验收标准的话，可以放在前面和后面。正如敏捷的大多数方面一样，这里的重点是要快速抓住故事的核心。细节部分则作为产品负责人和团队之间对话的内容在后面补充。

业务和技术故事的例子

作为一名<渴望参加晚会的学生>，我想<从 ATM 上取钱>，这样我就可以<度过一个愉快的夜晚>。当<我的银行账户为空或我已取回 50 美元>时，我就知道完成了。

作为一个<盲人顾客>，我想让<屏幕阅读器允许我访问网站的购物车>，这样我就可以<购买商品>。当<我可以向购物车添加商品或者移除物品>时，我就知道完成了。

使用这种方式，可以很快地完成需求的记录。故事也变得很容易理解，包括那些英语是第二语言的团队成员。然而，任何人都不能指望靠着这样简洁的信息创建一个功能强大的团队。的确，这些故事开启了产品负责人和团队之间的对话。在团队所需的开发和测试过程中，通过及时提问和回答，细节信息会逐渐清晰。这就是产品负责人应该预留出大量时间去与团队协作的主要原因。

确认每个故事都有 INVEST

定义良好的故事应该具有以下特征。

（1）独立（Independent）。在不引入其他故事的情况下，故事应该是可以实现的。当然，在业务故事实现之前实现技术故事不在此列。关键是不要陷入"先有鸡还是先有蛋"的困境；故事 A 的实现不应该以故事 B 的实现为条件，如果故事 B 的实现以故事 A 的实现为前提的话。

（2）可商议（Negotiable）。故事是一个起点，而不是团队和产品负责人之间的契约。例如，产品如果通过对验收标准的微调能显著减少完成工作所需的工作量，那么产品负责人会非常感兴趣。

（3）有价值（Valuable）。故事应该确定包含交付给用户的价值。

（4）可以估算（Estimatable）。开发人员和测试人员必须能够估算故事所需的工作量，或者更好的是，它的复杂性。

（5）小（Small）。较大的故事通常过于复杂，难以估算和管理。将它们分解还可以简化流程，并且在出现问题时需要更少的返工。

（6）可测试（Testable）。一个故事必须至少有一个成功的标准，否则，如何测试它？团队如何确保它向客户交付价值？

每个故事都必须实现一些业务功能的垂直部分

在软件开发中，每个业务故事必须在 4 个技术层实现端到端的业务功能。
- 用户界面层。
- 验证层。
- 业务逻辑层。
- 数据访问层。

虽然专注于一个或两个技术层可以完成部分价值的交付，但是故事在冲刺结束时不能完全达到可测试水平。一般是在冲刺结束时，被接受的故事应该满足完成定义的标准，这样才可以被部署。

◆ 完成的定义：在细节中

完成通常有两个定义。第一个与故事有关，第二个与增量有关。

故事独有的完成定义

（1）单元和自动化测试。故事的单元测试已经成为一种最佳实践，尤其是在促进自动化测试时。自动化测试本身，特别是与测试优先的方法论相结合时，也正在成为标准。自动化测试的一个原因是它大大降低了与代码重构或返工相关的风险。

（2）满足所有成功标准。不用说，一个故事要被接受，必须满足所有的成功标准，必须经过端到端的测试。

（3）部署脚本测试。当一个故事到达冲刺的末尾时，它可能已经被部署了多次。部署应该自动化，以提高部署的可靠性。另外，为了以防万一，能进行脚本回滚部署也是不错的想法。

（4）基础设施需求记录。必须对业务故事所依赖的基础设施进行文档记录，以便运维团队能够及时确认在各种环境里的准备情况。

（5）仍需处理缺陷的工作区的文档记录。对于仍需处理缺陷的可接受的解决方案必须编制文档，以便运维人员和最终用户参考。

......

增量独有的完成定义

（1）编码和架构标准。审计代码以确保其符合编码和架构标准是一种最佳实践。

（2）评审。定期进行代码和架构评审是团队持续提高其技术能力的一个很好的方法。

（3）最终用户文档。即使非常直观的功能也需要最终用户文档，如帮助功能。

（4）通知变更管理。负责管理新产品部署所带来的变更的团队应该尽早参与开发过程，并且经常参与开发过程。这将使他们能够确保为最终用户、员工或消费者提供更好的准备和更愉快的体验。

（5）跨流程（Cross-Stream）集成。工作流、项目或项目集之间的集成通常是瀑布式项目或计划驱动项目中最困难的阶段之一。这主要是由于：①从编写代码片段到发现导致集成缺陷的时间间隔通常长达数月；②集成阶段是在产品部署开始前最后的几个阶段之一，每个团队都会经常面对要尽快完成任务的巨大压力。敏捷和 Scrum 团队通过在"类生产环境"或"准生产环境"中部署每个构建来提前解决这个问题。这个环境通常是虚拟的，用来收集当前生产环境中的所有二进制文件，这些文件是由那些有着同一目标并为同一个未来产品环境努力的团队构建的。

......

这两个简短的列表并不详尽，你应该研究最适合你的项目和公司的标准。图 18-12 显示了所有活动是如何组合在一起的。

把上面所有的组合在一起

（1）产品待办事项列表的优先级主要取决于商业价值，也取决于项目的风险，尤其是在项目开始时。

（2）在冲刺规划阶段，团队从产品待办事项列表的顶部选择足够的工作放进自己的"盘子"，然后，致力于在冲刺期间完成对这些需求的交付。

（3）短期冲刺比长期冲刺更受欢迎。试试持续时间为两周的迭代。通过让每个团队成员回答以下三个问题来进行每日站会：

- 自上次每日站会以来，你完成了什么？
- 你打算今天完成什么？
- 是什么阻止或减缓你的进度？

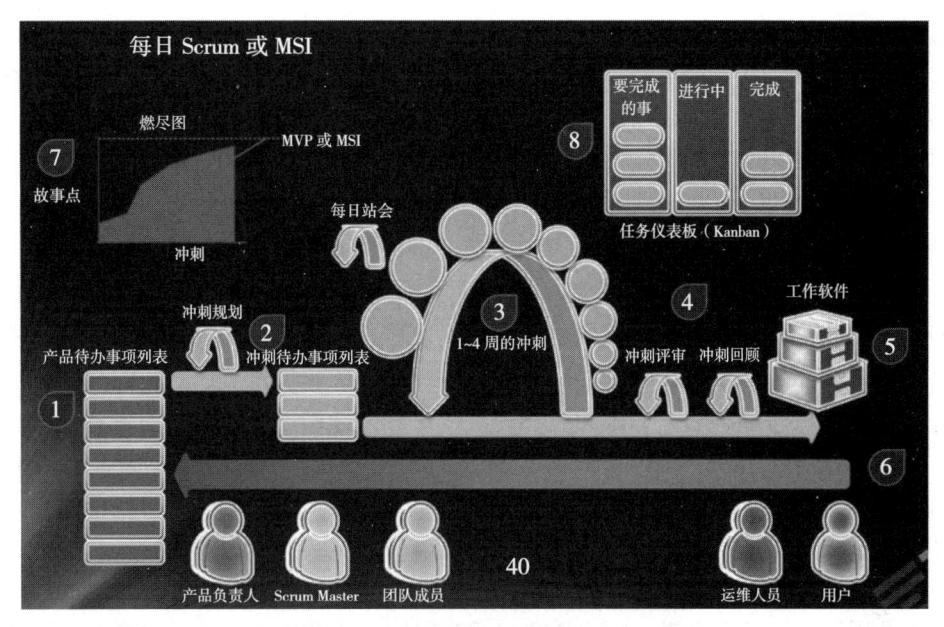

图 18-12 所有活动是如何组合在一起的

（4）在冲刺的最后一天，团队在冲刺回顾中展示了取得的成就，然后在冲刺回顾中对提高生产力的方法进行了批判性的审视。

（5）把通过验证的事例添加到增量中，直到业务团队或产品负责人做出在生产中对其部署的决策。

（6）捕获市场反馈并将其添加到产品待办事项列表中，以便让产品的下一个版本更好。

（7）把累积的团队速度绘制成一条目标线，这个目标线代表着 MVP 所需故事点数。这个图叫作燃尽图。

任务仪表板（Kanban）是一种让工作和工作过程可视化的好方法，就像我们在向上管理中做的那样。

18.3 德勤公司和企业价值实现的敏捷方法

今天，许多组织都在它们的软件开发过程中不断追求开发进程可视性的提高和投入市场步伐的加快。它们的领导者寻求用更有效的方式来回应干系人的投入，并展示速见成效的成果。它们的客户寻求更好的用户体验和更贴合需求的软件。为了迎接这些挑战，项目和组织作为一个整体正在逐步转向敏捷开发方法。

敏捷是一组基于迭代和增量开发的软件开发方法，其中，需求和解决方案通过自组织、跨职能团队之间的协作而演进。敏捷通过可见性、检查和适应来管理复杂性、不可预测性和变更。因为敏捷提供了更大的透明度和对进展的可见性，所以它比传统方法需要更严格的规程。

数字技术的快节奏和不断发展的本质要求工作过程具有灵活性和适应性。我们发现敏捷开发方法为早期和持续的质量评估和前沿软件的创建提供了优秀的交付过程。小型且高度协调的跨职能团队在每次冲刺中发布一个可工作的构建版本，以确保项目在开发过程中始终不会偏离生产版本的轨道。敏捷让我们能够快速交付能满足用户和干系人需求的成品。

德勤使用迭代开发方法，通过敏捷方法实现集成企业价值交付，满足客户的需求。通过敏捷方法实现集成企业价值交付是一种实证方法，它包括了业务环境和技术领域的变化，专注于为我们的客户快速交付价值，并为实现预期的项目结果提供了规程和透明度。这种方法是以 Scrum、德勤在敏捷项目上积累的经验和行业领先实践为基础的。它包括开发产品和冲刺待办事项列表，以及通过快速迭代（称为冲刺循环）来管理项目。通过敏捷方法实现集成企业价值交付给出了流程、模板、示例和加速器，它们可以提高质量和价值，并通过时间盒冲刺周期管理敏捷项目。

德勤敏捷方法的关键组成部分体现在通过敏捷方法实现集成企业价值交付过程中（见图18-13）。

- 3 个周期——发现周期、冲刺周期和发布周期，包括从明确项目的愿景到最后的产品发布的所有时段。
- 专注于工作的软件和持续改进。
- 通过产品待办事项列表、冲刺待办事项列表来确定范围；由产品负责人根据预测的产品发布计划来确定优先完成的部分，预测版本的路线图。
- 通过快速迭代，即所谓的冲刺来管理项目。由 Scrum Master 协助，所有进度都要在任务板上可视化（或等效工具）展示。
- 团队度量指标包括能力、速度和燃尽图。

支持和确保敏捷项目实现集成企业价值交付的资源包括：

（1）交付过程工作分解结构（见图18-14）。工作分解结构包括大约180个任务，每个任务都用以下信息描述：

- 任务目的描述。
- 工作产品、示例和模板。
- 步骤及主要考虑事项。
- 开发手册。
- 角色和输入。

对交付过程工作分解结构进行解析，不仅对新任 Scrum Master 是一个很好的起点，对经验丰富的 Scrum Master 也是一个有价值的检验。

（2）标准。标准被定义为新追求和项目应该满足的最低要求。遵循标准可以让价值交付以一种更为统一的、明确的、已经商议好的方式实现。应用时，可将标准嵌入敏捷方法的描述中去。

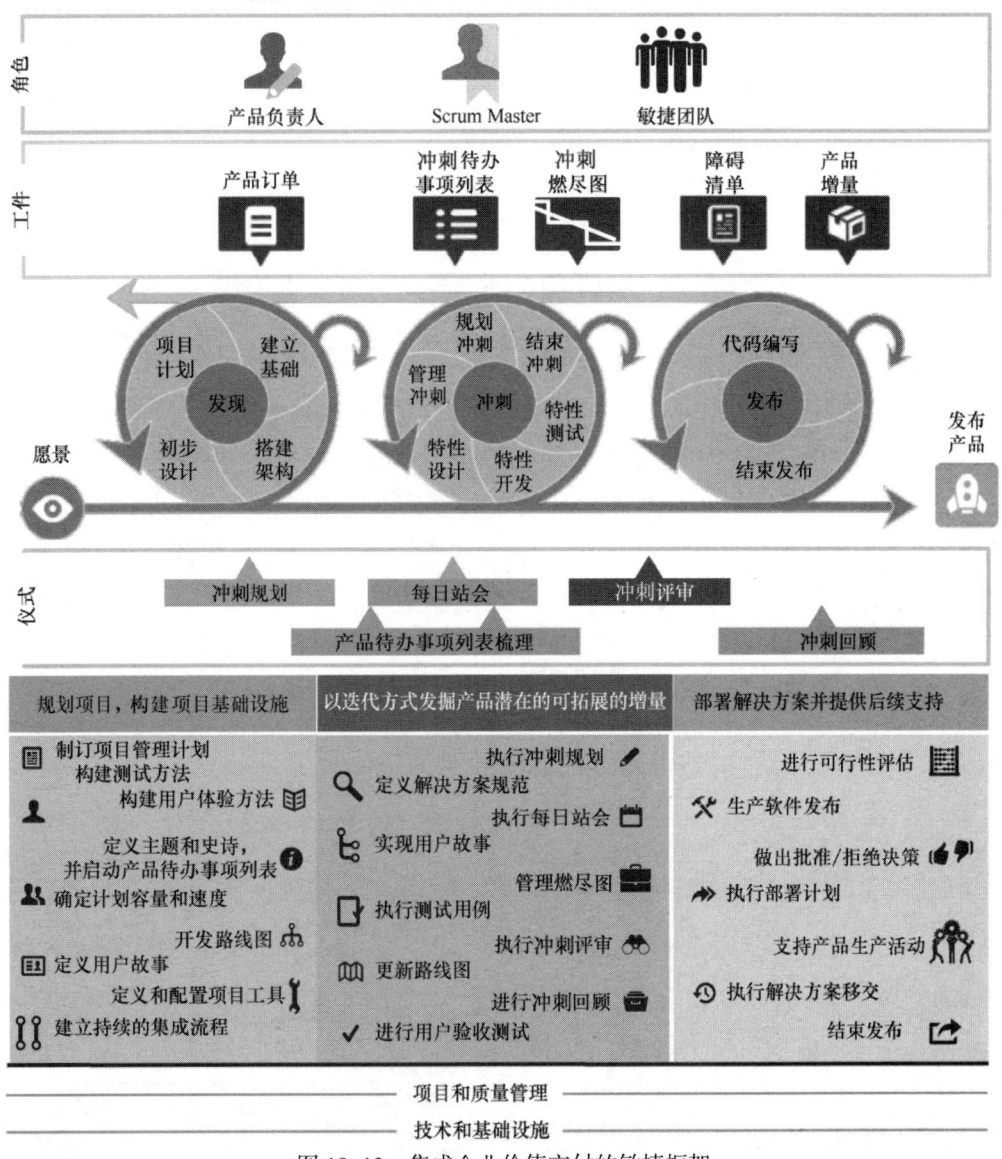

图 18-13 集成企业价值交付的敏捷框架

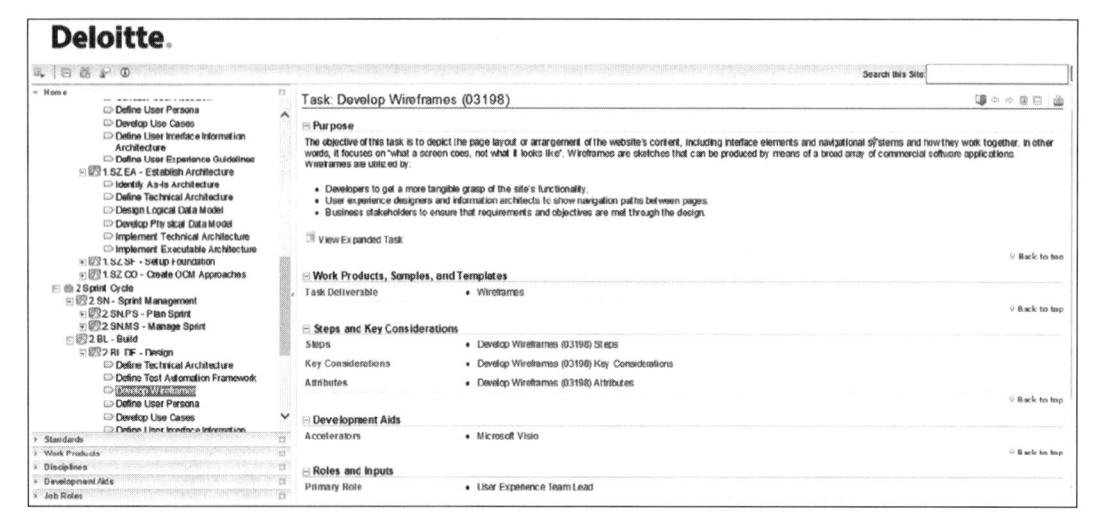

图 18-14　交付过程工作分解结构

通过将标准映射到项目阶段，一个标准可以应用于多个阶段（见图 18-15）。

	项目前期	发现	冲刺	发布
标准	标准（所有新追求和项目应满足的最低要求）			
估算	√估算工作量和故事点数	√估算工作量和故事点数	√估算工作量和故事点数	√估算工作量和故事点数
SOW	√SOW			
项目管理		√项目管理计划 √产品待办事项列表 ●团队能力 ●团队速度 √路线图	√产品待办事项列表 ●团队能力 ●团队速度 √路线图 √冲刺待办事项列表 ●每日站会更新 ●燃尽图 ●冲刺评审（干系人反馈） ●冲刺回顾（经验教训报告）	√产品待办事项列表 ●团队能力 ●团队速度 ●每日站会更新
项目健康衡量标准		●质量管理计划 ●项目状况报告	●项目状况报告	●项目状态报告
需求管理		√产品待办事项列表（定义主题、特性、用户故事）	√产品待办事项列表 √需求可追溯性矩阵	√产品待办事项列表
代码管理		√持续集成过程		
测试管理		√测试战略	●测试用例 ●缺陷跟踪日志	
培训与变更管理		●组织变更管理战略	●沟通计划 ●最终用户培训策略 ●培训开发计划	
部署			√开发计划	√发布批准/拒绝标准

图 18-15　按阶段划分的企业价值交付标准

（3）工作成果、规程和开发辅助工具。在企业价值交付的这一部分中，可以找到所有关键工作成果的样本和模板。它们按项目任务分组：
- 项目管理，如行动项日志。
- 质量管理，如敏捷的指标。
- 需求，如准备和完成的定义。
- 定义分析和设计，如数据建模检查清单。
- 开发，如代码评审清单。
- 测试，如缺陷跟踪日志。
- 部署，如发布批准/拒绝标准。
- 技术，如技术架构。
- 组织级变更管理，如变更影响评估报告。

用新模板不断开发和丰富工作成果样本的存储库。至于开发辅助工具，干系人可以在这里找到加速器、指南、流程和工具。

（4）工作角色。企业价值交付的最后一部分描述了所有重要的项目角色，不仅仅是关注 Scrum 角色（见图 18-16）。

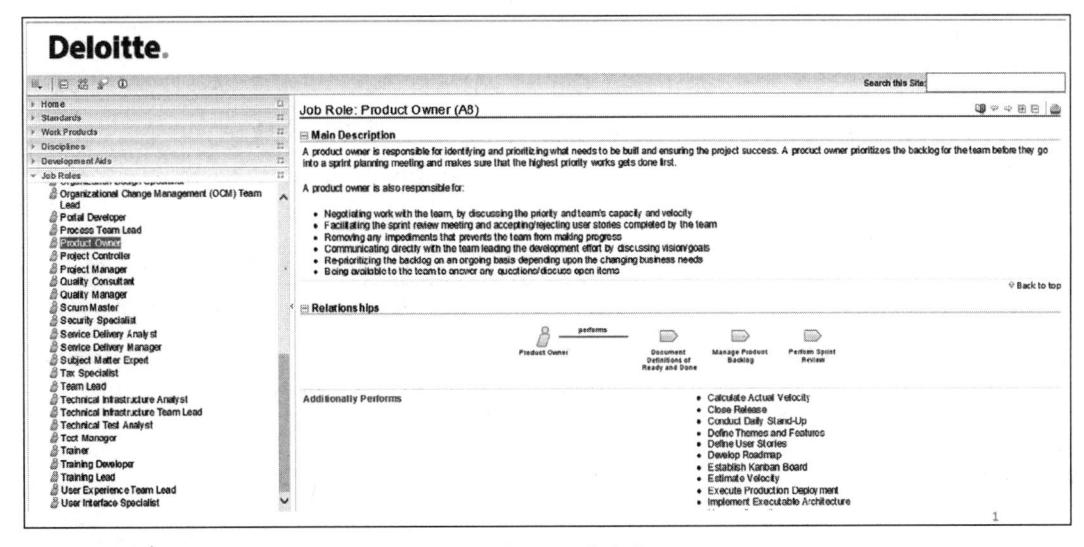

图 18-16　工作角色

◆ 德勤处理敏捷交付挑战的经验

敏捷项目需要广泛的干系人（包括业务负责人、开发人员和安全专家）的持续协作和承诺。在实现和维护这种承诺和协作方面的挑战包括：团队难以紧密协作和频繁投入，或者团队难以过渡到自组织团队。

遵循瀑布式软件开发的组织转向使用敏捷时可能需要得到新工具和技术环境的支持，相关指导和采购策略也需要更新。以下是敏捷项目的准备工作中或将面临的挑战：
- 及时采用新工具是很困难的。

- 技术环境很难创建和维护。
- 采购实践可能不支持敏捷项目。

敏捷项目用迭代方式开发软件，将需求和产品开发整合到一个迭代周期中。这些需求可能包括遵守法律和政策要求。在执行与迭代开发和合规审查相关的步骤时，所面临的挑战除团队难以管理迭代需求外，法规遵循和合规审查可能很难在迭代时间框架内执行。

敏捷倡导者评估工作的软件，而不是传统项目管理中典型的文档和里程碑报告。敏捷评估和传统评估之间缺乏一致性，具体包括一些报告实践与敏捷不一致，传统的工件评审和状态跟踪与敏捷不一致。

表18-2概述了德勤处理关键敏捷交付需求的方法。

表18-2　德勤处理关键敏捷交付需求的方法

敏捷交付需求	德勤的处理方法
在高度迭代和并行的敏捷交付环境中管理业务解决方案的完整性	我们与所有干系人（客户、德勤、其他供应商）像一个团队那样工作，让各个干系人都积极地、全程地参与项目，指导项目愿景，评审已取得的成果，且一直坚持商业价值优先
项目中交付团队间多重合作与依赖	应构建Scrum of Scrums层次结构，通过跨团队日常会议审查团队进展，确定团队间是相互依赖还是相互掣肘。经验丰富的Scrum Master要跨团队协调解决方案，并在必要时上报项目领导者
健全的项目治理能让项目状态和进展清晰可见	德勤的治理结构能每日跟踪冲刺燃尽图和用户故事状态、计划的和实际的团队速度与能力、用户故事相对于计划发布或其他里程碑的燃尽图，还可以就项目出现的问题、风险和整个项目状态进行每周汇报
对最小可行产品定义的尽早确定和持续验证	最小可行产品定义通常在发现阶段明确设定，并在整个项目执行过程中随着史诗和用户故事的展开而需要重新审视，以便根据滚动路线图进行预测，以及根据业务目标优先考虑的原则进行待办事项的管理

◆ 从瀑布变为敏捷

在当今数字化驱动的经济中，开发组织必须不断地寻找方法，以有效和成本效益高的方式帮助其公司实现目标。特别重要的是对关键业务驱动因素的响应能力、对开发过程提供更大可见性的能力及实施的速度。

为了帮助实现这些目标，不少组织越来越多地转向敏捷开发。然而，与任何变化一样，向敏捷迁移并不容易。转变是否容易进行与采用敏捷的组织的文化相关。组织文化是协作的、以人为本的，组织更容易成功地适应这个转变。从非敏捷开发到敏捷开发，文化上的转变对实施转变工作的团队提出了一定的要求。这些变化包括拥有一种持续生产和追求结果的心态、加强协作、对评估的准确性的验证，以及确保对正在开发的产品有共同的理解。

为了成功地采用敏捷，公司必须在其组织中适当地构建敏捷部署方法。第一步涉及理解要处理的业务问题。第二步是评估组织现有文化的影响。第三步是制定在组织中部署敏捷的策略。第四步，也是最后一步，是根据特定的项目环境调整敏捷开发方法。

将干系人的思维方式转变为敏捷思维方式需要了解各干系人，他们在敏捷开发项目中发挥着重要作用；要把握各干系人因项目参与程度不同造成的潜在影响，并说服他们思考敏捷项目的作用，而不是厘清各方的责任范围，这是瀑布方法开发的特点之一。

如同敏捷项目中的干系人一样，敏捷项目的规划、设计和构建元素需要与敏捷思维方式正确地结合才能成功。在敏捷项目中，规划是去中心化的，敏捷项目经理是多元化决策过程的重要领导者，项目经理促进这一过程。成功的敏捷项目的设计过程比非敏捷项目的文档要少，但是强调关键的概念，并对各干系人的持续反馈做出响应。构建过程需要快速测试和部署代码。持续改进的思想对于在敏捷环境中取得成功是至关重要的。

18.4　德勤案例，基于敏捷运营模型的项目管理最佳实践

◆ 介绍

德勤采用的敏捷原则，虽然最初主要与软件开发相关，但现在已稳步被更多行业和商业领域采用（如市场营销、人力资源、财务）。我们所有人都需要学习如何在这种环境中运营，不仅要保持项目管理的最高标准，最重要的是适应如此迅速变化的市场需求。根据高德纳（Gartner）的未来工作方式报告，到 2026 年，将有 75%或更多的组织拥有遵循敏捷原则的跨学科团队，这一比例至少比 2020 年高 25%。敏捷方法并非一时的流行，它不会仅因为市场上出现更具创新性的项目管理概念就消失。这绝对是应对更加复杂、数字化、后疫情世界及不断变化的环境的最有效方法。

顺应全球敏捷采用的趋势，我们需要大幅扩展我们的团队——自 2021 年以来已经翻倍——以及我们服务的范围，以支持公司的非 IT 部门。作为德勤的一部分，我们发起了名为"敏捷早餐"的周期性会议，在会议中我们交流使用敏捷方法的经验。我们还运营着同名的德勤敏捷组织博客和播客。

◆ 敏捷运营模型

作为一家公司，我们通过在审计、财务咨询、法律、税务等领域提供专业服务来为客户交付价值，并不断扩展我们服务的范围。我们面临的挑战是，在考虑客户需求的多样性和复杂性的同时，实现我们转型项目的可复制价值。因此，我们引入了德勤敏捷运营模型（见图 18-17），旨在建立一个基准，并覆盖敏捷转型的所有关键方面。它包括四个领域：结构、人员、流程和技术。

德勤运营模型有助于以高度结构化和高效的方式在组织各个领域推行敏捷实践，降低复杂转型过程中出现的风险。自从该模型开发以来，我们已经将其实施在多个不同行业的组织中。

德勤敏捷运营模型中的要素：

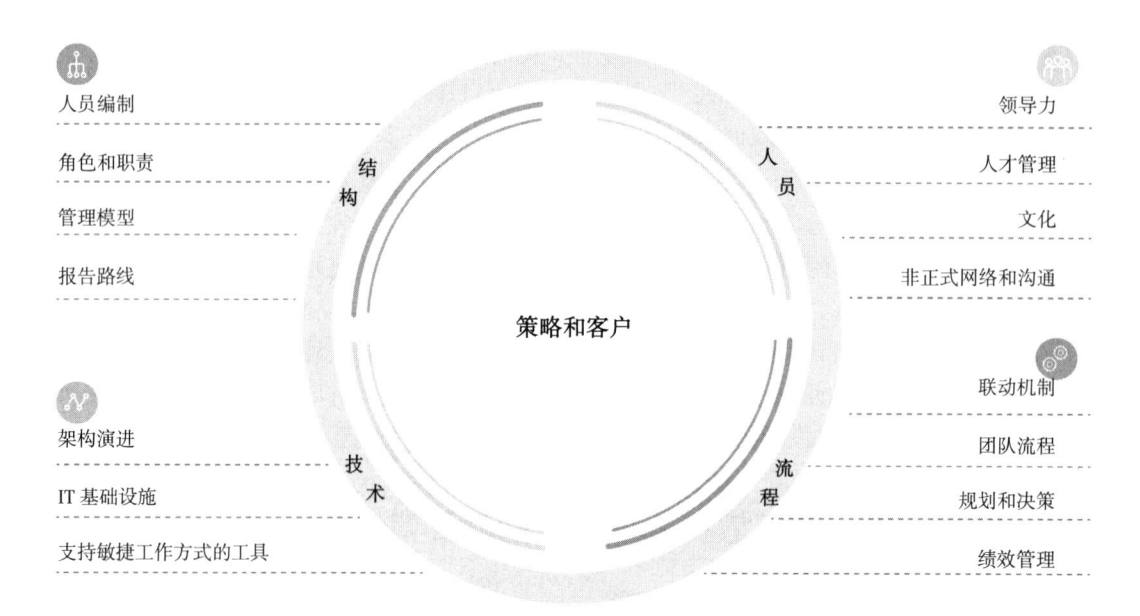

- 结构：人员编制、角色和职责、管理模型、报告路线
- 人员：领导力、人才管理、文化、非正式网络和沟通
- 流程：联动机制、团队流程、规划和决策、绩效管理
- 技术：架构演进、IT 基础设施、支持敏捷工作方式的工具
- 核心：策略和客户

图 18-17　德勤敏捷运营模型

在接下来的部分中，我们将使用波兰一家领先的保险公司的案例研究来详细说明我们的方法。

过去，该客户曾多次尝试进行敏捷转型，但都未成功，每一次失败都给员工和高管带来了许多负面体验。

我们的项目是更大规模数字化转型计划的一部分，涉及约 500 人。德勤数字咨询顾问负责制定和实施战略目标。

尽管是市场领导者，我们的客户在自行启动数字化转型方面缺乏必要的组织成熟度。产品主要采用瀑布方法开发，只有 7% 的员工以敏捷的方式工作（大约 60 人）。大多数流程都是孤立的，即根据专业领域被划分为不同的组织区域。因此，在这种情况下，为糖尿病患者创建保险产品，大约需要 12 个月的时间。

尽管公司的管理层对变革持开放态度，但他们需要在制定目标和在组织内实施新方法方面得到指导。为了促进实施过程，德勤成立了变革团队——一个有权做出影响转型设计和协调决策的员工团队。在整个转型过程中，变革团队与关键的主题专家、CXO 和执行领导团队紧密合作。

在转型开始时，我们制定了以下目标：

- 变得更加以客户为中心。
- 在波兰保险市场上开发最佳的数字产品和体验。
- 缩短产品上市时间。
- 打破部门间的隔阂。
- 支持团队的责任感和独立性。

在第一阶段，我们识别了一系列需要解决的关键问题：

- 董事会级别以下的部门独立性有限。
- 业务和 IT 代表被分配在不同的团队中。
- 缺乏简洁的方法，（如 Scrum）。
- 之前失败的转型造成的负面影响。
- 缺乏对敏捷转型的共同愿景和愿望。

接下来将在敏捷运营模型的背景下解决上述问题。

◆ 敏捷运营模型——结构

一个敏捷组织应由被授权的、跨职能的团队组成，专注于交付具有特定共同目标的产品和服务。因此，至关重要的是要引入一种围绕客户需求构建的扁平化组织结构，这种结构对结果负有端到端的责任，避免造成部门隔阂。

我们的运营模型在结构上基于四个支柱：人员编制、角色和职责、管理模型和报告路线。每个都涵盖了组织内部结构转型的关键方面。

结构领域的主要元素
- 扁平化的组织结构，构建真正跨职能的、围绕客户需求的端到端团队。
- 全员投入的自我管理团队，作为定制化损益管理的一部分，自主做出决策。
- 新的角色和职责（如产品负责人、敏捷教练、分会领导）。
- 在一个（虚拟）地点办公的协同团队，确保有效沟通。

主要挑战——结构
- 选择组织目标原型，即反映客户旅程、流程或客户细分的原型。
- 定义敏捷转型的范围，即决定组织的哪些部分将采用敏捷工作方式，哪些将继续以传统方式工作。

主要优势——结构
- 由于角色和职责矩阵的发展，在已建立的单位内进行有效协作和更好的沟通。
- 敏捷结构是数字化转型的推动者。
- 围绕端到端责任而非孤立的部门来调整组织目标。

案例
我们客户的转型项目始于深入的 AS-IS 分析，专注于评估组织的敏捷成熟度和交付流程的映射。这些评估为我们提供了阻碍客户工作的障碍的概览，并为敏捷转型的下一步提供了信息。

在确定组织的目标结构时，我们首先专注于选择一个合适的原型。我们与领导层和变革团队一起考虑了多个选项，包括基于客户细分及产品或流程的原型。最后，我们选择了一个混合模型——一个由卓越中心支持的客户细分—产品拟合原型。这种结构的主要优点包括以客户为中心和缩短产品上市时间。

基于所选原型，我们设计了价值流、小队（价值流内的团队）和分会（见图 18-18）。在设计阶段，重要的是任命价值流领导者和技术领导者，以促进团队设计和价值流的启动。

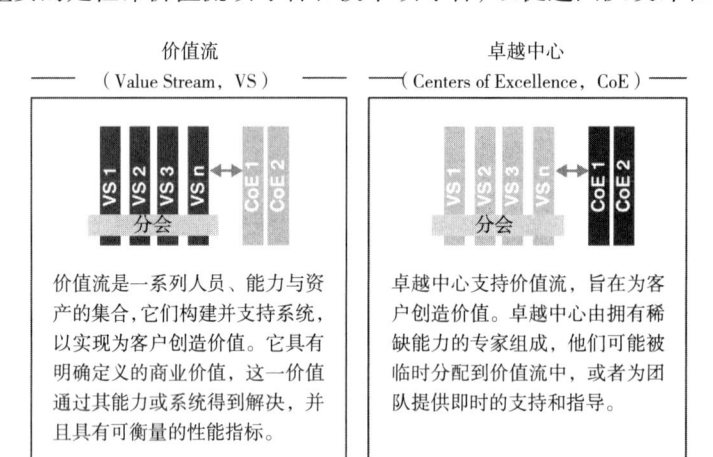

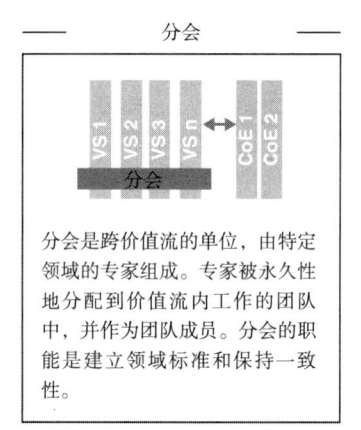

价值流
（Value Stream, VS）

价值流是一系列人员、能力与资产的集合，它们构建并支持系统，以实现客户创造价值。它具有明确定义的商业价值，这一价值通过其能力或系统得到解决，并且具有可衡量的性能指标。

卓越中心
（Centers of Excellence, CoE）

卓越中心支持价值流，旨在为客户创造价值。卓越中心由拥有稀缺能力的专家组成，他们可能被临时分配到价值流中，或者为团队提供即时的支持和指导。

分会

分会是跨价值流的单位，由特定领域的专家组成。专家被永久性地分配到价值流内工作的团队中，并作为团队成员。分会的职能是建立领域标准和保持一致性。

图 18-18　组织目标结构的主要组成部分

需要注意的是，组织中有些部分不属于敏捷转型的范围，它们将继续按照传统方式运作，包括后勤、人力资源、法务和财务等部门。

◆ 敏捷运营模型——人员

敏捷运营模型的人员由四个支柱组成：领导力、人才管理、文化以及非正式网络和沟通。每个都对组织人员方面成功和持久的变革至关重要。

首先，转型的成功在很大程度上取决于领导层在转型过程中的支持。敏捷公司需要敏捷的领导者，他们致力于授权和支持他们的团队。至关重要的是，领导者要有拥抱敏捷的心态，并成为期望行为的榜样，专注于创造有利于学习和实验的环境。

其次，成功的敏捷转型需要解决公司的人才管理方法，即招聘、培训和员工留存。目标是吸引和留住体现敏捷价值观的员工，如自组织、协作、愿意实验、关注价值和承诺。具有敏捷思维的员工往往在严格的等级制组织中挣扎。因此，确保组织的实际价值观和声明价值观之间的一致性至关重要。提供专门的指导和培训以促进员工成长也很重要。

再次，改变组织文化对于敏捷转型至关重要。在启动文化变革时，我们主要关注促进以下敏捷价值观：以客户为中心、团队授权、责任感和承诺。在许多敏捷转型中，由于文化变革难以衡量，且文化对价值创造的直接影响缺乏，这一步经常被忽略。

最后，建立频繁和开放的沟通至关重要，这有助于建立对转型的共同理解并提高团队间的透明度。员工需要知道变革背后的"为什么"，并清楚地看到公司的方向以及变革过程对他们的影响。一个常见的挑战是，员工难以将自己的个人目标与新的组织结构和工作方式协调一致。领导者在解决这一挑战中扮演着重要角色，他们通过展示新运营模式中的职业机会来引导员工。

人员领域的主要元素
- 改变文化（以客户为中心、团队授权、责任感和承诺）。
- 定制化的人才招聘、培训和员工留存方法。
- 专注于团队授权的领导力。
- 频繁且公开地沟通目标和结果，以支持组织变革。

主要挑战——人员
- 领导层和管理层的参与有限，以及对变革的理解与支持不足——这可能会危及较低层级的活动，即设定与季度业务审查流程和团队工作节奏不一致的目标和要求。
- 未能衡量员工的参与度——这可能导致变革期间员工的流动。
- 团队成员对自己的产品缺乏责任感和承诺。
- 团队授权不足。
- 由于团队解体而错失机会。

主要优势——人员
- 根据敏捷原则有意识地改变组织文化（责任感、沟通和协作）。
- 通过结构化调查了解员工的实际需求。
- 明确不同角色的责任分工。

案例

作为客户更大规模数字转型的一部分，我们与德勤人力资本团队合作，专注于转型的人力资源方面。作为变革团队的成员，我们为新实施的角色开发了角色卡、能力矩阵，并根据 OKR 方法明确了基于绩效管理和目标管理的方法。

这些变化在组织的多个层面上产生了影响，从而带来了员工困惑和抵触的风险。因此，实施适当的变革管理措施至关重要，例如，持续通过多渠道沟通，阐释转型如何影响个人和团队。管理层和团队之间之前建立的"开放门户"心态有助于建立有效的沟通渠道。另一个关键的积极因素是团队在转型中的高参与度。

◆ 敏捷运营模型——流程

高效的流程是关键，但在大规模组织中难以实施。具有复杂组织结构的组织经常难以协调不同领域的流程。因此，转型的主要重点是简化规划和决策、产品开发和绩效管理的流程。关键还在于最小化或避免组织领域之间的相互依赖，以实现最佳效率和尽可能短的T2M（从想法到上市的时间）。对许多组织来说，这是一个深远的变化，需要迭代方法，持续检查和调整，以实现向最优运营模型的逐步演变。

关键在于，选择的模型必须适合公司的特定背景。领导者和顾问经常采用"一刀切"的方法来处理组织问题，试图按照书本上的流程进行实施。然而，只有深入了解组织的工作方式，我们才能设计出真正为组织带来价值的流程。

流程领域的主要元素

- 迭代的冲刺周期，定期举行轻量级的敏捷活动（每日站会、产品组合规划、冲刺演示和回顾）。
- 与组织其他领域（财务、人力资源、采购和法务）合作的明确规则。
- 风险资本风格的项目/组合管理（如季度业务审查）。
- 基于团队目标、教练三重角色（产品负责人、敏捷教练和分会领导者）以及敏捷宣言原则实施适当的绩效管理流程。

主要挑战——流程

- 运营团队的敏捷性。
- 低效的流程（例如，过于复杂、多层次的决策流程）。
- 上市时间长。
- 项目导向方法与专注于产品和交付价值的方法相对立。

主要优势——流程

- 创建一个连贯的治理模型（提高团队层面的自主权和决策权）。
- 由于建立了流程和工件，如产品开发路线图，团队的可预测性更强。
- 定制的扩展方法促进多个团队在同一个产品上的协调工作。

案例

设计流程的主要目标是优化新运营模型中的工作内容。一个关键步骤是选择适当的扩展方法来同步和协调不同的组织单位。基于对现有扩展框架和客户特定背景的分析，我们为客户开发了定制化的建议，包括定义角色和事件，以扩展治理组织。我们还明确了不同组织单位之间的双向互动流程：价值流到价值流、价值流到卓越中心，以及价值流到业务单元。

之后，我们专注于优化项目管理流程。我们遇到一个关键挑战，客户有三种类型的项目，其中一些由于来自公共机构的外部限制而无法使用敏捷方法交付。因此，我们为敏捷、混合和瀑布式的项目设计了三种类型的敏捷项目和产品生命周期。在可交付物中，我们提供了一套深入的指导方针，涵盖了发现和交付阶段。

最后，我们建立了若干流程来监控目标和关键绩效指标的进展、管理预算和资源、降低风险，并调整项目/产品工作的范围。我们进行了工具分析，以提出优化设计流程工具的建议。流程转型为客户带来了多项主要好处，包括提高对内部流程的理解和透明度、增加获取信息的机会，以及缩短产品上市时间。

◆ 敏捷运营模型——技术

技术转型同样需要支持敏捷的工作方式和实现频繁发布。这涉及建立适当的 IT 基础设施、架构和实施自动化测试。如果技术转型与组织结构和流程的转型不同步，可能导致：

- 限制团队缩短迭代、测试和向客户发布有价值的增量的操作可能性；
- IT 领域内的功能重复和重叠。

技术领域的主要元素
- 设计目标架构。
- 自动化测试和实施（持续交付和 DevOps）。
- 基础设施和支持工具（开源、基础设施云等）。

主要挑战——技术
- 组织内部系统复杂性高。
- 销售系统的进一步发展——客户正在考虑两个选项：开发定制的客户关系管理系统或选择 Salesforce。

主要优势——技术
- 包括架构治理模型在内的进一步技术转型的清晰愿景。
- 成本效益高的技术模型，包括技术债务管理流程。
- 客户关系管理系统分析，包括将定制的销售系统与 Salesforce 进行比较。
- 支持数据驱动决策的数据治理系统。

案例

我们从深入分析技术运营模型和应用架构开始了技术转型。在研究过程中，我们从多个角度审视了组织，涵盖了技术能力、服务编排、技术人才、数据治理、架构和卓越中心等。我们还列出了公司使用的所有应用程序，并统计了它们的成本和公司内部用户数量。

基于我们的分析，我们设计了目标架构，使其能够通过价值流高效地开发不同的产品。接着，我们确保团队配备了所有必要的工具来监控他们的应用程序。最后，我们设计了开发、安全和基础设施团队之间的互动流程。这里的关键是要在不干扰业务连续性的情况下平衡效率和稳定性。

技术转型还涉及实施 DevOps，以及优化流程和工具，使产品开发和维护在同一个团队内进行。我们还建立了一个 DevOps 分会，负责流程自动化。

技术转型的一个主要挑战是在开发定制的客户关系管理系统和选择 Salesforce 之间做出选择。最终，客户选择了定制解决方案，这指导了随后的技术转型步骤。

◆ 总结

德勤的敏捷运营模型帮助了不同业务领域的公司成功实现敏捷转型。该模型的主要优势在于它涵盖了敏捷转型的所有关键因素，从而实现了结构化和高效的变革。同时，它还提供了空间来考虑公司的特定环境，并根据客户的需求和业务目标定制建议。在本案例中，这一点至关重要。

得益于客户对变革的承诺和开放态度，我们的专家团队能够顺利指导并支持客户完成转型项目，并实现了最初设定的目标。

18.5 指标狂热的风险

在过去十年中，敏捷项目管理实践快速增长，不仅在 IT 领域，在其他类型的项目中也如此。敏捷项目管理实践的大多数原则在应用于非 IT 项目时提供了有益的结果。尽管所有这些听起来不错，但随着实践增多，还是有一些挑战存在。

项目管理中有一句古老的格言，即"你无法管理无法度量的东西"。因此，要使用敏捷技术来管理项目，你必须建立度量指标，以确认收益正在实现和敏捷实践正在正确执行。幸运的是，伴随着敏捷实践的增多，度量技术也随之发展，我们相信今天我们可以度量任何东西。有不少很好的指标可以报告项目绩效。

另一个需要考虑的方面是敏捷宣言的一部分：个人和交互胜过过程和工具，工作的软件胜过详尽的文档。考虑到 Scrum 框架，团队应该保证工件透明度。换句话说，Scrum 需要透明度来帮助决策，决策是基于已了解的工件状况做出的。这就指明了敏捷原则：只使用完全必要的指标，只要它们能够为产品待办事项列表上的项目增加价值。

◆ 指标狂热

"指标狂热"是指为指标而创建指标的无穷欲望。仅仅为了创建而创建，并不考虑真正的需要。过多的指标存在弊端，会在选择时造成困扰。

指标过多的结果是：
- 我们花掉重要工作的时间来衡量和报告这些指标。
- 我们提供了太多的数据，干系人和决策者很难确定什么信息才是真正重要的。
- 我们提供的信息很少或根本没有价值。
- 我们最终将宝贵的时间浪费在无关紧要的事情上。
- 太多的指标会给干系人和决策者带来不必要的问题，最终导致一个微观管理环境。

在通常使用瀑布图表的传统项目管理中，报告总是围绕时间、成本和范围进行的。使用挣值测量系统，指标的数量可以增加到 12~15 个。随着公司在使用新方法方面变得成熟，指标的数量通常会减少。

指标管理

良好的指标管理程序可以最小化"指标狂热"的危害，但不能将它消除。典型的指标管理程序包括四个步骤：

（1）指标识别。
（2）指标选择。
（3）指标测量。
（4）指标报告。

指标识别是对基于事实或基于证据的决策制定所需的那些指标的标识。

指标选择是指你决定实际需要多少指标，需要哪些指标。指标选择是解决"指标狂热"问题的第一步。指标选择的基本原则可能包括以下内容：

- 跟踪、测量和报告指标都是有成本的，即使我们使用仪表板报告系统，而不是书面报告。
- 如果一个好的项目管理方法如敏捷和 Scrum 的目的是减少或消除浪费，那么选择的指标数应该最小化。
- 审查者应该选择他们需要的指标，而不是他们想要的指标。这是有区别的。
- 要求指标看起来很好，但不能提供有价值的信息，就是对创造浪费的邀请，尤其是用于决策时。

对于大多数项目经理来说，文书工作是最大的障碍。项目管理实践的未来是创建一个无纸化的项目管理环境。这并不意味着我们 100%无纸化，因为有些报告是强制性的，但这确实意味着不必要的文书工作是一种浪费，需要消除。在实践中，我们已经改为使用仪表板报告系统。

仪表板报告系统可以强制人们选择他们在仪表板上看到的指标。典型的仪表板屏幕只有有限的空间，即通常只有 6~10 个指标的空间，这些指标看起来很美观，并且很容易阅读。因此，告诉干系人或决策者我们希望只为他们提供一个仪表板屏幕，这可能迫使他们在确定实际需要的指标时做出选择。

指标的图形显示

仪表板报告系统让汇报信息变得很容易。敏捷和 Scrum 的典型指标包括承诺完成的故事、团队速度和加速度、冲刺、史诗、发布燃尽率、净推荐值等。在此仅列这几项来举例说明。

敏捷软件开发和 Scrum 也可以采用一些在传统项目管理中经常用的指标，接下来会列出这些指标。

（1）资源管理。显示人们在项目上投入的时间。敏捷和 Scrum 建议团队全身心投入项目中，资源利用至关重要。没有有效的资源管理，人们可能只花 50%的时间在项目上。剩下的时间用于返工或被"时间窃贼"占用，如不必要的会议、电话、多任务处理和其他此类活动。

（2）障碍、缺陷和范围变更。障碍指任何可以阻碍或让项目推进放缓的事物。障碍需要用行动项来解决，并且应该由项目和/或团队的领导采取行动。如果这些障碍没有及时解决，那么通常都是领导的错。指标可以显示项目在每个月中发生的障碍，有多少障碍被解决和消除，以及有多少障碍必须升级到更高的管理级别。

在敏捷和 Scrum 中，范围的变化被认为是正常的，并在每次冲刺或交互结束时处理。一些人认为发生范围变更是由于需求定义不准确和计划有偏差。虽然这一观点有它的优点，但大多数项目范围变更的原因是市场条件发生了变化，或者商业模式需要重新配置。注意：团队必须能够吸收所有的变化。

（3）价值管理。50 多年来，我们一直将项目成功定义为在项目的时间、成本和范围限制内完成项目。从表面上看，这似乎是一个很好的定义。但是这个定义忽略了"价值"的重要性。"任何一家公司都可以在时间、成本和范围的限制下完成一个项目，最终却没有提供任何商业价值。"更好的项目成功定义是在满足竞争约束的同时交付可持续的商业价值。

价值可以有多种形式，如经济价值、商业价值、社会价值、政治价值、宗教价值、文化价值、健康安全价值、审美价值等。所有这些都很重要，但通常我们关注的是经济或商业价值。

另一种形式的价值体现在客户满意度的提高上。如果客户满意度持续提高，那么来自客户和干系人的额外工作机会也会增加。客户满意度的提高也可以作为团队激励因素。这个观点对于为客户提供比他们预期的更多的价值是成立的。

提高客户满意度和/或为客户增加价值可能并不会一直发生。项目有时会失败。在这方面的一个很好用的指标是跟踪项目成功率的增加百分比或项目失败率的减少百分比。这个指标对于高级管理人员很重要，因为它可以提供项目成功程度的指示。

对指标的狂热与厌恶

太多的公司最终与指标形成了爱恨交加的关系，尤其是与敏捷相关的指标。可以通过跟踪绩效、报告商业价值的交付及确定减少浪费的方法来展示团队的成就。指标还可以用来识别痛点，即那些给企业主、干系人和客户带来不快的情况。这样，团队就可以寻找减少或消除痛点的方法了。

当指标成为一种用来强制执行某种行为的武器时，仇恨关系就产生了。虽然好的指标可以驱动团队良好地运行，但是如果管理人员使用相同的指标使一个团队与另一个团队对立，那么仇恨就产生了。当这些指标成为员工绩效考核的一部分时，就会产生另一种仇恨关系。造成这种仇恨关系的原因如下：

- 指标的使用被视作"按绩效好坏付费"的工作氛围出现的开端。
- 指标评审的结果是团队共同努力取得的，不能按个人贡献进行分割。
- 指标评审结果不理想，可能是出现了超出了员工控制能力的情况。
- 员工可以操纵指标或造假，来炮制一份不错的绩效考核数据单。

18.6 总结与建议

我们目前已接触的只是鉴别指标的皮毛。虽然对于所有的项目管理方法，包括敏捷和 Scrum，指标都是必要的，但是考虑到某些指标的数量可以明确下来，公司必须构建特定的指导方针来避免出现对指标的狂热或厌恶。目前能考虑到的建议都已经陈列在下面。当然，下列建议不可能详尽无遗，只是抛砖引玉。

- 要选取项目需要的指标，不选人们自认为需要却未加证实的指标。
- 要选择对干系人、客户和企业主都有用的指标。
- 确保指标提供可用于决策的证据和事实。
- 确保选取的指标切实用在了项目管理中，而不仅是为了看着好。
- 不要选择必须耗费时间和成本去收集数据的指标。
- 不要选择产生无用结果的指标。
- 不要将指标仅用于绩效评估和团队之间的比较。
- 确保所选择的指标不会打击项目团队士气。

第 19 章
收益实现和价值管理

19.0 简介

公共和私营部门的组织一直在努力创建可提供可持续的商业价值的项目组合。很多时候，公司在没有经过适当评估的情况下，将所有项目请求添加到交付队列中，很少考虑项目是否与业务目标一致，或者在成功完成后是否提供了收益和价值。项目提交时往往没有附带任何商业论证，也没有与商业战略保持一致。许多项目伴随着商业论证，这些论证基于高度夸大的期望和不真实的收益。其他项目的创建是因为管理层的异想天开，项目完成的顺序基于请求者的级别或头衔。仅仅因为一名高管说"完成它"并不意味着它会发生。结果往往是项目失败，浪费宝贵的资源，在某些情况下，商业价值被侵蚀或破坏，而不是被创造出来。

19.1 理解术语

理解收益和价值的定义很重要。

收益是行动、行为、产品或服务的结果，对特定个人（如企业主）或特定群体（如干系人）来说是重要或有利的。一般收益可能包括：

- 提高质量、生产率或效率。
- 避免成本或降低成本。
- 增加收入。
- 改善客户服务。

收益来自战略规划活动的目标。过去，传统的业务目标是提高客户满意度、降低成本、增加利润，它们关注的是短期目标和交付成果，而不是长期收益。因此，过多的注意力被放在了项目的结果上，而这些项目本身未必会带来长期收益。今天，战略目标似乎集中在以下方面：

- 生产力。
- 效率。
- 性能改进。
- 质量。
- 客户服务。
- 返工。
- 避免成本。
- 创造收入。

收益，无论是战略性的还是非战略性的，通常都与最终获得收益的组织的业务目标相一致。收益通过收获项目创造的可交付物或产出而显现出来。项目经理有责任创建可交付物。

项目的商业论证中确定了收益。一些收益是有形的，可以量化。其他收益，如员工士气的提高，可能难以衡量，因此被视为无形的收益。无形的收益可能很难衡量，但并非无法衡量。一些难以衡量的收益包括：

- 协作。
- 承诺。
- 创造力。
- 文化。
- 客户满意度。
- 情感成熟度。
- 员工士气。
- 形象/声誉。
- 领导效能。
- 动机。
- 生活质量。
- 压力水平。
- 可持续性。
- 团队合作。

收益之间也存在依赖关系，其中一项收益依赖另一项收益的结果。举例来说，创造收入的预期改善可能取决于质量的提高，或者需要更好的营销策略来吸引更多的客户。

在确定项目范围时，我们必须就我们想要的组织成果或收益达成一致，并且必须能够以可衡量的术语表达出来。这是必要的，因为改进通常用财务术语来表达，以证明对业务投资的合理性。典型的收益衡量指标可能包括：

- 市场份额增加。
- 运营成本降低。
- 浪费减少。
- 利润增长。
- 生产率和效率提高。
- 质量提高。
- 客户满意度提高。
- 员工士气提高。
- 员工留用增加和员工流动减少。

有必要使用这些指标来反馈以重新验证性能、衡量成功、调查异常，并决定是否需要进行健康检查。

收益实现管理（Benefits Realization Management，BRM）是一系列流程、原则和可交付物的集合，可以有效地管理组织的投资并实现收益。项目管理是产生成果的工具，创造收益交付。项目管理侧重于维护既定的基准，而 BRM 通过监控潜在的浪费、可接受的资源水平、风险、成本、质量和时间来分析项目与业务目标之间的关系，因为它与期望的收益相关。BRM 的最终目标不仅是实现收益，还要长期保持收益。

在 BRM 方面相当成熟的组织：

- 享受更好的业务/战略成果。
- 战略规划、项目组合管理、BRM 和商业价值管理更加紧密地协调一致。

- 成功地将项目管理用作 BRM 的驱动因素或框架。
- 收集 BRM 活动中的最佳实践。

决策者必须明白，在项目的生命周期中，环境会发生变化，需要修改需求，改变优先顺序，重新定义期望的结果。有时，项目收益可能发生改变，使项目结果带来负面效果，项目应该被取消或推迟，以备日后考虑。一些可能导致收益和最终价值发生变化的因素包括：

- 企业所有者或高管领导层的变动。在一个项目的生命周期中，领导可能有所改变。最初设计项目的高管可能已经将项目转交给了其他人，他们很难理解项目的收益，不愿意提供同样的承诺，或者认为其他项目提供了更重要的收益。
- 假设的变化。根据项目的时长，假设可以而且很可能改变，特别是那些与事业环境因素相关的假设。决策者必须构建跟踪指标，以确保原始假设或不断变化的假设仍然符合预期收益。
- 事业环境因素的变化。市场条件（服务市场和消费者行为）或风险的变化会导致制约因素的变化。立法和选举也会影响事业环境因素。公司可以批准范围变更，以利用额外的机会，或者根据现金流量限制而减少资金。度量指标还必须跟踪制约因素和事业环境因素的变化。
- 资源可用性的变化。具备必要关键技能的资源的可用性或流失始终是一个问题，特别是需要技术突破来实现收益或者找到风险更低的更好的技术方法来影响收益时。

项目价值是指收益对某人来说的价值。项目或商业价值可以量化，而收益通常是定性解释的。当我们说投资回报率应该提高时，我们正在讨论收益；当我们说投资回报率应该提高 20% 时，我们正在讨论价值。价值创造的进展比收益实现的进展更容易衡量，尤其是在项目执行期间。收益和价值通常是不可分割的，很难做到讨论一个而不讨论另一个。

19.2 重新定义项目成功

50 多年来，我们错误地试图仅从时间、成本和范围的三重约束来定义项目的成功。几十年前，我们就知道定义中应该包括其他指标，如价值、安全、风险和客户满意度，这些都是成功的属性。遗憾的是，我们对度量技术的了解当时还处于起步阶段，我们只选择了那些最容易测量和报告的指标：时间、成本和范围。

几十年来，我们把价值定义为：

$$价值 = 质量/成本$$

如果想增加感知价值，我们必须要么提高质量，要么降低成本。遗憾的是，这个等式暗示质量和成本是价值的唯一组成部分。

今天，度量技术已经成熟到我们认为可以度量任何东西的程度。也许最伟大的研究已经在度量和报告商业价值。在过去 20 年中，研究已在以下领域进行：

- 价值动态。
- 无形价值流。

- 价值差距分析。
- 知识资本估值。
- 人力资本估值。
- 基于经济价值的分析。
- 客户价值管理/映射。
- 竞争价值矩阵。
- 价值链分析。
- 信息技术项目的估值。

研究成果创造了价值度量模型和指标：

- 知识资本估值。
- 知识产权评分。
- 平衡计分卡。
- 未来价值管理。
- 知识资本评级。
- 无形价值流建模。
- 包容性价值度量。
- 价值度量方法论。

价值很可能成为项目管理词汇中最重要的词，尤其是在我们定义项目成功的情况下。在《PMBOK®指南》(第 5 版)的术语表中，项目被定义为临时的努力，被用来创造一个独特的产品、服务或结果。这种定义的问题在于，在项目完成后，独特的产品、服务或结果可能不会创造任何商业价值。也许对项目更好的定义是：

> 计划实现的可持续商业价值的集合。

项目成功的定义是在时间、成本和范围三重约束下完成项目。这个定义同样必须改变，因为它缺少"价值"这个词，也没有说明今天我们有明显多于 3 个的约束，这些约束被称为竞争约束。因此，未来对成功的定义可能是：

> 在竞争约束条件下实现期望的商业价值。

在报告收益实现和价值管理活动的成功时，对项目成功的定义，包括对价值的参考变得极其重要。在传统的项目管理中，我们创建预测报告，包括完工时间和完工成本。利用新的成功定义，我们现在可以在预测报告中包括完工时的收益和完工时的价值。这种包含收益和价值的报告提高了向公司董事会报告项目绩效的水平。

将价值作为项目成功标准的一部分还有另一个内在优势。现在，我们可以基于收益和价值建立终止或取消标准，它告诉我们，在额外的资金和资源被浪费之前，什么时候我们应该考虑终止或取消一个项目。很多时候，项目被允许继续存在，并继续浪费宝贵的资源，因为没有人愿意取消失败的项目。在商业论证或收益实现计划中建立终止或取消标准可以解决这个问题。

19.3 价值驱动项目管理

随着对价值重要性的认识，我们现在将重点放在价值驱动的项目管理活动上。价值驱动的项目管理侧重于交付商业价值成果，而不仅仅是来自传统项目管理实践的可交付物。价值驱动的项目管理需要一个易于理解的商业论证，其中包含特定期望的收益。

项目管理现在是交付收益和价值的工具。在 BRM 方面成熟的公司在项目管理方面似乎也相当成熟。在这些公司中，项目管理方法和企业文化都是价值驱动的。

然而，在价值驱动的项目管理中需要考虑一些风险：
- 如果不加以控制，需求可能发生无休止的变化。
- 形成了一种文化，使所有项目范围蔓延。
- 价值确定是由不同的人在项目的生命周期中做出的。
- 由于担心项目被取消而拒绝预测其真实价值。
- 不相信预测的价值。

期望收益必须在项目启动时确定。但是，在项目生命周期的早期阶段，当价值可能只是一种感知时，我们如何定义价值呢？我们也想定义价值，但价值是收益的价值。价值确定最困难的部分是定义度量指标，以便进行度量。表 19-1 显示了一些常用于度量价值的软性指标和硬性指标。表 19-2 显示了度量中可能遇到的一些问题。这些指标不仅需要验证或重新验证收益和价值创造，还需要验证商业论证、假设和约束。决策者必须明白，在项目的生命周期中，情况可能发生变化，因此需要修改需求、改变优先顺序，以及重新定义期望的结果。

表 19-1 软性指标和硬性指标

软性指标	硬性指标
投资回报率	股东满意度
净现值	干系人满意度
内部收益率	客户满意度
机会成本	员工留存
现金流量	品牌忠诚度
投资回收期	上市时间
盈利能力	业务关系
市场占有率	安全性
	可靠性
	美誉度
	购买意愿
	形象

表 19-2 价值度量的问题

软性指标	硬性指标
假设经常不被披露，可能影响决策	价值总是基于进行度量的人的主观看法
度量指标非常通用	度量与其说是一门科学，不如说是一门艺术
度量指标永远不会有意识地捕获正确的数据	进行度量的模型有限

如果没有适当的度量指标，我们往往会等到项目偏离轨道后再采取行动。到那时，拯救可能为时已晚，唯一的解决办法是取消一个可能本可以拯救的项目。

19.4 获得收益

获得收益是 BRM 中最困难的部分，问题不在于识别收益或管理项目来创造它们。真正的问题在于如何在项目结束后获得效益并管理过渡。项目团队产生可交付物，但可能无法控制企业如何利用这些可交付物创造收益和价值。

项目的收益通常会随着时间的推移而实现，有时是在项目完成和项目团队解散几年后。一些收益将是短期、中期和长期的。获得收益的过程必须有人负责。

图 19-1 显示了收益和价值是如何随着时间的推移而创造的。图中未知的是获得收益所需的时间和维持收益所需的时间，必须从长期来考虑如何维持收益。可能需要组织变革，人们可能不得不离开他们的舒适区。这是由经历过组织变革管理的人来完成的。

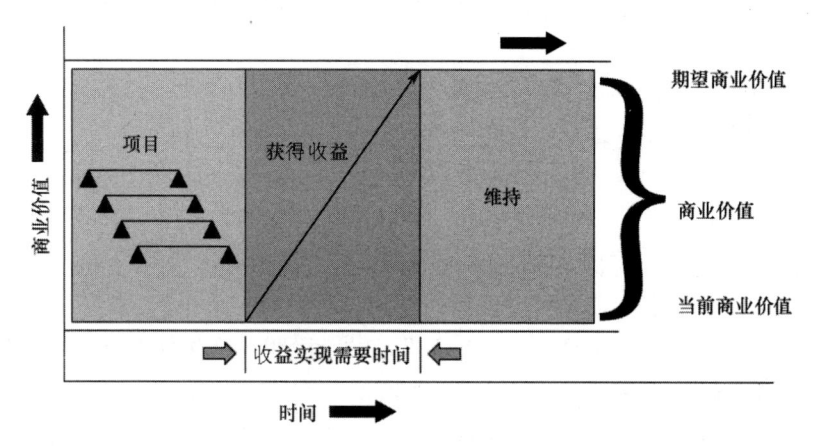

图 19-1 随着时间的推移创造收益和价值

19.5 商业论证

收益的实现和价值管理始于商业论证的准备。收益实现和价值管理项目中有 6 个主要参与者：

- 一个项目组合治理委员会，由至少拥有粗略项目管理知识的成员组成。
- 受益人或企业主。
- 变更管理负责人，组织变更管理对于在项目完成时获得收益是必要的。
- 一个可持续性负责人，确保获得的收益是可持续的。
- 一个项目组合项目管理办公室，协助识别、度量和报告度量指标。
- 项目和/或项目集经理。

企业主负责准备商业论证，并为收益实现计划做出贡献。作为商业论证开发的一部分，典型步骤包括：

- 识别机会，如提高效率和效能、减少浪费、节约成本、发现新业务等。
- 用商业和财务术语定义收益。

- 收益实现计划。
- 项目成本估算。
- 推荐用于跟踪收益和价值的度量指标。
- 风险管理。
- 资源需求。
- 高级进度计划和里程碑。
- 项目的复杂程度。
- 假设和制约因素。
- 技术要求——新的或现有的。
- 项目必须终止的退出策略。

可以为商业论证中的大多数项目建立模板。收益实现计划的模板可能包括以下内容：

- 收益描述。
- 确定每项收益是有形的还是无形的。
- 确定每项收益的受益者。
- 如何实现收益。
- 如何衡量收益。
- 每项收益的实现日期。
- 将项目移交给负责把项目可交付物转化为收益的另一个小组。

写得好的收益实现计划通常是由企业主准备的，说明什么包括在范围内，什么不包括在范围内。收益实现计划写得不好意味着一切都必须完成，并且可能导致大量且往往不必要的范围变更。收益实现计划不是工作说明书。因此，在预期收益如何被定义的问题上，总是会有一些模糊不清的地方如表 19-3 所示。

表 19-3 预期收益定义中模糊不清的地方

模糊不清的地方	描述
期望	基于干系人的数量和企业主以前的经验，收益实现计划可能用模糊的措辞来解释预期的结果
优先级	每个干系人和企业主可以对项目的优先级有不同的解释。项目团队可能不知道真正的优先级
流程	作为执行的一部分，有许多流程可供选择。流程的灵活性是必要的。还有多种表格、指南、核对清单和模板可以使用
指标/关键绩效指标	有许多事情可以根据期望来度量

19.6 衡量收益和价值的时间

度量技术的发展使得几乎任何东西都可以被度量，包括收益和价值。但是目前，由于许多新的度量技术还处于起步阶段，因此仍然难以获得准确的结果。报告绩效结果从定性和定量两方面进行。在决定何时进行度量方面也有困难，并且困难随着项目的进展或完成而增加。在项目进展过程中进行收益和价值的衡量比在项目结束时更具挑战性。

价值通常可以量化，比收益更容易衡量。在一些项目中，项目收益的价值在项目完成几个月后才能量化。例如，一个政府机构扩建了一条道路，目的是减少交通堵塞。在项目完成和交通流量度量完成几个月后，这个项目的价值可能才能显现。随着项目的进展，项目结束时或项目结束后不久进行的价值度量通常比在项目进程中进行的价值度量更准确。

收益实现和商业价值不仅来自拥有的资源和人才的卓越能力，它们还来自组织如何使用资源。有时候，即使有周密计划和优秀人才的项目最终也不会创造商业价值，甚至可能破坏现有价值。一个例子是，一位技术首席执行官认为这个项目是他获得荣耀的机会，因此多次超越需求，变更范围，导致进度延误，错失商机。当团队成员认为个人目标比公司目标更重要时，就会发生这种情况。

19.7 投资生命周期阶段

多年来，学术界一直认为传统的项目生命周期阶段始于项目获得批准、项目经理被指派后，结束于可交付物被创建后。然而，当收益实现和价值管理变得重要时，必须包括额外的生命周期阶段，如图 19-2 所示。项目经理现在比以前更早上任，并在交付完成后留下来度量创造的商业价值。

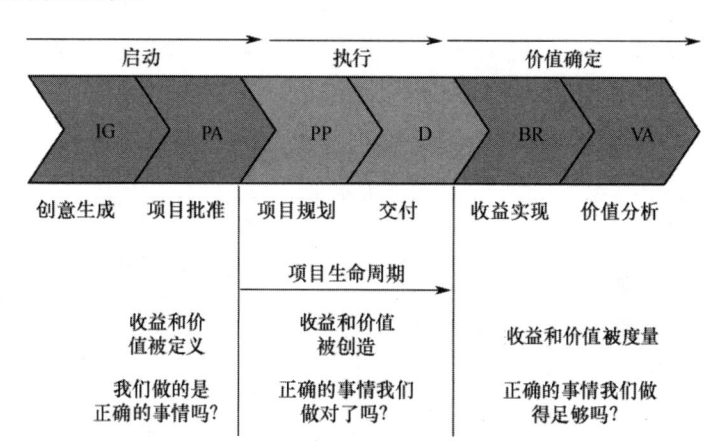

图 19-2 投资生命周期阶段

图 19-2 更能代表投资生命周期，而不是传统项目生命周期。如果要创造价值，那么收益必须在整个投资生命周期中进行管理。传统项目生命周期包含在投资生命周期中。在投资生命周期中可以识别出 6 个以上的生命周期阶段，但是为了简单起见，这里只考虑这 6 个阶段。

第一阶段，创意生成（Idea Generation，IG）阶段，通常包括可行性研究和成本效益分析，是项目创意的来源。这个创意可以源自客户或企业主的组织内部、母公司或客户公司的高层或低层管理人员，或者项目团队和个人。IG 阶段的输出通常是创建一个商业论证。

尽管创意发起人可能对项目的最终价值有一个清晰的了解，但商业论证是从预期收益而不是从价值的角度来定义的。价值是在项目接近尾声时根据实际获得的收益来确定的，并且可以量化。实际获得的收益可能与项目启动时的预期收益大不相同，因为前面讨论的许多因素可能导致变化。

并非所有项目都需要进行商业论证。例如，那些为了满足监管机构的合规要求而必须开展的项目，或者仅仅为了让业务或业务的一部分更有效地继续下去的项目，可能不需要进行商业论证。

一旦准备好商业论证，就会向项目组合管理办公室（Portfolio Project Management Office，PPMO）发送一份项目批准请求。如今，公司正在建立 PPMO 来控制第二阶段，即项目批准（Project Approval，PA）阶段，并在交付期间监控项目组合的绩效。

PPMO 必须做出符合整个公司最大利益的决策。与队列中公司的其他项目相比，被认为对一个业务部门极其重要的项目可能优先级较低。PPMO 必须通过适当平衡关键资源和适当确定项目优先级来最大化项目组合的商业价值。PPMO 必须解决 3 个关键问题，如表 19-4 所示。

表 19-4　PPMO 必须解决 3 个关键问题

关键问题	考虑领域	项目组合工具和流程
1. 我们做的是正确的事情吗	• 与战略目标保持一致，如股东价值、客户满意度或盈利能力 • 对内部优势和劣势的评估 • 对可用和合格资源的评估	• 评估商业论证严谨性的模板 • 战略契合度分析和与战略目标的联系 • 显示项目之间关系的矩阵 • 资源技能矩阵 • 能力规划模板 • 优先级排序模板
2. 正确的事情我们做对了吗	• 能够满足期望 • 能够在收益方面取得进展 • 能够管理技术 • 能够最大限度地利用资源	• 收益实现计划 • 正式的、详细的项目计划 • 建立跟踪矩阵和关键绩效指标 • 风险分析 • 问题管理 • 资源跟踪 • 收益/价值跟踪
3. 正确的事情我们做得足够吗	• 与战略目标的比较 • 能够满足所有客户的期望 • 能够捕获公司资源能力和能力范围内的所有商机	• 整体利益跟踪 • 使用项目管理信息系统进行准确报告

表 19-4 中第三个问题所标识的活动通常是 PPMO 的责任，以确定是否所有收益都被捕获或者是否需要将额外的项目添加到队列中。

大多数公司倾向于认为项目经理应该在项目获得批准并加入队列后加入进来。争论的焦点是项目经理不是商业人士，他们掌握的信息有限，无法帮助批准过程，他们的职责仅限于做出基于项目的决策。今天这种观念已不再成立。在当今世界，项目经理认为自己管理着一部分业务，而不仅仅是管理一个项目。因此，项目经理的职责变成了做出基于项目和与业务相关的决策。

当项目经理在项目批准后上任时，他们依赖商业论证和收益实现计划中的信息。遗憾的是，这两份文件并不总是包含所有的假设和制约因素，也不讨论创建项目的思维过程。

也许让项目经理提前上任的最重要的原因是资源管理。项目常常在获批、添加到队列和优先级排序时很少考虑合格资源的可用性。然后，当收益没有按计划交付时，项目经理被指责没有正确地管理项目。

需要克服的一些关键人员配置问题包括：

- 管理层不知道在不使劳动力负担过重的情况下可以向队列中添加多少额外的工作。
- 项目被添加到队中，很少考虑到：①资源可用性；②所需资源的技能水平；③所需技术水平。
- 没有专门为战略项目工作人员设立的中央存储库。
- 项目优先级排序基于猜测，而不是证据或事实。
- 没有技术手段可以了解一个项目的范围变更如何影响其他正在进行的项目。
- 资源决策是在项目批准之前和项目经理上任之前做出的。
- 不了解项目经理如何在早期协助进行能力规划和资源管理。
- 关键资源被分配给失败的或非增值项目。

项目经理很可能是最有资格批判性地确定所需资源数量和分配员工技能水平的人。根据图 19-3 所示，尽早让项目经理加入进来使得项目组合治理人员更容易执行有效的资源管理实践。

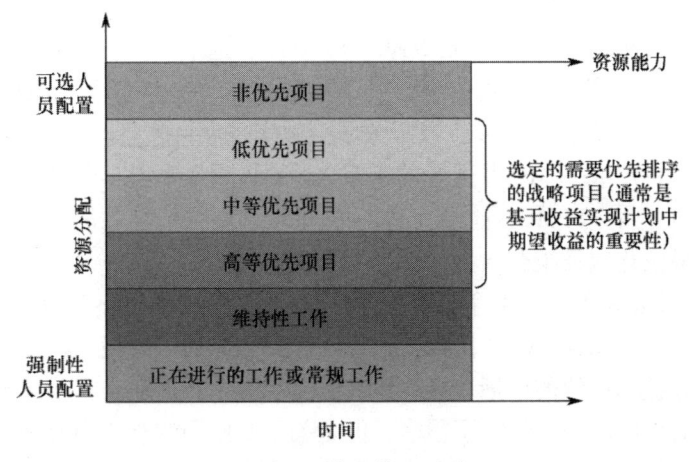

图 19-3 资源管理活动

即使在投资生命周期的早期指派项目经理，资源管理的缺点也会出现。这些缺点包括：

- 没有捕获所有资源需求。
- 缺乏所需资源技能水平的知识。
- 由于范围变更而使项目的资源需求发生变化。
- 没有考虑转型时可能需要的资源。
- 由于其他关键项目的紧急情况而改变优先级顺序。
- 有不切实际的收益和价值估计。

如果这些缺点没有被发现和正确管理，结果可能是：
- 收益实现计划失败。
- 项目组合商业价值没有最大化。
- 项目组合的持续变化。
- 持续重新进行优先级排序。
- 持续的人力冲突。

有效资源管理的好处众所周知：
- 在最关键的项目之间平衡工作负荷。
- 通过分配具有适当技能的资源来提高资源使用效率。
- 更好地规划和控制项目。
- 更好地选择能够最大化商业价值的项目组合。

第三个生命周期阶段是项目规划（Project Planning，PP）阶段。这一阶段包括初步规划、详细规划和收益实现计划的更新。

商业论证可能包括假设和制约因素、PPMO 可能提供与总体业务目标相关的额外假设和制约因素，以及事业环境因素可能对项目产生的影响。作为商业论证的一部分而创建的收益实现计划在这个阶段可能发生重大变化。

收益实现计划与项目规划不同，但必须与项目规划集成。收益实现计划和项目规划可能随着项目的进展，基于不断变化的商业条件而不断变化。

第四个生命周期阶段是交付（Delivery，D）阶段。这个阶段及 PP 阶段，最常见的是基于《PMBOK®指南》的领域，使用传统的项目管理方法。在这一阶段，项目经理与 PPMO、企业主和指导/治理委员会密切合作，以最大限度地实现项目收益。

绩效报告必须提供给 PPMO 及适当的干系人。如果项目不再与交付过程中可能发生变化的业务目标保持一致，PPMO 可能建议对项目进行调整，甚至取消，这样资源将被分配给其他项目，以最大化项目组合收益。

图 19-3 中的第五和第六个生命周期阶段是收益实现（Benefits Realization，BR）阶段和价值分析（Value Analysis，VA）阶段。无论在哪个生命周期阶段，收益实现计划都必须确定将用于跟踪收益和价值的指标。收益和价值度量指标的识别是收益实现计划中的薄弱环节。关于计划的组成部分已经写了很多，但是关于要使用的指标内容很少。然而，公司现在正在创建价值指标，这些指标可以在整个项目中度量，而不仅仅是在项目结束时。

最后两个生命周期阶段通常被称为收益获得阶段，这是指收益和价值的实际实现。获得收益可能需要实施组织变革管理计划，这可能会让人们走出他们的舒适区。当项目结束时，必须鼓励人们将这些改变永久化，而不是回到过去的方式。

负责获得收益的人需要考虑：
- 组织重组。
- 新的奖励系统。
- 不断变化的技能要求。
- 记录管理。
- 系统升级。
- 劳资关系协定。

全面实现收益可能面临来自管理层、员工、客户、供应商和合作伙伴的阻力。这种阻力可能源于一种固有的担忧，即变革将伴随着晋升机会的丧失、权威和责任的减少，甚至可能失去同事的尊重。

获得收益也可能增加收益实现成本，因为需要：
- 招聘和培训新员工。
- 改变现有人员的角色并提供培训。
- 重新安置现有人员。
- 提供额外或新的管理支持。
- 更新计算机系统。
- 购买新软件。
- 制定新的政策和程序。
- 重新谈判工会合同。
- 与供应商、经销商、合作伙伴和合资企业发展新的关系。

19.8 收益和价值的类别

战略规划的一部分是创建一个平衡的项目组合。为了简单起见，我们使用了图 19-4 所示的 4 类项目。这 4 类项目可以用来识别收益和价值的类别。每个类别都可以使用许多收益、价值和相应的度量指标。这里只举几个例子。

必须在每个象限建立度量指标，作为潜在问题的预警信号。一些能够识别收益侵蚀问题的度量指标例子有：
- 范围变更数量的指标，识别进度延误和成本超支的可能性。
- 转移到其他地方进行"灭火"的人数的指标，表明进度可能延误和成本可能超支。
- 过度加班的指标，可能表明存在严重的未解决问题。
- 错过截止日期的指标，表明上市时间可能延迟和机会可能失去。

表 19-5 显示了这 4 类中每类的典型收益。最后一列中的指标可以用来跟踪收益。

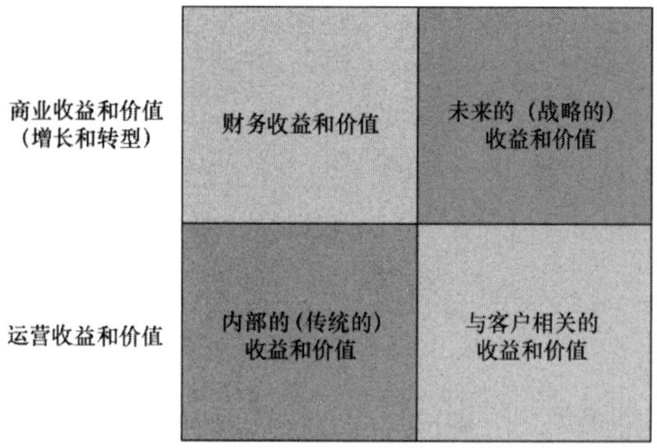

```
                 ┌─────────────┬─────────────┐
商业收益和价值    │ 财务收益和   │ 未来的(战略的)│
(增长和转型)     │   价值      │  收益和价值  │
                 ├─────────────┼─────────────┤
运营收益和价值    │ 内部的(传统的)│ 与客户相关的 │
                 │  收益和价值  │  收益和价值  │
                 └─────────────┴─────────────┘
```

图 19-4 收益和价值的类别

表 19-5 每类的典型收益

类 别	收 益	项目跟踪度量指标
内部的（传统的）收益和价值	• 遵守约束的过程 • 用于识别目标和捕获最佳实践的模板 • 维护最佳实践和指标库 • 控制范围变化变更 • 控制行动项 • 减少浪费	• 时间 • 成本 • 范围 • 质量 • 范围变更的数量 • 开放行动项的持续时间 • 资源数量 • 浪费量 • 效率
财务收益和价值	• 投资回报率、净现值、内部收益率和投资回收期的改善 • 现金流 • 营业利润率的提高 • 维持或增加市场份额	• 财务指标 • ROI • 营业利润率
未来的（战略的）收益和价值	• 缩短产品上市时间 • 提高形象/声誉 • 技术优势 • 创造新技术或产品 • 维护知识库 • 使项目与战略目标保持一致	• 时间 • 对形象和声誉的调查 • 新产品数量 • 专利数量 • 留存客户数量 • 新客户数量
与客户相关的收益和价值	• 客户忠诚度 • 允许使用其名称作为参考的客户数量 • 客户交付方面的改进 • 客户满意度评价	• 忠诚度/客户满意度调查 • 上市时间 • 质量

项目组合治理委员会存在于整个投资生命周期。其作用包括：
- 确立正确的优先级。
- 消除意外。
- 在项目组合中加入应急措施。
- 保持响应灵活性。
- 控制范围蔓延。
- 尽量少花钱、多办事。
- 使用度量指标确保做明智的决策。
- 获取最佳实践。
- 了解未来的资源需求。

项目组合治理委员会必须做出战略决策，度量指标在此过程中提供帮助。战略决策的类型包括需要：
- 验证是否正在创造价值。
- 了解风险及如何减轻风险。
- 知道何时进行干预。
- 预测未来公司业绩。
- 确认项目仍然与战略目标一致。
- 在必要时进行资源重新优化。

PPMO 的作用是与治理委员会合作，确定项目交付和收益实现的最佳资源组合，并遵守强加的约束。PPMO 还支持指标识别、度量和报告。PPMO 通过解决以下问题来支持治理委员会：
- 是否需要取消或替换某些项目？
- 是否需要整合任何项目和/或项目集？
- 是否必须加快或减缓任何项目的进度？
- 我们与战略目标的一致性如何？
- 项目组合是否需要重新平衡？

有时收益会产生最佳实践，这些最佳实践可以应用于其他项目。表 19-6 显示了几家公司的收益，以及收益出现在哪个象限。一些收益可以归因于不止一个象限。

表 19-6 特定于公司的收益

公 司	类 别	收 益
通用电气	未来的（战略的）收益和价值	提高生产力
摩托罗拉	财务收益和价值	控制范围蔓延
计算机协会	内部的（传统的）收益和价值	更好地处理客户期望
ABB 集团	未来的（战略的）收益和价值	项目审计以寻求持续改进的机会
韦斯特菲尔德集团	内部的（传统的）收益和价值	开发在线局域网企业项目管理系统
安塔雷斯解决方案（医疗互助）	与客户相关的收益和价值	以客户为中心的变更控制流程

重要的是要知道收益和价值的度量是应该逐步进行还是在项目结束时进行。逐步度量与终点度量的示例如表 19-7 所示。如前所述，项目结束时的度量通常更准确，但是一些度量也可以逐步进行。

表 19-7 收益的例子

类　　别	收　　益	逐步度量	终点度量
内部的（传统的）收益和价值	加快签字速度	是	
财务收益和价值	提高投资回报率、净现值、内部收益率并缩短投资回收期	是	是
未来的（战略的）收益和价值	加快产品商业化进程		是
与客户相关的收益和价值	提高客户满意度	是	

19.9　将收益转化为价值

价值是收益在交付（D）阶段结束时或将来某个时间点的实际价值。尽管收益可能正在按计划实现，但最终价值可能不同于基于交付成果和财务假设的计划价值。以下是两个将收益转化为价值的例子。

（1）一家公司批准开发一个定制软件包，预计可缩短订单输入处理时间，每年可节省约 150 万美元。开发该软件包的成本估计为 75 万美元。价值计算如下：

价值=（60 名工人）×（5 小时/周）×（100 元/小时）×（50 周）
　　= 每年节省 150 万美元

（2）一家公司决定创建一个仪表板项目绩效报告系统，以减少文书工作并消除许多非生产性会议。价值计算如下：

- 每月消除 100 页的报告和讲义，成本费用为 1 000 美元/页，或节省 120 万美元。
- 每周取消 10 小时的会议，持续 50 周，每次会议 5 人，每小时 100 美元，节省 25 万美元。

价值 = 120 万美元 + 25 万美元 = 每年节省 145 万美元

在这两种情况下，这些公司都从项目中获得了收益和价值。

19.10　"上线"项目管理

高管们面临的挑战之一是确定谁最有资格担任收益获得的领导者。一些人认为项目经理应该继续留在公司，即使项目已经准备好"上线"。在这种情况下，因为获得收益可能需要很长时间，所以项目经理很可能作为职能经理来运作，在这种情况下，所需的技能可能不同于传统项目管理所需的技能，这显示在表 19-8 中。项目经理可能没有资格在所有项目中担任"上线"项目经理。

表 19-8 "上线"项目经理的技能变化

特 征	差 异
权威	从缺乏权威到拥有显著权威
权力	从合法拥有权力到明智地使用权力
决策	从拥有部分决策权到拥有重大决策权
决策类型	从仅限项目的决策到项目和业务决策
授权	项目的持续时间和规模将迫使项目经理被委派更多的权力
忠诚	从对项目忠诚到对企业愿景和业务忠诚
社交技能	由于我们可能需要与同一个人多年合作，因此需要强大的社交技能
动机	学习如何在不使用金钱奖励和权力的情况下激励员工
沟通技巧	与整个组织的沟通，而不是少数几个人
状态报告	战略项目的状态不能仅从时间和成本角度报告
视角/前景展望	具有更广阔的前景，尤其是从业务视角来看
愿景	必须与高管具有相同的长期愿景，并在整个公司内推广这一愿景
同理心	由于团队成员可能在项目中工作多年，因此必须对员工有更强的同理心
自我控制	不得对坏消息或干扰反应过度
头脑风暴和解决问题的能力	必须具备非常强大的头脑风暴和解决问题的能力
变更管理	从项目到企业范围的变更管理
变更管理的影响	从项目到组织变更管理的影响

19.11 项目组合收益和价值

表 19-5 中标识的项目跟踪度量指标旨在跟踪每个类别中的各个项目。然而，特定的度量指标可以用来度量项目组合的有效性。表 19-9 显示了可以用来度量项目管理在各个项目、传统 PMO 和 PPMO 中创造的总体价值的指标。项目管理和传统 PMO 下的许多指标被认为是注重战术目标的微观指标。PPMO 下的指标是宏观指标，代表整个项目组合的收益和价值。这些度量指标可以通过将来自几个项目的指标组合在一起来创建。收益和价值度量指标也可用于帮助创建项目组合度量指标。

表 19-9 PMOS 特定类型的度量指标

项目管理	传统的 PMO	PPMO
遵守进度基准 遵守成本基准 遵守范围基准 遵守质量要求	客户满意度提高 面临风险的项目数量 遵循方法论 减少范围变更的方法	项目组合的盈利能力或投资回报率 项目组合健康状况 成功项目组合的百分比 项目组合收益实现 实现项目组合价值

续表

项目管理	传统的 PMO	PPMO
有效利用资源 客户满意度 项目绩效 生成的可交付物总数	年度工作量的增加 对时间和资金的验证 能够降低项目关闭率	项目组合选择和项目组合资源可用性 项目组合的能力 项目组合的人员利用率 每个项目组合的持续时间 人员短缺 战略一致性 业务绩效提升 项目组合预算与实际费用 项目组合截止日期与实际日期

设立传统 PMO 和 PPMO 通常都被认为是间接费用，可能面临缩小规模，除非 PMO 能够通过指标显示组织如何从它们的存在中受益。因此，还必须建立度量指标来衡量 PMO 给母公司带来的价值。

重要的是要理解，用于跟踪收益的一些微观指标对客户或最终消费者可能有不同的含义。例如，让我们假设你正在为外部客户管理一个项目。交付内容是一个组件，你的客户将在向客户（你客户的客户或消费者）销售的产品中使用。表 19-10 显示了如何对每个度量指标进行不同的解释。重要的是要认识到收益和价值在旁观者的眼中是一样的。客户和承包商可能对收益和价值的含义及相关指标有不同的看法。

表 19-10 指标的解释

效益指标	项目经理的解释	客户的解释	消费者的解释
时间	项目期限	上市时间	交货时间
成本	项目成本	售卖价格	购买价格
质量	绩效	功能	可用性
技术和范围	满足规格	战略一致性	安全购买、可靠
满意度	客户满意	消费者满意	对所有权的尊重
风险	未来没有业务	利润和市场份额损失	需要售后和过时的风险

19.12 与战略目标的一致性

由于度量技术的进步，我们开发了一些模型，通过这些模型我们可以显示项目与战略目标的一致性。其中一个模型如图 19-5 所示。几年前，唯一使用的指标是时间、成本和范围。今天，我们可以包括与战略价值和商业价值相关的指标。这使我们能够评估整个项目组合及各个项目的健康状况。

第 19 章 收益实现和价值管理

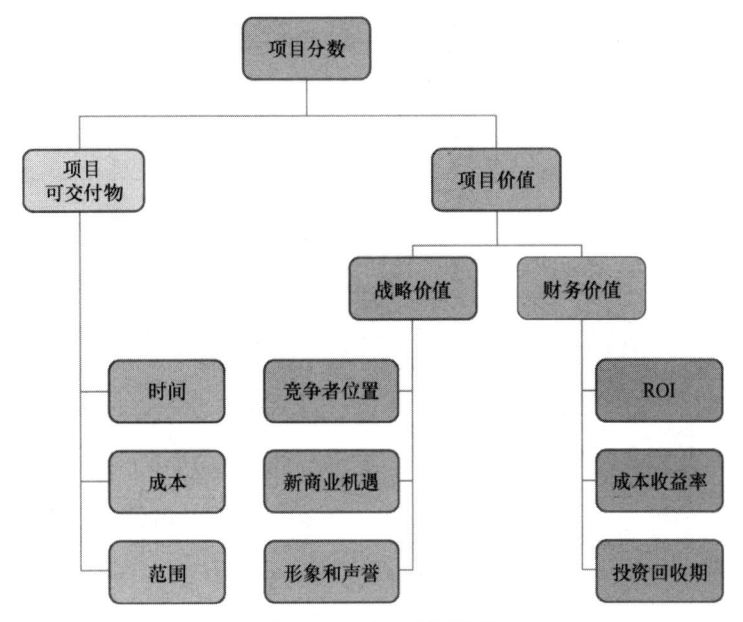

图 19-5 项目评分模型

由于所有指标都已设定了目标值，我们可以根据我们与目标的接近程度为每个指标打分。如图 19-6 所示，图 19-5 中确定的项目迄今已从可能的 100 分中获得了 80 分。图 19-7 显示了项目与战略目标的一致性。如果图 19-6 中的总分在 0～50 分，我们假设该项目此时没有为战略目标做出贡献，这将在图 19-7 中显示为 0 或空白单元格。51～75 分表示对目标的"部分"贡献，并在图 19-7 中显示为 1。76～100 分表示实现目标并在图 19-7 中显示为 2。我们可以定期地总结图 19-7 中的结果，以展在图 19-8 中，这说明了我们创造预期收益和最终价值的能力。

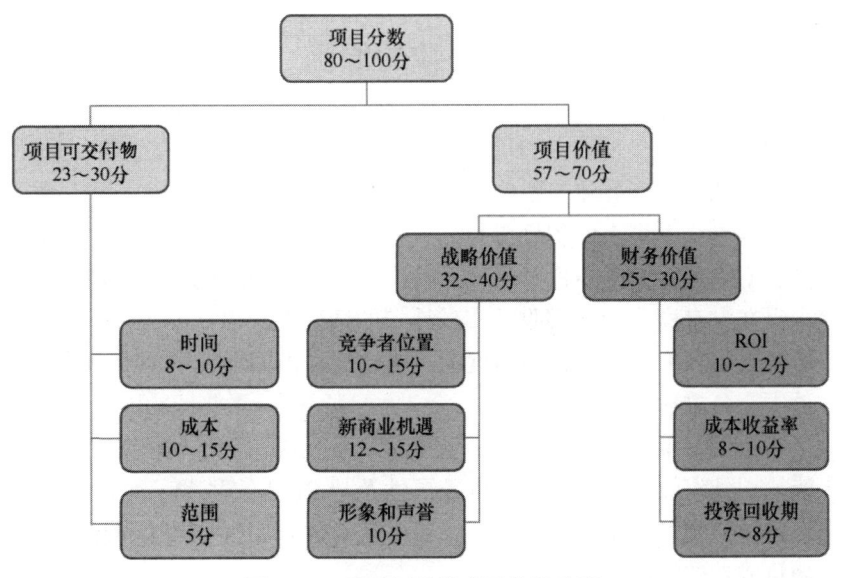

图 19-6 项目评分模型及分数分配

	项目								
战略目标：	项目1	项目2	项目3	项目4	项目5	项目6	项目7	项目8	分数
技术优势	2	1			2		1		6
降低运营成本				2	2				4
缩短产品上市时间	1		1	2	1	1		2	8
增加营业利润			2	1	1	1		2	7
增强制造能力	1		2	2		1		1	7
总计	4	0	6	7	4	5	0	6	

	没有贡献
1	支持目标
2	实现目标

图 19-7　项目与战略目标的一致性

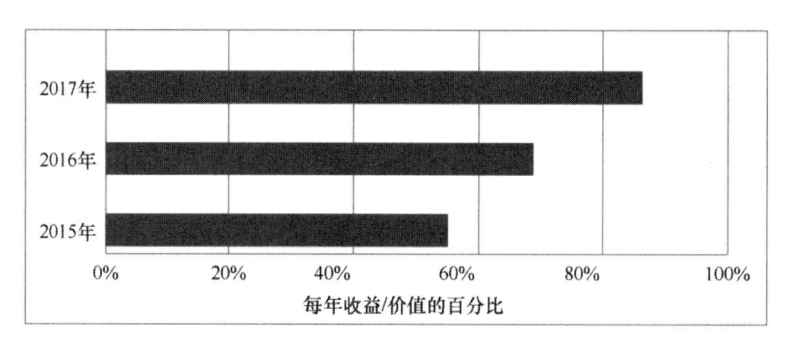

图 19-8　定期实现的收益和价值

19.13　BRM 完全失败或部分失败的原因

无论我们如何努力去实现收益和价值管理，总有一些事情会出错，导致我们陷入灾难。在整个投资生命周期中可能导致失败的 14 个原因包括：

（1）没有企业主或干系人的积极参与。

（2）决策者不确定他们的角色和责任，特别是在生命周期的早期阶段。

（3）该项目在没有商业论证或收益实现计划的情况下获得批准。

（4）在定义收益和价值方面存在高度的不确定性和模糊性，以至于不能在诸如收益实现计划的文件中充分描述。

（5）为了获得项目批准和高优先级，做出过于乐观或通常不切实际的估算。

（6）未能认识到有效资源管理实践的重要性及与 BRM 的联系。

（7）保持对项目交付成果的高度关注，而不是对收益实现和商业价值创造的关注。

（8）对项目成功的错误定义。

（9）用传统而非投资生命周期阶段管理项目。
（10）使用错误的指标、不可靠的指标，或者缺乏跟踪收益和价值的指标。
（11）未能跟踪整个生命周期的收益和价值。
（12）没有任何标准确定何时取消失败的项目。
（13）如果公司只有通过必要的组织变革才能实现收益和价值，但没有进行这种变革，那么就无法达到目标。
（14）未能吸取经验教训和捕获最佳实践，从而重复犯错。

第 14 个原因通常是解决前 13 个原因导致的问题的方法，以避免错误重复出现。

19.14 结论

由于收益和价值的重要性，今天的项目经理比过去单纯的项目经理更像业务经理。今天的项目经理不仅要做出基于项目的决策，还要做出业务决策。项目经理似乎比他们的前任更了解这个行业。

随着度量技术的发展，公司将开始创建度量收益和价值的指标。尽管这些度量技术中的许多仍处于起步阶段，但发展预计会很快。